U0917268

CSSCI 来源集刊

为适应我国信息化建设，扩大本刊及作者知识信息交流渠道，本刊已被《中国学术期刊网络出版总库》及CNKI系列数据库收录，其作者文章著作权使用费与本刊稿酬一次性给付。免费提供作者文章引用统计分析资料。如作者不同意文章被收录，请在来稿时向本刊声明，本刊将做适当处理。

Legal Method

主编 陈金钊 谢 晖
执行主编 焦宝乾

法律方法

（第17卷）

山东人民出版社
国家一级出版社 全国百佳图书出版单位

图书在版编目(CIP)数据

法律方法. 第 17 卷/陈金钊,谢晖主编. —济南:山东人民出版社,2015.3
ISBN 978-7-209-08899-2

Ⅰ.①法... Ⅱ.①陈...②谢... Ⅲ.①法律-文集 Ⅳ.①D9-53

中国版本图书馆 CIP 数据核字(2015)第 057089 号

责任编辑:李怀德

法律方法(第 17 卷)
陈金钊 谢 晖 主编

山东出版传媒股份有限公司
山东人民出版社出版发行
社 址:济南市经九路胜利大街 39 号 邮 编:250001
网 址:http://www.sd-book.com.cn
发行部:(0531)82098027 82098028
新华书店经销
日照报业印刷有限公司印装
规 格 16 开 (180mm×255mm)
印 张 26.75
字 数 560 千字
版 次 2015 年 3 月第 1 版
印 次 2015 年 3 月第 1 次
ISBN 978-7-209-08899-2
定 价 62.00 元

如有质量问题,请与印刷厂调换。电话:(0633)8221365

目　录

法律方法理论

法律方法教学

裁判方法

法律修辞

部门法方法论

(一)刑法方法论

书 评

法律方法理论

可废止性是法律的本质属性吗?*

[美]弗里德里克·绍尔**著　宋旭光***译

可废止性(defeasibility)在法律中无处不在。立法者并不是无所不知的,因此也不能可靠地预见未来将会怎样。于是,未能预见到的情形总会出现,即使最好的立法者也常常面临如此之窘境。这种未来未竟(imperfect)之观点是人类条件的一部分,因此,如果法律规则被按照字面意思或被忠诚地遵守,有时反而会产生荒谬的、愚蠢的、不公平的、不公正的、无效率的或者某种其他方式的次优(suboptimal)结果。作为规则之缺漏包含和过度包含(under-and over-inclusiveness)不可避免的结果,[1]当这种不幸结论产生时,一个健全的法体系通常会提供一种机制,通过这种机制,法律判决的做出者可以改善必然粗糙的规则所带来的这些唐突结果。但是法体系如此规定是必然的吗?没有如此规定的法体系会因为这种缺失而不再是法体系,或者不太是法体系,或者是一个有缺陷的法体系吗?这一问题更直接的表达是,可废止性之于合法性(legality)是必然的吗?之前我曾经论证过,法律规则的可废止性并不必然来自于语言的可废止性,[2]但是,即使我的论证是妥当的,可废止性也不是语言的性质或规则的性质的必然结果,但它依然可能作为法律的性质出现。但是它是这样吗?全局(global)可废止性(某一法体系所有规则的可废止性)是无缺陷法体系

---

* 译自 Frederick Schauer, Is Defeasibility an Essential Property of Law? In Jordi Ferrer Beltran and Giovanni Battista Ratti (eds.), *The Logic of Legal Requirements: Essays on Defeasibility*, Oxford University Press, 2012, pp. 77 – 88。

** 弗里德里克·绍尔(Frederick Schauer),弗吉尼亚大学(University of Virginia)大卫与玛丽·哈里森(David and Mary Harrison)法律特聘教授。这篇文章是为法律可废止性会议(牛津大学·奥瑞尔学院,2008 年 3 月 8 – 9 日)准备的,最终的定稿从其他与会学者的评议中受益颇多。

*** 宋旭光,1989 年生,男,山东滕州人,中国政法大学法学理论 2013 级博士生,荷兰阿姆斯特丹自由大学(VU University Amsterdam)联合培养博士生(2014—2015),研究方向为法哲学与法律论证理论。译文受中国政法大学博士创新实践项目"规范、论证与可废性:司法裁判的动态考察"(2013BSCX04)资助。

〔1〕 对于规则的过度包含和缺漏包含,参见 Larry Alexander and Emily Sherwin, *The Rule of Rules: Morality, Rules, and the Dilemmas of Law*, Durham, North Carolina: Duke University Press, 2001; Frederick Schauer, *Playing By the Rules: A Philosophical Examination of Rule-Based Decision-Making in Law and in Life*, Oxford: Clarendon Press, 2001。

〔2〕 Frederick Schauer, On the Supposed Defeasibility of Legal Rules, M. D. A. Freeman (eds.), *Current Legal Problems*, vol. 48, 1998, pp. 223 – 240.

译文参见[美]弗里德里克·绍尔:《论法律规则被假设的可废止性》,王志勇译,宋旭光校,载舒国滢主编:《法学方法论论丛》(第 3 卷),中国法制出版社 2015 年版。——译注

的本质元素吗？这是本文将要面对的问题。

一

可废止性有着许多不同的类型，我准备将更详尽分析和区分它们的任务留给其他人。[1] 然而，这里对可废止性核心观点进行快速概览，仍然可为下文有效地提供一个引子。

历史上，可废止性的原理可以追溯到柏拉图那里。在《政治家》中，他给出了苏格拉底和伊里亚的客人(Eleatic Stranger)之间的一段对话，在这个对话中，客人确认了一般(general)规则有着不可避免也不可欲的(之于他)不完美性：

“法律从来都不能发布一个有效拘束所有人且之于每个人都确为最佳的命令，它也不能精确地规定任一时刻对共同体的每一成员来说什么是好的、怎样做是正确的。人的个性的差异，人的行动的多样，人的经历所伴随的不可避免的不稳定，都决定了颁布一个在所有时刻有效处理所有问题的无条件之规则是不可能的。”[2]

然而，尽管一般法则因而无法保证所有情境下的正确结果，但客人也承认统治需要采纳一般规则：

“立法者向整个社团发布命令……他以一般形式为多数人创制法律，只能粗略地符合个体案件……在日常情况下。”[3]

但是，对于客人来说，通过运用一般法则来统治的必然性，并不能衍推出对法则一般性所产生之粗劣结果(有时候正是因为其一般性导致的)的接受。他论述到，当这种结果出现时，不为每个案件提供必要的矫正是“愚蠢的”、“邪恶的”、“可笑的”、“耻辱的”和“不正义的”，而且与不如此去做相比，“没有什么会更加不正义了”。[4]

尽管柏拉图在《政治家》中为我们首次提供了这种讨论，即断言这种必要性：为一般规则无法避免并偶尔产生的有缺陷结果提供正义立基的矫正。但是，为规则产生的错误提供正义立基的矫正，如今却是一个常常与亚里士多德联系在一起的理念。在《尼各马科伦理学》中，亚里士多德识别了法则因其一般性而必然不能在每一种情况下达至最佳结果的方式，他因此也说明了为什么对他而言“一旦法律因其一般性而带有缺陷，就有对法律的纠

〔1〕 关于这一问题，一个颇有价值的导论是阿姆斯特朗的《道德困局》(Walter Sinnott-Armstrong, *Moral Dilemmas*, Oxford: Blackwell, 1986.)，其颇有成效地区分了凌驾的(overriding)、挫败的(defeating)、排他的(excluding)和其他形式的可废止性。

〔2〕 Plato, *Statesman* 294 a-b, J. B. Skemp trans., Bristol, England: Bristol Classical Press, 1952.

《政治家》参考了王晓朝译本，根据本文所引译文有改动。参见[古希腊]柏拉图:《柏拉图全集》(第3卷)，王晓朝译，人民出版社2003年版，第145~146页。——译注)

〔3〕 Plato, *Statesman* 294 a-b, J. B. Skemp trans., Bristol, England: Bristol Classical Press, 1952。

〔4〕 Plato, *Statesman* 295 d-e, J. B. Skemp trans., Bristol, England: Bristol Classical Press, 1952。

正”。[1] 这种纠正是亚里士多德所言的衡平(equity),而且亚里士多德并不是简单地主张对法律错误的衡平矫正都是有用的或可欲的——而是坚持衡平矫正是为正义之理念所要求的:

“其原因在于所有法律必然都是普遍的,然而某些与此相关的情况却不能使用一般语词正确地断言;因此对于那些必须作出一般断言却不可能正确地如此去做的情况,法律考虑的是大多数情况,虽然也并非没有意识到这种方式可能造成的错误。不过法律并没有变得不正确,因为错误并不在法律,也不在立法者,而在事物的本性之中,人类行为的质料就是错误的直接根源。因此,当法律表述了一个一般规则而且这一规则出现了例外情况的时候,如果立法者是因为其语言的一般性而错误地忽视了这一情况,那么矫正这些漏洞就是正确的。这些漏洞是如果立法者在场他也会这样矫正且如果他能够预料到这些情况他本身就已经写进立法了……

这就是为什么衡平尽管公正且优于某一种正义,却不比绝对正义更好的原因——除非后者因其一般性而出现错误。”[2]

亚里士多德在《尼各马科伦理学》有关衡平的论述其后并没有什么变化或转变,因为他在《修辞学》(Rhetoric)中也表达了很多相同的东西:

“因为衡平之事看起来是公正的,衡平是超越成文法的正义。这些疏漏的产生有时候是立法者的无意,有时候是立法者的本意;无意是指疏忽;本意是指因为无法界定所有的案件,他们被迫作出一个普遍陈述,这一陈述只可为大部分案件而非所有案件所适用;而且实在很难对不可计数的案件给出一个定义……因为人生是无法细数一切可能的。如果不可能给出一个准确的定义,但又必须对其立法,那么我们必须诉诸于一般术语。”[3]

这里无法详述衡平矫正的后续历史,这包括西塞罗在《论法律》中的论述,罗马法中衡平(aequitas)的发展和罗马裁判官(Praetors)的权力,以及英格兰衡平法院的发展与独立的衡平法的出现。[4] 这里不再费力详述历史的主要原因还在于,这些后续发展都仍然是源于柏拉图和亚里士多德的这一基本主题的变体:因其内在的一般性,法律规则有时候会产生错误的答案,而一个法体系可能会引进纠正这些错误答案的机制和机构。当这样的机制已经到位,而且因此某些个人和机构拥有了纠正这些棘手情况(作为一般规则不可避免的结果)的权力之时,我们就可以说这一体系中的规则是可废止的。在特定情境中当对规则

---

〔1〕 Aristotle, *Nicomachean Ethics* 1137a-b, J. A. K. Thomson trans., Harmondsworth, England: Penguin, 1977.

《尼各马科伦理学》参考了苗力田译本,根据原文所引译文有较大改动。参见[古希腊]亚里士多德:《亚里士多德全集》(第8卷),苗力田编,中国人民大学出版社1999年版,第117页。——译注

〔2〕 Aristotle, *Nicomachean Ethics* 1137a-b, J. A. K. Thomson trans., Harmondsworth, England: Penguin, 1977。

〔3〕 Aristotle, *The 'Art' of Rhetoric* 1374a, John Henry Freese trans., Cambridge, Massachusetts: Harvard University Press, 1947.

《修辞学》参考了罗念生译本和颜一、崔彦强译本,根据本文所引译文有改动。参见[古希腊]亚里士多德:《修辞学》,罗念生译,上海人民出版社2006年版,第63页;[古希腊]亚里士多德:《亚里士多德全集》(第9卷),苗力田编,中国人民大学出版社1999年版,第397页。——译注

〔4〕 对这一历史的部分重述,参见 Frederick Schauer, Profiles, *Probabilities, and Stereotypes*, Cambridge, Massachusetts: Harvard University Press, 2005, chapter 2。

的忠实适用反而会产生错误答案时,法律规则可能会被废止,并以好的结果代替规则产生的拙劣结果。[1]

可废止性可以通过多种方式予以制度化。其中,最为我们熟悉的是源于亚里士多德、西塞罗和英格兰人的方式,即这种机制,它赋予某些人或机构(例如大法官)在法律错误可能会造成不正义时去矫正法律的权威。这在传统上被称为"衡平",但是问题却很复杂。最初的问题是谁去承担衡平的工作。例如,当衡平法在英格兰出现时,作出衡平矫正的权力与执行、适用和解释法律的权力是相互分开的。衡平矫正的权力最早被赋予大法官,后来是被赋予管辖上独立的衡平法院。通过将衡平矫正的权力与法律相区分,前者与法律规则的不可废止性就不是不一致的了。法律规则可能导致不正义,但是从法律(严格意义上的,不包括衡平法院)的角度讲,我们对此无可奈何。从这一意义上讲,法律规则并不是可废止的,即使废止(衡平凌驾)的权力被赋予某一机构,而从更广泛的意义讲这一机构也是法体系的一部分。

但是,作为一个独立法院、有着独立程序的分立体系,这样的衡平机构已经在大多数普通法国家衰微了。衡平大抵依然存在,可衡平法院以及专注衡平的机构与程序正在消失,尽管尚未完全如此。但是,即使独立的衡平管辖及程序衰落了,可是也许正因为这一衰落,普通法法院依然常规性地践行着衡平凌驾的权力,而这正是可废止性的核心形式。当法律(制定法或者有着被广泛分享之表述形式的普通法规则)的适用会导致不正义结果之时,普通法法院常常维护或声称这一根据正义排除规则或制定法的权力。[2] 有时候,这一排除规则的过程就被概念化为:为既有规则创设一个例外。[3] 所以,理查德·波斯纳曾断言总是(这个词很关键)能够为既有的无例外之规则创设"个案式例外"。[4] 实际上,波斯纳

〔1〕 我将可废止性与两种不同形式的可修正性相互区分。某些时候,当原本创制规则的个人或机构意识到这一规则会产生不好的结果之时,规则创制者就会运用新的知识去改写、界定、重写、废除或修正这一规则。另外,在规则创制者同时拥有创制规则并适用它的权力的时候,这经常是普通法判决作出的情形,潜在的拙劣结果这一情况会使得规则的适用者在适用的过程中重新书写或重新创制规则。这两种形式的可修正性,特别是后者,也可以被理解为某种可废止性,但是为了论述清楚,我将可废止性的讨论限定为这样的情境:一般来讲,规则适用者并非在适用情境中修正这一规则,而是仅仅为此一案件创设一个例外。在这一纯粹的可废止性情况下,最初的规则多以未修正的形式继续有效,但也为这一案件保留了特殊的例外。应当非常清楚,这种形式的可废止性多半是有着严格经典(canonical)表述的规则的特征。如果没有这样的经典形式存在(要么因为规则是模糊的,要么因为普通法规则的可修正性已经为人接受),有关可废止性的有趣问题就不会出现。可废止性的所有经典范例的出现都不是偶然的,某些范例出现在制定法或者类似制定法之规定的语境中,这些范例将在下文中予以考量。可废止性的问题是,这样的制定法是否应当像法院创造的普通法规则那样被对待(see Guido Calabresi, *A Common Law for the Age of Statutes*, *Cambridge*, Massachusetts: Harvard University Press, 1982),而且很显然对于普通法规则本身,这样的问题并不存在。

〔2〕 See Richard H. S. Tur, Defeasibilism, *Oxford Journal of Legal Studies* 21: 355 - 68, 2001. 有着更多限定但是也有着相同的一般效果的是,Neil MacCormick, Defeasibility in Law and Logic, in Zenon Bankowski, Ian White, and Ulrike Hahn (eds), *Informatics and the Foundations of Legal Reasoning*, Dordrecht, Netherlands: Kluwer, 1995, pp. 99 - 157。

〔3〕 See Alfred C. Aman, Jr., Administrative Equity: An Analysis of Exceptions to Administrative Rules, *Duke Law Journal* 2: 277 - 331, 1982。

〔4〕 Richard A. Posner, The Jurisprudence of Skepticism, *Michigan Law Review* 86: 834 - 835, 1988。

的断言类同于哈特的主张：不仅一个有着“例外”条款的规则依然是规则，而且“例外”的清单并不能被完全提前确定。[1] 理查德·图尔(Richard Tur)的立场与哈特和波斯纳的立场相似，因为他坚定地认为，把规则当做是可废止的，不仅仅是可欲的或有用的，也不仅仅是常见的，而且是一个良好运作之法体系的本质元素。

这里需要指明两个限定条件。第一，如果衡平凌驾的标准并不高于产生不正当结果的既有规则这一简单事实的话，衡平凌驾(衡平引发的可废止性)的权力将会导致一个规则无拘束力的衡平体系。如果任何的不正义都是衡平凌驾的充分条件，那么服从于衡平凌驾的规则统治在外延上就等于一个根本没有规则的统治(在这一统治下，决定作出者被授权只须达至通盘考量之后最正义的结果)。[2] 可以说，如果将不正义换成了效率、效用最大化、公平或者其他准则也是同样如此。为了让规则能够发挥其所被期待发挥的作用(提供可预测性、稳定性以及对决定作出者予以限制)，对规则产生之错误进行衡平凌驾的标准必须是极端的不正义，或者严重的无效率，或者其他各种这样的准则。如果可废止性内在包含了这种必然性，即废止的标准高于在没有规则时相同考量下足以指示某一结果的标准，那么规则就依然会发挥作用。但是，规则指示的结果将是预设的而非绝对的，当规则指示的不正义或无效率或者其他附随情况足够极端时，这一预设可以被凌驾。

第二，重要的是要指出，一个因为棘手情况而被改变的规则与一个即使通过以某种形式避免规则产生的错误结果从而处理了棘手情况却保持不变的规则之间的区别。例如，某一规则要求驾驶员驾驶速度不能超过每小时 60 公里，当它被某一驾驶员要将受伤人员急速送往医院的紧急避险情况所凌驾时，这一规则依然保持不变。但是，正如普通法中经常发生的那样，当一个意外事件促成了对某一规则的修正时，[3] 则被修正的规则和修正之前的规则就不一样了。规则在适用过程中被修正，这可能是普通法所独有的——或者至少是普通法方法的应有之义，它何时以及如何发生在这里都不是我的主要关注点。但是，需要指出的是，为了避免错误的结果改变规则和为了避免错误的结果凌驾规则是不一样的，尽管二者都可以被理解为某种形式的可废止性。

二

因此，可废止性理念的关键就在于，为了避免次佳的、无效率的、不公平的、不正当的或者其他不可接受的规则产生的结果，规则的适用者、解释者或执行者可以作出事后或即时

---

〔1〕 H. L. A. Hart, *The Concept of Law*, 2d ed., Penelope A. Bulloch and Joseph Raz eds., Oxford: Clarendon Press, 1994, p. 136. See also Neil MacCormick, Law as Institutional Fact, *Law Quarterly Review* 90: 102 - 126, 1974.

哈特的这句话(A rule that ends with the word 'unless...' is still a rule)应该是在第 139 页。——译注

〔2〕 See Frederick Schauer, Exceptions, *University of Chicago Law Review* 58: 871 - 904, 1991; Frederick Schauer, Is the Common Law Law, *California Law Review* 77: 455 - 71, 1989。

〔3〕 See Richard H. S. Tur, Defeasibilism, *Oxford Journal of Legal Studies* 21: 355 - 68, 2001; MacCormick, Defeasibility in Law and Logic, in Zenon Bankowski, Ian White, and Ulrike Hahn (eds), *Informatics and the Foundations of Legal Reasoning*, Dordrecht, Netherlands: Kluwer, 1995, pp. 99 - 157。

的修改。修改的方式,有时可能是同一或其他机构所作的衡平凌驾,有时是为了防止拙劣结果而为规则附加一个例外的权力,有时是适用过程中对规则进行修正。[1] 最可能直接适用的法律规则也许会指示一个拙劣结果,对于这一结果的避免,有时候(特别是为罗纳德·德沃金所捍卫)将以这种语言包装:"真正"的规则位于只是表面上可适用的规则的背后。[2] 但是无论以何种方式,无论使用何种语言对其进行描述,结果就是显然的:规则被忠实地遵守所导致的拙劣结果,能够通过将规则看做是可废止的(它服务于可接受性、正义、效率、共识、公正或其他一系列可以对特定结果之优劣进行评价的标准)而予以避免。[3]

毫无疑问,可废止的规则在法律中是无处不在的。理查德·图尔提供了英国法的众多例子,[4] 而美国法体系可能远甚于此。[5] 也许近来最出名的例子还是"里格斯诉帕尔默案"(*Riggs v. Palmer*),[6] 这一案件的名气实际上要归功于德沃金的努力,尽管在亨利·M.哈特(Henry M. Hart)和阿尔伯特·M.萨克斯(Albert M. Sacks)有关法律过程的经典文本中也可以找到对此案件的进一步讨论。[7] 里格斯案的事实已经广为人知:为了防止他的祖父更改遗嘱,也为了他自己能够更快地根据这一遗嘱继承遗产,埃尔默·帕尔默(Elmer Palmer)毒杀了他的祖父。但是,需要注意的一个重要事实是,根据相关的制定法,里格斯案并不是疑难案件。厄尔法官(Judge Earl)的多数意见和格雷法官(Judge Gray)的反对意见都认为纽约州的遗嘱法是清楚的:根据遗嘱,埃尔默·帕尔默有权继承遗产,即使他杀害了被继承人。因此,是制定法的简明文义与正义的可能要求之间的张力使得"里格斯案"成为疑难案件。但是,对"里格斯案"这样的案件(最可能适用的法律规则给出了答案却是

---

[1] 我排除了一种柔性的可废止性:规则被有效适用,但是对其违犯的惩罚实质上或总体上被改善了。这一进路为富勒的传奇文章《洞穴奇案》中(Lon Fuller, The Case of the Speluncean Explorers, *Harvard Law Review* 62: 616 - 615, 1949)所假想的特鲁派尼大法官(Justice Truepenny)所捍卫。将其与富勒之前改写的福斯特大法官(Justice Foster)的意见相比较是非常有意义的,后者更为接近真正可废止性的观念,他只是坚持规则不能适用于这一案件。

[2] Ronald Dworkin, *Law's Empire*, Cambridge, Massachusetts: Harvard University Press, 1986, pp. 16 - 17. 但是,德沃金的进路埋下了混淆的种子,在某种程度上,他试图将其整个法律解释理论全部纳入到一个规则或制定法的特别定义之中。将规则说了(say)什么与规则被理解成要去做(do)什么相区分,可能会更好,通过避免德沃金对于这一区别的混淆,我们能够更清楚地阐明问题。

[3] "忠诚地(Faithfully)"在这里可能是负载过度的术语,"按照文义地(literally)"可能更为合适,只要我们假设法律规则的文义适用可以包括附随的解释原则的无争议之技术意义和无争议之适用。

[4] See Richard H. S. Tur, Defeasibilism, *Oxford Journal of Legal Studies* 21: 355 - 68, 2001; MacCormick, Defeasibility in Law and Logic, in Zenon Bankowski, Ian White, and Ulrike Hahn (eds), *Informatics and the Foundations of Legal Reasoning*, Dordrecht, Netherlands: Kluwer, 1995, pp. 99 - 157。

[5] 我说"远甚"是因为比起大不列颠来说,在美国法律及其实践之下,法律规则是更为可废止的,这一点已经广为人所相信。See P. S. Atiyah and Robert S. Summers, *Form and Substance in Anglo-American Law: A Comparative Study in Legal Reasoning, Legal Theory and Legal Institutions*, Oxford: Clarendon Press, 1987. See also D. Neil MacCormick and Robert S. Summers, *Interpreting Statutes: A Comparative Study*, London: Ashgate, 1991。

[6] 22 N. E. 188 (N. Y. 1889)。

[7] Henry M. Hart, Jr. and Albert M. Sacks, *The Legal Process: Basic Problems in the Making and Application of Law*, William N. Eskridge, Jr. and Philip P. Frickey eds., 1991, pp. 60 - 102。

一个不好的答案)与规则根本没有给出答案的案件进行区分,也是非常关键的。

当纽约上诉法院在里格斯案中根据“任何人都不应当从其自身的错误中获取利益”这一格言做出埃尔默·帕尔默无权继承遗产的结论时,最好将这理解为它已经把最可能适用的法律规则当做是根据正义而可废止的了。“任何人都不应当从其自身的错误中获取利益”这一原则确实比正义的整个范围要小,因为有许多正义的维度(也可能没有正义的维度)不为某些普通法原则所体现。尽管纽约上诉法院运用的具体法律原则绝对比正义范围小一些,但是最好的理解是,通过得出法律规则一般来说是可因正义而被废止的结论,它就是为了避免潜在的不正义结果。当法律规则所产生的结果看起来是不合理的或荒谬的,甚至这样拙劣结果的本质都不能用非正义来描述的时候,都是如此。例如,在美利坚合众国诉柯比案(*United States v. Kirby*)中,〔1〕被告是肯塔基州的一名法律执行官员,根据联邦法律他被定为干扰邮件传递罪,而且柯比也确实这样做了。他的确干扰了邮件的传递,但他是在驾驶汽艇追捕一名叫法瑞斯(Farris)的邮递员时这样做的,而后者已经被肯塔基法院定为谋杀罪。官司打到了最高法院,最高法院将这一制定法当成是可废止的,认为当它文义上所指示的结果与制定法的意图不一致、与共识不一致、与正义不一致的时候,它就不应当被适用。

如果离开真实世界,转向虚拟领域,我们也可以在朗·富勒对哈特那一例子(禁止车辆进入公园这一规则)的著名回应中找到相同的现象。〔2〕众所周知,哈特认为,自行车、溜冰鞋和玩具机动车可能代表了处于这一规则边缘部分的疑难案件,因此对他来讲,在案件中(法律的)裁量权的行使是不可避免的。〔3〕哈特坚持认为,这些边缘部分的案件与那些直接核心部分的案件是相互对照的,在后者中规则的语言指示了结果,这正如涉及普通机动车的案件。但是,富勒以其虚拟的一个案件(即一群爱国者将一辆功能完好的军用卡车放入公园作为战争的纪念物)作出回应。富勒论证说,〔4〕这显然是车辆,但是如果基于“禁止车辆进入公园”这一规则的权威而将其排除出公园,这又显然是荒谬的。

正如类似“里格斯案”和“柯匹案”等一大批案件所例证的,富勒可以找到最佳的经验论据。如果这样理解:哈特是主张规则术语的字面意义实际上为一个真实法体系的多数或全部案件提供了决定性答案;富勒的回应是主张在大多数运转良好的法体系中这些字面意义提供的答案多是可废止的而非决定性的,那么,富勒的主张更接近美国的,也可能更接近

〔1〕 74 U.S.(7 Wall.) 482 (1868)。

〔2〕 Lon L. Fuller, Positivism and Fidelity to Law: A Reply to Professor Hart, *Harvard Law Review* 71: 630-672, 1958; H. L. A. Hart, Positivism and the Separation of Law and Morals, *Harvard Law Review* 71: 608-615, 1958. See also Frederick Schauer, A Critical Guide to Vehicles in the Park, *New York University Law Review* 83: 1109-1134, 2008。

〔3〕 哈特并没有坚持所有的答案都是同样好的,因为他正确地承认了,即使在法律裁量权的领域内,某些答案也要比其他的答案更好,后者是作为一个原则、道德、政治或其他一些法律上正当的但却不是法律上要求的非法律指引之渊源的问题。

〔4〕 实际上他没有,但是他本该这样做。有时候在语言和意义的极端语境论者的眼里,富勒暗示了卡车/纪念物根本不是车辆。这不仅仅表明了一种错误的语言观念,而且也削弱了他自身的观点,因为根据富勒的目的,这一例子的力量实际上在于这一事实:卡车/纪念物根据此一规则排除出公园是荒谬的,但是它是车辆,在文义上被此一规则所包含。

许多其他现代法体系的现实。到此为止,富勒隐含地主张了,在规则意图所指示的结果与规则语言所指示的结果相冲突时,美国法律允许甚至可能要求法律解释者选择前者,虽然他并不是绝对正确的。[1]

但是,富勒也提出了一个更为广泛的主张。对他来说,不仅在普通法体系中,法律规则总是或者至少大多数(且优选地)都是可废止的,这是一个偶然的经验问题,而且法律规则的可废止性是合法性本身的本质属性,是任何无缺陷法体系的必然组成部分,是与可以界定法律本身的合法性的其他必然要求(desiderata)一样的。[2] 对富勒来说,不把像"禁止任何车辆进入公园"这样的规则看作是可废止性的,简直是摒弃了理性,因为对于富勒来说,法律是合理的,这是法律的本质。一个不允许对某一法律规则的文义指示进行目的立基或理性立基或衡平式凌驾的法体系(当这对于取得一个合理结果是必要的时候),正因如此就不那么像法体系,也许根本就不是法体系。实际上,我们完全可以更好地理解富勒的主张,他只是主张不可废止的法律作为法律是必然有缺陷的,但是这个有缺陷的法律依然是法律,而非主张不可废止的法律根本不是法律。[3] 正如任何漏水的船舶作为船舶是有缺陷的但依然是船舶一样,富勒的主张最好被理解为:任何法体系如果它将其规则当做是不可废止的,作为一个法体系也作为法律就必然是有缺陷的。

三

在评价可废止性是合法性的根本属性这一观点时,我们应该首先弄清楚不可废止的规则是什么样子的,它又将如何运作。在"里格斯诉帕尔默案"中,正如反对意见的存在所清楚表明的,埃尔默·帕尔默应当败诉这一结论并不是必然或显然的。纽约上诉法院本可以(could)判决帕尔默应当继承遗产,即使他犯了过错。同样,美国最高法院也可以得出柯匹违反了联邦法律的结论,即使他如此行为是基于好的理由且惩罚像柯匹这样的人与他字面违反的法律的目的并不一致。某个假想的法官也可以得出这样的结论:一个由功能完好的军用卡车改造的战争纪念物依然是车辆,因此根据"禁止车辆进入公园"的字面意思将其挡在公园之外。这一结果可能会被贬低为荒谬的、荒唐的或者(用近来可能得到更为恶劣评价的概念表示)形式主义的,但是在概念上或语言上来讲这一结果并不是不可能的。只

〔1〕 哈特后来承认,以这一意图引导的方式,法体系也可以深切理解规则的核心。H. L. A. Hart, Preface, in Essays in Jurisprudence and Philosophy, Oxford: Clarendon Press, 1983, p. 8. 但是这一看似的让步并不是什么让步,因为它只是把论辩回缩了一个层面,这是因为我们能够想象甚至服务于特定规则背后之目的也可能产生与这一目的背后的目的或者通盘考量之正义观念不一致的结果。而且在这一层面上,并没有理由去假设哈特和富勒之间的基本分歧将不再存在。See Frederick Schauer, Formalism, *Yale Law Journal* 97: 509 - 548, 1988。

〔2〕 Lon L. Fuller, *The Morality of Law*, revised edition, New Haven, Connecticut: Yale University Press, 1969。

〔3〕 很难将富勒列为"恶法非法"的传统之中,这一传统的典范是布莱克斯通(Blackstone)和西塞罗(Cicero),而非阿奎那(Aquinas)。See generally Philip Soper, In Defense of Classical Natural Law Theory: Why Unjust Law is No Law at All, *Canadian Journal of Law and Jurisprudence* 20: 201 - 223, 2007. 富勒只是对于这一观点表示同情,即没有遵循程序合法性维度创制的体系不能被适当地称为法体系,但是出于尊重合法性个别元素(例如可废止性)的考虑,他更倾向于将缺乏此类要素的法体系描述为有缺陷的法体系,而非根本不是法体系。

要我们接受语词拥有显见的或字面的意义且这些意义都有一个独立于语境的核心,因此只要我们拒绝(这是富勒没有做的)这一观念:一个语词在特定情境中使用,它的意义完全是这一特殊语境的函数(function),那么我们就能看到,规则(它以语词来书写)实际上可以产生拙劣的结果,我们也将能看到某一法官事实上可能作出与这一粗劣结果相一致的裁决。[1]

实际上,这种情况不仅可以发生,且实际上发生了——而且还比较频繁。最为戏剧性的可能是这一事实:“里格斯诉帕尔默案”最终更多是一个例外案件而非常规案件,甚至在高度反形式主义的美国司法体系中依然如此。尽管很多其他案件的结论与里格斯案的结论类似,但是也有很多案件,虽然受益人以某种或其他方式对遗嘱人的死亡该罚地(culpably)负有责任,但是却依然被允许继承遗产。[2] 在其他一些案件中,可能会带来次优政策后果的制定法也继续得以适用,正如“田纳西流域管理局诉希尔案”(*Tennessee Valley Authority v. Hill*)。[3] 在本案中,《濒危物种法》(Endangered Species Act)的文义适用要求对蜗牛镖(一种无欣赏性、无生态意义的小型鱼类)的栖息地进行保护,甚至不惜以公共福利的巨大损失(一个重要的公共工程项目的受阻)为代价。在“美利坚合众国诉洛克案”(*United States v. Locke*)中,[4]一个规定了“12 月 31 日之前”(prior to)为归档截止日期的制定法得到适用,即使它不公正地排除了某人于 12 月 31 日归档的诉求,而此人并非不合理地假设了制定法实际上是说“在 12 月 31 日之前或当天”。

众多例子都符合这一模式,美国以及其他一些地方都是如此,因此,如果把法律规则的可废止性描述为法官以及我们通常称为“法体系”的这种制度做出判决的普遍性甚至是完全共有性特征,就将是一个错误。尽管法律决定的做出者实际上通常将他们所适用的规则当做可废止的,但是他们通常也不这样做。他们将规则表述(formulation)的字面或显见用语当做是决定性的,并且因此禁止在适用的时候为其增添例外,禁止为了正义或衡平或公平或效率而凌驾于规则指示之上,禁止在适用的过程中修正规则。暂时先不管这种不可废止性是否是明智的,但是它至少是可能的,实际上也是非常广泛的。规则表述拥有某些意

〔1〕 我承认,在某些批评者看来,这是一个有争议的(或者就是错误的)立场,但是这里并不是对意义的后现代理论进行系统回应的地方。这样说就足够了:如果语词没有一个语境的或跨语境的意义的话,那么很难解释我们如何相互理解,甚至更难说明语言的组合(compositional)性质,以及我们如何理解我们从来没有听说过的句子。没有任何语境,我们也知道“猫在席子上”说的是猫而非狗,是席子而非池塘,是语词“在……之上”的关系而非“靠近”、“接近”或“在……之下的关系”。

〔2〕 它们中的许多例子在这里有过论述,Frederick Schauer, The Limited Domain of the Law, *Virginia Law Review* 90: 1909 - 1956, 2004。

〔3〕 437 U. S. 153 (1978). 对于这一案件的讨论和批评,Ronald Dworkin, *Law's Empire*, Cambridge, Massachusetts: Harvard University Press, 1986, pp. 20 - 23。

〔4〕 471 U. S. 84 (1985). 这一决定经常受到批评。例如,参见 Richard Posner, Legal Formalism, Legal Realism, and the Interpretation of Statutes and the Constitution, *Case Western Reserve Law Review* 37: 179 - 217, 1986; Nicholas S. Zeppos, Legislative History and the Interpretation of Statutes: Toward a Fact-Finding Model of Statutory Interpretation, *Virginia Law Review* 76: 1314 - 1316, 1990. 一个叫少见的辩护,参见 Frederick Schauer, The Practice and Problems of Plain Meaning, *Vanderbilt Law Review* 45: 715 - 741, 1992。

义,它们不同于规则背后的目的或背后的理据(background justifications),也不同于在某些情况下若没有规则所得出的(甚至是一个好的)结果。这些规则表述在适用时可能因为很多理由被改变。在这一意义上,规则是可废止的。但是,上面的例子以及其他众多例子表明,即使在一个有效的废止条件出现的时候,规则依然经常以其字面意思被适用(被当做是不可废止的)。在法理学方法论的当代论辩中,有时会有人主张识别法律的本质属性多半或者完全是描述性问题,尽管对于某些理论家来说这需要识别法律的"功能或目的"。[1]从前一观点来看,如果可废止性在现代法体系中是无所不在的,如果我们不能想象没有可废止性的法体系,那么可废止性就是法律的本质属性。事实并非如此,作为一个描述性问题,很难去捍卫这样的主张:一个没有广泛的且正当的可废止性的法体系,因为这一理由就根本不是法体系,或者即使是法体系也是一个有缺陷的法体系。

四

法律规则经常被当做不可废止的,这并不意味着这种选择就是明智的。它也不意味着这种选择在更深层且更丰富的意义上与合法性相一致,这正是我们必须要着手处理的问题。尽管法律决定做出者经常把法律规则当做不可废止的,他们这样做是正确的吗,或者说每一个没有这样做的情况都是对合法性的违反吗?

支持规则的论据并不陌生,一般来说,大部分支持规则的论据都是将规则当做不可废止的论据。例如,如果我们(决定作出情境的创造者)对裁量权保持着警惕,对可能有偏见、腐败、没有能力、不称职或者仅仅是仓促行事的法官以及其他法律决定做出者充满不信任,那么,我们可能就想用规则限制他们,而不是赋予他们广泛的裁量权。如果如此去做的理由达到顶峰,即使对某一规则的适用是荒谬的或荒唐的(更别提不公平、不衡平、不正义或无效率),我们也可能不信任法律决定的作出者去做决定。[2] 仅仅说将用作战争纪念物的卡车挡在公园之外是荒谬的,这很容易,但是真正的问题是某些类型的官员是否以及何时应当被授权去决定哪些适用是荒谬的,哪些不是。而且,在这一术语的非技术意义上,规则也被用来分配做出决定的责任并因此影响权力分立。因此,把规则当做是不可废止只是去决定某些而非其他的官员有权力去取消、凌驾、修改或修正既有的规则。因为稳定性的缘故,规则也能够带来确定性、可预测性、安定性和稳定性等优点,将规则当做可废止的就会牺牲这些价值,即使它也带来公平、衡平和理论上在每个案件中达至正确结果等潜在利益。

因此,一旦在语言上和概念上不可废止的规则有着存在的可能,讨论就转向关于将规则当做可废止的其中的优点和缺点这一问题。将规则当做是不可废止的,即是接受了这种可能性(实际上是历经时间的真正确定性):在特定案件中会出现某种不正义或其他错误

---

〔1〕 例如,see Jules L. Coleman, Incorporationism, Conventionality, and the Practical Difference Thesis, *Legal Theory* 4: 387 - 395, 1998; Joseph Raz, On the Nature of Law, *Archiv für Rechts-und Sozialphilosophie* 82: 1 - 25, 1996。

〔2〕 See John Manning, The Absurdity Doctrine, Harvard Law Review 116: 2387 - 2462, 2003。

的结果,但一般来说,这正是法治的特有弊端。除非法治只是达至通盘考量之最佳答案的同义词,那么,程序性价值或者为了稳定性而对稳定性的考量或者对决定做出者的裁量权的限制,这些因素的加入(这也使得法治与仅仅做正确之事相互区分),都会使得法体系给出某些次优的结果。一旦我们认识到了这一点,那么这就很清楚了:法律规则的不可废止性与更为一般意义上的法治之间的区别仅仅是程度上的。虽然不可废止性将事物推向了一个极端,但是广义上却是一个与法治理念本身相一致的极端。

从这一视角来看,对法律规则的必然可废止性的传统捍卫(无论是哈特的,还是波斯纳的或者图尔的)都大多建立在有关法官的权力与能力的某个特定观点之上,这就很明显了。很少有人会坚持,当规则在某一个案中看起来指示了一个拙劣结果时,警察或者普通官僚应当拥有修正这些(限制他们的)规则的权力。如果是这样的话,那么法官手中的可废止性(而非其他人手中的可废止性)是法治所要求的这一观点,就不再是有关特定法体系中的法官能力的观点。然而,虽说在发达的普通法体系中司法理性值得称赞——柯克大法官(Lord Coke)对法官权力的荣耀以及柯克逝世之后数个世纪中法律的人工理性在普通法意识中的蔓延——但是这种对于司法智慧的自信很难成为每一个法体系的普遍特点,这一点应该是相对没有争议的。一旦我们能够想象到一个可以被适当地称为法体系,但其中规则修正和规则凌驾的权力并没有被授权给法官的法体系,那么我们就能够想象到一个可以被适当地称为法体系,但其中可废止性在某种程度上或者基本上(例如,正如杰瑞米·边沁[Jeremy Bentham]所希望的)是不存在的法体系。更为重要的是,即使我们采取一个特定的立场,这一立场坚持法律概念的中心特点至少部分、也可能基本上是一个规范性事业,[1]但这也是远非清楚的:无论何时无论何地可废止性在规范上都是显然可欲的,并且应当将它当做是法律概念本身的关键部分。

五

论述至此,有一个不那么明显的暗示是,可废止性根本不是规则的属性,而是某些决定作出体系如何选择对待其规则之方式的特点。维特根斯坦的名言即规则无法决定其自身的适用,虽然已经成为老生常谈,但是它却提示我们,规则如何被对待并非来源于规则本身。规则的显明或字面(并不必然是日常)意义能够指示某一结果这一假设(或信念),它其实并不是规则而是规则将如何被对待的函数,也就是说,它所指示的结果是被当做决定性的,预设性的,或者(更极端一点)本身没有一点分量,(之于它们背后的理据或者通盘考量的最佳结果)是完全通透的,还是启发式的,或者仅仅是经验规则。可废止性的问题不是关于规则之中(in)有什么意义的问题,而是关于规则之中如何拥有意义或者关于规则如何去表达意义、如何被对待的问题,这并不是也不可能是能被规则本身所决定的东西。

---

〔1〕 例如,see Stephen Perry, Hart's Methodological Positivism, in Jules Coleman (eds.), *Hart's Postscript: Commentaries on the Postscript to The Concept of Law*, Oxford: Clarendon Press, 2001, pp. 311 – 354. See also Ronald Dworkin, Thirty Years On, *Harvard Law Review* 114: 1655 – 1687, 2002。

虽然一个法体系的规则如何被对待被当做是二阶规则的函数是可能的,但这里将规则之指示如何被对待的决定(determination)当做是哈特的终极承认规则的一部分,却可能是一个有效的捷径。这样的问题将是一个事实问题而非法律问题,即使哈特的承认规则应当由什么构成可能也是规范性论辩的主题,但是其中论辩的根据必然是哲学的、道德、政治的等等,其本身并非法律的。

可废止性的问题是被当做描述性和规定性(prescriptive)问题而非逻辑性或概念性问题展现的。根据规则表述之构成用语的字面意义,对规则进行解释、理解、适用和执行,在逻辑上和概念上都是可能的。但是,在这个或者那个法体系中是否如此,事实上是被当做一个描述性问题的。正如前述一些范例所阐明的,作为一个描述性问题,可废止性在实际的法体系中比我们可能想象的法体系(即使在那些我们可能最期望其存在的法体系中)要更不普遍。

就规定性问题来说,规则表述的字面意义是否能够被当成这一规则所指示的东西,规则所指示的东西是否能够被当做是决定性的,这些问题都无法通过诉诸特定化之正义的道德目标来回答。正如柏拉图、亚里士多德以及无数的后继者所论述的那样,那些目标确实存在。但是法治的诸多目标同样存在,它可能被当作是一般正义或集体正义或体系正义。一旦这些非特定化的目标在我们的道德和规定推理中占有一席之地,那么我们就不能得出结论说:法律规则的可废止性是所有法体系的必然部分,或者规则的可废止性大抵是所有决定作出环境的必然部分,尽管某些普通法法体系的实际实践确实是如此。可废止性在某些时候可能是某些法体系的某些部分的可欲构成要素,但是远远不是法律的本质属性。

论辩与证据理论*

[加]道格拉斯·沃尔顿

王建芳　童海浩　译**

摘　要:当今在非形式逻辑和论辩理论领域不断发展的概念和方法,如何早在威格摩尔论证据的著作中得以使用?威格摩尔先前依靠并发展了诸如论证图解、似真推理、推定、证明负担以及基于证明力的相关性概念这样的工具。但从逻辑的角度看,威格摩尔证据理论所需要的工具和技巧还不存在。不管怎样,一旦用这些新方法来补充威格摩尔理论,它看起来就更像一个确实有着与众不同的潜在逻辑结构的论辩框架。由此可以看到,威格摩尔是非形式逻辑运动中一位多么重要的先驱!

关键词:非形式逻辑;论辩型式;批判性问题;证据理论;威格摩尔

本文意在介绍论辩理论与非形式逻辑领域正广泛应用的一些新方法,这些新方法亦可用于法律证据理论研究。近几年,随着逻辑谬误[1]以及对话逻辑[2]分析的进展,一种新的语用辩证术[3]已将这些新方法融合为一种论证评估的新方法。该新方法拓展了逻辑学关注演绎与归纳论证的传统,促使评论者从既定情形中论证如何服务于交流目的的角度去

---

* 基金项目:教育部人文社科规划项目"情境语义学视野下的态度句研究"(12YJA72040003);中国政法大学人文社科规划项目"当代西方论证结构理论研究"(13ZFG72002)。

** 道格拉斯·沃尔顿(Douglas Walton),加拿大温莎大学推理、论证与修辞研究中心教授,非形式逻辑研究的领军人物。本文翻译已取得沃尔顿教授授权,他还专门为本文撰写了"摘要",特此致谢!

王建芳,中国政法大学人文学院逻辑学研究所教授;童海浩,中国政法大学人文学院逻辑学研究所法律逻辑方向硕士生。

〔1〕 Hamblin, Fallacies, London: Methuen, 1970。

〔2〕 Hamblin, Fallacies, London: Methuen, 1970; Rescher, Dialectics, Albany: State University of New York Press, 1977; Barth, E. M. & Krabbe, E. C. W., From Axiom to Dialogue, de Gruyter, 1982; Walton, D. N. & Krabbe, E. C. W., Commitment in Dialogue, Albany, New York, 1995。

〔3〕 Eemeren, F. H. van & Grootendorst, R., Speech Acts in Communicative Discussions, Dordrecht: Foris, 1984; Argumentation, Communication and Fallacies, Hillsdale: N. J., Erlbaum, 1992。

评估论证。有法学者已计划将这种新方法应用于法律论辩和证据研究。[1] 本文概要性地表明这种新方法如何应用于法律证据理论。此外,本文也对证据法逻辑中的一些关键概念提出了新看法。

相关性(relevance)和证明力(probative weight)是最为核心的两个关键概念。借助基于对话的论辩理论(其中,不同类型的推论相互链接以证明对话的最终结论),我们可用一种新方式(或很多人觉得耳目一新的方式)来刻画这两个概念。尽管在威格摩尔的证据理论中这两个概念已非常突出,[2] 其根源亦可从洛克(Locke)和边沁(Bentham)[3] 一直追溯到希腊哲学中那个古老的概念"似真"(plausibility),[4] 但它们似乎仍然是新概念,原因在于,主流逻辑长期以来忽略了这两个概念,而且目前也只能通过形式结构的方式来刻画它们。威格摩尔许多先前似乎模糊的想法,如"证据图"和"证明力",从逻辑的观点看却具有严谨的逻辑结构。这些想法展现了一种提出分析和评估法律论辩新方法的思路。其中,论证图解技术最为突出。通过开创性地使用论证图解来进行法律证据案例研究,威格摩尔俨然已成为现代非形式逻辑的重要先驱。

论辩理论的主要概念

这部分将简要地描述一个论证评估框架。[5] 按照这一描述,我们应根据一个论证或一个论辩步骤如何可能服务于既定情形中的交流目的而对它做出评估。说服性对话(persuasion dialogue)中的论证与协商型对话(negotiation dialogue)中的论证有时会得到截然不同的评估,原因在于说服型对话与协商型对话的目的不同:说服型对话的目的在于使用理性论辩证明遭到对方怀疑的一个特定命题;协商并不意在证明一个特定命题的真假,而是通过商定某些冲突利益的分配"达成交易"(make a deal)。诉诸威胁论证在协商型对话中非常合理,但在说服型对话中却极不合理——它无法获得有益于对话目标的理性论证或证据地位。

表1概述了六种基本对话类型:[6]

---

〔1〕 Alexy, R., A Theory of Legal Argumentation, Oxford: Clarendon Press, 1989; Feteris, E. T., Fundamentals of Legal Argumentation, Dordrecht: Kluwel, 1999.; Lodder, A. R., Dialaw: On Legal Justification and Dialogical Models of Argumentation, Dordrecht, Kluwer, 1999。

〔2〕 Wigmore, J. H., A Treatise on the Anglo-American System of Evidence, vol. I (of 10 volumes), 3Med., Boston: Little, Brown, and Company, 1940; Evidence in Trials at Common Law, vol. la (of ten volumes), Tillers, P. (ed.), Boston: Little, Brown and Company, 1983。

〔3〕 Twining, W., Theories of Evidence: Bentham and Wigmore, London: Weidenfeld and Nicolson, 1985。

〔4〕 Gagarin, M., 'Probability and Persuasion: Plato and Early Greek Rhetoric', in: Persuasion: Greek Rhetoric in Action, Worthington, I. (ed.), London: Routledge, 1994。

〔5〕 Walton, D. N. & Krabbe, E. C. W., Commitment in Dialogue, Albany, New York, 1995; The New Dialectic: Conversational Contexts of Argument, Toronto: University of Toronto press, 1998。

〔6〕 Walton, D. N. & Krabbe, E. C. W., Commitment in Dialogue, Albany, New York, 1995 and Walton, D. N., The New Dialectic: Conversational Contexts of Argument, Toronto: University of Toronto press, 1998。

表1 对话类型

对话类型	初始情境	参与者的目标	对话目的
说服型对话	观点冲突	说服对方	解决或澄清问题
调查型对话	需要证明	发现和坐实证据	证明(否证)假设
谈判型对话	利益冲突	得你所欲	双方都认可的合理解决
寻求信息型对话	需要信息	获取或给出信息	交换信息
协商型对话	两难或实际选择	协商的目的和行动	决定可获得的最佳行动方针
论争型对话	个人冲突	言语上猛攻对方	暴露冲突的深层根源

上述对话类型都可作为规范模型来评估不同种类法律论辩情形中的论证。但可能你想了解的最主要类型是论辩在审判(如刑事审判)中的运用。在新论辩术模型中,最好将这种论辩类型看作一种说服型对话,尽管它是一种与法院、司法权等决定的许多特殊程序规则紧密相关的极为特殊的类型。不过,其中也包含寻求信息的对话,如在使用专家证言时便如此。

据新论辩术,[1]论证的逻辑意义上的相关性取决于将该论证作为其中一部分的对话的类型。如前所述,诉诸威胁论证在协商型对话中也许是相关的,而在说服性对话中则不相关。威格摩尔已注意到对话的相对性或相关性。他引用一个日常对话来展现一种类型的对话如何转变为另一种类型的对话。[2] 列车上两位绅士正讨论某种玫瑰能否移植到他们那儿的气候下生长。恰逢此时,侍者把菜单摆在他们眼前并询问他们晚餐的内容。该对话就从关于玫瑰移植的说服型对话转变为关于晚餐选择的协商型对话。

说服性对话包含将由一方进行证明的中心论点或命题。在法律审判中,这被称作“待证事实”(factum probandum)。一方提出论证来努力证明这个论点,而另一方则尽力质疑这些论证的价值。有证明责任的一方即主张者(proponent)使用一系列相互关联的小步骤。每一单个步骤都是一个推论,代表一个不同类型的论证。有些论证是演绎的,有些是归纳的,而其中许多往往被划为第三类。如表2所示,第三类论证常被称作“回溯的”。[3]

第三类论证在法律论辩中尤为重要,它常被用于审判中,因为审判中的诸多证据往往是可废止的(defeasible)。证言证据(Testimonial)和情况证据(circumstantial)就其本性而言,属于第三类论证。证言证据有赖于证人的信誉(credibility),而情况证据则源于推论(其中,结论是从前提出发得到的一个推测)。审判中引入的绝大多数证据源自对证人的询问。在一个案件中,双方所使用的论证都可援引作为“证据”的证人陈述。对我而言,这一法律惯例似乎总是有些特殊,因为一个证人可能出错或撒谎,一个证人所言甚至或看起

〔1〕 Walton, D. N., The New Dialectic: Conversational Contexts of Argument, Toronto: University of Toronto press, 1998。

〔2〕 Wigmore, J. H., A Student's Textbook of the Law of Evidence, Brooklyn: The Foundation Press, 1935, p. 8。

〔3〕 Josephson, J. R. & Josephson, S. G., Abductive Inference: Computation, Philosophy, Technology, New York: Cambridge University Press, 1994。

来与其他证人所言矛盾。似乎正是由于这一惯例,法律证据才被视为易错的或可废止的。一个证人所言在当前是"证据",即便它日后被驳倒或摆明是一个假证言。无论如何,证据的推论结构以不同的形式构成不同种类的论证。基于证言证据的论证被归为知情地位论证(argument from position to know)。[1] 根据这一论证型式,如果处于知道一个陈述为真或为假地位的某人声称它为真(或假),那就是暂时接受它为真(或为假)的理由。但此类推论本质上是推定的。新近的论辩理论著作已对许多不同种类的推定性论证进行研究并进行了分类。

表2 论证类型

演绎有效的论证

凡鸟会飞

Tweety 是鸟

Tweety 会飞

归纳强的论证

大多数鸟会飞

Tweety 是鸟

Tweety 会飞

回溯似真的论证

鸟(通常)会飞

Tweety 是鸟

Tweety 会飞

论辩型式

在判断个别陈述是否似真时,逻辑可能爱莫能助。如果一个陈述看起来是似真的,则它拥有证明力(probative weight)。但那可能仅是一个关涉事物如何显现的问题。逻辑的价值在于,判断证明力如何经过推论得以转移,尤其是当推论典型地具有为我们所知的论辩型式(argumentation schemes)中的一种论证形式时。每一种论辩型式都附随一系列适当的批评性问题(critical questions)。在对话中,当对方使用某种论证类型时,理性的回应者就应该提出这些批评性问题。

知情地位论证是一种常见的论证型式,其中,一方常向另一方询问他可能拥有的某个

---

〔1〕 Walton, D. N., Argumentation Schemes for Presumptive Reasoning, Mahwah: N. J., Erlbaum, 1996, pp. 61-67。

信息。例如,假设一个外地人到某市,打问一位路人中心车站位于何处。如果路人看起来像是熟悉该地区的话,外地人便推测路人可能持有该信息。知情地位论证一般型式如下:

大前提:来源 a 居于知道包含命题 A 的主题域 S 中的事情的地位

小前提:a 断言(主题域 S 中的)A 为真(假)

结论:A 为真(假)。

与知情地位论证相匹配的是下面三个批判性问题:

CQ1:a 居于知道 A 为真(假)的地位吗?

CQ2:a 是一个诚实的(可信的、可靠的)来源吗?

CQ3:a 断言 A 是真(假)的吗?

在对话中,知情地位论证将推定力转移给另一方。如果回应者提出一个合适的批判性问题,"修复"推定力的任务就转移给另一方。只有这个批判性问题得到满意的答复,最初的推定力才得以恢复。

在逻辑教科书中常被称为"诉诸专家意见"(appeal to expert opinion)的基于专家意见的论证(argument from expert opinion),是知情地位论证的一个特殊子类。基于专家意见的论证形式(论辩型式)如下:[1]

大前提:来源 E 是包含命题 A 的主题域 S 中的一名专家。

小前提:E 断言(主题域 S 中的)主张 A 为真(假)。

结论:A 可合理地被视为真的(假的)

诉诸专家意见有被击败的倾向,因为专家同样也会犯错。作为知情论证的一种类型,诉诸专家意见提出在对话中推定力会因回应者的适当批评性问题的影响而减损。诉诸专家意见有六个基本的批评性问题:[2]

1. 专长问题:E 作为一个专家源有多大可信度?

2. 领域问题:E 是 A 所在领域的专家吗?

3. 观点问题:E 断言了什么而意味着 A?

4. 信誉问题:E 作为一个来源,其本人是可靠的吗?

5. 一致性问题:A 与其他专家的断言一致吗?

6. 后续证据问题:A 的断言是基于证据提出的吗?

这些批评性问题中的每一个,都对特定案件中诉诸专家意见论证的评估极其重要。在许多法律案件中,双方都有专家证人,因此提出一致性问题将触发其他问题。这样,由提出一个基本的批评性问题而引发的不确定性,可能导致扩展该对话的各类子问题。

涉及可信度(credibility)的问题 1 与涉及个人信誉(personal reliability)的问题 4 之间的区别可能并不清晰。根据之前的分析,[3]这二者应视为不同的问题:信誉问题是个体的诚

[1] Walton, D. N., Appeal to Expert Opinion, University Park: Penn Sate Press, 1997, p. 210。

[2] Walton, D. N., Appeal to Expert Opinion, University Park: Penn Sate Press, 1997, p. 223。

[3] Waller, B. N., Critical Thinking: Consider the Verdict, Englewood Cliffs: Prentice Hall, 1988, p. 126; Walton, D. N., Appeal to Expert Opinion, University Park: Penn Sate Press, 1997, pp. 213 – 217。

实度问题,与个体的道德品质有关;专长问题则与专家的能力有关。一个专家具有可信度是因为在运用知识解决问题的过程中,他拥有知识且具有良好的判断力。专家的能力可能是诉诸专家意见被当作好论证的突出因素。不过,诚如沃勒(Waller)所表明的,[1]一个撒谎专家的证言可能和一个真诚的无能力者的证言一样具有误导性且缺乏价值。

知情地位论辩基于如下假设:若某人是所讨论命题的来源,则他处于知道该命题为真或假的地位。这种论辩有用是因为使用者不能像来源那样获得证据。假定该来源可靠,那意味着如下推测合理:该来源能够就其所在情境中已发生的事件给出一个准确、真实或至少是可靠的描述。[2] 因此,上面提出的两个型式的共同点在于,论证的价值建立在因拥有诚信品格而成为可靠来源的主张者的信誉基础上。因此,针对主张者之品格的批评性问题基本上具有相关性。

以上概述的型式仅是诸多论辩型式中的一部分而已,它们对法律论辩和证据而言极为重要。沃尔顿(1996)所提出的推定性论辩型式,囊括了法律论辩所使用的许多更为重要的推论类型。佩雷尔曼(Perelman)和提泰卡(Olbrechts-Tyteca)(1969)也辨明了其他许多不同类型的论证,这些论证可暂时为所争议问题提供证明力。黑斯廷斯(Arthur Hastings)的博士论文(1963)提出首个系统的现代分类方法,该方法不仅了描述许多论辩型式,而且还包括了它们在日常对话论辩中的使用。近来,金泡因特纳(Kienpointner)(1992)编制出一个包括许多论辩型式在内的详尽清单,特别强调演绎和归纳形式不包括在沃尔顿(1996)的考察中。沃尔顿(1996)介绍和分析过的推定性论辩型式还有:迹象论证(argument from sign)、基于事例的论证(argument from example)、基于承诺的论证(argument from commitment)、知情地位论证、基于专家意见的论证、类比论证、基于先例的论证(argument from precedent)、渐进式论证(argument from gradualism)和滑坡论证。其他一些新近的论辩著作(如爱默伦和荷罗顿道斯特,1992)极力强调,在将日常推理中的普通论证评估为正确的或错误的、可接受的或可批判的过程中,论辩型式是多么的重要!

典型案件中的推理链

为把握证据的要素及其在具体案件中如何协同作证,我们需要说明典型案件中如何使用推理。但若典型案件如任一真实案件那样过于复杂,证据要素如何协同将迷失在细节的海洋中。在任一真实案件中,证据群都充满了用以组成大图景的小细节。因此,我们选取一个极其概略的案件,尽管它过于假设化且不完整以至于不真实,但它却足以明确地揭示出:在真实案件中证据的合乎逻辑的关键部分通常如何共同发挥作用以支持结论。让我们选取某刑事案件使用的一个探寻事实的推理例证。假定佩克是一桩凶杀案的嫌疑人,可能的凶器——匕首是在案发现场找到的。法医调查显示,匕首上有佩克的指纹。在使用相同推理的相似案件

[1] Waller, B. N., Critical Thinking: Consider the Verdict, Englewood Cliffs: Prentice Hall, 1988, p. 126。

[2] Wagenaar, W. A., Koppen, PJ. van & Crombag, H. F. M., Anchored Narratives: The Psychology of Criminal Evidence, Hertfordshire: Harvester Wheatsheaf, 1993。

中,证据也可以是指纹、血样或其他此类经验性发现物。我们只选择一个为例,思考证据是一枚指纹的情形。该情形下这枚指纹为什么能合理地视为证据?这个简单的问题对一些人而言似乎并不重要,但从逻辑的观点看,它比你最初的想法要难回答得多。当然,说“指纹为证据仅是常识”非常容易。然而,从逻辑和证据理论的观点看,我们的目的是揭示在此类常识判断中如何正确地使用推理且推理属于何种类型。推理要有某种可辨明的逻辑结构以判定任一给定案件是否适用该结构。该结构是一个推理链。这个推理链中的环(links)又是什么呢?每个环都有一个推论形式吗?这些环是如何连接起来达至案件的最终结论的?我们怎么判断每一环的强或弱呢?如何从给定案件的大量证据中总结概括出这些判断?下面概述的典型案件纯属虚构,目的是阐明适于法律证据推理的论证图解技术的若干主要特征。请注意,它不是一个真实案件或意在描述任一真实案件。

转向我们假设的案件,回答上述所有问题的最佳起点始于下述思考:基于专家意见的论证在该推理链中如何被使用。科学上周知的事实是,每个人的指纹都有与众不同的特征。从大量指纹技术的经验可知,两个不同个体拥有完全相同(或不能区分)的指纹,这在统计学上是绝无仅有的。专家可借助技术判断指纹是否是佩克的。因此,根据对佩克留在匕首上的指纹的测定,可以推断佩克接触过匕首。在特定案件中,该推论可能是错误的:佩克的指纹可能被“嫁接”在匕首上,或者,法医的指纹分析可能在某种程度上受到干扰。佩克的指纹如何落在匕首上的替代性解释在逻辑上是可能的。虽然关于佩克的指纹缘何落在匕首上的替代性解释五花八门,但除非我们有理由假设其中某一解释适用,才能通过似真推论推出佩克接触过匕首这一结论。

即便我们能合理推出佩克接触过匕首,在没有相反证据的情况下,得出“佩克杀了受害者”这一结论的推理过程又是怎样的呢?该过程建立在导向佩克杀害了受害者这一最终结论的一组似真推论的基础上。第一个前提是,案发现场发现了这柄匕首。另一个前提是,死因为一柄匕首所刺,这将由法医专家分析来确证。这两个前提合起来推出如下结论:这柄匕首是凶器。现在我们有两个重要的、暂时得到似真推理支持的结论:一是佩克接触过这柄匕首,二是这柄匕首是凶器。现在的问题是,在我们所考虑的常态案件中重构导向佩克杀害了被害人这一最终结论的推理链。

接下来的推论是关键环节。由于佩克接触了这柄匕首(或从上述推理推测如此),所以可以假定,佩克用这柄匕首刺杀了被害人。这里的联系是似真的,其依据是一个与日常生活中正常且可预期的做事方式相关的回溯推理。要用匕首刺杀某人,通常是先握住匕首。完成这一动作的正常方式是手握匕首,且匕首和手之间通常没有手套或其他障碍物。这一正常方式符合一般经验。因此,如果某人的指纹留在匕首上,又可以留下的指纹为据推出他接触过匕首的结论,那么,该证据就会衍生更多证据。在该案件中,从这一证据出发可似真推出:佩克用这柄匕首刺杀了被害人。因此,一旦在匕首上发现佩克的指纹,根据先前概述的推理链,就可得出如下似真的结论:佩克就是用匕首刺杀受害人的那个佩克。这一事实发现为“佩克杀害了受害人”这一最终结论的证明所必需。

你可能认为,在这样一个典型案件中前述推理链的分析微不足道。它看起来微不足道,因为它基于多个在日常推理中被视为当然的常识假设。但正是这种日常似真推理具有法律证据领域论辩的特质。因此,对任一证据理论而言,如何从指纹推出最终结论或应该在类似案件中如何推出最终结论这一问题绝对是至关重要的。从证据理论的观点看,问题是:通过把所有逻辑推论链接为某种融贯结构而发现一种可以把握案件证据群的结构。这一问题有四个可能的回答:

1. 结论根据最佳解释推论而得出
2. 结论根据迹象论证而得出
3. 结论根据基于假设的回溯或似真推理而得出
4. 结论根据论证图解所展现的一系列推理链而得出

这些回答皆是正确的,其中每一个都是对法律证据领域论辩如何运转的反映。每一推论步骤都有回溯的倾向且是最佳解释推论的例证。多个步骤构成基于迹象论证的形式。但证据的最重要方面及在法律证据案件中用以描述论辩如何起作用的最佳触点,与条目4相关。

论证图解

论证图解技术是将论证的扩展序列中的前提和结论刻画为有向图中的点(顶点)。人们往往认为论证图解是非形式逻辑近来的发明,实际上,在非形式逻辑圈子中并不广为人知的法律证据理论家——威格摩尔在19世纪就奠定了这套技术的实践基础,并把它应用到法律证据的大量案例研究中。威格摩尔证据图而今被称为论证图解。它是一个有向的图表结构,由代表命题的点和代表推论步骤的箭头组成。威格摩尔对典型证据群的图解最好、也最简单地阐明了这一点。[1]

典型证据群的威格摩尔图解

威格摩尔用P表示待证命题(待证事实),用T表示"证言断定"(testimonial assertion),用C表示"情况"。在描述上述图解时,威格摩尔写到,"接下来的图表将对任一命题的典型证据群展开分析。"

T ──→ C → P
T ──→ C → P
T ──→ C ──→ C ──→ P
T → P
T ──→ T → P

威格摩尔用其先进的但又常被认为标新立异的符号系统应对高度复杂的案件。人工智能和论辩理论的进展正越来越彰显出威格摩尔技术的价值。

表明论证图解如何适用法律证据案件的最好方式,是制作一个简图来展现佩克和维科假想案中的推理链。下面完成的论证图解将表明,佩克和维科案中的推论怎样与其他推论相匹配进而组成一个推理链。首先交代该案所使用的论辩背景:

〔1〕 Wigmore, J. H., Evidence in Trials at Common Law, vol. la (of ten volumes), Tillers, P. (ed.), Boston: Little, Brown and Company, 1983, p. 956。

案例:佩克是维科死亡案中的嫌疑人,维科身上有多处明显刺伤。一柄匕首(可能是凶器)在案发现场被发现。警察调查了犯罪现场并搜集了他们能找到的所有证据。

图解要以上面给出的案件背景陈述为起点,然后重构得出结论的过程。任一真实案件都包括许多重要细节。如果在审判中考虑论辩的话,将会询问证人,而且进行什么推论将依赖询问过程的细节。尽管忽略细节对任一真实案件而言都是致命的,但这里的目标是,展现典型案件中的最重要推论怎样链接起来以推出最终结论的一般模式。要考虑的第一个推论如下:

1. 在匕首上发现一枚指纹;

2. 匕首上的这枚指纹是佩克的指纹;

3. 因此,佩克的指纹在匕首上。

上述论证中的两个前提,都需得到上述典型案件中其他论证的支持。特别是,第二个前提需要得到支持,它建立在诉诸专家意见的基础上。支持该前提的论证形式可通过如下推论表达:

4. 来源 E 是涵盖指纹知识的法医学领域的专家;

5. 来源 E 说匕首上的指纹是佩克的指纹;

2. 因此,匕首上的指纹是佩克的指纹;

接着有第三个推论,它是该推理链的一个重要组成部分:

6. 这柄匕首在案发现场被发现;

7. 死因是一柄匕首所刺;

8. 因此,在现场被发现的这柄匕首(似真地)被用于杀死维科;

这一推论是似真的。其他证据可能表明它是错误的。但是,倘若得到其他证据的支持,它便具备推定力。第二个前提需要得到如下诉诸专家意见的支持:

9. 法医是死因鉴定方面的专家;

10. 法医说,死因为一柄匕首所刺;

7. 因此,死因是匕首所刺。

最后,另一重要推论将指纹和刺杀连接起来。该推论可重构如下:

11. 如果佩克的指纹出现在匕首上且案发现场发现的匕首被(似真地)用于杀死维科,那么,关于佩克用匕首刺杀维科的假设似真。

3. 佩克的指纹出现在匕首上;

7. 案发现场发现的匕首被(似真地)用于杀死维科;

8. 佩克使用匕首刺杀了维科;

最终,还需要最后一个推论:

12. 如果佩克用匕首刺杀维科并且维科的死是因为匕首所刺,则佩克杀死了维科;

8. 佩克使用匕首刺杀了维科;

7. 死因是匕首所刺;

13. 佩克杀死了维科。

命题13揭示了所讨论刑事案中一个重要的事实发现——与凶杀案的最终问题相关的一个重要发现。在该论辩中,导出命题13的推理链可通过下面佩克图(Diagram Pek)中的论证图解来表示。

为什么一旦在匕首上发现佩克的指纹,佩克杀死维科这一结论就能根据佩克图中的似真推理链推导出来呢?原因与语境相关。佩克是一起刺杀案中的犯罪嫌疑人,这一事实将上述推论链置入一个语境中。该语境可以勾勒如下:警方发现维科已经死亡。显然,他是被现场发现的一柄匕首所刺而亡。从法律上说,这一发现提出一个问题。不论是谁刺杀或对刺杀承担责任,他都将因之获罪。负责调查这宗犯罪的警察必须沿着任何可能找到的、与凶杀相关或表明发生了什么的线索来找到刺杀者,故有人说佩克是凶手这一命题具有相关性,值得进一步证明或否证。因此,任一基于案件发现、对证明或否证该主张有益的推理都是相关的。因此,可以推测匕首上发现了佩克的指纹,也可以推测佩克是嫌疑人,因为佩克在某种程度上与受害人密切相关或知道受害人的情况。在这样一个语境中,"匕首上发现佩克的指纹"这一命题具有相关性。

总之,对典型案件的考察表明,证据(指纹)与待证事实之间的关系比它的外表要复杂,其间涉及一系列连锁推理。我们可用论证图解来表达案件所用推理的整体结构。贯穿图解的一条路径反映了指纹发现与待证事实之间的联系。我们也可用这一联系表明,在合乎证据的"相关"意义上一个命题为什么与另一个命题相关。

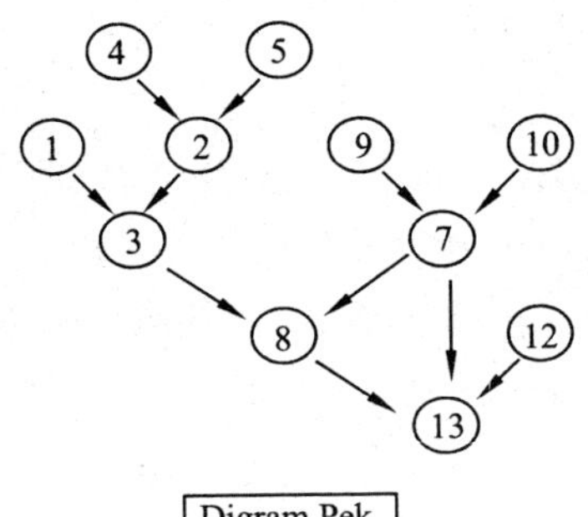

Digram Pek

何为相关?

在说到证据"相关"时,我们想表达什么意思?"相关"这个术语极为模糊,说到底能意味任何东西。但就论辩理论的目的而言,"相关"的意思可简略表达如下:一个命题与另一个命题是辩证相关的(dialectically relevant)当且仅当其间存在一个推理链。这意味着,从作为起点的命题出发,通过推理,我们能到达作为终点的另一个命题。因此,一个命题可用于证明或否证另一个命题。表达法律论辩中的相关性的威格摩尔方式是说,作为论辩链条的一部分,一个命题具有潜在的"证明力",这可以导出作为结论的另一个命题。在当前案件中,问题是,我们如何能从案件中已发现或经推测发现的证据出发得到(该语境下)高度相关的结论——佩克杀死了维科。在该案件背景下,结论通常是相关的,因为如果“佩克杀死维科”这一命题真,则可由此出发,通过可能似真的推理得到维科杀死受害人有罪这一最终结论。最终这条路可能行不通,但就调查或审判初始阶段我们所知而言,断言事物将沿着这一路线发展是一个很好的预测。

上述论证图解表明,在导向佩克杀死维科这一结论的推理链中各个推论共同起作用。每个子论证的结论都在用以排除佩克之外的其他人与这柄匕首和犯罪现场相牵连的论证中充当前提。论辩链缩小了可能行凶者的范围,强有力地指向佩克。推理链直接把佩克和凶器的使用联系起来,表明他的确亲手实施了刺杀。作为案件证据,论证图解中的所有命题都非常重要,理由有两个:第一,它们可在前面刻画的推理链被使用以导出佩克杀死维科这一结论。第二,该结论具有相关性,它和其他证据一起导出佩克有罪这一最终结论。论证图解展示了从案件中的不同发现(前提)到佩克杀死维科(结论)的推理链。结论是并且当然仅是能为案件发现提供最佳解释的一个似真假设。因此,论证图解展示了组成案件证据群的推论网。所谓的“证据”不仅通过警方调查报告中的推测性事实(presumed facts)来表达,还通过基于推测性事实的似真推理的推断来表达。支持论证图解所表达的“佩克杀死维科”这一论点的整个证据包,建立在该案件的论证重构基础上。在重构过程中,隐含前提基于展现每一推论形式的论辩型式被添补。刑事审判中的案件证据通常建立在诉诸专家意见论证的基础上。该论辩型式结构的把握对特定案件中论证图解的重构至关重要。

最终,主要问题都得以回答。作为证据的指纹何以被恰当地视为辩证相关的?答案包括两部分:第一,为明晰之故,我们必须要问另外一个问题:指纹大概是什么样的证据呢?在法律背景下该问题的答案由所讨论的某个最终结论(待证事实)来提供。指纹大概是这样一种发现,它可以承载与某一犯罪或所关注的错误行为或法律利益有关的论证。在前面考察的假想案件中,罪行是凶杀,此时,指纹是凶杀案中的潜在证据。为什么该指纹被视为相关证据呢?答案是:该案中指纹的发现可作为上面两个基本推论的前提,并且,这两个推论借由一个推理链使得最终结论被证明或否证。

我们已表明相关依赖特定案件中的多个要素:一是对话类型;二是对话目的或对话将证明什么、否证什么或对话中的论辩意欲解决什么问题;三是论辩型式及与该型式相匹配的批判性问题;四是如何链接所给命题或少量证据,以使待证事实成为从所给命题展开的论证图解的终点。展现链接的是论证图解——从一个命题通往另一个命题的有向图。问题是,在论证中(如在审判中)我们很难或不能提前判断论辩的发展方向。从实用的目的考虑,我们可以根据对话目的和现实的制约来判断是否相关。相关实际上常常是为了避免不当延误和不当花费以使会议、审判或其它类型的演讲活动能公平地听取对双方皆具重要证明价值的论证。

此时,必须对逻辑相关(logical relevance)和法律相关(legal relevance)之间存在的差别做出简要的评论。这一差别对提勒(Tiller)编辑而成的威格摩尔专著[1]的脚注中所援引的主要证据理论家之间存在的巨大争论而言是根本性的。这些争论表明,学者们对逻辑证据与法律证据之关系的认识存在很大分歧。这里所能说的是,法律相关取决于像《联邦证据规则》(1997)的法律规则及其在案件中的应用。但潜在的法律相关应当是与逻辑相关相融贯的概念。如前所述,最好将逻辑相关视为辩证的。换言之,逻辑相关不仅与逻辑推理有关,而且与特定情形的对话中推理如何服务于某个目的有关。

何为证明力

在前面简略刻画的简易案件中,相关如何起作用依赖于推论和语境:在相关证据总是支持所得出或推导的某个结论的意义上,它是推论性的;在某物是相关证据的意义上,即,相关证据有助于解决某个有争议或遭致怀疑的断言的意义上,它是语境化的。如上主张似乎不同于日常用法。虽然我们不时说一个物体(如一台冰箱)是相关证据,但这里所捍卫的"相关"概念是:一个诸如冰箱的物体是相关证据,仅当我们以它的出现为据展开推论;一个诸如冰箱的物体是相关的,假如这些推论有助于消除涉及某一断言的争议或怀疑。例如,如果有人声称这台冰箱中储藏了凶杀犯肢解的尸体,那这台冰箱就可作为证据使用。不过,威格摩尔会把这样一台在法庭上呈现的冰箱归类为"现场验证的证据"(autoptic proference),即便在日常对话中这台冰箱自身也会被称为证据。

基于以上观点,证据总包含一个从前提(一组陈述)到结论(一个陈述)的推论。如前所述,这样一个推论可以满足三类针对结构正确性的标准——演绎标准、归纳标准和推定(回溯)标准。但结构正确并不足以使一个推论具有证据资格。还存在另外的要求:前提必须有证明力,而且,前提的证明力必须能转移给或"掷予"(thrown onto)结论。这个"掷予"可称为证明效用(probative function)。一个推论的证明效用在于,可以运用前提的证明力和推论结构的正确性来增强结论的证明力。

然而,单个推论中这种证明力的向前"掷予"在将该推论视为证据的过程中可能并无意义。为此,必须要有一个受到怀疑或处于悬疑状态的终极命题才能提出证据,并且,单个推论必须在推出作为最终结论的最终命题的推理链中占有一席之地。恰如前面的简例所示,这一要素是证据中所包括的一系列推论的正向链。法律论辩的这一旨趣在于,我们在任一特定案件中所鉴定的证据都与案件的整个证据群相关。单个推论本身一般价值不大,重要的是如何把它放进证据群中。由此,证据群由一个巨大的推论网构成,其中每一推论都与其他推论相互串连。

关键问题是:何为证明力? 证明力使命题看起来真。证明力给理性人提供理由以断定一个命题为真,即便进一步获知的其他事实会使该命题假。除了给出上面的大而化之的评述外,我们不能充分而精确地定义证明力。证明力等同于似真(plausibility)或似乎为真的

---

〔1〕 Wigmore, J. H., Evidence in Trials at Common Law, vol. la (of ten volumes), Tillers, P. (ed.), Boston: Little, Brown and Company., vol. la, 1983。

东西，但是，似乎为真或看起来为真是什么意思呢？似真与正常的或可期待的事件流有关以使一个报道似真，假若它看起来极有可能已经发生。[1] 例如，假定海伦去探望在养老院中颐养的祖母，她留心到祖母胳膊上的伤痕，而她的祖母记不起自己如何添上这些伤痕。海伦很担心，起疑自己的祖母被虐待了。于是，质问护士要求给出解释。护士带海伦去看那些用铁片铆在墙上的楼梯栏杆。她向海伦展示海伦的祖母在楼梯上如何失足、抓紧扶手并挪向割伤她手臂的墙体。慎思之后，海伦认为这个解释极为似真。这几年来，她的祖母常常忘记每天发生的事情。即便她说自己不能想起曾在楼梯上跌倒，也极有可能是她忘却了这个事故。因此，“似真”意味着如下类似情形——意味着海伦发现跌落楼梯这一描述如此可信以至于打消了祖母被虐待的怀疑和担忧。护士给出的这个描述足以为真。为什么？因为在这个环境背景下中它似乎很“到位”(in place)。它看起来像那种环境下极易发生的、极其正常的、意料之中的或典型事件。我们有一个年老的、孱弱的、健忘的亲人。我们有陡斜的楼梯，而老人总要跨过这些楼梯才能来到公共休息室。正如我们所说的那样，在考虑整个情境和其中所有要素时，它们相互补充。跌倒而擦到铁片的描述是似真的。如果该护士看起来诚实并且没有理由贬损或怀疑其所言，则它的似真性就是接受它的理由。

威格摩尔论证明力

威格摩尔的证据理论基于证明力概念以及案件中单个命题的证明力在整个证据群中如何分配。据其理论，法律案件中任一方提供的全部证据群都可被表达为相互链接的推论网。整个网相互关联且导向一个命题——所讨论的最终结论。威格摩尔理论的强项在于，它将法律证据建立在可以承载证明力的似真推论的基础上，但随着案件的进展这些似真推论有可能被引入的新证据击败。

特文宁(Twining)(1985)已表明威格摩尔的证据理论如何依赖于边沁的证明力概念。边沁虽然称证明力为“概率”(probability)，但当他使用这个术语时，他心中呈现的似乎是古代的“概率”或似真概念。在边沁的理论中，[2] 确立一个命题的概率包括两个部分(如证人证言案例所示)：一是该命题自身的概率，它通过证据的可信度显现；另一个是初始概率值的分配，它通过质证的结果展现。[3] 边沁提及的其他因素还有证言的内在一致性以及该事件的平常性或异常性。例如，如果一个证人声称下坠的气球毁坏了花园，那该事件的异常性会有减损其概率的倾向。[4] 由此可见，边沁意义上的概率依赖语境并且非常容易让人联想到古代的似真概念。

边沁证据理论中的一个中心思想是所谓的“推理链”，它被界定为一系列的推论[5] 以

---

〔1〕 Rescher, N., Dialectics, Albany: State University of New York Press, 1977。

〔2〕 Bentham, J., Rationale of Judicial Evidence, vol. 7 of The Works of Jeremy Bentham, ed, 1962。

〔3〕 Twining, W., Theories of Evidence: Bentham and Wigmore, London: Weidenfeld and Nicolson, 1985, p. 28。

〔4〕 Twining, W., Theories of Evidence: Bentham and Wigmore, London: Weidenfeld and Nicolson, 1985, p. 54。

〔5〕 Twining, W., Theories of Evidence: Bentham and Wigmore, London: Weidenfeld and Nicolson, 1985, p. 65。

使每一前提或结论都有既定的证明力或概率度,并且其证明力将随着新证据的引入而调整。像边沁一样,威格摩尔围绕案件证据群形成的似真推理链概念构建其证据理论。例如,威格摩尔书中[1]抢劫后暴富的一个男人就是这样一个似真推论的例证。事实一旦被确立,就可通过似真推论得出他从抢劫中获取这笔横财的结论(假设)。但这一推论仅仅是诸多可被用来解释给定事实的假设之一。还存在其他几个解释——这个男人可能接受了一份遗产或在博彩中获利。因此,所得结论最好被视为"最佳解释推论"(inference to the best explanation)——一个似真但可废止的推论。

证明力或似真推论的这种边沁式进路的根源可以再往前追溯吗?首先,我们注意到,洛克的著作《人类理解研究》第四卷第十五章对此有所论及。洛克的例子[2]是:荷兰大使告诉暹罗国王说,荷兰的水有时会结冰以至于人能在冰上行走。由于缺乏寒冷环境的经验,国王认为大使所云难以置信。不管怎样,洛克所熟知的是作为认识论概念的似真推论。显而易见,似真推论的根源可以追溯的更为久远。正如约森和图尔敏(Jonsen & Toulmin)(1988)所述,源于西塞罗权衡法律或伦理案例中双方拥有的"可能理由"(probable reasons)之方法的中世纪诡辩传统,把似真(当时称为"概然性")作为推理的核心工具。诡辩家们将掂量案件双方提出的概然性论证,然后决定在意见冲突情形下哪一个意见更为可能。

因此,尽管似真推理概念还未出现在主流逻辑中,但在伦理学和在法哲学领域中它已拥有过一段历史。威格摩尔的证据理论基于边沁和洛克的证明力概念,而这一概念甚至有着比西塞罗时代更为久远的基础。它是古希腊哲学家极为熟悉的一种思想。

古代似真概念的复兴

古代的似真或似然为真(seeming-to-be-true)概念之一,常据希腊文译作"概率"(probability),但在现代,"概率"这一术语意味着统计意义上的数值概率。在古代意义上,它指的是被普遍接受为真的东西或基于表象似乎为真的东西。对可接受性而言,古代意义的概率是不可靠的向导。虽然它常常构成可接受性的合理基础,但也出错:在某些情形下,因为表象的冲突,它甚至会导致矛盾;在某些情形下,它也具有误导性。虽然如此,但在许多情形下,似真性是我们唯一能藉由的,而且,如果无法得到更"铁"的证据,最好就依据似真证据去推理并暂时接受它、依它行事。

古代有关似真推理的最著名例证是一对匹配论证:似真论证(eikotic argument)与反向似真论证(reverse eikotic argument)。关于这对论证的描述在柏拉图那里出现过,而柏拉图所举的两位哲学家——大约生活在公元前15世纪中叶的科拉克斯(Corax)和蒂西亚斯

〔1〕 Wigmore, J. H., A Treatise on the Anglo-American System of Evidence, vol. I (of 10 volumes), 3ed., Boston: Little, Brown, and Company, 1940, p. 420。

〔2〕 Locke, J., An Essay Concerning Human Understanding, 9th ed., London: A. Churchill, 1726, p. 276。

(Tisias)——是其创造者。[1] 亚里士多德在《修辞学》(1402aI7 - 1402a28)中描述了似真论证,其中,亚氏把它归功于科拉克斯。

似真论证

在两个男人之间发生的斗殴案的庭审中,一个男人明显地比另一个块头更大、也更为强壮。瘦弱的男人诉诸陪审团,问道:像我这样一个瘦弱的男人会攻击一个块头大很多、也更强壮的男人,这在你们来看是否可能?上述假设是似真的吗?将陪审团置于特定情形下小个子男人所处境地,陪审团的每个成员都可单独思考自己攻击这个大块头是否可能。结论是:小个子男人攻击是大块头是不可能的。

此种情形下所用似真论证的证明效用有赖于各种考虑的平衡。假定这只是他的一面之词,而且他也没有提供所谓的"铁证"。这个案子悬于天平上。不管怎样,一方或另一方的似真证据的微小增加都会打破平衡。由似真论证所产生的似真力,具有反驳"小个子男人攻击大块头"这一命题的证明力。

有趣的是,可能存在一个反向似真论证,我们可用它来对抗初始的似真论证。

反向似真论证

大块头男人问陪审团:一个明显更强壮、块头也更大的男人会攻击一个看起来要瘦弱得多的男人,这是否合理?他推理如下:如果案子诉诸法庭的话,我知道这种攻击罪责难逃。假定存在这种考虑,他还会攻击弱小男人,这一看法合理吗?所得结论是:这一假设是不大可能的。

反向似真论证把证明力折返给了对方。据加加林(Gagarin)[2]说,反向似真推理是公元前五世纪下半叶的智者所青睐的一种典型的"旋桌"(turning-of the-tables)论证。

似真推论的观念非常有趣,人们很容易看到它为何在法律推理所使用的论辩中非常重要。但是,鉴于这种推理的主观性,如何系统地对它做出评估呢?在(与后现代相对)的现代观中,似真是"主观的",因而没有证据价值,因为所有证据都应基于演绎或归纳推理或统计意义上的盖然性推理。但是,古代的似真思想假定了不同于演绎与归纳的第三种推理。这第三种似真推理而今常被称为回溯推理或最佳解释推理,其对计算机科学中的人工智能的新进展非常重要。不过,有意思的是,这第三种推理形式被威格摩尔极为清楚地意识到、表述出来并用于其证据理论。从逻辑的观点看,威格摩尔是个他那个时代的弄潮儿并且是似真推理的强有力代表。

---

〔1〕 Gagarin, M., Probability and Persuasion: Plato and Early Greek Rhetoric, in: Persuasion: Greek Rhetoric in Action, Worthington, I. (ed.), London: Routledge, 1994, p. 50。

〔2〕 1994, p. 51。

结 语

前面概述了新近在应用逻辑和论辩理论中得以发展的许多方法和概念,包括将对话进行分类的对话理论、辩证的相关性、论证型式、论证图解和似真推理。威格摩尔在提出其证据理论的过程,对这些概念和方法极为依赖。这些概念和方法在当时发展的不足局限了威格摩尔。虽然威格摩尔的确依赖阿尔弗雷德·西季威克——非形式逻辑的早期先驱,但西季威克的著作有些过时且对逻辑学没有任何发展。[1] 支持威格摩尔理论所需要的工具和技术不在那里。威格摩尔对论证图解技术的创造性发展,如他的证据图表法,并不成功。他采纳了源自洛克和边沁的核心概念证明力,而当时甚至在威格摩尔死后一段时期内,主流逻辑都没有办法分析这些思想。威格摩尔理论的一些方面在法律领域颇有影响,但另一些方面很长一段时期在逻辑学家和法证据学者看来显得非常晦涩和古怪。然而,一旦用这些新方法来补充威格摩尔理论,它看起来就更像有着潜在逻辑结构的理论。而今看来,威格摩尔实际上是一位多么重要的非形式逻辑运动先驱!

也许,部分问题在于,论证图解技术对法律人而言没有直截了当和引人注目的用途。它似乎并不能明显地帮助法庭上的辩护律师,如在案件事实认定之前帮助她提升论辩。它似乎也不明显有助于法官总结证据和案件双方的论辩思路。这种基于论辩的新方法对证据的最有用之处在于这样一个纯理论目的:把握法律证据中论辩的逻辑推理结构。当然,上文概述的佩克和维柯案纯属虚构,它高度简化地表达了任一真实案件都具有的特性:复杂证据。但该案件中的证据结构对于展现这种新方法的前景来说却是实事求是的。从证据理论的观点看,上面概述的这种针对论辩的新辩证方案是一个可喜的进展。它不仅展示了如何运用论证图解来表达连续的逻辑推理,而且表明论辩型式、辩证的相关性都是法律证据领域所使用论辩的可清楚辨明的结构要素。在法律逻辑中,除了纯理论性用处外,这些技术还有其它实用之处吗?我们建议可以用它来分析庭审报告以重构特定案件中的证据大纲,这有益于律师完成新的审判。论证图解可被用来提取推理网中的论辩关键步骤,该推理网对案件的论证主线至关重要。这些新技术在法律案件中的应用一旦被更多地发掘出来,论证图解就可能为法学院证据课程中逻辑推理技能的教授提供帮助。威格摩尔使用了看上去相当复杂的证据图表来表达案件双方的论证,展示了并非特别具有说服力的所有论证小步骤如何组成了有说服力的证据群。非形式逻辑的新技术可以简化这些证据图表,并在概括案件证据的核心结构的过程中以有用且吸引人的形式逐步推进它们。

---

〔1〕 Hamblin, Ch., Fallacies, London: Methuen, 1970。

法学通说序论之一:通说的用语·概念·作用域*

张志坡**

摘　要:作为术语,“通说”一语在中国法学界至少已有百年的历史,其最初更可能来源于日文汉字“通説”,而其如何英译并未形成通说。法学通说是在某(些)法域内形成的具有普遍共识的法学命题,是学说中之权威者。多数说与少数说是量的区别,而通说与有力说则是质的区别。通说与多数说关系最为密切,但二者并不等同,通说的形成要求学界多数的支持,并占据主导地位。“通说”不仅存在法学领域,在其他领域也有应用。

关键词:通说;多数说;少数说;共识;主导性

尽管学说之影响可能因时、因国而有所不同,但在德国、日本和我国,“在制定法律时,权威著作的见解,常被接受而订立于法典条款,成为成文法拘束人民的规范。法律制定后,在适用上遇有疑义时,多借学说理论加以阐释。”〔1〕法学通说是学说中之权威者,其对国家立法、司法断案、学术研究更具实益,〔2〕德国比较法权威学者 Rabel 曾谓:“通说理论系法律之神经。”〔3〕这是对通说地位的最佳描述。“通说”如此之重要,其频繁地出现于法学论著或法院判决中也就不足为奇了。德国、日本、我国台湾地区有多年的法学传统,已经形成并大量地使用着法学“通说”。在我国大陆,无论目前是否存在法学通说,〔4〕“通说”已经

* 基金项目:2012 年教育部人文社会科学研究青年基金项目“指导性案例的创制技术与适用方法研究”(项目编号:12YJC820096);2014 年度中央高校基本科研业务费专项资金项目“法律解释规则及其运用”(NKZXB1404)。

** 张志坡(1981—),男,天津宝坻人,南开大学法学院讲师,南开大学人权研究中心兼职研究员,法学博士,研究方向为民商法、法学方法论。

〔1〕 王泽鉴:《民法总则》,北京大学出版社 2009 年版,第 58 页。

〔2〕 关于通说的具体功能,具体可参见庄加园:《教义学视角下私法领域的德国通说》,载《北大法律评论》(第 12 卷第 2 辑),北京大学出版社 2011 年版。

〔3〕 Ein Gesetz ist ohne die zugehörige Rechtssprechung nur wie ein Skelettohne Muskel. Und die Nerven sind die herrschenden Lehrmeinungen. Rabel, Aufgabe und Notwendigkeit der Rechtssvergleichung, 1925, S. 4. 转引自王泽鉴:《民法学说与判例研究》(第 2 册),北京大学出版社 2009 年版,第 10 页。

〔4〕 孙宪忠认为我国很多关于物权法的学问,存在“通说”,但很多部分既不符合法理,也不符合国情。黄卉认为,在我国法律文献中被称为“通说”的法律意见,在我们找到检验的方法前,合适的态度是将信将疑。参见孙宪忠编著:《物权法》,社科文献出版社 2013 年版,第 374 页;黄卉:《论法学通说》,载《北大法律评论》(第 12 卷第 2 辑),北京大学出版社 2011 年版。笔者赞同黄卉的观点,认为通说是需要考察和确证的。

出现在越来越多的法学著述中,[1]而在期刊论文中,"通说"一词的使用明显增加,[2]不仅如此,法院判决也已经开始大胆地使用"通说"了。[3]

然而,关于"法学通说"的研究却甚为少见,姜涛先生认为,国外对此的研究已经走在了前列,尽管西方法学界没有学者以法学通说为研究对象,但有两种理论与此关联:一为法律论证理论。……二为法律修辞学。[4] 但是,这一论断仍过于武断,事实上,黄卉博士在其论著中指出,Rita Zimmermann(可能)是德国第一位以"通说"为题目撰写博士论文的作者,她于1982/1983年在Konstanz大学提交论文,Rita Zimmermann, Die Relevanz einer herrschenden Meinung fuer Anwendung, Fortbildung und wissenschaftliche Erforschung des Rechts(通说与法律适用、续造和学术研究的关系),Berlin 1983。[5] 另外,笔者发现,日本法学界关注并研究法学通说的时间要比Rita Zimmermann早20余年,[6]即便在近期,仍有学者对通说予以关注。[7]

国外的研究寥寥可数,国内更是刚刚起步,更不要说对"通说"形成通说了。姜涛认为,擅长于主张和引用法学通说的中国学者却不擅长于解释何为法学通说及如何判断法学通说,这不能不说是中国法学知识生产的"重大过失"。[8] 可喜的是,《北大法律评论》编

---

〔1〕 例如,在较早的著作《中国民法学·民法债权》一书中,"通说"观点是作者们关注的重点,根据笔者对该书前56页的简单浏览,发现该书至少使用7次"通说",参见王家福主编:《中国民法学·民法债权》,法律出版社1991年版,第7页、第11页、第12页、第13页、第20页、第56页。其中,第11页"通说"一词出现了两次。另外,王利明的《民法总则研究》至少使用"通说"7次,而且王利明认为,"法理一般是指通说或者学者的权威见解。"王利明:《民法总则研究》,中国人民大学出版社2012年版,第69页。

〔2〕 截止到2013年5月5日,根据中国知网期刊库(CNKI),全文检索"通说",共找到35214条结果,以年为单位可以发现"通说"越来越频繁地被使用,1977年有10篇,1980达到52篇,1983达到105篇,1994达到206篇,1999达到530篇,2002达到1156篇,最近几年均在3000篇以上(不含2013年,今年尚未满1年,而且一些刊物尚未上网)。其中,1991至2010年的使用次数具体为:2010(3619);2009(3535);2008(3292);2007(2959);2006(2593);2005(2316);2004(1822);2003(1558);2002(1156);2001(859);2000(678);

1999(530);1998(398);1997(313);1996(272);1995(223);1994(206);1993(166);1992(135);1991(127)。需要说明的是,笔者并未对如此之多的"通说"及其含义进行确认,因此,可能存在通说("通"+"说")一词但是却不是我们这里所讨论的通说的含义的情况。

〔3〕 我国的法院判决也出现了引证"通说"的情况,如李云建与王东兴所有权确认纠纷上诉案,(2012)徐民终字第1069号,[法宝引证码]CLI. C. 870051。

〔4〕 姜涛:《认真对待法学通说》,载《中外法学》2011年第5期,第928页。

〔5〕 黄卉:《论法学通说》,载《北大法律评论》(第12卷第2辑),北京大学出版社2011年版。

〔6〕 [日]田畑忍:《通説について:法解釈に於ける通説の問題》,載《同志社法学》,11(1),1-12,1959-06-30。

〔7〕 [日]浅田和茂:《立志(17) 師に恵まれての出発:通説・師説・自説からの自由》,載《法学セミナー》,52(8),1,2007-08。

〔8〕 姜涛:《认真对待法学通说》,载《中外法学》2011年第5期,第928页。

辑部敏锐地捕捉到这一选题，[1]并组稿进行专题研讨，[2]姜涛更是花大力气对此进行了较为系统的研究，[3]这些论文对于我们认识法学通说无疑具有开山之功，而且这一系列的研究成果也初步构造了法学通说的基本范畴，对于继续深入开展法学通说的研究具有重要意义。然而，囿于篇幅、文献和研究领域等诸多因素的限制，既有研究成果仍有诸多论点或者尚未述及，或者值得商榷，或者需要澄清，或者有待深入。

为了响应姜涛"认真对待法学通说"的号召，[4]推动对"法学通说"的通说建设，笔者拟对法学通说进行较为长期、系统而深入的研究，形成系列，以推动学界正确认识法学通说。初步的研究计划是从抽象到具体，先对法学通说做宏观的研究，在此基础上从中观角度研究民法通说，可能的话，对民法中的通说个例做具体而微的研究。具体而言，笔者认为有待研究内容大体如下：(1)通说的用语、概念及其作用域；(2)法学通说的类型与本质；(3)法学通说的形成；(4)关于法学通说的几个判断；(5)我国的民法通说——以财产法为中心；(6)民法通说的比较法考察；(7)民法通说个例理论的建构与批判。

本文的内容为第一个部分，目前，我国学界对于通说的用语、作用域及其通说在学说体系中的地位并无研究，因此，笔者希望以此文填补这一领域的空白。本文首先就通说的用语进行考证，发现"通说"这一术语更可能来源于日本。其次，阐述法学通说的基本含义，在此论及学说与判例的关系，从而划定法学通说的应然范围，并进一步阐释通说在学说体系中的地位。笔者认为法学通说是在某(些)法域内形成的具有普遍共识的法学命题。在学说体系中，多数说与少数说之间是量的区别，而通说与有力说则是质的区别。通说与多数说关系最为密切，但二者并不等同，通说的形成要求学界多数的支持，并占据主导地位。最后，就通说的作用域进行考察，通过考察发现"通说"不仅存在法学领域，在其他领域也有应用。

一、通说的用语

研究通说，首先应考察通说的用语，通说的用语有助于我们更好地认识通说。对此，姜

〔1〕 据编辑介绍，王泽鉴教授在2008年秋在北京大学访学时，闲谈中曾提及有意写一篇通说对于台湾法学发展和实务进步之贡献的文章，故有此"鲁莽尝试"。贺剑：《编后小记》，载《北大法律评论》(第12卷第2辑)，北京大学出版社2011年版。事实上，王泽鉴先生对通说的关注已有数年，其在2001年出版的著作中，已经表示，"关于'通说'，将另撰文论述"；在2009年版的著作中，重申了这一愿望，笔者期待早日看到王泽鉴先生关于"通说"的著作。参见王泽鉴：《民法总则》，中国政法大学出版社2001年版，第72页注释3；王泽鉴：《民法总则》，北京大学出版社2009年版，第58页注释5。

〔2〕 这几篇论文是：庄加园：《教义学视角下私法领域的德国通说》；黄卉：《论法学通说》；孙维飞：《通说与语词之争》；姜涛：《法学通说：一个初步的分析框架》；于佳佳：《论英美过失处罚规则的历史变迁》，均载《北大法律评论》(第12卷第2辑)，北京大学出版社2011年版。

〔3〕 姜涛：《法学通说的文明与法学通说的选择》，载《法律科学》2009年第3期，第22～32页；姜涛：《认真对待法学通说》，载《中外法学》2011年第5期，第927～943页；姜涛：《法学通说：一个初步的分析框架》，载《北大法律评论》(第12卷第2辑)，北京大学出版社2011年版；姜涛：《论法学通说的形成机理》，载《学术界》2012年第10期，第81～92页。

〔4〕 姜涛：《认真对待法学通说》，载《中外法学》2011年第5期，第943页。

涛先生已有所论及,"法学通说"的德语表达为"herrschende meinung"(意译为具有主导性的理论),英语表达为"the right answer thesis"(意译为正确答案理论),而汉语国家(包括港澳台地区)则直接称之为法学通说。[1] 对于"正确答案理论",其解释道:法学是一种解释的定位使下面的观点变得合理起来,即法律是一种无缝隙的网络,对于所有可能的案件来说,都有着确定的真值。对于每一个可能的案例都有着可能的正确答案理论被称之为法理学中的"正确答案理论"(the right answer thesis)。[2]

但实际上,"herrschende meinung"对应的是"通说"概念而非"法学通说",[3]或者更准确地说,其与通说只存在"挂靠"关系而非等同关系,[4]这需要稍加澄清;至于英语表达,是否即为"the right answer thesis",论者并未注明出处,其是否与我国的"通说"相对应,这一说法是否已经形成"通说"不得而知,但论者如此解说,似认为二者乃正相对应,然而,让人奇怪的是,姜涛先生在其几篇论文中"法学通说"的翻译分别是:"the recognized law theory"、[5]"prevailing opinion in legal scholarship",[6]即便是在其认为法学通说的英语表达为"the right answer thesis"的《论法学通说的形成机理》一文中仍然舍弃英语表达"the right answer thesis",而是使用了"the recognized law theory",[7]这颇让人觉得不可思议。

在笔者看来,以"the right answer thesis"(正确答案理论)来对应"通说"并不妥当,尤其是当这种对应没有形成通说时,盖从文义上看,通说与正确答案之间尚需要某些沟通,我们无法得出通说即为正确答案的结论。事实上,法律能否构成一种无缝隙的网络,对于所有可能的案件,是否都有着确定的真值,是值得怀疑的,按照当前的学术共识,即便再完备的法律也是存在漏洞的,[8]规则也是需要解释的,而"法律的解释是持续的过程,其中在法律中表达的意图被继续和进一步思考,这一过程的起点是法律,但只要法律还有效,就没有终点。"[9]也只有如此,法律才能在保持其稳定性的同时,实现在社会变迁中个案的妥当性。此外,很多时候,法律解释还会留下多种"尚可被接受的"解释可供人们选择,此种情况下的选择很难说是"精确的",对此人们通常只能选择能够最大限度地合乎人们的法感的解释可能。[10]

---

〔1〕 姜涛:《论法学通说的形成机理》,载《学术界》2012年第10期,第81页。

〔2〕 M. B. E. Smith, Rights, Right Answers, and the Constructive Model of Morality, 5 Social Theory and Practice, 1980, pp. 409 - 426. 转引自姜涛:《认真对待法学通说》,载《中外法学》2011年第5期,第930~931页。

〔3〕 参见庄加园:《教义学视角下私法领域的德国通说》,载《北大法律评论》(第12卷第2辑),北京大学出版社2011年版;黄卉:《论法学通说》,载《北大法律评论》(第12卷第2辑),北京大学出版社2011年版。

〔4〕 黄卉:《论法学通说》,载《北大法律评论》(第12卷第2辑),北京大学出版社2011年版。

〔5〕 姜涛:《法学通说的文明与法学通说的选择》,载《法律科学》2009年第3期,第22页。

〔6〕 姜涛:《法学通说:一个初步的分析框架》,载《北大法律评论》(第12卷第2辑),北京大学出版社2011年版。

〔7〕 姜涛:《论法学通说的形成机理》,载《学术界》2012年第10期,第284页。

〔8〕 此外,拉丁法谚有云:"Non est regula quin fallet"(法律必有漏洞)。参见王泽鉴:《法律思维与民法实例》,中国政法大学出版社2001年版,第254页。

〔9〕 张青波:《理性实践法律》,法律出版社2012年版,第29~30页。

〔10〕 [德]莱因荷德·齐佩利乌斯:《法哲学》,金振豹译,北京大学出版社2013年版,第291页。

通说在汉语圈的表达为“通说”应无疑义,唯不应忽略的是我国法学理论及其用语的主要来源国日本的情况,事实上,日本也采法学“通説”的表达。[1] 古代日本人吸收汉字、佛教、儒教等文化形式,并沿袭中国古代法规,制定了与中国几乎毫无二致的律令、税制等;[2]而清末民初,日本又把中文形式的法律词汇输回到中国,但日本学界在选择与欧美词汇对译的用语时,也曾参考我国的译名和用语。例如,“权利”并非中国取自日本,而是日本取自中国。日本学者的研究成果认为,“麟祥君所创的新语中,似乎只有“权利”和“义务”两译语(right 及 obligation)是从汉译《万国公法》一书取来,其他法律用语……都是麟祥君辛苦推敲出来的。”[3]而其他大量的法学用语则为日本人自创,例如“法律行为”,其翻译是否妥适在日本亦存有疑义,[4]但无数法律用语依然以囫囵吞枣之势被引入到我国,[5]我国的民法术语与日本的民法用语几乎完全一致,毕竟,日文汉字与中文汉字在专业术语的意义上相去不远,在无翻译经验可循的情况下,采取直译(把日文汉字直接搬到中文译本中)也不失为一种较为简便的做法。事实上,清末民初的早期法学译著在相当程度上都采取了直译的做法,这在现代中日表述不同的用语上表现得尤为明显,如在富井政章的《民法原论》一书中保留了“相手方”、“取消”等用语,[6]在商法的相关著作中,更是直接采取了“会社”、“手形”的用语。[7] 笔者猜测,我国法学界常用的“通说”一词应该也是此时向日本法学界学习的结果。

“通说”之所以在法学领域如此流行,而在其他领域使用相对较少,这与清末民初我国派往日本的大量法科留学生及其后续的使用、传播有关,如当时的著名民法学者陈瑾昆、胡长清、戴修瓒、黄右昌、李宜琛、李祖荫、刘志敭、史尚宽等均曾留学日本,而这些学者的著作流传甚广、影响很大。以笔者的视野所见,中文著作中“通说”的使用至少可以追溯到富井政章的译著《民法原论》,该书不止一次地使用“通说”,[8]该译本最早由商务印书馆 1907 年出版,当时,该书还在光绪帝的购书单中(1908 年 1 月 29 日由内务府奏事处交出的光绪帝朱笔所列的书目共 40 种)。[9] 笔者认为,富井政章的译著《民法原论》极有可能是我国最早使用“通说”一语的法学著作。而笔者查阅到的日文文献中较早使用“通説”的是 1911

[1] [日]田畑忍:《通説について:法解釈に於ける通説の問題》,載《同志社法学》11(1),1-12,1959-06-30。

[2] 冯峰、[日]石塚薫编:《新世纪文化日本语教程》,外语教学与研究出版社 2006 年版,第 87 页。

[3] 参见[日]实藤惠秀:《中国人留学日本史》,谭汝谦、林启彦译,三联书店 1983 年版,第 283 页。

[4] [日]平井宜雄:《法律行为论在日本的形成》,柯伟才译,载《比较法研究》2007 年第 6 期,第 147~148 页。

[5] 近些年,我国已有很多学者对“法律行为”、民事法律行为的用语进行了反思,如米健:《法律交易论》,载《中国法学》2004 年第 2 期,第 55~64 页;朱庆育:《法律行为概念疏证》,载《中外法学》2008 年第 3 期,第 325~372 页。

[6] [日]富井政章:《民法原论》,陈海瀛、陈海超译,中国政法大学出版社 2003 年版,第 112 页、第 316 页。

[7] [日]志田钾太郎口述:《商法:会社 商行为》,熊元襄、熊仕昌编,上海人民出版社 2013 年版,该书书名即已有所反映;[日]松波仁一郎:《日本商法论》,秦瑞玠、郑钊译述,中国政法大学出版社 2005 年版,参见该书第二编“会社”,第四编“手形”。

[8] [日]富井政章:《民法原论》,陈海瀛、陈海超译,中国政法大学出版社 2003 年版,第 14 页。

[9] 叶晓青:《光绪帝最后的阅读书目》,载《历史研究》2007 年第 2 期,第 181 页。

年出版的梅謙次郎的《民法要義卷之一総則編》,唯"通説"一词只出现了一次,[1]当时该书已出版到第33版,其首版应在数年之前;而富井政章的日文版《民法原論・第一巻 總論上》第二版出版于1903年,其中对译中文"通说"的日文表述并非仅仅"通説"一词,而至少包括"通説"、"普通一般ノ説"。[2] 由此可见,作为术语,"通说"在法学界的使用至少已逾百年,"通说"一语的引入应是引介译著的结果,[3]而通说的广泛使用则是留日学者著书立说的功劳。在民国时期,学者的著作已经较为普遍的使用着"通说"一语,如陈瑾昆(1930)、[4]欧宗佑(1933)、[5]胡长清(1935)、[6]曹杰(1937)、[7]李宜琛(1947)等,[8]这些著作不仅传承了知识,更是将一套法学术语、概念、原则、理念传承下来,"通说"用语应属其一。

至于"通说"的英译,在日本学界也未形成共识。根据笔者的不完全统计,"通説"至少存在如下译法:Commonly Accepted Belief、[9] Popular Belief、[10] established theories、[11] common view(s)、[12] Common Explanation、[13] established views、[14] popular theory、[15] accepted

---

[1] [日]梅謙次郎:《民法要義卷之一総則編》,有斐閣1911年版,復刻版1984年版,第97条的释义。

[2] [日]富井政章:《民法原論 第一巻 總論 上》(第二版),有斐閣書房1903年版,第17頁、第210頁。

[3] 这里强调的是法学通说中的"通说"语义的引入,而非"通说"这个汉语词汇本身。

[4] 陈瑾昆:《民法通义总则》,北平朝阳大学1930年版,第54页。

[5] 欧宗佑:《民法总则》,商务印书馆1933年版,第8~9页。

[6] 胡长清:《中国民法总论》,中国政法大学出版社1997年版(原版1935年),第31页。

[7] 曹杰:《中国民法物权论》,中国方正出版社2004年版(原版1937年),第7页。

[8] 李宜琛:《民法总则》,中国方正出版社2004年版(原版1947年),第106页、第110页、第187页、第222页。

[9] [日]齋藤達弘:《ディフェンシブ・セクターは本当にディフェンシブか:通説の検証》,載《新潟大学経済論集》,(92),211-216,2012-03。

[10] [日]佐藤琢司:《開業小児科で経験して学んだ幼若小児のクラジミア・ニューモニエ初感染症例における混合感染症と通説に反する重症症状とのかかわりについて》,載《臨床小児医学》,59(1-6),25-29,2011-12

[11] [日]岡部勝:《遺伝子操作動物を通して受精メカニズムの通説を吟味する》,載《日本哺乳動物卵子学会誌》,28(2),3-4,2011-04-01。

[12] [日]有山道夫:《国民所得分析の通説に関する若干の再考》,載《鹿児島経済論集》,51(4),309-327,2011-03;[日]小笠原宏:《実学経営教育としてのビジネス・ゲーム演習:通説・定説への挑戦》,載《流通科学大学教育高度化推進センター紀要》,5,25-38,2009-03。

[13] [日]松井均:《国際資本移動と投資収支の関係について—通説の問題点》,載《東京国際大学論叢》,(44),1-17,2011;[日]須田勝仁:《白秋の号は陰陽道からか、通説と誤解》,載《日本色彩学会学会誌》,33(1),1,2009-03-01。

[14] [日]塩原一郎:《日本監査基準論序説——設定時における社会経済状況に照らしての通説の見直し》,載《経済経営論集》,18(1),1-13,2010-07。

[15] [日]上田学:《教育財政における「通説」の検討》,載《発達教育学研究:京都女子大学大学院発達教育学研究科博士後期課程研究紀要》,(2),25-32,2008。

theory、[1] common opinion、[2] Common Interpretation。[3] 做初步的观察,可以发现,"通説"之"通"的表述主要对应 Common(ly)、established、Accepted 和 Popular,这在相当程度上也能说明日本学界对"通説"的基本认识,即"通説"是流行的、被普遍接受的意见、解释、观点或理论,这表明:日本学界并不认可"通説"的当然正确性或者唯我独尊性,这一点也许应当引起我们的重视。与此类似,姜涛先生采取 recognized theory、prevailing opinion 来表述通说,确实比 the right answer thesis 更具合理性,但是 recognized 却无法有效揭示出通说所要求的共识程度,因此也不是很妥适。经过综合考虑,笔者更倾向于将通说英译为 commonly accepted view,这里强调通说的广为接受性,既可以涵盖流行、主导地位的含义,又可以显示出学说从主张或建立已经过渡到通说的"完成"状态。

二、通说与法学通说的含义

(一)通说与法学通说

"通说"为何是正确认识法学通说的起点。对此,可以首先求助于词典,也不失为一种方法。根据姜涛先生的说法,《汉语词典》将"通说"解释为:通达的言论;普遍的说法。[4] 这一解释与日本三省堂《大辞林》中"通说"的解释基本相同,[5]《新明解国語辞典》则只有一种解释,即通说是"人们普遍认可的说法"。[6] 笼统地看,法学领域的"通说"也是在这一意义上使用的。在此基础上,姜涛从语境的角度指出"法学中使用'通说'一词也许就是指,提出该理论的法学家正在表达一种一致性的观点,它既需要科学的论证,又需要逻辑的证明。"[7] 通说指向"一种一致性的观点"这正是通说的本质之处,然而,依笔者之见,学界在使用"通说"时,只要其述说为真(某观点为通说),那么,这里既不需要科学的论证,又无需逻辑的证明,这里最需要的只是述说者表明这一观点为通说的依据,如引证某些权威学者的论著或者统计数据。总体来看,以王泽鉴先生为代表的台湾地区学者对"通说"一词的使用较为规范,[8] 即述说者在指出"通说"内容的同时,还要表明通说的存在——通过引

---

〔1〕 [日]米川博通、曹麗琴、設楽浩志:《ミトコンドリア遺伝子の同質性とボトルネック効果:通説の崩壊》,載《細胞工学》,26(8),927-932,2007-08;[日]井汲明夫:《通説的信用創造論(所謂フィリップスの信用創造論)の批判的検討》,載《城西経済学会誌》,31,1-34,2004-08-31。

〔2〕 [日]田畑忍:《通説について:法解釈に於ける通説の問題》,載《同志社法学》,11(1),1-12,1959-06-30。

〔3〕 [日]杉浦智紹:《"共同訴訟"その通説的見解に対する若干の考察》,載《駒澤大學法學部研究紀要》,26,36-51,1968-03-15。

〔4〕 姜涛:《法学通说的文明与法学通说的选择》,载《法律科学》2009 年第 3 期,第 24 页。不过笔者在网络上下载到的《现代汉语词典》(商务印书馆版)和手边的《现代汉英词典》中并无"通说"这一词条。

〔5〕 "通説の意味·解説"词条,载 http://www.weblio.jp/content/%E9%80%9A%E8%AA%AC(最后访问日期:2013-5-5)。

〔6〕 [日]金田京助、山田忠雄、柴田武、酒井憲二、倉持保男、山田明雄編著:《新明解国語辞典》(第 5 版),三省堂 1999 年版,第 920 頁。

〔7〕 姜涛:《法学通说的文明与法学通说的选择》,载《法律科学》2009 年第 3 期,第 24 页。

〔8〕 参见王泽鉴先生的诸多著作,王先生在陈述"通说"之时,大多有所引证,这是对"通说"的规范使用。

注呈现出学界已经达成或者维持这种共识的状态。但当一项共识是如此之普遍,以至于业内人士人尽皆知,作为通说毋庸置疑时,省略引注也是可以允许的。

(二)姜涛的观点:理论与实务合一说

除了语境式的描述外,姜涛还界定了法教义学下法学通说的含义,"所谓法学通说,是指基于某种法律实践的需要而依据一定的理论分析工具所得出的,能够被法律实践反复验证并取得学界普遍认同的法学理论。"[1]这一界定具有一定的合理性。对此,可以分析如下:(1)法律条文存在诸多不明或者适用存在疑义之处,则法律的解释就势所难免,法学乃实用之学,其为实践服务的性格决定了其与实践之间形成良性互动的必要性。在法教义学的框架下,"应加强学说理论为实务服务的功能,对有疑义的法律问题,事先作深入的研究,供法院参考,并为未发生的事件预作准备。"[2]我国《物权法》、《侵权责任法》出台后,大量的解释论著作的产生在一定程度上即有服务实务的功能。(2)法学通说作为理论的一种,是一定范式、路径、工具之下的产物,在法教义学的视角下,分析工具应该是法学方法论,借着法律解释、漏洞补充、法律原则的具体化实现法律的明晰化,践行法律的规范意旨,这套方法是法律人形成法学通说的重要前提。(3)"能够被法律实践反复验证"强调的是,通说需得到司法判决的认可和适用,即"法学通说"是描述并合法化一种被学界普遍接受且能够反复指导法律实践的法学理论。[3] 这种观点的实质是学说经由判例的检验并通过检验,学说与判例合一时方构成法学通说,[4]这是一种横跨学界和实务界的法学通说。

(三)笔者的观点:作为学说的法学通说

必须承认,当学界和实务界就某一问题达成共识时,这种共识具有更广泛的基础,其作为通说存在并无明显的问题。然而,这种做法混淆了学界和实务界的分工与合作,盖学界阐释学说、进而形成通说;实务界作出判决、进而形成判例,[5]两套系统各司其职,学界通说未得到司法实践的认可和验证,并不影响其(学界)通说的地位,唯其需回应实务加以检讨,但并非必然向实务让步。事实上,学界通说的形成与司法判决的统一机制完全不同:学

[1] 姜涛:《认真对待法学通说》,载《中外法学》2011年第5期,第927页;姜涛:《论法学通说的形成机理》,载《学术界》2012年第10期,第82页。

[2] 王泽鉴:《民法总则》,北京大学出版社2009年版,第58页。

[3] 姜涛:《认真对待法学通说》,载《中外法学》2011年第5期,第927页。

[4] 在德国,法学意义上的通说不仅覆盖学说,而且包括判例。只有当学界中最重要的观点和最高审级的判例就某个具体问题达成一致时,法学共同体才认为形成了通说。Rita Zimmermann, Die Relevanz einer herrschenden Meinung für Anwendung, Fortbildung und wissenschaftliche Erforschung des Rechts, Berlin 1983, S. 25. 转引自庄加园:《教义学视角下私法领域的德国通说》,载《北大法律评论》(第12卷第2辑),北京大学出版社2011年版。黄卉也是在此意义上使用法学通说,其认为法学通说是指针对现行法律框架中某一具体法律适应问题,学术界和司法界人士经过一段时间的法律商讨而逐渐形成的,由多数法律人所持有的关于法规范解释和适用的法律意见。黄卉:《论法学通说》,载《北大法律评论》(第12卷第2辑),北京大学出版社2011年版。但这种认识可能在中国并不妥当。

[5] 德国帝国法院认为,只有最高审级的法院在至少三个案件中表明了相同的观点时,才能认为形成通行的判例。Rita Zimmermann, Die Relevanz einer herrschenden Meinung fuer Anwendung, Fortbildung und wissenschaftliche Erforschung des Rechts, Berlin 1983, S. 25. 转引自庄加园:《教义学视角下私法领域的德国通说》,载《北大法律评论》(第12卷第2辑),北京大学出版社2011年版。

界通说强调平等论辩进而形成共识,而司法判决的统一则在最高司法机关的权威下可自然形成,这种统一是否构成一种真正的共识值得怀疑,因此,称实务通说很多时候并不妥当;而由于最高司法机关的权威性,其判决、判例具有"定说"、"定论"的作用。因此,笔者主张通说是指学界通说,实务做法不应、也无法成为前者是否成立的检验者,这不仅正确处理了学说和判例的关系,而且符合我们通常的认识。

以笔者的视野为限,在日本和我国学界,通说均是指学界通说,即学说中之取得共识者;而所谓学说则是指法学家(学者或者研习法律之人)对于成文法之阐释、习惯法之认知、法理之探求所表示的意见,[1]或谓学说是指学者对某法律问题之意见。[2] 一言以蔽之,学说乃私人之说。[3] 学说具有私人的性质、具有更多的主观性,正因为如此,甲说乙说丙说才如此兴盛,在法教义学的框架下标新立异、促成法律规范意旨更好地实现是应予鼓励的;而法院判决则具有公权力权威的作用,其判决应努力趋于一致,以保证法律适应的安定性、一致性和公平性。就此而论,作为学说的法学通说与实务界的公权力权威有着天然的区隔。事实上,私法领域诸多经典学者均是在学说的意义上认识并使用通说的,例如,李宜琛先生使用"学者通说"、"学者间之通说"、"今日学者,殆以……为通说焉";富井政章则采"学说互有差异。通说认为"的用语;洪锡恒先生的表述与此类似,"学说本有争执,通说认为";胡长清先生则表述为"前大理院判例……即采第二说。"史尚宽先生则使用"判例及通说"的用语。[4] 这些表述均表明学者通常使用之通说乃学界之通说,判例与(学界)通说乃可以分离之事物。日本晚近的法学研究成果亦将"通説·判例"、[5]"判例·(旧)通説"、[6]"判例によれば、通説も"、[7]"(1)判例、(2)通説"、[8]"多数説·判例"并列使

〔1〕 王伯琦:《民法总则》,国立编译馆1979年版,第8页;王泽鉴:《民法总则》,北京大学出版社2009年版,第58页;梁慧星:《民法总论》,法律出版社2007年版,第30页。

〔2〕 参见欧阳谿:《法学通论》,中国方正出版社2004年版,第98页;梁念曾:《中国民法总论》,梁念曾1948年版,第57页;[日]大村敦志:《民法总论》,北京大学出版社2004年版,第21页。

〔3〕 [日]宫沢俊義:《学説というもの》,载宫沢俊義:《法律学における学説》,有斐閣1968年版,第92頁。

〔4〕 参见李宜琛著:《民法总则》,中国方正出版社2004年版,第110页、第187页、第222页、第106页;[日]富井政章:《民法原论》,陈海瀛、陈海超译,中国政法大学出版社2003年版,第151页;其他著作分别参见相关论者的民法总论著作,不再一一注明。

〔5〕 [日]谷口知平监修:《法律用語の基礎知識》,有斐阁1979年版,第117頁、第126頁;[日]野村豊弘、栗田哲男、池田真朗、永田眞三郎:《民法Ⅲ債権総论》(第2版補訂),有斐閣1999年版,第180頁;[日]田山辉明:《物权法》,陆庆胜译,法律出版社2001年版,第18页;[日]花見忠:《特別講演 労働法の50年——通説·判例何処が変》,Journal of labor law,(108),3-23,2006。

〔6〕 [日]野村豊弘、栗田哲男、池田真朗、永田眞三郎:《民法Ⅲ債権総论》(第2版補訂),有斐閣1999年版,第153頁、第181頁;[日]米倉明:《「法律行為の取消しと登記」をどう法的構成すべきか——判例·旧通説へ帰ろう》,法学雑誌 tatonnement (11),1-67,2009;[日]米倉明:《法科大学院雑記帳(その84)事例問題直行病と判例·通説盲従病:原発事故損害賠償請求雑考を兼ねて》,戸籍時報(679),15-32,2012-02。

〔7〕 [日]田山輝明:《通説物権法》,三省堂1992年版,第42頁。

〔8〕 [日]田山輝明:《通説物権法》,三省堂1992年版,第47頁。

用,[1]我国台湾地区亦是如此,[2]王泽鉴先生的观点具有代表性,其认为,“判例与学说对民法的解释适用及发展,关系至巨。就学说言,一方面须建立形成通说的机制,另一方面应对已形成的通说加以检讨,期能促进法律的进步。”[3]这意味着通说、多数说均为学界学说,而不包括司法判例。故而,基于学说与判例、理论与实践、民间与官方的二分,从学说的视角理解通说,更符合我国大陆的实际。

基于以上分析,笔者以为,法学通说可以界定为:在某(些)法域内形成的具有普遍共识的法学命题。具体而言,第一,法学通说作为学说的一种,应该是某种法学命题(issue),而不是经济学、历史学或者其他学科的命题,这是“法学”通说的必然要求。第二,法学通说重点强调“通”的含义,即其属于达成普遍共识的命题,至于“普遍共识”的范围有多大,尚值得深入研究。比较明显的是,几个人——即便是权威学者——的意见也无法说明这是普遍共识,但随着支持学者人数的增加、范围的扩大,这种观点可能成为多数说。很多时候一致意见是难以达成的,更遑论完全一致,因此,所谓的普遍共识不应当理解为完全一致,[4]尽管完全一致的意见是通说的最圆满状态,但这样的共识却无法奢求。我们大体上可以说,大多数法学者对某个问题的一致性意见可以构成普遍共识,在通说形成之际,学者的人数是一项重要的考量因素,但同时,亦需考虑持此观点的学者在相关问题的影响力和学术威信。在人数和学术影响力交叉重叠的程度越高时,越可以认为多数说逐渐接近、乃至形成法学通说。在德国,通说(Herrschende Meinung)意译为“具有支配性的意见”,[5]而所谓的“支配性”则是指在讨论意见分歧时,将一种意见与其他意见相比较,当这种意见为更多的人所追随,并由此占据统治地位(支配性地位)时,便可构筑该意见统治地位的合法性。[6] 由此可见,在德国学界,是否构成通说人数的多数固然重要,但同样不能忽略其影响力。第三,法学通说大多受到法域实证法的影响,其在强调普遍共识的基础上,一般也具有法域性的特点。据此,在不同的法域或者更广泛的法域内可能形成德国通说、日本通说、我国大陆的通说等,[7]甚至在民法、刑法领域出于不同的目的,对同一个问题也会形成不

---

〔1〕 [日]谷口知平监修:《法律用語の基礎知識》,有斐阁1979年版,第107頁。

〔2〕 邱聪智:《民法研究(一)》(增订版),中国人民大学出版社2002年版,第361页;黄立:《民法债编总论》,中国政法大学出版社2002年版,第21页;吴从周:《概念法学、利益法学与价值法学》,中国法制出版社2011年版,第473页。

〔3〕 王泽鉴:《民法总则》,北京大学出版社2009年版,第58页。

〔4〕 黄异先生即认为:“每个研究者基于自己之评估而产生出见解,具有同一性时才是通说。”参见黄异:《从门外汉到法律人:初学法律的一些基本知识》,五南图书出版股份有限公司2003年版,页码不明,原因是该段文字源于笔者在google电子图书上进行的“通说”检索,而并未发现显示该段文字的页码。

〔5〕 Rita Zimmermann, Die Relevanz einer herrschenden Meinung für Anwendung, Fortbildung und wissenschaftliche Erforschung des Rechts, Berlin 1983, S. 22. 转引自庄加园:《教义学视角下私法领域的德国通说》,载《北大法律评论》(第12卷第2辑),北京大学出版社2011年版。

〔6〕 Rita Zimmermann, Die Relevanz einer herrschenden Meinung für Anwendung, Fortbildung und wissenschaftliche Erforschung des Rechts, Berlin 1983, S. 23. 转引自庄加园:《教义学视角下私法领域的德国通说》,载《北大法律评论》(第12卷第2辑),北京大学出版社2011年版。

〔7〕 如王泽鉴先生在《民法思维》一书便使用“瑞士通说”、“德国通说”的用语,参见王泽鉴:《民法思维》,北京大学出版社2009年版,第192页、第207页。

同的通说。例如,在日本,自然人出生的标准,在民法界通说为全部露出说;在刑法界通说为一部露出说。[1] 因此,笼统的使用法学通说并不妥当。

三、通说在学说体系中的地位

在法学界,除了通说属于高频率的用语外,尚有所谓有力说、多数说、少数说的说法,在我国有力说使用相对较少,但却是日本法学界的常用语之一,至于多数说、少数说我们大体上都能作直观的理解。

(一)多数说和少数说

在日本,多数说和少数说比较容易区分,二者只有量上的差异,即以支持的学者人数之多少为依归。多数学者支持的学说为多数说,少数学者支持的学说为少数说,但很明显,这里的多数和少数是针对同一法律问题而言的。多数说与少数说相对立而并存,通常来看,对相关文献进行调查、梳理,即可以发现多数说和少数说。[2] 在德国,"通说"由于是多数法律人所持有的法律意见,所以通说也被称为"多数意见",与此相对者则为"少数意见",他们的区别,可以用德文"通说"的原意"支配性意见"加以说明,即多数意见对于少数意见来说,具有某种权威性和支配性,有如法律界的正统意见,[3] 相当程度上代表着正确性和正当性。无论是在日本,或是德国,通说必然是多数说,然而,多数说如果要过渡到通说,仍需满足支配性、主导性这一要素。以个案的数字统计为例,或许可以说明学者对多数说和通说在"数"上的认识:山本敬三先生在使用多数说时,列举了星野、内田的著作,[4] 而在表述通说时,则列举(我妻荣、立石方枝、呗孝一)、米仓、内田、(四宫、能见)、河上、加藤雅、潮见的著作;[5] 或者列举我妻、几代、近江、内田、川井、(四宫、能见)、河上等人的著作。[6] 从著作和影响力来看,通说之共识程度确实相对较高,而非简单的多数。

(二)通说与有力说

如果说多数说与少数说是量上的差异,那么,通说和有力说则有质的区别。[7] 通说作为学界共识,通常具有相当的合理性,且具有绝对的影响力。然而,学界也可能存有异说,在承认通说地位的基础上,对通说持批判态度,其学术价值的存在使得在相关论题上不容

---

〔1〕 [日]水本浩:《注釈民法(1)総則·物権》,有斐閣 1977 年版,第 5 頁;[日]中井美雄:《通説民法総則》,三省堂 2001 年版,第 48 頁。

〔2〕 [日]大村敦志、道垣内弘人、森田宏樹、山本敬三:《民法研究ハンドブック》,有斐閣 2000 年版,第 133 頁。

〔3〕 黄卉:《论法学通说》,载《北大法律评论》(第 12 卷第 2 辑),北京大学出版社 2011 年版。

〔4〕 [日]山本敬三:《民法讲义 1·总则》,解亘译,北京大学出版社 2012 年版,第 108 页。

〔5〕 [日]山本敬三:《民法讲义 1·总则》,解亘译,北京大学出版社 2012 年版,第 79 页。

〔6〕 [日]山本敬三:《民法讲义 1·总则》,解亘译,北京大学出版社 2012 年版,第 80 页。

〔7〕 [日]大村敦志、道垣内弘人、森田宏樹、山本敬三:《民法研究ハンドブック》,有斐閣 2000 年版,第 133 頁。

忽视,并受到学界的高度重视,这种学说大体上即构成有力说。[1] 例如,(1)在日本,通说认为,因失踪宣告而获得财产的人,在失踪人出现的情况下,需要区分善意、恶意而确定返还范围;有力说则认为对善意、恶意无需区分。[2] (2)在失踪宣告人重新出现的情况下,以往的通说认为,善意的新婚姻不受影响,旧婚姻不再复活;而有力说则认为,此时,生旧婚姻复活而发生重婚的状态,这构成旧婚姻的离婚原因和新婚姻的无效原因,不仅应考虑善意保护问题,尚应赋予当事人选择的权利。[3] 由此可见,有力说与通说大多正相反对,构成反对说,但又是有力的反对说,[4]其之所以有力,是因为其观点具有相当的说服力,而且为有影响力的学者所提出或支持。有力说可以促成通说的进一步发展和完善,其也许会成为既有通说的后继者,但也并非必然,仍以(2)例观察,如上之有力说在当前并未成为日本通说,但旧通说已经发展成为新通说,即在此情况下,始终是仅后婚有效存续,至于前婚的对方配偶的救济,应当作为精神抚慰金以及财产分与的问题来处理。[5] 换言之,有力说能否成为新的通说,取决于其在法教义学的框架下是否具有更强的说服力,并引起学界的高度赞同。在学界对既有通说丧失确信之前,有力说不会取代通说的位置而成为新通说。

(三)小结

总体来看,通说与多数说的关系最为密切,特别是在通说形成之际,多数学者的支持和共识是通说形成的必要条件,但随着社会发展、经济变迁和法学思潮等方面的变化,既有的通说可能逐渐变成少数说。具体而言,当既有通说逐渐变得不合时宜、合理性逐渐丧失、学界对通说的确信丧失,从而旧通说向新通说过渡。在此过程中,有力说对通说的变迁和成长具有重要的作用,甚至可能替代既有通说而成为新的法学通说;但是,不能忽略的是,法学通说的过渡大多具有渐进性和连续性,这意味着,在学说竞争的过程中,通说修正说可能更具有先天的优势。

四、"通说"的作用域

通说在法学领域的大量存在特别容易引起法律人的重视,好似其他领域较少听说通说这个词。[6] 对此,姜涛指出,在人大书报资料中心数据库中,除在法学数据库中查到大量"通说"用语外,其他社会科学领域并没有"通说"的称谓,因而法学通说可以称之为法学中

---

〔1〕 [日]大村敦志、道垣内弘人、森田宏樹、山本敬三:《民法研究ハンドブック》,有斐閣2000年版,第134頁。

〔2〕 [日]中井美雄:《通説民法総則》(第2版),三省堂2001年版,第90頁。

〔3〕 [日]谷口知平监修:《法律用語の基礎知識》,有斐阁1979年版,第107頁。

〔4〕 日本学者经常在论述通说之后,采用"有力な反対説"的表达方式,如[日]田山輝明:《通説物権法》,三省堂1992年版,第42頁;中文表达可参见[日]田山辉明:《物权法》,陆庆胜译,法律出版社2001年版,第18页。

〔5〕 [日]山本敬三:《民法讲义1·总则》,解亘译,北京大学出版社2012年版,第79页。

〔6〕 笔者于2013年5月初特向物理学和生命科学领域的两位博士请教他们各自学科是否存在"通说"这一词汇,他们表示没有听说过,当然,这两位博士的反馈尚无法确切地反映这些领域的真实或所有情况或认识,但也在一定程度上说明,通说一词并未进入他们的视野。

的"特有概念"。[1]

笔者对此表示怀疑,事实上,截止到2013年5月5日,在中国知网期刊库(CNKI)全文检索"通说",共找到35214条结果,尽管其中存在"××通"说的情况,[2]但是调查结果显示,"通说"仍然在法学之外的一些领域使用着。其中,比较明显的、关键词含有"通说"的非法学类论文主要有沈璋华、朱凤军、杨志龙、刘萍的《对双淘汰制轮数计算公式的研究》[3]和秦春香的"日本学界关于武士产生的研究"。[4]如果说后一篇论文重在介绍日本的学说情况,直接使用日文中"通说"较多,那么,前一篇论文则是在科学研究的基础上对通说提出的挑战。这些数据和资料表明,"通说"一词并非我国法学界的特有概念,只是法学领域使用通说最多而已。[5]

回首我国民国时期的法学著作,同样可以发现学界对通说的使用和重视,如胡长清先生所著《中国民法总论》一书曾多次指明学界通说,其他著作也是如此。[6]在日本,通说是法学研究中的关键词,几乎任何一本法学著作都无法绕过法学通说,或者阐明法学通说,或者批判法学通说,或者修正法学通说,或者力图重建新的法学通说。通说的广泛使用也为日本法科学生所关注,但由于学界对"法学通说"这一用语本身研究不够深入,以至于在日本的网站上经常可以看到何为法学通说、如何认识法学通说的提问。此外,相同含义的"通说"用语也被广泛地运用于经济学、历史学、文学等诸多领域的研究中。[7]由此可见,"通说"并非法学领域所独有,之所以如此,这是由通说在学术传承中的功能所决定的,随着对"通说"研究的深入,通说也有望在我国开拓更广的应用空间。

---

〔1〕 姜涛:《认真对待法学通说》,载《中外法学》2011年第5期,第928页注释2。

〔2〕 如姚澄宇:《贾谊是"法家"吗?》,载《南京师大学报》(社会科学版)1977年第4期,第78页,即有"刘邦不放心,还是叮嘱叔孙通说"。

〔3〕 沈璋华、朱凤军、杨志龙、刘萍:《对双淘汰制轮数计算公式的研究》,载《浙江体育科学》1995年第1期,第45页。作者并于该页指出,其目的是"以纠正通说的片面性和填补这一课题的空白"。

〔4〕 秦春香:《日本学界关于武士产生的研究》,载《现代交际》2011年第8期,第19页。

〔5〕 截止到2013年5月5日,在中国知网期刊库(CNKI)全文检索"通说",含有"通说"论文的杂志排名前十五位依次是:(1757)法制与社会;(512)河北法学;(418)人民司法;(416)法律适用;(400)中国刑事法杂志;(400)法学;(352)现代法学;(334)政治与法律;(333)法律科学(西北政法大学学报);(311)中国法学;(306)法学评论;(302)黑龙江省政法管理干部学院学报;(297)法学杂志;(290)法学研究;(288)河南财经政法大学学报。其中,前面括号中为篇数,后面对应的是刊物名称。可以发现,上榜的刊物均为法律类刊物,通说在法学领域的广泛使用也就可想而知。

〔6〕 参见胡长清:《中国民法总论》,中国政法大学出版社1997年版(原版1935年),第31页,使用"通说";第39页使用"多采"××说;欧宗佑:《民法总则》,商务印书馆1933年版,第8~9页;曹杰:《中国民法物权论》,中国方正出版社2004年版(原版1937年),第7页。

〔7〕 [日]八木紀一郎:《牧野邦昭さんの人と研究:河上肇以下、戦時期経済学の通説に挑む(「石橋湛山賞」記念特集)》,載《自由思想》,(124),23-25,2011-11;[日]越田年彦:《財政再建論の批判的検討——通説にとらわれない「財政の授業」を創るために》,載《民主主義教育》,3,73-80,2009-06;[日]大和岩雄:《日本古代史の三つの定説·通説への疑問》,載《東アジアの古代文化》,(137),282-305,2009-01;[日]山田昌弘:《家族調査の愉しみ——通説への挑戦》,載《新情報》,96,1-7,2008-10。

结 语

法学通说是法学中的关键词,然而,法学界对“通说”本身的研究却很薄弱。我国学界近几年已有学者对法学通说进行研究,并呼吁“认真对待法学通说”,笔者响应这一号召,并决定对法学通说进行较为系统的研究。本文力图为法学通说的研究做些铺垫,对学界忽略的通说用语、通说与判例的关系、通说在学说体系中的位置、通说的作用域做些考察和研究。具体而言,本文指出:作为术语,“通说”一语在中国法学界至少已有百年的历史,其最初更可能来源于日文汉字“通説”,而其如何英译并未形成通说。法学通说是在某(些)法域内形成的具有普遍共识的法学命题,是学说中之权威者。多数说与少数说是量的区别,而通说与有力说则是质的区别。通说与多数说关系最为密切,但二者并不等同,通说的形成要求学界多数的支持,并占居主导性的地位。“通说”不仅存在法学领域,在其他领域也有应用。

论法律方法一般功能的强化

——以司法改革为背景

陈　光*

摘　要：司法过程中法律方法的功能有两种：一般功能和特殊功能。前者体现在任何案件审判过程中，而后者的作用既可能基于正当目的也可能基于非正当目的。法律方法在司法审判中受到多重权力关系的影响，使法官无法独立地将其一般功能加以充分发挥。这是我国司法实践存在的一个重要问题，也是我国司法改革陷入困境的一个综合反映。从理论和制度上来重新设定司法中各种权力关系的运行规则，为司法减负，强化法律方法一般功能的发挥而抑制其不当的特殊功能，是走出司法改革困境的一个正确选择。

关键词：法律方法；一般功能；多重权力关系；司法改革

适用法律需要借助相应的法律方法。对于法律方法的含义，国内外学者虽有着不同的界定，但大都认为法律方法在广义上包括创制法律和适用法律的方法，狭义上则是指司法裁判方法。陈金钊教授认为，法律方法"是指站在维护法治的立场上，根据法律分析事实、解决纠纷的方法。它大体包括三个方面的内容：一是法律思维方法；二是法律运用的各种技巧；三是一般的法律方法。"[1]本文在狭义上来使用法律方法这一概念，即将法律方法视为司法过程中法官（或检察官）所采用的法律解释、法律推理、法律论证和价值衡量等方法，以及相应的法律思维方法和法律运用技巧。法律适用者尤其是法官运用法律方法的直接目的是为了裁判案件并使裁判结果具有相应的说服力，但是司法实践中法律方法却并非单纯地技术性的存在，它要在多重的权力关系中承载着不同的任务或发挥不同的功能，也即法律方法在司法实践中的功能呈现一种复杂化的样态。

2014年7月，最高人民法院公布《四五改革纲要》，开启了新一轮的司法体制改革。"四五改革纲要"中将"健全审判权力运行机制"列为核心内容和目标之一，明确提出"让审理者裁判，让裁判者负责，是司法规律的客观要求"。纵观历次司法改革，大多围绕着较为宏观的体制和机制的改进和健全展开，指向的是如何在多重权力关系中更好地保障和促使

---

* 陈光（1982—），男，山东莱州人，法学博士，大连理工大学人文与社会科学学部法律系讲师，硕士生导师，主要研究方向为立法学、法律社会学。

〔1〕 陈金钊：《法治与法律方法》，山东人民出版社2003年版，第198页。

裁判权的合法公正行使。其实,无论采取怎样的措施及进行怎样的改革,让司法回归司法,让司法功能纯正化,应该是一条正确的目标取向,而衡量这一目标取向的一条重要指标便是法律方法功能的正当化发挥。当前,法律方法在多重权力关系中角色的紊乱和规则的缺失,或许是我国司法改革难以走出泥淖的原因之一。基于这一认识,本文首先通过具体的案例考察分析了司法实践中法律方法所发挥的一般功能和特殊功能,通过对法律方法所承载的多重权力关系的梳理,分析和展现法律方法一般功能难以有效发挥的原因,由此为正在进行的司法改革提供一个分析和解决问题的视角。

一、司法实践中法律方法的一般功能与特殊功能

法律有很多功能,但是许多法律功能的实现不是自行自为的,尤其在司法过程中,法律的适用需要借助于相应的法律方法。法律方法对于法律功能发挥的促进便是法律方法的功能。有学者认为,法律方法在法律适用过程中具有认知功能、监督功能、评价功能、补救功能和服务功能。〔1〕 德国学者魏德士也总结了法学方法论的几项功能,即有利于权力的分立、平等对待与法的安定性、说明与批判、方法作为自我认知及法治国家的属性。其中,为了实现平等对待和法的安定性,就需要在用以判决的前提(法律和规则)与法官的推论之间建立一个可检验的推导关系。魏德士继续指出:"由于(方法论)要求法律与法官裁决之间应当具有一个推导关系,所以法官必须尽可能准确地表达出他对法律规定的解释。他必须清楚地说明据以宣布(特定的)法律后果的条件。"〔2〕笔者认为,在我国的司法实践中,法律方法的功能包括一般功能和特殊功能。其中,一般功能又称为内部功能,它体现在任何案件的审理与裁判过程中,法律方法一方面作为链接规范与事实的中介,在两者之间建立魏德士所称的推导关系,构筑裁判规范并形成裁判结论,另一方面用于论证裁判规范和裁判结论的正当性,说服案件的利益相关者及其关注者。一般功能是法律方法的基本的、主要的功能。特殊功能又称外部功能,是法律方法的运用所产生的外部效应,或者司法者所附加的与法律方法内部功能无直接关联但仍以法律方法为载体的功能。特殊功能的发挥可能是基于正当的目的,也可能基于非正当的目的。

对于法律方法的一般功能,我们可以随机援引一个案例来作说明。例如,在2008年3月31日广州市中级人民法院作出许霆案的刑事判决书[(2008)穗中法刑二重字第2号]中,针对被告人许霆的行为不属于盗窃金融机构的辩护人意见,法院认为"自动柜员机是银行对外提供客户自助金融服务的专有设备,机内储存的资金是金融机构的经营资金,根据最高人民法院《关于审理盗窃案件具体应用法律若干问题的解释》第八条'刑法第二百六十四条规定的盗窃金融机构,是指盗窃金融机构的经营资金、有价证券和客户的资金等,如储户的存款、债券、其他款物,企业的结算资金、股票,不包括盗窃金融机构的办公用品,

---

〔1〕 房文翠、陈雷:《法律适用的内在约束力研究——以法律方法为视角》,载《法制与社会发展》2011年第4期,第135页。

〔2〕 [德]魏德士:《法理学》,丁晓春、吴越译,法律出版社2005年版,第284~286页。

交通工具等财物的行为'的规定,许霆的行为属于盗窃金融机构。"在这里,关于许霆从自动柜员机恶意取款的行为应否被视为法律所规定的盗窃金融机构,法官运用了法律解释和法律推理等法律方法,将许霆的行为事实与法律规则加以链接,形成了推导关系,也即为许霆案裁判规范的确定以及结论的作出提供了逻辑借助,同时客观上对于涉及或关注此案的人也产生了相应的说服效力,使他们确信法官是在"依法裁判"。

法律方法的特殊功能有许多具体的表现,有时很难将其与一般功能相区分,因为特殊功能常常隐藏或附着于一般功能。特殊功能的具体内容则根据案情及裁判目的不同而各异。总的来讲,法律方法所承载的特殊功能无非是基于某种政治的、经济的、社会的考虑,在这些情况下,法律不再是唯一的甚至主要的案件裁判依据,特定的政治的、经济的或社会的目的才是作出裁决的决定性因素。例如,在云南李昌奎故意杀人、强奸案中,法院一审判决被告人李昌奎死刑,二审法院改判为死刑缓期二年执行。二审判决作出后,在被害人家属间、网络上和社会上引起了轩然大波。一时间,李昌奎案几乎陷入了"国人皆曰可杀"的境地。迫于社会舆论的压力,云南省高院启动再审程序,撤销原二审死缓判决,改判李昌奎死刑,剥夺政治权利终身。值得注意的是,云南省高院启动再审程序的理由是:二审判决发生法律效力后,原审附带民事诉讼原告人不服,向本院提出申诉。审查期间,云南省人民检察院向本院提出检察建议,认为本院对原审被告人李昌奎的量刑偏轻,应当予以再审。经审查,云南高级人民法院院长认为,该案有必要另行组成合议庭予以再审,并经该法院审判委员会讨论决定,本案依照审判监督程序进行再审。对于云南省高院给出的这一理由,我们从法律上找不出任何破绽。换言之,云南省高院为达到启动本案再审程序的目的,恰当地援引了现行法律的有关规定,并且其间包含了法官对法律规则的解释和推理。正是这些法律方法的运用,一方面掩盖了云南省高院在面对社会舆论压力时的尴尬,另一方面也体面地满足了社会舆论所期待的再审此案并判处李昌奎死刑的诉求。在启动李昌奎案再审程序过程中,法律方法的一般功能和特殊功能得到了综合体现,而且表面上法律方法发挥的是一般功能而实际上却发挥了特殊功能,尽管这种特殊功能的正当性存在很大的争议。

如果说李昌奎案中法律方法特殊功能的发挥很好地契合了其一般功能,在某种程度上尚属于对法律方法的合理利用,那么在下面检察院公诉王某一案中,法律方法的运用则不属于合理或正当运用。该案情是这样的:某公司老总刘某在某证券交易所从事期货交易活动,其交易账户被王某(系刘某的下属)盗用并私自操作有关期货交易,因王某经验不足和操作不当等原因,造成30余万元的经济损失。刘某发现后与王某交涉,两人达成协议,王某同意赔偿刘某损失。但之后刘某又将证券交易所起诉至法院,要求后者承担其30万元损失。证券交易所收到立案通知书后向公安机关报案,王某被公安机关逮捕,侦查终结后案件移送到检察院进入审查起诉阶段。案件讨论过程中,大部分检察官认为此案属于经济纠纷,不宜作为刑事案件处理,但负责此案的检察官被告知此案已经有相关领导打过招呼,要求一定要追究相关当事人的刑事责任。于是,检察官们开始纠结于盗窃罪、挪用单位资金罪抑或其它可能"合适"的罪名与案件事实之中。姑且不论此案最终如何了结,相信此案的最后一个情节对于一些检察官和法官来讲都不陌生。当司法者受到法律之外的因素影响,司法者又难以抵制这种影响时,就会转而寻求某种方式或途径将这种影响进行转接,而在如何做到既实现了转接又不显性违法的选择策略上,法律方法扮演了一个非常重要的角色。这也是法律方法特殊功能的组成部分之一。但是,法律方法在此所发挥的这种特殊功能显然与法治原则是根本背离的,也是我国当下启动的新一轮司法改革所要竭力矫正和避免的。

法律方法的基本功能应该是其内部功能,应是一种技术性的功能,特殊功能尤其是在哪些价值上应该给以负面评价的特殊功能的存在,在很大程度反映的是司法功能的不纯正状况,也是司法问题的重要表征之一。司法应该以公正为其价值追求,那么法律方法是否有自己的价值追求还是应该价值无涉呢?笔者认为,如果仅将法律方法视为一类技术性的逻辑工具,它应该是价值无涉的,但司法实践中法律方法却很难是价值无涉的,许多学者也将法律方法视为人类实践理性的应用表现之一,尤其是在评价法律方法的功能时,是可以在一般意义上来为其设定相应的价值,并且可以对其进行价值评价的。然而,当我们在认识法律方法的价值主体时,问题就会变得复杂起来。正如英国学者麦考密克指出的那样,由于需要证明理由,法官负载着巨大的压力,他们必须表现得如人们期待的那样。为了使自己看起来符合期待中的形象,法官必须借助于这些理由表明他们的确是在维护"法律的正义",而且至少在达到这一目的的意义上,这些理由成为正当化的理由。同样道理,那些千方百计想赢得诉讼的律师也必须明白,最好的办法是给出代表其客户利益的充足论辩理由。[1] 虽然法律方法的价值可能因为运用主体的不同而有差异,但我们可从维护法治的立场出发,主张法律方法的运用应当体现相应的法律价值,并且可通过对法律方法目的性的正当化约束来更好地发挥法律方法的工具性——无论是一般功能还是特殊功能,以此来保证司法公正的实现。

二、多重权力关系中的法律方法与司法改革的困境

关于法律方法功能和价值的复杂性,我们可以给出很多解释。美国学者昂格尔曾指出了福利国家对法律的一种影响:"从形式主义向目的性或政策性导向的法律推理的转变,从关注形式公正向关心程序或实质公正转变。"[2] 这同样可以作为上述问题的一种解释,因为目的性或政策性的导向的确容易使法律方法突破其一般功能而增加特殊功能的分量。在我国的司法实践中,基于特定目的的考虑来运用法律方法也确实是常见的司法现象。但是,笔者认为,这一解释又不完全符合我国的司法实践,并且对于法律方法功能和价值的解释也容易使人们误入歧途。原因在于,形式主义法治在我国尚未完全建立,司法过程中尚存在多重权力关系和多种目的追求,作为裁判者的法官无法将法律方法的一般功能独立地、完整地或最大化地加以发挥,在许多案件中要将一些非法律的因素——政治的、经济的、社会的目的性或政策性因素——纳入案件裁判中来,而作为这些非法律因素转接的主

〔1〕[英]尼尔·麦考密克:《法律推理与法律理论》,姜峰译,法律出版社2005年版,第15页。

〔2〕[美]昂格尔:《现代社会中的法律》,吴玉章、周汉华译,译林出版社2008年版,第164页。

要承受者——法律方法的特殊功能自然也随之增加。此外,社会转型的过程也是价值选择和规范重建的过程,有关法律的价值以及相应的法律方法的价值依然在构建中,尚未达成最终的价值共识。

从权力的视角看,法律方法从属于司法权的范畴,是司法权得以发挥效力的基本凭借。司法权又包括审判权、检察权和侦查权等具体权力类型,其中审判权可视为司法权的核心,并且审判权与法律方法的关系也最为密切。根据《宪法》的规定,人民法院是国家的审判机关,审判权由法院行使,对案件的审理和裁判则由法官来具体实施,也即法官是法律方法的主要运用主体。案件审判过程中,法律方法经由法官的思维作用于具体的案件,此亦司法权运行的具体表现。前文提到的许霆案中,法官对"金融机构"的含义,以及许霆的行为(事实)与盗窃金融机构(规则)之间关联性的解释,便属于法律解释这一法律方法的具体运用,同时也是司法权运行的表现。《宪法》还规定:"人民法院依照法律规定独立行使审判权,不受行政机关、社会团体和个人的干涉。"这一规定对于法律方法的意义在于,它意图保证法官根据业务知识、认知能力以及法律思维独立地来审理、裁判案件,以最大限度地发挥法律方法的一般功能,避免或限制法律方法的特殊功能。

然而,由于受到文化传统、民族心理和体制机制等因素的影响,目前我国的司法权难以独立发挥作用,其在运行过程中会不时地受到其他类型权力的影响,这些权力可能来自于权力机关、行政机关、社会舆论以及党的机关或其领导人等。这意味着在很多案件的审判中,法官难以完全独立地作出裁决,比如前文提到的李昌奎案,决定该案裁决结果的已不仅仅是司法权,社会舆论自始至终都在给法院及法官施加着压力,这种压力虽然不是来自于具体的机构或个人,但是它足以左右法院及法官的审理和裁决结果,属于一种社会权力。类似的情形同样发生在药家鑫案、许霆案和邓玉娇案等近些年来具有较大社会影响的案件中。当然,社会舆论在很多情况下代表的是一种非理性的民众情感,而"对于民众情感,法律是否能够并应该加以引导,抑或只是谨慎地跟随这种情感的变化,这在过去和现在都是一个有争议的问题"。〔1〕但是在当下的中国,执政者常从政治的立场出发要求司法者认真对待司法中的社会舆论或称民意问题,所谓司法应追求法律效果和社会效果的统一便是上述要求的一种表述。因此,如何处理好司法权同社会舆论之间的关系,是法院及法官在某些案件中需要慎重对待和处理的问题之一。通过李昌奎案等案件的审理也可以发现,法律方法在协调司法权与社会舆论之间的关系上,的确发挥了不可替代的链接和融通的特殊功能。

如果说在某些情况下司法权向社会舆论做出一定妥协,是由于司法权的正当性和公信力很大部分来自于社会认可,法院及法官借助于法律方法来达到这一目的,尚具有一定的合理性和必要性,那么在前文提到的检察院公诉王某的案件中,负责审查起诉此案的检察官为遵从领导的指示而对法律方法的运用,则属于对法律方法的不当运用。这种做法或现象不仅存在于检察工作中,司法审判中同样多有存在。它反映的是司法权在遇到行政权等

〔1〕[美]埃尔曼:《比较法律文化》,贺卫方、高鸿钧译,清华大学出版社2002年版,第6页。

其他权力的干预时,不得不顾忌甚或依从行政权等权力拥有者的意志。值得注意的是,对法官运用法律方法审判案件形成不当影响的权力不仅来自于法院外部,在很多情况下也来自法院内部。其重要原因之一是法院内部在法官之间实行等级化的行政管理,也即“我们的实践是将每一个法官都纳入一种等级化的体系之中,普通法官要接受庭长副庭长的领导,庭长副庭长要接受院长副院长的领导。”[1]我们知道,行政权存在的地方,也是意志独立消失的地方。由于法官之间存在这种等级关系,加之审判委员会等制度的设置,使得担任案件审判长的法官实际上处于司法权和行政权的综合作用网络之中。当司法权的独立性受到威胁或者已经失去时,法律方法便会沦为一种解构司法权以使其满足其他类型权力要求的工具,它不仅背离了司法公正的法治理念,也异化了法律方法自身存在的意义。

笔者认为,法律方法在司法审判中受到多重权力关系的影响,使法官无法独立地将其一般功能加以充分发挥,这是我国司法实践存在的一个重要问题,也是我国司法改革陷入困境的一个综合反映。进入21世纪以来,我国司法改革几经波折、成效有限。在司法独立和法官裁量权等关键问题的改革上难以实现突破性进展的情况下,近年来,司法改革的重心转移到了一些具体的司法问题上,如刑事害人的司法救助等。但是,司法改革能否以及是否取得成功,关键还是由司法独立及法官自由裁量权等基本指标来衡量。从宏观的体制框架或者价值评判等角度来论证司法改革的必要性及其相关进路,固然是一种思路,但是“宏大叙事”往往容易遮蔽一些微观的权力关系、社会心理及制度实践。因此,在思考如何使当前的司法改革走出困境时,从法律方法的运用及其功能的发挥这一视角切入,或许会更有助于改革的主持者和参与者找到问题的症结所在,从而提出一些有针对性的改革建议。

三、强化法律方法一般功能,走出司法改革困境

在探寻走出司法改革困境的路径问题上,学者们纷纷发表自己的观点并给出了不同的建议,法律实务者尤其是部分支配一定司法资源的改革者也在进行着不同的改革尝试,但时至今日,一些关键性问题依然难以解决并成为司法改革的瓶颈,比如司法独立问题。笔者认为,体制的整体性与惯性固然是阻碍司法独立的重要原因,但这一障碍的消除并非朝夕可成,与其停留在期望与无奈之间,不如对我国司法制度及其实践从微观上加以分析——尤其是要对司法过程中各种权力关系做出全面而准确的认识,从理论和制度上来重新设定司法中各种权力关系的运行规则。在相关规则的设定中,应该遵循这样一条原则:为司法减负,通过强化法律方法的一般功能并抑制不当的特殊功能来促进司法功能的纯正性。

据笔者调研,当前法院系统尤其是基层法院的法官大都在超负荷工作,每年人均审理三四百起案件已属平常,而当事人的涉诉信访更是令法官们头疼和压力倍增。与此同时,

---

〔1〕 贺卫方:《司法的理念与制度》,中国政法大学出版社1998年版,第120页。

司法公信力在基层民众中却是不断降低。对于这种局面,笔者认为,司法权在其运行过程中,虽然不可避免地要处理与其他类型权力之间的关系,但由于各类权力在司法活动中的相互关系缺乏明确有效的规则,使得司法权常被其他类型的权力所压制或边缘化,这不仅导致了司法权运行的非纯正性,尤其是司法要承载过多的非法律目的,而且也削弱了司法的权威,并使司法者在不堪重负下又背负了许多(合理的或不合理的)指责。遗憾的是,司法政策的制定者与司法改革的推行者却往往从政治的立场出发,不加区分地回应这些指责并构建一些回应机制,如错案追究制度。其实,该思维一如在发生经济危机时提出的司法要为"保民生、保增长、保稳定"服务,这些都将导致司法负担的进一步加重,使司法改革在泥淖中越陷越深。赋予司法的非法律使命越多,司法将越难以实现独立。因此,为司法减负,使其回归司法本身则显得甚为必要和迫切。实现该目标的一个重要突破口或着力点是强化法律方法一般功能,也即避免或减少法律方法特殊功能的发挥,促使其一般功能的最大化发挥。

如前文所述,法律方法的一般功能在于帮助司法者串联案件事实与法律规则,以实现司法的功能。除遵从法律的意思,法律方法的运用应尽可能地免受社会舆论的影响。司法不同于立法,后者才应是民意集中表达的场合。如有学者指出的那样:"以个体意愿代表民意,以一时一地的民众情绪取代以法律构建的未来秩序模式显然是不足取的,即便公众形成了一定的共识,其试图以一致意见施加影响的对象也不应当是司法,而是立法。"[1]美国学者沃尔夫也认为:"我们必须记住,我们是将司法部门比作具有一些不民主特征的普通政治机构,而不是一个古希腊城邦国家中代表所有公民的民众大会。……当我们实际看看在法官们判决的许多案件中他们否决了谁的行为时,这种对法官民主性不足的指责就会更加黯然失色。"[2]的确如此,司法并非表达民意的场所,法官也非由公民选举产生,法官只需要服从和适用法律就可以了,他们不需要像立法机关和行政机关那样去过多地考虑社会公众的意见。如果法官受到社会舆论(即所谓民意)的左右,在适用法律时未能坚守相应的法律原则或法治精神,即使可以借助于某些法律方法对司法程序或裁决结果予以圆说(如李昌奎案),其对法律确定性或可预期性及司法权威的损害也是无法估量的。况且,如何判定司法过程中民意的内容及其真伪,也是一个非常棘手的问题,显然,法官不应该在此问题上耗费太多的时间和精力。

再者,社会舆论或民意经常裹挟着一些政治的、经济的或社会的诉求,而这些诉求本是不应该在司法过程中表达的。但是,在司法独立尚未真正确立时,司法者往往会受到来自社会舆论之外的其他类型权力所施加的压力,因为后者更加在意社会舆论的内容及风向。在某些情况下,司法者之所以顾及社会舆论并非因为承受不了舆论的压力,而是其他诸如行政权力作用的结果。只有将这些非正常的压力从制度上加以排除,才能有效地减轻司法的负担并保证司法的纯正性,这也意味着法官能够更加独立地对案件加以审理和裁判。换言之,当司法过程中排除或抑制了社会舆论或民意的影响时,也就在很大程度上阻止了法

---

〔1〕 韩铁、江国华:《司法民主:理论与现实的困境》,载《时代法学》2010年第2期,第21页。

〔2〕 [美]克里斯托弗·沃尔夫:《司法能动主义》,黄金荣译,中国政法大学出版社2004年版,第121页。

律之外的目的以及司法之外的权力对司法审判的不当干扰,法官也将因此有更多的精力专注于案件本身的审理和裁判,法律方法的一般功能也才可能得到最大限度地发挥,而不必再负荷过多的不正当的特殊功能。

然而,法官并非纯然中立或独立于社会,他们要受各种微观的社会关系的影响,并且宏观体制设计的弊端加剧了微观权力对法官审判案件的干扰,使法官很难对一些案件进行自由裁量。比如,法官的人事关系从属于特定的法院,而法院中又设有庭长、院长等行政职务,法官处于这种行政等级结构中,回避制度并不能完全排除法院系统内部对法官审判案件的不当干扰。问题在于,如何将这些干扰置于可控范围内,使其无法从根本上影响法官对案件的自由裁量。当然,排除非法律目的的干扰并不意味着司法者在适用法律时,必然不顾及案件所涉及的政治的、经济的或社会的因素。运用法律解释、法律推理等法律方法的过程是一种实践理性作用的过程,裁决结果将会产生不同程度的政治、经济和社会效果。以实践理性的思维来运用法律方法是法官正确的选择,法律方法的一般功能也应该是实践理性指导下的功能。概言之,非法律目的的考虑与其他类型的权力是在法律方法外部还是在法律方法内部施加影响,或者法律方法是作为一种工具被动地迎合非司法目的或其他类型权力还是自主的融合其他目的或权力的影响,将是衡量司法改革成败的一项基本指标。

毋庸置疑,实现法院与法官的独立依然是我国司法改革的目标,也是走出司法改革困境,强化法律方法一般功能的基本标志和必然结果。不过,对于法律方法一般功能的追求能否突破司法改革困境,有着不同的观点。如有学者认为:"坚持法官独断主义和独白式思维的人们企图通过引介西方近代以来传承下来的法学方法论为我国法官'找法'、'释法'、'用法'提供可靠的裁判方法论'秘笈',以求达到统一法律适用和规制自由裁量权的目的,尽管这种良好的意愿和艰辛的努力很值得敬佩,但遗憾的是,他们的立足点、出发点和落脚点都没有放在我国法律实施体制和机制上,并且从一开始就离开了我们的方法论和认识论基本立场。"[1]同时,对于法官独立的路径选择问题,学者们也有着不同的主张。苏力认为,一步到位地实现法官独立并不可行,甚至可能出现更多滥用司法权甚至以权谋私的"独立的"法官。苏力主张:"把法官独立问题纳入中国社会转型的司法改革的语境中来分析考察,拒绝把法官独立作为天经地义的论证起点。"[2]其实,两位学者关于法律方法的功能以及法官独立路径选择的观点,与本文的分析思路是一致的。笔者反对激进的司法改革,也不认为建立法官独断主义的法律方法运用机制就能够使司法改革彻底走出困境,但是改革的方向应该是明确的,衡量改革成败的指标也应该是清晰而合理的。从法律方法所承载的多重权力关系入手,设定相应的规则,使司法权逐渐免于其他权力因素的影响,在实践理性指导下充分发挥法律方法的一般功能,使司法功能纯正化,最大限度地发挥法律方法的一般功能,应该是正确的选择。

---

〔1〕 冯文生:《裁判方法论:迷思与超越》,载《法律适用》2012年第6期,第56页。

〔2〕 苏力:《道路通向城市》,法律出版社2004年版,第183页。

法律现实主义的司法裁判观

唐丰鹤*

摘　要:美国法律现实主义的许多思想归根到底植根于现实主义者们对司法过程的看法。本文从三个角度探讨了美国现实主义的司法观。首先,对于司法过程的性质而言,究竟是创造性的还是宣告性的,现实主义与形式主义针锋相对,形式主义认为司法过程就是逻辑演绎的过程,是宣告法律适用的过程,而现实主义认为法律的生命不在逻辑,而在经验,是创造性的过程。其次,对于司法裁判的主导因素而言,形式主义强调了法律的单方面决定作用,而现实主义认为司法裁判是由事实主导的,裁判结果只是对事实刺激的一种反应。再次,对于司法判决的可预测性而言,本文着重探讨了现实主义阵营内部的分歧:现实主义的社会科学之翼认为司法裁判虽然不确定,但还是可以预测的,而现实主义的个人习性之翼认为司法判决取决于个人习性,因而本质上是不可预测的。现实主义的司法最重要的贡献在于恢复了事实在裁判过程中的中心地位。

关键词:法律形式主义;法律现实主义;司法;事实

一、司法过程的性质:创造还是宣告?

法律现实主义(Legal Realism)的理论对手是兰戴尔(Christopher Comlumbus Langdell)一手开创的法律形式主义(Legal Formalism),法律形式主义深受近代科学思潮的影响,主张对法律进行科学的正当化,所以,法律形式主义是科学主义的。法律形式主义科学化的目标,是要将法律体系化:金字塔顶端的是一些基本概念和基本原则,由此出发或渐次推导出下一级的法律原则和规则,直至可以直接适用于具体案件的裁判规范——所谓裁判规范,指的是能被法官直接适用于当前案件的具体规则,它是法律体系中的最下位规则,也是与案件事实联系最为紧密的规则,是连接法律体系与案件事实的桥梁。[1] 法律形式主义科学化的方法,则是归纳法,通过归纳既往的判例,得出具有普适性与融贯性的原则和规则。这样,分析实证方法和法律科学化的目标完美地结合在了一起,菲尔德曼(Stephen M.

---

* 唐丰鹤(1978—),男,安徽桐城人,浙江大学光华法学院博士后,浙江财经大学法学院副教授,研究方向:法哲学、法律方法。本文系中国博士后科学基金第55批面上资助项目(批准号:2014M551714)阶段性成果。

〔1〕 参见秦策、张镭:《司法方法与法学流派》,人民出版社2011年版,第61页。

Feldman)在评价法律形式主义的这一工作时,准确地说道:“兰德尔主义者们是第一批试图在一个当时已经变为实证主义的世界中理解和合法化普通法体系的美国法理学者。而且,总体来讲,兰德尔主义者以那个时期典型的智识工具、方法和主张面对这一挑战:他们披着科学权威的外衣,他们搜寻有关现实的科学知识,并且他们用逻辑系统化了自己的发现。”[1]

法律形式主义法律的科学化不仅体现在建构一套理性和谐的法律体系,而且还表现在将这套法律概念、法律原则和规则科学地应用到具体案件上,前者是归纳的过程,后者是演绎的过程,由于这一演绎过程被认为需要扼杀任何的能动空间,我们将其称为宣告性司法。[2] 宣告性司法认为司法裁判的过程,仅仅是将现成的法律规则或原则通过演绎覆盖到具体案件上,在这个近于机械的过程中,既不需要对法律规则或原则进行创造性地解释,也不需要费神对事实进行合理地剪裁,所以,司法裁判的过程,并不存在任何造法的可能性与必要性,完全是形式逻辑的工作。不过这里值得注意的是,法律形式主义者并不是直接将抽象的法律规则或原则直接应用于案件事实,而是通过裁判规范这个中介。裁判规范是能被法官直接适用于的当前案件的具体化的规则,法律形式主义通过法律体系金字塔上层的原则和规则来演绎出具体的裁判规范,再将裁判规范应用于当前案件。所以,法律形式主义司法的操作规程严格来说包含这样三个步骤:一是从以往若干判例中抽象出一般原则或规则,使用的是从特殊到一般的归纳推理方法;二是从一般原则或规则出发,推导出适用于当前案件的具体裁判规则,使用的是从一般到特殊的演绎推理方法;三是以推导出的裁判规则为大前提,以案件事实为小前提,获得个案的判决。[3] 不过,即便法律形式主义者是通过裁判规范来跨越抽象的法律规范与具体的案件事实之间的鸿沟,但是由于裁判规范是通过上层规范严格演绎得到,所以整个司法过程还是没有丝毫越轨的地方。其实,我们可以说,法律形式主义的司法裁判结果完全是通过上层规范到下层规范到裁判规范到案件结果这样一级一级演绎出来的。对于法律形式主义的这种墨守成规的宣告性司法,秦策、张镭两位论者将其总结为以下几点:(1)在性质上,司法过程是一种科学认识活动,即法官使用司法的“科学方法”来发现真正的法律并将其适用于当前案件的活动;(2)在角色认知上,法官不是纠纷解决者或社会工程师,而是法律的科学家,因此,应当保证司法行为的中立性与非人格化;(3)在运作方式上,由于法律体系是完备的,法律漏洞是虚拟的,法律概念是特定的,法律语言是明晰的,因此,司法过程是一个封闭而自足的体系,无须假诸法律之外的因素;(4)在案件性质上,每一个案件都是“平常案件”(plain case),因此,法官在裁判案件时不需要裁量乃至造法,所产生的判决结果是唯一的;(5)在判决效果上,强调法律适用的抽象正确性,而不是纠纷解决的具体妥当性;在法律效果与社会效果之间,强调的是

[1] Stephen M. Feldman, American Legal Thought from Premodernism to Postmodernism: An Intellectual Voyage, Oxford University Press, 2000, p. 93。

[2] 关于宣告性司法与创造性司法的区别,参见[美]本杰明·卡多佐:《司法过程的性质》,苏力译,商务印书馆1998年版,第77页。

[3] 秦策、张镭:《司法方法与法学流派》,人民出版社2011年版,第63页。

法律效果。[1]

法律形式主义的上述思想,都可以在兰戴尔的案例分析方法(casemethod)中找到或实现。首先,学生们通过分析既有判例,得出具有普适性与融贯性的原则和规则,所以,兰德尔郑重地告诫:"学生们必须把法律视为一门从判决案例中寻找各种法律原则的科学。"[2]其次,学生们可以将归纳出的原则和规则,演绎出裁判规范,再将裁判规范与待决案件结合,得出裁判结果。

法律形式主义的这种宣告性司法,一方面符合了法律科学化的时代浪潮,一方面又符合了近代权力分立的基本观念,所以,一经出世,就被奉为圭臬。但是,愿望并不是实际,法律现实主义很快就看破了理想背后的幻象。法律现实主义者注意到,抽象的法律与具体的案件之间的巨大裂隙,绝不是通过一个似是而非的演绎推理就可以填补。法律是通过语言来表达的,而语言具有不精确性,正如现实主义的其中一位代表人物菲利克斯·科恩(FelixCohen)所说:"对两个不同人来说,一个句子从来不可能精确地意指相同的事物。……甚至,我怀疑,对我来说,任何一个句子在我第一次听到它时,与我第十次或第一百次听到它时,是否能够精确地意指相同的事物。"[3]即使法律规则的语言表达是清晰的,也不代表逻辑推理就是没有问题的,因为案件事实本身也要通过语言来组织或重建,要把一些法律术语安到事实之上,这一过程就是对事实的定性过程,用卢埃林(Karl N. Llewellyn)的话来说,就是对事实进行分类的过程,这一过程也充满了不确定性,卢埃林说:"即便这种文字形式的规则本身是确定的,依然面临着将案件中的事实问题进行分类的问题……此一分类问题是一种创造性的工作,而只有在分类之后,进行真正的法律推理才变得可能。"[4]

正是由于看到了事实与法律之间的非对称性,所以,法律现实主义从不认为法官只是在老老实实地应用一种纸面规则,相反,司法过程其实是创造性解释法律、适用法律的过程,或者直接点说,是法官造法的过程。在法律现实主义看来,司法过程中法官表面上接受纸面规则的约束,但是,实际上,法官不可避免地偷运进去了各种社会因素或个人因素,从而改变了对于纸面规则的理解,篡改了法律,这就是司法性立法(judicial legislation)。立足于对司法过程的这一认识,法律现实主义拒绝了形式主义对于司法的幼稚看法,在现实主义者看来,司法过程绝不是一种简单地宣告法律适用的过程,而毋宁说一个伴随着法官造法的过程;司法过程中起作用的也主要不是逻辑,而毋宁说是经验,是法官对于社会人情的洞察和体悟。立足于这一认识,形式主义的司法被嘲笑为一种机械的司法;同样立足于这一认识,霍姆斯(Oliver Wendell Holmes)说出了脍炙人口的名言:"法律的生命不在逻辑,而在经验。"[5]

正是由于持这种创造性司法观,法律现实主义进而也改变了对于法律的传统看法,传

〔1〕 秦策、张镭:《司法方法与法学流派》,人民出版社2011年版,第64~69页。

〔2〕 [美]罗伯特·斯蒂文斯:《法学院》,阎亚林、李新成、付欣译,中国政法大学出版社2003年版,第73页。

〔3〕 Felix Cohen, Transcendental Nonsense and the Functional Approach, Colum. L. Rev. 35: 838 -842, 1935。

〔4〕 Karl N. Llewellyn, The Common Law Tradition, Little, Brown and Company, 1960, pp. 11 -12。

〔5〕 O. W. Holmes, The Common Law, Boston: Little Brown, 1963, p. 5。

统的法律观主要的是关注纸面上的规则,而看清了纸面规则和实际规则之间巨大落差的法律现实主义则将目光投注在实际规则之上。具体来说,它的着眼点主要落实在法律系统内部的"官员行为"和法律系统外部的"社会行为"之上。〔1〕在现实主义者看来,规则本身并不是法律,这种"官员行为"和"社会行为"才是法律,前者是纸面上的法律,是死的法律,后者是行动中的法律,是活的法律。庞德(Roscoe Pound)的论文《书本上的法律与行动中的法律》的核心思想正在于此,而这一区别又得到了现实主义者的普遍赞同,卢埃林和其他人坚信书本上的法律与行动中的法律区别是重要的,必须运用"一种客观性的观察科学"方法对这一区别加以研究,并断言法律就是"法院以法之名普遍从事的行为"。〔2〕法律现实主义这种行动中的法律观与传统的法社会学行动中的法律观有一定渊源,但是并不相同。传统的法社会学行动中的法律观主要研究的是除了国家法之外,还有哪些实际生效的规则,比如习俗、道德、宗教规范等;而法律现实主义行动中的法律观则是把法律本身就定性为"官员行为"和"社会行为"。从这样一个立场出发,我们就不难理解霍姆斯对法律的看法了,霍姆斯认为法律从来不是白纸黑字的书面规则,更不是从好人的角度来强加于法律的应然性的内容,而是赤裸裸的对于法官将要做什么的预测。〔3〕

二、司法裁判的主导因素:事实还是法律?

按照传统的司法三段论,司法过程既要考虑法律因素,也要考虑事实因素,司法裁判的结果正是由事实与法律两个方面同时决定的。但是,由于着眼点和理论预设的不同,法律形式主义和法律现实主义却分别强调了法律与事实对于司法裁判的单方面决定作用。

法律形式主义认为司法裁判的主导性因素是法律。按照法律形式主义的机械司法观,司法判决是从法律中引申、推导出来的,其过程是:(1)上位规则推导出下位规则;(2)下位规则推导出裁判规则;(3)由裁判规则结合事实推导出裁判结论。〔4〕整个司法裁判过程是一个演绎推理的操作。按照法律形式主义的这种演绎性的司法,裁判者并不是完全不考虑事实,但是很明显,事实是次要的,裁判者主要考虑的是法律,法律合乎逻辑地演绎到事实之上,由此而生产出判决。法律形式主义的这种演绎性司法近乎有点不可思议,但是这里我们必须要理解的是,法律形式主义所预设的案件,乃是一种平易案件,也就是说,是一种事实典型的案件,该种事实与规则中的行为模式是完全吻合的,所以,通过规则自上而下地演绎得出判决并不奇怪。比如说,法律规定携带武器参加公众聚会构成犯罪,某人携带手枪参加公众聚会,由于手枪处于武器的意义核心,也就是说,手枪是武器的一种典型代表,所以,经过一个简单的演绎,则判决某人构成犯罪是顺乎自然,合乎逻辑的。

---

〔1〕陆宇峰:《美国法律现实主义:内容、兴衰及其影响》,载《清华法学》2010年第6期,第92页。

〔2〕[美]罗伯特·R·萨默斯:《美国实用工具主义法学》,柯华庆译,中国法制出版社2010年版,第107页。

〔3〕[美]霍姆斯:《法律之道》,许章润译,载《环球法律评论》2001年秋季号,第323页。

〔4〕这里的上位规则、下位规则并不是效力位阶意义上的上位规则、下位规则,而只是演绎意义上的上位规则、下位规则,即下位规则从上位规则演绎而来。

然而,对于法律形式主义的这种演绎性司法,法律现实主义不以为然,认为这完全是不食人间烟火的幻想,法律现实主义针锋相对地提出了这样一种主张,即司法裁判的主导性因素不是法律,而是事实。实际上,法律现实主义认为,司法裁判即是对事实刺激的一种回应,这也就是法律现实主义的核心命题,即主张决定案件的,是法官对于事实刺激的回应,而不是法律规则或法律理由。布莱恩·莱特(Brian Leiter)认为这一命题是所有法律现实主义者所共同认可的核心命题。[1] 比如说,奥利芬特(Herman Oliphant)就非常明确地指出,司法裁决是"对具体案件事实之刺激的回应"[2];霍钦森(Joseph C. Hutcheson)也认为,决定案件的是法官面对事实的是非感[3];弗兰克(Jerome Frank)则征引大法官肯特的话来说,法官首要的是掌握事实,然后,"我看到了正义的所在之处,有一半的情况是道德感决定了法院的判决",至于法律规则并不是最重要的,甚至是无足轻重的,因为虽然"我有时可能会被一些技术规则所困扰",但是,最终,"我又几乎总能够找到适合我关于案件观点的原则"。[4] 卢埃林则建议律师说,一个律师应该做的是,"在事实的基础上……说服法院作出合理的判决。"[5]弗兰克也有类似的看法,"赢得一桩官司无非就是要法院作出对你有利的决定,对此,我们唯一要做的事就是引用一个支持你的先例。"[6]

法律现实主义认为法律是对事实刺激的一种反应,这一观点显得与法律形式主义针锋相对,究其原因,是因为法律现实主义的目光更多地投注在疑难案件之上,疑难案件的裁判结果并不能经由"上位规则—下位规则—裁判规则—裁判结论"这样顺乎自然地演绎出来,因为疑难案件的事实并非一种行为模式中的典型事实,因此,对于此种非典型事实的归类,必须要结合对法律的创造性解释来进行,而把握这一过程之航向的,还是每个人内心的常识、社会认知、正义感等。

值得注意的是,法律现实主义主张司法裁判是由事实主导的这一命题,具有以下几点含义[7]:

首先,这一命题不仅仅主张司法裁判需要考虑案件事实这样的"正确的废话"式的弱命题,它是一种更加强的命题,它主张司法裁判的结果是法官对案件事实反应的体现,这里的案件事实,既可能是具有法律意义的事实,也可能是在法律上无关紧要的事实。事实上,不管是什么样的事实,是法律事实,还是单纯的自然事实,只要法官对此有所反应,这种反应本身就是判决,所以,事实可以脱离法律而成为法官判决的基础。

---

〔1〕 Brian Leiter, American Legal Realism, in W. Edmundson & M. Golding (eds.), The Blackwell Guide to Philosophy of Law and Legal Theory, Oxford: Blackwell, 2005, p. 52。

〔2〕 Herman Oliphant, A Return to Stare Decisis, American Bar Association Journal 14: 75, 1928。

〔3〕 Joseph C. Hutcheson, The Judgment Intuitive: The Function of the 'Hunch' in Judicial Decisions, Cornell Law Quarterly 14: 285, 1929。

〔4〕 Jerome Frank, Law and the Modern Mind, Peter Smith, 1970, p. 112, note3。

〔5〕 K. Llewellyn, The Bramble Bush, Oceana Publications, 1960, p. 76。

〔6〕 Jerome Frank, Law and the Modern Mind, Peter Smith, 1970, p. 102。

〔7〕 Brian Leiter, American Legal Realism, in W. Edmundson & M. Golding (eds.), The Blackwell Guide to Philosophy of Law and Legal Theory, Oxford: Blackwell, 2005, p. 53。

其次,主张司法裁判是由事实主导的这一命题,并不是说司法判决就一定是与法律规则完全无关的,而只是说,司法判决主要是由事实决定的,法律规则只发挥着并非举足轻重的影响。正如卢埃林所认为的,规则与裁判结果之间的关联是存在的,但是规则与裁判结果之间的关联并不是必然的,或者说逻辑的,也就是,规则与裁判结果并不存在因果关系。

再次,这一命题还导致了更加激进的主张,比如奥利芬特的"回归先例"主张[1]。奥利芬特认为,由法院和学者借由先例所阐发的规则是非常泛化和抽象的,以至于完全遮蔽了争议案件最初的事实背景,而脱离这些事实背景来单纯考虑抽象规则是完全没有价值的。所以,法院必须重新回归到先例,即回到据以阐发法律规则的初始的案件事实,以事实为基础来理解先例规则,才能获致真正的理解。

三、司法判决的不确定性:可预测还是不可预测?

现实主义的法律思想,其实归根到底源于现实主义者们对于司法的看法,虽然现实主义者们对于司法过程的看法分歧很大,但是他们无一例外地认为法官拥有很大的自由裁量权,法官对于法律的理解是一个充满能动性、创造性的工作,许多因素都会影响到法官对于法律的理解,因而司法过程充满了不确定性。之所以如此,是因为司法决定归根到底是由事实引导的(fact-guided)的,对法律的理解要结合案件事实来进行,而案件事实却是面相殊异的。

至于到底哪些因素影响了司法,根据这些因素的可预测性与否,布莱恩·莱特将法律现实主义者分为两大派别:社会科学之翼(Sociological Wing)和个人习性之翼(Idiosyncracy Wing)。[2] 前者以卢埃林、奥利芬特、卡多佐(Benjamin Nathan Cardozo)、摩尔(Herman Oliphant)、科恩为代表,他们都主张虽然司法决定是不确定的,但是导致这种不确定的因素却是从社会科学意义上来说是可以预测的;后者的代表人物主要是弗兰克和哈钦森,他们主张不仅司法决定是不确定的,而且导致这种不确定的因素本身也是不可预测的,主要是指每个法官的个性、性情、偏见、直觉、预感等。

(一)法律现实主义的社会科学之翼

法律现实主义的社会科学之翼认为影响司法过程的因素是可预测的。其中最出名的是卢埃林的"类型情境"学说。卢埃林认为司法过程是由事实引导的,其步骤是:(1)理解案件事实;(2)根据事实作出决定;(3)为决定寻找法律上的理由;(4)撰写包含法律论证的司法意见书。[3] 按照这一理解,法律决定是基于事实而产生,却用法律来加以修辞。因此,法官必须考虑个案事实,个案事实虽然殊异多端,但在卢埃林看来却并不是不可捉摸的,因为个案事实自有其类型,这就是类型情境(type-situation)。类型情境不同于个案情

〔1〕 See Herman Oliphant, A Return to Stare Decisis, American Bar Association Journal 14, 1928。

〔2〕 Brian Leiter, American Legal Realism, in W. Edmundson & M. Golding (eds.), The Blackwell Guide to Philosophy of Law and Legal Theory, Oxford: Blackwell, 2005, p. 54。

〔3〕 Karl N. Llewellyn, The Case Law System in America, Columbia Law Review, Vol. 88, No. 5: 1011, 1988。

境，个案情境完全是个异化的，因案而异的，但是类型情境却较为固化。事实上，类型情境是介于个案细节和抽象法律之间的中间层面，它既不会像个案事实那样无从拿捏，也不像抽象法律那样抹杀个案差异，它是“恰到好处”的。卢埃林说：“要注意的事实并非那些非常细节化的事实，不是那些有关某个交易或者交易方的事实，而是作为背景的事实、商业惯例的事实以及类型情境的事实，只有这些事实才是当事人和法官应该加以考量的。”[1]卢埃林认为，类型情境并不是不可捉摸的，有经验的法官会形成情境感（situation sense），又被称为正义感，卢埃林说：“法官对于新的事实情境及其意义的洞察力，在个案中通常被称作‘正义感’。”[2]对卢埃林来说，正是这种类型情境抑制了法官的任性，保证了司法裁判的基本稳定性，因为法官的主观情感虽然会像回头浪那样扰乱案件，但是类型情境却像海流一样控制着大局，“情境类型对于相关情感和公正感所施加的压力和拉力，具有一种类似于平稳但有力的海流对于回头浪那样的意味和效果。它稳固的拉力可能不知不觉间发挥着作用。”[3]值得注意的是，卢埃林后来领导编纂的《统一商法典》就反映了情境主义的理念。该法典区分了交易类型、当事人类型、市场类型等各种类型情境，强调了诸如“所有权”、“要约”、“承诺”等抽象法律概念的情境意义（situation-sense），甚至每个条款都附带理由，力图阐明规则的适用情境。[4]

另一位现实主义者奥利芬特则倾向于从行为科学的角度来说明司法裁判的可预测性。巴普洛夫（Pavlov）对狗的研究和拉什利（Lashley）对老鼠的研究建立了“条件反射”的概念，沃森（Watson）则在他们研究的基础上研究人的行为，认为人的行为也是对外界刺激的线性反应，一旦掌握了“刺激—反应”的规律之后，便可以对人的行为进行比较有把握的预测。沃森大众化了的行为主义成为奥利芬特理论的出发点，奥利芬特因此声称“每一个案件都是一种司法行为的记录”，对法官行为的观察无需考虑法官在判决意见中所说的话，无需考虑法官的“有声语言行为”，只需围绕他们的“非有声语言行为”，我们就能理解并且预测司法判决。[5] 如果行为只是对刺激的一种反应的话，那么判决是对什么的反应呢？奥利芬特认为，判决就是“对事实刺激”所作出的反应。不过，如果事实是千变万化的，那么刺激就是千变万化的，反应也就是千变万化的了，那么，司法预测就是根本不可能的了。对此，奥利芬特通过考察既有判例认为，事实并不是千变万化的，而是有固定类型的（从这个意义上来讲，奥利芬特甚至比卢埃林更早发现了类型情境的秘密）。比如对合同中承诺不与对方竞争的条款，既有的判例有的确认了该承诺的效力，有的却又否认了该承诺的效力，这看起来似乎令人无所适从，但是奥利芬特却发现了杂乱背后的章法，这就是案件的事实类型。奥利芬特发现，如果是商业交易的卖方承诺不与买方进行竞争，法庭会倾向于确认该承诺的效力；如果是雇佣关系中的雇员承诺不与雇主竞争，法庭会倾向于否认该承诺的

---

〔1〕 Karl N. Llewellyn, The Common Law Tradition, Little, Brown and Company, 1960, p. 126。
〔2〕 Karl N. Llewellyn, The Case Law System in America, Columbia Law Review, Vol. 88, No. 5: 1011, 1988。
〔3〕 Karl N. Llewellyn, The Common Law Tradition, Little, Brown and Company, 1960, p. 245。
〔4〕 陆宇峰：《美国法律现实主义：内容、兴衰及其影响》，载《清华法学》2010 年第 6 期，第 93 页。
〔5〕 Jerome Frank, Courts on Trail: Myth and Reality in American Justice, Princeton University Press, 1973, p. 159。

效力。这正是法律中没有规定但实践中得到普遍接受的商业习惯。[1] 这样一来,事实是类型化的,而判决又是对类型事实的线性刺激反应,那么,只消我们掌握了事实的类型,对判决作出预测也就一点也不难了。

现实主义者摩尔则提出了一种同样可预测的"制度性方法"(institutional method)[2]。摩尔的核心理念是:首先界定制度性的正常行为,然而厘清并测量异常行为偏离正常行为的幅度,要尽量找到异常行为合法与非法的临界点,也就是说,在临界点之内,该异常行为仍然是制度可以容忍的;在临界点之外,该异常行为将会被法院宣告为非法,并加以处罚。摩尔的主要目标是提出一种可预测性公式,即某种行为一旦偏离制度性行为的程度达到X级别,则法院就将会作出应有的反应。[3] 显然,摩尔的"制度性方法"是可预测的,虽然摩尔也承认,法官的行为受到心理、文化等各种因素的影响,但是他仍乐观地坚持司法裁判的可预测性。他把法律预测与天气预报进行了类比,摩尔说:"对裁判过程的预测,甚或是对特定判决的预测,也许至少可以具有类似于对于气象学家来说所具有的那种可能性。对17世纪的天气预报来说具有开放性的研究过程,对今天的法律人和国家机关的研究者来说同样是开放的;现在,将某种特定的测量方法严格适用于可能是固定不变的单元中的有限变量,并且以这些单元为基础来表述这些变量之间的关系,就如同过去研究天气预报一样在程序上是可行的。就像今天的美国农夫在作出决定时考虑天气因素和历法一样,法律人在进行裁判时,会把一些文化和心理方面的研究成果、法律全书以及他对以上文化和心理因素随机进行的直观评价一并加以考虑。"[4]

(二)法律现实主义的个人习性之翼

法律现实主义的个人习性之翼认为影响司法过程的因素是不可预测的。虽然他们与社会科学阵营的法律现实主义者一样,同样认为司法判决是受事实引导的[5],但是个人习性阵营的现实主义者更加注意的是法官个人的个性、性情、偏见、直觉等非可控因素对司法裁判的影响的,这导致他们认为司法裁判是不可预测的。

以弗兰克和哈钦森为代表的美国法律现实主义的个人习性之翼认为决定司法裁判的是法官个人的个性心理因素。弗兰克声称:"法官的个性是决定法律操作的关键因素。"[6] 比如说,在个性因素影响下,法官可能对金发女郎、胡子拉碴的男子、南方人、意大利人、水管工、神父、民主党人等产生或正面或负面的反应;甚至当事人的某种鼻音、咳嗽声或肢体

[1] Oliphant, A Return to Stare Decisis, American Bar Association Journal 14: 71 - 75, 1928。

[2] Underhill Moore &Theodore S Hope, An Institutional Approach to The Law of Commercial Banking, The Yale Law Journal 38: 703 - 719, 1929。

[3] Brian Leiter, American Legal Realism, in W. Edmundson & M. Golding (eds.), The Blackwell Guide to Philosophy of Law and Legal Theory, Oxford: Blackwell, 2005, p. 55。

[4] Jerome Frank, Courts on Trail: Myth and Reality in American Justice, Princeton University Press, 1973, p. 338。

[5] 莱特据此认为法律现实主义的核心主张是:"在司法裁判过程中,法官回应的首要是案件事实的刺激,而不是法律规则和理由。" See Brian Leiter, American Legal Realism, in W. Edmundson & M. Golding (eds.), The Blackwell Guide to Philosophy of Law and Legal Theory, Oxford: Blackwell, 2005, p. 52。

[6] Jerome Frank, Law and the Modern Mind, Peter Smith, 1970, p. 111。

语言产生痛苦或愉快的回忆。[1] 基于这一认识,弗兰克批评了法律形式主义的司法公式:R(rule,法律规则)×F(fact,事实)=D(decision,判决),弗兰克提出法律现实主义的公式是:S(stimulus,围绕案件对法官的刺激)×P(personality,个性)=D(判决)。由于弗兰克的主要关注点是在初审法院的事实认定上,所以这一公式又可以写成:R(规则)×SF(subjective fact,主观事实)=D(判决),即法官个性主要表现在对于事实的认定过程中,事实并非客观事实,而是非常主观的张三或李四眼中的事实。[2]

弗兰克深受弗洛伊德(Sigmund Freud)精神分析理论的影响,所以他主要的关注点是法官的个性因素。精神分析与行为科学不同,行为科学竭力要回避个人心智这个黑匣子,而精神分析恰恰是要处理它。不过,虽然精神分析处理的是潜意识中各种不可预测的因素,但仍不失为一项科学的事业。弗兰克也因此视他的工作是法律科学的一部分。

根据弗洛伊德的精神分析学,个性是出于潜意识深层的,它默默地起作用,人们对它缺乏准确的认识,更遑论对它加以控制了。弗兰克据此认为,司法行为的旁观者也绝不可能对影响司法裁判的因素作出准确的判断与预测,这样,弗兰克就得出了极为悲观的结论,即司法过程是不可预测的。对于那些认为司法裁判具有可预测性的观点,弗兰克斥之为一种"恋父情结",这些人对于司法可预测性的寻求就像是童年时代的我们对于父亲的渴望一样。[3]

弗兰克打着精神分析的旗号,最后得出了法律本身是无法预测的结论。这一结果也逐渐导向了法律现实主义的激进怀疑主义,甚至导向了无厘头的"美食法理学"(gastronomic jurisprudence),该学说主张"法官的早餐决定了当事人的命运"。[4]

法律现实主义的个人习性之翼另一位代表哈钦森则强调了直觉的作用,在1929年的《法官的直觉:司法判决中预感的功能》一文中,哈钦森指出,司法判决并不是我们通常想象的那样通过理性推导而合乎逻辑地得出的,而毋宁是通过直觉得到的。法官"实际上是凭感情、凭预感而不是凭推理在断案",推理只是法官在得出结论后为了正当化自己的结论而在判决意见中写的某种修饰语,所以,判决意见只不过是法官"自我证明其判决"的一份辩解书罢了,其目的是为了"让它通过批评者的检视"。[5] 既然,法律推理不过是回溯性的,真正决定司法判决的却是直觉、预感或情感之类虚无缥缈的东西,那么,司法判决在本质上就是不可预测的。值得注意的是,哈钦森的直觉决定论在今天来看依然有合理的成分。丹尼尔·卡尼曼(Daniel Kahneman)认为,我们每个人身上都有两个系统:系统一进行的是捷径思考,捷径思考是不费力气的、无意识的、不由自主的、不受控制的;系统二是要调

〔1〕 Jerome Frank, Law and the Modern Mind, Peter Smith, 1970, p. 115。

〔2〕 张宏生、谷春德主编:《西方法律思想史》,北京大学出版社1990年版,第419页。

〔3〕 Brian Leiter, American Legal Realism, in W. Edmundson & M. Golding (eds.), The Blackwell Guide to Philosophy of Law and Legal Theory, Oxford: Blackwell, 2005, p. 54。

〔4〕 [美]罗伯特·萨默斯:《美国实用工具主义法学》,柯华庆译,中国法制出版社2010年版,第21页。

〔5〕 Joseph C. Hutcheson, The Judgment Intuitive: The Function of the 'Hunch' in Judicial Decisions, Cornell Law Quarterly 14: 274, 1929。

动注意力去做费力的心智活动、理性思考,是有意识的、可控制的。[1] 我们在面对问题时,系统一总是会直觉地作出反应,这是无法阻止的;同样,法官在面对案件时,系统一也会直觉地作出判断,这也是无法控制的。所以,无怪乎哈钦森的直觉理论得到了弗兰克的衷心赞同,弗兰克认为,哈钦森对于司法直觉的描述是"对所有法官如何思考的大体正确的说明"[2]。不过遗憾的是,哈钦森并没有对直觉本身进行比较系统的考察,简单地把直觉等同于随意性了,而忘了直觉也是跟经验、训练等息息相关的,比如,经过长期训练的西洋棋大师可以直觉地选择最合理的走法;并且直觉还要接受系统二的检验,因而不一定就是无章可循的。[3] 所以,虽然霍姆斯也同样强调了直觉的作用:"一般命题不能决定具体案件,结果更多地取决于判断力和敏锐的直觉而不是清晰的大前提。"[4]但是同时,霍姆斯也坚持了司法判决的可预测性。

四、现实主义司法观的启示

从根本上来说,法律现实主义者们对司法问题的看法是在一点上保持了一致,即他们都反对法律形式主义那种僵死的宣告性司法主张。但是在揭示司法创造性一面的时候,他们在具体方向上却分道扬镳了:有的学者主张是一些可预测性因素主导了司法过程;另外一些则主张主导司法过程的因素取决于个人因人而异的习性,因而本质上是不可预测的。

法律现实主义的首要贡献,是打破了法律形式主义司法自欺欺人的幻象,从简单明确、封闭完美的法律概念体系中演绎出司法结论,这一图像虽然美好却不真实。问题的根本在于,形式主义没有尊重事实在司法过程中的基础性地位,相反,形式主义选择性地看到法律的单方面决定作用,因而从根本上颠倒了社会与法律之间的关系,未免有削足适履之感。法律现实主义敏锐地意识到了这一颠倒,无情地刺破了理想的肥皂泡,要求根据事实来建立司法结论,实际上是恢复了法律与社会的本来关系。

在笔者看来,法律现实主义对于事实地位的恢复是其最突出的贡献,也是留给我们的最重要的启示之一。司法裁判绝不应理解为只是在适用已经制定好的法律,甚至为此不惜牺牲事实的本来面目,而毋宁是,裁判者应根据事实来检验法律、调整法律,甚至是要准备好改变法律。从这个意义上来说,整个近代以来占据支配地位的立法与司法的关系都应加以检讨,司法绝不是权力分立体制下的被动适用角色,而是立法的进一步延续,同时,任何立法都应被视为处于未完成状态[5],只有到每一次司法裁判中才最终得以完成。

尽管现实主义者们都注意到了事实在司法过程中的主导性地位,但是他们此后对于事实的描述和评价却出现了分化。具体来说,处于社会科学之翼的现实主义者们更多的是根

---

〔1〕[美]丹尼尔·卡尼曼:《快思慢想》,洪兰译,远见天下文化出版股份有限公司2012年版,第39页。

〔2〕Jerome Frank, Law and the Modern Mind, Peter Smith, 1970, p. 112。

〔3〕参见[美]丹尼尔·卡尼曼:《快思慢想》,洪兰译,远见天下文化出版股份有限公司2012年版,第314页。

〔4〕Lochner v. New York, 198 U. S. 45, 76(1905)。

〔5〕参见周赟:《论立法的待续本质》,载《哲学研究》2014年第6期,第96页。

据法律与事实的本来面目来评价事实的，所以，事实自有其情境类型，事实是类型化的事实。对于类型化的事实，也有类型化的反应，所以，判决虽然是不确定的，但是还是可预测的。而对于处于个人习性之翼的法律现实主义者们来说，他们更多地看到的是因人而异的主观化事实，这种事实被打上了太多的个人烙印，它们如此殊异以至于不可能类型化，对于这种因人而异的事实，裁判者的反应也是个异的，所以，司法裁判最终不复可以预测。

这就是法律现实主义最终呈现的两种立场：一种激进，认为司法裁判本质上不可预测；一种温和，认为司法裁判虽然不确定但还是可预测。单纯从认识论上来说，这两种立场都有自己的价值，都能为我们认识司法过程提供某种新知识、新视角。实际上，这两种立场是可以相互说明的：一方面事实确实有着情境类型，对于事实的类型化不受裁判者个性因素左右；另一方面裁判者的个性因素又确实在某些案件中影响到对事实的认定。

不过，如果我们变换一下视角，把温和型立场和激进型立场作为两种司法模式来看待的话，则对两者的评价将会出现分化。激进型立场作为对于司法的一种描述性、解释性理论是有价值的，但是却不足以效法，因为按照激进型立场，法官按照纯个人化的方式来理解事实，司法几乎就是恣意性的；相反，温和型立场坚持以事实为中心，但不流于恣意，裁判者的个性因素不能剔除，但是它被控制在在事实与法律的框架结构中，司法不是僵死的，但是也不是完全不确定的。

如果这样解读的话，现实主义司法的两种立场对于法官也提出了不同的要求：温和型立场要求比较理性、比较克制的法官，虽然这种法官在面对事实时同样会产生直觉化的反应，但是凭借着理性，他们可以对自己的不合理的情绪化反应加以检验和复核，以确认自己最初的反应是否符合常识和情理；而激进型立场则预设了比较感性、比较放任的法官，这种法官放任自己的直觉感受，并依据直觉感受来裁断案件，他们比较没有反思精神，不太会对自身感受做反身性检查。用卡尼曼的话来说，前一种法官是系统二主导的法官，而后一种法官则是系统一主导的法官。

法治、法治思维与法律思维辨析*

赵 岩**

摘 要:本文通过对法治、法治思维、法律思维概念的梳理,阐明我国的“法治”虽然是舶来品,但其仍然根植于我国的法制传统之中,具有浓厚的工具性色彩。作为以“法治”为基础的法治思维,其是独立于“法律思维”的崭新概念,其面向国家领导干部,以公平正义为价值追求,是治国理政的方式,具有更多的政治性。对“法治思维”的研究应回归其真正的内涵,与“法律思维”概念区分开来。

关键词:法治;法治思维;法律思维

法治思维在我国的法学学术研究领域是一个新生的词汇,它的诞生并不来源于法学界的学术研究,而直接来源于中央的文件。当然,随着法治思维在政治领域的持续升温,法治思维也成为了法学研究的最新热点。但“法治思维”的概念究竟是什么?在法学领域,这个问题仍然没有一个明确的答案。“我们对自己智力工作中想当作工具的那些术语,可以随意界定,唯一的问题是它们是否将符合我们打算达到的理论目的,一个在范围上大体和习惯用法相符合的法律概念,在其他情况相同时,比一个只能适用于很狭窄现象的概念显然要好些。”〔1〕回答什么是法治思维,首先要回答什么是法治。

一、我国的“法治”是根植于传统中的不同于西方的“法治”

“法治”在《现代汉语词典》中被解释为:(1)先秦时期法家的政治思想,主张以法为准则,统治人民,处理国事。(2)指根据法律治理国家和社会。虽然《现代汉语词典》对法治的含义采取的是并列解释的形式,但“法治是一个无比重要的,但未被定义、也不是随便就能定义的概念”。〔2〕 中国古代对法治的理解和近现代对法治的定义大相径庭,相去甚远的。

近现代意义上的法治完全是一个西方语汇,其来源于英文的“rule of law”或“rule by

---

* 本成果系国家 2011 计划司法文明协同创新中心研究成果。

** 赵岩,女,辽宁省本溪市人,山东大学(威海)法学院博士生、天津市高级人民法院法官,研究方向为法律方法论。

〔1〕 [奥]凯尔森:《法与国家的一般理论》,沈宗灵译,中国大百科全书出版社 1996 年版,第 5 页。

〔2〕 张文显主编:《法理学》,高等教育出版社、北京大学出版社 2007 版,第 395 页。

law”，翻译为法律之治、规范之治。西方，最早提出“法治应当优于一人之治”的亚里士多德认为“法治应包含两重意义：已成立的法律获得普遍的服从，而大家所服从的法律又应该是本身制定得良好的法律。”[1]亚里士多德的法治定义奠定了西方的法治传统，并且影响深远，成为现代法治的经典，后世学者们对于法治的研究都在此基础上予以深入和展开。“目前，关于法治的学术话语、政治话语、宣传话语多半是在名词层面取得一致，而远非在概念层面的共识，许多关于法治的争论实际上是概念的理解和定义的不同造成的。”[2]在西方，不同学说、不同流派、不同历史传统，对于法治都有不同的定义，就世界范围法学研究的现状看，尽管思想家们有了深入的研究，但是人们所揭示的法治，仍然是一个家族相似的概念。[3] 但无论是法治理念中的实质意义法治与形式意义法治还是原教旨主义法治与普世主义法治，法治的最基本目的就是限制政府滥权和保障人权，使法律成为规范国家、社会生活的唯一准则。近现代法治概念的核心精神是法律至上、尊重保障人权和限制政府权力，已经成为共识。

在我国，近现代的法治概念是一个完全的西方舶来品，特别是在法学研究领域，对法治的研究主要是面向西方的。但在我国历史上“法治”早已有之。我国历史上最早提出“法治”并进一步倡导“以法治国”的是法家学派，虽然法家学说在“罢黜百家，独尊儒术”中没有获得我国政治、文化的统治地位，但汉武帝施行的“儒术”并不是单纯的以孔孟为代表的先秦儒家思想，而是吸收了法家、道家、阴阳家等各种不同学派的“霸王道杂之”的统治手段，是儒术、刑名法术等相糅合的思想体系。“法家的法学传统在当代中国虽已碎裂，然其余绪并未中绝，思想的碎片散落在中国人的法律意识和行为之中。”[4]最先提出“以法治国”的管子提出“是故先王之国也，不淫意于法之外，不为惠于法之内也。动无非法者，所以禁过而外私也。威不两错，政不二门。以法治国则举措而已。”[5]法家集大成者韩非子提出“治民无常，唯以法治……明主之所制其臣者，二柄而已矣。二柄者，刑德也。何谓刑德？曰：杀戮之谓刑，庆赏之谓德。为人臣者畏诛罚而利庆赏……故法者，王之本也。”[6]“法为治具”成为我国对“法治”的传统认识。所谓“法为治具”就是指以法律作为统治者手中治国理政、驭民的工具。[7] 据《贞观政要》记载，唐代魏征在和唐太宗讨论治国之道时曾说，“仁义，理之本也；刑罚，理之末也。为理之有刑罚，犹执御之有鞭策也。”在我国法治中的法即为律，其工具性色彩极其浓厚，法治作为中国古代帝王统治的工具，虽具有法治之名，却是与“法治”相对立的“人治”的治理工具。

虽然王人博教授在《一个最低限度的法治概念》一文中，通过对先秦法家与西方普世

---

[1] [古希腊]亚里士多德：《政治学》，吴寿彭译，商务印书馆1997版，第199页。

[2] 刘杨：《法治的概念策略》，载《法学研究》2012年第6期，第29页。

[3] 陈金钊：《对“法治思维和法治方式”的诠释》，载《国家检察官学院学报》2013年第2期，第78页。

[4] 王人博：《一个最低限度的法治概念——对中国法家思想的现代阐释》，载《法学论坛》2003年第1期，第14页。

[5] 《管子·明法》。

[6] 《韩非子·心度》。

[7] 张晋藩：《中华民族的法律传统与史鉴价值》，载《国家行政学院学报》2014年第5期，第12页。

主义的法治观的比较研究,证成了先秦法家的法治概念是一个"最低限度的法治概念"[1]。王人博教授在文中明确的以西方普世主义法治观为参照系数,法家的思想可分为与普世主义法治概念相合和相容两个部分。就通合的部分而言,法家对"人们应当由法律所统治并服从法律"的法治思想,应该是持赞成的态度。《管子》说:"是故明君知民之必以上为心也,故置法以自治,立仪以自正也。故上不行则民不从。彼民不服法死制,则国必乱矣。是以有道之君行法修制,先民服也"(《法法》)。[2] 但法家强调的"君臣皆从法"仅仅是统治者的帝王从以身作则的角度出发提出的要求,"君臣皆从法"的法对于君而言并不具有强制的规范效力,"法律高于国王"的谚语在法家学说中并不适用。"风可以进,雨可以进,国王不能进"可以把德国"军人国王"威廉一世挡在一座磨坊之外,但在中国"普天之下,莫非王土;率土之滨,莫非王臣",国家的一切财产都是帝王的,所有民众都是统治者的臣属,中国古代的统治者具有绝对的权威,没有任何事物凌驾于统治者之上,法仅仅是帝王们进行统治的工具,"前主所是著为律,后主所是疏为令。当时为是,何古之法乎?"。[3]

"从功利性考虑,我们并不期望用当下中国学者所使用的法治概念来解决'法治发展中'国家所面临的诸如人权、自由、限权政府、选举及参与制度等问题。很显然,这诸多问题并不是中国学者认知的法治概念所能解决的,因为许多问题并不能归属于法治概念之下。"[4]中国古代的法治与近现代的法治在意义、价值取向上都大异其趣,但"一项成熟的法律制度必须具备三项条件:'法则'(precepts)以外,须有'技术'(technique)以解释及适用法则,更需要有该制度所属社会里一般人'已接受的理想'(received ideals)以为解释与适用法则时最后的根据。"[5]庞德所谓"已接受的理想"主要指一个民族传统的法治文化,任何民族的法治建设与一个民族之法制历史传统不可分。[6] 在我国清朝末年"三千余年一大变局"[7]中,中国的法律制度发生了翻天覆地的变化,近现代意义上的法治也"西词东进"进入了我国,我国终于在同一旨趣上在法学领域对法治进行探讨。但在清朝末年法律改革"仿效外国资本主义法律形式,固守中国封建法制传统"的主导方针下,虽然借用、引进了西方近现代的法律制度,但变法修律的宗旨和目的仍是为统治者的统治服务,仍然坚持着人治的封建君主体制和封建伦理纲常"不可率行改变"的实质,即穿着西方现代的法律制度的外衣,而缺失西方"法治"的精神内核。

1978年后的中国,开始从"人治"走向"法治"了,这对于具有数千年徒具"人治"和有限"法制"历史的中华民族来说,不可不谓"一大变局"。[8] 1978年中国共产党十一届三中全会提出了"有法可依,有法必依,执法必严,违法必究"的社会主义法制建设的方针,新中

[1] 潘佳铭:《法治概念的性质探析》,载《西南师范大学学报》(人文社会科学版)2005年第1期,第44页。

[2] 王人博:《一个最低限度的法治概念》,载《法学论坛》2003年第1期,第18页。

[3] 《汉书·卷60·杜周传》。

[4] 王人博:《一个最低限度的法治概念》,载《法学论坛》2003年第1期,第25页。

[5] 马汉保:《法律思想与社会变迁》,清华大学出版社2008年版,第191页。

[6] 孙曙生:《"法治"概念在当代中国的继受及其意义》,载《政法论丛》2013年第4期,第39页。

[7] 李建农:《中国近百年政治史(1840—1926)》,复旦大学出版社2002年版,第119页。

[8] 孙曙生:《"法治"概念在当代中国的继受及其意义》,载《政法论丛》2013年第4期,第34页。

国的法制进程正式开启,但此时仅是"法制"而不是"法治"。党的十五大明确把"依法治国"作为治国的基本方略,在此时法与治并不是一个词组,法是名词,治是动词,是依据法律治理国家。"法治"作为了一个标准词组是在"建设社会主义法治国家"中被提到,但十五大报告明确规定了依法治国的基本内涵,即"依法治国,就是广大人民群众在党的领导下,依照宪法和法律规定,通过各种形式和途径管理国家事务、管理经济文化事业、管理社会事务,保证国家各项工作都依法进行,逐步实现社会主义民主的制度化、法律化,使这种制度和法律不因领导人的改变而改变,不因领导人看法和注意力的改变而改变。"1999 年全国人大第九届第二次会议上,将依法治国写入了宪法,宪法第五条明确规定:"中华人民共和国实行依法治国,建设社会主义法治国家。"2002 年提出的"社会主义法治理念"在依法治国的基础上,对我国的法治理念进行了扩充,社会主义法治理念的基本内涵包括依法治国、执法为民、公平正义、服务大局、党的领导五大方面,其核心和精髓是坚持党的领导、人民当家作主和依法治国。但在此的"法治"倾向于传统上"法家"的"以法治国",只是依据法律进行治理的主体发生了变化,变成了在党领导下的广大人民群众。"法治"一词作为一个西方语汇,在我国成为了国人常识,报刊杂志、新闻媒体、大街小巷随处都能听到、看到"法治"的字样,法治成为了一个耳熟能详的流行语。但"法治"概念在我国法学领域内的概念界定仍然莫衷一是。"法治是什么"正如哈特所说的"法律是什么"一样,是一个"经久不绝的问题"。党的十八大对依法治国基本方略进行了进一步的升华,不仅要"全面推进依法治国",还明确指出"法治是治国理政的基本方式",并将法治提到了思维的层面提出了法治思维,"提高领导干部运用法治思维和法治方式深化改革、推动发展、化解矛盾、维护稳定能力。"〔1〕"法治的落实不在于用法条来取代固有的文化传统,而是要把人们对法、法律和法治的信念融入到人们的血液中去,融入到世代相传的文化传统中去。"〔2〕法治在我国已经成为了一个"流行语",但在通常意义上我国的"法治"概念与西方的"法治"定义在内涵上存在着差异。在我国,法治在传统中工具主义色彩仍然浓厚,是实现国家富强、民族振兴、人民幸福的中华民族伟大复兴的中国梦的有力保障。"国无常强,无常弱。奉法者强,则国强;奉法者弱,则国弱。"〔3〕但法治上升到思维层面,第一次以法治思维的方式被提及。

二、对"法治思维"的概念界定

"思维"一词,在英语中为 thinking,它来源于拉丁语 tongere。思维作为认识的高级阶段,已经成为了哲学、心理学、逻辑学及其他一些学科的重要研究对象。虽然由于思维的非直观性和复杂性,思维的本质及其内在规律至今仍未被彻底揭示,但思维对于认识、行为等

〔1〕《十八大报告辅导读本》,人民出版社 2012 年版,第 28 页。

〔2〕 刘军宁:《从法治国到法治》,载《经济民主与经济自由》(《公共论丛》第 3 辑),三联书店 1997 年版,第 119 页。

〔3〕《韩非子·有度》。

的重要作用已经得到了一致的认同。同样是一片叶子,有人能"一叶知秋",有人却"一叶障目",这就是思维的巨大作用。大思想家帕斯卡尔曾说"我们的全部尊严就在于思想。"

从自然科学视角看,思维被看作是大脑对客观事物的反映、认识与实践活动,是人的大脑中一种可派生出和可表现为高级意识活动的物质运动,思维离不开人的大脑变化和神经进化,人的大脑"将接收到的每条信息进行抽象处理,然后按照比较分析、逻辑和记忆之类事先存入的'程序'加工每条信息"。[1] 从心理学视角,对于思维的关注主要是认识发生的心理学基础,我国心理学界认为,思维是对客观事物间接的概括的反映,它反映的是事物的本质属性和事物之间的规律性的联系。[2] 从哲学视角看,"思维"指的是长久而又普遍起作用的思维方法、思维习惯,思维形式和思维结构中的规律性,是人的思维定势和"内在化"认识运行模式的总和。[3] 思维是一个复杂的、多侧面的、内在的过程,具有极强的隐蔽性,虽然其很多方面仍然没有被揭示,但其重要性已经被充分的肯定,思维决定着人们的行动、决定着个人的成长、决定着人类的发展。法治思维作为一种思维方式,"在特定的领域和行当中,总会形成一整套特殊的、较为稳定的方法系统和由此而来的话语系统。"[4]

法治思维毕竟是以"法治"为基础的思维,而我国的"法治"虽然引进自西方,但却根植在中国的传统之中,"就中国而言,它所面临的问题是多方面的,既有民主问题,也有宪政和法治的问题,不同的问题有不同的解决方法和途径,决不能用'法治'概念笼而统之。从法治方面讲,能够做到由法家提供的'最低限度'的法治概念所要求的,就是一个了不起的进步。正如《管子》所言,以法治国,则举措而已。真正做到'依法而治'也就是法治了。"[5]我国的法治思维是依法治国的思维,是治国理政的思维,是破解社会结构转型困局的思维。

陈金钊认为,"法治思维是法治原则、法律概念、法学原理、法律方法以及一些法律技术性规定等在思维中的有约束力的表现。……法治思维主要表现在法律实施的过程中,法律及其基本原则对人思想的影响。"[6]姜明安认为,"所谓'法治思维',是指执政者在法治理念的基础上,运用法律规范、法律原则、法律精神和法律逻辑对所遇到或所要处理的问题进行分析、综合、判断、推理和形成结论、决定的思想认识活动与过程。"[7]江必新没有对法治思维进行概念界定,而是从认识维度、实践维度、比较维度对法治思维的固有秉性进行了解读,认为法治思维是遵从宪法法律之上、倡导良法的思维,是尊重人权和自由、维护秩序和安全的思维,是依循职权法定、主张正当行权的思维,是要求公平对待、允许合理等差的

[1] [英]肯尼斯·麦克利什:《人类思想的主要观点》(下),查常平译,新华出版社2004年版,第1452页。

[2] 邵志芳:《思维心理学》,华东师范大学出版社2001年版,第2页。

[3] 楚渔:《中国人的思维批判》,人民出版社2010年版,第1页。

[4] 谌洪果:《法律思维:一种思维方式上的检讨》,载《法律科学》2003年第2期,第10~11页。

[5] 王人博:《一个最低限度的法治概念》,载《法学论坛》2003年第1期,第26页。

[6] 陈金钊:《对"法治思维和法治方式"的诠释》,载《国家检察官学院学报》2013年第2期,第78页。

[7] 姜明安:《法治、法治思维与法律手段——辩证关系及运用规则》,载《人民论坛》2012年第5期,第6~7页。

思维,是坚持程序正当、注重实体正义的思维,是严格公正执法、自觉接受监督的思维。[1]

我国学者在研究法治思维时,大多将法治思维与法律思维相联系。陈金钊认为法治思维在基本思路上与法律思维是一致的,也是根据法律的思考,其更多的是从法律方法论的角度对法治思维进行研究,认为法治思维就是运用法律逻辑规则、法律论证规则和法律解释规则等进行的思维。姜明安认为,培养法治思维需要正确认识和理解"法治思维"和"法律手段"的涵义、"法治思维"和"法律手段"的关系,以及"法治思维"和"法律手段"与法治的关系。江必新在对法治思维的固有秉性进行解读时,运用的是将法治思维与法律思维进行比较的方法进行的。学者们对法治思维的研究都无法绕过法律思维,这是因为法学界对法律思维的研究较早,在面对法治思维这个崭新词汇时,由于我国"法治"含义与西方"法治"含义的差别,为避免对中央文件中"法治思维"的曲解,避免对我国当下的"法治思维"的研究产生政治倾向的偏差,法学者或多或少的就会将法治思维的研究与已经进行的法律思维研究相联系,甚至在一定层面上将"法治思维"与"法律思维"划上等号,以"法律思维"替换"法治思维"的概念。

但"法治思维"与"法律思维"是不同,虽只有一字之差,却是两个截然不同的概念体系。

三、"法治思维"与"法律思维"概念的区别

关于法律思维的研究,我国法学界主要集中在两个方面。一个方面是以林喆的《法律思维学导论》为代表的,从思维的发生机制来研究法律思维。其对法律思维的研究大多限于哲学范畴,侧重于人与法之间的关系,研究与法律活动相关的限定思维、异态思维和"我向思维"等诸种思维类型,主要是运用生理学、生物学、思维学、逻辑学、心理学、文化学和社会学等学科理论的研究成果,对于法律思维的法律性如法律思维的要素、法律思维的方式等问题却少有涉及。对法律思维研究的另一个方面是以广大的法律方法论研究者为代表的,从法学内部对法律思维进行的分析。其主要是在法律方法论的框架下进行,认为法律方法与法律思维具有共同的应用场域和理论话题。例如在陈金钊主编的 2007 年出版的《法律方法论》中,法律思维被作为单独的一章,与法律渊源和法律发现、法律解释方法、法律论证方法、裁判中的利益衡量、法律漏洞补充方法、法律推理与逻辑分析方法等法律方法相并列。由葛洪义主编的连续出版物《法律方法与法律思维》也将法律方法与法律思维加以并列。在 2013 年出版的陈金钊主编的 21 世纪法学系列教材《法律方法论》中更加突出了法律思维在法律方法中的地位,认为法律思维是法律方法论的核心。

刘治斌认为法律思维是法律职业者根据现行法规范进行思考、判断和解决法律问题的一种思维定势,是受法律意识、法律思想和法律文化所影响的一种认识与实践法律的思维

---

〔1〕 江必新:《法治思维——社会转型时期治国理政的应然态度》,载《法学评论》2013 年第 5 期,第 4 ~ 6 页。

方式。[1] 还有一些学者如周晓春、贺卫方等也从职业思维的角度界定法律思维,有从与行政思维相比较,认定法官的职业思维具有中立性、被动性、独立性、形式性和单一性的特性;有将法律思维与法学家的思维相联系,把法律思维作为法官或律师法律职业共同体的思维方式。

郑成良认为法律思维是按照法律的逻辑(包括法律的规范、原则和精神)来观察、分析和解决社会问题的思维方法。[2] 郑成良对法律思维的这种界定是以法治理念为核心展开的,认为法治的实现离不开法律思维融入人们的日常生活思维,[3] 并从法律思维方式与道德思维方式相比较得出了,法律思维方式的六个特征。

李瑜青、张建认为法律思维是主体在对规范(法律)与事实的认识和构建过程中利用法律解释、法律推理和法律论证等具体法律方法得出法律结果的思维过程。[4] 对法律思维的研究在法学领域中主要集中在法律方法论中,法律思维作为一个动态的思维过程,其是综合运用各种法律方法得出法律结论的过程。各种法律方法的功能和作用必须通过人这个主体的思维来进行体现,因此法律思维包括法律方法的应用,是统和各种法律方法的思维过程。法律方法是法律思维的核心要素,构建系统、严谨的法律方法体系对研究法律思维具有重要意义。进行法律思维的前提是掌握法律方法,法律方法得以践行也必须通过法律思维,研究法律思维必须研究法律方法在司法实践过程中的具体应用。2013 年中国人民大学出版社出版的葛洪义主编的《法律方法论》第三编法律方法的思维方式,通过对法律与分析的关系、法律与推理的关系、法律与解释的关系、法律与论证的关系、法律与修辞的关系的论述,集中说明法律人解决法律问题过程中,是如何通过思维活动形成自己的正确判断的。范春莹博士的学位论文《法律思维研究》是从形式法治和实质法治相结合的角度,对法律思维的基本理论进行了研究,充分肯定了建立在形式逻辑基础上传统法律思维方式的作用,并吸收了法律论证对法律思维的完善作用。

法治思维在我国当下仅仅是国家治国理政的一个思维向度,是与德治、贤治、权治、力治等结合共同管理社会生活的一种方式方法,其更加偏重于对国家、社会的管理性。虽然法治思维的界定离不开法律思维,但法治思维更多的是与社会的管理创新相联系,其更多的具有社会管理工具的色彩,具有更多的政治性。而法律思维在本质上还是一个专业的法学语汇,其更多的是与法学专业的法律方法论相联系,其更多的具有法理学研究的色彩,具有更多的法律性。"法治思维与我们过去所提及的法律思维是不同的,法律思维内在的包含了法律关系思维、权利义务思维、正当程序思维等子项目,但法治思维相对于法律思维来说更具有系统性,它不仅涵盖法律思维的内在属性,还包括立法、执法、司法、普法过程当中所体现出的规则治理思维。"[5]

---

[1] 刘治斌:《法律思维:一种职业主义的视角》,载《法律科学》2007 年第 5 期,第 54 页。

[2] 郑成良:《论法治理念与法律思维》,载《吉林大学社会科学学报》2000 年第 4 期,第 6 页。

[3] 陈金钊:《法律思维及其对法治的意义》,载《法商研究》2003 年第 6 期,第 63 页。

[4] 李瑜青、张建:《法律思维内涵与特征再思考》,载《东方法学》2012 年第 2 期,第 132 页。

[5] 江必新:《法治思维——社会转型时期治国理政的应然态度》,载《法学评论》2013 年第 5 期,第 4 页。

思维作为一个认识的高级阶段是抽象的、内在的，是隐蔽在主体之中的，必须通过主体的语言、行为等外在的得以体现。思维决定着主体，思维也依赖着主体，研究思维就不得不研究思维面向的主体。法治思维与法律思维都是思维形式，但其面向的主体是不同的。法治思维从根本上来说是面向国家和党的领导干部的，是领导干部要运用法治思维和法治方式来治国理政，建设小康社会。法律思维其面向的主体主要是法律人，当然并不是说普通民众就没有法律思维，虽然不能极端的说“法盲也有法律思维”[1]，但随着教育程度的提高、法律普及的广泛、法律意识的觉醒，社会民众的一般思维即大众思维中肯定有法律的成分，然而这并不是法律思维。“如果我们承认法律职业的专业性、自主性、公共性和统一性，也就不会否认存在有别于大众思维的‘法律人的思维’。”[2]

“法治思维与法律思维的不同点还在于法律思维强调的是形式合法性，而法治思维强调的是实质合法性，实质合法性意指不仅在表面形式上要合法，而且在本质上要合法，要具有高度的正当性、高度的民主性、高度的合正义性。”[3]虽然有的学者主张在形式法治和实质法治结合基础上的综合法治观，但反对二者的统一论；坚持以形式法治思维方式为主，以实质法治的思维方式为辅来建构“法治思维和法治方式”。[4] 但党的十八大提出要在全社会实现公平正义，不论是执法还是司法活动中都要讲求公平正义，处理的结果要经得起公平正义规则的拷问。“公平正义在现实生活中存在的形式也是多种多样：在资源分配领域，有关于分配的公平正义规则；在权利救济领域，有关于矫正的公平正义规则。由此不难发现，从资源的分配到权利的救济，生活的各个方面、各个层次、各个领域都有它特有的公平正义规则。我们讲法治思维就是要在各个层面、各个领域都要建立清晰的、可辨认的公平正义规则，这是实体正义的内在要求。”[5]法治思维在当下的中国是以公平正义为最高价值追求的，在法治思维的指引下公平正义将成为了社会价值序列的最大优先值，而且法治思维对公平正义的追求不仅仅体现在法律领域——努力让人民群众在每一个司法案件中都能感受到公平正义，还体现在社会保障体系的公平、社会成员机会的均等、权利、规则的公平等。法律思维作为像法官或律师那样的思考，其实根据法律的思考，其思考的路径必然遵循的是程序、形式的正义，“一项行为方案，即使它被认为在政治上是有利的，在经济上是有收益的，在道德上是善的，只要它不具备合法性基础，就必须将其排除在选择范围之外。”[6]此处的合法性基础指的是形式意义上的合法性，所以法律思维在一定程度上是排斥实质合法性的。公平正义只是克服法律僵化的有效方法之一，其在法律思维中只有在特殊情况下才予以考虑。

法治思维是一个独立于法律思维的概念，其面向的主体是国家的各级领导干部，其以社会各个方面的公平正义为价值追求，其是治国理政的有效手段。对法治思维的界定和研

〔1〕 苏力：《法律人的思维?》，载《北大法律评论》（第14卷·第2辑），北京大学出版社2013年版。
〔2〕 孙笑侠：《法律人思维的二元论——兼与苏力商榷》，载《中外法学》2013年第6期，第1107页。
〔3〕 江必新：《法治思维——社会转型时期治国理政的应然态度》，载《法学评论》2013年第5期，第4页。
〔4〕 陈金钊：《对“法治思维和法治方式”的诠释》，载《国家检察官学院学报》2013年第2期，第78～79页。
〔5〕 江必新：《法治思维——社会转型时期治国理政的应然态度》，载《法学评论》2013年第5期，第5页。
〔6〕 郑成良：《法治理念与法律思维》，载《吉林大学社会科学学报》2000年第4期，第7页。

究,应回归到其政治色彩中去。“所谓法治思维,在本质上区别于人治思维和权力思维,其实质是各级领导干部想问题、作决策、办事情,必须时刻牢记人民授权和职权法定,必须严格遵循法律规则和法律程序,必须切实保护人民和尊重保护人权,必须始终坚持法律面前人人平等,必须自觉接受法律的监督和承担法律责任。”[1]在当前,我们需要回归法治思维的精准定义,准确把握法治思维的真正内涵。“社会转型不仅仅表征为经济形态的转轨,更是一个价值更替、秩序重构、文明再生的过程,其经历了由人治思维到法律思维,进而再到法治思维的历史嬗变。”[2]

〔1〕 袁曙宏:《全面推进依法治国》,载《十八大报告辅导读本》,人民出版社2012年版,第221页。

〔2〕 江必新:《法治思维——社会转型时期治国理政的应然态度》,载《法学评论》2013年第5期,第3页。

溯因推理的概率解释及特设性假设的规避*

杜文静**

摘　要：随着十八届四中全会提出全面推进依法治国总目标，依法治国成为当今时代的重大主题。但是，近来却缕缕发生诸如呼格吉勒图案之类的重大刑事冤案。究其原因，关键在于没有切实执行“排除合理怀疑”等基本刑事审判原则，而在案件侦查中所犯的特设性错误是造成诸多错案的罪魁祸首之一。“特设性”假设是司法人员在法律实践活动中运用溯因推理时极易出现的错误。因此，本文首先分析溯因推理的思维特征，阐释了溯因推理应用于司法实务等法律领域的原因，然后从概率角度提出如何保证溯因推理的可靠性，从而有效避免了特设性错误，展示了溯因推理在刑事审判中对公正司法的重要性。

关键词：依法治国；特设性错误；溯因推理；概率；可靠性

十八届四中全会提出，依法治国是坚持和发展中国特色社会主义的本质要求和重要保障，是实现国家治理体系和治理能力现代化的必然要求，事关党和国家长治久安。然而，从聂树斌案到呼格吉勒图案等一系列重大刑事错案的发生，表明我国公正司法还有许多工作要做。在案件侦查和司法裁判活动中，溯因推理是一种不可或缺的思维形式，它以其独特的方式发挥着构建案情事实的发现功能和确认案情、作出裁判可行性的评价功能。它在侦查、司法实践中被广泛地适用，但不可否认，大部分的侦查人员、司法工作者并非是有意识地在使用溯因推理，更多的是一种思维惯式，而缺乏对溯因推理的系统认知。本文首先从溯因推理的基本特点出发，阐释了溯因推理应用于案件侦查、司法实务等法律领域的原因，然后指出利用贝叶斯概率来描述溯因推理或然性程度，因此有效避免了特设性错误，以期为我国当前公正司法提供理论与实践方面的借鉴。

---

* 基金项目：2012 年度上海高校青年教师培养资助计划“法律诉讼中循环论证的模型研究”(ZZHDZF12004)；2012 年度华东政法大学校级项目“法律论证的模型研究”(12HZK005)；2012 年度高等学校青年骨干教师国内访问学者项目和 2014 年度上海市社科规划课题的青年项目《法律证据推理的贝叶斯模型》(2014EZX002)。

** 杜文静，1979 年，女，河南省新乡人，逻辑学博士，华东政法大学人文学院讲师，硕士生导师，华东政法大学法学博士后。

一、溯因推理的思维特征

在演绎推理中,前提为真且结论为假是"不可能的(impossible)"。换句话说,当前提为真时,结论必然为真。这个副词"必然"揭示了前提和结论之间的推理联系。而在归纳推理中,前提为真且结论为假是"不大可能的(improbable)"。在这里,前提和结论的推理联系不是必然性的,而是或然性的。〔1〕 溯因推理(Abduction)是不同于演绎推理和归纳推理的第三类推理模式,它是一种从已知的结论出发,反过来寻找得出该结论的大前提的推理形式。在溯因推理中,前提为真而结论为假是"难以置信的(implausible)"。〔2〕 溯因推理被认为是由美国学者皮尔斯(C. S. Peirce)最先提出的。事实上,亚里士多德(Aristotle)在首创演绎逻辑体系时,也探讨过类似"溯因"的推理形式。皮尔斯将推理分成三种不同的类型:演绎推理、归纳推理和溯因推理,并指出:"演绎证明某事情是必然的(must be);归纳说明某事情是实际有效的(actuallly);而溯因仅仅展示某事情是很有可能的(may be)。"〔3〕这说明,三种不同类型推理的区别在于:每种类型的推理有一个不同的模态(modality),演绎最强,溯因最弱,归纳介于之间。根据溯因推理得出的结论是一个明智的猜测,但仅仅是一个猜测,因为它是基于一个不完整的证据而得出的结论,当有新的证据进入时,这个猜测可能被证明是错误。

美国哲学家汉森(N. R. Hanson)在总结亚里士多德与皮尔斯等人观点的基础上,提出溯因推理是既不同于演绎推理也不同于归纳推理的一种独立推理模式,并认为溯因推理的推理形式为:(1)某一令人惊异的现象P被观察到;(2)若H是真的,则P理所当然地是可解释的;(3)因此有理由认为H是真的。〔4〕 因此,可以把溯因推理近似描述成为下面这样的一个推理规则:

P
如果H,那么P
H

这条规则很像逆向使用的假言推理(Modus Ponens),然而经典逻辑中假言推理需要的是实质蕴涵;而溯因对此并没有强制性的要求,"如果H,那么P"只是表达了H与P之间的关系,对此人们具有更大程度的选择空间,而不必局限于特定的逻辑推理关系、特定类型的观察和解释形式。通常对这种关系的一种自然理解是把它看成一种因果关系,即H是P成立的原因,H为P成立提供了一种解释。例如晚上回家开灯时,发现电灯不亮,你会猜测停

---

〔1〕 P. J. Hurley, *A Concise Introduction to Logic*, 7th ed. Belmont, Calif.: Wadsworth, 2000, p. 33。

〔2〕 D. Walton, *Abductive Reasoning*, Tuscaloosa, University of Alabama Press, 2004, p. 7。

〔3〕 C. S. Peirec. *Collected Papers of Charles Sanders Peirce*, Vol 5, Cambridge, Mass.: Harvard University Press, 1965, p. 99。

〔4〕 [美]N. R. 汉森:《发现的模式》,邢新力等译,中国国际广播出版社1988年版,第92页。

电了。因为,如果停电(H),那么电灯一定不亮(P)。

在法学领域,溯因推理也常被称作"设证推理"、"回溯推理"。

从上面溯因推理的规则可以看出,溯因推理是根据已观察到的事实现象 P,提出某种假设或假说 H,以探求导致 P 的原因或条件,而提出假设的方式却带有猜测性,因此溯因推理具有"思维的可逆性(即从已知事实 P 出发,来探求原因或条件 H)"和"推理结论的或然性(即所提出的假设 H 可能为真,也可能为假)"特征。此外,我们认为溯因推理还具有"思维的创造性"。根据已知事实,提出某种假设,本身就是一种创造性活动,尽管所提假设可能被证伪。没有创造性思维的参与,就不会有溯因模式本身的存在,也就不可能洞察现象背后的奥秘。正如亨普尔(Hempel)所指出的:从材料到理论的过渡需要创造性的想象力。科学假设与科学理论不是从观察事实中导出,而是被发明出来借以说明这些事实的。它们包含着对所研究现象之间可能具有的联系的猜测,对使这些现象之所以发生的统一性及行为方式的猜测。爱因斯坦(Einstein)更是强调:理论与其说是产生于发现、不如说产生于发明,只有发明才真正是创造性科学思维的途径。物理学领域的牛顿力学原理、相对论原理、量子力学原理,生物学领域的达尔文进化论原理、遗传基因原理等等,一开始都是以假说形式出现的,带有尝试性、猜测性和创造性。并且,有赖于创造性才能的溯因活动不是非逻辑的、纯心理学的,这不仅因为逻辑思维与心理学相行不悖,主要是因为它是一项以科学理论为指导、以事实材料为依据的理性工作。对此,汉森指出:假设的最初提出,常常是一件理性的工作,它并不像传记作家或科学家们说的那样如此经常地受直觉、洞察力、预感或其他无法估量的作用的影响。科学家提出并坚持一个溯因式的假设,总是在提出假设背后有作为解释项的理论基础。[1]

二、溯因推理运用于法律的缘由

正是因为溯因推理具有思维的可逆性、推理的或然性和创造性特征,所以它在法律实践中有着广泛的应用。首先,在案件侦查中,没有溯因推理的运用,侦查工作根本无法展开。从案件侦查的实践来看,许多案件由于往往首先知道的是案件的结果,因此必须从结果追溯原因,故侦查活动一开始,侦查人员就必须使用溯因推理。久而久之,溯因推理就成了侦查人员一种常规的思维形式。侦查人员都在潜意识地使用溯因推理。与皮尔斯在科学发现和假设的实验检测框架下来定义溯因推理相比,威各莫尔(J. H. Wigmore)主要是在英美法系证据法的框架下来研究溯因推理的。在威格莫尔的著作,到处可见溯因推理的影子,只不过威格莫尔当时称之为最佳解释推理。例如,威格莫尔分析了这样一个推理过程:a 计划去杀害 b,所以 a 可能真的实施了杀害 b 的行为。[2] 在这个例子中,威格莫尔分析道,这不是三段论的推理形式,它应该遵守如下的推理规则:

---

〔1〕 张大松:《论科学思维的溯因推理》,载《华中师范大学学报》(哲社版)1993 年第 3 期,第 25 ~26 页。

〔2〕 J. H. Wigmore, *A treatise on the Anglo-American System of Evidence.* Vol. I, 3rd ed. Boston: Little, Brown, 1940 (416 -417)。

大前提:人们坚定的计划是很可能要实施的;

小前提:a有要去杀害b的坚定计划;

结论:a很有可能实施了杀害b的计划。

威格莫尔指出,这是b死亡的一个最佳解释,或许还存在其他的解释可以用来说明b的死亡。在司法实务中,大多数法官并不严格按照形式逻辑的路线进行司法裁决,而是呈现一种"逆向"的推理方式:法官在接触到案件之后,根据"法感"或"价值判断"等主观意识对案件的初步事实进行一个判断,并依此建立初步假设,再根据这个假设去寻找对应的大前提,如果相符合,则结论成立;如果不相符合,则回到案件事实最初,再重新进行一个结论的预设。这些思维推理方式正符合了溯因推理的"思维可逆性"特征。

其次,溯因推理作为一种猜测或假设,其所得结论是一种理智的猜测,当有新的证据加入时,这种猜测可能被表明是错误的,因而它是一种或然性推理,其结论是可废止的、可修正的。但这本身并不是缺点。现实世界很多领域中的推理都不具有逻辑上的必然性,而是具有结论的可废止性、可修正性。正因为溯因推理的结论不是一劳永逸的,而是可废止的、可修正的,它才变得更能适应许多领域中的实际需要,成为应用领域极为广泛的一种推理模式。例如,溯因推理在计算机科学与人工智能研究领域得到广泛应用,首先与溯因推理的可废止性存在密切关系。由于现实世界中一直在进行着信息的交换,所以在实际应用中人们完全可以通过信息反馈对原先的结论及时加以修正,从而提高溯因推理的结论适用性。法律推理不是一个单一的过程,这个过程会涉及种种因素,它所得到的结论也并非一定是唯一的、确定的,法律推理的大前提及构建过程都具有可废止性。现代诉讼制度一般是多审终审制,基本上是两审终审制或三审终审制。这样做的原因就在于,对于案件事实的认定和获得法律的推理均不是纯粹的演绎推理,其结论不具有演绎推理所具有的必然性。法官认定事实的推理从其推理形式分析就是溯因推理,其结论是可废止的、可修正的。

最后,由于案件的客观事实总是发生在事实认定之前,并且许多案件的客观事实由于时间的不可逆性难以原原本本地重现。因此案件的客观事实具有不可直接观察的特征。司法人员只能通过收集各种证据,通过证据证明,得到案件的法律事实。然而,对于一些疑难案件,在开始侦查之初就可能找不到任何侦查的方向,难以收集各种有力的证据,因此对于这些案件事实的发现不可能单凭对经验知识的概括,而是需要侦查人员根据经验事实与科学理论,凭借创造性才能,提出一些侦查假说,才能达到对事实真相的洞察与猜测。这种洞察与猜测在很大程度上是尝试性的,其真实性还有待证据验证。只有经过严密的法律论证之后,尝试性的猜测才能成为法律认定的事实。所以,大部分法律事实一开始都是以假说的形式出现的、带有尝试性与猜测的。由于案件事实的不可直接观察性与猜测性,在其发现过程中,溯因推理起着十分突出的作用,因为,案件事实的发现需要创造性思维的加工,而溯因推理因受其他条件制约的程度较小,能为创造性思维拓展航道,可以帮助侦查人员根据案情结合背景知识去猜测隐藏于案件深处的真相,从而帮助侦查人员明确重点侦查方向、确定重点嫌疑对象提供有价值的依据。

三、溯因推理可靠性的概率解释

溯因推理是一种或然性推理,即溯因推理的结论,可能为真,也可能为假。因此,由溯因推理建立起来的侦查假说就有两种可能:或者得到证明,或者被推翻。但由于案件的复杂性,在案件被彻底侦破之前,完全推翻某一假说,往往变得十分困难。并且还有一些复杂案件是无法达到百分之百被证明的。这样,在法庭中只能寻找对证据的“最佳解释”,只有最佳解释才会在听审者(法官或陪审员)内心形成“排除合理怀疑”的心证,根据最佳解释作出司法裁判,才能得到令人信服的法律事实。

凭借已发现的证据,运用溯因推理提出假说,以解释该证据,这是溯因推理的基本作用。皮尔斯和其他溯因推理研究者都将溯因推理等同于最佳解释推理,但如何运用溯因推理提出一个最佳解释的假说?以及什么样的解释才可称为最佳解释?却是一个难以回答的问题。皮尔士曾经提出“经济原则”作为评估假说可靠性的标准,所谓经济包括金钱上的节省、时间上的节省、思考上的节省和精力上的节省。[1] 英国哲学家彼得·利普顿(Peter Lipton)在说明最佳解释推理(即溯因推理)中“最佳”(best)一词的含义时指出:“最佳(best)应当意味着什么?它有时被用来意味着最可能或者非常可能,但达到最可能说明的推理在给出可能性的征象上,将是一种令人失望的无用模式,因为对推理进行说明的主要观点就是说出什么使得一个假说被断定为比另一个更可能。更有前景的办法是把‘最佳’解释成‘最可爱’(lovelist)。这样,按照这种观点,我们推出假说如果正确,就会给出最大的理解。”[2] 这就是说,“最佳”就是“最可能”,只是难以表达这种可能性的程度。尽管有学者如波利亚(G. Polya)、约瑟夫森(J. Josenphson)和艾伦(R. Allen)认为:在法庭认定证据方面,一般应尽量回避概率的数值,更倾向于定性分析而不是定量分析。但本文还是认为溯因推理是基于存在的证据和事实来制定假设,通过确定假设的可能性来支持或者反驳这种假设,可能性表达对某一假设的信念度,在科学界,信念度常常用概率来表示,概率理论提供了一个从假设中演绎假设可能性的机制。所以,可以用概率来描述“最佳解释”。概率数值本身并不重要,重要的是信念度的数值化可以使我们能够用计算机程序来实施推理的规则;主观概率重要的不是数值到底有如何的精确,而是概率数值可以用来描述基于对某个事件 B 的信念度的基础上,事件 A 信念度的高低及其变化情况。正如从事不确定性逻辑研究的著名学者萨弗尔(G. Shafer)所说:“概率展示的不是真正的数值,而是推理的结构”[3] 概率理论已经在法律领域得到了广泛的应用,有许多案件判例用到了概率的原理,如人民诉柯林斯案、辛普森杀妻案。普尔(D. Poole)利用象征性逻辑和贝叶斯概率方法设计了一个描述犯罪情节的模型,用以解决与刑事调查有关的各种溯因假设问题。因此,在

---

〔1〕 K. T. Fann, *Peirce's Theory of Abduction*, The Hague: Nijhoff, 1970, p. 419 – 420。

〔2〕 [英]彼得·利普顿:《最佳说明的推理》,郭贵春等译,上海科技教育出版社 2007 年版,第 2 页。

〔3〕 F. Taroni, C. Aitken, P. Garbolino and A. Biedermann, *Byayesian Networks and Probabilstic Inference in Forensic Science*, John Wiley Sons, Ltd, 2006, p. 1 – 2。

当溯因假设的结论不能得到证明或否定,而需要搜集进一步的案件材料、证据进一步的确立时,利用概率来判断假设结论的或然性程度是十分必要的。结论的高概率可在人们内心形成排除合理怀疑的心证。退一万步讲,用概率数值来表示假设结论的或然性程度,至少可让侦查人员根据概率数值的大小,使侦查工作有主次、有轻重、突出重点的展开,明确侦查方向,为快速破案提供有价值的线索,提高办案效率。

溯因是一个通过分析和解释证据来确定案件发生可能性的过程,这个过程应该包含基于证据而制定的假设以及评估有关假设的可能性、可靠性。本文接下来则利用贝叶斯条件概率,来分析溯因推理的可靠性。

案件事实的真相,实际上可看成是根据基于证据而提出的一连串彼此相容且被逻辑证明的假设作出的最后推理。所以假设的可靠性,决定了案件事实的真实性和可靠性。对于某个案件 C,为查明案件事实的真相,通过收集各种证据,已经对案件有了一定的了解,并通过严密的论证,已经证明了关于该案件的一些合理假设,并且这些假设之间是彼此相容的,记这样的一些假设构成的集合为 T。在案件侦查之初,如果没有证明任何关于本案的假设,则可设 T 为空集。现假定找到了一个新的证据 e,根据证据 e,提出对案件 C 的一个假设 H,那么这个假设 H 可靠性的概率一定与证据 e 和其他相关的背景信息 b 有关。这样,条件概率 P(H/eb)的值即可反映假设 H 的可靠性大小。对 P(H/eb)的值,没有什么特殊的限制:它可以是小于0.5,这样 H 是假的比是真的更有可能;它可以大于 0.5,这样 H 的真比假更有可能。也就是说,根据 P(H/eb)的值与 0.5 的大小关系,即可判断假设 H 是否值得相信。另一方面,如果基于证据 e,提出了另一个假设 H *,则可通过比较 P(H */eb)与 P(H/eb)的大小,来判断哪个假设更有可信度,概率值大的比概率值小的可信度强。[1]

需要指出的是,由于假设 H 就是为解释 e 而提出的,所以 P(H/e)一定是较大的,但这并不意味着 P(H/eb)也大,因为 H 有可能与背景知识 b 不相容,由此可见,一个假设能否被解释,还取决于它与背景知识的相容度。

另外,为了使所有基于解释证据而提出的假设串成一个完整且相容的解释链,从而为断定事实真相提供可靠的保证,还得考虑 P(TH/eb)的值。P(TH/eb)越大,则解释链的相容性和可靠性越强,基于这样的解释链而裁定的事实真相也越接近客观事实。例如让 P(TH/eb) >0.95,这样人们就没有合理的理由去怀疑 TH 为真,从而达到相信 TH 的排除合理怀疑心证。之所以设置0.95 作为概率的阀值,是因为在统计科学中,将犯错误的概率控制在0.05 以内是可以接受的范围。

四、特设性假设的规避

科学史上的特设性假设(Ad Hoc Hypotheses),例如,负重量燃素的假设,海王星存在的

〔1〕 C. Howson and P. Urbach, Scientific Reasoning, *The Bayesian Approach*, Chicago and LaSalle: Open Court, 1993, p. 157。

假设,洛伦兹的收缩假设以及泡利的中微子假设等等。其共同特征是,中心理论 T 与辅助假设 H 结合,预见了现象 e,但事实上发现了与 e 不一致的 e^*。为了保留中心理论在期望中的解释作用,于是提出一个新的辅助假设 a^*,它和 T 一起推导出 e^*。a^* 在此意义上是特设性的,因为引入它的唯一目的"是为了挽救一个受到否定证据严重威胁的假设"。而且,对特设性假设的引入原则上总是可以做到的。正如亨普尔所说,"在原则上总是有可能仍旧保留 T,哪怕通过检验得出了严重的相反的结果——只要我们愿意对我们的辅助假设进行足够彻底并可能十分繁杂的修正"。[1] 在科学研究中,科学家有时用"特设性"来评价从而拒绝一个新假说。从波普尔(K. Popper)开始,禁止特设性假设就成为一个方法论原则。他认为,一个假设的特设性,在于其不可独立检验。拉卡托斯(I. Lakatos)也认为,一个并非特设性的假设,必须能够产生新的预言,这样才能体现科学的进步。

由于溯因推理的开放性和或然性,为提高其推理的有效性,预设规范应是可接受检验的而非特设的(Adhocness)。否则,如果溯因推理的结论不能接受检验,那么它就不能推导出与实际相符合的事实性推断,因而就不能为待解释现象提供任何说明。例如,如果运用"上帝是万能的"特设性假设来说明"罪犯作案总会露出破绽"的现象,那么这一假设结论便毫无意义,因为其根本无法说明和解释这个事实。[2]

因此,在案件侦查、司法裁判等法律实践活动中,司法人员运用溯因推理提出假设时,先要掌握足够充分的证据与犯罪事实,同时应科学地确证所掌握证据的真实性与可靠性,杜绝主观臆断和主观偏见。否则,极易犯"特设性"假设的错误,出现如"杜培武案"那样,仅依靠一些极不科学的存在极大疑点的证据,便武断推定犯罪嫌疑人,从而造成冤假错案。

1998 年 4 月 22 日上午,在昆明市圆通北路 40 号,警方发现了一辆被丢弃的警用昌河牌微型面包车,车内有一男一女两具尸体,昆明市公安局刑侦支队现场勘察后证实,男性死者系昆明市所辖的路南县(现为石林县)公安局副局长王俊波,另一人是昆明市公安局女民警王晓湘,两人身着便服,被人近距离开枪打死。警方认定,杀人的凶器便是王俊波随身佩带的"七七"式手枪。枪支去向不明。当天下午 2 时许,正在焦急寻找失踪妻子王晓湘的昆明市公安局戒毒所民警杜培武被抓进了昆明市公安局。直到此时,杜培武才知道妻子王晓湘被杀害,而自己成了杀人嫌疑犯。杜培武案件是彻头彻尾的刑讯逼供、公安、检察共同制造的冤假错案。在证据严重不足,侦破毫无头绪,又来自各方面压力必须及早破案的情境下,办案人员主观断定:杜培武就是杀人凶手。为支持、解释这一结论,公诉机关提出假设:因怀疑其妻王晓湘与王俊波有不正当两性关系,而对二人怀恨在心。为了"证明"这一假设,办案人员对杜培武实施了惨无人道的刑讯,喝令他交待杀害"二王"的犯罪过程。酷刑下,杜培武被迫低下了不屈的头颅,他开始"供述杀人的罪行"。为了不挨打,他"不仅要按照审讯者的要求说,而且尽可能地揣摩他们的意图"。编好了"杀人现场","杀人枪支"的下落。就这样,办案人员找到了其所谓充足的"证据","证明"了:因怀疑其妻王晓湘与王俊波有不正当两性关系,而对二人怀恨在心,于是杜培武对二王实施了杀害行为;杜培

[1] [美]亨佩尔:《自然科学的哲学》,陈维杭译,上海科学技术出版社 1986 年版,第 32 页。

[2] 张大松、蒋新苗:《法律逻辑学教程》,高等教育出版社 2007 年版,第 368 页。

武就是杀人凶手。法院终审判决杜培武死刑、缓期二年执行。在这个案件中,办案人员基于各方面的压力,以及坚持“杜培武就是杀人凶手”的主观偏见,提出的假设:“因怀疑其妻王晓湘与王俊波有不正当两性关系,而对二人怀恨在心”,就是特设性的,它的引入就是为了解释“杜培武就是杀人凶手”。颇具讽刺的是,对于妻子与王俊波的婚外情,杜培武却浑然不知。所以,基于溯因推理或然性与可修正性的特点,要想保证溯因推理在司法实践中的运用,就必须掌握恰当的方法以力求预判的准确性以及结果的可靠性。

在案件侦查中,溯因推理是基于观察到一个令人惊讶的现象P(证据),为寻找导致这一现象的原因和解释而提出假设H(侦查假说)的推理过程。虽然假设H和事实P之间不要求具有实质蕴涵关系,但它们之间首先一定要具有盖然的因果联系。只有这样,才会增强结论可靠性的程度。否则就有可能因结论的可靠性程度不高而导致侦破活动误入歧途。其次,要尽量排除引起已知现象或结果的其他可能原因。有些案件引起已知现象或结果的其他可能原因是多方面的,但是这些可能的原因与案件没有直接的因果关系。如果推测出这种可能原因作为我们断案的线索,也难免会造成工作的失误。因此,在案件侦查中进行溯因推理的时候,要尽量找出引起已知现象或结果的真正原因,排除一切与案件没有直接关系的其他可能原因。这样,也可以大大地提高溯因推理结论的可靠性程度。最后,推测的结果要调查证实。由于溯因推理的结论是或然的,因此我们不能将其作为定案的依据,只能作为破案的线索。如果我们要运用其结论作为定案的依据,那么一定要调查证实其真实性,这样才不会产生错误。

在司法裁判中,溯因推理的运用依靠的是法官内心的推理活动,它逻辑最初起点便是人的主观思维。法官在找法的过程中运用到溯因推理,这可能会碰到两个方面的问题:前一阶段,可能是无法可依的困难;而后一阶段,在于如何将“纸面上的法律”真正转化为“行动中的法律”。[1] 因此,在运用溯因推理进行找法的阶段,从主观层面来讲,法官应该坚持法律人的基本价值观;培养正当的法感;把握合理推断与主观臆断的界限;切忌武断“认定事实”与“事实”之间“相等”,从而用错“同案同判”的理念。从客观层面上讲,法官应该全面掌握案件材料,判定证据的真实可靠性,循环运用溯因推理,从而作出科学合理的判决。在我国全面推进依法治国战略的当下,为了降低冤假错案的发生,以通达法律理性与文明,必须关注司法实务中的溯因推理。尤其是如何保证溯因推理的可靠性,从而有效规避特设性错误乃是公正司法的当务之急。

〔1〕 王利明:《法学方法论》,中国人民大学出版社2012年版,第135页。

利益衡量的主导取向与方法论特征

马平川　赵树坤*

摘　要:利益衡量是一种重要的法律方法,也将在"法治中国"建设中发挥其越来越重要的作用。进一步的分析表明,利益衡量论具有从客观结论到价值判断、从唯一结果到多项选择、从判决正确到裁判妥当等主导取向;因而也就决定了其先有结论后附根据、论证说理优于逻辑推演、外在视角多于内在视角等方法论特征。当然,利益衡量的司法适用,则需要遵循价值位阶、利益轻重、得失大小等指引性原则的制约。

关键词:利益衡量;主导取向;方法论特征;指引性原则

利益衡量,通常是指在合法权利(利益)发生冲突时而法律没有规定或者规定不明确时,为形成公正合理的判决而采用的一种司法平衡方法。它是近一个世纪发展形成的一种重要法律方法,甲斐道太郎就这样感慨道:"今天,在进行法律解释的时候,如果完全不使用利益衡量,简直让人无法相信。"〔1〕有人还把利益衡量称作法律的"黄金方法"。而利益衡量论的形成发展则是从对概念法学的反思和批判开始的,经过自由法学运动,并注入目的法学、利益法学、实用主义法学等思潮的新鲜血液,逐渐成为一种法学理论和法律方法,在经由日本法学界的继承和系统阐释后,获得了进一步发展。其理论基础是法律多元主义、实质理性主义、价值相对主义、经验主义和司法能动主义。它在德国、美国和日本都形成了不同的流派和体系。我国的台湾地区对利益衡量的研究较大陆更为系统和深入,〔2〕晚近大陆梁慧星等学者才开始对利益衡量有所研究。〔3〕本文试图通过对利益衡量的理论梳理,对其主导取向、方法论特征及指引性原则做出一些未必成熟的理论探讨,以求赐教。

一、利益衡量的主导取向

利益衡量无疑是意在超越法条主义的局限,形成某种正义的或者恰当的正当性司法裁

---

* 作者单位:西南政法大学法学院。

〔1〕 参见张利春:《关于利益衡量的两种知识——兼行比较德国、日本的民法解释学》,载《法制与社会发展》2006年第5期。

〔2〕 杨仁寿:《法学方法论》,中国政法大学出版社1999年版,第175~176页。

〔3〕 如梁慧星:《电视节目预告表的法律保护与利益衡量》,载《法学研究》1995年第2期。

判,因此,必然带有一定的主导取向。

(一)从客观结论到价值判断

概念法学过分强调司法中法律概念的意义和作用,形成了逻辑优先理念和严格的三段论模式。他们认为,法律作为大前提是完美无缺的、肯定明确的,而"事实"作为逻辑适用的小前提,也是能够进行客观认识的。并强调法官不能被政治的、经济的、社会的"邪念"所迷惑,只依据法规和事实做出形式的、机械的判断。这就是说,裁判官自己并不进行判断,而是规规矩矩地接受法规的拘束,并不得加入自己个人的价值判断或者利益衡量,仅仅从立法者所决定的法规,引出唯一的正确结论。裁判官所起的就是这样一种自动机械的作用。[1] 这样,就根本没有考虑事实认定的困难和多样性,排斥了对法律和事实以外的一切因素的思考,致使司法裁判脱离现实和有悖公平合理。

而在利益衡量论看来,当面对多元价值和利益冲突时,司法裁判并没有一个确定无疑的客观结论,也难以进行纯粹的逻辑推演。其实,司法过程也是一个法律"发现"的过程,这个"发现"本身,就是一种价值判断(包括法官自身的价值判断)。正因为缺乏一个由所有法益、以及法价值所构成的确定的阶层秩序,由此可以像读图表一样获得结论,[2]因此,必须在个案中采取"法益衡量"的方法进行裁判。而这种利益衡量的内容,则是对各利益重要性的评介、以及由此进行选择和取舍,这样才能做出符合实际的、妥当合理的司法裁判。也就是说,司法过程并不是一个通过逻辑推演得出确定无疑的客观结论的过程,而是法官进行价值判断和利益衡量的过程。

在价值判断的限度上,加藤一郎主张在最初的裁判过程中,应该有意识地排除既存的法规,在一个全然白纸状态下,考虑这个事件该如何应然解决,即所谓"白纸委托"或"空白委托"。而星野英一则主张应把法律解释理解为"包含价值判断的实践"。至于如何实践这种价值判断,他认为要通过对法律依次进行语义解释、逻辑解释和立法者意思的探寻,考量什么样的价值怎么予以实现,什么样的利益怎么给予保护,最终依据价值判断和选择来决定。

(二)从唯一结果到多项选择

在概念法学中事实被认为是客观确定的,由此作为法学的出发点,同时,它认为法律解释中只有唯一的、客观的正解,不存在复数解释的可能。与概念法学把事实和法律看作是客观、确定的自明不同,自由法学强调事实和法律的复杂与多义性。认为在裁判中,证人的记忆、某些场合虚伪的作证,以及律师巧辩的影响,都可以使认定的事实有很大改变。不论是事实还是法的规范,如果都是多样的、浮动的,那么运用作为逻辑的严密的三段论是难以指望得出恰当的结论。[3] 因而,它不相信绝对的价值、永远的真理,考虑对问题进行现实、相对处理;承认人类的弱点,期待通过反复的试错达到越来越好的判决;承认法律自身的局

---

〔1〕 [日]加藤一郎:《民法的解释与利益衡量》,梁慧星译,载梁慧星主编:《民商法论丛》(2),法律出版社1994年版,第75页。

〔2〕 [德]卡尔·拉伦茨:《法学方法论》,陈爱娥译,商务印书馆2003年版,第279页。

〔3〕 参见段匡:《日本的民法解释学》,复旦大学出版社2005年版,第258~259页。

限性,强调其他社会科学诸学科对其协助的经验主义立场。这就意味着,在这个价值多元的现代社会里,重要的不是去塑造具有绝对意义的价值体系,而是要承认法解释中价值的多样性,探究具体事件中的价值判断,反对从预先设定的绝对价值中僵硬地通过演绎推理得出结论。[1] 由此可见,在自由法学中,法的解释与适用其自身必须运动。与概念法学的僵硬,固定性相对照,自由法学采取柔软的弹力性的态度,这是与现代社会的多样性和发展性相适应的。[2]

这样,法律解释者就必须要从这些复数的解释中选择一个作为判断的标准。那么如何选择?

加藤认为正确的做法是依据实质的利益衡量得出。在他看来,那种主张只有自己的解释为绝对正确是不灵活的决定论,只能阻碍自由的讨论。反对这种看法为的是寻求妥当的结论、妥当的解释而不是正确的结论、正确的解释。但这个结论并非是最终的结论,而只是一个在随后的理由附随过程中必须要进行检验的一个假设结论,而且,这也并非是唯一正确的结论,而只是可能成立的复数结论中的一个罢了。至于从中选择哪一个,是"由哪一个理论构成最适合实际,以及最具有说服力等因素来决定的"。[3]

为此,他特别指出:"法律解释并不是对法规中作为事实而存在的意义的明确,因此,与其说它是如何对现在所发生的事实进行解释、适用的问题,不如说是赋予该法规以何种意义的问题。也就是,法律解释并非是从法规中抽取出意义,而是从法规的外部赋予其意义。"这就完全改变了过去法律解释论所一直倡导和深信不疑的——那种法律解释的意义乃是来自法律本身的看法,创造性地提出了——法律解释的意义是被解释者从法律的外部所"给予"的,把解释的视线彻底从法律转向了事实,[4]从唯一结果转向了多元选择。

(三)从判决正确到裁判妥当

利益衡量论认为,《德国民法典》体现出对立法的过分信赖,不允许法官以个人评判代替基本国民总意所决定的立法,但是机械适用法律越来越不能得出妥当的结论,无论是民众还是法律人都要求打破概念的桎梏。[5] 在数种解释中,很难说某一种绝对正确抑或绝对错误。利益法学派指出,法律解释的选择终究是价值判断问题,不能说哪一种解释才是正确的,其哲学基础是价值相对主义。[6] 加藤一郎也强调,在现代社会中应该采取的是自由法学的解释方法,主张法的判断根据常识是得不到的,但是它也不是反常识的,它实质上是确定哪个利益更为重要的价值判断和选择的方法。[7]

---

〔1〕 参见杨圣坤、姜宝超:《我们需要什么样的"利益衡量论"》,载《理论观察》2008 年第 4 期;

〔2〕 参见段匡:《日本的民法解释学》,复旦大学出版社 2005 年版,第 260 ~ 265 页。

〔3〕 参见梁上上:《利益的层次结构与利益衡量的展开》,载《法学研究》2002 年第 1 期 ;张利春:《关于利益衡量的两种知识》,载《法制与社会发展》2006 年第 4 期。

〔4〕 梁上上:《利益的层次结构与利益衡量的展开》,载《法学研究》2002 年第 1 期 ;张利春:《日本民法中的利益衡量论》,载《法律方法》(7),山东人民出版社 2008 年版。

〔5〕 赵可:《浅谈利益衡量的若干基础问题》,载《湖北社会科学》2009 年第 2 期。

〔6〕 梁慧星:《电视节目预告表的法律保护与利益衡量》,载《法学研究》1995 年第 2 期。

〔7〕 参见李军:《利益衡量论》,载《山东大学学报》(哲学社会科学版) 2003 年第 4 期。

日本学者非常重视国民意志以及社会进步潮流在衡量过程中的作用。近年来,日本学界又提出要把“事件平息的优良”,甚至是“现实的合理性”当作价值判断的某种形式标准。而对这种价值判断,他们主张不应采取法律专家的立场,而应采取普通人的立场,并且不能违背社会常识。这样,利益衡量的标准则处于法律之外,或者是超越法律的标准。当然,这个标准也不是固定不变的,但它们都必须指向与一般人的感觉相一致的公平、正义的判决,[1]最终形成仅能作为对该个案最属合理妥当的司法裁判。可见,在利益衡量论看来,司法裁判并没有最正确的,只有最合适的、最妥当的。

二、利益衡量的方法论特征

正是基于利益衡量论这样一种主导取向,也就决定了它具备了较为特殊的方法论特征。

(一)先有结论后附根据

概念法学认为法律判断的过程应该按照三段论来进行,即从现有的法规、判例出发,经过对案件事实的逻辑适用,最后推导出结论。但是,自由法学却认为,在进行法律判断的时候,首先不是匆忙地直接适用法律,而是从具体事实出发,努力寻找如何解决这一事件的法感甚或恰当结论。然后,为使这一结论有足够的说服力,再给它附加上“事实 + 法规”这样的形式化理由(即加上经过解释的法律条文)。这样,自由法学的这种三段论就有了与概念法学所完全不同的意义和取向。就是说,它不再是得出结论的工具,也不是得出结论的过程,而是成了检验预先实质性判断结论正确与否、以及增加该判决结论说服力的工具,进而构成了利益衡量论裁判方法的重要基础。

利益衡量论之所以反其道而行之,主要原因在于对法律不明确情况下利益(权利)冲突复杂性的考量,此时的情况就像加藤所说:那种认为仅从法律条文就可以得出唯一的正确结论的说法,只是一种幻想。而真正起作用的是实质判断。得出初步结论后,再考虑应附上什么样的理由,亦即结合条文,怎样从理论上使该结论正当化或合理化,以形成判决。意即“法规或法原则的作用不在于引出结论,而是检验由感触所得的结论的对错,以及给予感觉以启示。”[2]

他们都明确表示,对于法的判断,除了上述实质性理由之外,还应该附有基于法规的一定形式化理由。这就形成了先有结论后找根据的“逆向”裁判方法。

(二)论证说理优于逻辑推演

卡多佐提出,规制的含义体现在它们的渊源中,也即体现在社会生活的迫切需要之中,

[1] 张利春:《关于利益衡量的两种知识》,载《法制与社会发展》2006年第5期。

[2] 参见梁上上:《利益的层次结构与利益衡量的展开》,载《法学研究》2002年第1期;[日]加藤一郎:《民法的解释与利益衡量》,梁慧星译,载梁慧星主编:《民商法论丛》(第2卷),法律出版社1994年版,第78页。

这里有发现法律含义的最强可能性。[1] 同样，“当需要填补法律的空白之际，我们应当向它寻求解决办法的对象并不是逻辑演绎，而更多是社会需求”。[2] 这主要包括公共舆论、社会价值观念和社会效果等。而博登海默也强调，“在某些案件中，有必要摈弃法律中的词语，有必要遵循理性和正义所要求的东西，并为此目的实现衡平”。[3]

由于利益衡量是先有结论后附根据，其裁判结论并不是由先前的法律适用和严格的逻辑推理而来，因此，其司法裁判的论证就显得十分重要，也是其裁判结论获得合法性与合理性的关键。这就要求法官在裁判文书中要进行充分说理，详细论述利益衡量的理论构成，不仅要依据法规赋予利益衡量结论的形式理由，也要公开表述利益衡量的具体判断过程，展示利益衡量的实质理由。[4] 诚如有学者所说：“司法结论的正当性并不限于表面，而证明这一步的最好的做法就是按照人们的意愿对做出结论的理由予以坦率的陈述，并以一种恰当而可证明的方式解释冲突，是证明结论正当的关键所在。也只有这样，司法人员的利益衡量和价值判断的过程才能得到充分的制约”。[5] 这就形成了论证说理优于逻辑推理的裁判风格。

（三）外在视角多于内在视角

利益衡量是法官结合他们对立法者的意思理解，对相互冲突的每一种利益（既存与可期待）进行分析和评价，进而做出孰轻孰重、孰先孰后的判断。而在利益法学看来，法律无非是利益的产物，反映着一个社会的各种条件，包括物质生活、民族宗教、道德伦理等等，因此，法律解释必然具有多种可能性。在这种情况下，法官进行利益衡量时，必须将他的哲学、他的逻辑、他的类比、他的历史、他的习惯、他的权利感以及其他成分加以平衡，在这里加大一点，在那里减少一点，他必须尽可能明智地决定哪种因素将起决定性作用。[6] 更要考虑冲突情境、公共政策、主流价值观、民族情感、公众舆论、社会效果等等，从而做出妥当合理的价值判断。这样，法官的价值判断就更多地立足于法律的外在视角，而不是内在视角。

当然，德国和日本还有不同。德国的利益衡量所坚持的立场是法律人的立场，更注重立法者的意思（法益）和法律构成的作用；而日本的利益衡量论所坚持的则是普通人的立场，其评价标准多是某一情境下的传统、风俗、习惯、道德、公众情绪等，也即社会的一般性常识。基于两种不同立场所进行的利益衡量，所得到的结论也往往是不同的。这两种不同立场的背后，反映着德国“法律至上”的传统思维模式与日本直观的传统思维模式及社会

---

〔1〕 参见《论司法中的利益衡量》，http://www.chinalawedu.com/news/20800/209/2006/5/xi298731720161560026032-0.htm，最后访问日期：2014 年 12 月 8 日。

〔2〕 ［美］卡多佐：《司法过程的性质》，苏力译，商务印书馆 1998 年版，第 76 页。

〔3〕 ［美］博登海默：《法理学》，邓正来译，中国政法大学出版社 2004 年版，第 480 页。

〔4〕 张俊：《冲突 衡平 公正——司法公正在利益衡量中的程序展开》，http://shfy.chinacourt.org/public/detail.php? id=5887，最后访问日期：2014 年 6 月 15 日。

〔5〕 修艳玲：《法律推理与利益衡量》，载《福建高等公安专科学校学报》2000 年第 2 期。

〔6〕 ［美］卡多佐：《司法过程的性质》，苏力译，商务印书馆 1998 年版，第 101～102 页。

拘束感的不同。[1]

三、利益衡量的指引性原则

如前所述,利益衡量是一种个性化的裁判方法,一方面,利益衡量基本都是个案中的利益衡量,因案而异;另一方面,它又是法官的个性价值判断和选择,不同国家、不同地域、不同民族、不同文化的背景下,也包括不同的法官,所得出的利益衡量结果也会是不同的。这是因为,利益衡量贯彻着司法能动、经验主义和利益平衡精神,主张灵活有效和实用主义的自由裁量,注重即时情境和社会效果,从而实现即时环境下的个案正义。因此,它不应该有一个固定的、僵化的模式、标准和原则,否则,就不能称为利益衡量,也达不到它所追求的目标和效果。其立足点是实用主义、经验主义和价值相对主义,不相信绝对的价值、永远的真理。

然而,利益衡量如果不受限制,那么,它就会变成法官的一种主观肆意,一种天马行空的裁判风格,不仅个案正义无法实现,甚至会导致法治基础的瓦解,因此,对利益衡量的限制就成为必须考虑的问题。事实上,价值相对主义也好,价值客观主义也罢,但它们都在探求一种对价值判断的共通性考量和原则限制,只不过价值客观主义对法官的价值判断更加信赖而已。因此,利益衡量应遵从如下指引性原则。

(一)价值位阶的选择

在司法实践中,运用利益衡量方法的法官亦属“造法者”,他们依据法律进行裁判的过程,在一定意义上也就是“造法”的过程,但这种“造法”活动远比立法活动所受的限制要大。从利益衡量论角度来看,在法律的位阶框架内,存在着多种“造法”(司法裁决)的可能性,它们也许具有同等价值,并不存在谁先谁后的问题。这时,法官可以以自己的经验及理解,依赖法官个人的法学修养、对国家社会的理想及其本人的良知做出尽量合理、妥当的选择。因此,法官“造法”并无“唯一正确”之说,只有裁判结果是否妥当的问题。[2]

然而,“没有唯一正确,只有是否妥当”绝不意味着没有任何尺度和准则,法官可以肆意裁判。其实,价值判断和利益选择还是有一个基本的价值等差或位阶的。拉伦茨就曾指出:“对于法益衡量可以由前述判断归纳出下述原则:首先取决于——依基本法的‘价值秩序’于此涉及的一种法益较他种法益是否具有明显的价值优越性”。[3] 这个价值优越性就是利益位阶,法官应根据利益的所属位阶来衡量,对位阶高者要予以优先保护。

学界很多人认为,在个体利益与社会公共利益相冲突的场合,一般应确认社会公共利益的位阶高于个体利益,个体享有的基本利益位阶要高于具体利益等等。[4] 虽然在某些

[1] 参见段匡:《日本的民法解释学》,复旦大学出版社2005版,第363页;另见张利春:《关于利益衡量的两种知识》,载《法制与社会发展》2006年第5期。

[2] 赵可:《浅谈利益衡量的若干基础问题》,载《湖北社会科学》2009年2期。

[3] [德]卡尔·拉伦茨:《法学方法论》,陈爱娥译,商务印书馆2003年版第285页。

[4] 王刚:《司法的自由与限度——论民事诉讼中的利益衡量》,载《法制日报》2005年11月4日。

场合下是这样，但简单地以公共利益优于个人利益的价值定位，是非常危险的，也带有很重的国家主义、权力本位色彩，是盲目的、不可取的，它已经出现了很多问题（如强迁）。

美国法学家博登海默强调："人的确不可能凭据哲学方法对那些应当得到法律承认和保护的利益作出一种普遍有效的权威性的位序安排。然而，这并不意味着法理学必须将所有利益都视为必定是位于同一水平上的，亦不意味着任何质的评价都是行不通的。例如，生命的利益是保护其他利益（尤其是所有的个人利益）的正当前提条件，因此它就应当被宣称为高于财产方面的利益，健康方面的利益似乎在位序上要比享乐或娱乐的利益高。"[1]可见，从一般意义上讲，人身权利要高于财产权利，健康权利要高于娱乐权利，生存权利要高于经营权利，言论自由要高于经济利益等等。

当然，价值差序并没有一个确定无疑的图表，而是需要根据具体情况来确定，如在合法的战争情形下，捍卫国家主权就要高于人的生命和财产权利等。

（二）利益轻重的考量

首先，同是合法利益，轻重未必一样。在具体案件的利益衡量过程中，除了可以按照一般的价值位阶进行比较和取舍外，还可以进行利益轻重的考量。也就是说，同样是法律所保护的利益，但它们在社会发展中的分量和作用却是不一样的。当这些利益发生冲突时，优先保护哪一个，在哪种程度和范围上进行保护，则是需要根据具体情况而综合衡量来决定。不同的保护顺序和力度，就会产生不同的社会影响和后果。可见，这种利益衡量并不是简单的利益多少的计算，而是它所代表的重要性和作用效果。比如，自然资源和环境保护所代表的长远利益（子孙后代），要优于某个人或某个群体资源开发获利的利益，特别是涉及到生存环境的时候；国家的安全利益，要高于个人隐私（911 后美国安全局就展开了对有嫌疑的个人电话的监听），等等。

其次，权益轻重的考量需以核心价值为基准。某医科大学附属医院人工流产手术室，主治医生带领研究生观摩实习，引发诉讼。医院方认为是正当实习课程，患者则称侵犯隐私权，法院需要在医院的教学实习权与患者隐私权二者之间进行利益轻重的衡量。同样，超市要求存包方能进入卖场，而顾客拒绝存包，欲背包进入卖场，引发诉讼。超市方称这是维护卖场秩序、维护自己权益的举措；而顾客则称这是侵犯人格权。法院需要在经营权利益与人格权利益之间进行二者轻重的衡量。

（三）得失大小的均衡

在利益衡量论看来，价值位阶相同或者无法比较取舍的情形下，法官无从进行抽象的比较时，则取决于应保护法益被影响的程度，取决于假设某种利益须让步时，它可能受到损害的程度如何，最后还需要按照比例原则、最轻微侵害手段或尽可能微小限制原则来进行衡量、判断和取舍，[2]也即为保护某种较为优越的法益而不得不侵犯另一种法益时，它不得超出为达到此目的所需的必要限度，进而确保实现整体利益的最大化或损害的最小化。在这种情况下，某种权利的保护，就意味着另一种权利的适当、合理的克减。

〔1〕［美］博登海默：《法理学》，邓正来译，中国政法大学出版社 2004 年版，第 416 页。

〔2〕［德］卡尔·拉伦茨：《法学方法论》，陈爱娥译，商务印书馆 2003 年版，第 285 ~ 286 页。

如《广西广播电视报》诉《广西煤矿工人报》侵权一案中,电视报有偿取得的一周电视节目预告表,一直被矿工报无偿转载并以之营利,多次协商和行政裁决未果,后诉至合山法院,一审判定电视报败诉。电视报遂上诉至柳州中院,二审判定矿工报侵权。本案的关键是,假如将节目预告表解释为新闻,使矿工报一方获此利益,但此利益并非其劳动所创造,却剥夺了电视报一方自己劳动所创造的正当利益。假如将节目预告表解释为非新闻,将使电视报一方获此利益;虽因此剥夺了矿工报一方无偿使用的权利,由于矿工报并非以节目预告表为生存条件,因此对矿工报及其他报刊生存条件和正当利益毫无损害。一审法院最初认定节目预告表是一种新闻,其判决在程序上并无明显不当,但其导致的结果是原告的财产利益受到无端侵害且得不到救济,若推而广之,甚至会损害到当时全国150多家电视报行业的生存条件和基础。这个损失就十分巨大,因此,为了均衡处理得失大小,二审法院判定矿工报系侵权行为,责令其给予电视报5万元赔偿并道歉。[1]

再如,在成都"麻将噪音案"中,金牛区百寿巷居民余涌军从2000年3月以来,夜间常被麻将声吵醒,并因此经常失眠,麻将声来自楼下五六米远处的老年活动中心棋牌室。余涌军因工作需要经常早睡早起,但活动室夜间11点钟才关门,双方多次协商未果,诉至法院。由于噪声尚未达到《环境噪声污染防治法》规定的噪声程度,在休息权与娱乐权之间,就需要进行按照比例原则和最轻微伤害原则进行均衡处理。[2]

当然,西方的法治进程已经经历了几百年,我们才刚刚开始,存在各种问题也是在所难免,就是西方当今的法治也不是完美的。因此,我们的问题不仅不能成为我们悲观的理由,恰恰应该成为我们前进的动力。利益衡量作为一种重要的法律方法,还是不断研究和推进的,只是它的"中国问题"需要我们予以正视和克服。中国法治进程的脚步是不可阻挡的。

〔1〕 梁慧星:《电视节目预告表的法律保护和利益衡量》,载《法学研究》1995年第2期。

〔2〕 参见杜敏:《权利冲突的法哲学思考》,载《理论建设》2005年第2期。

利益衡量的依据与标准

——基于实现个案公正的司法考量

房广亮*

摘　要：审判过程在很大程度上就是法官进行利益衡量的过程。法官进行利益衡量时应考虑的因素有两类：直接冲突的利益和间接冲突的衡量标准。正是对诸多衡量标准的选择与衡平，才使法官获得了判决的依据。利益衡量的理想状态是穷尽所有和案件争议有关的衡量标准。对于私益与公益冲突的案件，对比例原则能否适用的衡量是审判的关键。

关键词：利益衡量；衡量依据；标准

诉讼中会出现一系列具有个案独特性的事实，每个案件的具体利益冲突也千差万别，这些事实和冲突的利益既不适于按现有法律规定加以裁判，也无可以遵循的先例。法官要根据法律的精神和个案的实际，对冲突的利益进行公平、妥当的衡量，通过判决实现个案利益的再平衡，实现个案的公平正义和各方当事人的相对满意，有效化解矛盾纠纷，这就是利益衡量的过程。审判中，法官需要衡量什么？利益衡量的依据是什么？法官又是如何寻找到适用于个案的衡量标准的？本文尝试对此进行分析，探讨总结出一些规律性认知。

一、法官需要衡量什么？

利益衡量首先要衡量利益，个案中当事人冲突的具体利益自然是法官需要衡量的。不过光衡量具体利益有时不足以支持法官作出判决。原因有三：第一，为各种利益排好位序恐怕是不可能的。尽管人们一直在努力，但至今也没能找到“一个由所有法益及法价值构成的确定阶层秩序”，不能够像读图表一样得出活得结论；〔1〕第二，由于评价利益的出发点不同，不同的学者会基于对评价“客观可能性”的不同考虑来建立自己的利益位阶。〔2〕比

* 房广亮（1981—），男，吉林通化人，山东大学（威海）法学院博士生，研究方向：法律方法论。

〔1〕［德］卡尔·拉伦茨：《法学方法论》，陈爱娥译，商务印书馆2003年版，第279页。

〔2〕有学者归纳了4种评价“客观可能性”的思维角度：制定法的角度；社会学判断的角度；实质价值体系的角度；交互的商谈程序的角度。参见蔡琳：《论“利益”的解析与”衡量”的展开》，载《法制与社会发展》2005年第1期。

如,庞德以社会学的视角,根据人们提出的主张或要求,得出"个人利益"、"公共利益"(国家利益)与社会利益的对应关系;[1]再如梁上上从法律制度的利益角度出发,坚持"只有与制度利益匹配或者吻合的当事人利益才能获得法律保护",[2]将利益按照一定的层次结构区分为当事人的具体利益、群体利益、制度利益和社会公共利益;再有王利明教授从立法目的出发,得出了"社会公共利益优先于个体财产利益;人格利益优先于财产利益;生命健康权优先于一般人格权"等6条具体利益排序。[3] 各种排序角度不同,又彼此包容;不尽相同,又各有道理。法官难以选择适用。第三,就算某些常见的冲突利益之间能得出相对清晰的排序关系,并被大多数人所接受,也只能作为法官在个案审判中的一种参考,不见得就有优先适用性或排他性。无论排序的标准多么客观,利益位阶并非绝对能适应于每一个具体案件。为了实现个案的最大公正,法官都需要"在具体的案件情形下谨慎地处理,尽可能使得不同利益都能够得到实现.而不能基于认定某一利益处于高的位阶而完全压制和排除其他的利益,从而实现相互冲突利益在总体上的最大化"。[4] 可见单凭利益排序,不足以支持法官做出判决。

不少学者认为利益衡量并不仅限于单纯的利益比较,法官还应有其他需要衡量的因素。比如,胡玉鸿认为必须确立权威规则,以使得利益衡量能在法律安定的背景下运作。[5] 再如,吴从周在其《从概念法学到利益法学》一文中就指出衡量"必须要由法官先掌握到与该判决相关的利益,然后对这些利益加以比较,并且根据他从制定法或其他地方所得出的价值判断,对这些利益加以衡量。然后决定较受该价值判断标准偏爱的利益获胜。"[6]还有梁上上认为,"对双方当事人的利益进行衡量时需要找到妥当的参照物或者坐标系。只有把双方当事人的利益纳入到妥当的参照物或者坐标系中,才会给我们提供恰当的衡量准据。"[7]不过,在他看来,这里的参照物主要就是具体法律制度的制度利益。此外,还有蔡琳教授受拉兹理论的启发,将利益分为一阶利益和二阶利益,分别对应拉兹理论中的一阶理由和二阶理由。认为指向一阶利益(理由)的二阶利益可以为一阶利益背书,支持或限制某个一阶利益,所以真正的衡量发生在更高层次。[8] 这里需要特别强调的是蔡琳"将诸多法官在进行利益衡量需要面对的因素分为一阶理由和二阶理由,认为真正的衡量发生在两个或多个二阶理由之间发生冲突的层次"的观点和本文所持观点一致。不同在于,蔡琳教授将"二阶理由"也认定为利益,"一阶"和"二阶"的区分仅是利益所属的阶层不同。在她看来,和处于"一阶"的当事人具体利益相比,处于二阶的利益因为位阶高,

---

〔1〕 [美]罗斯科·庞德:《通过法律的社会控制 法律的任务》,沈宗灵、董世忠译,商务印书馆1984年版,第34页。

〔2〕 梁上上:《利益衡量论》,法律出版社2013年版,第91页。

〔3〕 王利明:《民法上的利益位阶及其考量》,载《法学家》2014年第1期。

〔4〕 王利明:《民法上的利益位阶及其考量》,载《法学家》2014年第1期。

〔5〕 胡玉鸿:《关于"利益衡量"的几个法理问题》,载《现代法学》2001年第4期。

〔6〕 吴从周:《从概念法学到利益法学》,台湾大学2003年博士学位论文,第173页。

〔7〕 梁上上:《利益衡量论》,法律出版社2013年版,第90页。

〔8〕 蔡琳:《论"利益"的解析与"衡量"的展开》,载《法制与社会发展》2015年第1期。

所以二者发生冲突时应当依据二阶利益行事。同时她也承认"这些理由(二阶)有时候表现为一种原则,有时候表现为一种价值,甚至于有时候也会采用某种抽象的利益表达",这就有点模糊了,二阶理由到底还是不是一种利益?还有,如何界定哪个利益是"一阶"、哪个又是"二阶"呢?难免又需要求助于那个"将所有法益及法价值构成的确定阶层秩序的图表"。如果是这样,就和蔡琳教授自己所说的"衡量并不是具体当事人利益之间的衡量和比较,也不是利益排序,而是这些利益背后的那些理由的衡量"的观点自相矛盾。或许二阶理由本身应不再是利益,其属性应当是衡量标准。从这个角度看,梁上上教授提出的制度利益,其实也就是一个从法的安定性和"制定法的远距作用"出发的衡量标准,是个案纠纷解决时需要面对的诸多衡量标准之一。

法官进行利益衡量需要面对多种因素,个案中多个衡量标准是同时存在的。"对于利益法学而言,法律是价值判断与价值理念的体系。研究者以及法官在规范的获得上应该受价值判断所拘束。但是,是同时受所有价值判断的拘束。经验显示:这些价值判断一直存有矛盾。因此,研究者必须探寻这些矛盾,并且相互衡量这些价值判断,对这些价值判断进行彼此调解。"[1]"只要有可能,一个有能力的法官就会使用判断标准,当然,这些标准并不是那种毫无控制的意志或主观偏爱的产物,而是以整个法律秩序与社会秩序为基础的,也是以那些渊源于传统、社会习俗和时代的一般精神为基础的。在对判案过程中的意志因素起限制作用的客观化要素中,主要有那些在文化中业经牢固确立的价值规范,贯穿于法律制度中的基本原则,显而易见的情势必要性以及占支配地位的公共政策方针。"[2]可见,除了受制于法官个人情感因素的标准(比如,个人非理性偏爱),只要和个案有关联性,法律学说、立法目的、先例判决、法律和社会秩序、传统习俗、时代价值、公共政策等这些标准都可以成为法官衡量时考虑的对象。并且这些标准一旦聚焦到个案中,总会成为支持或限制一方当事人具体利益的理由,"可以为当事人的具体利益背书"。[3] 标准之间冲突十分常见,所以审判中法官"不只要在作为利益衡量之客体的当事人利益间作衡量,也必须要在出现多数作为衡量标准的共同体价值或社会理想时,作出衡量与选择。"[4]

综上,法官进行利益衡量时考虑的因素有两类:一是直接冲突的利益;二是间接冲突的衡量标准。法官审判的关键在于对后者的权衡取舍,正是对诸多衡量标准的选择与衡平才使法官获得了判决的依据。总之标准之争被法官解决掉之后(要么一种衡量标准完胜、要么各种衡量标准达成妥协),也就为具体利益之争找到了适用的衡量标准(可以是那个胜出的标准或者是经过妥协改良后的新标准),据此实现的个案公正可以看成一种调和各种衡量标准之后的利益再平衡。

---

[1] Heck, Begriffsbildung, S. 132. 转引自吴从周:《概念法学、利益法学与价值法学》,中国法制出版社 2011 年版,第 256 页。

[2] [美]博登海默:《法理学》,邓正来译,中国政法大学出版社 2004 年版,第 522 页。

[3] 蔡琳:《论"利益"的解析与"衡量"的展开》,载《法制与社会发展》2015 年第 1 期。

[4] 吴从周:《概念法学、利益法学与价值法学》,中国法制出版社 2011 年版,第 257 页。

二、利益衡量的依据

法官根据什么做出判决呢?一般案件的审判,最常见的法律推论形式就是用简单的三段论方法进行推理,只要大小前提实质上是正确的,那么从形式逻辑的观点来看,三段论推理所得出的结论就是无懈可击的。在此情形中,推理是通过表达必然真理的论证方式而展开的,因为它能使我们极为明确地得出一种演绎结论。因此大多数简单案件都是可以依靠三段论的推理方式得出个案公正的。[1] 可是,利益衡量审判则不同,需要用利益衡量方法进行审判的案件都是疑难案件,大小前提都可能不确定。如果说利益衡量的操作规则为实质判断并为其找到法律依据的话,那么寻找法律依据的路径更多的是法条的灵活适用、法律解释、法律原则的运用等等。[2] 可以说法官在衡量过程中,用到的推理方式多以辩证推理为主。按照亚里士多德的观点,辩证推理是要寻求"一种答案,以对在两种相互矛盾的陈述中应当接受何者的问题作出回答"。[3] 当作为推理基础的前提是清楚的、众所周知的或不证自明的时候,我们就不需要采取辩证推理的方法了。但是另一方面,当在两个或两个以上可能存在的前提或基本原则间进行选择成为必要时,由于不存在使结论具有确定性的无可辩驳的"首要原则",所以我们通常所能做的就只是通过提出有道理的、有说服力的和合理的论辩去探索真理。[4] 可见,对辩证推理来说,做出选择的关键是如何找到可以让人信服的理由,让这种选择结果有说服力。故法官做出判决所依据的只能是可以让自己的主观选择具有客观性、正当性的理由,即符合个案的衡量标准。

个案中往往多个衡量标准同时存在,哪些才是法官可以依据的审判理由呢?作为审判依据的衡量标准大体上应具有4个特征:

1. 关联性:起码要与个案争议焦点相关联。诉讼中双方当事人的利益多种多样,一个诉讼标的或诉讼请求有时未必只涉及一种利益,因此法官在查明事实的基础上,第一步就是理清案件争议焦点的核心冲突利益。

2. 客观性:至少基于"一般人"的标准而非法官自己的标准。为了摆脱危险的恣意行为,法官应当尽可能使自己从某一种个人性的或其他产生于他所面临的特殊境况的影响中解脱出来,并将他的司法决定基于具有一种客观性质的某些因素之上。[5] 这种客观性来

---

[1] [美]博登海默:《法理学》,邓正来译,中国政法大学出版社2004年版,第518页。

[2] 王帅:《民事案件审理中情与法冲突的利益衡量》,载《法学论坛》2008年第6期。

[3] Aristotle, Analytica Priora, in oraganon, transl. H. Tredennick (Loeb Classical Library ed., 1949), Vol. I, BK. I. ii. 24a. 转引自[美]博登海默:《法理学》,邓正来译,中国政法大学出版社2004年版,第518页。

[4] 这里博登海默认为亚里士多德关于辩证推理持有的是"只会产生或然结论的严谨结论",绝非黑格尔所说的"不可辩驳的真理"。这种观点和本文前面所述利益衡量审判思维所追求的目标只能是"无限接近绝对正义的最大公正"是相符合的。这也印证了利益衡量审判思维应该是一种辩证推理思维。Aristotle, The Art of Rhetoric, transl. J. H. Freese (Loeb Classical Library ed., 1947), Bk. I. ii. 1355b. 1356 a and b. 转引自[美]博登海默:《法理学》,邓正来译,中国政法大学出版社2004年版,第519页。

[5] [美]本杰明·卡多佐:《司法过程的性质》,苏力译,商务印书馆1997年版,第72页。

自于衡量所坚持的“一般人”立场。比如,“一般人对这些利益冲突或是究竟把什么理由看作比什么利益为重,或是一般人的社会伦理道德观念。”[1]

3. 权威性:应该是当前最权威的理由。根据来源是否权威,法官衡量时考虑的因素可以分为个案理由和权威理由。当事人冲突的具体利益属于个案性理由,而具体利益背后各种冲突的衡量标准可以看成影响审判的权威性理由。个案理由必须在权威性理由的框架内起作用,真正决定审判结果的是权威性理由。[2] 权威性来自于“公认”,即“公共认同”,而不仅仅是法官或法学家的认同。某种理由能否被社会公众所认同,代表其能否成为社会通行的评价观念与评价体系,从而在正式的法律之外,能否用相应的社会观念来约束社会成员的行为。价值的公认性也是该种价值观念最能够发生效果的基础。公认的价值,具有较强的道德基质与说理性,因而,法官的判决能够为社会民众,特别是为当事人双方所接受,就必须依赖于对公认价值的阐发。权威性理由可以从两个角度获得,一是人类历史上,经历史证明正确的具有普适性的“自然法”。不同的阶级层次、不同的地理区域以及不同的历史阶段,都会衍化出不同的价值观念体系。不过,放眼整个人类历史,必须承认有着超越人类意识形态以及超越特定时刻的具有普适性的“经典”价值观的存在。比如,公平正义、诚实信用。二是法官所处的当下社会中,符合主流价值观的具有时代性的价值观念。是不是只有超越人类集团意识以及超越特定时空的价值普适性的“自然法”标准才能作为法官审判的依据呢?或者说,特定社会制度下、特定时代下的主流价值导向能否成为衡量标准?这一直是个有争议的问题。受纠纷解决时效性的制约、审判目标的影响,法官没有必要彷徨于自己的衡量结论是否具有时代的烙印。一方面,法官必须要在眼下得到公认的不同解释规则之间作出选择,因为他们必须根据这些解释规则在今天、明天和后天而不是几代人的时间内作出决策。[3] 另一方面,人们判断一个审判是否恰当,一定会受特定社会条件下的主流价值伦理观念以及相互之间的利益关系的制约。衡量的依据权威与否,主要是看是否被法官所在国度、区域的基本价值观念所认同、接受。我们主张同案同判,但不能否认,类似案件会在社会经济制度不同、司法文化和价值取向各异的国度中得到不同的判决。

4. 法源性:可以作为独立的法律渊源发生作用(解决法律的缺陷或填补法律的空白)。法的渊源是证成特定法律决定的权威性理由。作为理由的不同种类的法的渊源对特定法

---

〔1〕 杨日然:《判决之形式妥当性与实质妥当性》,载杨日然:《法理学论文集》,月旦出版社股份有限公司1997年版,第551页。

〔2〕 本文所说的权威性理由比佩茨尼克(Peczenik)所强调的权威性理由的概念要宽泛。依照佩茨尼克(Peczenik)的观点,支持审判的理由可以分为实质性理由和权威性理由。其中,权威理由是指当叙述某个应该做出的特定法律、司法或者其他决定时,依据权力或者权威等情形而不是依据内容形成的理由;实质理由是指,理由的内容能够支持一个法律决定。这个支持主要是来自于内容方面的,而不是来自于其他方面的如由谁来提供理由支持。实质理由可以是道德的、政治的、经济的和制度的,等等。参见彭中礼:《论习惯的法律渊源地位》,载《甘肃政法学院学报》2012年第1期。

〔3〕 [美]阿德里安·沃缪勒:《不确定状态下的裁判》,梁迎修、孟庆友译,北京大学出版社2011年版,第166页。

律决定的支持强度是不同的,或对特定决定的重要性程度是不同的。[1] 利益衡量的发生往往以需要解决法律缺陷或填补法律漏洞为前提,因此作为利益衡量的审判依据,当然要具有法律渊源地位才可以起到证成衡量结果正当性的作用。根据是否表现于国家制定的法律文件中的明确条文形式,法律渊源可分为正式渊源、非正式渊源。[2] 正式渊源在国家制定的规范性法律文件中有明确的法条规定,如宪法、法律、法规等,主要为制定法。非正式渊源更多的是具有法律意义的准则和观念,这些准则和观念尚未在正式法律中得到权威性的明文体现,如正义标准、理性原则、指导案例、立法意图、公共政策、道德信念、社会思潮、习惯等。在诸多衡量标准中,有的传统的、公认的价值观念会随着立法的完善而转换为法律的原则、规则,但仍有大量的衡量标准是以非正式法律渊源的形式存在的。因此从实质的意义上来讲,审判并不是一种毫无拘束的司法意志行为,而是一种要把判决立基于哪些被认为是审判活动的合法工具的正式或非正式渊源资料上的有意识的努力。[3]

三、寻找符合个案的衡量标准

1. 尽最大可能穷尽所有相关衡量标准

这是一起真实发生的离婚案件,案情不算复杂,可依然包含了多种衡量标准的较量。该诉讼有几个焦点问题,本文仅围绕和利益衡量方法有关的“房屋归属”问题进行分析。[4] 案例要情:婚前原告男方任某、被告女方兰某共同出资购买了房屋一处,房屋总价款109万元,原告出资55万元,被告出资10万元,余款银行贷款(由女方申请贷款)。该房屋登记在女方名下。诉讼中,双方均主张该房屋的所有权。法官该如何判呢?本案中,夫妻双方作为房屋共同共有人,因婚姻关系的解除而失去了共有的基础,在这种情况下,夫或妻任意一方都拥有请求分割共有财产的诉权,也都平等地享有该房屋的所有权。那么在夫妻双方势均力敌的请求权背后都有哪些衡量标准可以适用呢?分析到这里,法官至少该想到两方面标准:第一,这是个共同共有物分割的问题。依据物权法规定,分割共有财产的基本原则有三个:一、意识自治、依约分割。共有人对共有财产的分割有约定的依其约定。二、等分原则、依法分割。共同共有关系终止时,共有人对共有财产的分割没有达成协议的,根据等分原则处理,并应考虑共有人对共有财产的贡献大小,适当照顾共有人生产、生活的实际需要。三、损害赔偿的原则。第二,这是个离婚案件,婚姻法有离婚财产分割适当照顾女方的

〔1〕 王夏昊:《法律规则与法律原则的抵触之解决》,中国政法大学出版社2009年版,第280页。

〔2〕 佩茨尼克将法的渊源区分为:必需的法的渊源、应该的法的渊源和可以的法的渊源。按照他的解释,可以的法的渊源更类似与本文所说非正式法律渊源。实际上利益衡量审判多数时候是围绕着可以的法的渊源或者非正式法律渊源进行取舍权衡的。参见Peczenik, On Law and Reason, Kluwer Academic Publishers, 1989, p.321。

〔3〕 [美]博登海默:《法理学》,邓正来译,中国政法大学出版社2004年版,第586页。

〔4〕 本文关于法官审理个案的衡量要素的分析都是严格根据判决书中“本院认为”部分的观点陈述,并不是笔者主观臆造。本案涉及事实与证据认定部分及跟利益衡量无关的其他内容不在本文讨论范围内。有关判决书请详见(2014)青民五终字第1930号判决书,载中国裁判文书网http://www.court.gov.cn。/zgcpwsw/sd/sdsqd-szjrmfy/ms/201501/t20150131_6495220.htm(最后访问日期:2015-2-10)。

原则。分析到这里，我们可以通过下表（表 1）直观地感受到双方实力对比：

表 1

<table>
<tr><th>当事人</th><th>冲突的利益</th><th>有关衡量标准（按照相对有利方归入表格）</th></tr>
<tr><td rowspan="3">男方</td><td rowspan="3">房屋请求权；
（势均力敌）</td><td>1. 应考虑共有人对共有财产的贡献大小（男方出资 55 万、女方 10 万，男方有明显优势）</td></tr>
<tr><td>2. 生活的实际需要（双方都只有这一个房子，在这个标准上势均力敌）</td></tr>
<tr><td>3. 对方应得的财产份额问题可以通过给付折价款的方式予以解决（对方也有，势均力敌）</td></tr>
<tr><td rowspan="3">女方</td><td rowspan="3">房屋请求权；
（势均力敌）</td><td>1. 离婚财产分割适当照顾女方的原则。（女方有明显优势）</td></tr>
<tr><td>2. 生活的实际需要（双方都只有这一个房子，在这个标准上势均力敌）。</td></tr>
<tr><td>3. 对方应得的财产份额问题可以通过给付折价款的方式予以解决（对方也有，势均力敌）</td></tr>
</table>

可以看出，去掉相同项，该案衡量的焦点是两个衡量标准之间的冲突，是应该支持“按照对公共财产贡献大小分配”还是支持“照顾女方”的原则？实际上，法官选择哪个做出判决都说得通。也可以两个标准相互妥协，把房子判给男方，女方获得的折价款比按比例分配多点。不过，笔者更支持把房子判决给女方：“离婚财产分割适当照顾女方的原则”是基于对弱势群体的保护，是一种基于特定身份而形成的衡量标准，只要符合使用条件，在衡量时就应该予以考虑，若判决完全体现不出对女方的照顾总不合适。而“按照对公共财产贡献大小分配”的标准是基于财产方面的考虑，男方应得的财产份额是可以通过女方给付折价款的方式予以解决的。该标准的适用并不一定非要支持男方对房子的诉请。所以，房子判给女方、让女方支付折价款的判决应该更为妥当。但光靠对以上衡量标准的比较是不能够得出妥当判决的。利益衡量的理想状态是穷尽所有和案件争议有关的衡量标准。如果法官遗漏了某些关键的衡量标准将直接影响衡量结论的妥当。

让我们看看该案两审法官最终的判决。经法院调查质证，本案一审、二审都认定：涉案房屋是双方共同出资购买，因购买时间为婚前，故涉案房屋的权属认定为双方共有。事实认定相同，二审诉讼双方均没有提出任何成立的新证据或新事实，但一审、二审判决在房子归属上面却截然相反。一审将房子判给了男方，二审判给了女方。二个审判都适用了利益衡量，是什么原因让两次衡量结果出现差异的呢？

通过二审判决书“原审法院认为”部分，可以看出一审法官的判决理由如下：该房屋是夫妻双方共同财产；考虑到购买房屋任某（男方）所占出资比例为 55/65，故银川西路房屋归原告任某所有为宜，原告负责偿还该房屋项下贷款；任某支付被告兰某（女方）相应的房屋折价款。用表格（表 2）来展示一审法官的衡量依据：

表2

当事人	冲突的利益	有关衡量标准(按照相对有利方归入表格)
男方	房屋请求权;(势均力敌、衡量中视为抵消)	1. 应考虑共有人对共有财产的贡献大小(男方出资55万、女方10万,男方有明显优势)
		2. 生活的实际需要(双方都只有这一个房子,在这个标准上势均力敌、衡量中视为抵消)
		3. 对方应得的财产份额问题可以通过给付折价款的方式予以解决(对方也有,势均力敌)
女方	房屋请求权;(势均力敌、衡量中视为抵消)	1. 生活的实际需要(双方都只有这一个房子,在这个标准上势均力敌、衡量中视为抵消。)。
		2. 对方应得的财产份额问题可以通过给付折价款的方式予以解决(对方也有,势均力敌)

对比表一和表二,我们发现,对女方有利的衡量标准中,"离婚财产分割照顾女方的原则"一项,在一审判决书的论述中并没有出现,使得原本势均力敌的较量在一审法官的判决中变成了男方的绝对优势,其在衡量中获得胜出的关键是"应考虑共有人对共有财产的贡献大小"这一衡量标准的胜出![1] 无论是法官没有考虑,还是在判决书论述部分没有说明,对离婚案件的一项重要衡量标准的遗漏都使得衡量的妥当性受到质疑。也给女方上述留下了关键的上述理由。该案女方在上诉时,主张原审法院不应判房屋归男方所有的上诉理由第一项就援引了《婚姻法》第三十九条关于"离婚时照顾子女和女方权益的原则"的法律规定,并做出了"是在有意玩弄法律,还是有其他因素相左右"的质疑,表达了对一审判决不公的强烈不满。一审衡量结论是否妥当暂且不论,单就法官在判决书的论述中没有论及一个重要的衡量标准这一点来说,一审法官做的就是欠妥的,没有做出"努力让人民群众在每一个司法案件中都感受到公平正义"的姿态和努力。

再来看二审判决书,我们可以清晰地看到二审法官的衡量理由:"综合分析本案实际,本院从利益衡量的角度出发,认为将涉案房屋判归上诉人兰某所有相对适宜。理由如下:一是《中华人民共和国婚姻法》第三十九条第一款规定:离婚时,夫妻的共同财产由双方协议处理;协议不成时,由人民法院根据财产的具体情况,照顾子女和女方权益的原则判决。该条规定体现了离婚案件财产分割以适当照顾女方为原则。二是男方在出资比例较大的

〔1〕 需要说明的是,判决书没有指出的"离婚财产分割适当照顾女方"的衡量标准并不代表法官在审判衡量过程中一定没有考虑。事实上,作为处理离婚案件的法官,对该原则的熟悉是一定的,自然会将该原则纳入到利益衡量过程中。只不过是该衡量标准在与"贡献大小"这个衡量标准的对抗中,法官选择了后者,导致"照顾女方"的衡量标准和判决结论相反,因此在法院判决书的论证部分中没有体现。应该说判决论证部分只说理支持判决的理由,不提及与判决结论相反的衡量标准,是不妥当的。判决书对衡量过程的论述应争取体现正反两方面衡量标准的声音,充分解释支持或不支持的理由,来提高判决的可接受性。

前提下,自愿将涉案房屋登记在女方名下,作为完全民事行为能力人,其应当预见到由此产生的法律风险。其行为符合风险自负行为的构成要件,应认定为风险自负行为,其应对该风险负责。三是涉案房屋是以女方单方名义申请的组合贷款,女方是抵押人,男方并非房屋抵押借款合同的主体,且公积金贷款相比商业贷款而言带有福利性质,房屋判给女方符合合同相对性原理和诉讼经济原则。四是关于男方应得的财产份额问题可以通过女方给付折价款的方式予以解决。

表 3

<table>
<tr><th>当事人</th><th>冲突的利益</th><th>有关衡量标准(按照相对有利方归入表格)</th></tr>
<tr><td rowspan="3">男方</td><td rowspan="3">房屋请求权;(势均力敌)</td><td>1. 应考虑共有人对共有财产的贡献大小(男方出资55万、女方10万,男方有明显优势)</td></tr>
<tr><td>2. 生活的实际需要(双方都只有这一个房子,在这个标准上势均力敌)</td></tr>
<tr><td>3. 对方应得的财产份额问题可以通过给付折价款的方式予以解决(对方也有,势均力敌)</td></tr>
<tr><td rowspan="6">女方</td><td rowspan="6">房屋请求权;(势均力敌)</td><td>1. 离婚财产分割适当照顾女方的原则。(女方有明显优势)</td></tr>
<tr><td>2. 生活的实际需要(双方都只有这一个房子,在这个标准上势均力敌)。</td></tr>
<tr><td>3. 房子登记在女方名下,如果判给女方符合诉讼经济原则。(女方优势)</td></tr>
<tr><td>4. 合同相对性原则(女方优势)</td></tr>
<tr><td>5. 男方的风险自负行为(女方优势)</td></tr>
<tr><td>6. 对方应得的财产份额问题可以通过给付折价款的方式予以解决(对方也有,势均力敌)</td></tr>
</table>

无疑二审法官的衡量结论比一审法官的衡量有更大的合理性。一审法官因为遗漏了"诉讼经济性原则、合同相对性原则、风险自负行为原则"这些关键的衡量标准而直接影响了判决的妥当。二审法官的审判更为妥当,是因为他对诉讼争议相关的衡量标准考虑的较为详尽、周全。可见,衡量标准是利益衡量审判的重要依据,尽最大可能穷尽所有相关衡量标准,是法官正确衡量的前提。

2. 对标准在个案中能否适用做出判断

总体而言,上面案例中与冲突利益相关的衡量标准相对具体。无论是合同相对性原则、诉讼经济原则还是风险自负原则,都是一种"定性"表述,无需在"定量"方面进行衡量,诉讼双方哪方能够得到这些衡量标准的支持,哪方有胜出的优势,十分清晰。可是如果标准本身就附有适用条件,那么法官就必须先结合案情,对标准在本案中能否适用,做出一个前提判断,这个判断的正确性直接影响到最终的衡量结论。比如,比例原则。从应用传统上看,比例原则一直被用来衡量手段所欲达成的目的和采取该手段所引发的对公民权利的限制,两者之间是否保持一种比例关系。因为公权力行使往往以公共利益为目的,所以比例原则集中表达出公益和私益之间进行平衡的需要,因此它也成为"利益衡量"或者"法益衡量"的代名词。[1] 一般来说,只要是公益和私益冲突的案件,彼此对抗的衡量标准少不了两个:一是私权受法律保护,公益的实现附有尊重私益的义务;二是只要符合比例原则,公益的实现可以阻却由此造成的私益侵害,支持公益的权力可以抗辩私权。由于比例原则自身包含着"适当、必要、最小侵害、均衡"等模糊性判断因素,因此对法官来说衡量目的与手段是否符合比例原则,是一个绕不过的难题。

下面以范志毅诉文汇新民联合报业集团侵犯名誉权一案为例,对法官的这一衡量思维过程进行分析。[2] 该案冲突的具体权力(利)是支持公益的舆论监督权和属于私益的名誉权。对法官来说判断比例原则能否适用,实际上就是衡量舆论监督权行使"程度"的问题。法官需要通过对"手段与目的"关系考察,给出一个明确认定,舆论监督权的行使是否符合比例原则所要求的适当性(合目的性)、必要性(最小侵害性)和均衡性(成比例性)。从目的上看,范志毅作为公众人物,公众对于其是否吸毒有着充分合理的知情权,媒体报道是为了满足公众的知情权,符合公共利益;从手段上看,媒体报道都是基于采访实情,用词中性客观,仅仅是为了让公众了解相关情况,符合必要性要求;且媒体同时刊登了范志毅没有赌球的声明,在较短时间内发编后文章予以澄清,已经将可能给范志毅名誉权带来的损害降到了最低。由此,法官判断该案媒体舆论监督权的行使是符合比例原则的。这样,被告方就获得了比例原则这个衡量标准的支持,该案冲突的衡量标准成为一种势均力敌的状态。公益和私益已然平衡(见表4),不需要通过判决的调整去构建新的平衡,法官据此驳回了范志毅的请求。

表4

当事人	冲突的利益	有关衡量标准(按照相对有利方归入表格)
原告	名誉权(私益)	名誉权受法律保护,公益的实现附有尊重公民私益的义务
被告	舆论监督权(公益)	符合比例原则,公益的实现可以阻却由此造成的私益侵害

可见,对于公益和私益冲突的利益衡量案件,比例原则就是决定天平走向的砝码,对比

〔1〕 严格地说,这里比例原则更多的是指狭义比例原则即均衡性原则。参见蒋红珍:《论比例原则》,法律出版社2010年版,第41~42页。

〔2〕 该案简要案情:2002年6月16日,被告刊出题名"中哥战传闻范志毅涉嫌赌球"的报道,刊登了对范志毅父亲的采访及范志毅没有赌球的声明;6月21日该报以"真相大白:范志毅没有涉嫌赌球"为题,为整个事件撰写了编后文章。2002年7月,范志毅以该报2002年6月16日的报道侵犯名誉权为由,起诉到法院,要求被告公开赔礼道歉,并赔偿精神损失。法院以"作为公众人物的原告,对媒体在行使正当舆论监督的过程中,可能造成的轻微损害应当予以容忍与理解"为由驳回了范志毅的诉讼请求。具体案情参见《媒体舆论监督并没有不当,赌球案范志毅一审败诉》,载《法制日报》2002年12月19日。

例原则能否适用的衡量成为审判的关键。

结 论

至此,我们立足于个案审判,探讨了法官作出利益衡量判决的考虑因素及其依据。司法审判中,法官就是凭借着对个案公平正义的追求,在对冲突着的利益和衡量标准的比较权衡中,找到他认为最妥当的衡量结论。在这一过程中,对衡量标准的洞察与考量至关重要,往往成为法官做出判决的重要依据。这样的分析并不能给出一个关于"如何衡量才能实现个案公正"的令人满意的答案。毕竟利益衡量作为一种法律方法,仅仅是告诉我们如何寻找法律答案的一个途径,甚至可以说是帮助法官寻求最佳审判结果的路径之一,并不像自动售货机那样自动地导出个案的公平正义。

毋庸置疑,利益衡量一旦越过了必要的限度,对公平正义的破坏是巨大的。但"社会生活环境的不断变化,要求法律秩序必须稳定而同时又必须灵活。人们必须根据法律所应调整的实际生活的变化,不断对法律进行检查和修改。"〔1〕实际上,正是由于"依法裁判论"和"自由裁量论"两种对待疑难案件的极端裁判理论,均未能成功地回答法官在落实疑难个案中的正义时又如何能受到规范的拘束,以价值判断为核心综合平衡论才得以应运而生,通过遵循形式规则、融贯性和最小损害原则,它可以达到捍卫疑难案件裁判中法律属性的基本立场,同时又可以最大限度地确保司法判决的确定性。〔2〕 从这个角度看,司法审判就是法官根据包括利益衡量在内的诸多法律方法,对现有法律进行检查修改的结果,或者说是按照法律方法得出的适合于案件具体情况的结果。尽管关于利益衡量的实践,客观上存在着"不可理论化"的向度,很难获得一种完满的理论形态。〔3〕 但是,努力让人民群众在每一个司法案件中都感受到公平正义,却是每一名法官永恒的使命。因此,无论对利益衡量方法主观恣意的诟病有多大,也无论人们能否找到完美制约衡量主观性的有效方式,利益衡量方法已然且必将在实现个案公平正义的审判中发挥着关键作用。

---

〔1〕 [美]罗斯科·庞德:《法律史解释》,曹保堂、杨知译,华夏出版社1989年版,第1页。

〔2〕 孙海波:《在"规范拘束"与"个案正义"之间》,载《法学论坛》2014年第1期。

〔3〕 陈林林:《裁判的进路与方法》,中国政法大学出版社2007年版,第199页。

大陆法系法律解释方法分类考察

杨铜铜*

摘　要:在适用法律时,需要进行法律解释。进行法律解释需要运用法律解释方法,研究法律解释方法是为了使法律解释更倾向于实践化。加强法律解释方法分类研究,是为了细化法律方法的研究,为法治方式提供方法论支撑。法律解释方法可以依据不同标准进行分类,分类后的法律解释方法能更好指引法律解释。法律解释方法实质上是一种解释法律时的思维性规则,其并不存在适用的强制性,只是起到一种引导性作用。本文通过对大陆法系法律解释方法分类的考察,指出法律解释方法分类的问题,目的是指导我国法律解释方法分类研究。

关键词:法律解释;法律解释方法;法律解释方法分类

一、为什么要对法律解释方法分类进行研究

法律解释最基本的含义便是将法律文本的含义释明。法律是从法律文本之中得出法律的含义,而这需要借助于"法律解释方法"。在我们的研究中发现,关于"法律解释方法"具有不同的称谓。大陆法系中一般称为法律解释方法,也有的称之为法律解释的要素[1]、标准[2]、法律解释论点(argument),[3]英美法系一般称为法律解释规则(canon、rule 等,比

---

* 杨铜铜,山东大学(威海)法学院法学理论研究生,研究方向:法律解释学。

〔1〕 参见[德]魏德士:《法理学》,丁晓春等译,法律出版社 2005 年版,第 304 页。

〔2〕 参见[德]卡尔・拉伦茨:《法学方法论》,陈爱娥译,商务印书馆 2005 年版,第 199 ~ 216 页。

〔3〕 麦考密克将法律解释方法称为法律解释论点,参见 D. MacCormick and Robert S. Summers (ed), *Interpreting Statutes: A Comparative Study*, Dartmouth Publishing Company Limited, 1991, pp. 515 - 516. 在国内,张志铭基于对麦考密克这本书的研究,也将法律解释方法称之为法律解释论点。参见张志铭:《法律解释操作分析》,中国政法大学出版社 1999 年版,第 104 ~ 105 页。

如 the golden rule)。[1] 在本文看来,这实际上都是指的一回事,即法律解释所要借助的工具。[2] 法律解释方法实质上是由一系列解释规则构成的,这些解释规则是构成解释方法的基本性要素,是法官解释法律时所需遵守的一种思维性规则,因此法律解释方法也具有了一种思维性特征。只是在我国目前的研究中,更倾向于用"法律解释方法"而非用"法律解释规则",有关"法律解释方法"与"法律解释规则"之间的区分也不十分明显。[3] 王利明教授在研究法律解释方法时,就曾试图构建每一种法律解释方法适用时应该具体遵守的规则。[4] 由这种思维性规则所建构的解释方法只具有思维引导性,缺乏适用强制性,在遇到法律文本时,众多的解释方法并不能告诉我们应该适用哪一解释方法,并且会存在这样的情形,使用不同的解释方法会出现不同的解释结果,在众多的解释结果中难以进行选择。对我国来讲,存在着诸如文义解释方法、体系解释方法、当然解释方法、反面解释方法、限缩与扩张解释方法、历史解释方法、目的解释方法、合宪性解释方法、实用性解释方法、动态性解释方法、逻辑解释方法、社会学解释方法、经济学解释方法等数十几种解释方法。这些解释方法,非但没有明确对思维的引导,反而使思维更加混乱。这就需要进行法律解释方法分类性研究。法律解释方法分类研究,是研究法律方法的最基本性问题,对法律解释方法进行分类,也是研究法律解释的核心性问题,"分类是人类最基本的能力,如果没有分类的能力,人类将无法生存和采取行动,某一行为恰当与否,往往取决于行为者是否符合社会承认或遵循的社会关系分类。事实上正是分类使我们每个人获得了秩序的感觉,把我们周围的一切变成了有秩序的存在。"[5]上述所列举的解释方法之间并非独立存在,各种方法之间的逻辑关系也较为混乱。"各种分类实践意义取决于分类所追求的目的",[6]法律解释方法的分类是为了为每一种法律解释方法找到所属的序列,消除适用时逻辑上的混乱,同样更是为了达到解释的目的。但是,"我们应当清楚,所有的分类只是清晰了认识事物的路径,只是为思维提供了方便,为解决问题提供了大体的方向,分类的结果使得司法活动变得更为便捷和富有效率,分类也使人们对案件的认识更为清晰,处理起来(从大的方面讲)也更为便捷。"[7]法律解释方法分类就是为了使解释者在解释法律时能有一个清晰的思维

---

〔1〕 See William D. Popkin, *A Dictionary Of Statutory Interpretation*, Carolina Academic Press, 2007, pp. 107-108。

〔2〕 从我国法律解释方法研究的历程来看,大体上可以分为三个阶段。第一个阶段主要是集中理论研究领域,包括对法律方法的概念、原理原则等的研究,主要是进行一些宏观性理论描述,比如有关法律解释的作用以及意义,法律发现、法律推理、法律论证、法律修辞等概念的研究。第二个阶段是法律运用规则的研究,主要研究各种思维规则,诸如法律解释规则、法律发现规则、法律论辩及法律修辞规则等。第三个阶段主要是处理各种思维规则之间的冲突关系,诸如文义解释规则与目的解释规则之间的关系问题、法律解释规则依法解释与法律修辞规则强调说服之间的关系等。参见陈金钊:《法学话语中的法律解释规则》,载《北方法学》2014 年第 1 期。

〔3〕 就目前系统的研究"法律解释规则"的文章可参见陈金钊:《法学话语中的法律解释规则》,载《北方法学》2014 年第 1 期;陈金钊:《法律解释规则及其运用研究》(上、中、下),载《政法论丛》2013 年第 3、4、5 期。

〔4〕 如在研究文义解释时指出,应该遵守"尊重文本的规则"、"按照通常理解进行解释的规则"、"指示规则"、"同一解释规则"、"特定的法律术语按照其特定含义理解规则"等。参见王利明:《法学方法论》,中国人民大学出版社 2011 年版,第 335~338 页。

〔5〕 王启超:《法律是什么——一个秩序安排的分类体系》,载《现代法学》2004 年第 4 期,第 97 页。

〔6〕 陈金钊主编:《法理学》,北京大学出版社 2010 年版,第 86 页。

〔7〕 陈金钊主编:《法理学》,北京大学出版社 2010 年版,第 88 页。

路径,在这一思维的引导下,阐明法律的含义,并在解释的过程中保持其所秉持的解释立场。

加强法律解释方法分类研究,是为了细化法律方法的研究,为法治方式提供方法论支撑。通过对解释方法的梳理,分清不同解释方法的解释立场,为适用者提供明确的思维指引,防止适用者在解释法律时,因思维规则的混乱出现的过度解释或错误解释等现象,从而保证法律的稳定性。首先,加强法律解释方法的分类研究符合当代法治建设的要求。在法治建设刚刚起步的中国,加强法律解释方法分类研究,能够保证法律解释者在解释法律的时候保持一种克制的解释立场,防止因解释的能动出现过度解释的现象。其次,加强法律解释方法的分类研究能够实现法律解释的目的。法律解释的目标一方面在于对法律规范的解释,还需要对事实赋予法律的含义,同时还需要注意规范与事实之间的互动关系,[1]这就要求在解释的时候,应当注意在确保依法裁判的前提下,如若出现了荒谬、不公正的解释结果,需要解释者严格适用实质性解释方法,衡量解释能否突破规则的限制。最后,在现阶段的法律解释方法分类研究中,主要是确保通过法律解释形成一种形式法治的思维,主张法律解释的克制性,消解实质性思维的倾向,因为方法就是限制思维的能动。

二、大陆法系制定法解释方法分类考察

大陆法系有关制定法解释的传统经历了由否认解释(禁止解释)到相对自由解释的历史。由于近代欧洲较早受到三权分立思想的影响,认为国家立法机关绝对地拥有不可分享的制定法律的权力,任何个体或团体不能创制法律,司法机关只能是适用法律,而适用过程中所涉及到的法律问题,应当严格限制,甚至禁止解释,司法权绝不能僭越立法权。1794年颁布的《普鲁士普通邦法》共有一万七千多条,其主要目的就是试图以详尽的立法构想为未来可能出现的案件提供裁决方案,从而使法官严格依照条款予以适用,排除了法官对法律的解释现象。意大利法学家贝卡利亚在《论犯罪与刑罚》书中,也论及了刑事案件中法官没有解释刑法的权力。[2] 1804年的《法国民法典》在颁布之初也禁止法官对其进行解释,但是第4条规定:“裁判官如以法律无规定或规定不明确不完备为理由,不进行裁判,以拒绝审判论罪”,使得法官不得不谨慎对待法律解释。

20世纪兴起的“利益法学派”和“自由法学派”对这种“严格解释”制定法的传统展开了猛烈的攻击。在利益法学派看来,法官应重视平衡各种冲突的利益,反对传统的概念法学及形式主义法学观点,认为法官绝不能像一台按照逻辑机械法则运行的法律自动售货机;法官应是独立思考的立法者的助手,要在关注法律条文字句的同时,还要亲自对相关利益进行考察从而获得立法者的意图,运用法律解释的方法进行裁判。在“自由法学派”看来,传统的概念法学和形式主义法学所强调的法律逻辑是虚构的幻象;法官应当遵守法律文本的规定,但是当法律文本规定含糊不确定时,应当赋予法官某种创造法律的自由裁量

---

〔1〕 参见焦宝乾:《论法律解释的目标》,载陈金钊等主编:《法律方法》(4),山东人民出版社2005年版。

〔2〕 参见倪正茂:《比较法学探析》,中国法制出版社2006年版,第519~520页。

权。因此,"自由法学派"强调法官应根据正义自由原则创造法律。在"利益法学派"和"自由法学派"的联合推动下使对制定法解释由"严格解释"发展为一定的"自由解释"。[1]

(一)德国法律解释方法分类:以实现法律解释目的为标准

萨维尼认为,法律解释等同于法律的重建(Pekonstrukzion),解释者应当站在立法者的立场上,模拟立法者的角色后再次形成法律思想。在其看来,法律解释的最高任务是深层次的考证,易言之,就是将毁损残缺的文本恢复原状,通过解释本身对解释的素材进行重构。[2] 萨维尼提出了多种解释要素来实现解释的目的,即语法、逻辑、历史与体系要素。[3] 其中,语法要素,是指对立法者所使用的"语言法则"进行解释;逻辑要素,是指"思维的划分,也就是思维的各个部分相互依赖的逻辑关系";历史要素,是指"法律与其颁布时的现实状态的相关性";体系特征,是指"一切法律制度和法律规则构成的庞大的统一体的内在关系",即是后来学者所谓的"法律制度的统一体"。[4] 卡尔·拉伦茨认为,法律解释的终极目标乃是探求法律在今日法律秩序的标准意义(即今日的规范性意义),而只有同时考虑历史上的立法者的规定意向及其意义。其认为,法律解释标准可以分为字义,法律意义脉络,历史上的立法者之规定意向、目标及规范想法,客观目的论等标准。[5]

在魏德士看来,法院在解释方法的选择上并不是那么自由,因为法律解释涉及到宪法问题。法律解释的目的是为了实现立法的规范目的,其研究也必须借助于解释工具,即所谓的文义解释、体系解释及产生的历史解释。在其看来,规范的目的是作为解释的目的,解释工具是为了实现解释的目的。[6] 在齐佩利乌斯看来,解释可以作为论辩的一种工具,可以通过"论辩(Argumentation)"确定"恰当的"语义,其将法律方法分为五类:作为合法性问题(Legitimationsproblem)的解释,基于法律目的的论据(目的解释[teleologische Auslegung]),基于体系的论据,基于正义的论据以及"决策分析"(Entscheidungsanailsen)等五种解释论据。[7]

在德国,狭义的解释方法主要是指针对文本所进行解释时,所采用的解释方法,如文义解释方法与法意解释方法,是一种"释有"。而广义的解释方法就是指关于漏洞补充等司法续造所使用的方法。德国承认法律续造这种"释无"的方法,有关续造的方法也是衍生自狭义的法律解释方法。拉伦茨看来,法律解释与法律续造并非本质截然不同之事,毋宁应视为其同一思考过程的不同阶段。"如果是首度,或偏离之前解释的情形,则法院单纯的法律解释已经是一种法的续造,广义而言亦运用'解释性'的方法。"[8] 法律漏洞的填补

---

〔1〕 参见倪正茂:《比较法学探析》,中国法制出版社2006年版,第520~521页。

〔2〕 参见[德]萨维尼、格林:《萨维尼法学方法论讲义与格林笔记》,杨代雄译,法律出版社2014年版,第7~9页。

〔3〕 [德]齐佩利乌斯:《法学方法论》,金振豹译,法律出版社2009年版,第60页。

〔4〕 参见[德]魏德士:《法理学》,丁晓春等译,法律出版社2005年版,第305页。

〔5〕 [德]卡尔·拉伦茨:《法学方法论》,陈爱娥译,商务印书馆2005年版,第199~216页。

〔6〕 参见[德]魏德士:《法理学》,丁晓春等译,法律出版社2005年版,第346页。

〔7〕 [德]卡尔·拉伦茨:《法学方法论》,陈爱娥译,商务印书馆2005年版,第67~88页。

〔8〕 [德]卡尔·拉伦茨:《法学方法论》,陈爱娥译,商务印书馆2005年版,第246页。

也就分为法律内的法的续造和法律外的法的续造。填补法律漏洞的方法有类推解释方法、运用法律解释原则及目的性限缩等方法,这些漏洞补充之法都是由法律解释方法的理论基础建构的。[1] 魏德士指出,法律解释与法律续造难以区分,这只是方法的定义问题。任何法律解释的目标都是为了实现立法的规范目的,这需要借助文义解释、体系解释及产生历史解释,并且法官应该区分法律解释与法律续造,在背离规范最初目的时,法院必须将公开并承担特殊的说明义务。[2] 法律解释方法有时充当的就是法律论辩的角色,法院在说理时,也就必然会涉及到对于法律漏洞应该如何解释的问题。对法律续造的承认使得德国法律解释兼顾了形式与实质,使得法律解释更加理性化,这一理性化的趋有益于更好地实现解释目标。

陈林林与张志铭教授通过对德国众多纷杂的解释方法的研究中总结认为,德国的法律解释方法大体上可以分为以下几种:(1)符号解释(semiotic interpretation):该方法要求考察法律条文的语义内容和句法结构。学界和司法实践界一般会在以下三种情况下考虑符号解释,即专门术语及日常术语;环境改变后,文本立法时的语义与解释时的语义之间的差别;法院必须要区分法律术语的指涉范围。(2)发生学解释(Genetic Interpretation):该解释方法主要是指考察立法者的实际意图或立法目的(该方法在英美法国家被称为原意解释方法)。(3)历史解释:该方法要求考察的是一个法律术语在立法当时是如何理解的。(4)比较解释:该方法是指通过不同规范,或者不同法律制度之间的比较寻找规范的意义。(5)系统解释:该方法是指应该适用的规范与同一法律制度内的其他规范之间的关系一致性与连贯性。[3] 对于这些方法来讲,这实际上又代表了两种不同的解释学说,即主观解释说与客观解释说。主观说赋予立法者的调整意志以决定性的作用,客观说则是强调立法者颁布法律之后就脱离并从此独立,主观说与客观说之间的争论自19世纪以来自今仍无有定论,对于现如今而言,由于联邦宪法法院的原因,司法判决和文献中盛行的学说所信奉的是所谓的客观学说。[4] 对于坚信不同解释学说的人具有不同的解释方法选择,解释的主客观之分又可依据适用者的思维顺序进行排序。如果我们用符号“>”来表示“优于”,那么主观说的方法次序是:语义学解释 > 发生学解释 > 体系解释(广义) > 客观目的论解释。而客观说的次序是:语义学解释 > 体系解释(广义) > 客观目的论解释 > 发生学解释。可见,赋予哪种解释方法以优先地位,取决于人们认为哪种解释目标学说是正确的。[5]

伯恩大学英格伯格·普珀教授,经过其数十年的法学课堂上的耕耘,总结出了一套实用的解释方法。在其看来,可以将众多的法律方法简单的划分为文义解释方法、体系解释方法及目的论解释方法。在这几种解释方法中,虽然在抽象上难以区分,但是在具体实践

---

〔1〕 参见[德]卡尔·拉伦茨:《法学方法论》,陈爱娥译,商务印书馆2005年版,第258页。

〔2〕 参见[德]魏德士:《法理学》,丁晓春等译,法律出版社2005年版,第336~337页。

〔3〕 参见陈林林:《法律方法比较研究——以法律解释为基点的考察》,浙江大学出版社2014年版,第156~159页;在张志铭看来,除了上述五种分类外,还有目的解释方法,陈林林将目的解释的两种分类视为发生学解释中的方法,参见张志铭:《法律解释操作分析》,中国政法大学出版社1999年版,第123~124页。

〔4〕 参见[德]魏德士:《法理学》,丁晓春等译,法律出版社2005年版,第337页。

〔5〕 参见雷磊:《再论法律解释的目标》,载《环球法律评论》2012年第6期,第42页。

中是可以排出一个优先适用顺位的。虽然现今许多法律学者赋予目的解释方法最高的位阶,但这也应该行以下意义来理解:目的论解释方法体现为法律人最重要、要求最高并且也是最具有创造性的行为;而不应该将之理解为:目的论解释无论如何都必须贯彻,甚至当其与法条文义抵触时亦应得到贯彻。这种目的论解释方法实际上是融合了主观与客观解释方法,并且就适用顺位来讲,其指出,文义具有优先性,而随后才会考虑目的论解释,除此之外,便没有其他抽象的优先规则,当这些解释方法相互冲突时,个案中应该采取解释结果最清楚的那种解释方法,如果相互冲突的解释方在具体个案中都可得出一样清楚单义结果,法官必须在其中作出选择。[1] 这种解释理论避开了主观与客观目的论之争,用一种最实用的解释方法阐释法律文本的含义。

(二)法国法律解释方法分类:以通行的解释方法为主要依据

大陆法系以法国的法典最为代表,法典尽可能地把一切问题都囊括进去,包容所有可能发生的纠纷,并为之提供解决方案。在这个完整的体系之下,法官只要按照法律去推理就能得出最终的结论。当法官把具体的案件事实涵摄于抽象的法律条文时,简明易懂的法律条文不会让人产生模棱两可的认识,法官和当事人都能对法律的含义产生相同的理解。[2] 法典的这种结构严谨,概念明确,文字简明而通俗易懂风格目的主要是为了限制法官的司法能动性。法典的完备性减少了法官在适用法律的解释活动,使法官时刻秉持着一种法律至上的理念。就法律解释方法而言,“法国宪法和法律从来没有详细地规定法律解释的具体方法,而且在法国的法律制度中,也没有像普通法国家那般能够用于指导法官如何解释法的‘解释法’(interpretation acts)”。[3] 非但如此,法国的司法判决也是极其的简单,在解释制定法时,法院必须和应该考虑的材料只有制定法本身,法院只对制定法含义进行“陈述”,但并不就其所“陈述”的含义进行说明和论证,甚至也不具体引用被解释制定法的条文。[4]

按照 Claire M. Germain 的总结,当前法国的法律解释方法大体上分为五类:(1)文义解释方法:当文本清晰时,除非出现荒谬的结果,否则就应该适用文本的含义,对于清晰的法律文本,不应该对其进行解释。(2)客观意志解释方法:当文本模棱两可或者模糊不清时,法院应该探寻立法机关的意志。为此,法官应当谨慎的地检查文本,并且应该考虑与该文本有关的书面评论。在一些情况下可以援引立法性准备资料来解释法律。(3)目的论解释方法(teleological method):该方法要求法官在解释法律的时候,必须要考虑法律的社会目的;并且这种方法允许法院在社会环境变化时,采取灵活的解释方法解释制定法。(4)历史解释方法:也被称为演变的方法,主要是参考对比新旧法之间的区别,或者参考法令准备阶段的用于和表述,然后判断立法者要做什么以及他自己是怎样看待新法的。(5)习惯法和衡平法的有限适用:通过解释习惯法来弥补法律的不足,这种方法可以用于

〔1〕[德]英格伯格·普珀:《法学思维小学堂》,蔡圣伟译,北京大学出版社 2011 年版,第 78～83 页。

〔2〕魏胜强:《法国法律解释权配置的历史考察》,载《河南警察学院学报》2013 年第 2 期,第 92 页。

〔3〕陈林林:《法律方法比较研究》,浙江大学出版社 2014 年版,第 115 页。

〔4〕张志铭:《法律解释操作分析》,中国政法大学出版社 1999 年版,第 152 页。

规则缺失的情形及规则冲突的情形。[1]

大陆法系中推动法学发展的不可忽视的力量源泉之一是法学家的智慧。惹尼认为,法学家的技术,不仅仅是以单纯观察、实验等为基础的实证科学,还包括了形而上学的要素。惹尼主张通过实存私法上的科学和技术的运用,来发现法律条文之外的潜在的法律规范,弥补因社会发展而造成的成文法不足的缺陷。[2] 惹尼猛烈地批评了法国系统地诉诸立法机关解释法律的做法,提倡摆脱成文法的约束,自由选择解释的方法。在法国学界中,通行的法律解释方法分为注释法(exegetic)和目的论解释(teleological)。按照惹尼的划分,注释法属于较为古老的解释方法,注释法的解释方法大体上分为:当法律文本模糊不清时,法官可以适用类似案件所确立的规则;反向推理,即给出一个和法律文本的规则相反的结论;归纳推理,即适用其他案件中所给出的规则;演绎推理,即从立法者所确立的原则出发,将之适用于其他的情况。目的论解释方法、历史解释方法及"自由发现技术"(libre-recherche)属于法律解释的"现代方法"。[3] 注释法强调的是对立法者意志的尊重,是对立法者理性的信任,而目的论解释方法则是一种较为自由的解释方法,其主要目的是为了探寻法律背后的意义。但是法官严格解释法律的传统,并未使"现代方法"占据法律解释的主导地位,相反,注释法仍然是法国目前最通行的解释方法。

我国法官孔祥俊总结道,法国学者通常区分法律解释原则(解释方法的原则)与解释方法(或者解释技术、规则),就有关解释方法而言,法国主要分为文义解释方法、体系解释方法或者目的解释方法、法意或者历史方法。并且其指出,法国学者所使用的"历史"(historic)一词与"法意"一词是不同的。"法意"是指立法前或者立法时的历史条件,实际上是一系列功能解释,通过审查在制定时的功能,特别是立法者打算救济的历史条件,发现法律的含义。"历史"则是考虑立法之后在历史发展的情况下所作出的解释。[4]

(三)我国台湾地区法律解释方法分类

台湾的法律解释方法继承了大陆法系的传统,法律解释的目标也以实现法律目的为要。比如王泽鉴认为,法律解释是一种科学与艺术,法律解释的目的在于探究法律客观的规范意旨,按照这一要求可以分为五种解释方法(因素):文义解释、体系解释、立法史及立法资料解释、比较法解释、立法目的解释等。在其看来,法律方法的纷杂无序的现象,严重影响到法律适用的安定性,法学方法论上应该直视各种解释方法之间的适用次序问题。法律解释是一个以法律意旨为主导的思维过程,每一种解释方法都各具功能,每一种方法也各有分量,在适用过程中要重视每种方法的限制及其之间的相互补充。为保障法律的安定性,按照主观性递增的标准可以相对的划分其适用顺位:第一,文义解释是法律解释的基石,只有在语义存在多义的情况下才去考虑其他方法;第二,体系解释主要功能,在于探求

[1] 参见陈林林:《法律方法比较研究》,浙江大学出版社2014年版,第119~128页。

[2] 参见何勤华:《西方法学史》,中国政法大学出版社2000年版,第143~144页。

[3] 参见参见陈林林:《法律方法比较研究》,浙江大学出版社2014年版,第119~123页。

[4] 孔祥俊:《法律方法论》(第2卷),人民法院出版社2006年版,第756~758页。另参见 Interpreting Statutes: A Comparative study, edited by D. Neil MacCormick and Robert S. Summers, Dartmouth, p. 178 - 179。

法律规范意义，维护法律秩序的统一性；第三，立法史及立法资料，有助于探讨法律的规范意旨；第四，比较法解释可以对若干争议问题用比较的方法加以澄清；第五，法律文义上的疑义，倘不能依法律体系、立法理由或比较法的方法澄清，需要进一步探求立法目的。[1]

杨仁寿继承了大陆法系的狭义与广义解释方法的二分法，其中广义上的法律解释方法包括狭义的法律解释、价值补充及漏洞补充。狭义上的法律解释方法主要是包括文义解释、体系解释、法意解释、比较解释、目的解释及合宪解释等。就狭义的解释方法而言，可以分为文义解释及论理解释；论理解释主要指除文义解释之外的其他狭义解释方法。就法律解释的操作性分析，其指出，法律解释，应该以文义解释优先，只要在存在复数解释的可能时，才会适用论理解释或者社会学解释等论理解释方法；在文义解释与论理解释或社会学解释存在不同的结果时，如果不超出文义或者立法旨趣应采用论理解释或社会学解释的结果。[2]

为了实现法律解释的目标，黄茂荣将法律适用过程中出现的解释因素分为五大类：文义因素、历史因素、体系因素、目的因素及合宪性因素等。事实上，还存在着诸多解释因素，只是这些解释因素一般被涵摄在目的解释因素之下。通过考察各种解释因素的功能这一标准，可以分为“范围性因素”、“内容性因素”及“控制性因素”。所谓的“范围性因素”是由解释学和宪政体制导引出来的因素，主要包括文义因素及历史因素。所谓的“内容性因素”及法律解释对具体案件的关联性导引出来的因素，主要包括体系因素与目的因素。“控制性因素”主要包括的是“合宪性因素”，体现的是法律解释所应取向的价值，这些价值通常以法律原则的方式表现出来。就各种解释因素之间的关系及适用顺位，黄茂荣认为，文义因素首先是确定法律解释的活动范围，接着是历史因素再进一步加以确定，并同时就法律的内容，即其规定的意旨作一些提示；紧接着体系因素与目的因素开始在这个范围内进行规范意旨的发现与确定工作，这个时候要参考“合宪性”因素，从而最终获得解释结果。[3]

通过对大陆法系的法律解释方法及其相关分类的考察可以看出：

第一，解释方法运用较为自由，法律解释以探寻法律目的为终极目标。尽管对法律目的的探究过程中所使用的方法可以视为法律解释方法的分类标准，但是总体上将，这种分类方法还是较为混乱，因为实现解释目的过程中所使用的方法是不同的，且怎样才算实现解释的目标缺少客观的评价标准。在本文看来，通过对德国、法国等国家的法律解释方法的考察，其大多还是以司法过程中法官所使用的方法进行的简单归类与分析。对于法律目的的探究来讲，分为客观目的解释与主观目的解释，尽管有时统称目的解释，但实际上已独立成为两种法律解释方法。在法律的解释过程中，可以借助于权威资料，也可以求助于非权威性资料，借助权威性资料在一定程度上可以减少法官对法律的解释，通过引用权威性资料来强化论证。比如法国，法官在解释制定法时，可以参考关于制定法意图救济情况的

〔1〕 王泽鉴：《法律思维与民法实例》，中国政法大学出版社 2003 年版，第 295～297 页。

〔2〕 杨仁寿：《法学方法论》，中国政法大学出版社 2012 年版，第 133～143 页。

〔3〕 黄茂荣：《法学方法与现代民法》，中国政法大学出版社 2001 年版，第 273～289 页。

历史资料、"立法材料"中反映出的立法史、制定法所指向者的解释、相关制定法的语言与目的、被解释限定法所修正的从前的制定法、制定法用语在先前法律中的使用情况、条约与欧共体的法律、先例(同一系统上级及自身的解释)、制定法所涉及的对象(如某个机构)的目的或规范属性、法律教授的意见、地方传统等等。[1] 在大陆法系中,存在着一种传统,即对于制定法解释来讲,当然应该遵循其文本的含义,但是当文本含义存在模糊不清时,对文本含义的解释也不仅仅局限于文本的特殊用语,有时也允许法官被法律适当的背离。[2]

第二,在对法律解释研究的过程中,许多法学家都在试图完成一项工作,即法律方法的适用顺位问题。因为法律解释终究是一种思维过程,其并没有强制适用性,不同的解释方法又涵盖不同的解释规则,如就文义解释方法来讲,存在不同的认识,有人认为文义解释方法应该遵守平义解释规则及通常含义规则,也有人认为应该遵守通常含义规则及专业含义规则,亦有根据解释的形态,应该遵守平义解释规则、扩张解释规则及限缩解释规则。在法律解释较为自由的大陆法系,在对方法认识难以达成共识的情况下,如果按照解释者的偏好选择法律解释方法,对于这些众多的解释结果如何达成一致则可能成为一个较为困难解决的问题。在这种情况下,依托于制定法的文本,以文义解释为起点,然后辅之其他解释方法,是一种法律解释的共识,也是目前为止从适应顺位上讲唯一的共识。陈林林总结道,在德国,法律文本无疑是解释的开端,文本具有初始的优先性。在"伊朗王妃案"中,可以找到法官偏离文本的支撑点,而在"社会计划案"中却可以找到法官偏离文本的限制。因此,除了文义解释之外,法官还可以通过发生学解释方法、体系解释方法、历史解释方法及先例解释方法等作为文义解释方法的一种补充,其认为,原则上这些方法都是互补性的解释方法,它们之间并没有明显的优先关系。[3]

第三,大陆法系有关法律解释方法的分类,大多是有学者总结,是在司法实践的基础上,对法官常用的解释方法根据解释的形态所作出的分类。分类所采用的标准也是学者基于司法实践,对各种解释方法所具有的共同属性进行的归纳与总结。有关法律解释方法的分类问题也多见于学界,制定法本身并没有对各种法律解释方法进行分类。制定法本身有的只是规定了解释法律所应使用的方法。如奥地利1811年民法典第6条和第7条分别对法律解释方法进行了规定。其中第6条规定:"在适用法律时,如果根据上下文和立法者的明显意图显然可以确定其明白含义;则其他解释均不适用。"第7条规定:"如果案件不能根据法律的语词或者自然含义进行判决,法官必须寻找法律为相应的案件规定的解决方法,以及其他相关法律背后的理由。如果仍未消除怀疑,法官必须将自然人的原则适用于

〔1〕 参见张志铭:《法律解释操作分析》,中国政法大学出版社1999年版,第152~153页。
〔2〕 [德]魏德士:《法理学》,丁晓春等译,法律出版社2005年版,第390页。
〔3〕 参见陈林林:《法律方法比较研究》,浙江大学出版社2014年版,第162页。

精心选择和仔细估量的案件事实，而作出判决。”[1] 法学研究离不开法律实践，同样，法学研究的目的是为了影响法律实践。有关法律解释方法的分类研究可能无法被制定法所吸收，但是极有可能影响法律解释的实践。解释者在解释法律时，采用同一类别的解释方法，能够避免解释过程中思维的混乱而出现不当解释的结果。

三、我国法律解释方法分类的问题及出路

我国法律解释方法分类研究较为混乱，一是因为我国法律既受大陆法系的影响，也受英美法系的影响，特别是在最近几十年内，英美法系司法理念不断地在国内传播，使传统的法律思维受到了冲击，导致了法律思维的混乱；二是因为我国国内法律适用者往往采取一种实用主义或功利主义的心态，对各种法律解释方法不进行细究，带着解决问题的初衷，什么解释方法能解决问题就采用什么样的方法，在没有区分立场的前提下，使得法律解释方法丢却了本来的司法立场；三是因为我国司法往往屈居于政治权力之下，司法适用者存在着在适用解释方法时，将法律解释方法改造成适合时代背景的方法，从而达到政治权力所倡导的社会效果。我国对法律解释方法的研究虽然已经历了最初的阶段，厘清了各种解释方法的含义，但是仍未对众多的解释方法按照一定的标准进行分类，这导致了在使用解释方法时，可能出现不同立场的解释方法同时适用的情况，从而导致解释立场的纠结，出现错误的解释结果。比如在使用目的解释方法时，因为目的解释分为客观目的解释方法与主观目的解释方法，主观目的解释方法主要强调的是对立法史的考察，从历史存留下的资料来探明法律文本的含义，从法官解释能动性强弱上来讲，这是一种克制的解释立场，是一种形式解释方法；而客观目的解释方法则是对法条目的的考察，它需要法官更高的智慧，来平衡司法与立法之间的关系，也需要考察社会环境等因素，它是一种主观能动性很强的解释方法，是一种实质性解释方法；尽管使用目的解释方法都带有能动性，但是有强有弱，如果不注意区分，则很可能带来解释的混乱。

（一）20世纪末法律解释方法分类

梁慧星教授1995年出版、2009年再版的《民法解释学》提到，德国考夫曼指出的自萨维尼以来的四种解释方法，即文理的或语言学的解释、伦理的或体系的解释、主观的或历史的解释、客观或目的论解释，主要是从解释手段上所作的划分。从解释结果的角度可以划分为扩张解释与限缩解释。台湾学者郑玉波将法律解释方法分为文理解释与论理解释，杨仁寿将法律解释方法分为文义解释、论理解释与社会学解释，这多从法律解释的形态上所作的划分。梁慧星教授通过总结台湾等地区的分类方法将法律解释方法分为文义解释、论

[1] 孔祥俊：《法律方法论》（第2卷），人民法院出版社2006年版，第763页。意大利民法典在其序编“一般原则”的第二章“一般法律适用”中，其中第12条专门规定了“法律解释”，其中第1款规定：“在适用法律时，只能根据上下文关系，按照语词的原意和立法者的意图进行解释，而不能赋予法律另外的含义。”民法典第12条还规定了解释方法的适用顺序，即首先应该是文义解释，其次是体系解释，再次是法意解释。Interpreting Statutes：A Comparative study，edited by D. Neil MacCormick and Robert S. Summers，Dartmouth，1991，p. 220。

理解释、社会学解释及比较法解释。[1] 1999年出版的《司法解释论》有关解释方法的分类赞同梁慧星教授的分类标准。[2]

陈兴良教授1996年出版的《刑事司法研究》,从部门法解释的角度认为,大陆法系的法律解释以成文法为解释的出发点,以重视原文为基础,可以将法律解释方法分为文理解释(文义解释)、论理解释及社会学解释,其中论理解释包括体系解释(系统解释)、沿革解释(历史解释)、扩张解释、限缩解释、当然解释、反面解释、比较解释与目的解释。[3] 孙笑侠教授基于分析法律问题的切入角度的根本不同,把各种法律解释方法划分为实证分析方法、社会学分析方法和价值分析方法三类。[4]

张志铭教授通过对麦考密克和萨默斯主编的《制定法解释比较研究》一书中对阿根廷、波兰、德国、英国及美国等九个国家最高法院在裁判过程中都广泛使用的11种最基本形态的法律解释方法或论点的总结认为,解释方法与解释形态存在着对应关系,可以将这11种形态的解释论点划分为语义类、系统类、目的—评价类和跨类型的意图类。[5]

(二)21世纪我国法律法律解释方法分类研究

从1995年梁慧星的《民法解释学》开始,我国法学界开始重视法律解释问题的研究,在随后的二十年内,我国有关法律解释的教材及专著如雨后春笋般出现。在葛洪义教授看来,法律解释方法是解释者采用的说明或理解法律含义的具体方法,在不同的情况下,被分别优先采用,主要分为一般解释方法和特殊解释方法。所谓的一般解释方法主要包括语法解释、逻辑解释、系统解释、历史解释、目的解释与当然解释等。在通过一般解释方法得出法律文本的特殊含义后,通过特殊的解释方法进行表述:按照解释尺度的不同,法律解释分为字面解释、扩张解释与限缩解释;按照解释的自由度的不同,法律解释分为狭义解释(又称严格解释,主要是指严格按照法律条文的字面含义解释)与广义解释(不拘泥于法律文本含义,对法律文本进行相对自由解释)。[6] 张斌峰教授主编的《法律方法论教程》中,对法律解释方法分为狭义与广义的解释方法,狭义的主要包括文义解释、历史解释、体系解释与目的解释,广义的主要包括价值补充、法律漏洞补充等。[7] 赵玉增教授等主编的《法律

---

[1] 参见梁慧星:《民法解释学》,法律出版社2009年版,第215~216页。

[2] 董皞:《司法解释论》,中国政法大学出版社1999年版,第240页。

[3] 参见陈兴良:《刑事司法研究》,中国人民大学出版社2008年版,第358页。

[4] 参见孙笑侠:《法解释理论体系重述》,载《中外法学》1995年第1期。

[5] 其中,语义类主要包括普通含义论点、专门含义论点,系统论点包括上下文和谐论点、判例论点、类比论点、逻辑—概念论点、一般法律原则论点、历史论点,目的—评价论点包括目的论点、实体理由论点,跨类型论点包括意图论点。参见张志铭:《法律解释操作分析》,中国政法大学出版社1999年版,第104~119页。

[6] 参见葛洪义:《法律方法讲义》,中国人民大学出版社2009年版,第181~185页。该书被认定为"十一五"国家重点图书出版规划21世纪法学研究生参考书系列。在葛洪义主编的《法律方法论》中,他们将法律解释方法分为文义解释、目的解释、体系解释与类推解释。参见葛洪义主编:《法律方法论》,中国人民学出版社2013年版。

[7] 张斌峰主编:《法律方法论教程》,武汉大学出版社2013年版,第266~279页。王利明教授也将法律解释方法归为狭义解释方法与广义的法律解释方法。参见王利明:《法学方法论》,中国人民大学出版社2011年版,第319页。

方法:基础理论研究》依据人们在司法过程中进行法律解释时经常使用的法律解释方法主要有:文义解释、体系解释、价值衡量解释、目的解释及社会学解释等方法。[1]

陈金钊教授主编由中国政法大学出版社2007年的《法律方法论》,将法律解释方法分为文义解释方法、目的解释方法、体系解释方法、历史解释方法及社会学解释方法。[2] 陈金钊教授著的《法律解释学》按照法官解释法律的思维过程将法律解释方法分为文义解释方法、体系解释方法及目的解释方法等三类。[3] 在2013年版的《法律方法教程》中,陈金钊教授坚持了该三类解释方法。[4]

孔祥俊认为,法律解释方法可以划分为两种基本序列,即按照解释手段或者解释的角度划分为文理解释、法意解释及论理解释,按照字面含义是否与解释结果相符,分为字面解释、扩张解释与限制解释。在法学著作中,按照解释标准的宽严分为严格解释与自由解释。[5] 郑永流认为,法律解释的目标是确定立法者的原意,因此基于此目标,法律解释可通过文义解释(平义、扩张与限缩)、体系解释和历史解释三种方法获得,法律解释的方法也仅限于这三种。[6]

有实务中的学者建立了一种"二元化"的法律解释方法适用模式,即一种区分法院级别,具体地适用不同的解释方法。将"妥当型的法律解释方法"适用权力赋予最高人民法院及其授权的法院法官,而将"确定型的法律解释方法"确定为我国其他法院法官解释法律的方法。确定型方法主要包括强式确定型方法(主要是指文义解释方法,是一种范围确定型方法)、较弱式确定型方法(也称内容确定型方法,主要包括体系、法意、目的、社会学、比较及立法原意确定型的反对解释方法)和弱式确定型方法(主要指合宪性解释方法)。妥当型法律解释方法主要包括弱式妥当型方法(主要指依习惯补充之法)和强式妥当型方法(主要包括类推适用、当然解释、比较法补充、依一般法原则、立法原意不确定型的反对解释方法、其他不确定概念及一般性条款的价值补充方法)。在"确定型解释方法"与"妥当型解释方法"之间还存在一种"类确定型方法",主要是指不确定限制词的价值补充。[7]

总体上来讲,我国法律解释方法分类研究处在一个相对较混乱的局面。从法律解释理论兴起的十年内,我国法律解释方法分类主要遵循的是梁慧星教授在《民法解释学》及我

[1] 赵玉增等著:《法律方法:基础理论研究》,山东人民出版社2010年版,第102页。

[2] 参见陈金钊主编:《法律方法论》,中国政法大学出版社2007年版,第111~182页。而在2013年北京大学出版社出版的《法律方法论》中,该书法律解释部分指出关于法律解释方法的划分在目前研究中存在着较大争议,不同解释方法存在着交叉融合。该书只是介绍了几种法律解释方法,如文义解释与体系解释、历史解释、目的解释和社会学解释等。参见陈金钊主编:《法律方法论》,北京大学出版社2013年版,第128~137页。

[3] 参见陈金钊:《法律解释学:权利(权力)的张扬与方法的制约》,中国人民大学出版社2010年版,第173页。

[4] 参见陈金钊主编:《法律方法教程》,华中科技大学出版社2013年版,第109页。另参见陈金钊:《法律解释规则及其运用研究》(上、中、下),载《政法论丛》2013年第3、4、5期。

[5] 参见孔祥俊:《法律解释方法与判解研究》,人民法院出版社2004年版,第255~256页。

[6] 参见郑永流:《法律方法阶梯》,北京大学出版社2008年版,第142页。

[7] 参见黄涌:《建立"二元化"法律解释方法适用模式的研究》,载《厦门大学法律评论》(4),厦门大学出版社2003年版,第385页。

国台湾学者杨仁寿《法学方法论》中阐释的分类方法。而随着大陆法系及英美法系的法律解释理论在我国的传播,我国大陆学者开始对众多的法律解释规则进行研究,[1]但大体上来看,一般采用的是就方法论方法的形式,对众多方法的概念、原理及适用形式进行了系统性的研究,这些研究推动着我国法律解释研究向更细化的阶段前进。但也存在着这样的一些问题,即因为法律解释方法分类不明确,缺少法律解释分类的共识,有依据法律解释的目标进行的分类,有依据法律解释方法的确定性与不确定性进行的分类,有从分析法律问题的切入角度进行的分类,有从法律解释的手段进行的分类,也有从法律解释方法的形态进行的分类。这些分类标准多种多样,那么对于解释者来讲,到底应该采用狭义的解释方法还是广义的解释方法,究竟是采用一般的解释方法,还是采用特殊标准的解释方法,始终没有一个统一的标准。

我国法律解释方法分类之所以难以统一,原因之一在于很多学者著作、编著较多,而对于法律解释的介绍中,很多并非本人所写,这就导致了个人专著与编著中出现了不同的分类标准。我国法学研究太过于注重政治背景,忽略法学自身规范体系的定位,法律解释学研究也难逃这种命运,在对法律解释方法的研究中,有学者认为,法律解释的"元规则"非常重要,并且这种"元规则"可以认为是可接受性的社会效果或存在的一些良法原则。[2]在这种时代背景下,法律解释方法研究更倾向于一种实质性解释方法,特别是在部门法中体现得更为明显。[3] 在这些情况下,我国法律解释方法的研究就会失却其本来的面目,使得对法律文本的解释倾向于契合时代背景,忽略其规范社会行为,限制权力的边界的方法论意义。在最近十几年的研究中,我国学者非但没有就法律解释方法分类这一问题达成共识,反而出现了越来越多的分类标准。

法律解释方法实质上是一种解释法律的思维性方法,进行法律解释方法分类的主要目的就是引导法律人在解释法律时,能够沿着一种相对稳定的思维路径进行解释,从而避免因思维混乱而不能将法律文本的含义释明的现象。在对法律解释方法进行研究时,不仅要研究各种规则的适用场域,也应该研究各种解释方法适用的限度,什么情况下开始解释,什么情况下应该停止解释;同时需要研究各种解释方法之间的关系,从而处理好各种解释方法同时使用时,应该以何种解释方法入手,以何种解释方法结束。在未来的法律解释方法

---

〔1〕 如王利明在对体系解释建构时指出,体系解释应当遵守法律制度体系化的推定规则、借助整体来理解个别的规则、明示其一排斥其他规则、同类解释规则等,这其中同类解释规则与明示其一排次其他规则与英美法系的制定法解释规则相似,这说明,我国学者在对法律解释规则研究时,在很多情况下已经将大陆法系与英美法系的解释规则杂糅在了一起。参见王利明:《法学方法论》,中国人民大学出版社2011年版,第347~351页。

〔2〕 参见李可:《法律解释规则位序表的元规则》,载《政法论丛》2013年第4期;雷绍玲:《论法律解释元规则》,载《广东社会科学》2009年第3期。关于法律解释"元规则"的讨论,还可以参见桑本谦:《法律解释的困境》,载《法学研究》2004年第5期。

〔3〕 在刑法领域存在着从宽规则,这也导致了我国刑法法律解释研究中更加倾向于一种实质性解释规则的研究。相关文章可参见赵运峰:《刑法目的解释的作用、边界及规制》,载《北方法学》2011年第6期;劳东燕:《刑法中目的解释的方法论反思》,载《政法论坛》2014年第5期;肖中华:《刑法目的解释和体系解释的具体运用》,载《法学评论》2006年第5期;姜涛:《后果考察与刑法目的解释》,载《政法论坛》2014年第4期;陈伟:《论目的性限缩解释方法在刑事司法中的适用》,载《法商研究》2012年第6期。

研究中,应该将重心转移到法律解释方法分类及法律解释规则研究之上。通过对各种解释方法按照一定标准进行分类,将交叉、重合及矛盾的解释方法分门别类的进行划分,指导解释者在解释法律时,避免采用交叉、重合及矛盾的解释方法,从而避免出现荒谬、不一致及错误的解释结果。

论法律解释的语言学规则

李亚东*

摘　要：法律解释的语言学规则形成于近代形式法治理念基础之上，是法律解释规则的重要内容。它集中关注文义要素和体系要素的应用问题，为解释者阅读法律文本提供指引，并进而有助于确定法律语词的具体含义，以至能够有效维护法律文本的权威，并对提高立法质量产生刺激作用。不过，限于自身的局限性，法律解释语言学规则的效力并非绝对，因此不可机械适用。基于以上理由，法律解释的语言学规则是一种支持形式法治的思维规则体系，对于当前我国的法治建设而言具有不可替代的作用。

关键词：法律解释规则；语言学规则；文义要素；体系要素；形式法治

法律解释规则是制定法解释的有效工具，有助于提升法律解释学的实践性，因此，是实现微观法治的有效进路。不过，由于法律解释规则数量众多，若是只对其进行简单罗列的话，极易导致各规则在适用上的混乱。法律本来就是规则的迷宫，解释规则的混乱更会加剧法律人思维的混乱，因此，对不同性质、功能的法律解释规则进行分类研究就显得尤为必要。对此，有西方学者指出，法律解释规则可以划分为两类：第一类解释规则涉及制定法语词之间的关系；第二类解释规则涉及制定法语词与外部资料之间的关系。[1] 而 Popkin 则进一步指出，第一类规则就是法律解释的语言学规则（linguistic canons），它们与法律文本的内在语境有关；第二类规则可以称之为法律解释的实质性规则（substantive canons），它们建立在实质价值具体化的基础之上。[2] 然而，在这两类解释规则之中，法律解释的语言学规则由于是以法律文本为对象进行操作，因此，对于法律权威的树立，以至法治的实现都具有不可替代的作用。所以，法律解释的语言学规则理应成为法律解释学研究的重点之一。不过，当前学界对于法律解释语言学规则的具体内容、基本原理、基本功效、缺陷等前提性问题尚无专门研究，这就成为实施法律解释规则策略的障碍。鉴于此，本文展开对法律解释语言学规则的研究，以期厘清法律解释语言学规则的几个基本理论问题。

---

* 李亚东，山东淄博人，山东大学（威海）法学院博士生，研究方向为法律解释学。

〔1〕 Quintin Johnston, *An Dualvation of the Rules of Statutory Interpretation*, in *Kansas Law Review*, Vol. 3 1954. (1 – 25)。

〔2〕 William D. Popkin, *A Dictionary of Statutory Interpretation*, Carolina Academic Press, 2007, pp. 17 – 18。

一、法律解释语言学规则的近代渊源

法律解释的语言学规则是以法律文本为对象,在法律文本之内进行操作,这种特征与传统法律解释学的基本理念十分契合。申言之,传统法律解释学是以理性主义为核心,受此影响,对法律的理解与运作,不仅要以主体的理性为基础,而且作为认识对象的法律文本也被认为具有理性的结构。进而,这种主客二分的思维模式导致近代法律解释学专注于对法律文本进行分析,对于自然法学、历史法学以及法社会学的研究模式持有一种排斥态度,近代学者凭此追求法律解释的确定性与客观性。具体而言,在解释对象方面,传统法律解释学秉持了古罗马的注释法学传统,将目光集中在法律文本上,支持一种教义学的思考方式,是一种"根据法律"的进路。以此为基础,法律解释的语言学规则也是以法律文本为对象,在法律文本之内进行操作。在解释者与解释对象的关系方面,传统法律解释学认为解释者应该摒弃自己的价值判断,将自己完全客观化,深入到立法者的立场或者法典的结构中去理解法律的客观意义,寻找客观的、确定的解释结果,因此,法律解释的语言学规则也被认为是一种价值中立的解释工具。在成文法与案件事实的关系上,传统法律解释学认为两者是一种涵摄模式,法律适用过程就是将案件事实涵摄到成文法的构成要件之中,因此,法律解释语言学规则的运用能够获得唯一答案,足以解决法律解释所面临的问题。概言之,对法律的解释可以通过理性规则的运作完成,而这些理性规则就是法律解释的语言学规则。

进而言之,由于传统法律解释学得到了来自解释学、语言学以及逻辑学的支持,相应地,法律解释的语言学规则也建立在这些学科的基本原理之上。首先,法律解释语言学规则与解释学有关。按照今天的观点,解释学存在着从认识论、方法论到本体论、存在论的转向,不过,传统法律解释学是以认识论和方法论为基础。在此之上,解释被认为是一种理解文本的技巧。例如,普遍诠释学的创立者施莱尔马赫认为,诠释学的出发点是"误解","从这种观点出发,施莱尔马赫得出诠释学的基础就是作为人的个体性结果的误解可能性,它的一句有名的话就是'哪里有误解,哪里就有诠释学',因此,他把诠释学定义为'避免误解的技艺学'。"[1]这种对于解释的理解所造成的影响就是,法律解释被认为是一种正确理解法律文本的方法,以此为基础,才可能存在法律解释的客观操作规则。换言之,认识论、方法论的解释学范式为法律解释语言学规则提供了存在的可能。其次,法律解释语言学规则同语言学有关。如所周知,20世纪的西方哲学存在着语言学转向,在此之前,语言被认为是人类理解世界、认识世界的工具。与此相应,语言在近代法律解释传统中也被认为是解读法律文本的工具,通过对法律文本语言的探究可以获得法律的真实含义。进而,语言学中的语形规则以及语义规则便成为法律解释的重要组成部分,构成了法律解释的语言学规则。这使得按照法律解释的语言学规则进行解释成为必要。再次,法律解释语言学规则还

---

〔1〕 洪汉鼎:《诠释学》,人民出版社2001年版,第73页。

与逻辑学有关。受近代逻辑崇拜的影响,近代法学家以自然科学为范本,意图建立一个概念清晰、逻辑自足的完美法典体系。以其中的典范为例,概念法学认为"法律概念"可以无漏洞地涵盖事实,因此,法律是无漏洞的教条;概念是精确且机械的,因此,应该以一种建构主义的方式来研究法律。由于存在着这样一种逻辑清晰的概念体系,所以,法律解释就可以在不同的语词之间进行机械操作,无需考虑概念之间、法律条文之间的冲突。进而,法律解释便可以从逻辑上总结出一系列的规则,这也为法律解释语言学规则的存在以及发挥作用提供了理论支持。因此,总结以上分析可见,法律解释的语言学规则是建立在近代法学知识传统之上,与传统法律解释学之间具有密切关联。

二、法律解释语言学规则的要素展开

受近代法学实证主义风潮的影响,在法律解释学兴起之初,解释的空间被限定在法律文本字面之中,并且假定法律文本中预设了有关法律问题的所有答案。因此,那种对法律文本采取服从姿态,并且能够最大限度解析文本固有意义的文义要素和体系要素就成为法律解释最重要的考量对象。以此为标准,法律解释的语言学规则被进一步区分为基于文义的解释规则和基于体系的解释规则两类。[1]

(一)基于文义的解释规则

对文义要素的论述可追溯至萨维尼的四要素说。萨维尼认为,一个完整的法律解释必须包含文法、逻辑、历史和体系这四项基本的要素。他说,"到现在为止,制定法的解释与其他任何表达出来的意图(例如哲学中表达出来的意图)的解释并没有不同。但如果我们分析制定法解释的组成部分,那么制定法解释的独特性就会显示出来。因此,我们必须在制定法解释之中区分出四个要素:文法要素、逻辑要素、历史要素和体系要素。"[2]此处所谓的文法要素就是通常我们所理解的文义要素。针对文义要素,萨维尼进一步指出,"解释的文法要素以文辞为对象,文辞在立法者的思考与我们的思考之间起到了中介作用。因此,文法要素存在于对立法者所使用的语言法则的描述之中。"[3]可见,法律的文义要素乃是存在于法律文本之中,针对的是法律所使用的语言。正是通过法律文本这一媒介,解释者才得以理解立法者的意图。由此,文义要素便成为法律解释所必需探讨的对象。

不过,每一个解释要素的应用都必须处理两个问题:何时适用以及如何适用,文义要素也不例外。于此,首先涉及到的就是文义优先规则。所谓文义优先规则,一般是指法律解释必须从对法律语词文义的理解开始。因为法律最先提供给我们的信息便是语词的含义,所以,文义就成为我们理解法律文本的最初线索。对此,齐佩利乌斯表示赞同,他认为,"无

〔1〕 按照通常理解,文义要素和体系要素乃是大陆法系的专业术语,而法律解释的语言学规则(linguistic canons)与实质性规则(substantive canons)则是英美法系对于法律解释规则的分类。但是,经过比较研究可以发现,法律解释语言学规则与基于文义要素和体系要素的解释规则在内容上基本是一致的。以此为基础,同时结合解释要素的细分功能,本文将法律解释的语言学规则划分为基于文义的解释规则和基于体系的解释规则两类。

〔2〕 [德]萨维尼:《当代罗马法体系》(第1卷),朱虎译,中国法制出版社2010年版,第166页。

〔3〕 [德]萨维尼:《当代罗马法体系》(第1卷),朱虎译,中国法制出版社2010年版,第166页。

论如何，人们会在这一点上同意古典解释理论，即所有的解释努力都应当从法律的可能词义出发”[1]。魏德士也认为，“任何解释都从规范条文出发。文义是所有解释的首要出发点”[2]。不过，这两位学者是从适用顺序方面来理解文义优先规则。实际上，除此以外，还有学者强调文义要素与其他解释要素相比在效力上的优先性。例如，阿列克西认为，“为了确保这个论辩（讨论）受现行有效的法之约束，就必须要求那些表达这个约束的论述优先具有更大的分量。”[3]由此，阿列克西总结出一条关于论证负担的规则，即“那些表达受法律的文义或历史上立法者意图之约束的论述，比其他论述具有优位，除非能够提出合理的理由说明其他的论述被赋予了优位。”[4]这种理解实际上是将文义要素的效力置于一种初步优先的地位上，只有提出更为合理的理由时才能排除文义要素的适用。这种观点的基本理由在于，文义要素背后蕴含着重要的价值。对此，有学者指出，“从制定法语言的字面含义出发进行解释——语义解释的问题，其至少包含着两个极重大价值。首先，如英国人坚持的那样，制定法的文字是立法者的意图的最好的表达形式，对语义解释的尊重就是对立法权和民主的尊重。其次，制定法的文字是维护法律安定性的基础。安定性是法律的重要价值之一，‘它本身就是正义的一部分’。在一个大社会中，法律规则作为人们行为指南所必需具有的可预计性、稳定行为期待、降低社会关系的复杂性是法律规则的核心功能之一。而制定法的文字正是受制定法约束的人对其未来的行为进行正当预期的基础，也是民众对政府合理信赖的基础。法律如果失去了安定性，人们将会对自己的行为无所适从。”[5]这些价值的优先性使得文义要素相比于其他解释要素而言具有了一种效力上的初步优先性地位。由此可见，要全面的理解文义优先规则必须从适用顺序以及效力两个层面上展开。对此，可以借助刑法学者的相关讨论进一步说明。例如，苏彩霞认为，“刑法解释方法的位阶，不仅指运用上的先后顺序，而且包括结论冲突时的地位等级问题。刑法解释方法的运用顺序，是指解释刑法用语时何种解释方法先用、何种解释方法后用的问题；刑法解释结论的地位等级，是指当不同解释方法得出的结论不同乃至冲突时，何种解释方法得出的结论在效力上具有优先性，以排除其他解释方法的结论。前者解决的是运用解释方法时间上的先后顺序，后者解决的是不同解释方法的效力等级。二者属于两个层面，相互联系又有所区别，共同说明刑法解释方法的位阶。既不能把二者混淆，也不能把刑法解释方法的位阶简单等同于运用上的先后顺序或结论的效力等级。一方面，先使用的某种解释方法，其结论并不必然具有优先效力；另一方面，仅仅研究解释结论的效力等级，也不能反映解释刑法这一思维过程的逻辑特点与先后顺序。”[6]简言之，文义优先规则既指文义要素在各解释要素的适用顺序上具有绝对的优先性，又指在各解释要素的效力权衡之间具有初步优先性。

---

〔1〕［德］齐佩利乌斯：《法学方法论》，金振豹译，法律出版社2009年版，第63页。

〔2〕［德］魏德士：《法理学》，丁小春、吴越译，法律出版社2003年版，第328页。

〔3〕［德］罗伯特·阿列克西：《法律论证理论》，舒国滢译，中国法制出版社2002年版，第307页

〔4〕［德］罗伯特·阿列克西：《法律论证理论》，舒国滢译，中国法制出版社2002年版，第307～308页。

〔5〕舒国滢等著：《法学方法论问题研究》，中国政法大学出版社2007年版，第381页。

〔6〕苏彩霞：《刑法解释方法的位阶与运用》，载《中国法学》2008年第5期。

在明确了何时适用文义要素之后,就需要处理如何适用的问题。对于这个问题,拉伦茨认为"字义是指一种表达方式的意义,依普通语言用法构成之语词组合的意义,或者,依特殊语言用法组成之语句的意义,于此尤指该当法律的特殊语法。"[1]据此,我们可以将法律语词的含义细化为通常含义(ordinary meaning)和特殊含义(technical meaning)两种。其中,按照语词的通常含义来解释法律就属于"通常含义规则"的运用。这一规则可以追溯至罗马法中的明晰性原则,在英美法系中被又称为平义规则(plain meaning rule)。按照拉伦茨的观点,通常含义规则之所以有效,乃是基于这样一个假定:"当大家想表达些什么,通常会以一般能够理解的方式来运用语词。"[2]实际上,这是一种法律语言的大众化运动,法律所规范的对象是全体公民,因此,法律语词必须首先以能够为社会成员所理解的方式来使用。不过,另一方面,法学又是一门专业性极强的学科,法律文本中不仅有法律人创设的法学术语,还有某些特定行业的专业技术术语。正如齐佩利乌斯所指出的,"'语法'解释是要考察,按照一个语言共同体的语言习惯以及立法者的语言规则,对法律语词可赋予哪些意义。"[3]黄茂荣也认为,"法律上所了解之'文义'是该用语或词在一般的语言习惯上被了解的意涵。唯如该用语或词在法律或相关行业已有相约成俗之特别的其他的意涵,那么便以后者为它们的意涵。"[4]据此,针对这类被立法者赋予特定含义或者在特定技术领域具有专业含义的语词,就必须按照其特殊含义进行解释,由此便衍生出"特殊含义规则"。

(二)基于体系的法律解释规则

立法者是按照无矛盾、不赘言、完整性、秩序性等一系列规范性要求来创设法律的,因此,法律中的诸多概念、条文、原则、制度之间都具有一定的关联。这种关联性在法律解释学中就被称为体系要素,它体现在法条内部语词之间、上下条文之间以及不同法律的相关法条之间,对于理解特定语词的含义以及消除法条之间的冲突具有十分重要的指示作用。例如,萨维尼认为,体系要素作为立法的内在关联"应用在各处都是毫无疑虑的",有助于克服制定法的不完善状态。[5] 具体而言,"在不完善的制定法中,这可以通过两种方式而被作为解释的补救方式。首先,制定法的不完善部分根据此制定法的其他部分而得以阐明,这在所有阐明方式中是最确定的;其次,不完善的制定法根据其他制定法而得以阐明。"[6]齐佩利乌斯对于法律中体系要素的理解与此类似。他认为,"在更为广泛的意义上,体系解释是指将个别的法律语词作为整个体系的一部分,即将其置于整个法律,甚至整个法秩序的意义关联当中来理解。正因为如此,塞尔苏斯说:'若未考量立法之整体,而仅按其中些许片段,即做出裁判或答复,实为不当。'"[7]所以,体系要素也是法律解释必须探

---

〔1〕 [德]卡尔·拉伦茨:《法学方法论》,陈爱娥译,商务印书馆2003年版,第200页。

〔2〕 [德]卡尔·拉伦茨:《法学方法论》,陈爱娥译,商务印书馆2003年版,第200页。

〔3〕 [德]齐佩利乌斯:《法学方法论》,金振豹译,法律出版社2009年版,第60页。

〔4〕 黄茂荣:《法学方法与现代民法》,法律出版社2007年版,第335页。

〔5〕 [德]萨维尼:《当代罗马法体系》(第1卷),朱虎译,中国法制出版社2010年版,第175页。

〔6〕 [德]萨维尼:《当代罗马法体系》(第1卷),朱虎译,中国法制出版社2010年版,第174页。

〔7〕 [德]齐佩利乌斯:《法学方法论》,金振豹译,法律出版社2009年版,第74页。

究的对象。

不过,就体系要素的特性而言,由于其自身并不确切地指向某一事物,因此,它与文义要素相比较而言,更加程序化,更多的是在法律解释的过程中发挥辅助性作用。诚如拉伦茨所言,“当一种表达方式依其语言用法有多种意义可能性时,通常可由其使用脉络推知,具体情况下究竟应考虑何种可能性,虽然这种推论未必是终局而精确的”[1]。据此,体系要素必须是在文义要素之后方可应用。另一方面,体系要素具有不同层次的关联性。正如齐佩利乌斯所言,“在这方面有一个不仅仅在法学上起作用的重要的基本认识:在个别的意义表达和该意义表达所处的更大的意义关联之间,普遍存在一种影响意义的相互关系。这一认识不仅仅适用于个别法律语词与适用该法律语词的法律之体系之间的关系,也适用于该法律与整个法秩序,以及该个别法律所处的整个文化的主导思想之间的关系。通过这种‘法律的精神’以及对文化起形塑作用的时代精神可以帮助我们确定对个别规范的前理解及其解释。另一方面,个别规范及其解释又反过来对法文化产生影响,并参与对法文化的形塑和具体化。”[2]因此,依据体系要素的不同关联性,便衍生出诸多法律解释规则。例如,萨维尼认为,“体系要素涉及到将所有的法律制度和法规则连接成一个统一体的内在关联。此种内在关联和历史要素一样都呈现于立法者眼前,因此,我们要非常清楚制定法与整个法体系之间是什么关系,此制定法有时如何有效影响到法体系,只有这样,我们才能完全认识到立法者的意图。”[3]萨维尼的理解着重于强调整体与部分之间的关系,这也符合诠释学中的“解释学循环”理论。施莱尔马赫认为,“在一件文字作品中,只能从整体出发去理解个别语句。因此,(对个别语句)作更为准确的解释之前,必须(对整体)加以浏览,以获得对整体之概况的认识。”[4]由此,引申出将法律文本视为整体从而进行解释的整体解释规则(whole text canon)以及同词同义规则(consistent meaning canon)。[5] 另外,在相对具体的层面,还应该将同一法律制度下的相关条文视为一个整体进行综合考量,由此,便引申出相同事项规则(pari materia canon)。[6] 再者,除了这种基于同一法律制度的相关条文之外,法律文本中的前后条文之间也具有一定的意义关联。正如拉伦茨所指出的,“由上下文脉络可以确定某段文字应作何解,同样的,法律的意义脉络也有助于个别字句的理解。”[7]由此引申出的是文理规则(noscitur a sociis canon),即某一条文的含义可由相邻条文得知。[8] 比文理规则更具体的是,可以通过某一条文内部不同语词之间的关联确定语词的含义,即同类规则(ejusdem generis canon)。[9] 总结上文论述可见,文义要素和体

---

〔1〕 [德]卡尔·拉伦茨:《法学方法论》,陈爱娥译,商务印书馆2003年版,第204页。

〔2〕 [德]齐佩利乌斯:《法学方法论》,金振豹译,法律出版社2009年版,第75页。

〔3〕 [德]萨维尼:《当代罗马法体系》(第1卷),朱虎译,中国法制出版社2010年版,第167页。

〔4〕 [德]齐佩利乌斯:《法学方法论》,金振豹译,法律出版社2009年版,第75页。

〔5〕 William D. Popkin, *A Dictionary of Statutory Interpretation*, Carolina Academic Press, 2007, p. 281, 38。

〔6〕 William D. Popkin, *A Dictionary of Statutory Interpretation*, Carolina Academic Press, 2007, p. 205。

〔7〕 [德]卡尔·拉伦茨:《法学方法论》,陈爱娥译,商务印书馆2003年版,第204页。

〔8〕 William D. Popkin, *A Dictionary of Statutory Interpretation*, Carolina Academic Press, 2007, p. 198。

〔9〕 William D. Popkin, *A Dictionary of Statutory Interpretation*, Carolina Academic Press, 2007, p. 74。

系要素共同构成了一个独立的、完整的法律文本,而法律解释的语言学规则就是为文义要素和体系要素的应用提供可操作性规则。

三、法律解释语言学规则的功效分析

(一)指引文本阅读进而确定语词含义

法律文本由语词组成,同时语词之间具有一定的逻辑关联,因此,一个独立的法律文本乃是由文义要素和体系要素共同构建而成。所以,由文义要素解释规则和体系要素解释规则组成的法律解释语言学规则为阅读法律文本提供了指南。据此,解释者可以通过法律解释语言学规则的运作来确定文本的具体含义。桑斯坦称此为"句法规范"功能,他说,"解释原则可以指引法官去阅读文本,以帮助他在具体案件中确定文本的含义,这是准则最没有争议的一种功能,尽管并非所有的准则都以一种显而易见的方式促进这一目标。这一原则中的大多数已经被内化在人们的意识当中,无以察觉,作为语法或句法本身的普通一部分而发挥着作用,其中的一些则被明确地确认为解释的指导。"[1]对于法律解释语言学规则的这种功能,我们也可以进一步从文义要素的解释规则和体系要素的解释规则两个方面进行具体分析。

就那些文义要素的法律解释规则而言,最首要的功效在于它为法律解释活动提供了起点。正如前文所述,文义要素在各类解释要素中具有适用顺序上的优先性,因此,法律解释活动必须从文义的探究开始。其次,基于文义的解释规则最有可能发挥决定性作用的场景是简单案件。从语义学的角度来讲,所谓简单案件是那些通过语义规则的使用就可以得到答案的案件。法律解释的难点最终往往集中到对某一语词含义的理解上,而语词既有概念的核心也有概念的外延。"那些可清楚地被包摄到概念下的对象或案例,也就是所谓的'肯定(积极选项)',组成了概念核心。位于这个概念之外的,亦即那些明显不会落入这个概念的情形,则是'否定(消极)选项'。"[2]在简单案件中,语词只有一种含义。不管是通常含义还是特殊含义,通过使用文义要素的解释规则就可以确定该语词的含义,法律解释的工作就已经完成。同样的,体系要素的解释规则对于法律文本的阅读也发挥积极作用。具体而言,当语词出现歧义、模糊等"病灶"的时候,解释者就可以使用体系要素的解释规则来消除"病灶"。例如,按照同词同义规则,应该参考该语词在法律文本中其他位置的含义,据此确定该语词在此处的含义。再如,当法条中出现一般性语词与不完全列举事项时,就可以按照同类规则,在一般性语词与所列举事项之间进行类比,确定一般性语词的具体性质,进而判断案件是否属于该法条的规整范围。按照这类法律解释规则的要求,"应该在作为一个整体的制定法语境之中看待具体条款的语言,对它的解释不应该破坏制定法的结构,这有助于确定一个术语的含义,这个术语若在不同的语境中理解的话将是有歧义的,或者具有一个与特定环境所决定的含义完全相反的明确含义。如果制定法的其他条款是

---

〔1〕[美]桑斯坦:《权利革命之后》,李洪雷、钟瑞华译,中国人民大学出版社2008年版,第171页。

〔2〕[德]英格博格·普珀:《法学思维小学堂》,蔡圣伟译,北京大学出版社2011年版,第53页。

这样要求的,那么即使表面看来确定无疑的制定法术语,也很有可能具有一个与直觉完全相反的含义——在具体案件中以此为预设来理解制定法的含义是明智的。"[1]概而言之,法律解释的语言学规则可以指引解释者阅读法律文本,并进而确定法律语词的具体含义。

(二)维护法律文本的权威

正如前文所述,文义要素和体系要素共同构建了一个意义独立且结构完整的法律文本。同时,文义要素和体系要素被认为是法律文本固有意义的最好表达。因此,按照法律解释的语言学规则进行操作就确保了法律解释活动在法律文本之内展开。也正是基于这个理由,Popkin才强调法律解释语言学规则同法律解释的实质性规则不同,是与法律文本内部语境有关。法律解释语言学规则的这种基本特质,意味着解释者按其要求对法律进行解释时无需对相关的立法史资料以及法律的客观目的、价值等因素进行考量。而法律的客观目的、价值这类因素的操作往往需要发挥解释者的主观能动性,这隐含着滥用自由裁量权的风险,而对于这类主观因素的排斥最大程度地避免了解释者自由裁量的滥用。以通常含义规则为例,按照该规则的要求,"在文本清楚明白的时候要避免进行史料、结构和政策方面的考虑——也是为了帮助读者在具体案件中精确地认定制定法含义的类似努力。制定法语言,如果确实平时直白的话,就是制定法含义最准确的向导。因此,也可以把平义原则理解成一种防止人们依赖可能引人误解的或不相关因素的方法。"[2]就此,法律解释的语言学规则在法律文本范围内进行操作,维护了法律文本的权威。

另外,法律解释语言学规则的运用之所以能够维护法律文本的权威,还在于它能有效地排除其他解释规则的使用。这尤其体现在文义优先规则排除了其他解释规则的适用。"法官的解释活动在一定程度上受其个人因素的影响,特别是在对法律原则的解释中,个人因素的影响很明显。但文义解释显然排斥了法官个人因素对法律解释的影响,因为它强调解释出的意义不能超出文本可能的意义。"[3]正是基于以上这些理由,法律解释的语言学规则,与其他解释规则相比,更加能够维护法律文本的权威,对于实现法律的稳定性和法律意义的安全性而言具有不可替代的作用。

(三)刺激立法质量的提高

法律解释语言学规则的另一功用在于能够促使立法机关按照这类规则进行立法活动,从而有助于提高立法的质量。桑斯坦认为"解释原则的第三个功能是促进立法的改善,例如,这样的原则或许可以最小化司法裁量权和行政裁量权,或者将立法过程推向有益的方向。它们的目的是要改善立法过程并增强理应与立法过程相伴的审议和问责;在这个方面,一些解释原则实现了与分权和合理评估可比机构能力相关的目标。创设这些原则的首要目的是引导特定的决定由特定的机构作出,或者说为了改善这些机构的运作。"[4]一部质量优秀的法律必然是在概念上指涉明确,在结构方面逻辑清晰的文本。而法律解释的语

〔1〕[美]桑斯坦:《权利革命之后》,李洪雷、钟瑞华译,中国人民大学出版社2008年版,第172页。

〔2〕[美]桑斯坦:《权利革命之后》,李洪雷、钟瑞华译,中国人民大学出版社2008年版,第174页。

〔3〕陈金钊等著:《法律方法论》,北京大学出版社2013年版,第130页。

〔4〕[美]桑斯坦:《权利革命之后》,李洪雷、钟瑞华译,中国人民大学出版社2008年版,第175页。

言学规则针对的是文本的语词及其逻辑关联,解释者按照此类规则进行解释可以促进立法者依据此类规则进行立法。“例如,平义原则可能不是为了发掘国会在特定案件中指的是什么,而是要告诫国会谨慎地使用制定法语言。这个原则警告国会,法院不会猜测制定法的含义,也不会给导致荒谬后果的语言提供补救。此处的希望——或许建立在想象之上——是,平义原则会使国会今后清楚明白的表达自己。”〔1〕由此,法律解释的语言学规则成为立法者和解释者进行沟通的“专业语法”。解释者依据法律解释的语言学规则进行解释,不任意扩大或缩小法律文本的规整范围,立法者欲达其目的就必须按照法律解释的语言学规则严谨立法。从而,在立法机关与司法机关之间形成一种良性互动。所以说,按照法律解释的语言学规则进行解释有助于立法质量的提高。

(四)功效的局限性

虽然,法律解释的语言学规则有如上功效。但在稍有疑难的案件中,就显示出其自身的局限性。例如,在疑难案件中,文义要素的解释规则在确定语词含义方面只能发挥辅助作用。具体而言,按照语义学的观点,语词具有概念的外延,亦即“中立选项”。“这些‘中立选项’,是指那些根据一般的概念界定或语言使用习惯,无法清楚确认是否应落入此概念下的情形。”〔2〕此时,出现歧义、模糊等“病灶”,案件便属于疑难情形。阿列克西认为,文义要素的解释规则在面临语义的“中立选项”时暴露了自身的局限性。“在这里,语义学解释得出的结论是:单单根据语义学手段不可能获得任何裁判(决定)。我们只能断定说,T是模糊的,a存在于T的模糊域。a是否属于T,这个问题不是通过有关语言的发现,而只是通过对语言的确定来加以解答的。”〔3〕在此,文义要素的这类解释规则就无法发挥决定性作用。

同样地,在此类案件中,体系要素解释规则也无法提供进一步的指引,功效有限。原因有二:其一,体系要素是以制定法的质量和语言使用习惯为前提,而立法质量往往因为立法者的有限理性以及语言使用习惯的不确定而无法达到完美,因此,体系要素的经验基础是薄弱的。例如,良好的法律起草者通常是在文本中运用同词同义规则,但是现实中也有很多法律文本可能因为立法者的疏忽并不如此,此时,该规则的效力就被质疑。另外,不同时代,甚至是同时代的立法,都可能有不同的政策背景,这也导致同一语词可能真的被赋予不同含义。例如,同词同义规则是建立在对于制定法语词使用习惯的“假设”上,这种假设可能为真,即同一语词具有同一含义;也可能不成立,即法律语词同词不同义,所以,同一语词、同一含义规则只具有初步优先效力。换言之,首先应按照同一语词、同一含义来进行理解,如果存在特殊理由,则排除该规则的适用。再如,同类规则的效力往往受制于法律规定的具体化程度。每一条法律规定中的一般性语词的具体化程度以及具体事项的规定数量往往不同,在一般性语词较为具体、例示规定较多的条文中,同类规则往往可以较为顺利的确定法律的适用范围;但是,“反之,例示的类型愈少,其特征之交集部分便愈不具体,从而

〔1〕[美]桑斯坦:《权利革命之后》,李洪雷、钟瑞华译,中国人民大学出版社2008年版,第176页。

〔2〕[德]英格博格·普珀:《法学思维小学堂》,蔡圣伟译,北京大学出版社2011年版,第53页。

〔3〕[德]罗伯特·阿列克西:《法律论证理论》,舒国滢译,中国法制出版社2002年版,第292页。

以该共同特征构成之概括规定也愈不明确。在这种情况下，由于例示部分能够提供之信息不充分，因此其概括规定之明确化常必须借助于其立法意旨之具体化或体系因素。"[1]可见，随着例示规定的具体化程度降低，同类规则的功效也随之降低。其二，体系要素内涵广泛，它不仅与文义要素联系在一起，还往往与目的要素具有不可分割的关联。正如恩吉施所言，"逻辑的——体系的关联终究最多涉及借生在具体法律条文中的一系列法律思想，这些法律思想与整个法律体系的其他组成部分存在着各式各样的关系……因为每一个法律规范，当它们大部分承担着与其他规范一道实现具体的目的，最终补充其他规范这一任务时，在意义上关系到整个法律程序，它们主要是目的性的，所以，体系解释很少可以与目的解释分开。它作为体系解释很大程度上同时又是目的解释"[2]。黄茂荣也认为，体系与目的乃是交织在一起的，"当方法论解释的活动范围被确定下来以后，法律解释者，即应基于体系与目的之观点去充实或确定法律的内容及意旨。在这里，法律'逻辑地'同时也是'目的的'蔚成一个体系。前者被称为逻辑或外在体系，后者被称为目的或内在体系。唯事实上，这两个概念上有区别的体系，在法秩序已交织成一个体系。换言之，价值标准或目的，透过体系化已被纳进体系中，具有一定之逻辑构造。其结果，使得看来纯逻辑的法律思维，带上或深或浅的价值色彩。……要之，这时候，体系价值化了！价值体系化了！体系不再是盲目的！而价值也不再是不能客观论述或验证之见仁见智的看法或立场！"[3]正是基于这些原因，齐佩利乌斯才指出，"在不同法律规范之间的关系中起主要作用的往往不是逻辑的考虑，而是目的的考虑；也就是说，对一项规范的解释应尽可能使其与整个法秩序追求的目的和正义观念保持一致，以使同等情形得到同等对待。"[4]质言之，法律中的体系要素不仅仅是外在的、逻辑的，而且还同时是内在的、目的的。所以说，一方面，体系要素的解释规则有时并不能终局性的决定语词的含义，因为"虽然，概念体系也可以作为解释的基础。然而，有些规整不能无所遗漏地纳入概念体系中。概念体系只能做粗略的校准。如何精确确定坐标，仍有很大的空间。"[5]另一方面，外在体系着重于将法律视为一种语言文本，注重法律的篇章结构，若是拘泥于此，则会产生不正当的结论。总结以上方面可以认为，法律解释语言学规则在确定法律语词含义的过程中发挥重要作用，但是鉴于其自身的局限性，它的效力并非绝对、它的应用不可以机械。

结束语：法律解释语言学规则与形式法治

法律解释的语言学规则是以传统法律解释学的理念为基础，而传统法律解释学则与近代形式法治理念相匹配，所以，法律解释的语言学规则与形式法治之间具有密切的关联。

---

〔1〕 黄茂荣：《法学方法与现代民法》，法律出版社 2007 年版，第 191 页。

〔2〕 [德]卡尔·恩吉施：《法律思维导论》，郑永流译，法律出版社 2013 版，第 92 页。

〔3〕 黄茂荣：《法学方法与现代民法》，法律出版社 2007 年版，第 343 页。

〔4〕 [德]齐佩利乌斯：《法学方法论》，金振豹译，法律出版社 2009 年版，第 77 页。

〔5〕 [德]卡尔·拉伦茨：《法学方法论》，陈爱娥译，商务印书馆 2003 年版，第 205 ~ 206 页。

具体而言,可以从以下方面分析。其一,按照一般的理解,形式法治首先应该是在确认法律的标准上主张“渊源取向”。[1] 在这一点上,法律解释的语言学规则也是将法律的标准限制在法律文本之中,因此,两者是吻合的。其二,形式法治对于不同法律之间的冲突运用位阶理论解决,不主张诉诸于道德、政策或者其他实质性的因素;而法律解释的语言学规则也是价值中立的解释工具。其三,在自由裁量的问题上,形式法治的基本理念在于限制自由裁量的发挥;而法律解释的语言学规则乃是针对文义要素和体系要素,这两种解释要素是公认的最客观、最能限制自由裁量权发挥的。其四,“在一种形式化的法律观之下,立法机关颁布的制定法规则被认为应是明确的、清晰的和全面的,并认为大多数法律由制定法构成。”[2] 而法律解释的语言学规则,其最基本的观点就是将立法机关制定的文本视为是意义独立的作品。其五,形式法治主张法院在法律解释过程中依据制定法的字面意思来进行,而排斥立法资料、立法史等资料的使用。与此一致的是,法律解释的语言学规则也是以制定法的字面世界作为其基本的对象;而那些诉诸立法资料、立法史的法律解释规则被归属于法律解释的实质性规则之中。通过以上简要的对应性分析可见,法律解释的语言学规则与形式法治之间存在着紧密的联系。质言之,法律解释的语言学规则是一种支持形式法治的思维规则体系。正是在此意义上,应该加强法律解释语言学规则的研究,为法治实现提供微观的技术支持。

---

〔1〕 [美]阿蒂亚、[美]萨默斯:《英美法中的形式与实质》,中国政法大学出版社2005年版,第346页。

〔2〕 [美]P.S.阿蒂亚、[美]R.S.萨默斯:《英美法中的形式与实质》,中国政法大学出版社2005年版,第346页。

通过判例对刑法进行学理解释:方法及启示

——从德国刑法教科书的写作风格谈起*

王瑞君**

摘　要:德国刑法教科书通过真实的判例来解释刑法规范的含义,既是一种教科书写作风格,也体现出通过判例对刑法进行学理解释的方法魅力。通过判例解释刑法的学理解释方法,在问题意识和法律思维培养方面具有鲜明的特点。随着我国指导性案例数量的增长,设想将指导性案例引入学理解释,引入刑法教科书,实现司法和学理之间的良性互动,以推动法官裁判水平和学者的研究水平的共同提升。

关键词:判例;学理解释;方法论

改革开放30年来,我国刑法学经历了由延续新中国之初的苏联模式,到德、日等大陆法系国家以及英美的刑法理论和刑法学说被大量介绍、引入和自身进步、提升的发展过程。随着我国刑法学研究的深入,刑法学界开始对我国30年来刑法学研究的状况、问题意识、研究方法、难题解决能力等展开反思。特别是随着德、日等大陆法系国家和英美国家刑法理论的引入,曾经被作为唯一正确理论看待的前苏联刑法理论越来越多地受到质疑,较为典型的是,以前苏联刑法理论为依托的"四要件犯罪构成"理论,曾为我们教科书和司法实践采纳和运用多年,现在正在面临危机。与此同时,我国传统的刑罚裁量的基本原理和实践运用也面临反思和如何规范的问题。本文所关注的是德国刑法教科书对刑法规范和刑法基本原理的解释和说理方式,其通过判例对刑法进行学理解释的方法论的蕴涵和意义,值得我们学习和借鉴。

一、通过判例对刑法进行学理解释的教科书写作风格

目前,我国翻译过来的德国刑法教科书,如克劳斯·罗克辛的《德国刑法学 总论(第1

* 基金项目:本文为2012年教育部人文社会科学研究规划基金项目"赔偿影响刑罚:理论基础、实证考察与重新规范研究"(12YJA820076)阶段性研究成果之一。

** 王瑞君(1966—),女,法学博士,山东大学(威海)法学院教授,研究方向为刑法学。

卷)——犯罪原理的基础构造》(王世洲译,法律出版社2005年版);克劳斯·罗克辛的《德国刑法学 总论第2卷——犯罪行为的特别表现形式》(王世洲译,法律出版社2013年版);汉斯·海因里希·耶赛克、托马斯·魏根特的《德国刑法教科书》(徐久生译,中国法制出版社2001年版);约翰内斯·韦塞尔斯的《德国刑法总论》,(李昌珂译,法律出版社2008年版)以及安塞尔姆·里特尔·冯·费尔巴哈的《德国刑法教科书》(徐久生译,中国方正出版社2010年版);弗兰茨·冯·李斯特的《德国刑法教科书》(徐久生译,法律出版社2000年版)等。当我们阅读德国刑法教科书时,特别是罗克辛教授、耶塞克和魏根特教授、韦塞尔斯教授所著的书籍,我们会感到,他们的教科书在阐释刑法典的规范时,不急于给出定义,而是通过引用大量的司法实务中法院的判决,来引导读者来切身体会和感悟判决所涉及规范的含义,如在汉斯·海因里希·耶赛克、托马斯·魏根特的《德国刑法教科书》中,当阐述什么是德国刑法典中的“故意”时,通过举出帝国法院刑事判决58,247(248);70,257(258);联邦法院刑事判决36,1(9);等来说明“故意”的含义,得出“故意”“意味着一个惯用的但不准确的定义,它是指属于法定构成要件的客观要素的知道和意欲。”[1]并且,我们还会发现,当教科书在解释一些学理概念时,也常常是通过例举以往判例来进行解释和释明,如在汉斯·海因里希·耶赛克、托马斯·魏根特的《德国刑法教科书》就故意的类型之一即蓄意进行学理解释时,举出的判例包括:联邦法院刑事判决21,283;帝国法院刑事判决49,140(142);联邦法院刑事判决21,283(284);帝国法院刑事判决27,217。更值得关注的是,教科书在例举判例后,常常会从判例中总结出具体的具有直接司法意义的判断标准,如在列举了上述判决后,该教科书写到,“……判例一般适用以下公式:如果行为人试图导致法律规定的结果的发生的,即认为存在蓄意。”[2]这种通过引用大量的司法判例来解说刑法语词、刑法规范的写作风格覆盖了两位教授的整部教科书。再以克劳斯·罗克辛的《德国刑法学 总论(第1卷)——犯罪原理的基础构造》对故意的理解为例,该书将故意分为犯罪目的(无条件故意第一级)、直接故意(无条件故意第二级)和有条件故意(间接故意)。关于犯罪目的,书中举了五个例子,其中有四个来自《联邦最高法院刑事判例集》,分别为《联邦最高法院刑事判例集》第21卷、第16卷、第4卷、第13卷。关于有条件故意(间接故意),则引用了《联邦最高法院刑事判例集》第13卷中的判例,以用来分析何种情形是有条件故意,何种情形是过失。[3] 约翰内斯·韦塞尔斯的《德国刑法总论》则采取了另一种风格的写作方式,即书中的每一章均是以案例开头的,尽管这些案例未必均来自于实务判例,或者连司法实践中原始案例的改编都未必是,但是,由案例引出问题,然后围绕案例提出的问题展开的叙述和分析,让读者带着问题去阅读,始终保持思考状态,而不是被动地接受知识传授,这种写作方式就足以构成对读者的吸引力。当然,作者在该书

---

[1] [德]汉斯·海因里希·耶赛克、托马斯·魏根特:《德国刑法教科书》,徐久生译,中国法制出版社2001年版,第354页。

[2] [德]汉斯·海因里希·耶赛克、托马斯·魏根特:《德国刑法教科书》,徐久生译,中国法制出版社2001年版,第359页。

[3] [德]克劳斯·罗克辛:《德国刑法学总论》,王世洲译,法律出版社2005年版,第287~288页、第291页。

中会时不时地提示,"见《联邦宪法法院判决汇编》"、"见《联邦最高法院刑事判决汇编》"、"见《帝国法院刑事判决汇编》"相关判例。这种通过案例特别是实务中的真实判例,对现行刑法规范进行学理解释的思维方式和教科书写作风格,其方法论意义值得我们关注。

二、通过判例对刑法进行学理解释的方法论意义

不论以刑法教科书为载体还是通过其他载体如在著作和论文的写作中,如能够通过引入实务中的判例对现行刑法规范进行学理解释,然后得出作者的看法和评价的思维和写作方式,具有明显的优点:

1. 将判例引入对现行制定法规范的学理解释,将判例的事实予以展示,将判例的认定结论通过学理加以总结,会实现对判例裁判的理由和论证的提升,当对案件中的裁判认定和说理形成学理与判例共同性的认识的情形下,将这种共同性认识通过教科书传递,让法科学生和其他读者在认知规范的同时,带着问题和思考,直接效果是提升人们的思维能力。同时,将判例引入学理解释,其中包含有用文字无法精确描述然而却是值得人们体会的细节、情形和类型,因此,法科学生和其他读者,对规范的理解是直观的、具体的、形象的。

再如,汉斯·海因里希·耶赛克、托马斯·魏根特的《德国刑法教科书》在没有进行过多解释的情况下,采取列举的方式,将哪些场合存在过失犯的"预见可能性"和"应否定预见可能性"的已经为判例确认的情形呈献给读者。[1] 等于将判例推荐给了未来很可能成为法官的法科学生和已经是裁判者的法官等,在激发读者的感悟和理解力的同时,由于判例的大量引入,客观上对走向工作岗位后的法科学生贯彻同等情况同等对待原则、增强裁判的稳定性和维护法的安定性具有积极的影响。

2. 将判例引入对现行制定法规范的学理解释,实现同等情况同等对待、增强裁判的稳定性的效果,还表现在,将判例引入对现行法规范的学理解释,等于对法律规范的涵义进行精确化的活动,因为通过列举案例,能够让人们法律规范的"概念核心"有实实在在的认知和感悟,并助于围绕法律规范的"概念核心"的适用范围内的案例出发,尝试确定该规范意义范围的边界,为今后的案件裁判奠定解释的基础和界限。此外,结合个案具体情况对规范进行学理解释,采取不急于通过定义将法律语词想定过死的作法,有利于避免学理解释的片面认识和不客观的判断。以我国刑法学教科书《刑法学》多年来的版本对《刑法》第263条的"胁迫"的解释为例。我国有的教科书将《刑法》第263条的"胁迫"解释为"暴力

[1] 详见[德]汉斯·海因里希·耶赛克、托马斯·魏根特:《德国刑法教科书》,徐久生译,中国法制出版社2001年版,第705~706页。

胁迫”。[1] 并且,多年形成的认识,一直在延续。但是当遇到这样的案件时,还会坚持这样的解释吗?如:人化装成鬼的模样,把自己的外形搞得非常恐怖吓人,一天晚上埋伏在路旁,待目标A出现,该人从路旁突然冲出,吓得目标A放下身上背的东西撒腿就跑,该人获取A扔下的财物。“装鬼”算不上我们一般汉语语词所说的暴力,但是如果认为此种行为不算是第263条的“胁迫”,显然是不能够让人接受的。因此,如果学理上减少下定义或者不是凭印象一下子把规范的语义限定死了的方式,而转向结合司法实践中的个案,对规范进行学理解释,或许效果会更好些。

3. 法官解释与学理解释容易形成良性互动。通过判例对刑法规范进行学理解释,这种刑法学教科书的写作风格,体现了面对刑法典及其适用,法官和学者之间的交流、沟通,从而在他们之间自然而然地形成一种良性互动,一方面,“对于疑难案件的刑事判决,法官可能在判决书上明确表明自己赞成刑法学上哪一派别的观点,甚至直接引用某位当前最为著名刑法学者的观点,作为支撑判决的理由。刑法学者可以因为理论更多地为司法判决所引用而获得成就感,理论对实务的实际影响力也才能得到具体体现。反过来,在理论上,可以在对同类案件的不同判决结论进行比较的基础上选择合理的问题解决方案,找到批评的样本和素材,由此建构的理论才会是言之有物、有的放矢的。法官和学者由此能够进行沟通和互动,相得益彰。”[2]法官和学者之间的沟通、交流和对话,最终上升为判例和学理之间的良性互动,对于法官判案水平和学者的研究水平都会起到积极的推动作用。

4. 促进刑法学理论研究水平的提高。让刑法理论贴近实践,避免体系的设计和问题的解决相脱节,时刻关注判例并将典型判例引入教科书的写作中,对提升从实务中发现难题从而进一步从理论解决难题的意识和能力具有积极的意义。以德国刑法学的发展为例,德国学者多擅长从现实的各种违法、犯罪中发现问题,然后将问题性思考纳入到体系性思考中来,然后随着新的问题的出现,对原有的体系进一步反思和完善,因此,形成了世界范围公认的发达的刑法学理论,出现了具有世界影响的各个时代的刑法学家。他们的经验值得我们学习。诚如耶赛克和魏根特两位教授所言,在“一般理论”方面(例如故意与过失的界限、正当防卫、不纯正不作为犯),重要的规定并非是由法律,更多的是由判例和理论确定的。[3] 法官对刑法的解释及学理解释形成良性互动,是解决实践难题的接好的方式,目前我们尚未形成法官等司法实务工作者与学者之间的交流、辩论和相互促进与提高的格局。有问题的人不进行研究,进行研究的人对问题未必十分了解,就是我们目前的现状。

---

〔1〕 如认为“抢劫罪的胁迫方法,是指行为人为了使被害人不敢反抗,以便当场非法占有其财务,(以当场实施暴力相威胁)当场相威胁。胁迫的内容是已立即实施暴力相威胁。”参见高铭暄、马克昌主编:《刑法学》(第5版),北京大学出版社、高等教育出版社2011年版,第499页。作出这样的学理解释,恐怕是受现行《刑法》第269条规定的影响,但是按照263条、269条的条文在刑法典中的排序,263条是抢劫罪的基本条款,269条可算是非典型即准抢劫罪条款。对准抢劫罪作出比典型抢劫罪更严格的条件的设计是合理的,但是,用非典型抢劫罪的条件,回过头来限定典型抢劫罪的构成条件,显然是不合理的。

〔2〕 陈兴良、周光权:《刑法学的现代展开》,中国人民大学出版社2006年版,序言,第4页。

〔3〕 [德]汉斯·海因里希·耶赛克、托马斯·魏根特:《德国刑法教科书》,徐久生译,中国法制出版社2001年版,第165页。

5. 有利于立法质量的提高。通过基准案例来解释刑法规范,不仅仅适用于法律规范语义的界定、法定事实构成的认定,对法律后果的精确化也具有重要的积极意义。通过类型化的案例比较,使法律后果精确化。使同等情况同等对待原则发挥,实现法律的安定性。“以基准案例和类型化案例比较为导向的方法,不仅仅适用于法定事实构成的领域。以同等对待原则为指导的类型比较也可用来使法律后果精确化”[1]。在适用刑法办理刑事案件时,办理案件的法官就对含义不明或者理解上有分歧的规范进行解释,可以在充分考虑各种方案的合理性的基础上,从容选择最佳方案,可以确保解释结论和案件之间有直接关联性,这是法官解释制定法的好处。法官从案件的裁判中形成的“同类”思维和裁判,经由学者的进一步概括和抽象,对下一步立法的完善提供了很好的素材,会进一步促进立法质量的提升。

三、通过判例对刑法进行学理解释的启示

本文谈到,德国刑法教科书多采用引入判例对现行的刑法规范进行学理解释和观点阐明的风格。相比较而言,我国的刑法学教科书,经常出现的是“……的概念”、“……的特点”、“……的条件”等的平铺直叙的叙述方式,由“规范”到“学理”,特别是分则对具体罪名采用的“概念”、“构成要件”、“认定”到“刑事责任”的格式化、刻板、流水账似的千篇一律的阐释方式,重点不突出、读过后难以在脑海中留下什么印象。从总论到分论,我们的教科书总体而言,对实务中的判例引入的很少,教科书在阐述对规范的理解时偶尔举例,主要表现为把现有规范作为大前提,然后自己设计“小前提”的方式,当涉及语词、规范理解出现困惑和疑问时,更多的是引用最高人民法院、最高人民检察院司法解释来对刑法典层面的规范进行解释,如面对集资诈骗罪“以非法占有为目的”,教科书会引用最高人民法院2011年1月4日的《关于审理非法集资刑事案件具体应用法律若干问题的解释》的第4条,以解释和回答在什么情形下,可以认为行为人具备“以非法占有为目的”这个条件;关于信用卡诈骗罪是否具有非法占有的目的,会引用2009年12月16日最高人民法院、最高人民检察院《关于办理妨害信用卡管理刑事案件具体应用法律若干问题的解释》的第6条。[2] 正如陈兴良教授在《德国最高法院判例刑法总论》一书的序中写到:“可以说,判例在德国刑法学中的地位正如同司法解释在我国刑法学中的地位。”[3]当然,有的教科书在章、节后面有附案例分析的,这些附在章、节后面的案例,有的是对实务中原始案例的改编之后放进来的,在章、节后面附案例分析,是为进行练习之用,整个教科书的写作思路沿袭的仍然是“规范→学理解释→案件”的模式,即通过对规范的学理解释,然后把学理观点运

[1] [德]齐佩利乌斯:《法学方法论》,金振豹译,法律出版社2009年版,第113页。

[2] 高铭暄、马克昌主编:《刑法学》(第5版),北京大学出版社、高等教育出版社2011年版,第421、425页;张明楷:《刑法学》(第4版),法律出版社2011年版,第704、713页。

[3] [德]克劳斯·罗克辛:《德国最高法院判例 刑法总论》,何庆仁、蔡桂生译,中国人民大学出版社2012年版,序,第1页。

用到个案的裁判中去,但是,学理的解释由于脱离以往判例和实务中的案例,在承担为所面对的案件提供裁判大前提的使命方面,显然是存在距离的。

我国多年来已经形成一种习惯,即对于疑难问题由最高人民法院进行司法解释,由于司法解释比刑法典的规定具体了许多,和实务中的具体问题更进了一步,因此,我们的教科书都离不开通过引用司法解释,来对刑法典进行学理解释,长此以往,不仅法官变得日益懒惰,就连学者们发现真问题的途径越来越少,影响刑法理论的提升。好在,我国现在不仅有了通过判例解释制定法规范的做法,更重要的是自2010年起,我国最高人民法院、最高人民检察院开始发布指导性案例。实务中的案例越来越引起社会的重视,并逐渐发挥它们的示范作用。

通过判例解释制定法规范,较为典型的是2009年9月11日最高人民法院《最高人民法院关于醉酒驾车犯罪法律适用问题的意见》就黎景全、孙伟铭为何作为以危险方法危害公共安全罪的案例,给出了这样的说明:“2009年9月8日公布的两起醉酒驾车犯罪案件中,被告人黎景全和被告人孙伟铭都是在严重醉酒状态下驾车肇事,连续冲撞,造成重大伤亡。其中,黎景全驾车肇事后,不顾伤者及劝阻他的众多村民的安危,继续驾车行驶,致2人死亡,1人轻伤;孙伟铭长期无证驾驶,多次违反交通法规,在醉酒驾车与其他车辆追尾后,为逃逸继续驾车超限速行驶,先后与4辆正常行驶的轿车相撞,造成4人死亡、1人重伤。被告人黎景全和被告人孙伟铭在醉酒驾车发生交通事故后,继续驾车冲撞行驶,其主观上对他人伤亡的危害结果明显持放任态度,具有危害公共安全的故意。二被告人的行为均已构成以危险方法危害公共安全罪。”该《意见》还提到:“行为人明知酒后驾车违法、醉酒驾车会危害公共安全,却无视法律醉酒驾车,特别是在肇事后继续驾车冲撞,造成重大伤亡,说明行为人主观上对持续发生的危害结果持放任态度,具有危害公共安全的故意。对此类醉酒驾车造成重大伤亡的,应依法以认危险方法危害公共安全罪定罪。”看来,该《意见》是将当行为人在交通事故或者肇事案件发生后仍然继续驾车冲撞,造成重大伤亡后果,认定行为人对重大伤亡后果有间接故意的。[1] 于是,我们可以从《意见》中领会到在醉酒驾车案件中什么情形下可以认定行为人存在间接故意,进而得出定交通肇事罪还是以危险方法危害公共安全罪。同时这个《意见》通过黎景全和孙伟铭两个案件,提醒办案人员,在今后的办案中,对于间接故意犯罪,鉴于行为的主观恶性与以制造事端为目的而恶意驾车撞人并造成重大伤亡后果的直接故意犯罪有所不同,因此,在决定刑罚时,也应当有所区别。通过真实案例的示例,然后上升为“类型化”的情形的叙述和总结,为今后同类案件的处理提供了较为具体、直观的依据,即:醉酒驾车“第二次伤害”可以认定具备危害公共安全的“间接故意”,构成以危险方法危害公共安全罪;对于间接故意犯罪的刑罚裁量,要与以制造事端为目的而恶意驾车撞人并造成重大伤亡后果的直接故意犯罪有所不同。

关于案例和指导性案例。在我国,自1985年起,最高人民法院就在《最高人民法院公

〔1〕“我认为,在入罪的时候,主要应当把握的是发生交通事故后,连续冲撞造成重大伤亡,这一连续冲撞才是以危险方法危害公共安全罪的行为,也是认定以危险方法危害公共安全罪的关键。”参见陈兴良:《规范刑法学》(上册),中国人民大学出版社2013年版,第517页。

报》上定期发布案例,最高人民检察院于1991年起在《最高人民检察院公报》上发布检察机关查办的有影响的重大典型案件。2010年7月29日,最高人民检察院通过《最高人民检察院关于案例指导工作的规定》,于2010年7月30日发布;2010年11月26日,最高人民法院院通过并发布《最高人民法院关于案例指导工作的规定》,此后,最高人民检察院和最高人民法院相继分批次发布指导性案例。截至作者发稿,由最高人民法院分六批发布指导性案例26例(其中刑事案件6例),由最高人民检察院分五批发布指导性案例19例。

最高人民法院、最高人民检察院发布的指导性案例、最高人民法院司法解释中引入的案例以及由最高法、最高检公报发布案例,为今后我国的学理解释提供了很好的素材,我们今后的刑法教科书的编写是否也能够引入这些案例,在对刑法规范表达学理看法时,结合案例,给出教科书编写者的对刑法规范的学理解释、理由、对判例的评价以及必要的引申内容。为此,提出以下看法:

1. 提倡学者结合判例进行理论研究。“法律规范——学理解释后形成的对规范的解释——法官裁判的大前提”和“法律规范——判例和学理解释互动中形成对规范的解释——法官裁判的大前提”相比较,由于后者融入了以往判例的考量,一方面“刑法的实质内容,通过解释而别转化为法适用之实践。……在解释法律时,法官的任务是,针对需要作出裁判的具体案件的实际情况,对法律的内涵作出与负责此类案件裁判的其他法官可能作出的同样解释。”[1]另一方面,建立在以往判例基础之上学理评价、认可以及提升,在稳定中不断完善和推进,对于增强学理研究的扎实及稳定影响司法裁判方面,因此,后者优于前者。

事实上,面对一个规范,人们的解释往往存在差异,特别是当将一个规范运用到具体个案时更是如此,如果不与个案相联系,学理的解释仍然难以达到具体、精确,甚至有时逻辑上自成体系、形式要件比较完备,但是遇到个案会出现不理想的效果。比如,前面的抢劫手段的例子。司法活动能够使法律具体化、精确化。通过案例可以让人们看到为什么在该案中我们会对相关规范进行了这样的解释而不是那样的解释,能够达到一种切己体认的效果。更重要的是,通过这种方式,司法行为的效力超越了个案而获得学理界的认同和推广,从而作用于未来司法中的案件类型。法律学者从专业的角度对司法判例展开评论,把具体问题置于理论体系中进行思考,反过来发挥学说对司法裁判的影响作用。因此,学者结合判例进行理论研究,实现法官解释和学理解释的结合和互动,应该放到推动我国刑法理论和司法裁判水平的方法论高度来认识和对待。

2. 为能够做到通过判例对刑法进行学理解释,需要加大判例发布数量和提升判例质量。事实上,在我国,除了最高人民法院通过公报发布案例、最高人民检察院通过公报发布案例以及自最高人民检察院、最高人民法院2010年以来发布指导性案例之外,还有刑事审判参考、审判案例要览、案例汇编等方式发布或者汇编案例。有的地方高级人民法院也曾以不同的形式编印案例下发,要求参照。2010年11月26日《最高人民法院关于案例指导

〔1〕 [德]汉斯·海因里希·耶赛克、托马斯·魏根特:《德国刑法教科书》,徐久生译,中国法制出版社2001年版,第186页。

工作的规定》第一条规定:“对全国法院审判、执行工作具有指导作用的指导性案例,由最高人民法院确定并统一发布。”关于指导性案例发布的载体和形式,按着《最高人民法院关于案例指导工作的规定》,将统一在《最高人民法院公报》、最高人民法院网站、《人民法院报》上以公告的形式发布。最高人民检察院关于印发《最高人民检察院关于案例指导工作的规定》就检察机关在履行法律监督职责过程中办理的具有普遍指导意义的案例的选编、发布等也作了规定,今后检察机关指导性案例由最高人民检察院公开发布。发布的载体没有具体限定。不论通过何种载体进行发布,由于通过公开的方式发布,因此,今后还应该再在判例发布数量和判例质量上下功夫,用来指导司法实践,也为学理研究提供很好的判例性依据和素材。

3. 改进教科书的写作风格。我国台湾学者巍子峰说:“以学者或实务家意见解释法律,虽不得为刑法论罪科刑之直接依据,唯其对于法律条文之阐明有助于把握正确之法律之义,故仍不失为刑法间接法源之一。”[1]事实上,不论是大陆法系还是英美法系,在司法裁判中,学说的法源地位已经得到承认,尽管是非正式法源,但是其对司法裁判的直接或者间接影响作用是得到大家承认的。因此,加入了判例的学说,其对司法裁判的影响更能够贴近问题,实实在在地发挥其影响作用。

教科书是法律工作者首先接触的法律书籍,里面包含对法律的解释,我们不应小视教科书的作用,教科书不应随意迎合实务的做法,但不等于脱离实务,既要有超然于现实的理念追求,因守法治理念和法律原则,也要对现实作出回应,可以引用判例作为对规范进行合理解释的例子,对判例中存在的问题可以进行分析和评论。这样的教科书写作风格,可以打开读者的思路,推动学理解释和法官解释的良性互动,由传统教科书的知识传播模式变为知识传播和思维培养相结合的模式。

---

〔1〕 李希慧:《刑法解释论》,中国人民公安大学出版社1995年版,第234页。

法官职业化视角下的法律方法教学[*]

王　彬[**]

摘　要:法律方法课程旨在培养学生“像法律人一样思考”,形成法律人共同的思维范式,尤其是促进法官的职业化。在教学目标上,法律方法教学应当坚持法律家思维与法学家思维的统一;在课程体系的构造上,应当以审判技能为中心,坚持智能技能与实务技能的统一;在教学手段上,法律方法教学应当以案例教学为路径,将案例分析与法律教义学理论素养的培养结合起来。

关键词:法律方法;审判技能;法律人思维;案例教学;法律教义学

随着法律方法论研究的不断深入,法律方法论作为培养法科学生法律思维的重要学科已经成为学界共识,法律方法教学也得到前所未有的重视,教育部、中央政法委《关于实施卓越法律人才教育培养计划的若干意见》(教高[2011]10号)提出要强化法学实践教学,明确提出要“开发法律方法课程,搞好案例教学,办好模拟法庭、法律诊所等”,从而“切实提高学生的法律解释能力、把握法律推理能力、法律论证能力以及探知法律事实的能力。”随着法学研究的深入、法律教育的推动,法律方法课程在各大法学院基本都已经设置,但是,受制于国内法学研究的不足,现行教学体制的羁绊,法律方法的教学目标、课程体系、实施路径在教学实践中还存在分歧与模糊,这都不利于培养学生的法律思维能力,切实发挥法律方法课程培养学生学会“像法律人一样思考”的功能。为此,本文以法官职业化为视角对法律方法的课程教学进行研究,以求教于方家。

一、法律方法的教学目标:法律人思维的养成

尽管在中国学术界还存在法律人有没有独立思维的争论,但是,“像法律人一样思考”作为法学教育的培养目标,已经成为一个不争的事实。美国法学家卢埃林在法学院新生入学的经典演说中指出,“第一年最艰辛的工作就是要砍掉你的常识,将你的道德规范暂时麻醉。你的社会政策的看法、你的正义感——把这些与你糊里糊涂的思维伴随在一起的东

* 基金项目:本文为南开大学2014年校级教学改革一般项目“法官审判技能培养与法律方法教学”改革的阶段性成果,为南开大学2014年专业学位精品课程“模拟法庭训练”的研究成果。

** 王彬(1980—),男,山东邹平人,南开大学法学院副教授,硕士生导师,法学博士,研究方向为法律方法。

西敲掉……你要获得精确地思维、冷酷地分析、在被给定的材料的范围内工作以及理解和熟练操作法律机器的能力。而贯穿这个过程的法律教育的目标是使学生'像法律人一样思维'"。[1] 这说明只有将法律思维与日常思维、道德思维、经济学思维和政治学思维等其他思维方式区别开来,确保法律人思维的独立性,才能尽量避免法律人的判断受法律外因素的干扰,从而实现法律的自治性与安定性。正因如此,法律人思维的独立性和自治性,是法学方法论研究的逻辑起点,也是法律方法课程应然的教学目标。

法律方法的教学目标旨在培养法科学生独立的法律思维,形成共同的思维范式,从而打造同质化的法律共同体,对此人们并无异议。但是,由于当下中国法律方法论研究存在浓重的哲学化、经院化倾向,学界致力于对西方法律方法论理论的引进与评介,热衷于对法律方法论学科体系的建构,造成学术话语与实践话语的隔离,法律方法论回应司法实践的能力遭到实务界的普遍质疑,如何发挥法律方法教学培养法律思维、塑造法律共同体、促进法律职业化的功能因此困惑着教学工作者。在这一困惑下,法律方法的本科教学存在两种误区:一是法律方法教学的"唯技能主义"倾向。法学教育作为一种职业教育理当侧重于技能培养,强调法学的应用性,但是,法律方法教学的唯技能主义将法律方法简单等同于司法审判的"操作手册",人为地将司法过程分解为"清晰"的裁判步骤,遮蔽了司法过程和法律思维的复杂性。若将这种教学方法应用于本科教学,对于尚未建立部门法学科体系的本科学生而言,反而造成学生机械的法条主义思维,扼杀了他们的学术想象力,无益于培养他们处理疑难案件的能力。二是法律方法教学的唯理论化倾向。由于中国法学院的大学教师大多无审判经验,并不了解审判实务,同时,受科研制度激励的影响,为了形成"教学和科研的相互促进",法律方法的本科教学成为专题式的研究性教学,教师容易热衷于对法学方法论理论体系和学术背景的泛泛介绍,而且,法律方法论是横跨逻辑学、语言学、修辞学、解释学、论证理论的交叉学科,具有极强的包容性。这对于没有通识教育背景的低年级法科学生而言,无疑又增加了理解难度,对于培养学生的法律思维而言也收效甚微。

法律方法的研究与教学之所以存在理论与实践的断裂,实际上是由于人们对于法律理论与法律实践、法哲学与法学方法论以及法学家思维和法律家思维的关系认识不清造成的。长期以来,学界过分夸大理论与实践的差别,强化法学家与法律家思维方式的差别,从而加剧了法律方法研究与审判实务的鸿沟,造成了法律方法研究与教学无法满足法官职业培训的需求。有论者认为,法律家和法学家的思维范式存在很大差异,法律家的思维范式表现为"独立型思维"、"保守型思维"、"崇法型思维",而法学家的思维范式则表现为"批判型思维"、"前瞻型思维"与"人权型思维"。[2] 根据这种观点,基于法律家思维与法学家思维的差异,应当在法学理论课程之外单独开设实务类课程,以培养学生的法律家思维,从而满足法律职业培训的需求。这种在理论上将法学家思维与法律家思维的区分,尽管符合理论与实践相互区分的表象,但是未必正确。诚然,法学家和法律家在工作内容上存在社会分工,"法学家的任务在于'认识世界',而法律家的任务在于'改造世界'。简言之,法学

---

〔1〕 K. N. Llewellyn, The Bramble Bush: On Our Law and Its Study, *Oceana Publications*, 1960, p. 116。

〔2〕 李龙、周刚志:《论法律家与法学家的思维范式》,载《法制与社会发展》2002年第6期,第45~51页。

家的任务是理论,而法律家的任务是实践。"[1]但是,这种在将法学家思维与法律家思维二分的观点,在理论上不符合对法学学科性质的定位,在实践上加剧了法学研究与法律实践的鸿沟,对于法律方法的研究和教学而言,则造成了裁判思维与审判技能的分立,智能技能教育与实务技能教育的分野。

根据古希腊著名哲学家亚里士多德的区分,技术理性是一种确定性、规律化的知识范式,是具有恒定外在目的和客观判断标准的可传授的知识体系;而实践理性则是关于一般规范在特定情境下如何应用的知识,是一种难以规律化并不具有客观判准的"无言之知",往往体现某一共同体共同的经验背景、共同的价值观和基本相同的理解结构。就法律知识的性质而言,法学首先是一种实践理性,因为法律知识的运用需要人们在具体的个案情境中不断充实、修正预先设定的标准、规范,法官在审判案件时,不能将一般性地规范直接适用于个案中的事实,而是通过法官的思维活动不断拉近规范与事实之间的距离。就法学发展的历史来看,"古罗马社会的法学在其产生之初就是要回答在解决法律纠纷中所产生的法律问题,是一种司法定向或关于法律适用的学问。"[2]法律作为实践理性,其功能主要在于通过法律适用定纷止争,因此,法律职业共同体的任务就不能仅仅局限于构建法律的概念体系,而应当对法律的实践技艺进行积极关注,从而使"纸面中的法"转化为"行动中的法"。只有运用一定的实践技艺将立法机关输出的法律转化为实现个案正义的判决,法律才具有生命力。法律的实践理性向度说明"法律是行动的产物而非设计的产物",同时,法律在实践中通过历史的积淀、知识的传承,法律知识逐渐发展为高度概念化和逻辑化的知识体系,法学的技术理性身份自不待言。

法学在知识谱系上的二重身份,只能说明法律家与法学家在社会分工上的不同,但并不足以说明两者在思维范式上的差异,对此,可以结合司法过程来说明两者的统一性。一般而言,法官的核心工作可以分为事实认定和法律适用两个方面。就事实认定而言,法官对事实的认定并非遵循科学意义上的认识论探究事实的真相,而是根据法律规范中的概念对案件事实进行不断加工,从而使生活事实被加工为法律事实,并通过法律程序将之认定为裁判事实。从这个意义上讲,法官对事实的认知本身是根据法学理论进行的,没有对法学理论的正确认知,就无从谈起对个案事实的事理探析。只不过法官作为法律家是在个案中面对具体的案情和事物,而法学家还需要完成从具体到抽象、从现象到本质的飞跃,完成对事实认定一般方法和规律的理论总结。但这只说明了法学家和法律家的工作进程有所不同,而在思维方式上并无差异。就法律适用而言,法律适用的过程是法官通过对法律的解释将个案事实这种"特殊事物"归入某个法律规范的"一般范畴"之中的过程。在这个意义上,法律适用的过程实际上是法官运用一定的方法论对法律进行认识的过程,因此,法律适用的方法论必然导向法官对"法"这个事物的理解。正如拉伦茨所言,"即使每个实证法体系的法学会各自发展出特有的方法论,其最后要解决的仍是同一问题:如何适当地认识

〔1〕 周赟:《论法学家与法律家思维的同一性》,载《法商研究》2013 年第 5 期,第 58 ~66 页。

〔2〕 舒国滢等著:《法学方法论问题研究》,中国政法大学出版社 2007 年版,第 24 页。

'法这个事物'"。[1] 因此,法律适用的方法论必然导向法律的概念论,即方法论必然导向法哲学。德国法学家恩吉施在对法律方法论进行深入研究后感叹道,"法学方法论的理论思考不可避免地超越法律诠释学和法律方法论本身,并进入到哲学思维及其特殊认识方式领域。"[2]如果说,法律方法论是培养法律家思维的学科,而法哲学则是法学家研究的关于"法律是什么"的学问,而法律方法论和法哲学在法律适用的环节中必然被打通,美国最高法院的审判实践足以为这一观点提供有力佐证。施瓦茨在谈到美国最高法院推动法学理论发展的功能时说,"最高法院既是一面镜子也是一个发动机——最高法院反映了其所作用的社会的发展,并且促使社会沿着当时占主导地位的法哲学的发展方向。"[3]这就不难理解,在普通法的历史上,几乎所有的法学家同时又是大法官、大律师,英美法学家关于某个经典案例的理论剖析文章往往又可被视为说理充分的判决说,思想家的法律学说乃至哲学理论甚至在美国联邦法院的判决说被直接援引! 因为,"在法学与判决或其他法律实践之间,没有什么固定的界限……任何法官的观点本身就是一种法哲学,尽管它可能藏身于案件事实等方面的争鸣之后。法理学是任何判决及法律决定的无声序言。"[4]

基于法律家思维与法学家思维的同一性,法律方法在理论与实践之间的断裂似乎是一个伪问题。理论与实践的断裂只能说明法律家与法学家因社会分工的差异而缺乏有效沟通和适切的相互关注,而不能因此片面强调两者在思维范式上的差异。因此,法律方法的教学目标是培养法律人思维,而法律思维是法学家思维和法律家思维的内在统一。"法律方法具有双重目标。它既指引着获取法律知识之路,又在此基础上指引着法律适用之路。人们可以将这双重目标分别称为法律理论与法律实践。在法律人教育中起初只是模拟性的实践,最终涓集汇流于法律职业实践之中。"[5]

二、法律方法的课程体系:以审判技能为中心

基于法律家思维与法学家思维的统一性,法律方法课程既要培养法科学生的理论认知能力,又要培养法律人适用法律的实践技能。在这个意义上,法律方法既具有知识属性,又具有技能属性。作为理论知识的法律方法论,为认识"法这个事物"提供独特的思考方式、认知程序和认识手段,并对法律适用的方法进行理论上的反思与省察;作为实践技能的法律方法,是立足于司法立场针对个案研究法律如何适用的思维范式和操作规程。尽管以法律社会学的视角来观察,司法知识的类型往往由特定的社会经济结构来决定,法官解决个案的技能是在特定时空下塑造的地方性知识,[6]但是,这并不意味着司法知识是无法传授

〔1〕 [德]拉伦茨:《法学方法论》,陈爱娥译,商务印书馆2003年版,第20页。

〔2〕 [德]恩吉施:《法律思维导论》,郑永流译,法律出版社2004年版,第246页。

〔3〕 [美]施瓦茨:《美国最高法院史》,毕洪海译,中国政法大学出版社2005年版,前言。

〔4〕 Ronald Dworkin, *Law's Empire*, Harward University Press, 1986, p. 90。

〔5〕 [德]扬·夏普:《方法论、一般法律教义学与案件的解决》,冯威译,载舒国滢主编《法学方法论论丛》(第1卷),中国法制出版社2012年版,第4页。

〔6〕 苏力:《法官素质与法学院的教育》,载《法商研究》2004年第3期,第60~72页。

的“无言之知”。立足于法律教义学的立场,以“现有法秩序的有效性”作为逻辑前提,以形成法律的共同理解为目标,法律适用的方法体系不仅仅是可以建构的,而且法官的审判技能也是可以传授的。

(一)审判技能的构成:实务技能与智能技能的统一

受实践理性与理论理性二分论的影响,学界过于强调法律的实践理性向度,将司法知识视为基于经验判断力并通过司法实践才能形成的“人为理性”,从而认为,“司法知识无法通过教学传授,不是学来的,而是习得的。”[1]这种观点实际上缘于对审判技能的错误认识,人为割裂了实务技能与智能技能在审判技能中的统一。

法律方法作为一种技能教育,其目的不在于传授实体法和程序法知识,让学生了解现行法治的体系、基本法律内容、各种权利义务内容以及救济程序,而在于培养学生如何运用法律知识进行思考的能力,让学生依循法律逻辑,进行价值取向的思考,做出合理地论证,正确地解释适用法律。即法律方法的教学重点并非在于教授学生“知道什么”,而主要是“知道怎样”。在这个意义上,法律方法教学是一种培养智能技能的教育。所谓智能技能“是指使用符号的能力,是一种程序上的认知。如果说知识是知道什么,智能技能就是知道怎样。”[2]智能技能作为法律思维的操练,是从事法律职业的必要但不充分条件。要真正胜任法律职业,学生还必须具备实务技能,即学生综合运用法律知识,进行实务操作的能力,主要包括法律文书写作能力、口头表达能力、法庭审理的掌控与驾驭能力、法庭询问能力、证据收集能力、协调组织能力、法律谈判能力等等,这些能力都是在法律职场中由行为主体针对特定行为对象来养成的,因此,实务技能的核心是人际关系的处理能力。

基于智能技能和实务技能的区分,我们不能过多要求法律方法教学以及法学教育,而使法律方法承受难以“回应司法实践”的苛责。法律方法的操练主要在于通过理论学习和案例研习指导学生“根据法律进行思考”,而实务技能的培养则是通过诊所教学、法律谈判、模拟法庭等实践教学课程来完成的,或者是学生通过到实务部门实习来习得的。因为实务技能涉及如何与人进行有效沟通,而法学院无法完全模拟真实的职业情境,即使是诊所教育、法律援助等实践教学形式也无法满足这一需求,所以,“实务技能尽管也涉及法律,但更多的是人情世故。实务技能只能在生活中学习,最好的老师不是在象牙塔的教授们而是在市场上的执业界。这是英美学界、业界的共识。”[3]

基于智能技能与实务技能的区分,在课程设置上,我们就不能将职业思维的训练课程混同于司法实务技能的培训课程,而且,法律方法作为职业思维的训练课程最好的教授场所应当是法学院,因为,正确的法律思维方法首先需要丰富的理论知识作为基础支撑,再辅之以案例研习进行训练,这些教育资源在法学院即可获得。就如常年推行案例教学法的美国法学家兰德尔所认为的,对于法学的案例教学,“图书馆是教授和学生的应有的必要场所,它对于我们,就像大学所有的实验室之于化学和物理学者一样,就像自然历史博物馆之

〔1〕 苏力:《法官素质与法学院的教育》,载《法商研究》2004年第3期,第60~72页。
〔2〕 何美欢:《理想的专业法学教育》,载《清华法学》2006年第3期,第110~140页。
〔3〕 何美欢:《理想的专业法学教育》,载《清华法学》2006年第3期,第110~140页。

于动物学者一样,就像所有的植物园之于植物学者一样。”[1]

(二)审判技能的塑造:基于裁判过程的法律方法课程体系

司法过程是法官对法律与事实进行认知的复杂过程,直觉、经验、逻辑、情感等多种因素都有可能影响法官的裁判,法官有可能运用多种法律方法进行裁判,对法官裁判方法运用的正确性与正当性亦存在多种评价标准,但是,现实中司法裁判的复杂性并不意味着司法过程无法进行理性认知,否则就会将司法裁判过程等同于法官的心理过程,从而沦为无法司法的庸俗的法律现实主义。因此,为了使法律方法能够成为一种可以传授的知识,就必须基于司法裁判的“理想类型”构造法律方法的知识体系。Peter Wahlgren 将法律思维的运行过程分解为以下几个环节:案情描述,经验判断;寻找、解释法律;适用规则;论证评估;结论表达。[2] 可以图示为:

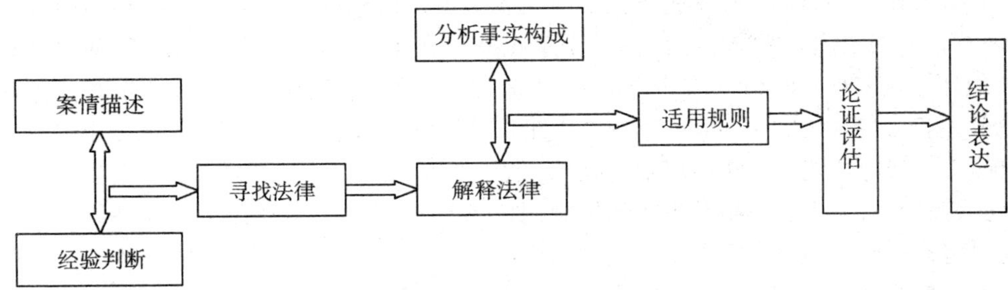

一般而言,法官的裁判从案情描述开始,法官根据当事人对案情的描述开始事实认定,借助于经验判断对案情进行初步感知,通过对案情的直觉判断,对案件事实进行范畴归类,识别并分析案件的法律因素与意义,凭借对案件事实法律意义的初步判断,开始寻找与案件事实的相关法律。若法律规范发生冲突,需要对法律规范选择并进行冲突消解。若存在法律漏洞,或者法律规定不当,还需要法官进行基于法律或者超越法律的漏洞补充。待法律规范确定后,若法律意义不明,需要对法律进行解释。在解释法律的过程中,法官的目光在事实与规范之间流连往返,同时对法律事实进行解释,对案件的事实构成进行分析,从而为法律规则的适用做好准备。法官在分别构建法律规范与事实的大小前提后,完成法律适用的工作。之后,对法律结论进行论证,以增强其说服力和可接受性。最后,对法律结论进行表达。

从法律思维的运作过程来看,法官的思维活动主要包括三个方面:其一,发现事实或者事实认定,运用证据进行推理,探寻案件事实的真相;其二,发现法律或者获取法律,对法律进行寻找、对确定的法律进行解释、对冲突的法律进行消解、对有漏洞的法律进行续造,从而确立案件的判决理由或者依据;其三,根据法律和事实做出裁决,将案件事实置于法律规范之下,从而完成法律命题的证成。因此,若在思维活动的意义上使用“推理”这一概

[1] 孙笑侠:《法学的本相——兼论法科教育的转型》,载《中外法学》2008年第3期,第419~432页。

[2] Peter Wahlgren. Legal Reasoning. Archiv fur Rechts-und Soziaphilosophie, Vol. 88 No. 2 2002(207)。

念,[1]司法过程中包含三类推理:一类是发现或认定事实的推理;一类是"有关法律的推理",即确定什么是可以适用的法律规范的推理;一类是"根据法律的推理",即根据既定的法律规范解决问题的推理。[2] 如图所示:

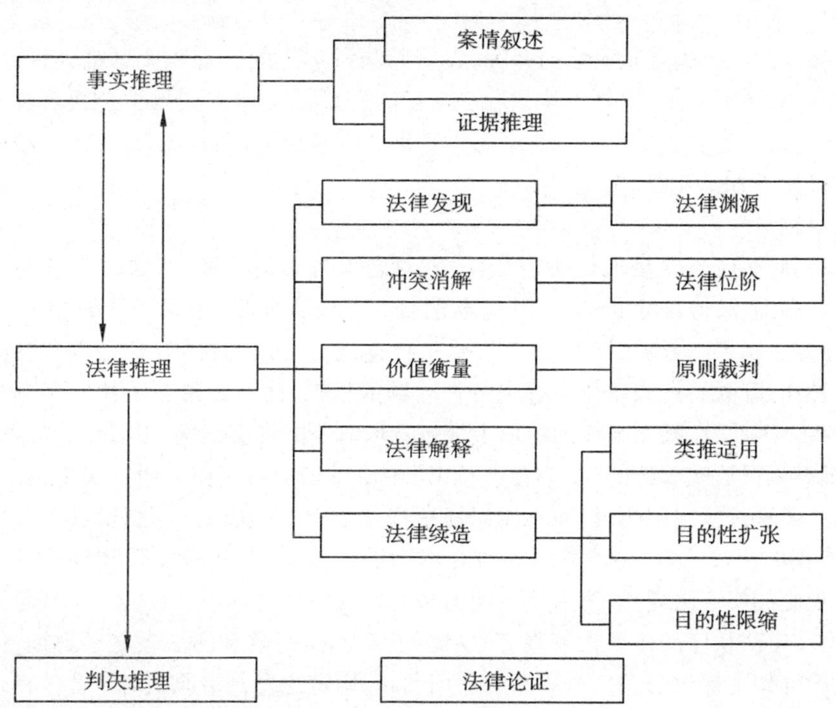

根据法律思维的运作过程,对法律结论的评价标准可以概括为三个方面的理性尺度与要求:逻辑理性、价值理性与实践理性。所谓逻辑理性,即无论事实推理还是法律推理,都必须符合逻辑标准,对法律体系和概念的建构必须具有清晰性、一致性与完备性;所谓价值理性,即无论是裁判标准还是判决结论都必须符合法律所追求的"善";所谓实践理性,即判决结果必须符合实践的目的,从而具有社会的可接受性。围绕不同的理性尺度或评价标准所建立起来的法律思维话语体系就形成不同的法律思维范式,即关于法官适用法律的思维模型或者理论体系。这三种评价标准所对应的法律思维范式分别为逻辑范式、诠释范式与修辞范式。思维范式的建构为法学研究提供了理论模型,有利于法律方法论学科群的发展与完善,随着某一思维范式的成熟,有利于促进法学研究的范式转换,但是,法律方法教学作为本科学生法律思维入门课程,主要为部门法的学习提供思维工具,所以,应当结合司法的过程而不宜以某种思维范式来建构法律方法的课程体系。这样,有利于塑造法官的职业素养,使法律方法教学不仅仅是学术教育,更为职业教育,为促进法官的职业化服务,从

〔1〕 大陆法系主要使用法律解释、法律续造等概念而不使用法律推理概念,而普通法系则在"法律思维"意义上使用法律推理概念,而将法律解释视为是法律推理的过程,如美国学者列维所著的《法律推理引论》。

〔2〕 Joseph Raz, *On the Autonomy of Legal Reasoning*, in *Ratio Juris*, Vol6, No. 1 march 1993(1 - 15)。

而有利于填补目前法学研究、法学教育与法律实践之间的鸿沟。

三、法律方法的教学手段:以案例教学为路径

法律方法作为一门法官职业培训课程,以培养法科学生的法官职业思维为目标,必须面向司法实践,而不能局限于“纸上谈兵”。在这个意义上,法律方法教学必须采取实践教学的路径,其中最重要的手段为案例教学。基于自身教学经验,笔者认为,法律方法的案例教学应当通过如下方式开展。

1. 以法律教义学为立场

首先,案例研习应当立足现行实定法秩序,对之保持确信不疑。“法教义学要以对一国现行实在法秩序保持确定的信奉为基本前提,这也是所谓的‘教义’的核心要义所在。”[1]法律方法属于“根据法律的思考”,要求根据现行有效的法律,来思考和解决我们所面临的各种法律问题,把法律作为解决各种问题的依据,而不是重在法律的批判性考察和学理性分析。因此,在教学案例的选取上最好选取时下的真实案例,可以将指导性案例、公报案例、最高人民法院编选的“审判参考丛书”中所发表的案例作为研习素材,立足于本国现行的法律体系进行案例研讨,而不能以介绍法律学说、对现行法律制度进行批判分析为目的。“真正的法教义学,必须直面和研究本国的司法案例,从中发现和提炼具有约束性或支配性规则的实定法规范,努力将本国司法的判决说理与本国立法的条文规定结合起来,实现本国实定法秩序的体系化解释。”[2]比如,对泸州遗赠案的法教义学解读,需要在中国实定法的框架下探讨公序良俗原则的适用问题,确定意思自治原则对于公序良俗原则适用的优先条件,而这一条件是根据中国本土化的法律价值和社会现实来确定的,而不是根据德国判例或日本判例来确定的。同时,坚持对现行实定法秩序的确信,并不意味对单个实定法规范都不加怀疑,也不意味着否定法律漏洞的存在。法律教义学实际上是对实定法秩序的整体保持确信,并通过体系化的工作最大限度地保证实定法体系的有效性和正当性,简单来讲,就是要把不完善的法律解释为完善的法律。

其次,案例研习应当分采法律描述——体系建构——裁判论证的程序进行。法律教义学旨在将司法裁判纳入法律体系的框架,就必须围绕体系化的规范解释进行案例研习。在案例研习的过程中,应当根据案例发现、解释和续造法律规范,对现行有效法律进行描述;然后对这种法律的概念—体系进行研究,通过体系化的解释工作构建裁判规则;最后,提出解决疑难法律案件的建议。因此,法律教义学的最终任务是确立用以决定案件的规则,以提炼裁判规则为目标,为法官判案提供可供选择的论据。

最后,法律教义学作为一种案例研习方法,既要训练学生阐释概念的技术,也要培养学生掌握价值判断的方法。法教义学虽然为法律解释和法律续造提供了概念上的手段,但不

---

[1] [德]乌尔弗里德·诺依曼:《法教义学在德国法文化中意义》,郑永流译,载《法哲学与法社会学论丛》(第5辑),中国政法大学出版社2002年版,第17页。

[2] 凌斌:《什么是法教义学:一个法哲学追问》,载《中外法学》2015年第1期。

是绝对价值中立、纯粹逻辑概念上的思考模式。法律教义学的概念、分类、原则都与价值有关,不仅仅对法条的字面含义进行描述,而且伴随着道德、社会等其他实质理由。因此,通过案例研习展示的法律适用模式不仅仅包括涵摄模式,还包括类比模式与权衡模式;评价个案裁判合理性的标准不仅仅是逻辑有效性,还包括价值判断的融贯性以及社会可接受性等。

有必要说明的是,通过法律教义学研习案例中的价值判断,对此很多论者持否定的态度。法律现实主义者持价值判断的不可知论,他们认为价值判断是法官主观的、不可知的心理活动,从而否定了价值判断的技术性,否定法律教义学促进价值判断客观化的方法论功能。这种观点实际上混淆了法的发现与法的证立。事实上,一个法律命题的证成本身是对某种价值判断的证立,法官在发现法律结论后,还必须运用论证的方法进行理性地说服。社科法学学者则认为,价值判断都是本土化和地方性的。在中国法律体系不成熟的前提下,法律教义学是一种"伪装的继受法学",只是运用域外判例进行法律教义学的研习,遗忘了中国法律体系内部的价值建构。〔1〕 这种观点实际上混淆了法内价值与法外价值,否定了在中国进行法律教义学案例研习的可能性。中国作为法治后发型的国家,法律体系的建构确实离不开法律移植,但并不能因此否定中国法律体系与本土法律价值的兼容性,以及在中国法律体系内进行价值判断的可能性。因此,法律教义学并不是僵化的概念法学,并不是将法律适用的过程仅仅作为概念的演绎与体系的建构。随着法律论证理论的发展,法律教义学明确地提出"在开放的体系内论证",将价值判断的客观化作为法律教义学的目标。事实上,法律论证理论所提供的一系列论证规则和论辩图式,本质上起到了约束法官恣意判断的功能,这正是法科学生通过案例研习学习的对象。

2. 以疑难案件为中心

中国的法律方法教学以成文法为背景,这导致很多人误以为案例只不过是法条的注解,从而对案例教学持怀疑态度。"在我国和其他民法法系法律样式的结构中,所谓案例分析,只能是一种'举例说明',是用具体的实例来说明、解释抽象的法律规则,来证明法律的原理或理论",〔2〕这种案例教学的观点实际上是以简单案件为中心,认为通过案件例示的方式即可确定法律规范的含义,即可建立法律规范与案件事实一一对应的关系。这实际上代表了一种僵化的"法律思维",认为案例只不过用例证的方式说明法律条文与案件事实一一对应的关系,法官可以自动将案件事实归入到法条之下。在这种观点影响下,法律方法成了一种简单化的操作指南,这种教学方法只能培养学生三段论式的裁判思维。

事实上,疑难案件更能彰显司法智慧,英美司法界和法学界的学术争论也是围绕疑难案件展开的。像霍姆斯、卡多佐、波斯纳等伟大的法官所书写的那些开创性的司法判决中,总是闪烁着充满智慧的真知灼见。但我国长期受欧陆法学的影响,以立法为中心构建法学体系,司法的知识往往隐而不显。这导致案例研究和案例教学都延续了立法论思维,以法

〔1〕 凌斌:《什么是法教义学:一个法哲学追问》,载《中外法学》2015 年第 1 期。

〔2〕 鲍禄:《论案例教学法在我国法学教育中的应用》,载《对外经贸大学学报》2003 年第 4 期,第 80 ~ 84 页。

律方法为名的案例研究和教学仍然走的是立法论的老路,即通过案例对现有法条进行注释,即使出现对疑难案件的分析,也只是通过案例研讨批判现有法条的不足,从而提出立法或修法方案。[1] 面向常规案件的案例研究与教学无法发展真正的司法知识,并不能帮助法官提炼和发展裁判规则,更无法实现学界与司法的互动,从而促进中国本土法教义学的建构。

我们知道,西方法理学上的争论是以疑难案件为中心而展开的。哈特、德沃金、富勒与拉兹等西方法律思想家们围绕疑难案件争论依法裁判与自由裁量的关系,从而推动了西方法哲学的发展,创立了精致的法律概念论。在西方语境下,疑难案件的裁判理论总是与法概念论相通,疑难案件是连接方法论与法哲学的重要桥梁。固然,疑难案件的法哲学争议凸显了法律思想的深刻,但是,法律方法课程作为职业思维的培训课程,其主要目的并不在于带给学生法哲学思想的启迪,并不是通过疑难案件启发学生追问“法律是什么”,而是传授学生认定与处理疑难案件的方法。因此,通过疑难案件的法律方法教学应当处理好裁判方法与法哲学之间的关系。我认为,在法律方法教学中,对于疑难案件的讲授与研习,应采取综合法学的立场,不应局限于某一个法学家的思想,而是博采众长,通过“全面而综合”的方式将法哲学家的观点进行转化与吸收。对于疑难案件的界定标准与裁决方法,分别进行类型化的处理,并通过案例研习的方式加以讲授。针对疑难案件中的“法意模糊”、“规范冲突”、“法律空白”、“法律漏洞”、“不良规则”等情形,分别寻找典型案例,通过案例讲解具体的法律解释规则、法律论证规则、价值衡量规则与漏洞补充规则等。

3. 以裁判过程为框架

法律方法教学作为法律思维的培训课程,应当围绕裁判过程构建课程体系,这有利于学生更加直观地把握司法过程。但是,这并不等于法律方法应当围绕庭审流程进行讲授,一般的庭审流程包括庭前准备、开庭审理、举证质证、争点整理、法庭询问、法庭辩论、判决文书书写等环节。若围绕这个过程讲授法官技能,法律方法课程将会成为模拟法庭课程,法律方法课程应当以裁判的“思维过程”为框架而不是以庭审流程为框架,因此,在展开案例研习时应当按照法官审理个案的思维过程来进行,即“事实推理”、“法律推理”、“判决推理”三个环节,对此,前文已经有所论述。这三个环节即可以在专题学习时通过个案来学习一些专门知识,也可以在课程讲授完毕后,综合运用法律方法分析一个案例。

另外,以裁判过程为框架进行案例教学,应当处理好各种方法之间的过渡关系以及它们之间的交叉与重叠关系。在真实的案件审理中,法律方法绝对不是单独适用的,往往是复杂地综合适用。但是,在专题讲授时,我们往往会围绕个案重点讲授某种法律方法,这会给学生带来某一种方法适用于某类案件的误解。因此,有必要通过某些案件综合演练法律方法的运用,通过个案让学生把握法律解释与法律续造的界限、法律解释与法律论证的关系、规则适用与原则适用的区别等。

---

[1] 这已经成了中国部门法学界的惯常思路,比如,对于许霆案,很多学者在案件解决的建议中提出,应当请示最高院进行专门的司法解释、或者由立法机关通过修改法律的方式解决。

结 语

时下中国司法实践与法学理论的隔离,使中国的审判实务需求与法学理论输出之间出现一种难以走出的悖论:中国司法实务界确实需要一种规范的方法论指导,但是,中国学者所提供的审判方法论对审判实务似乎又“没用”。或许面向法官职业化的法律方法教学将承担填补理论与实践鸿沟的重要担当,面向法官职业化的法律方法教学会使越来越多具有法律方法素养的法科学生充实法官队伍,也会不断增强现职法官的法律方法论的理论意识,然而,要走出这一悖论仅仅依靠法律方法的研究与教学是难以实现的。一方面这需要法学研究者自觉地理论联系实际,创造具有主体性的司法哲学与审判理论;另一方面,也需要审判实务者从实践中提升理论,通过本土的司法实践发展裁判规则,为中国法律教义学的建构提供本土资源,为中国法律教义学的教学提供本土素材。

美国法学教育中的两种案例教学法的比较研究

丁芝华*

摘　要:美国法学教育中的判例教学法和案例研究教学法在多个方面上存在相同或类似之处,且有着颇深的渊源,但实为两种完全不同的教学法。作为美国现代法学教育的主要标志,前者以判例集作为媒介,以借鉴苏格拉底教学法的问答式课堂讨论为主要方式,产生于并一直应用于法学教育领域,在培养学生的法律思维能力方面有着突出效果。后者在前者的基础上发展而来,广泛应用于法学、工商管理等诸多专业的教育中,以案例研究报告为媒介,以学生间的交流互动为主的课堂讨论为主要形式,在培养学生的专业实践能力方面具有卓越功效。对期待改革的国内法学教育,这两种教学方法都有重要的学习和借鉴价值,也是完全可仿效的。

关键词:法学教育;案例教学法;判例教学法;案例研究教学法

在国内法学教育领域中,有关案例教学法的研究特别多。其中,许多都或多或少地会论及作为该舶来品来源的美国法学教育中的 case method。[1] 该教学法被翻译为案例教学法或者判例教学法,应用于法学教育领域,具有较浓厚的法律特色,而国内法学教育中的案例教学法通常被认为就是在它的基础上发展而来的。实际上,美国法学教育中还存在另外一种也是基于案例应用的教学法 case study teaching method。该教学法也多被译为案例教学法,国内教育界对它并不陌生,除法学教育外,它还被广泛应用于工商管理等诸多专业的教育中。相比前者,后者被引入国内的时间要早一些,[2] 且有更大的影响。正因如此,国

---

* 丁芝华,1974 年生,男,山东临沭人,山东交通学院交通法学系副教授,法学博士,研究方向为交通法、法学教育等。

〔1〕 此外,从在中国知网上进行文献检索的情况看,对 case method 的专门研究非常少,主要有邹育理:《从美国的法律教育谈"判例教学法"》,载《现代法学》2000 年第 2 期,第 139 ~141 页;李政辉:《美国案例教学法的批判历程与启示》,载《南京大学法律评论》(秋季卷),法律出版社 2012 年版;王彬:《判例教学的理论与实践——以美国法学教育为中心的考察》,载《临沂大学学报》2013 年第 2 期,第 17 ~22 页。

〔2〕 对于 case study teaching method 被引介到中国的时间,参见谢敬中:《案例教学法简介》,载《成人教育》1983 年第 6 期,第 30 页;对于 case method 引介到中国的时间及相关情况,参见蒋志如:《试问中国法学院何处去? ——以案例教学法在中国语境的遭遇为中心的考察》,载《清华法律评论》(第 1 辑),清华大学出版社 2012 年版。

内法学教育中的案例教学法实际上也受到了后者的一些影响。对于国内法学教育,这两种案例教学法都具有非常重要的学习和借鉴价值。但是,由于一些因素的影响,多年来人们在对它们的认识上还存在一些诸如它们是同一种教学方法等的误区,较大地影响了对它们的学习和借鉴以及对国内法学教育中的案例教学法的认识。[1] 针对此情况,非常有必要对这两种案例教学法进行全面深入的对比研究,澄清它们之间的联系,明确它们之间在基本特征、形成过程、具体应用、优劣势等方面上的差异,审视它们与国内法学教育的契合性,从而帮助人们端正和深化对它们以及国内法学教育中的案例教学法的认识,加强对它们的学习和借鉴,进一步实现对国内法学教育的变革。

一、两种不同案例教学法的概念界定

由于前述翻译上的原因,再加上它们之间存在许多相同或类似之处和密切联系,case method 与 case study teaching method 在国内经常被混淆,甚至会被误认为是同一种教学方法,[2]但实际上是两种完全不同的教学方法。

作为美国现代法学教育的主要标志,case method,也被称为 casebook method,是与美国法律制度的传统和特点相适应的一种教学方法。在作为普通法法系国家的美国,判例法系其许多部门法律的主要渊源。因而,在该国的法学教育中,学生对判例法的学习占有非常重要的地位。该教学法主要就是与这种状况相适应的。在美国的法学教育中,它得到普遍应用,且成为一种最主要的教学方法。[3] 根据实践情况分析,它主要有二个明显区别于其他教学方法的基本特征。[4] 第一,以判例集(casebook)作为教师授课的教材。与教科书式教学法等中使用的以理论为主的教科书不同,判例集主要是根据课程教学需要从法官对现实案件做出的众多已发生法律效力的裁决书中挑选部分汇编而成。第二,以师生问答为形式的课堂讨论作为主要方式。这种方式通常被视为苏格拉底教学法(Socratic method)的应用。[5] 其中,居于主导地位的教师通过不断提问引导、启发学生学习法律知识和技能与发

---

〔1〕 在国内法学教育领域中,许多人对案例教学法的理解很宽泛,凡是使用案例的情况似乎都被视为案例教学法的应用,如在课堂讲授理论中评析案例、专门组织案例分析、模拟法庭等。这种案例教学法与美国法学教育中的两种案例教学法都存在较大差异,甚至是否能称得上是“案例教学法”还值得商榷。实际上,国内法学教育中案例使用的情况非常类似于 case method 普及前美国法学教育中案例使用的情况,参见 William G. Hammond, *Proper Course of Study for American Law Schools*, in *American Law Review*, Vol. 26 No. 6 November-December 1892 (705 - 709)。

〔2〕 实际上在美国,当谈到法学教育时,人们也经常把它们混为一谈。参见 Harvard Law School, The Case Study Teaching Method. Available: http://casestudies. law. harvard. edu/the-case-study-teaching-method [accessed Dec. 20,2013]。

〔3〕 据 1995 进行的一项调查,类似于国内法学教育中普遍应用的课堂讲授法的教师唱独角戏的教学方法在美国法学院中早已基本绝迹。参见 Steve Sheppard, *Casebooks, Commentaries, and Curmudgeons: An Introductory History of Law in the Lecture Hall*, in *Iowa Law Review*, Vol. 82 No. 2 January 1997 (592 - 593)。

〔4〕 参见 Judith Welch Wegner, *Reframing Legal Education's "Wicked Problems"*, in *Rutgers Law Review*, Vol. 61 No. 4 Summer 2009 (923 - 925)。

〔5〕 正因如此,该教学法在美国的法学教育领域中也经常被称为“苏格拉底教学法”。

展自己的法律思维能力等。基于这些特征,case method 就是指在一些法学课程的教学中应用的以判例集作为教材、以师生问答为形式的课堂讨论作为主要方式的向学生传授法律知识和技能与培养学生的法律思维能力等的一种启发式教学方法。就其本身而言,如果把其翻译成中文,判例教学法比较恰当。在台湾地区,基于第二种英文名称,其还被称为“判例书方法”。[1] 但在国内语境下把其翻译成案例教学法似乎也未尝不可。为了便于区分,以下皆以“判例教学法”称之。

与判例教学法的情况不同,case study teaching method 只是美国法学教育中近些年面对新形势而注重培养法学专业学生的分析和解决复杂问题的能力才开始采用的一种教学方法。[2] 它也常被称为 case study method 或 case method of instruction。然而,它并非一种新的教学方法,相反也是一种有较长应用历史的、比较成熟的教学方法,只不过是被应用于该国法学外的管理学等诸多专业的教育以及师资教育等中。实际上,它与法学教育也有着颇深的关系,下一部分中将予以详细介绍。尽管它在许多专业教育实践中的应用存在差异,但一般认为它主要有四个明显区别于其他教学方法的基本特征。[3] 第一,借由案例研究报告(case study)将实践中的真实问题引入课堂教学中。案例研究报告是一种以来自于实践的真实情景或事件为素材专门编写的教学材料,以对教学中需要讨论的问题及相关情况的描述和说明为主要内容。第二,以学生间的交流互动为主的课堂讨论作为主要方式。在这种特别强调学生主动学习的课堂讨论中,学生们可以多种方式参与,居主导地位,教师参与较少。第三,课堂讨论的问题往往无所谓的“正确”答案。这一方面与实践情况相一致,另一方面训练学生从多角度、多方面、多层次分析问题,寻找其最适合的解决方案。第四,教师的角色类似于戏剧导演或乐队指挥,起组织、引导、指挥、提升、督促等重要作用。教师不仅需进行周密而巧妙的教学设计,也需掌控所有教学环节的推进。基于这些特征,case study teaching method 就是指在一些专业的课程教学中应用的以专门编写的案例研究报告作为媒介、在教师的组织、引导、指挥下学生主要通过课堂中相互间的交流互动主动学习专业知识和技能与发展自己较强的专业实践能力的一种启发式教学方法。就其本身而言,如果把其翻译成中文,“案例研究教学法”比较恰当。实际上,如果是在非法学教育领域中,把其翻译为案例教学法也不会产生什么问题,因为基本上不会产生与判例教学法相混淆的

---

〔1〕 参见林世宗:《台湾东吴大学法学院比较法学教育之简介》,载《苏州大学学报》(哲学社会科学版)2001年第 z1 期,第 240 页。

〔2〕 这可能是国内法学教育界很少直接提及该教学方法的重要原因。前述说的国内法学教育中的案例教学法受到其影响,并非由于美国法学教育中对其的研究和应用,而是由于国内许多教育领域对其的大量研究和应用。此外,或许有人会因此而认为把这两种教学法放在一起进行比较研究有些牵强。实际上并非如此,原因有三个。第一是在国内法学教育领域中有关案例教学法的研究和应用中存在不少混淆它们的情况,第二是许多证据表明国内法学教育中的“案例教学法”受到了 case study teaching method 的不少影响,突出表现在编写的案例和把应用它的课程归入实践课程上,第三是基于国内外实践看它们非常符合国内法学教育改革的需要,都具有重要的学习和借鉴价值。

〔3〕 参见 Chris Argyris, *Some Limitations of the Case Method: Experiences in a Management Development Program*, in *The Academy of Management Review*, Vol. 5 No. 2 April 1980(291). 需要说明的是,原文中是五个特征,但实际第二个和第三个都是说明课堂讨论方面的特点,故在此把其归为一个。

情况。[1] 为了便于区分,以下皆以"案例研究教学法"称之。

从以上探讨可初步看出,判例教学法和案例研究教学法存在许多相同或类似之处,但是差异也比较明显。就前者而言,它们在性质上都是启发式教学方法,都强调学生的主动学习,在媒介和方式上非常类似,都是采用案例和课堂讨论。就后者而言,"案例"不同,判例教学法采用的是法官处理案件而做出的具有权威性的裁决书,而案例研究教学法采用的是以专业实践中的问题的描述和说明为主要内容的案例研究报告;课堂讨论不同,判例教学法中采用以教师为中心和主导的问答形式,学生参与较多,但并非处于主导地位,且相互间的交流互动较少,以探讨法律规则的适用为主要内容,而案例研究法中采用学生主导的辩论形式,教师参与较少,以探讨案例中的问题的分析和解决为主要内容;应用目的不同,判例教学法兼顾法律知识和技能的传授与法律思维能力的培养,而案例研究教学法侧重于学生专业实践能力的培养。

二、两种不同案例教学法的渊源探寻

在渊源上,判例教学法与案例研究教学法有着极为密切的关系。前者的产生早于后者,后者是在前者的基础上发展演变而来的,两者都与法学教育有着颇深的关系。

一般认为,判例教学法产生于 19 世纪 70 年代初的哈佛大学法学院(Harvard Law School)。在当时的美国,大学设立的法学院正处于早期的发展阶段,法学教育尚未得到定型,法学院在大学中的地位也较低。在教学方法上,主要采用的是讲座式教学法(Lecture method)与教科书式教学法(Textbook method)。[2] 前者是美国早期法学教育中较早创立的一所私立法律学校 Litchfield School(成立于 1784 年,由法官 Reeve 开办)开始采用的一种专门教授法律的方法,后者是在美国大学的法学院在发展中逐步由前者演变而来的一种教学方法。[3] 在它们的应用中,学生多通过听法官、执业律师、教授等主讲的讲座(多以讲解布莱克斯通的《英国法释义》(Blackstone's Commentaries)为主要内容)和背诵以从判例中提炼出的法律规则为主要内容的教科书(多是个人专著)等方式学习法律,多是被动接受知识,也无法与教师进行很好的互动。[4] 1870 年,新上任的哈佛大学法学院院长克里斯托弗·哥伦布·兰戴尔教授(Christopher Columbus Langdell)在校长查尔斯·威廉·艾略特

---

〔1〕 也正因如此,在美国的非法学教育领域中该教学法也经常被称为"case method"。

〔2〕 参见 Joseph Redlich, *The Common Law and the Case Method in American University Law Schools*, New York: The Carnegie Foundation for the Advancement of Teaching, 1914, pp. 7-8。

〔3〕 参见 David D. Garner, *The Continuing Vitality of the Case Method in the Twenty-First Century*, in *BYU Education and Law Journal*, Vol. 2000 No. 2 2000(311-316)。

〔4〕 参见 Myron Moskovitz, *Beyond the Case Method: It's Time to Teach With Problems*, in *Journal of Legal Education*, Vol. 42 No. 2 June 1992(242)。

(Charles William Eliot)的支持下决定对前述教学方法进行改革,提出并开始推行判例教学法。[1] 尽管一些研究表明最早应用该教学法的另有其人,[2]但这丝毫也不会影响到他为推行它所做出的巨大贡献。正因为此,他成为了美国法学教育史上"最有影响的人物"。[3]有时,他也被人们赞誉为"美国现代法学教育的奠基人"。[4]

该教学法的提出是建立在Langdell的实证主义的法律认识观和科学的法学教育方法论两个思想基础上的。Langdell认为,"无法从自然法中推导出一般的法律原理,而应用归纳的方法分析以前的所有的普通法判例,才可揭示出一般的法律原理;在此过程中,也可找到创设和适用处理具体案件的法律规则的方法;正是应用此方法,基于以前的判例揭示出的一般法律原理可创设新的法律规则,适用于新的案件;判例法的这种运行机制在逻辑上是完美的,是符合科学原理的,为法律实践提供了一个坚实的基础。"[5]根据该认识,他断定法律是一门科学。在这种法律认识观的基础上,他认为,既然法律是一门科学,其学习也应像其他科学的学习一样使用科学的方法。[6] 他在自己编写的第一本判例集中明确指出,法律科学主要是由特定的"principles"(法律原理)或"doctrines"(法律学说)构成的,[7]而学习这些法律原理或学说的最快捷的、最佳的方法就是让学生直接学习法院判例。[8]经由对作为法律实践主要形式的判例的研读与思考,学生可发现和深刻理解法律精义,熟悉法律运行过程,创新法理内涵,发展法律思维能力。尽管他对法律作为一门科学的认识

---

〔1〕 除了教学方法改革外,他还推行了诸如入学学士资格要求、三年制等多项改革。这些改革为美国现代法学教育的定型起到了重要作用。有关其他改革的情况,可参见 Christopher C. Langdell, *Teaching Law as a Science*, in Steve Sheppard (eds.), *The History of Legal Education in the United States: Commentaries and Primary Sources*, vol. 1, Pasadena, CA: Salem Press, 1999, pp. 515 – 516。

〔2〕 在美国大学的法学教育中最早直接将判例用于教学是纽约大学的教授约翰·诺顿·波默罗伊(John Norton Pomeroy)。早在1867年前,他在讲授《衡平法》课程时就开始采用判例教学法。参见 Anthony Chase, *The Birth of the Modern Law School*, in *The American Journal of Legal History*, Vol. 23 No. 4 October 1979(332 – 343)。

〔3〕 Bruee A. Kimball, *The Langdell Problem: Historicizing the Century of Historiography*, in *Law and History Review*, Vol. 22 No. 2 Summer 2004(277)。

〔4〕 William M. Wiecek, *The Lost World of Classical Legal Thought: Law and Ideology in America*, 1886 – 1937, New York: Oxford University Press, 1998, p. 93。

〔5〕 Fernando M. Toller, *Foundations for a Revival of the Case Method in Civil Law Education*, in *Journal of Civil Law Studies*, Vol. 3 No. 1 January 2010(32)。

〔6〕 参见 Lawrence M. Friedman, *A History of American Law*, 2nd ed., New York: Simon & Schuster, Touchstone Books, 1985, p. 612。

〔7〕 对于此处的"principles"和"doctrines",国内研究者多把前者直接翻译为"(法律)原则",后者为"(法律)原理"。这种翻译非常值得商榷,因为在普通法理论中它们都是比较抽象的概念,类似于国内法学理论中的"法律原理",不过前者所处的层次更深。因此,在此把前者译为"法律原理",而后者译为"法律学说"。对于前者,可参见 Michael S. Moore, *Legal Principles Revisited*, in *Iowa Law Review*, Vol. 82 No. 3 March 1997(867 – 891);对于后者,可参见 Emerson H. Tiller and Frank B. Cross, *What is Legal Doctrine?*, in *Northwestern University Law Review*, Vol. 100 No. 1 January 2006(517 – 533)。

〔8〕 参见 Christopher C. Langdell, *A Selection of Cases on the Law of Contracts*, Boston: Little, Brown and Company, 1871, p. vii。

存在一些问题,[1]但他对法学教育方法的认识却蕴含较强的科学性。正是后者使得 Langdell 在哈佛哲学史上也拥有了重要的一席之地,尽管那时还恰逢哈佛哲学发展上的黄金时代,而他也只不过是法学院的院长而已。[2]

Langdell 刚开始时对判例教学法的设计比较简单,基本就是选择一些有价值的判例用于课堂教学中,让学生去阅读和分析,并未涉及课堂上如何讨论的细节。随后不久,又借鉴了苏格拉底教学法的部分内容,对课堂讨论方式进行了完善。[3] 为应用该教学法,Langdell 专门编写了《合同法判例选辑》,在 1870—1971 学年第一学期(1870 年秋季学期)作为教材开始用于合同法的教学中。然而,它在美国法学教育中的推行可谓一波三折。在推行的前几年在该学院就遇到了不少困难和阻力,不仅支持的教师很少,学生也强烈抵制,Langdell 为此还差点丢了工作。[4] 在推行后的很长一段时间内,它也一直遭遇到了来自该学院外各方的质疑、批评和反对。在这其中,就包括美国律师协会(ABA)。直到 1892 年,该协会一直都还在强烈抵制。尽管如此,凭借科学性、实用性和灵活性等特点,在应用中得到不断完善的判例教学法逐步得到了人们的认可和接受,[5]Langdell 及其领导下的哈佛大学法学院也逐步获得了较高的声望。到 1907 年,全美 92 所法学院中采用该教学法的已超过了 30 所。到 1920 年,它就已完全确立了在美国法学教育中的主导地位。[6] 到 1930 年,它在全美法学院范围内基本上得到了普及。[7] 此外,它还逐渐被推广到了加拿大、澳大利亚等一些普通法法系国家中。[8]

判例教学法的提出和推行不仅对法学教育产生了极其深远的影响,大大提升了法学院

---

〔1〕 参见 Robert Stevens,*Law School: Legal Education in America from the* 1850's to the 1980's,Chapel Hill: The University of North Carolina Press,1983,pp. 53 - 55。

〔2〕 Bruce Kuklick,*The Rise of American Philosophy: Cambridge,Massachusetts*,1860 - 1930,New Haven,Connecticut: Yale University Press,1977,p. 556。

〔3〕 参见 Robert Stevens,*Law School: Legal Education in America from the* 1850'*s to the* 1980'*s*, Chapel Hill: The University of North Carolina Press,1983,p. 55。

〔4〕 在采用判例教学法教学的第一年,他被视为一个怪人,上他的课学生大多都离开了,只剩下七、八个。与此同时,法学院学生录取数也在下降。到 1874 年,有很多关于他被解雇的传言。参见 Seligman,J.,and Bernabei,L.,*The High Citadel: The Influence of Harvard Law School*,Boston: Houghton,Mifflin,1978,p. 35。

〔5〕 关于其早期完善的情况,参见 Arthur D. Austin,*Is the Casebook Method Obsolete*?,in *William and Mary Law Review*, Vol. 6 No. 2 April 1965(162 - 164);关于其普及后的一些完善情况,参见 Edwin W. Patterson,*The Case Method in American Legal Education: Its Origins and Objectives*,in *Journal of Legal Education*,Vol. 4 No. 1 Autumn 1951(1 - 20)。

〔6〕 参见 David A. Garvin,*Making the Case: Professional Education for the World of Practice*, in *Harvard Magazine*, Vol. 106 No. 1 September-October 2003(58)。

〔7〕 参见 Paul D. Carrington,*Hail! Langdell!*,in *Law and Social Inquiry*,Vol. 20 No. 3 July 1995(740)。

〔8〕 在国内法学教育领域中,一些人似乎认为判例教学法是所有普通法系国家的主导教学法。这实际上是一种误解。在英国,判例教学法在法学教育中虽得到了一些应用,但并非主导教学法,法学教育模式也与美国的存在非常大的差异,可参见 Sandra R. Klein,*Legal Education in the United States and England: A Comparative Analysis*, in *Loyola of Los Angeles International and Comparative Law Review*,Vol. 13 No. 3 February 1991(601 - 641)。

在大学中的地位,也对其他专业的教育产生了重要影响。[1] 其中,它对工商管理教育的影响促使了案例研究教学法的产生。

案例研究教学法产生于20世纪20年代的哈佛大学商学院(Harvard Business School)。1908年,由哈佛大学艺术与科学学院的历史与政治学系筹办的商学院正式成立。此时,正值判例教学法在全美范围内得到快速推行之时。在该学院成立前,"负责筹备的教师们受到判例教学法获得较大成功的鼓舞,就决心努力要让这个即将成立的新学院在此方面上也有新的建树。"[2] 与此同时,两年后将成为哈佛大学校长的艾布特·劳伦斯·洛威尔(Abbott Lawrence Lowell)教授也向他们写信建议向法学院学习,借鉴其基于判例教学法的人才培养模式。[3] 在这些影响下,该学院在成立后首任院长埃德温·弗朗西斯·盖伊(Edwin Francis Gay)就开始学习和借鉴判例教学法的部分内容,倡导在讲座和报告等中引入大量课堂讨论的"问题教学法"(problem method)。[4] 该教学法也被哈佛大学商学院看作是案例研究教学法的前身。也就是从此时起,该学院在教学方法上确立了两个重要原则:一是把案例作为教学媒介,二是引导学生通过自学和相互学习来学习专业知识和技能。[5] 在他的倡导下,一些教师开始将辩论方式引入到讲座中,工商管理实践中的一些问题也被引入到课堂,学生需要根据要求写出分析和建议。[6] 然而,很长一段时间内,该学院的课程设置和教学方法总体上仍比较守旧,并无太多创新。[7] 1919年,华莱士·布雷特·多纳姆(Wallace Brett Donham)成为该学院的第二任院长。正是他的到来,才使这一切发生了显著变化。为加快发展,他继续大力推行教学方法上的改革,为案例研究教学法的形成和推行做出了卓越贡献。这也使他成为了该学院发展史的重要人物之一,尽管他在学术研究上的建树较少。在继承了其前任的一些好做法的基础上,他大胆把判例教学法直接引入工商管理教育中,根据工商管理教育的特点对该教学法的设计进行了许多改造,在很大程度上促使了案例研究教学法的形成。在其推行方面,他也做了大量工作。

这位毕业于哈佛大学法学院的院长对判例教学法以及工商管理和法学两个专业的情况都比较了解,认为法学教育中广泛应用的判例教学法完全也可应用于工商管理教育中。

---

〔1〕 其实,判例教学法产生的重要影响并不限于此。参见 Robert Stevens, *Law School: Legal Education in America from the 1850's to the 1980's*, Chapel Hill: The University of North Carolina Press, 1983, p. 56。

〔2〕 Katherine K. Merseth, *The Early History of Case-Based Instruction: Insights for Teacher Education Today*, in *Journal of Teacher Education*, Vol. 42 No. 4 September-October 1991(243)。

〔3〕 参见 Katherine K. Merseth, *The Early History of Case-Based Instruction: Insights for Teacher Education Today*, in *Journal of Teacher Education*, Vol. 42 No. 4 September-October 1991(243 – 244)。

〔4〕 参见 Copeland, Melvin T., *And Mark an Era: The Story of the Harvard Business School*, Boston: Little, Brown and Company, 1958, p. 27。

〔5〕 参见 E. Raymond Corey, *Case Method Teaching*, Harvard Business School 9 – 581 – 058, Rev. November 6, 1998, p. 4。

〔6〕 参见 Fernando M. Toller, *Foundations for a Revival of the Case Method in Civil Law Education*, in *Journal of Civil Law Studies*, Vol. 3 No. 1 January 2010(30)。

〔7〕 参见 David A. Garvin, *Making the Case: Professional Education for the World of Practice*, in *Harvard Magazine*, Vol. 106 No. 1 September-October 2003(60)。

正如他在1922年发表的一篇文章中所指出的，“判例教学法的应用涉及判例来源、按照课程对判例的分类汇编、专门编辑出版的判例集、判例的基本内容、判例分析讨论揭示出的一般原则等基本条件，而这些条件，除了判例来源外，在工商管理教育中也都是已具备或可创造的。”[1]“尽管判例教学法在工商管理教育中的应用中面临不少的限制和困难，”但在他看来，“这些都不是原则性的，而都是可克服的实际问题。”[2]由于两个专业的教育存在一些差异，如学生学习的主要内容是法律规则，司法实践中存在大量的现成的判例，法律思维能力的培养非常关键等皆为法学专业所特有，判例教学法并非是被Donham简单移植到了工商管理教育中，而是经过了许多较大的改造。在应用目的方面上，与法学教育中需注重培养学生的法律思维能力不同，工商管理教育中对学生的分析和解决问题的实践能力的培养才是人才培养的重心所在。适合工商管理教育的教学法就需在很大程度上能有助于此目的的实现。在Donham看来，对于工商企业的管理人员而言其主要任务就是做出和执行决策，并且经常是在面临许多不确定因素的情况下，根据当时盛行的实用主义哲学思想，需要通过适当案例的使用对学生进行审时度势、随机应变的训练。[3] 在案例方面，在工商管理教育并中无现成的案例来源，只能在认真研究的基础上编写专门的案例，而案例的主要内容应是实践中引起问题的各种事实或者期待解决的问题；与判例不同，凡是有助于培养学生实践能力的事实都应包括在案例中，与此同时，案例中既要包括问题分析和解决需要的事实，也要包括一些无关的事实，从而加强对学生分析能力的训练；与判例不同，案例中问题的解决允许多个方案的存在，从而加强对学生独立思考的训练。[4] 在课堂讨论方面，由于工商管理教育中的案例中并无判例中法官最后适用法律处理案件的裁决部分，课堂讨论的主要内容并非是分析处理案件的法律规则的适用，而是问题本身的分析和解决。[5]此外，课堂讨论仍然延续了前期改革中确定以学生主导的形式。正是由于这些改造，再加上后来其在工商管理教育应用中的不断完善，判例教学法逐步被发展成为了另一种全新的教学方法——案例研究教学法。

Donham认识到，案例编写和师资培训对尽快推行案例模式在工商管理教育中的应用至关重要。[6] 因而，他积极努力地推进这两项重点工作。就前者而言，他说服该学院的一位著名教授Melvin Thomas Copeland放弃编写已计划好的教科书，改为编写工商管理案例

---

〔1〕 Wallace B. Donham, *Business Teaching by the Case System*, in *American Economic Review*, Vol. 12 No. 1 March 1922(56)。

〔2〕 Wallace B. Donham, Business *Teaching by the Case System*, in *American Economic Review*, Vol. 12 No. 1 March 1922(53-54)。

〔3〕 参见 David A. Garvin, *Making the Case: Professional Education for the World of Practice*, in *Harvard Magazine*, Vol. 106 No. 1 September-October 2003(60)。

〔4〕 参见 Wallace B. Donham, *Business Teaching by the Case System*, in *American Economic Review*, Vol. 12 No. 1 March 1922(55-62)。

〔5〕 参见 Wallace B. Donham, *Business Teaching by the Case System*, in *American Economic Review*, Vol. 12 No. 1 March 1922(56)。

〔6〕 参见 Katherine K. Merseth, *The Early History of Case-Based Instruction: Insights for Teacher Education Today*, in *Journal of Teacher Education*, Vol. 42 No. 4 September-October 1991(244)。

集,促使了第一本工商管理专业的案例集在1920年9月的出版;更为重要的是,他还筹集资金,专门成立了一个工商管理研究所(the Bureau of Business Research),由它负责编写多门课程的案例集。[1] 此外,为搜集编写案例所需的资料,仅1920年11月1日至1921年7月1日,该学院就筹集资金印制了94954份问题调查表。[2] 就后者而言,他通过非正式会议、成立教学小组等多种方式创造教师互相交流学习的机会,使他们提高对案例模式的认识和应用技能。[3] 在他的努力推行下,"在1920年后的4年内该学院的多数课程基本上都转变为案例课程。"[4]也大约就是在此期间,判例教学法实际上逐步演变成为了案例研究教学法。

到20世纪30年代中期,案例研究教学法在该学院的课程教学中占据了主导地位,也得到了其他许多学校的认可和接受。[5] 后来,作为一种极具特色和应用效果颇佳的教学方法,该教学法逐步被广泛应用于管理学、会计学、经济学、社会学、心理学、艺术学等许多文科专业乃至通信、计算机等一些理工科专业的教育以及师资教育等中,还被推广到世界上的其他许多国家。

2006年10月,在经过三年充分调研论证的基础上,[6]为大力提升学生分析和解决新形势下法律实践中遇到的诸多复杂问题的能力,哈佛大学法学院开始进行将案例研究教学法用于法学课程教学的改革试点,并鼓励所有课程的教学都采用该教学法。[7] 实际上,在此之前的很长一段时间内美国法学教育中就一直在应用一种非常类似于该教学法的"问题教学法"(problem method)。[8] 它虽然与哈佛大学商学院早期改革时的教学法同名,但

---

〔1〕 参见 David A. Garvin, *Making the Case: Professional Education for the World of Practice*, in *Harvard Magazine*, Vol. 106 No. 1 September-October 2003(60)。

〔2〕 参见 Wallace B. Donham, *Business Teaching by the Case System*, in *American Economic Review*, Vol. 12 No. 1 March 1922(60)。

〔3〕 参见 Katherine K. Merseth, *The Early History of Case-Based Instruction: Insights for Teacher Education Today*, in *Journal of Teacher Education*, Vol. 42 No. 4 September-October 1991(244)。

〔4〕 Melvin T. Copeland, *The Genesis of the Case Method in Business Instruction*, in M. P. McNair (eds.), *The Case Method at the Harvard Business School*, New York: McGraw-Hill, 1954, p. 33。

〔5〕 参见 David A. Garvin, *Making the Case: Professional Education for the World of Practice*, in *Harvard Magazine*, Vol. 106 No. 1 September-October 2003(60)。

〔6〕 关于论证的部分情况,参见 Todd D. Rakoff and Martha Minow, *A Case for Another Case Method*, in *Vanderbilt Law Review*, Vol. 60 No. 2 March 2007(597 - 607)。

〔7〕 参见 Harvard Law School, The Case Study Teaching Method. Available: http://casestudies.law.harvard.edu/about-harvard-law-case-studies/ [accessed Dec. 20, 2013]。

〔8〕 参见 Steve Sheppard, *Casebooks, Commentaries, and Curmudgeons: An Introductory History of Law in the Lecture Hall*, in *Iowa Law Review*, Vol. 82 No. 2 January 1997(623 - 634)。

存在不少差异。[1] 它的应用也为案例研究教学法在法学教育中的推行奠定了较好的基础。该教学法的正式启用或许又将掀起美国法学教育的另一场变革。[2]

三、两种不同案例教学法的应用简析

在教学应用上,判例教学法和案例研究教学法存在较大差异。这二者不但在应用的目的、媒介、方式和内容等方面上存在不少差异,而且在应用的具体实施、对师生的要求、适用的课程等方面也存在一些差异。

判例教学法的应用以向学生传授法律知识和技能与培养学生的法律思维能力等为基本目的,[3]以适合课程需要的判例集作为媒介,以借鉴苏格拉底教学法的问答式课堂讨论为主要方式,以对判例的分析为主要内容。在目的方面,在实践中,由于人们认识到判例教学法在培养学生的法律思维能力上的突出作用,有时会特别强调后者,但前者也是非常重要的。该教学法的应用也非常重视学生对法律知识的学习和理解,这二者实际上并不存在主次之分。[4] 在媒介方面,判例集也常被称为判例书、案例集或判例教材等,是教师授课和学生学习的主要材料,构成了判例教学法的一大特色。学生并非直接从判例集中获取法律知识和技能,而是以其中的判例作为思考和分析的对象,从思考和分析中逐步建立自己的知识体系,发展自己的能力。这些判例类似于自然科学课程实验中使用的素材。在判例集中,许多判例都是一个完整的案件裁决书,这些"原汁原味"的裁决书主要包括案件事实(the statement of facts)、焦点问题(the limitation to an issue or legal problems)、法庭意见(the opinion of the court)和裁决结果(the decision)等组成部分,一些判例只是案件裁决书的部分内容。在判例集的编写中,判例可按照主题(基本的法律概念)、年序、案件事实等分类排序。但一般认为,判例不能分得过细,否则编写的判例集就成为非常避讳的"例证式判例集",影响学生知识体系的建立。[5] 除了判例外,在判例集中编写者也会对其中一些内容加注,多还会附上一些论文、基本法律知识等辅助性阅读材料,以方便学生的学习。在方式

---

〔1〕 哈佛大学商学院建立后提出的"问题教学法"在很大程度上只是一些学习和借鉴判例教学法的简单构想,参见 Louis B. Barnes et al (eds.), *Teaching and the Case Method: Text, Cases and Readings*, 3rd ed., Boston: Harvard Business School Press, 1994, pp. 39 - 40. 因此,严格地讲,如果说这两种教学方法属于同一种,则后者也只是该教学法的雏形而已。关于前者的界定和相关研究情况,可参见 Steven J. Shapiro, *Teaching First-Year Civil Procedure and Other Introductory Courses by the Problem Method*, in *Creighton Law Review*, Vol. 34 No. 1 December 2000 (248 - 249)。

〔2〕 在美国法学教育领域中,近年来推行类似改革的并非只有哈佛大学法学院。关于这些改革的情况,国内也有介绍,参见汪习根:《美国法学教育的最新改革及其启示——以哈佛大学法学院为样本》,载《法学杂志》2010 年第 1 期,第 33 ~ 37 页。

〔3〕 参见 Russell L. Weaver, *Langdell's Legacy: Living with the Case Method*, in *Villanova Law Review*, Vol. 36 No. 2 April 1991 (575)。

〔4〕 参见 Steve Sheppard, *Casebooks, Commentaries, and Curmudgeons: An Introductory History of Law in the Lecture Hall*, in *Iowa Law Review*, Vol. 82 No. 2 January 1997 (593)。

〔5〕 参见 Edwin W. Patterson, *The Case Method in American Legal Education: Its Origins and Objectives*, in *Journal of Legal Education*, Vol. 4 No. 1 Autumn 1951 (12 - 13)。

方面,问答式的课堂讨论在应用中相对比较灵活。在实践中,很少有教师严格按照苏格拉底式教学法进行课堂讨论,教师往往会根据实际的教学目标和判例内容等灵活提问。在这种课堂讨论中,特别强调学生对课堂讨论的参与,这也是判例教学法区别于讲座式教学法和教科书式教学法的一大特色;[1]教师处于形式上的主导或中心地位,其参与也较多,但不能长篇大论,不能直接讲解判例涉及的法律知识,仅把其作为例证使用,主要起引导、启发、控制等作用。另外,如果学生的人数过多,这种课堂讨论就会难以进行。在内容方面,对判例的分析主要是基于法院认定的事实讨论分析判例中的法律适用的情况,具体包括对判例涉及的法律概念、法律规则、法律原理、法律推理等的分析。[2] 在分析中,教师可适当使用一些非本判例中的事实,也可使用一些假想的事实,以引导、启发学生从更深的层次上或更广的范围上理解被分析和学习的内容。

在具体实施上,教师在开课前需要编写或选择一本适合课程需要的判例集,在上课前需要向学生布置判例阅读分析的任务,学生在课前需要对教师布置的判例进行阅读分析,在上课时师生采用问答方式对所要学习的判例进行讨论。在课堂讨论中,往往先由学生对判例中的案件事实或焦点问题进行简要介绍,然后教师紧紧围绕判例涉及的法律概念、法律原理等不断提出一些问题,要求学生回答。教师的提问往往很细,问题都很小,有基于本案事实的,也有基于非本案事实的。课程结束后的考试以对虚拟案件的分析和处理为考查内容,与应用讲座式教学法和教科书式教学法时侧重于理论知识考查的情况完全不同,学生学习课程的成绩基本上由这次考试的分数决定。[3]

"判例教学法的应用能否成功在很大程度上取决于学生。"[4]学生需要掌握基本的判例阅读分析方法,课下需要花费大量时间阅读分析教师布置的判例,了解判例中认定的事实、法律适用的情况,做笔记,写判例摘要(case brief),准备课堂讨论问题的回答,有时可能还需要查阅相关的论文、著作等参考资料,了解相关的法律概念和原理及相关研究情况,在课堂讨论时需要积极思考,随时准备回答教师的提问。

在适合的课程方面,尽管最初设计是适用于以判例法学习为主要内容的法学课程,但在后来其不但被应用于这种课程,也被大量应用于以制定法学习为主要内容的法学课程。换言之,无论是前者,还是后者,即所有的法学课程,基本都适合采用判例教学法。就课程性质而言,如基于国内课程类型划分标准,它适用于的课程基本上都是理论课程。就课程层次而言,由于美国法学教育是以研究生教育为起点的,因此可以说它适用于的课程都是

---

〔1〕 参见 Edwin W. Patterson, *The Case Method in American Legal Education: Its Origins and Objectives*, in *Journal of Legal Education*, Vol. 4 No. 1 Autumn 1951(17)。

〔2〕 关于课堂讨论的内容情况,具体可参见 Sturm College of Law, University of Denver, Socratic/Case Method discussion of Arcane v. People. Available: http://www.law.du.edu/index.php/law-school-learning-aids/the-classroom-experience/examples/socratic-method-example [Accessed Jan. 20, 2014]。

〔3〕 参见 Benjamin H. Barton, *A Tale of Two Case Methods*, in *Tennessee Law Review*, Vol. 75 No. 3 Spring 2008 (237 - 239)。

〔4〕 Edwin W. Patterson, *The Case Method in American Legal Education: Its Origins and Objectives*, in *Journal of Legal Education*, Vol. 4 No. 1 Autumn 1951(19)。

研究生学习的课程。

案例研究教学法的应用一般以培养学生的较强的实践能力为主要目的,以专门编写的案例研究报告(大多数情况下也被简称为"案例")作为媒介,以学生间的交流互动为主的课堂讨论为主要方式,以多角度、多层次、多方面分析和解决案例中的两难问题、矛盾、复杂问题等为主要内容。在目的方面,向学生教授专业课程的基本概念和理论等也是该应用的目的之一,但其主要目的或更为强调的是培养学生的较强乃至超强的分析问题和解决问题的实践能力。哈佛大学商学院就把其视为缔造业界精英的法宝。[1] 在媒介方面,案例研究报告不同于判例集中已存在的法院裁决,是以现实社会中发生的事件或存在的情境为基础根据教学目标和内容专门编写的一种教学材料。它可以是对真实事件或情境的直接介绍,也可以增加一些虚构的内容。从结构上看,案例研究报告包括对事件或情境中需要解决的问题的简要说明(introduction)、对事件的来龙去脉或情境的具体情况的详细介绍(overview/analysis)、对需要解决的问题的现有解决方案的说明(status report)、案例问题(case problems)、附录等部分。[2] 从篇幅上看,它可长可短,短的可以是几段话,长的可以达20多页。它的编写要比判例集的复杂得多,其中往往包含实现多个教学目标的具体要求。当然,在实际教学中也可以选择现成的案例集。这些案例集中的案例研究报告往往会附带配套的教学说明(teaching notes)。在方式方面,课堂讨论不同于判例教学法应用中的问答式,主要是学生"表演"的舞台。在课堂讨论中,学生可对案例中的问题提出自己的解决方案,对其他学生提出的解决方案提出意见,与其他学生进行辩论等。此外,讨论前一般也多由学生对案例情况的进行简要介绍。课堂讨论既可由全班学生一起进行,也可分组进行,既可采用大家自由发言的一般方式,也可采用角色扮演、访谈等方式。无论采用何种方式,观点辩论都是课堂讨论的核心。当然,教师在课堂讨论中也具有非常重要的地位,其角色如同乐队指挥,主要负责课堂讨论的组织和控制。在内容方面,对于案例中的问题的解决,往往并无所谓的"正确"答案。

在具体实施上,教师在开课前需要根据课程的需要编写或选择足够数量的案例,也可以选择一本适合的案例书(案例集),在上课前需要在分析研究课堂上将讨论的案例及其使用的基础上根据教学目标和学生情况进行详细的教学设计,主要包括案例的介绍方式、学生讨论前的指导内容、课堂讨论问题的设置、课堂讨论的方式、学生进行课堂讨论时的控制、课堂讨论总结的内容、案例讨论需要的课时等,并向学生布置案例阅读分析的任务,学生在课前需要对教师布置的案例进行阅读分析,在上课时教师组织学生对案例进行讨论,分析案例中的问题的解决方案,学生在讨论中提出自己的观点,与其他学生进行辩论,教师向学生提问,控制学生讨论进程,增加讨论深度,并对课堂讨论情况进行总结等。与应用判例教学法的情况不同,学生学习课程的成绩并非由最后一次考试的分数决定,而主要由课

---

〔1〕 参见 Harvard Business School, The Case Method at HBS. Available: http://www.hbs.edu/teaching/inside-hbs/ [accessed Feb. 12, 2014]。

〔2〕 参见 Laura Millar, *Writing Case Studies: A Manual*, London: International Records Management Trust, 1999, pp. 9 – 11。

程学习过程中教师对其课堂表现和平常作业的评分决定。[1]

案例研究教学法的应用对师生的要求都非常高。教师需要掌握好该教学法的应用方法,特别是掌握对学生主导的课堂讨论的驾驭方法,认真分析研究所使用的案例,进行精心的教学设计,熟悉案例分析中涉及的概念和理论,熟悉案例情况,对案例中的问题的解决有较好的把握,对学生的情况有较好的了解。学生需要在课下花费大量时间阅读分析教师布置的案例,了解案例的详细情况,对案例中的问题进行分析,提出自己的解决方案,思考如何应对其他学生的质疑,很多情况下还需要查阅相关的论文、著作等参考资料,了解相关的概念和理论及相关研究情况,在课堂讨论时根据教师的安排积极发表自己的观点,积极思考,对其他学生的观点提出自己的意见,同其他学生进行辩论等。

在适合的课程方面,其广泛应用于管理学等诸多专业的课程教学中。就课程性质而言,如基于国内课程类型划分标准,案例研究教学法适用于的课程也基本上都是理论课程。就课程层次而言,既有本科生学习的课程,也有研究生学习的课程。

四、两种不同案例教学法的优劣评析

判例教学法和案例研究教学法都是被实践充分证明具有较佳应用效果的教学方法。前者在美国法学教育中的应用已近150年了,后者尽管在美国法学教育中的应用时间并不长,但在工商管理等管理学专业的教育已近100年了。它们在教育实践中的成功应用得益于它们具有的许多优点。当然,任何方法都不可能十全十美,它们也不可避免地具有一些缺点。

与法学教育中应用的讲座式教学法、教科书式教学法等其他教学方法相比,判例教学法具有较强的科学性、实用性和灵活性等一些突出的优点。[2] 它的科学性主要源于它本身的基本设计。从性质上看,判例教学法是一种启发式教学法。按照其设计,学生以作为法律实践主要表现形式的判例作为学习对象,通过课下自己的阅读和分析与课堂讨论中在教师引导、启发下的进一步思考和学习主动获取自己需要的法律知识和技能,并逐步建立自己的知识和能力体系。"法律科学乃经由法院就具体个案为判决形成,即使成文法条之法律真意亦须由法官于具体案例中为解释,犹如经过科学实验之结论,因此,直接以法院判例为教学,乃带领学生进人现实法律科学实验室学习法律。"[3] 在这种自己主动"探知"知识的"实验"过程中,学生不但能很好地理解和接受所学的法律知识和技能,而且能较好地发展的法律思维能力、独立思考和自学的能力。与那些在应用中学生多是被动接受和靠死记硬背掌握法律知识和技能的传统教学方法相比,它的科学性相当明显。作为一个非常值

〔1〕 参见 Benjamin H. Barton, *A Tale of Two Case Methods*, in *Tennessee Law Review*, Vol. 75 No. 3 Spring 2008 (237 - 239)。

〔2〕 参见 Robert Stevens, *Law School: Legal Education in America from the* 1850's *to the* 1980's, Chapel Hill: The University of North Carolina Press, 1983, pp. 53 - 55。

〔3〕 林世宗:《台湾东吴大学法学院比较法学教育之简介》,载《苏州大学学报》(哲学社会科学版)2001年第z1期,第241页。

得大书特书的优点，它的实用性集中体现在它具有的较高的应用价值方面上，具体表现为能提高学生学习法律的兴趣，使学生直接接触并系统学习判例知识，教会学生自己阅读分析判例（法院裁决书）的方法，使学生熟悉法律应用的过程，培养学生的法律思维能力，提高学生的心理素质，帮助学生树立正确的法律职业观等。[1] 其中，教会学生自己阅读分析判例的方法和培养学生的法律思维能力最重要，也正是该教学法能得到广泛认可和应用的关键所在。就前者而言，学生在课下对大量的判例及相关资料的阅读分析以及在课堂讨论中的积极思考和参与使其能很好地掌握判例阅读分析的方法。更为重要的是，学生通过这些训练还能找到适合自己的自学方法，具备较强的自学能力。“授人以鱼不如授人以渔”。与其他专业课程相同，法学课程也具有知识点多、内容复杂、涉及面广等特点，试图向学生教授其需要的全部知识是行不通的，而让其掌握自学之法，自己去学习，主动去学习，才是最科学的做法。就后者而言，法律思维能力是法律职业从业人员必须具备的基础能力，而在其中，法律推理能力是核心部分，也最关键，法律思维能力的其他部分在很大程度也都可归入其范围内，而该教学法在此能力的培养上效果最好。法律推理能力是针对特定的案件事实寻找适合的法律规则，继而将该规则应用于该事实对案件进行处理的能力，而在判例教学的应用中，以侧重于法律规则的适用分析的课堂讨论，再加上学生对判例的直接接触和系统学习，使学生能持续不断地进行法律推理训练，从而使其具备较强的法律推理能力。此能力的形成为学生毕业后从事律师、法官等法律职业奠定了最坚实的基础，可以使他们达到“以不变应万变”的境界。它的灵活性来源于它的总体设计——“判例 + 课堂讨论”。这种设计比较简单，使它在具体应用上非常灵活，也很容易地与其他教学法一起使用。在实践中，该教学法在具体实施并无严格统一的程序步骤，有关其的专门培训也较少，[2] 各个法学院、各门课程、各位教师在其具体实施中都或多或少地存在一些差异。该优点也是其能够得到推广的一个重要原因。

尽管判例教学法在实践中已得到了非常多的认可和应用，但对它的批评至今也没有停止过。[3] 反对者们认为，它的应用容易使教师忽视对法律知识的传授，容易导致学生学习的知识范围较窄，耗时较多，效益较低，需要学生通过较长的时间才能适应。[4] 此外，由于多种因素的限制，判例集有时不能很好地满足学生学习的需要。[5] 这些批评固然有一定道理，但其中一些指出的缺点并非是该教学法本身存在的，而是如何使用它的问题，一些批

---

〔1〕 参见 Russell L. Weaver, *Langdell' s Legacy: Living with the Case Method*, in *Villanova Law Review*, Vol. 36 No. 2 April 1991(518)。

〔2〕 参见 Russell L. Weaver, *Langdell' s Legacy: Living with the Case Method*, in *Villanova Law Review*, Vol. 36 No. 2 April 1991(544)。

〔3〕 参见 David D. Garner, *The Continuing Vitality of the Case Method* in the *Twenty-First Century*, in *BYU Education and Law Journal*, Vol. 2000 No. 2 2000(307)。

〔4〕 参见 David D. Garner, *The Continuing Vitality of the Case Method in the Twenty-First Century*, in BYU Education and Law Journal, Vol. 2000 No. 2 2000(307)。

〔5〕 参见 Russell L. Weaver, *Langdell' s Legacy: Living with the Case Method*, *in Villanova Law Review*, Vol. 36 No. 2 April 1991(566 – 573)。

评者也并未能整体上对它评价,往往无视它应用所产生的极佳效果。

作为一种在许多专业教育领域中都既时髦又实用的教学方法,案例研究教学法克服了教科书式教学法、讲座式教学法等传统教学方法存在的与实践联系不足、重知识传授轻技能培养、学生学习缺乏主动性、积极性和扩展性等弊端,具有许多它们无法比拟的优点。这些优点包括"具有连接理论和实践的桥梁作用的案例使学生的学习紧密联系实际,为学生提供运用所学知识的机会,培养学生的较强的包括问题分析、决策、策略性思考等重要实践能力,培养学生对复杂问题的处理能力,培养学生的分析能力、交流能力、人际交往能力,培养学生的包容、合作和创新意识,培养学生的团队精神,提高学生学习的主动性,培养学生的较强的自学能力,拓宽学生的学习视野,扩大学生学习的知识面等"。[1] 以培养高素质专业人才为导向的独到设计使案例研究教学法在学生实践能力培养方面上表现出极佳的效果,它的优点大多可归结在此方面上。在该教学法的应用中,实践中的两难问题、疑难问题等被引入课堂,学生以职业人员的角色运用相关的理论知识对这些问题进行思考和分析,提出自己的解决方案,同其他学生的解决方案进行比较分析,并在教师的指导下实现对理论知识及其应用的全面深入掌握。这种从理论到实践、从问题思考到行动、从个人思考分析到集体的交流互动的过程不但使学生加深了对理论知识的理解和掌握,而且使学生获得了多种在实践中非常有用的能力,特别是对实践问题的全面分析和合理解决的能力。此外,该教学法也有助于教师加深对学生的了解和加强自身的学习。[2]

与作为其发展基础的判例教学法相比,该教学法也具有一些优点,具体包括培养的是更"务实"的实践能力,[3] 考试的评分方法更合理,更有利于培养学生的团队精神,更有利于学生知识面的扩展,更好地促进教师开展相关科研工作等。[4] 其中,第一个优点最为突出。判例教学法的应用培养的主要是法学专业学生需具备的职业基本能力——法律思维能力("think like a lawyer"),并非是学生分析和解决在法律实践中遇到的疑难、复杂问题的能力,[5] 而当案例研究教学法应用于法学教育中时,培养的恰恰就是这种能力。这也正

---

[1] McAlister-Kizzier, Donna, *Case Studies for Effective Business Instruction*, Little Rock, AR: Delta Pi Epsilon Society, 1999, pp. 4 - 5。

[2] 参见 Selma Wassermann, *Introduction to Case Method Teaching: A Guide to the Galaxy*, New York: Teachers College Press, 1994, p. 4。

[3] 实践能力简单地说就是"做事"的能力,具体地说分析和处理实践中遇到的"问题"的能力。这种能力并非人们常说的"技能",而是"从事好"各种职业所需要的一种基本能力。关于实践能力的界定,参见吴志华、傅维利:《实践能力含义及辨析》,载《上海教育科研》2006年第9期,第23~25页。在现实生活中,人们常说的"某个人能力强"往往指的就是这种能力。对于这种能力的培养往往是人们对高等教育寄予的厚望。实际上,这种能力的形成取决于多种因素,如个人性格、家庭教育、基础教育、个人阅历等,高等教育的作用相对有限。尽管如此,但在高等教育中大量的强化训练还是可以大大增强这种能力的。案例研究教学法的成功应用就证明了这一点。

[4] Benjamin H. Barton, *A Tale of Two Case Methods*, in *Tennessee Law Review*, Vol. 75 No. 3 Spring 2008 (236 - 246)。

[5] 关于"Think like a lawyer"在很长一段时间都被理解为法律思维(能力),但在近些年来一些学者开始对它进行了进一步的思考和研究,表现出扩展其涵盖的能力的范围的倾向。参见 Todd D. Rakoff and Martha Minow, *A Case for Another Case Method*, in *Vanderbilt Law Review*, Vol. 60, No. 2 March 2007 (600)。这也反映了人们认识到对法学专业的学生,除了重点进行法律思维能力的培养外,还需要加强其他方面的能力(如实践能力)的培养。

是哈佛大学法学院推行新改革的重要原因。[1]

尽管其优点很突出,但案例研究教学法也具有一些明显的局限性。这些局限性具体包括"案例受其编写者个人的影响较多,教师对该教学法的掌握情况对其使用的成功与否具有较大影响,可用于教学的案例来源有限,一些案例来源存在加工和缩减的问题,在学生知识的学习和技能的培养上仍存不足,课堂讨论中存在的诸多不确定性因素容易给学生和教师造成焦虑等负面的心理影响,课堂讨论太过于激烈,课堂讨论容易导致男女不平等,耗时较多,效率较低等"。[2] 从实践情况看,这些局限性大多是客观存在的。但与判例教学法的情况类似,其中大多也并非该教学法本身存在的问题,而是如何使用它的问题。

五、两种案例教学法的仿效辩明

对于国内法学教育,判例教学法和案例研究教学法都是非常值得学习和仿效的,特别是前者。之所以提出此观点,不但是因为这两种教学法具有较高的应用价值,而且是因为它们也完全适合国内法学教育。

就判例教学法而言,国内法学教育界对其仿效问题多年来一直存在争议。在其传入国内后的一段时间内一些学者就提出了仿效观点,但遭到否定。[3] 后来,逐步产生了对其不能仿效而只能部分借鉴的主流观点。[4] 然而,在该观点的影响下,其在国内法学教育中的应用受到了较大限制,未能发挥出人们预想的重要作用。基于这种现状,近年来一些学者又提出仿效观点。[5] 由于人们在该教学法的应用价值方面上并无异议,因此前述争议就是关于其是否适合国内法学教育的问题。少数人的观点未必是错误的,判例教学法实际上完全适合国内法学教育,无需所谓的"本土化"。

基于其基本设计与应用实践分析,判例教学法可直接适用于国内法学教育。它并非只适合判例法的学习。单从学习内容上看,学生对判例法和制定法的学习是一致的,一方面是法律规则,另一方面是法律原理。对前者而言,学生学习的内容主要在于"有哪些"、"是什么"(what)的问题,而对后者而言,学生学习的内容主要在于"为什么"(why)、"怎样用"(how)的问题。[6] 按照该教学法的基本设计,学生就是通过直接学习法院判例来学习这

---

〔1〕 参见 Todd D. Rakoff and Martha Minow, *A Case for Another Case Method*, in *Vanderbilt Law Review*, Vol. 60, No. 2 March 2007(600)。

〔2〕 McAlister-Kizzier, Donna, *Case Studies for Effective Business Instruction*, Little Rock, AR: Delta Pi Epsilon Society, 1999, pp. 6 – 7。

〔3〕 参见王利明、叶林:《试论法学教育中的案例教育学法》,载《法学家》1993 年第 3 期,第 81 ~ 82 页。

〔4〕 参见王春婕、余净植:《案例教学法对法学教育改革的促动》,载《中国成人教育》2002 年第 9 期,第 52 ~ 53 页。

〔5〕 参见蒋志如:《试问中国法学院何处去?——以案例教学法在中国语境的遭遇为中心的考察》,载《清华法律评论》(第 1 辑),清华大学出版社 2012 年版。

〔6〕 判例教学法的应用重点还是强调对后者的学习,此处的两种问题也是 Langdell 在应用该教学法时问的最多的。参见 Arthur E. Sutherland, *One Man in His Time*, in *Harvard Law Review*, Vol. 78 No. 1 November 1964(7 – 10)。

些内容,而无论是适用判例法的判例,还是适用制定法的判例在内容和结构基本上是一致的,这二者的主要差异在于前者基于法律原理创设法律规则,而后者基于法律原理解释法律规则,学习和分析这两种判例的重点都在于法律规则背后的法律原理,因而,判例是何种类型对学生的学习影响不大。由于不实行判例制度的法院"案例"与适用制定法的判例在实质上是一样的,都是法官适用制定法的裁决书,无非后者具有一定的"权威性",因此学生通过前者来学习法律知识不存在什么原则性问题。在实践上看,如前所述,该教学法也被广泛应用于制定法的学习中。从这两个方面看,判例教学法完全可适用于制定法的学习。因而,它自然也适合以制定法学习为主的国内法学教育。在应用上,国内法院的案例与美国的判例(案例)相差较大,似乎会成为其应用的一个障碍,但实际上并非如此。国内法院的案例(裁决书)相对于美国的判例要简单得多,特别是法律适用的论证部分。有观点认为,国内法院的裁决书"往往并无周延的司法推理以及判决理由的阐述","这样的判决书本身很难作为案例教学法中所使用的案例"。〔1〕 的确,这是一个缺点。但这并不影响它们在教学中的应用,或许还会成为一个优点,因为它们留给教师和学生发挥的空间更大,更有利于学生的学习。〔2〕

在国内法学教育方面,判例教学法的应用不仅不会影响其培养多层次法学专业人才的目的的实现,反而更有助于此目的的实现,也有助于其克服在人才培养方面长期存在的一大痼疾——学生能力培养方面上的不足。国内法学教育培养的人才并不限于律师,具有多层次性。〔3〕 但该教学法也并非只是适合培养律师。正如有学者指出的,美国的法学院无论在宗旨上还是在实践上都并非专门培养律师的"技工学校",美国的法学教育也非所谓的"职业教育",而是培养多层次法律人才的专业教育和素质教育。〔4〕 判例教学法的应用着重培养的是法学专业学生从事各种法律实践工作所必需的基本能力——法律思维能力,特别是法律推理能力,而非实务操作技能。〔5〕 这种能力是法学专业学生应当具备的一种关键能力,也是较难培养的一种能力。大多数法律实践最终都可归结为法律规则的应用,大多数法律工作都是围绕其进行的。无论律师、法官等实务工作者,还是法学理论研究者,都需要具备这种能力。就后者而言,尽管法学理论研究涉及的方面较多,且具有多层次性,但法学理论研究人员也属于从事法律职业的人员的范围,掌握这种能力是最起码的,也有

〔1〕 苗文龙:《事例教学法(example method)还是判例教学法(case method)?——中国案例教学法的问题与出路》,载葛洪义主编:《法律方法与法律思维》(第7辑),法律出版社2011年版。

〔2〕 当然,如何使用这些法院案例还需要进一步的研究。

〔3〕 参见王利明、叶林:《试论法学教育中的案例教育学法》,载《法学家》1993年第3期,第82页。

〔4〕 参见何美欢:《论当代中国的普通法教育》,中国政法大学出版社2005年版,第60~82页。

〔5〕 在国内法学教育领域中,似乎存在这样误解:判例教学法的应用侧重于培养学生的法律技能。前述何美欢对美国法学教育的相关说明也是针对此误解做出的。关于法律技能的界定以及法律职业从业者所需的技能情况,参见苏力:《中国法律技能教育的制度分析》,载《法学家》2008年第2期,第32页。由于这种误解,在国内法学教育领域中案例教学法有时被归入了实践课程应用的教学方法中。在《中华人民共和国教育部、中共中央政法委员会关于实施卓越法律人才教育培养计划的若干意见》(教高〔2011〕10号)中,案例教学就被归入了实践教学的范围,此为明显例证。更有甚者,该文件还把"法律诠释能力、法律推理能力、法律论证能力以及探知法律事实的能力"归入了"法律技能",抑或"实践能力"的范围。

助于推出更有实际价值的研究成果。在该教学法的应用中,无数次的判例分析训练能使学生较好地掌握这种能力,为从事各种法律实践工作打下最坚实的基础。也正因为此,该教学法对各种法学专业人才的培养上都具有一定优势,更有助于国内法学教育目的的实现。学生能力培养上的不足是国内法学教育多年来面临的一大痼疾。[1] 在当前国家重视和加强法学专业应用型人才培养的形势下,此问题显得更突出。从某种角度上看,国内法学教育培养的人才实际上大多都是应用型人才,因为本科和硕士研究生教育阶段培养的人才绝大多数都是应用型人才,法学专业应用型人才的培养需要特别突出学生能力的培养。而该教学法可凭借其在学生能力培养上的优势非常有助于克服此问题。

尽管还有其他因素影响判例教学法在国内法学教育中的应用和推行,但仅凭前述理由就已经足够了。可以断言,该教学法完全适合国内法学教育,按照其基本设计和应用模式对其进行应用有百利而无一害。正如前文所介绍的 Donham 将判例教学法引入工商管理教育时所指出的情况一样,原则性的问题没有,只有一些需要解决的实际问题。当然,对判例教学法的仿效,变革的意识和行动的勇气也是必需的。或许,我们现在缺的就是这些,缺的就是像 Langdell、Donham、何美欢一样有胆识的人。[2]

案例研究教学法在国内法学教育中的仿效问题与判例教学法的有很大的不同。由于判例教学法与法学教育的天然联系,再加上这两种教学法常被混淆的状况,其在国内法学教育领域中被提及较少,人们对其认识还明显不足。至于其仿效问题,鲜见明确观点。这只是认识上的情况。在实践上,却是另一番景象。所谓的本土化的判例教学法大多更像是案例研究教学法的变种。本土化的案例更像该教学法中的案例研究报告,而非原汁原味的案件裁决书。[3] 当然,这也只是部分徒具其形,在实践中还缺少比较关键的以学生的交流互动为主导的课堂讨论。从表面上看,这似乎说明了案例研究教学法更适合国内法学教育的土壤。实际上并非如此。如前所述,该教学法在应用上比判例教学法复杂得多,而且对教师和学生的要求都非常高,在美国法学教育中也只是近些年来才开始应用。此外,该教学法的应用还需要大量的资金投入。如果在国内法学教育中明确仿效其,面临的阻力和难度可能要比判例教学法的大得多。但这也并不是说该教学法不适合国内法学教育。与判例教学法不同,由于不涉及"判例法"的制度隔阂,再加上其在许多专业教育中得到成功应用证明的普适性,案例研究教学法与国内法学教育中的契合性并不成问题。考虑到国内法

---

〔1〕 特别是在这种法律思维能力的培养上,尤为不足。客观地讲,国内毕业的法学专业学生在此方面的能力大多都是较弱的。这导致从事实务工作的法律职业从业者往往需要在实践中用很长的时间来发展这种能力,在这种过程中,难免也会付出一些代价。

〔2〕 何美欢(1948—2010),广东东莞人,生于香港,在美国、加拿大、英国等取得文学学士、硕士,法律博士学位(J. D.),法学硕士等学位,早先从事律师职业,后到香港中文大学、清华大学等多所大学任教,从事普通法的教学与科研工作。2002 年 8 月至 2010 年 6 月,她在清华大学法学院运用判例教学法推行普通法教育改革试验,堪称是该教学法在国内法学教育中应用的一段传奇,参见蒋志如:《试问中国法学院何处去?——以案例教学法在中国语境的遭遇为中心的考察》,载《清华法律评论》(第 1 辑),清华大学出版社 2012 年版。

〔3〕 关于国内法学教学案例存在的一些问题,可参见苗文龙:《事例教学法(example method)还是判例教学法(case method)?》,载葛洪义主编:《法律方法与法律思维》(第 7 辑),法律出版社 2011 年版。

学教育的现状,当前急需推行的还是判例教学法,特别是在本科和非法学专业的法律硕士研究生阶段,而在法学专业的法律硕士、法学硕士研究生、博士研究生阶段,除了判例教学法外,可适当推行案例研究教学法。在一些生源条件较好的学校,在本科阶段也可适当应用案例研究教学法。

多年来,在国内法学教育领域中人们似乎一直坚信“案例教学法”会成为推进法学课程教学乃至整个法学教育改革的法宝,也为其做了许多不懈的努力。然而,国内法学教育中的案例教学法却始终未能发挥出人们预想的重要作用,尽管它同时吸收了美国法学教育中的判例教学法和案例研究教学法的内容。反观后二者,判例教学法曾促使美国法学教育发生了深刻的变革,成为了世界法学教育的楷模,案例研究教学法正在悄然发起美国法学教育的另一场变革。为什么会有如此巨大的反差,问题究竟出在哪里?不得不令人反思。前述研究姑且算作进行这种反思的一点点所得吧。无论在理论上,还是在应用上,判例教学法和案例研究教学法还有许多需要深入研究的内容,且它们涉及的内容之多,之复杂远远超出了我们的想象,也是远非前述研究所能包容得下的。尽管如此,还是想基于前述研究在此重申:“对于国内法学教育,这两种教学方法都非常值得,也是完全可仿效的。”

我国司法批复制度的双重面向*

侯学宾　李凯文**

摘　要：从新中国成立以来，批复制度就在司法实践中发挥着重要作用。司法批复权的制度规定和运行现状表明，一方面，司法批复制度的变迁表明最高人民法院在不断地调整、收缩司法批复权的范围。司法批复的自制面向重在强调对权力运行的自我限制，主要体现在批复主体的限制、提请主体的限制、批复事由的限制和批复程序的限制。另一方面，那些针对审判过程中具体个案的司法批复，展现出最高人民法院基于多种原因在不断地、有选择地扩张司法批复权的运行范围。司法批复制度的扩张面向主要体现在批复选择的扩张、批复程序的扩张、批复内容的扩张和批复效力的扩张。司法批复制度的变迁和制度约束均是最高人民法院进行的自我调整，这种调整缺乏外在的法律压力和约束，缺乏法律上的明确授权和规制。

关键词：司法批复；自制；扩张；请示制度；司法解释

一、导　言

从新中国成立以来，批复制度就在司法实践中发挥着重要作用。1997年最高人民法院发布《最高人民法院关于司法解释工作的若干规定》（以下简称1997年《规定》）明确将批复列为司法解释的类型之一，成为具有合法身份的司法批复，并由最高人民法院垄断性地制定，2007年《最高人民法院关于司法解释工作的规定》（以下简称2007年《规定》）从制定程序上对其进一步完善，形成独具特色的司法批复制度。

---

* 基金项目：国家社会科学基金资助项目"当代中国法律解释中的法官角色研究"（项目编号：13CFX006）；司法部国家法治与法学理论研究项目"司法改革背景下的法官等级制度研究"（项目编号：14SFB3001）；国家社科基金重大委托项目"中国特色社会主义司法理论体系研究"（项目编号：12@ZH017）。

** 侯学宾，男，河北邢台人，国家"2011计划"司法文明协同创新中心研究人员，吉林大学法学院、理论法学研究中心副教授，法学博士，研究方向为司法学和法律政治学。李凯文，男，江苏太仓人，吉林大学法学院法学理论研究生，研究方向为司法学。

尽管司法批复和狭义司法解释[1]都是司法解释的重要内容,但是在日常的司法实践与理论研究中我们更多地关注狭义司法解释,很少看到司法批复的身影以及探究其背后的运行机制。学术界对于司法批复制度的研究较少,大体可分为三类:一是研究司法批复制度的历史与制度演变;[2]二是集中于具体的内容论证以及功能价值问题;[3]三是针对个别司法批复内容进行的研究。[4] 在理论上,关于司法解释权配置的问题一直处于不断争论当中,[5]这种争论在很大程度没有对司法解释的类型进行合理的区分。最高人民法院垄断性地享有的司法解释权更多地具有抽象的"准立法"性质,目的在于实现最高人民法院统一法律适用的功能,尽管在理论上对此种司法权配置的正当性具有争议,但是在制度事实的层面却已经通行于司法实践中。司法批复是司法解释的重要类型,在遵循司法解释权的基本共性时,也具有自身独特的运行机理。

司法批复权的制度规定和运行现状表明,在司法批复的形成和运行过程具有两种不同的面向同时存在,并行发展、相互纠缠。一方面,司法批复制度的变迁表明最高人民法院在不断地调整、收缩司法批复权的范围,体现出司法权运行的自我限制。另一方面,那些针对审判过程中具体个案的司法批复,展现出最高人民法院基于多重原因在不断地、有选择地扩张司法批复权的运行范围。因此,司法批复的自制与扩张面向源自于我国司法解释权的配置以及司法批复的功能,源自于最高人民法院对自身角色定位的摇摆,这种情况在很大程度上也不断地改变着我国的司法解释制度。

为了对上述问题进行较好的实证研究,笔者拟选取1997年司法解释规范化之后的115份司法批复文件作为分析材料。这样做具有如下的目的:第一,1997年《规定》的颁布,是我国司法解释规范化的标志,由此区分出了司法解释意义上的司法批复和非司法解释意义上的一般批复。在此之前,司法解释并未被规范化,也就无从对批复进行上述分类,而本文所关注的也仅是司法解释意义上的批复[6],即司法批复。第二、选取司法批复文件作为实

〔1〕 学界和实务界对"司法解释"概念的使用并不规范,通常所讲的"司法解释"是指司法解释制度中的"解释"类型,此处所称狭义司法解释制度就是为了避免混淆,专指司法解释制度中的"解释"类型,特此说明。

〔2〕 参见汪世荣:《司法解释批复四题》,载《法律科学》2000年第4期。

〔3〕 参见孙笑侠、褚国建:《论司法批复的解释论证功能及其局限》,载《浙江大学学报》2009年第6期;褚国建:《批复上所见的疑难案件裁判方法》,载《南京大学法律评论》2010年第1期。许蔚东:《超越个案:诉讼批复答复的价值解析与功能优化——以我国30年来行政诉讼批复答复的实证考察为视角》,载《法律适用》2014年第1期。

〔4〕 参见苏力:《司法解释、公共政策与最高法院——从最高法院有关"奸淫幼女"的司法解释切入》,载《法学》2003年第8期;邱兴隆:《一个半公正的司法解释——兼与苏力教授对话》,载《法学研究》2004年第6期;王伟国:《齐玉苓案批复之死——从该批复被忽视的解读文本谈起》,载《法制与社会发展》2009年第3期。

〔5〕 参见张志铭:《中国的法律解释体制》,载梁治平主编:《法律解释问题》,法律出版社1998年版,第195页;贺日开:《司法解释权能的复位和宪法的实施》,载《中国法学》2004年第3期;陈金钊:《法律解释的哲理》,山东人民出版社1999年版,第55页;黄松有:《司法解释权——理论逻辑和制度建构》,载《中国法学》2005年第2期;金振豹:《论最高人民法院的抽象司法解释权》,载《比较法研究》2010年第2期。

〔6〕 最高人民法院于1997年之前制定了大量的批复,而这些批复种类烦杂,其中有些批复也可能属于本文所称的司法批复范畴。这些批复的特征主要体现为最高人民法院答复高级人民法院以及解放军军事法院在审判过程中具体应用法律问题的请示。

证分析材料，一方面避免了过于抽象、宏观的研究方法；另一方面从具体文本内容出发，可体现其作为司法解释的制度特点，最终呈现出司法批复制度的双重面向。

二、司法批复制度的运行现状

1997 年《规定》的出台标志着司法批复制度的正式确立，2007 年《规定》对司法批复制定流程做了进一步的规范化。[1] 根据最高人民法院的规定和司法实践，我国的司法批复是指最高人民法院对高级人民法院、解放军军事法院就审判工作中具体应用法律问题的请示所制定的司法解释，具有和法律同等的效力。[2] 司法批复和一般性的答复、批复在形式上最大的区别在于司法批复的文号为法释[××××年]××号。[3]

根据司法批复的形式特征，我们统计了从 1997 年《规定》出台到 2013 年底为止，最高人民法院共颁布 115 份司法批复，历年司法批复颁布的数量可以参见图表一，其中 2000 年颁布的司法批复数量最多，共有 19 份，2006 年最少，没有颁布司法批复。

图表一　司法批复数量时间分布表

1997 年	1998 年	1999 年	2000 年	2001 年	2002 年	2003 年	2004 年	2005 年
6	18	13	19	7	14	6	9	4
2006 年	2007 年	2008 年	2009 年	2010 年	2011 年	2012 年	2013 年	
0	1	3	2	4	1	4	4	

对于 115 份司法批复，我们可以通过不同的标准进行分类总结，以此揭示司法批复的运行现状。考虑到论证的主题，我们将分类标准归纳为三个方面，第一是根据司法批复中内容的性质进行划分；第二是根据司法批复的回应方式进行分类；第三是根据司法批复的论证方式进行分类。

（一）司法批复的内容性质

从最高人民法院发布司法批复涉及到的内容性质，我们可以将 115 份司法批复所针对的审判活动中的“具体应用法律问题”分为实体和程序两大类，并将前者分为民商事类、刑事类和行政类[4]，将后者分为民事诉讼类、刑事诉讼类和行政诉讼类。不同种类的司法批复所占的数量比例可参见图表二：

---

〔1〕 参见赵钢：《我国司法解释规则的新发展及其再完善——〈07 规定〉与〈97 规定〉的比较分析》，载《现代法学》2008 年第 4 期。

〔2〕 2007 年《规定》第 6 条规定，司法解释的形式分为“解释”、“规定”、“批复”和“决定”四种。对高级人民法院、解放军军事法院就审判工作中具体应用法律问题的请示制定的司法解释，采用“批复”的形式。”2007 年《规定》第 5 条规定“最高人民法院发布的司法解释，具有法律效力。”

〔3〕 司法批复的标题一般是“最高人民法院关于××问题的批复”，但是有些批复并不是“法释”类，而是“法发”类，后者并不是司法批复，主要解决一些司法行政事务。

〔4〕 本文将《国家赔偿法》的内容进行分解，涉及到实体类规定归入行政法，涉及到程序性规定归入行政诉讼法，这种分类是为了归纳的需要，特此说明。

图表二 司法批复的类型

实体类			程序类		
民商事类	刑事类	行政类	民事诉讼类	刑事诉讼类	行政诉讼类
32件	22件	1件	42件	14件	4件

1. 实体类。第一,所谓民商事类司法批复是指最高人民法院针对请示法院所提请批复的民商事类实体法律应用问题所做的司法批复,其目的在于解决请示法院在审判过程中具体应用民商事实体法律时遇到的法律问题。例如,法释〔1999〕5号司法批复中,最高人民法院就交通事故中的财产损失是否包括被损车辆停运损失的问题进行了批复。[1] 我们对民商事类司法批复进行细分,又可分为民事领域的司法批复和商事领域的司法批复。民事领域包括合同、物权、侵权以及婚姻继承等方面。商事领域包括公司企业、金融票据、保险、破产以及海事海商等方面。第二,所谓刑事类司法批复是指最高人民法院为了解决请示法院在审判过程中具体应用刑事实体法律时遇到的法律问题而进行的批复。其中,包含了刑法总则以及刑法分则的内容。例如,法释〔1997〕11号司法批复中,最高人民法院就故意伤害、盗窃等严重破坏社会秩序的犯罪分子能否附加剥夺政治权利的问题进行了批复。[2] 法释〔2003〕4号司法批复中,最高人民法院就行为人不知是不满十四周岁的幼女双方自愿发生性关系是否构成强奸罪的问题进行了批复。[3] 但是在有关行政法的实体性规定中只有1份司法批复出台,是关于国家赔偿法的内容。

2. 程序类。与实体类司法批复相对应,所谓程序类司法批复是指最高人民法院针对请示法院所提请批复的程序类法律应用问题所做的司法批复,其目的在于解决请示法院在审理以及执行过程中具体应用程序类法律时遇到的法律问题。从部门法领域的分类上讲,存在着民事诉讼法、刑事诉讼法以及行政诉讼法领域。在民事诉讼法领域,批复的内容涵盖起诉和受理、管辖、诉讼参加人、诉讼费用、财产保全、送达、审判监督程序和执行程序,还包括民商事仲裁和劳动仲裁。在刑事诉讼法领域,主要集中在管辖、辩护、刑事附带民事诉讼、审判书格式和效力、执行程序。在行政诉讼法领域,批复的内容主要集中在案件受理范围的问题上。

---

〔1〕 法释〔1999〕5号司法批复规定:"《中华人民共和国民法通则》第117条第2款、第3款规定:'损坏国家的、集体的财产或者他人财产的,应当恢复原状或者折价赔偿。''受害人因此遭受其他重大损失的,侵害人并应当赔偿损失。'因此,在交通事故损害赔偿案件中,如果受害人以被损车辆正用于货物运输或者旅客运输经营活动,要求赔偿被损车辆修复期间的停运损失的,交通事故责任者应当予以赔偿。"

〔2〕 法释〔1997〕11号司法批复:"根据刑法第五十六条规定,对于故意杀人、强奸放火、爆炸、投毒、抢劫等严重破坏社会秩序的犯罪分子,可以附加剥夺政治权利。对故意伤害、盗窃等其他严重破坏社会秩序的犯罪,犯罪分子主观恶性较深、犯罪情节恶劣、罪行严重的,也可以依法附加剥夺政治权利。"

〔3〕 法释〔2003〕4号司法批复规定:"行为人明知是不满十四周岁的幼女而与其发生性关系,不论幼女是否自愿,均应依照刑法第二百三十六条第二款的规定,以强奸罪定罪处罚;行为人确实不知对方是不满十四周岁的幼女,双方自愿发生性关系,未造成严重后果,情节显著轻微的,不认为是犯罪。"

（二）司法批复的回应方式

1997 年《规定》认为司法批复是“对于高级人民法院、解放军军事法院就审判工作中具体应用法律问题的请示所作的答复”，但对于司法批复通过何种方式来回应高级人民法院的请示，1997 年《规定》并没有明确界定。因此，在 115 份司法批复中，根据司法批复的答复对象的不同，我们大致上可以区分出三类回应方式：个案批复、合并批复和抽象批复。

1. 个案批复。个案批复的答复对象是具体的某一高级人民法院，诸如《最高人民法院关于交通事故中的财产损失是否包括被损车辆停运损失问题的批复》（法释〔1999〕6 号）就是专门回复吉林省高级人民法院的批复。这类司法批复有 98 份，占据整个司法批复数量的 85%，属于常规性的司法批复。

2. 合并批复。合并批复的答复对象是两个以上但不是全部的高级人民法院，这种批复的出现主要是地方高级人民法院请示的内容属于同一法律适用事项从而合并批复。迄今为止，这类批复只有 2 例，分别是法释〔1999〕4 号和法释〔2004〕4 号，前者答复的对象是黑龙江省和河南省高级人民法院，后者答复的对象是云南省、河北省和四川省高级人民法院。

3. 抽象批复。抽象批复和个案批复相对应，它并不是针对具体的高级人民法院而是指向全国所有的高级人民法院。在 115 份司法批复中，这类批复有 15 份，占据整个司法批复数量的 13%，这 15 份抽象批复中大部分针对的是刑事类事项（包括刑法和刑事诉讼法），共有 10 份，剩下的 5 份涉及到民商事类。

（三）司法批复的论证方式

从功能的角度来讲，司法批复的功能在于针对请示法院在审判过程中具体应用法律时遇到的问题进行澄清、界定和阐释，属于典型的解释行为。但是在司法批复的现实运用中，却存在两种不同的论证方式，一种是针对模糊性法律条文的解释，另外一种是针对法律空白处的漏洞填补，但是所有的司法批复都具有一个共同的特征，即缺乏详尽的法律论证过程。

1. 对模糊性法律条文的批复。“法治发达国家的经验表明，法律（包括抽象法律解释）的模糊性是不可避免的，而且法律的模糊性是法律的生命力所在。”〔1〕其中，模糊性法律条文又可分为概念模糊性以及构成要件模糊性。首先，就概念模糊性而言，例如，法释〔1998〕18 号司法批复是对“怀孕”这一概念进行了界定。最高人民法院认为“怀孕”不仅包括医学上所说的受精卵在母体内正常怀孕的情形，还包括该司法批复中所称的自然流产情形，构成对“怀孕”这一概念的扩大解释。〔2〕 诸如此类的司法批复，还可举法释〔2000〕10 号、法释〔2000〕2 号、法释〔2001〕17 号、法释〔2002〕10 号和法释〔2002〕22 号等司法批复。其次，就构成要件模糊性而言，例如，法释〔1999〕12 号司法批复是对职务侵占罪的构

---

〔1〕 蒋集跃、杨永华：《司法解释的缺陷及其补救》，载《法学》2003 年第 10 期。

〔2〕 法释〔1998〕18 号司法批复规定：“司法批复怀孕妇女因涉嫌犯罪在羁押期间自然流产后，又因同一事实被起诉、交付审判的，应当视为‘审判的时候怀孕的妇女’，依法不适用死刑。”

成要件解释,解答村民小组组长利用职务便利非法占有公共财物行为如何定性的问题。[1] 诸如此类的司法批复,还有法释〔2000〕22号和法释〔2001〕11号等司法批复。

2. 对法律空白情况的批复。法律空白往往是由于法律的缺失以及法律的漏洞情况而产生。其中,法律空白的情况可分为实体内容的法律空白以及程序内容的法律空白。首先,就实体内容的法律空白而言,例如,法释〔2001〕25号司法批复就以侵犯姓名权的手段侵犯宪法保护的公民受教育的基本权利是否应承担民事责任的问题进行了批复,指向的问题就是宪法权利在民事实体保护中的法律空白问题。[2] 其次,就程序内容的法律空白而言,一方面是依靠法律精神进行答复的司法批复,例如,法释〔1999〕6号司法批复,答复称:"根据《中华人民共和国仲裁法》第九条规定的精神,当事人对人民法院撤销仲裁裁决的裁定不服申请再审的,人民法院不予受理。"。另一方面是单纯程序创制性的司法批复,例如,法释〔2002〕17号司法批复,答复称"对于刑事案件被害人由于被告人的犯罪行为而遭受精神损失提起的附带民事诉讼,或者在该刑事案件审结以后,被害人另行提起精神损害赔偿民事诉讼的,人民法院不予受理。"该批复的后半段话就是对《刑事诉讼法》以及《关于刑事附带民事诉讼范围问题的规定》相关规定的程序性创制。

三、司法批复制度的自制面向

1997年和2007年《规定》意味着司法批复的规范化,这种规范化的过程是最高人民法院根据批复制度的发展变迁进行的自我调整,这种调整更多地体现为司法批复功能的特定化,更多地呈现出司法批复权的自我限制。这种自我限制的原因源自于外在法律和社会变迁对最高人民法院产生的压力。司法批复的自制面向主要体现在批复主体的限制、提请主体的限制、批复事由的限制和批复程序的限制。

(一)批复主体的自制

司法批复主体的自我限制主要体现在两个方面:第一是司法批复只能由最高人民法院做出,地方各级人民法院都不拥有做出司法批复的法定权力;第二是最高人民法院只能被动地接受下级法院的请示而行使司法批复权,不能在没有下级人民法院请示的情况下主动做出司法批复。

司法批复的制作主体只能是最高人民法院,这主要源自于1979年的《人民法院组织法》和1981年的《全国人民代表大会常务委员关于加强法律解释工作的决议》。前者赋予最高人民法院监督地方各级人民法院和专门人民法院的审判工作,而监督的重要途径之一就是由最高人民法院垄断性地对审判过程中如何具体应用法律法令的问题进行解释。后者是对这一职权配置的再次确认,表明国家最高权力机关的认可和背书。案件请示制度一

〔1〕 法释〔1999〕12号司法批复规定:"对村民小组组长利用职务上的便利,将村民小组集体财产非法占为己有,数额较大的行为,应当依照刑法第二百七十一条第一款的规定,以职务侵占罪定罪处罚。"

〔2〕 法释〔2001〕25号司法批复规定:"经研究,我们认为,根据本案事实,陈晓琪等以侵犯姓名权的手段,侵犯了齐玉苓依据宪法规定所享有的受教育的基本权利,并造成了具体的损害后果,应承担相应的民事责任。"

直存在于我国司法实践中,并且并非所有的请示案件都会到达最高人民法院,地方各级人民法院同样会针对下级法院的请示发布一系列“批复”、“意见”和“通知”等文件。因此,最高人民法院不断地将司法解释的权力限定在最高人民法院,在1987年和2012年两次发布通知禁止地方各级人民法院制定司法解释性文件。[1] 1997年《规定》已经进一步地明确最高人民法院的进行司法解释的唯一主体地位,并将司法解释上升到和法律并列的位置,但是由于案件请示制度在各级法院之间依然存在,最高人民法院只能继续维护和巩固自身的垄断地位,所以最高人民法院在2012年联合最高人民检察院进一步明确自身地位,并将解决审判实践中法律适用的问题纳入到现有的司法解释权配置中。[2]

批复主体的被动性取决于司法批复制度的功能特性。1997年《规定》中将司法解释确定为三种类型,用了解决司法实践中需要解决的问题。“解释”是对“在审判工作中如何具体应用某一法律或者对某一类案件、某一类问题如何应用法律制定的司法解释”。“批复”是“对高级人民法院、解放军军事法院就审判工作中具体应用法律问题的请示制定的司法解释”。从司法解释权运行机制和司法解释类型的功能分工来看,最高人民法院可以主动或者被动进行司法“解释”,并且针对的主要是具有普遍性的、具有“类”的特征的法律适用问题。但是“批复”只能是在高级人民法院、解放军军事法院主动请示的情况才能被动地进行批复,并且主要针对的是在审判工作中具体适用法律的“个案”问题。在此意义上,司法批复的被动性体现出最高人民法院在具体个案上尊重下级法院的选择。

(二)提请主体的自制

司法批复制度和案件请示制度密不可分,案件请示是司法批复的制度前提,1997年《规定》将司法批复的提请主体限定在高级人民法院和解放军军事法院,其他地方法院只能采取层层上报的形式,经由高级人民法院向最高人民法院申请批复。司法批复制度对提请主体的限制既是历史变迁的结果,也是法院职权配置调整的结果。

在新中国成立初期,最高人民法院的地位不仅仅是最高审判机关,更承担着建立和管理全国司法机关的任务,甚至管理各级法院成了当时最高人民法院的重心。[3] 最高人民法院行使审判和管理职能的方式具有多样性,批复是其中的重要形式,并且批复的提请主体不仅包括地方高级人民法院,也包括地方各级人民法院,甚至还包括司法机关之外的行

---

〔1〕 1987年最高人民法院《关于地方各级法院不宜制定司法解释文件问题的批复》(民他字〔1987〕10号),2012年最高人民法院和最高人民法检察院联合下发《关于地方人民法院、人民检察院不得制定司法解释性质文件的通知》(法发〔2012〕2号)

〔2〕 2012年最高人民法院和最高人民法检察院联合下发《关于地方人民法院、人民检察院不得制定司法解释性质文件的通知》(法发〔2012〕2号)指出,“自本通知下发之日起,地方人民法院、人民检察院一律不得制定在本辖区普遍适用的、涉及具体应用法律问题的‘指导意见’、‘规定’等司法解释性质文件,制定的其他规范性文件不得在法律文书中援引。”“地方人民法院、人民检察院在总结审判工作、检察工作经验过程中,认为需要制定司法解释的,按照《最高人民法院关于司法解释工作的规定》(法发〔2007〕12号)和《最高人民检察院司法解释工作规定》(高检发研字〔2006〕4号)的要求,通过高级人民法院、省级人民检察院向最高人民法院、最高人民检察院提出制定司法解释的建议或者对法律应用问题进行请示。”

〔3〕 侯猛:《经济体制变迁中的最高人民法院(1949—1978年)》,载《政法论坛》2005年第2期。

政机关、社会团体和个人。[1] 1964年9月11日最高人民法院办公厅发布《关于改进解答问题工作的通知》,其中规定"中级法院和基层法院今后对于需要向上级法院请示的问题,应按逐级请示的办法办理,不要直接向我院请示。我院只研究解答高级法院请示的问题,对中级法院、基层法院和司法干部个人请示的问题,一般不作解答。"1997年《规定》延续了这种对提请主体的限定。这种历史变迁的背后体现出法院层级间的职权配置,第一,审级制度的逐步完善。审级制度的存在赋予了各级人民法院在法律适用中的自由裁量权,也赋予了上下级法院之间纠正错误的空间。最高人民法院越级接受地方中级和基层人民法院的请示,会导致审级制度的消解,也会引起各级法院之间的矛盾。第二,司法队伍素质的提升。从新中国成立以来"旧法人员"遭到清洗,清洗工作留出来的职位被"革命积极分子"填补,而他们基本上没有法律素养或接受过任何学术训练。[2] 这种情况迫使最高人民法院不得不承担起指导的责任,回应下级各级人民法院的请示。司法队伍素质的提升会减少请示的数量,发挥高级人民法院和下级人民法院的上下级监督职能。第三,最高人民法院的"力不从心",难以应对下级各级人民法院的大量请示案件,通过将提请主体限定在高级人民法院和解放军军事法院可以有效地发挥它们的"筛选过滤"功能,保证最高人民法院有效地解决具有普遍意义的疑难案件。

(三)批复事由的自制

1997年《规定》将司法批复限定在针对审判工作中"具体应用法律问题",强调了其具有司法性和指向性。

司法批复事由经历了一个逐步限缩的过程,逐步强调司法性和明确指向性的过程。第一,建国以来,最高人民法院发布的批复除了解决"具体应用法律问题"之外,还解决司法机关之间的程序和管理问题、党的政策适用等。诸如1950年10月28日东北人民政府、最高人民法院华东分院在《关于刑民案件上诉复核等制度的决定》中规定"五、上级人民法院在复核时,如认为原判决正确,应以'批复'批准原判决;如认为原判决不当时,应以'判决'予以判决或发回更审,并须于'判决'上叙明改判或发回更审之理由。"[3] 1953年5月15日,最高人民法院《关于"九一八"前东北旧军阀、旧官僚之财产应否没收问题的批复》涉及到对党的政策的执行问题。1958年《最高人民法院关于改进请示解答工作的函》的颁布,明确要求在审判活动中没有法律明文规定,但涉及有关党的方针以及政策问题自行解决或

---

〔1〕 诸如1951年6月16日,最高人民法院《关于广州市人民法院执行会议记录中有关问题的批复》中就是对广州市人民法院请示有关执行问题的回复。此外1956年4月6日最高人民法院《关于王伟钦与泰国妇女依沙颂曾日来离婚问题的批复》(法研字第3117号)就是针对河南省司法厅所提问题的批复。

〔2〕 张千帆:《转型中的人民法院》,载《国家检察官学院学报》2010年第3期。

〔3〕 最高人民法院研究室主编:《精选司法文书(总类)》,经济日报出版社1997年版,第410页。

向党委请示解决。只有在党委认为最高人民法院需要出具意见时才可向最高院请示。[1]此时,最高人民法院的批复内容首先排除了党的政策,给出的官方理由是对地方情况缺乏具体了解以及中央关于权力下放的精神。1979 年《组织法》出台后以及 1981 年全国人大常委会发布《关于加强法律解释工作的决议》后,最高人民法院所做的司法解释的功能仅限于司法领域。第二,批复制度在最高人民法院内部具有明确的指向性。根据 1996 年《最高人民法院人民法院公文处理办法》第 6 条第 9 项规定:"批复包括司法解释批复[2]、司法行政批复及其他批复。司法解释批复适用于最高人民法院答复高级人民法院就审判工作中具体应用法律问题的请示。司法行政批复适用于最高人民法院批准设立、变更、撤销地方人民法院和专门法院。中级人民法院批准设立、变更、撤销人民法院等。其他批复适用于上级法院答复下级法院除司法解释批复、司法行政批复以外的请示事项。"最高人民法院的批复制度较上一阶段相比,严格区分了最高人民法院行政领域的批复以及司法领域的批复,由此司法批复的范围得以具有明确的指向性。

(四)批复程序的自制

建国初期,最高人民法院做出的司法文件在名称上存在"命令"、"指令"、"通令"、"指示"、"意见"、"解释"、"规定"、"批复"、"答复"、"复函"以及"函"等形式。对于这些不同司法文件的制定并无明确的程序规定,一直到 1997 年《规定》将司法批复单独列为具有法律效力的司法解释类型之一,并在 2007 年《规定》对司法批复的制定进行程序上的设置和规范化,司法批复的程序化和规范化意味着最高人民法院对行使司法批复权的自我限制。

首先,司法批复的格式逐步规范化。1996 年《最高人民法院人民法院公文处理办法》从功能的角度将批复分为司法解释批复、司法行政批复以及其他类型的批复,但是对于司法批复的格式并无特殊的规定,一直到 1997 年《规定》的出台,司法批复的格式固定为"标题、编号、日期、抬头和正文"。尤其是将编号统一为"法释[年]号",构成判断司法批复的形式标准。

其次,司法批复的制定过程逐步规范化。鉴于早期司法解释处于混乱的状态,最高人民法院于 1993 年决定成立"司法解释规范化小组"。1994 年 12 月,该小组向最高人民法院审委会提交了《最高人民法院关于加强和完善司法解释工作的规定(送审稿)》。这一小组的成立代表着最高人民法院司法解释规范化活动的开始。当时的送审稿主要就制定主体以及制定程序等方面提出了 16 条具体建议[3]。随后颁布实施的 1997 年《规定》以及

---

〔1〕 1958 年 9 月 19 日最高人民法院《关于改进请示解答工作的函》中规定"有关审判程序方面的问题,在目前尚无法律规定的情况下,由你们依照人民法院组织法的规定,结合审判工作的实际经验,商同有关部门自行研究解决,或请示党委解决。对以上问题,经你院请示党委后,党委认为仍需由你院向我院征求意见时,务请将你院对该问题向党委请示的意见和党委的指示一并告知我们,以便我们研究处理。你们已获解决的问题和你们对下级人民法院请示问题的批复、解答,希同时抄送我院一份。"

〔2〕 由于该《公文处理办法》于 2012 年被废止,"司法解释批复"这一提法并不再继续适用,为了保证研究对象在名称上的融贯性,本文统一将最高人民法院答复高级人民法院以及解放军军事法院在审判过程中具体应用法律问题的请示后所做的批复,称为"司法批复",在此特作说明。

〔3〕 参加周道鸾:《司法解释工作规范化的回顾》,载《人民法院报》2008 年 10 月 25 日,第 2 版。

2007年《规定》均在吸收这些内容的基础上进一步规范化。司法批复的制作程序同样需要遵守司法解释的一般程序,诸如立项、起草与报送、讨论、发布、施行与备案。但是司法批复的特殊性也使得在程序上有所不同,第一,在立项阶段,最高人民法院不能主动进行司法批复的立项,这是由司法批复的被动性特质决定。第二,司法批复的立项具有随时性,不用在每年年底前提出下一年度的立项建议,可以针对高级人民法院和解放军军事法院的请示及时提出立项。[1] 因为下级法院的请示案件的出现具有偶然性,无法提前制定计划。第三,司法批复在起草和报送阶段,一般不向社会公开征求意见。[2] 因为司法批复涉及到具体的个案,大众意见会影响到个案的依法裁判。

四、司法批复制度的扩张面向

权力的运行具有自我扩张的特性,所以孟德斯鸠说"有权力的人们使用权力一直遇到界限的地方才会停止",[3] 司法批复权也是国家权力的组成部分,最高人民法院在行使司法批复权的过程中也无法避免进行自我扩张,这种扩张超越了法律设定的限制,同样也会突破自身设置的约束。司法批复制度的扩张面向主要体现在批复选择的扩张、批复程序的扩张、批复内容的扩张和批复效力的扩张。

(一)批复选择上的扩张

进行司法批复是最高人民法院的权力,而不是义务,所以并不是所有提交到最高人民法院的案件都会得到批复。但是选择何种请示案件能够进行批复也必须具备一定的实质标准或者程序标准,否则将意味着这项权力的运行将处于放任状态。美国联邦最高法院拥有控制自己案件量的权力,不用被迫审理所有通过正当途径提交上来的上诉案件,因此《最高法院诉讼规则》第10条规定"根据调卷复审令状启动的复审并非基于权利,而是基于司法裁量权",同时规定申请需要具备必要的事由才可能会被批准,并列决了联邦最高法院考虑的事由类型。[4] 除了实质性标准,还规定了程序性标准,在九位大法官中必须有四位大法官同意接受调卷复审令,否则意味着申请失败。[5] 我国的司法批复权同样是一种自由裁量权,但是最高人民法院并没有在1997年和2007年《规定》中制定有关批复选择的实质标准和程序标准,这种选择标准的缺失导致最高人民法院在行使司法批复权的时候可以根据自身的需要进行符合自己偏好的选择,使得司法批复权从"正式权力"运行进入到"非正式权力"运行的区域。

首先,通过观察115份司法批复的发布时间,可以看到每年司法批复的数量在不同的

---

〔1〕 2007年《最高人民法院关于司法解释工作的规定》第12条:最高人民法院各审判业务部门拟制定"解释"、"规定"类司法解释的,应当于每年年底前提出下一年度的立项建议送研究室。

〔2〕 2007年《最高人民法院关于司法解释工作的规定》第13条:最高人民法院各审判业务部门拟对高级人民法院、解放军军事法院的请示制定批复的,应当及时提出立项建议,送研究室审查立项。

〔3〕 [法]孟德斯鸠:《论法的精神》,张雁深译,商务印书馆1961年版,第154页。

〔4〕 [美]琳达·格林豪斯:《美国最高法院通识读本》,何帆译,译林出版社2013年版,第66页。

〔5〕 [美]琳达·格林豪斯:《美国最高法院通识读本》,何帆译,译林出版社2013年版,第67页。

年度有非常大的差距,2000 年高达 19 份,而 2006 年没有司法批复,紧接着 2007 年只有 1 份。这种差距难以用每年请示数量的变化进行解释,而是最高人民法院可以根据自身的需要决定是否进行批复。此外,我们也可以观察不同类型的司法批复的数量,民商事类(包括民商事实体法和民事诉讼法、仲裁法)共有 74 份,刑事类(包括刑事实体法和诉讼法)共有 36 份,而行政和行政法类只有 5 份,这种不同类型的司法批复数量上的差距和批复选择标准的不确定性有很大关联,因为最高人民法院在涉及行政机关权力的时候更为慎重,或者说更会持不作为态度。除此之外,司法批复制定的程序性限制也使得最高人民法院更愿意利用其他的非正式权力进行处理,诸如答复制度,因为答复制度只需要最高人民法院的研究室或者审判业务部门进行即可,在效力上只具有指导意义,那么最高人民法院将不用因答复不当而承担法律责任。

其次,最高人民法院在 1997 年前颁布过司法性文件进行界定实质性标准的尝试。在 1986 年《最高人民法院关于报送请示案件应注意的问题的通知》(法(刑一)函〔1986〕20 号)中明确将批复的对象界定为法律适用,不关注案件事实和证据问题,1995 年最高人民法院在《关于报送刑事请示案件的范围和应注意事项的通知》(法〔1995〕151 号)中规定,将批复的案件限定在五类案件中。〔1〕 但是这种实质标准并没有被 1997 年和 2007 年《规定》吸收。根据 115 份司法批复,我们会发现,批复的案件并不限于上述的五类案件,甚至一些案件只是简单的法律适用,完全不需要最高人民法院越俎代庖,诸如法释〔2005〕8 号中关于当事人申请承认澳大利亚法院出具的离婚证明书人民法院应否受理的问题。因此,实质性标准并未能约束司法批复权的扩张运行,最高人民法院依然可以对请示案件进行“任性”的选择。

(二)批复程序上的扩张

1997 年和 2007 年《规定》对司法批复的形式和制定程序进行了规制,但是具体的规则不够完善或者缺失,这种情况使得司法批复权在形式和制定程序上扩张自身的运行范围,这种扩张或者是违反现有的规则框架,或者在现有规则体系缺失时不受约束。

第一,批复对象(提请主体)违反司法批复的性质。根据 1997 年和 2007 年《规定》中对司法批复的定位,主要针对具体案件中的法律适用问题进行解释,因此司法批复的“个案性”是区分于狭义司法解释“类型性”的本质特征,否则两种不同类型的司法解释制度在功能区分上将毫无意义。正是在此基础上,针对具体个案的司法批复将批复对象(提请主体)设定为具体的某个高级人民法院或者解放军军事法院,因此在 115 份司法批复中,98 份都是针对具体的法院,但是依然有 15 份属于抽象批复,针对“各省、自治区、直辖市高级人民法院,解放军军事法院,新疆维吾尔自治区高级人民法院生产建设兵团分院”,尽管在

〔1〕 最高人民法院《关于报送刑事请示案件的范围和应注意事项的通知》(法〔1995〕151 号)中规定:“报送请示案件的范围应严格限制在:1. 中央和最高人民法院关注的案件。2. 在本省、市乃至全国或国际上有重大影响,易引发群众激愤、新的社会矛盾和外事交涉的案件。3. 适用法律不明的案件。4. 按有关规定须报我院内审的涉外、涉港澳台和涉侨眷案件。5. 案件管辖不明或管辖有争议的案件。除以上各类案件外,其他案件请各省、区、市高级人民法院自行依法研究处理,不要再报送我院请示。”

司法批复中最高人民法院会强调是由于部分高级人民法院的请示,诸如法释〔2008〕8号中指出"近来,有的高级人民法院请示,在审理被告人提起上诉……",诸如法释〔2007〕7号中指出"近来,一些法院对裁判文书中如何引用刑法修正案的问题请示我院……"这种抽象批复超越了1997年和2007年《规定》中对司法性质的界定和批复对象的限制,导致脱离个案的司法批复和狭义司法解释在功能上出现雷同。此外,因为司法批复具有和法律相同的效力,并约束下级法院的判决,那么意味着针对某个地方高级人民法院的司法批复同样也会约束其他地方的法院。因此,这种抽象司法批复的出现在制度逻辑上并无合理之处,只能显示出最高人民法院随意"任性"地扩张司法批复权。

其次,1997年和2007年《规定》在程序上的粗略式规定,也给与了最高人民法院任意扩张权力的机会。向最高人民法院请示的案件往往处于审理状态,那么司法批复的内容成为案件裁决的依据,在此意义上,有学者认为"通过请示与批复程序,由两级法院共同裁判疑难案件是我国司法体制上的一大特色"。[1] 但是法谚说"迟来的正义是非正义",1997年和2007年《规定》中对司法批复在制定过程中的时间并无明确限制,在整个制定过程中,唯一的较为明确的时间限制在2007年《规定》中第23条的"讨论"环节,"最高人民法院审判委员会应当在司法解释草案报送之次日起三个月内进行讨论。逾期未讨论的,审判委员会办公室可以报常务副院长批准延长。"除此之外,在其他环节并无明确的时间限制,那么司法批复的做出究竟需要多长时间呢?根据对115份司法批复中的时间记载,[2] 司法批复制定的时间长短不一,根据请示案件的时间与发布批复的时间差,平均的时间大体上在半年到一年之间,我们发现最短的有几个月,最长的有两年左右,前者诸如法释〔1998〕17号、法释〔1998〕22号、法释〔2010〕16号等,后者诸如法释〔1998〕5号、法释〔1998〕21号、法释〔2011〕2号、法释〔2012〕14号等。这种批复制定时间的不确定性表明司法批复权运行中的扩张性。

(三)批复内容的扩张

司法批复是司法解释的重要类型,也要遵循解释的基本特征。在法律解释理论中,法律解释与漏洞填补具有本质上的区别,前者必须在法律文本的语义射程内进行澄清、阐明和界定,而后者的适用正是在法律规则体系出现漏洞的时候,诸如类推、目的性扩张等方式。司法批复属于针对具体案件中法律适用的解释,自然要遵循解释的基本特质。但是在司法批复的运行过程中,批复在内容上的扩张成为常见的现象。

这种扩张主要体现在两个方面。第一,在存在法律规则的时候,超越立法目的和原意。"司法权的性质决定了法官在创制法律规则时,必须在尊重现行法律的前提下进行。"[3] 司法解释是对法律条文意思的理解和说明,司法批复要尊重法律。但大量关于模糊性法律条文的司法批复存在着超越立法原意的情形,诸如法释〔2003〕4号,最高人民法

〔1〕 孙笑侠、褚国建:《论司法批复的解释论证功能及其局限》,载《浙江大学学报》2009年第6期。

〔2〕 根据公开的资料,我们无法获得请示案件的具体时间,司法批复中记载的请示时间只能具体到某年某号文件,因此只能进行大体的估计,特此说明。

〔3〕 胡玉鸿:《尊重法律:司法解释的首要原则》,载《华东政法大学学报》2010年第1期。

院就行为人不明知是不满十四周岁的幼女双方自愿发生性关系是否构成强奸罪的问题进行了批复，学者和实务届对此批复是否符合立法原意有不同的观点。[1] 除此之外，司法批复直接依据所谓的"法律精神"进行解释，诸如法释〔1998〕24 号中规定"根据《中华人民共和国劳动法》第七十九条规定的精神，……"，还有法释〔1999〕6 号、法释〔1999〕7 号、法释〔2001〕18 号、法释〔2002〕14 号、法释〔2004〕9 号。第二，当法律规则出现空白的时候，司法批复直接进行漏洞填补，创立规则。在此种情况，司法批复中并不注明根据具体的法律法规进行订立规则，例如法释〔2002〕17 号司法批复中指出"对于刑事案件被害人由于被告人的犯罪行为而遭受精神损失提起的附带民事诉讼，或者在该刑事案件审结以后，被害人另行提起精神损害赔偿民事诉讼的，人民法院不予受理。"该批复的后半段话就是对《刑事诉讼法》以及《关于刑事附带民事诉讼范围问题的规定》相关规定的程序性创制。

司法批复在内容上的权力扩张主要源自于三个方面的原因。第一，立法的缺乏或者不完备是司法解释权扩张的重要原因。我国长期以来坚持这样宜粗不宜细的原则，导致我国法律条文在面对复杂的社会生活时显得无法及时回应。随着中国特色社会主义法律体系的基本确立，司法批复的数量逐步变少，司法批复的"空白立法"也在变少。第二，全国人大常委会行使法律解释权的懈怠。我国《立法法》赋予全国人大常委会的法律解释权，但是这项权力的使用频率过低，难以应对法律实践的需要，无法及时解决司法机关具体审判活动中的法律难题。第三，我国最高人民法院行使制定公共政策的社会职能。从社会职能上来看，最高人民法院兼具政治功能以及社会经济功能。在我国转向市场经济体制的过程中，由于国家权力开始分散，最高人民法院逐渐在公共政策领域发挥着政策制定者的功能。[2] 由此，在法律解释功能分配上，司法解释制度具有及时填补法律漏洞的现实功能。尽管司法批复中超越解释的法律创制具有一定合理性，但依然无法否认这种做法在超越最高人民法院的法定权限。

(四)批复效力的扩张

我国现行《宪法》和《立法法》将解释法律的权力赋予全国人大常委会，但是身负多项职权的全国人大常委会不能常规性地解决法律适用中的解释问题，因此 1979 年的《人民法院组织法》和 1981 年的《全国人民代表大会常务委员关于加强法律解释工作的决议》赋予最高人民法院在具体适用法律过程中的解释权，但是在司法实践中，最高人民法院将模糊的授权规定扩大化，尤其是狭义司法解释已经成为一种"准立法"，并在 1997 年《规定》和 2007 年《规定》中将司法解释的效力上升到等同于法律的高度，严格来讲，最高人民法院自我设定司法解释效力的做法缺乏合法性，是司法权扩张的典型表现。

根据前述的狭义司法解释和司法批复的功能，司法批复是基于具体案件的基础上进行的司法解释类型，却产生一般性的法律约束力。这种情况类似于国外的判例制度，但是无论是实体类司法批复，还是程序类司法批复，在解释内容上均缺乏法律论证，在解释效力上

---

〔1〕 参见苏力：《司法解释、公共政策与最高法院》，载《法学》2003 年第 8 期；邱兴隆：《一个半公正的司法解释》，载《法学研究》2004 年第 6 期。

〔2〕 参见张友连：《最高人民法院公共政策创制功能研究》，吉林大学 2009 年博士学位论文。

依靠最高人民法院的权威。最高人民法院在针对模糊性法律条文以及法律空白时所制定的司法批复,往往是一种结论式批复[1],例如法释〔2003〕17号,答复称:"房地产管理机关可以撤销错误的注销抵押登记行为。"[2]有学者从司法批复的具体论证方面,认为司法批复的推理缺失,司法批复的裁判证明功能主要体现在上级法院径直就个案的判决问题作出答复,法律解释的操作反而退居其次。[3] 国外的先例不仅仅拥有让下级法院遵循的法定效力,同时"先例的效力主要不是靠命令产生的,而是来自于它的合理性和说服力",[4]但是我国的司法批复缺乏具体论证,这会导致下级人民法院在遇到类似案件时无法具体判定是否应该适用该批复,从而导致再次请示批复,诸如法释〔2000〕25号中规定"关于请示的第二个问题,我院法释〔1998〕27号已有明确规定,在此不再答复。"并且这两份批复的提请主体均为山东省高级人民法院。我国的司法批复具有一般性法律效力是最高人民法院扩张司法解释权的结果。此外,司法批复缺乏具体论证的特征意味着缺乏外在约束,这使得最高人民法院不用考虑对下级人民法院的合理性和说服力,更容易导致司法批复权的扩张。

结 语

司法批复是最高人民法院运用司法解释权的重要形式,司法批复制度规定与运行现状中体现出的自制与扩张倾向表明,最高人民法院对司法解释权的配置存在问题,这个问题不仅涉及到法院系统层级之间权力配置的合理性,也涉及到司法解释类型之间的功能协调。司法批复制度的变迁和制度约束均是最高人民法院进行的自我调整,这种调整缺乏外在的法律压力和约束,缺乏法律上的明确授权和规制。[5] 这种情况导致司法批复权的自制和扩张都无章可循,直接影响到最高人民法院的自我定位,影响到最高人民法院对司法批复权的审判权属性和管理权属性的明确定位,对这些问题回答是改革司法批复制度的重要基础。

---

〔1〕 尽管最高人民法院研究室每年都会组织并主编《最高人民法院司法解释》丛书,由司法解释起草人剖析起草背景、出台过程、基本内容和焦点问题等内容。但丛书本身的事后编写性,无法为请示法院在获悉司法批复后的具体适用过程中,提供详细的解释论证过程。

〔2〕 该司法批复的请示文件为《广西壮族自治区高级人民法院关于首长机电设备贸易(香港)有限公司不服柳州市房产局注销抵押登记、吊销(1997)柳房他证字第0410号房屋他项权证并要求发还0410号房屋他项权证上诉一案的请示》〔2003〕桂行请字第1号),其中明确提到了本案正在审理之中,并未完结。

〔3〕 孙笑侠、褚国建:《论司法批复的解释论证功能及其局限》,载《浙江大学学报》2009年第6期。

〔4〕 张千帆:《先例与理性——也为中国的司法判例制度辩护》,载《河南社会科学》2004年第2期。

〔5〕 最近,我国《立法法修正案(草案)》中并没有将司法解释单设一章进行规制,而是仅仅增加一条有关最高人民法院和最高人民法院检察院解释的规定,缺乏细致的程序性规定。

论法官的裁判选择*

丰　霏**

摘　要：如果将司法裁判过程看成是法官在多个备选判决之中作出选择的过程的话，那么，一个合理的裁判也就意味着一个理性的选择行为。出于理性选择的要求，法官的裁判选择应当满足一组条件，其实质在于满足选择行为对稳定连续偏好关系的要求。在语境独立的情况下，备选选项之间不发生影响彼此偏好序列的关系，但是在语境依赖的情况下，附加的选项会改变原有选项的偏好序列，从而影响裁判选择的稳定性。语境依赖的情形并非不利于司法活动实现定纷止争的功能，只是会对司法的确定性和可预测性带来危害，有效控制语境依赖因而具有必要性。而对语境依赖的限控，也就意味着应当确保法官在裁判选择的过程中回归并保持稳定而连续的偏好关系。

关键词：司法裁判；理性选择；语境独立；语境依赖；偏好关系

如果说，在三十多年前的改革开放之初，中国的法治建设的主要任务在于立法上的完备性与科学性，那么，自中国特色社会主义法律体系宣告基本形成之始，即意味着中国法治建设的任务目标必然并正在悄然而变，逐渐从以立法为中心的法制建设转向为以司法为中心的法治改革。如今，国家治理体系法治化的建设目标以及司法改革的深化实践，更是将原本被认为是后盾防线的司法活动推向了前沿一线。司法过程中的法官站在了法治中国建设舞台的中心，被社会大众和理论学者所聚焦。不仅其职业行为中的一举一动被多方关注，甚至那些本处于其心灵深处的思维情絮也都被层层剥开。马克斯·韦伯百年前所言："现代的法官是自动售货机，投进去的是诉状和诉讼费，吐出来的是判决和从法典上抄下的理由"。〔1〕现在看来，这一预言离我们越来越远。甚至，在当下看来，我们更愿意接受的观点，以及现实所展现出来的是，"法官判案所依据的法律，是法律人根据一般的法律和具

* 基金项目：国家社科基金重大委托项目"中国特色社会主义司法理论体系研究"（项目编号：12@ZH017）；国家社科基金重大项目"马克思主义法学方法论研究"（项目编号：11&ZD077）；以及中国博士后基金项目资助。

** 丰霏，男，安徽滁州人，国家"2011计划"司法文明协同创新中心研究人员，吉林大学法学院、理论法学研究中心讲师，法学博士，研究方向为法理学、法律交叉学科研究。

〔1〕［德］马克斯·韦伯：《论经济与社会中的法律》，张乃根译，中国大百科全书出版社1998年版，第62页。

体的语境而临时构造的法律”。[1] 诸多的司法与法律方法研究也向我们细致诠释了霍姆斯的那句名言:“法律不过是对法官判决的预测”。[2] 相应地,不论是司法实践还是理论演绎,都在不断给我们传递出一个信息,那就是:面对一个亟待裁判的案件,法官的心里总是会有几个不尽相同的待选结论。并且,在司法实践中,“不论备选的裁判结论有多少,法院最终的裁判结论只能有一个”[3]。因此,对于法官如何在众多备选结论中进行裁判选择的研究,不仅满足了人们对某一案件事实能够获得相对稳定判决结论的期待,同时,当下中国法治实践中,也释怀了人们对法官作出公正裁判的好奇、猜疑与隐忧。对此,学界通常的研究视角在于分析考察影响法官作出裁判选择的外部因素,比如出于法律规范自身的模糊性以及来自党政机关、社会媒体、大众意见等外部势力的干扰。也有相当的研究去分析考察那些影响裁判选择的法官内在因素,比如个人信仰、价值信念、政治立场,甚至是社会经验、裁判技能。但是,以往多数的研究成果所侧重的往往在于法官选择结论的正当性与确定性。[4] 直到近期,随着行为经济学和认知科学与法学的交叉发展,才逐渐有相关研究成果开始从直觉、潜见、认知机制等方面关注法官选择裁判的内在机制、心理过程与选择模式。[5] 而本文亦是尝试从行为法律经济学的角度,对法官作出裁判结论的理性选择模式,以及现实中存在的因备选结论之间的语境依赖(context-dependence)而影响裁判选择的现象,进行描述与分析。

一、语境独立下的合理裁判

如果将司法裁判的过程看成是法官在多个备选判决之中作出选择的过程的话,那么,一个合理的裁判也就意味着一个合理的选择行为。一般而言,“合理性是选择模式而不是单个选择本身的属性”。[6] 任何一项选择的作出都无法脱离某种理由的存在,在多个选项之间进行选择也就是对选项背后的理由的选择。然而,对理由是否合理的证成往往来源于选择行为和选项的外部因素,因此就选择结果本身而论,一般并不存在是否合理的证成问题。尤其对于绝大多数仅涉及个人自由的选择行为而言,选择结果本身并不存在是否合理的判断问题。只有当选择结果的效果发生对象扩大到选择主体之外时,才可能将原本属于对选择结果的外部论证转变成内部论证,从而演绎出选择结果的合理性问题。比如,根据

---

〔1〕 陈金钊:《国家治理体系法治化及其意义》,载陈金钊、谢晖主编:《法律方法》(15),山东人民出版社2014年版,第72页。

〔2〕 See Oliver Wendell Holmes, The Path of Law, Harvard Law Review, Vol. 10 (1897), pp. 457 – 469。

〔3〕 赵秉志、张心向:《刑事裁判不确定性现象解读》,载《法学》2008年第8期。

〔4〕 例如,管伟:《论司法裁判正当性的考量标准》,载陈金钊主编:《法律方法》(6),山东人民出版社2007年版,第431~446页;赵秉志、张心向:《刑事裁判不确定性现象解读》,载《法学》2008年第8期;王申:《法官的经验与理性》,载《法制与社会发展》2007年第5期;等等。

〔5〕 例如,白建军:《司法潜见对定罪过程的影响》,载《中国社会科学》2013年第1期;李安:《司法过程的直觉及其偏差控制》,载《中国社会科学》2013年第5期;李学尧:《认知流畅度对司法裁判的影响》,载《中国社会科学》2014年第5期;等等。

〔6〕 [英]阿林厄姆:《选择理论》,陆赟译,译林出版社2009年版,第3页。

个人口味或好恶不同而主张“甜豆腐脑”或“咸豆腐脑”的选择本身并无合理性可言，也没有人会去真正关心在月饼中添加五仁馅还是莲蓉馅，以及莲蓉馅中添加蛋黄还是不添加蛋黄，哪一项更为合理。只有当某种选择结论在选择主体之外发生了效果时，选择本身才会继续受到合理性的考量。比如，对“甜豆腐脑”或对五仁月饼的禁售，才会涉及合理性的争议。因此，我们对一项选择行为是否合理的判断，主要以及首先是针对其中选择模式是否合理的考量。而法官对裁判的选择行为，显然并不只是个人自由问题，因此也涉及对选择结论合理性的量度，但是这种对法官选择裁判行为的合理性判断，首先是要考量其中选择模式是否合理，其次才能涉及选择结论是否合理的问题。

就一项选择的典型分析而论，在一个备选选项的集合中，每个选项可以联系到一个价值或效用的数值，选择者在对备选项目进行赋值之后，根据数值大小进行选择，从中挑选价值或效用数值最大的选项。并且，在对选择行为进行分析的一般情况下，我们总是潜在地假定选项与选项之间互不干扰彼此的价值效用数值，处于“语境独立”（context-independence）的情形，即任意两个选项之间根据赋值大小的相对排序，不应当随其他选择项目的加入或退出而发生赋值与次序变化。[1] 因而，在语境独立的选择环境中，一项合理的、符合理性要求的选择，首先是能够满足效用最大化的选择，即意味着从选择者的角度，对选项进行效用赋值之后，选择赋值最高的选项；其次要求在选项变更的情况下，选择者能够保持稳定的赋值序列，按照赋值序列进行递次选择。

按照理性选择理论，合乎理性的选择模式应当起码满足缩约条件和扩展条件两项要求。[2] 所谓缩约条件，也被称为“森的首要属性”，得名于诺贝尔经济学奖获得者阿玛蒂亚·森，其要求：如果选择者在一个选项集合中选择了某个选项，那么当减少该选项集合中的其他选项，而保留该选项的情况下，选择者仍然应当在减少的选项集合中选择该选项。举例来说，当存在 A\B\C 三个选项时，选择者选择了 A，那么当面对 A\B 两个选项时，选择者还应当选择选项 A。所谓扩展条件，也被称为“孔多塞条件”，得名于法国数学家孔多塞，其要求：如果选择者在某个选项与待选集合中的任何一个其他选项之间进行对比选择时都选择了该选项，那么当待选选项的范围被扩充为整个选项集合时，选择者仍然应当在扩充完整的选项集合中选择该选项，尽管选择者的选择可能是多选的、也包含了其他选项。举例来说，当面对 A\B 两个选项时，选择者选择了 A，并且面对 A\C 两个选项时，选择者仍然选择了 A，那么当存在 A\B\C 三个选项时，选择者的选择结果中至少应当包括选项 A。能够同时满足缩约条件和扩展条件的选择即被认为是一种合理的选择。此时，如果我们假设 B\C 两个之间也满足类似以上讲的 A\B 之间的选择条件，并假设选择者选择了选项 B，那么我们就可以在 A\B\C 三个选项之间进行 A > B > C 的效用排序，确立起选择者关于 A\B\C三个选项的效用次序，亦即揭开选择者在 A\B\C 三个选项上的“偏好关系”。因此，我们也可以说：“如果选择是合理的，选择和偏好关系实质上是一样的，我们总是可以从偏

〔1〕 参见[美]马克·凯尔曼、约沃尔·罗滕斯特雷克、阿莫斯·特沃斯基：《法律决策的语境依赖》，载[美]桑斯坦主编：《行为法律经济学》，涂永前、成凡、康娜译，北京大学出版社 2006 年版，第 71 页。

〔2〕 参见[英]阿林厄姆：《选择理论》，陆赟译，译林出版社 2009 年版，第 13、29 页。

好关系中推断出选择,也可以从选择中推断出偏好关系。"[1]并且,在这种偏好关系连续而稳定的情况下,理性的选择也即是意味着满足以下条件:如果在选项集合中存在选项B的情况下,选择者选择了选项A,那么当任何情况下,选择者在包含选项A的选项集合中选择了选项B,那么选择者也应当同时选择选项A。这一条件被看作是缩约条件和扩展条件的综合,被称为理性选择的"显性条件",也被称为"萨缪尔森显示偏好条件"。"理性选择的过程也就是能满足显性条件的过程。"[2]可以说,理性选择理论对于选择合理性的规范分析,适用于所有一般的选择行为,为分析选择行为是否符合理性提供的分析框架。

在语境独立的情形下,法官根据案件事实所作出的裁判选择行为自然也应当满足理性选择的模式要求。因此,尽管我们常常将这种偏好关系看成是法官个体的"心理黑箱",是我们理论研究与司法实践所长期叩击的司法病灶,但是就选择的合理性而言,法官在进行判案抉择的时候,仍然不能排斥这种偏好关系,并且还要保持稳定而连续的偏好关系,因为偏好关系的连续性(一致性)意味着选择的合理性,对受众而言也就意味着司法判决的确定性和可预测性。当然,偏好关系虽然是理性选择的必然要求,但是法治和司法对于不同来源的偏好关系有着不同的态度。

法官在处理案件上的偏好关系通常来源于法官个体的个性因素。比如在离婚案件中,尽管缺乏实证统计证明,[3]但是在律师办案的感受看来,对于那些因男性过错而导致的离婚案件,女性法官的苛责程度往往要高于男性法官。尽管这种偏好关系可能反映出自由裁量权所带来的公平偏差,但是就判决的可预测性而言,这种偏好关系为当事方带来了某种潜在的预期。某个长期处理离婚案件的女性法官一以贯之地在案件判决中偏向女方,其在下一次案件中对女方的继续偏护是符合理性选择要求,相反,当下一次相似情形的案件中该法官若是偏护男方当事人,即意味着该法官在判决选择的过程中打破了稳定的偏好关系,并违背了理性选择的扩展要件,因此尽管可能是一次自身对公正的纠偏,但该判决选择反倒是不符合理性选择要求的。所以,为了维持自身选择的合理性,同时为了避免自反性,法官在类似案件的判决中,常常采取一种较为保守的选择策略,即:假设某法官在办理同类案件时,面对A\B两个判决选项(也可以是自由裁量范围内的不同裁判幅度),所倾向并体现出的偏好关系是A>B,同时,该同类案件的案件属性和社会危害性在法官内心赋值是连续的,如果当恰好出现一个案件×处于以往案件赋值的末端,那么除非出现额外的理由,否则该法官仍然会继续选择A。也就是说,上述例子中的女性法官在处理相似案件时,唯有继续偏护女方当事人或至少同等保护双方当事人,才不至于遭受到公平裁判与理性选择的双重责难。倘若当附有特殊理由的"末端案件"出现时,该案件情形及相应裁判结论即会被法官重新赋值,并被确立为某种具有分水岭意义的案件类型,构成其裁判选择的坐标,为以后其他相似案件裁判选择确立起另外的偏好关系。

---

[1] [英]阿林厄姆:《选择理论》,陆赟译,译林出版社2009年版,第19页。

[2] 参见[英]阿林厄姆:《选择理论》,陆赟译,译林出版社2009年版,第19~21页。

[3] 但是有相关研究讨论了性别偏向问题。例如陈雪飞:《离婚案件审理中法官话语的性别偏向》,载《北大法律评论》(第8卷第2辑),北京大学出版社2007年版。

当然,出于法治的要求,司法过程中对于因法官个性而形成的偏好关系总是持有一种"既用也疑,边疑边用"的态度。所以,除了法官自身对偏好关系的心理塑造和经验建构之外,立法上也为法官的裁判选择提供了许多设定偏好关系的抽象坐标,以此来限制法官的选择偏好区间。比如,我国《刑法》第 67 条关于自首的认定以及相应处罚的规定:"犯罪以后自动投案,如实供述自己的罪行的,是自首。对于自首的犯罪分子,可以从轻或者减轻处罚。其中,犯罪较轻的,可以免除处罚。被采取强制措施的犯罪嫌疑人、被告人和正在服刑的罪犯,如实供述司法机关还未掌握的本人其他罪行的,以自首论。"刑法修正案(八)还做了补充:"犯罪嫌疑人虽不具有前两款规定的自首情节,但是如实供述自己罪行的,可以从轻处罚;因其如实供述自己罪行,避免特别严重后果发生的,可以减轻处罚。"并删除了《刑法》原第 68 条第 2 款"犯罪后自首又有重大立功表现的,应当减轻或者免除处罚"的规定。可见,尽管对于是否选择从轻、减轻或免除处罚,法律上并没有明确的要求,但是对于从轻、减轻和免除三者之间的选择界限,法律却尝试给出相对清楚的区分。除了从对裁判结论的选择区间划分之外,法律上还对裁判选择的标准进行的细化。比如:刑法修正案(八)中将《刑法》原第 72 条关于缓刑适用的规定进行了修改细化,原规定"对于被判处拘役、三年以下有期徒刑的犯罪分子,根据犯罪分子的犯罪情节和悔罪表现,适用缓刑确实不致再危害社会的,可以宣告缓刑"细化为"对于被判处拘役、三年以下有期徒刑的犯罪分子,同时符合下列条件的,可以宣告缓刑,对其中不满十八周岁的人、怀孕的妇女和已满七十五周岁的人,应当宣告缓刑:(一)犯罪情节较轻;(二)有悔罪表现;(三)没有再犯罪的危险;(四)宣告缓刑对所居住社区没有重大不良影响。"以此为法官进行裁判选择提供法定参照。

以上所讨论的法官对裁判结论的选择仅仅是处于语境独立的情形下,假定那些备选的裁判结论之间相互独立,不会影响彼此的价值与效用赋值。此时,所谓理性的裁判选择也就意味着法官的选择过程与模式符合逻辑,能够反映并被选择的偏好序列所解释,且能够满足效用最大化的价值要求。相应的,合理、合法并能够被社会大众所广泛接受的裁判,即意味着作出裁判选择的法官的偏好序列能够被法律与社会大众所认可,而对偏好序列的认可也即意味着对偏好序列所主张的价值序列的认同,由此,法官的裁判选择才不仅在逻辑上获得合理性,也在实质的价值内容上获得了被法律和社会所认可的合理性。

二、语境依赖下的判决选择

语境独立的情形使我们可以从理性选择的角度来对法官的裁判选择行为进行规范分析,如此一来,即意味着如果能够通过统计获知某个法官或法院在审理同类案件时所展现出来的某种偏好关系,那么,司法判决的确定性和可预见性便可以得以确立。但是,在现实之中我们常常发现呢,"在审判实践中,决定判决内容的,既不是法律规范,也不是逻辑,更不是概念,而是'跟着感觉走'!",一些非理性的因素总是在影响法官的判断,"一些连法官自己都没有意识到而又确实存在的某种因素对判断产生影响”。[1] 比如,这些非理性的影响因素可能来自于某种直觉,即“一种缺乏意识的过程,是一种不连续的信息加工机制,无需使用意识推理而直接获得知识,且本身的形成也在人类意识监控之外”,一种“不受意识监控的推理与顿悟处理观念关系的产物”;[2]也可能来源于某种司法潜见,即“在某些案件背景信息渗透下形成的处理案件的隐性推定”。[3] 这些因素在很大程度上阻断或改变了法官选择行为中偏好关系连续性,消解了对法官裁判选择行为的确定性预置,因此,构成了影响法官裁判理性选择的干扰因素。然而,这种潜见和直觉可能往往来源于法官在审理特定案件之前就已经具备的特质和情智禀赋,这种潜见与直觉的形成也往往来源于待决案件事实所输出的信息供给,常常被认为与备选的裁判选项无关。法官只是受到了潜见和直觉的影响,在诸多备选的法律答案中选择了自认为合理的那一个。在语境独立的预设下,我们通常不考虑备选裁判选项之间的相互作用,以及这种相互作用对法官裁判选择的影响。因为不论是在“直觉”还是从期待与设定的理想状态上而言,我们通常认为增加或减少选项不会对原有选项间的价值次序有所影响,法官在备选裁判选项之中的选择恰如一名学生做一道单项选择题一样,不论是增加还是排除一个错误答案并不会改变其对既已认定为正确答案的选择。但是,将法官的裁判选择与学生的答题选择作比时,我们会发现有时候法官也恰像学生一样,面对一道难题而不知正确答案究竟如何选择,何况待选的法律裁判之间还往往处于模棱两可的正误界限之上。此时,法官采取的策略便和学生一样,在既有的选项之中进行挑选比较,因此,待选的裁判选项之间发生了相互影响的联系,选项之间增益或贬损彼此在法官心中的价值与效用赋值。于是,语境独立的情形便常常在法官的选择过程中被解构,语境依赖构成了法官裁判选择的潜在情形。

所谓“语境依赖”(context-dependence),是表征一种与语境独立的相反情形,意味着任意两个选项之间的相对排序会随着其他选项的加入或减少而发生变化,并且“只有在两个选项之间进行选择时被第三个选项的存在所影响,而第三个选项又并没有提供关于剩余选项的相对优点的信息的时候,偏好才能说是语境依赖的。”[4]因此,语境依赖的根本特征不在于附加的选项向选择者传递某种可能引起偏好关系发生改变的“附加的相关信息”,而在于选项本身的存在或消灭改变了选择者的偏好关系。行为经济学的相关研究发现,在一个选项集合中,“人们通常被具有比较优势的选项所吸引,人们还过多地折中对待选项,使其特征值与介于其他备择项的特征值中间的某些值相符”。[5] 这两种与语境独立相冲突的情况被称为折中效应与对比效应。其中,折中效应是指:“考虑同一个选择,当它被认为位于选择束的中间,比当它被认为位于两端,能获得更高的评价。”;对比效应是指:“同样

---

〔1〕 白建军:《司法潜见对定罪过程的影响》,载《中国社会科学》2013年第1期。

〔2〕 李安:《司法过程的直觉及其偏差控制》,载《中国社会科学》2013年第5期。

〔3〕 白建军:《司法潜见对定罪过程的影响》,载《中国社会科学》2013年第1期。

〔4〕 [美]马克·凯尔曼、约沃尔·罗滕斯特雷克、阿莫斯·特沃斯基:《法律决策的语境依赖》,载[美]凯斯·R.桑斯坦主编:《行为法律经济学》,涂永前、成凡、康娜译,北京大学出版社2006年版,第85页。

〔5〕 [美]科林·F.凯莫勒、乔治·罗文斯坦:《行为经济学:过去、现在和将来》,载[美]科林·F.凯莫勒,乔治·罗文斯坦,马修·拉宾主编:《行为经济学新进展》,贺京同等译,中国人民大学出版社2010年版,第15页。

一个选择,当存在一个相近但明显劣于它的选择时,比不存在这样的对比选择能获得更高评价。"[1] 例如,当面对 A\B 两个选项时,存在 A > B 的偏好序列,但是当增加一个 C 选项后,在 A\B\C 之间的选择上,产生了 B > A 的偏好序列。尽管这种不稳定的偏好关系被认为是非理性的,但是却真实的存在并常常不被发现。这种折中效应和对比效应在社会生活的日常选择中反复出现,尽管未被证明这种语境依赖的效应是否能够在真实的审判过程中得以消解,但是现有的研究至少为语境依赖效应影响法官决策提供了初步证据。[2] 我们也能够在当下的司法实践中找到相应的佐证实例。

几年前引起社会与学界所广泛热议的"许霆案"正是一例。在"许霆案"中,关于案件的定性和具体罪名就有两类 12 种截然不同的主张。其中,无罪论的观点包括不当得利说、无效交易说、银行过错说、行为难以模仿说、刑法谦抑说、刑罚目的说、罪刑法定说等 8 种,而有罪论的观点则包括侵占罪说、信用卡诈骗罪说、诈骗罪说和盗窃说等 4 种。[3] 尽管二审法院法官在作出判决的时候并没有采纳无罪论的主张,但是却显然对无罪论的相关主张有所考虑,并对一审的定罪量刑方面做了重大变动。一审与二审案件中,公诉机关的公诉意见是一致的,均认为"被告人许霆以非法占有为目的,盗窃金融机构,数额特别巨大,其行为已触犯《中华人民共和国刑法》第 264 条第(一)项之规定,[4] 构成盗窃罪。"但是在辩护人的代理意见中却先后有两种不同的主张:一审辩护时,辩护人主张被告人许霆的行为应当构成侵占罪而非盗窃罪;上诉二审中,辩护人主张被告人许霆的行为不构成犯罪,应当作出无罪判决。一审法院法官的裁判依据是:《刑法》第 264 条第(一)项、第 57 条、第 59 条和 64 条。二审也是据此判决,但增加了对第 63 条第 2 款和最高人民法院《关于审理盗窃案件具体应用法律若干问题的解释》第 3 条、第 8 条规定的援用。[5] 其中,援用最高人民法院《关于审理盗窃案件具体应用法律若干问题的解释》第 3 条、第 8 条的规定主要在于引

---

〔1〕 [美]马克·凯尔曼、约沃尔·罗滕斯特雷克、阿莫斯·特沃斯基:《法律决策的语境依赖》,载[美]凯斯·R. 桑斯坦主编:《行为法律经济学》,涂永前、成凡、康娜译,北京大学出版社 2006 年版,第 72 页。

〔2〕 [美]马克·凯尔曼、约沃尔·罗滕斯特雷克、阿莫斯·特沃斯基:《法律决策的语境依赖》,载[美]凯斯·R. 桑斯坦主编:《行为法律经济学》,涂永前、成凡、康娜译,北京大学出版社 2006 年版,第 87 页。

〔3〕 参见赵秉志、张心向:《刑事裁判不确定性现象解读——对"许霆案"的重新解读》,载《法学》2008 年第 8 期。

〔4〕 《刑法》第 264 条原规定"盗窃公私财物,数额较大或者多次盗窃的,处三年以下有期徒刑、拘役或者管制,并处或者单处罚金;数额巨大或者有其他严重情节的,处三年以上十年以下有期徒刑,并处罚金;数额特别巨大或者有其他特别严重情节的,处十年以上有期徒刑或者无期徒刑,并处罚金或者没收财产;有下列情形之一的,处无期徒刑或者死刑,并处没收财产:(一)盗窃金融机构,数额特别巨大的;盗窃珍贵文物,情节严重的。"后经 2011 年刑法修正案(八)已经改为"盗窃公私财物,数额较大的,或者多次盗窃、入户盗窃、携带凶器盗窃、扒窃的,处三年以下有期徒刑、拘役或者管制,并处或者单处罚金;数额巨大或者有其他严重情节的,处三年以上十年以下有期徒刑,并处罚金;数额特别巨大或者有其他特别严重情节的,处十年以上有期徒刑或者无期徒刑,并处罚金或者没收财产。"

〔5〕 一审判决书:广东省广州市中级人民法院刑事判决书,(2007)穗中法刑二初字第 196 号;二审判决书:广东省广州市中级人民法院刑事判决书,(2008)穗中法刑二重字第 2 号。

证其对《刑法》原第264条第(一)项中“数额特别巨大”和“盗窃金融机构”的解释。[1] 而真正使一审判决的结论从判决“被告人许霆犯盗窃罪,判处无期徒刑,剥夺政治权利终身,并处没收个人全部财产”,变更为判决“被告人许霆犯盗窃罪,判处有期徒刑五年,并处罚金二万元”,其间的罪名未变量刑却天壤之别的法律出处在于对《刑法》第63条第2款的援用。其规定:“犯罪分子虽然不具有本法规定的减轻处罚情节,但是根据案件的特殊情况,经最高人民法院核准,也可以在法定刑以下判处刑罚。”但是,该法律条文仅仅规定了减轻处罚的权限和程序,并没有明确规定出减轻处罚的必要性。所以,二审法院援引此条并根据最高人民法院核准作出的判决选择显然与许霆案的裁判场域和选择语境有关。

我们自然可以在该案件两次审理的过程中考察“公众舆论、专家学者、司法官员进入案件裁决场域,争夺‘许霆案’裁判话语权”,[2]研判裁判场域对法院法官判案抉择的干预作用;但是我们也应当同时看到,案件审判抉择的过程仍然处于相对封闭的法庭空间,法官的观念与选择尽管受到外部社会的观点影响,但是法官作为案件结论的选择者并不应当被消解为某种外部意志的代言人。要知道,在后现代社会建构论心理学的观点看来,伴随着社会中信息与知识的饱和进程,每个人都“从别人那里获得植入的每一份自我,都会参与我们自己内心所进行的关于某些人物、事件、问题的对话和讨论。这些内在的声音,这些关系的残留痕迹,既是想象的又是真实的。”[3]那么,也就不能将外部力量对裁判话语权的争夺作为唯一的视角,来分析法院两次审理结论的悬殊,并将其作为原因来把法官的裁判选择全然解释成一种无奈或妥协。

然而,从语境依赖出发,我们似乎能够找到另一种解释的角度。对于法院法官而言,在一审中,控辩双方直接提供给法官选择的裁判结论分别为:盗窃罪和侵占罪,法官从中支持并选择了控方的观点;在二审中,控辩双方直接提供裁判结论分别为:盗窃罪和无罪,法官从中仍然支持并选择了控方的观点。如果我们假定,法官面对一个案件所要首先作出的判断就是对有罪与无罪的判断,那么我们可以将一审案件中的裁判选项完整化为:盗窃罪、侵占罪和无罪。从而,我们发现,就罪名认定上来看,两次审理的裁判选择恰好是对理性选择的缩约条件的满足。而在两次审理过程中所出现的多方话语对案件性质的主张,为二审裁判选择提供了扩展选项,但是二审的结论仍然在于对盗窃罪的选择,这意味着该选择行为也满足扩展条件。因此,在满足缩约条件与扩展条件的情况下,我们判断该案件的裁判选

---

〔1〕 最高人民法院《关于审理盗窃案件具体应用法律若干问题的解释》(法释〔1998〕4号),第三条:盗窃公私财物“数额较大”、“数额巨大”、“数额特别巨大”的标准如下:(一)个人盗窃公私财物价值人民币五百元至二千元以上的,为“数额较大”。(二)个人盗窃公私财物价值人民币五千元至二万元以上的,为“数额巨大”。(三)个人盗窃公私财物价值人民币三万元至十万元以上的,为“数额特别巨大”。各省、自治区、直辖市高级人民法院可根据本地区经济发展状况,并考虑社会治安状况,在前款规定的数额幅度内,分别确定本地区执行的“数额较大”、“数额巨大”、“数额特别巨大”的标准。第八条:刑法第二百六十四条规定的“盗窃金融机构”,是指盗窃金融机构的经营资金、有价证券和客户的资金等,如储户的存款、债券、其他款物,企业的结算资金、股票,不包括盗窃金融机构的办公用品、交通工具等财物的行为。

〔2〕 参见赵秉志、张心向:《刑事裁判不确定性现象解读——对“许霆案”的重新解读》,载《法学》2008年第8期。

〔3〕 Gergen, K. J., The Saturated Self: Dilemmas of Identity in Contemporary Life, Basic Books, 1991, p. 71。

择具有合理性，满足理论选择的要求，展现出对选择盗窃罪的稳定偏好。但是，正像赵秉志教授所分析的那样，尽管该案的判决采用了盗窃罪的罪名，但是在量刑方面来看，却创造了有别于一般盗窃罪（盗窃金融机构）的新的裁判适用类型。[1] 那么，就量刑层面而言，有罪论主张所涉及到的量刑幅度大体如下：盗窃罪附盗窃金融机构与数额特别巨大加重情节——无期徒刑或者死刑，并处没收财产；侵占罪附有数额巨大或者有其他严重情节——2年以上5年以下有期徒刑，并处罚金；信用卡诈骗罪附数额巨大——处5年以上10年以下有期徒刑，并处5万元以上50万元以下罚金；诈骗罪附数额巨大——处3年以上10年以下有期徒刑，并处罚金。案件定性所涉及的四个罪名相应的产生了四个不同的量刑幅度。面对侵占罪的辩护意见，一审案件中原判决选择的是盗窃罪，由于其案件事实与一般侵占罪的情形有明显不同之处，并且在案件事实上也满足金融机构和数额特别巨大的条件，因此相应严格选择了法定刑罚，即无期徒刑并没收财产。但是，考虑到其他可能涉及的罪名，许霆的行为虽然比较满足盗窃罪的构成要件，但是在量刑上却是一个极端苛责的罪名。为了避免这种极端性困境，二审重审时，排除了极端的刑罚，比照了其余三种罪名的量刑幅度，并在其中做了折中选择：在2年至5年、3年至10年、5年至10年之中，即在（2，3，5，5，10，10）的区间集合中选择了五年的刑罚。由此，法官在裁判选择中语境依赖的折中效应与对比效应得以显见。

可以说，在“许霆案”中，法官裁判中对定罪的选择和对量刑的选择出现了某种分离与交互，但是这种分离与交互的过程恰恰是符合并能够被理性选择理论及语境依赖现象所解释的。此外，我们在其他诸如刑事死缓案件、民事调解案件等诸多案件中也可以看到理性选择的结果与语境依赖的情形。恰恰是法治与司法过程对于理性的要求，使得法官在司法裁判中更加注意判案抉择的稳定性以及这种稳定性背后所体现的偏好关系的连续性。也恰恰是法官裁判选择过程中的语境依赖使得多方意见得以中和，尽管往往以打破旧制为代价，但也发挥了司法活动定纷止争的功能，满足了社会治理的现实需求。因此，语境依赖作为一种现象甚至是人类决策的潜在规律，具有其特定的功能和意义。但是，我们也需要看到，“违背语境独立的法律决策可能引起更大的麻烦”，“如果决策过程中的语境依赖问题被当作是既定的事实，那么无论立法者还是法官都必须细致考察决策者现有的选择集合是什么”，因为“附加的选择，不仅引进一个可能看起来很合理的决定，而且还会改变其他选择之间的选择结果”，使得司法的确定性变的愈发模糊。[2] 为了确保司法裁判的确定性和可预见性，我们必须尽量辨识选项之间所带来的交互作用，并警惕语境依赖所带来的意外干扰因素，尽可能地将法官的裁判选择控制在理性选择的规范空间，即确保法官在裁判选择过程中能够回归稳定而连续的偏好关系上来。

---

〔1〕 参见赵秉志，张心向：《刑事裁判不确定性现象解读——对“许霆案”的重新解读》，载《法学》2008年第8期。

〔2〕 文章在此处所解析的“许霆案”只是对语境依赖的现象作了诠释，并没有过多讨论语境依赖所涉及的危害性，事实上，这种危害性真实而潜在地存在，但目前人们对此作出的分析和了解并不十分充分，简要的阐述可以参见［美］马克·凯尔曼、约沃尔·罗滕斯特雷克、阿莫斯·特沃斯基：《法律决策的语境依赖》，载［美］凯斯·R.桑斯坦主编：《行为法律经济学》，涂永前、成凡、康娜译，北京大学出版社2006年版，第88～94页。

三、裁判选择的偏好回归

以往的研究中,我们往往将司法判决的不确定性归结为法官个人的偏好,其原因在于:一方面,立法上的空白地带给法官自由裁量留下了过多的空间,不同区域法院的法官根据不同的信息、见识与地方性知识会做出差异性较大的裁判结论,使得国家司法在整体上展现出某种不确定的分散样态;另一方面,也在于伴随法治建设的起步阶段,法官的司法裁判过程本身也处于经验积累的探索时期,法官的司法裁判往往存在试错风险并负担着法治建设的成本,法治建设整体进程的阶段性问题被归结为法官个人的能力瑕疵与情智偏颇;再一方面,现实中确实存在的法官个人的乖张性情和偏颇思想没有得到有效的制度约束,长期以来的重实体轻程序的思维模式既使得法官裁判时有"不按套路出牌",也使得法官裁判"无章法可循",因而在制度上有时不仅没有限制住法官的非理性行为,反而助长了其非理性因素的介入。近些年时有被曝光的陈年冤案也往往与这些原因有关,并常常被归结为法官在裁判过程中的恣意、偏见、好恶等因素所致。然而,若是将法官个人的偏见好恶完全等同于理性选择行为中的偏好,因为排斥偏见好恶而排斥法官所具有的偏好则犯了混淆概念、以致犯了混淆个人判断与司法判决、大众观点表达与法官权威表态之间差异的错误。其实,司法裁判排斥偏见,却是偏好的产物。

事实上,偏好(preferences)是指个人内心所具有的某种稳定的倾向性,而偏见(bias)是指基于不准确的信息而产生的有害的态度。[1] 偏见会影响偏好的产生,但是并不等同于偏好。[2] 理性行为排斥偏见,却并不排斥偏好,"理性行动者是具有一致性偏好的个体"。[3] 所以,如果说,法律是人类理性的集中体现,那么法官应当是理性人的典型代表,法官不同于一般大众的根本职业特征在于忠实于法律的理性要求、坚守法律的理性安排,即具有一致性的偏好,持有稳定而连续的偏好关系。这一偏好关系之所以是稳定的,其缘于法律制度在机制设计上对法官非理性因素干扰偏好关系的克服与制约;而这一偏好关系之所以是连续的,其缘于法律制度在内容安排上为法官公开预设了特定的偏好次序。对司法裁判确定性的追求也即是对法官理性裁判选择的促进,是对法官稳定连续偏好关系的维持。

正如前文所提及的,语境独立是分析理性选择的预设状态,语境独立也是稳定连续偏好关系的一个必要条件,语境依赖会造成偏好关系偏离的情形,因而被认为是应当警惕和克服的。所以,对法官的裁判选择而言,维持其确定性并使其符合理性选择的要求,即是意味着要尽可能地控制或避免语境依赖的情形。然而,如果简单地将偏好关系与语境依赖生

---

〔1〕 参见[美]本杰明·B.莱西:《心理学导论》(第9版),吴庆麟等译,上海人民出版社2010年版,第637~640页。

〔2〕 例如偏见会影响人们对公共政策的偏好,参见[美]谢利·泰勒,利蒂希亚·安妮·佩普鲁,戴维·西尔斯:《社会心理学》(第12版),崔丽娟等译,上海人民出版社2010年版,第170~171页。

〔3〕 [美]赫伯特·金迪思:《理性的边界:博弈论与各门行为科学的统一》,董志强译,格致出版社、上海三联书店、上海人民出版社2011年版,第1页。

硬地加以分割,则犯了机械论的错误。事实上,“人的偏好和价值,毋宁说是从社会环境推导出来的,不如说是被塑造出来的。”“人们面临选择时,不是查询一份独立的‘偏好清单’”,“偏好可能是在选择时的程序、描述和语境的产物”。[1] 因此,严格意义上讲,语境独立与语境依赖只是对偏好产生过程的静态切片描述,语境独立是由于选项固定而形成的稳定的语境依赖形态。所以,在法官裁判选择中重归偏好关系,并不是要也不可能消解所有的语境依赖,只是要将待选项限定在一个可预期的控制范围内,以此消解意外选项带来的偏好关系的不确定危机。

消解语境依赖所带来的危机,使司法裁判的选择趋于理性,回归稳定连续偏好关系,其主要的途径在于对法官裁判偏好连续性及裁判语境独立性的立与破。首先,应当主动确立起法官在裁判过程中的偏好序列,通过制度塑造法官的选择偏好。和芸芸众生一样,法官在社会生活中扮演不同的角色,具有各自的好恶,并且其自身的偏好“在多重自我中不断产生冲突”,其总在试图“努力解释他们自己并重新猜测他们的选择”。[2] 所以,当法官身处案件裁决过程中时,其自身需要实现个人角色的转变,也就意味着要更换一套对相同事物的偏好序列。这套偏好序列应当由法律规定或实践经验所确立,当相关制度或实践经验供给不足时,法官就会根据个人在生活场域中的偏好序列加以改变适用。因此,面对缺乏固有偏好序列参照标准的裁判事项,不同的法官往往会作出不同的裁判选择,由此产生了司法结论上的不一致甚至冲突的情况。为此,在制度设计上需要对偏好次序加以固化,利用选择者的现状偏见[3]来克服意外选项所带来的语境依赖的不确定性。在我国法治实践中,除了法律规范中明确设定的标准、界限和法律后果与责任种类之外,法律上常见的偏好塑造机制,比如:处于意识形态领域和法治理念领域的价值体系、涉及法律实体内容的司法解释与个案批复、具有规范和指引意义的典型案例指导、具有参考意义的国际法则及惯例适用,等等。这些制度对于法官确认裁判选择偏好序列以及维持稳定连续的偏好关系具有助益作用。

其次,需要在制度上确立外部裁判选项额外介入的阻断与约束机制,破除附加裁判选项所带来的语境依赖风险。正如我们在前文“许霆案”中所看到的,在法官裁判案件的过程中会面临来自不同方面声音对裁判选择话语权的争夺,其各自的裁判主张具有明确地贬抑其他裁判选项的意图,是一种显见的具有明确指向性的语境依赖的建构现象。或者说,这代表了一种打破固有偏好序列而重新确立新的偏好关系的情形。面对这种情形,由于法律规范本身所提供的偏好次序往往已然被社会实践所不予接受,而新的法律文本尚无法确立,此时多方话语对法官偏好关系建立的影响实质上与立法过程中不同参与主体话语对法定偏好关系的建构一样,在一定程度上具有法律创制意义。因此,从理性选择所要求的偏

---

〔1〕 [美]凯斯·R.桑斯坦主编:《行为法律经济学》,涂永前、成凡、康娜译,北京大学出版社 2006 年版,第 1 ~2 页。

〔2〕 [美]阿兰·斯密德:《制度与行为经济学》,刘璨、吴水荣译,中国人民大学出版社 2004 年版,第 73 页。

〔3〕 现状偏见(Status Quo Bias)是指人们倾向于喜欢现状,需要足够多的理由才能说服他们离开现状的一种普遍现象。

好一致性以及司法裁判的合理性和合法性要求而言,多方话语影响司法裁判的过程应当参考立法规范和精神制定相应的程序规则,至少应当设置机制避免有关利益方的恶意干扰。这些涉及"媒体审判"、"利益代言"等现象在一些富有争议性和影响性的案件中较为常见,影响语境独立和偏好一致性的情形也比较显见,但是在大多数的常规普通案件中,那些影响法官裁判选择的干扰情形则相对处于隐蔽的状态。有些案件较为普通或者缺乏社会影响力,外部话语对裁判选择的介入并不显著,往往找不到某个具体的介入主体,但是却也常常存在某种被普遍推送的裁判选项,影响法官的裁判选择。这种"不在场的在场"情形并不必然对司法裁判的公正性造成影响,但是却也潜在地塑造着法官裁判选择过程中的偏好关系。典型的例子比如,法官在裁判过程中援引法律之外的学说、理论、常识等作为论证理据的情形,即反映了这种潜在的语境依赖情形。有比较法学家在考察多国法律实践之后,将这种多方价值体系影响法律现实的过程概括为"法律共振峰"(legal formants)[1]这一概念,其意指影响法律的诸多各种成分,认为法律不仅由制定法规则、判例和法学家论述构成,而且还由立法者、法官、法学家所作出的各种非行为规则(如法律解释等)构成,多种成分的共振产生了现实中的法律秩序。"法律共振峰"的概念本就解释了英美法系法官造法的过程,因此也可以被用来解释法官裁判选择的过程。可见,尽管没有外部势力的真实出现,法官在面对裁判选项的时候仍然会不自觉地将法律规范之外的价值序列引入自己的裁判论证之中。这种现象本身是法律发展的规律所在,并不具有危害性,但是如果法官在裁判选择的论证过程中舍弃法律规范原先所设定的偏好关系,直接援引其他价值次序则另当别论。此时,就需要有一套裁判选择论证的约束机制,阻断其他价值次序对法定偏好关系的直接替代。所以,我们在现实中看到一些实例,尽管法官的判决能够被大众所接受,但是由于舍弃法律规范而直接援引法理或常理在裁判文书中加以论证,从而引来的相关制度上的禁制。故此,在认可这种司法裁判"共振峰"的同时,我们也需要设置必要的法律论证规范,使得共振过程在法定的范围内进行,从而有效确保司法裁判的确定性和可预测性。

总而言之,维护司法裁判的确定性和可预测性也就是要不断地在机制上为法官作出理性选择提供条件和保障,运用实体规范确立法定的价值次序和偏好关系,运用程序规则改善语境依赖的不利情形,维持法官裁判选择偏好的稳定性、连续性和一致性。通过塑造法官偏好关系的稳定性和连续性,来维护法官裁判选择的理性内容。

结 语

恰如有学者所指出的:"法律一般被作为一种远离激情的理性",中国作为"一个习惯于实质性思维、诗性思维的国度在迈向法治的过程中,格外需要注重逻辑的作用"。[2] 司法实践更是尤其如此,应当满足理性和逻辑的要求。如果说,司法实践的过程是法官在诸

---

〔1〕 此概念由意大利比较法学家萨科(R. Sacco)在其著作《比较法导论》中所提出的,参见[美]乌戈·马太:《比较法律经济学》,沈宗灵译,北京大学出版社2005年版。

〔2〕 焦宝乾:《逻辑与修辞:一对法学研究范式的中西考察》,载《中国法学》2014年第6期。

多法律决策选项之间抉择的过程,那么,司法裁判符合理性也即意味着法官的裁判选择行为符合理性,即法官在裁判论理的过程中应当满足理性选择的模式要求,具有稳定连续的偏好关系。同时,理性选择的模式是以待定选项之间的语境独立为基础的,然而,在现实司法实践中这种语境独立的情形总是相对的,语境依赖的情形不可避免,只能有赖制度规范加以约束和改善。对司法裁判结论确定性和可预测性的建构过程,也就是对法官在裁判选择过程中偏好关系稳定性与连续性的塑造过程,同时也是对影响法官既有偏好关系的法律外部因素的限控过程。所以,司法实践的理性过程不是排除法官偏好的过程,而是对法官偏好关系的塑造与坚守过程。

指导性案例对原则性规定的细化方式*

——以指导性案例8号为例

孙光宁**

摘　要:"法律规定比较原则"是指导性案例的基本类型之一,在司法实践中具有重要实践意义。在属于此类的指导性案例8号中,法官基于相关法律和司法解释,对主要案情进行了分类,并结合具体案情进行了灵活处理,从而实现了对原则性规定的细化。这种"法条对照+个案参考"的细化方式能够为判决提供充分的合法性基础,也融合和鼓励了结合个案的具体分析。但是,创新性不足是该方式的主要缺陷,容易产生一定消极影响。只有正视指导性案例的地位和作用,加强相关程序设计和技术保障,才能够消解以上不足。

关键词:原则性规定;指导性案例;文义解释;当然解释;司法过程

一、指导性案例8号对相关法律和司法解释的细化

在经过了长期的热切呼唤之后,案例指导制度终于浮出水面并开始运作,最高人民法院也已经陆续公布了多个指导性案例。根据《关于案例指导工作的规定》第七条,指导性案例在各级地方法院中具有"应当参照"的效力,虽然这种表述有些模糊和争议之处[1],但是,总体而言,指导性案例的效力是强制性的:指导性案例是由最高人民法院依照一定的程序所制定和颁发的,通常都是通过严格的遴选机制而筛选出来的公正的、已生效的判决,它并非指法官个人在具体案件中对于法律所作的解释。指导性案例一旦颁布,就应当对包括最高人民法院在内的全国法院都能够产生一定的拘束力。这就是说,所有的法官在遇到类似案件时,都应当参照指导性案例来进行裁判。[2] 因此,无论是理论界还是实务界,都应当重点学习和研讨每个指导性案例。在《关于案例指导工作的规定》第二条所确立的几种指导性案例类型中,"法律规定比较原则的"是基本类型之一。如何将法律中的原则性规

---

* 基金项目:本文是笔者主持的司法部国家法治与法学理论研究项目"实现个案正义的法律方法论研究"(14SFB3003)和山东大学(威海)教改项目"案例教学法在法律方法课程中的实践运研究"的阶段性成果。

** 孙光宁(1981—),男,山东枣庄人,法学博士,山东大学(威海)法学院副教授,硕士生导师,山东大学(威海)法律方法论研究基地研究人员,研究方向:法律方法论。

〔1〕 冯文生:《审判案例指导中的"参照"问题研究》,载《清华法学》2011年第3期,第90页。

〔2〕 王利明:《我国案例指导制度若干问题研究》,载《法学》2012年第1期,第77页。

定进行细化,涉及到法官的自由裁量权、释明权、法律规范的体系结构与精神主旨等多方面的问题,是值得深入分析的,指导性案例8号正是属于该类型。

指导性案例8号为"林方清诉常熟市凯莱实业有限公司、戴小明公司解散纠纷案"。该案判决的主要实体法依据就是《公司法》第183条,该法条规定:"公司经营管理发生严重困难,继续存续会使股东利益受到重大损失,通过其他途径不能解决的,持有公司全部股东表决权百分之十以上的股东,可以请求人民法院解散公司。"应当说,这一规定方式比较笼统和概括,面对着复杂多样的公司管理经营状态,《公司法》第183条显得有些捉襟见肘。就解散公司需要具备的条件来说,无论是"公司经营管理发生严重困难",还是"继续存续会使股东利益受到重大损失",或者"通过其他途径不能解决",均包含了诸多不确定的复杂内涵,唯有借助法官的自由裁量权,才能清晰诠释其确切含义。〔1〕 该法条所规定的内容被学者们概括为"公司僵局"。〔2〕 所谓"公司僵局",主要指的是公司内部的各种经营管理结构和方式实效,在股东之间、董事之间无法形成真正有效的公司决策,整个公司处于一种僵化的状态。

《公司法》第183条的原则性规定为司法实践中具体认定公司解散的条件和结果带来了不少困难。目前,我国司法权介入公司管理领域,几乎为空白。我国关于公司僵局的破解,仅有《公司法》第183条可资适用,也就是说,现行法律只提供了诉请人民法院解散公司一个途径。这种规定方式过于谨慎与僵化,《公司法》第183条关于"公司经营管理发生严重困难"和"重大损失"的规定,判断标准不明,缺乏操作性、弹性过大,容易引发滥用诉权。例如重庆高级人民法院审理的一起"股东诉请公司解散"案,该案中被诉请解散之公司资产早已被控制(侵权)股东掏空,公司巨额亏损,股东会、董事会长期无法形成决议。即公司早已陷入无法正常运转的瘫痪事实状态。但由于公司法关于"公司经营管理发生严重困难"和"重大损失"没有明确判断标准,使控制(侵权)股东在诉讼中,面对法院审理认定公司僵局已形成的基本事实、面对其自身操纵下形成的股东间的人合危机等事实,仍强词夺理诡辩:只要双方共同履行股东职责,公司可以恢复生产,扭转亏损状况……达到恶意拖延审判时间(本案从立案至结案历经三年之久)之目的,致使受害股东饱受讼累之苦,使早已遭受重大损失的公司和原告股东雪上加霜。〔3〕 针对《公司法》第183条的原则性规定,最高人民法院通过《公司法解释》(二)中的相关规定进行了细化,主要体现在第1条之中。该条列举了"公司经营管理发生严重困难"的四种主要情况。

应当说,《公司法解释》(二)以司法解释的方式,对《公司法》第183条的原则性规定进行细化,对相关的司法实践有着一定帮助。但是,随着经济生活的不断发展,公司治理也出现了更加复杂的情况,往往显得法律的直接规定有些滞后。特别是法律中比较原则性的规

---

〔1〕 叶林、郭丹:《试论打破公司僵局》,载《广东社会科学》2008年第4期,第189页。

〔2〕 当然,也有部分学者认为,虽然从第183条规定看,其可以规范公司僵局问题。但是,公司解散之诉的范围比公司僵局的范围要广,公司僵局只是其中之一。而且,该条并没有明确指出公司僵局的本质特征,与严格意义上的公司僵局还存在一定的距离。参见梁上上:《公司僵局案的法律困境与路径选择——以新旧公司法对公司僵局的规范为中心展开》,载《浙江社会科学》2006年第2期,第72页。

〔3〕 彭鸣:《论公司僵局》,载《中国政法大学学报》2010年第3期,第109~110页。

定,更成为司法者处理相关案件时的难题。此时,指导性案例能够为解决这一难题提供一些思路,我们应当深入分析指导性案例对法律中的原则性规定细化的方式,并可以进行推广,使得指导性案例能够真正提高司法过程和结果的质量。

在指导性案例8号的裁判理由中,司法者针对《公司法》第183条和《公司法解释》(二)中的规定,将案件的相关事实分别对应于以上法条中规定的条件,进而得出了解散公司的判决结论,我们可以用以下图表进行说明。

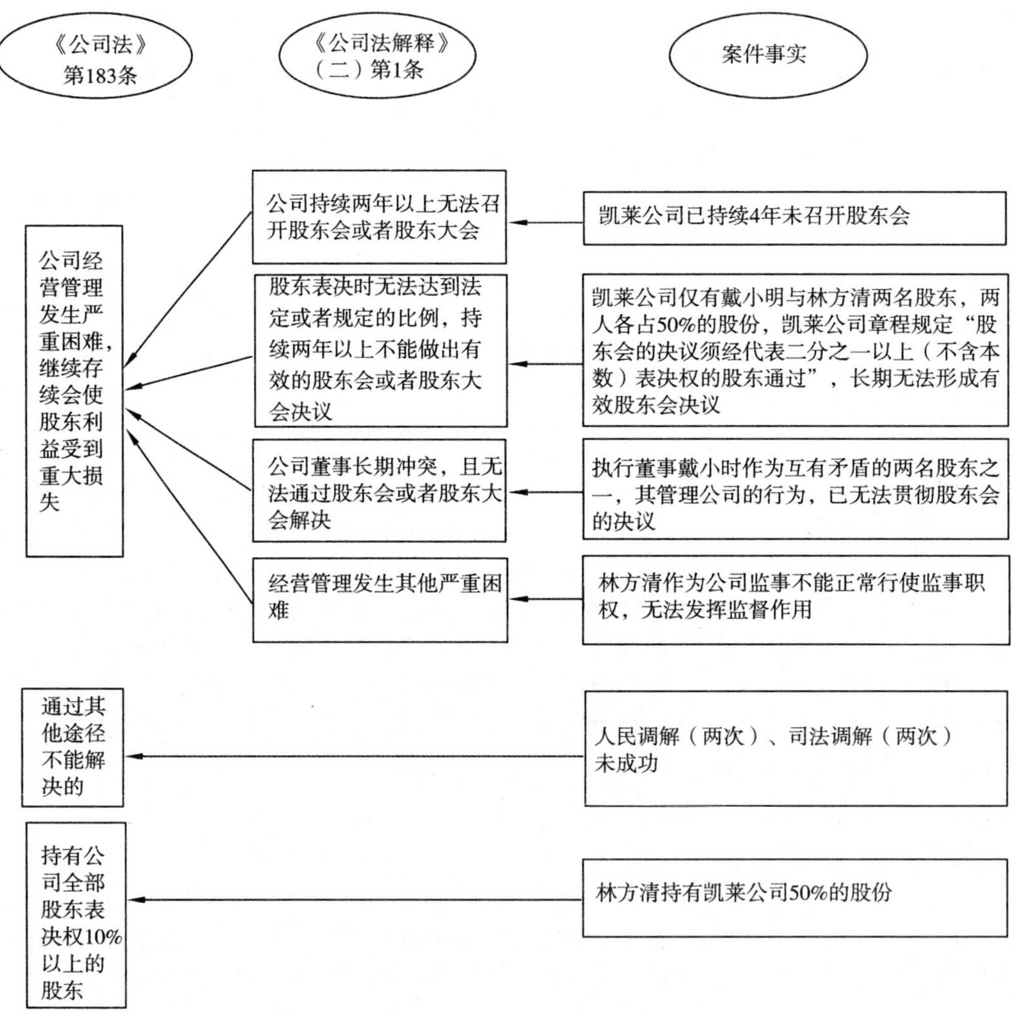

从以上的表格中可以看到,指导性案例8号的法官将案件事实进行了恰当的分类,并分别对应于法条中规定的情况和条件。特别是对于《公司法解释》(二)第1条中所明确列举的“公司经营管理发生严重困难”的情况,该案法官给予了最大限度的满足,而《公司法解释》(二)第1条规定,仅仅出现一种情况就可以判断“公司经营管理发生严重困难”。法官基于此做出解散公司的决定,显示了充分的法律根据。

特别需要指出的是,《公司法解释》(二)第1条中出现了兜底条款,即"经营管理发生其他严重困难",而指导性案例8号的法官也充分利用了该条款融入了自由裁量的因素。兜底条款一般指的是在列举条款之后进行归纳和概括的条款,在法典中中经常表述为"其他",是有中国特色的立法技术之一。总体上说,兜底条款有利于体现立法的完整性和包容性,具有弥补列举条款不足的功能。[1] "其他"的常见样式是:两个以上典型事例+和(与、以及、及、或者、或)+其他+上位概念,而"其他"所指代的事项,与上位概念之间是种概念与属概念的关系,同时,处于上位概念意义域的边缘地带,与列举的典型事项之间系类似关系。[2] 具体到指导性案例8号来说,《公司法解释》(二)第1条在三种明确列举项中,并没有包括监事及监事会的相关内容,而本案中法官却结合了具体案情,将作为公司监事的原告方林方清无法正常行使监督权,同样作为考量公司经营管理是否发生严重困难的标准之一。可以说,本案法官并没有完全囿于法条的明确列举规定,重点考量了监事功能,这也是其创造性的表现。与股东和股东会、董事与董事会一样,监事与监事会也属于公司治理结构的重要内容,与其他几种治理结构方式有着高度的一致性,因此,本案法官所进行的类比是十分有效而可靠的,也为以后处理类似案件的法官提供了新的思路和考察对象,体现了指导性案例的重要作用。

简而言之,指导性案例8号中,基于《公司法解释》(二)第1条对《公司法》第183条进行的细化,法官通过对案件事实的分类,将其对应于该司法解释条款所列举的类型,同时融入了基于具体案情的自由裁量,最终形成了有说服力的合法裁判结果。这种细化方式我们可以简称为"法条对照+个案参考"。为了更加充分地发挥指导性案例对原则性规定进行细化的作用,我们还应深入分析此种方式的优势与不足。

二、指导性案例对原则性规定细化方式的意义与价值

最高人民法院对案例指导制度的功能界定之一就是"统一法律适用,提高审判质量",如果说细致规定的法律规则能够在一定程度上实现法律的统一适用,那么,如何基于原则性规定实现法律适用的统一,就成为一个棘手的问题。而这一点也正是指导性案例所承载的价值。从上文对指导性案例8号的分析中可以看到,"法条对照+个案参考"是指导性案例对原则性规定进行细化的主要方式。其中,两个方面的重要性和优先性并不相同:法条对照具有优先的地位,在已经存在明确法条的场合中,法律规范的基本文义应当得到尊重并获得适用。从法律适用的角度来说,对法律规范基本文义的解释具有优先的地位。"文义解释优先正是人们必须服从法律的原则的一种延伸。要想使法律规定发挥作用,必须坚持文义解释方法优先原则,否则法律就难以有规范作用。"[3] 与法条对照相比,个案参考就具有次优的地位。法官结合个案的分析、理解和阐释,都要以符合法律规范文义或者

---

〔1〕 周旺生、张建华主编:《立法技术手册》,中国法制出版社1999年版,第376页。

〔2〕 刘风景:《例示规定的法理与创制》,载《中国社会科学》2009年第4期,第97页。

〔3〕 陈金钊:《文义解释:法律方法的优位选择》,载《文史哲》2005年第6期,第147页。

精神的方式进行,至少不能在形式上明显违背法律规范文义所确定的范围。"法条对照+个案参考"的细化方式能够帮助法官形成高质量的判决结论:既能够符合法律规范的直接规定和精神,又能够对具体案情给予充分考量,具有重要是实践意义和价值。具体来说,这些意义和价值至少包括以下几个方面。

首先,相比于司法解释,指导性案例对原则性规定的细化方式更加具体而直接,能够以直观生动的方式提高法官对原则性规定适用的理解和认识。在案例指导制度出现之前,司法解释是对法律中原则性规定进行细化的主要方式,该方式已经得到了学界比较深入的研究。虽然司法解释有着重要的实践意义,包括现实性(与现实司法实践中的问题或者政治、社会生活中的问题紧密相连)、应时性(往往都与特定时代的社会背景、政策背景或者当时的法律问题背景相联系)和典型性(反映了当时社会生活中一些比较突出的、需要由法律解决的问题),[1]但是,司法解释也经常会对法律规定进行某种误解、甚至是曲解,在法官、检察官和律师看来,新的司法解释优于旧的法律条文,详尽的司法解释优于抽象的法律条文。凡是有了司法解释,在司法实践中就几乎不可能再适用该法律条文,法律条文实际上被虚化。换言之,这样的司法解释仿佛在法典之外又产生了一部新的法律,真正的主法反而失去了适用的市场,"副法"——司法解释却大行其道。[2] 即使对于比较细致的规则,司法解释都能够扩充其内容,对于法律中的原则性规定,司法解释发生曲解的可能性就更大了。比较典型的就是刑事诉讼中的"曲意释法":公、检、法机关利用其解释和适用刑事诉讼法的"话语权",故意违背刑事诉讼法的立法原意曲解刑事诉讼法的条文内涵,对刑事诉讼法作出有利于自己却不利于辩方的解释,以扩张自身权力并压缩辩护权行使的空间、抑制辩护权的行使。这些"曲意"的司法解释在内容上超越了正常的认识分歧,而带有明显的目的性和倾向性,最终造成了侵夺辩护方基本诉讼权利的结果。[3] 可以说,司法解释在对法律中的原则性规定进行细化方面,已经饱受诟病。司法解释以抽象规范性文件的方式出现,其本质更多的是"立法权"而非"司法权"。相反,指导性案例则是以一种具体的方式向后来的司法者展示以往案件的审判经验与结论,可以在一定程度上消弭司法解释的抽象性所带来的弊端。而且,每个指导性案例都经过了细致的分析和论证,能够向其他法院提供更为精细化、技术化的规范与指导。通过分析、理解和领悟指导性案例对原则性规定的细化方式,法官能够在结合案情的基础上,合理地行使自由裁量权来形成判决结论,真正地做到依法审判。有学者甚至建议逐步减少司法解释的数量,代之以指导性案例来作为最高人民法院规范和统一地方各级法院审判业务的主要方式。

其次,"法条对照"为主的细化方式能够最大限度地使得裁判理由和结果符合现有法律规定,尽可能地保证判决的合法性基础。从对照的对象来看,司法解释固然有很多弊端,但是,仍然是目前得到正式认可的规范性法律文件,能够提供合法性效力。因此,"法条对照"也同样需要依据司法解释中的规定。就实际效果来说,"法条对照"的方式,一方面能

---

[1] 纪诚:《最高人民法院司法解释:一个初步的考察》,中国政法大学出版社2007年版,第49页。

[2] 邓修明:《论我国司法解释模式的重塑》,载《社会科学研究》2007年第1期,第88页。

[3] 万毅:《"曲意释法"现象批判》,载《政法论坛》2013年第2期,第15~16页。

够减少法官行使自由裁量权所带来的个体风险,另一方面更能够使得判决在形式上具有直接的法律依据,进而具有合法性效力。在指导性案例8号中,法官正是将案件事实与《公司法解释》(二)第1条进行分类对照:在《公司法解释》(二)第1条规定,案件事实满足一个标准即可判断存在"公司经营管理出现严重困难"的情况下,通过分类对照,法官确立了该案满足了《公司法解释》(二)第1条规定的所有标准,这使得最终判决解散公司在法律上有了坚实的基础。从法律解释的角度来说,这体现了当然解释方法的适用。当然解释是指对于法律未明文规定的事项,按照立法目的具有比明文规定的事项更应适用的理由时,将该事项纳入其适用范围的解释方法。举重以明轻或者举轻以明重,就是最为典型的当然解释的例子。[1] 满足一个条件即成立"公司经营管理出现严重困难",满足所有四个条件自然可以更加肯定"公司经营管理出现严重困难"的存在。"法条对照"的方式符合了法律解释的一般技术与方法,也为最终判决提供了形式上的合法性基础。

第三,"个案参考"为辅的细化方式能够鼓励法官结合具体案情进行更加深入的分析。在指导性案例8号中,法官在《公司法解释》(二)第1条的明示列举项之外,重点考量了监事制度的作用,这是其结合具体案情进行"个案参考"的集中体现。在根据"法条对照"确立了基本判决倾向之后,法官利用"个案参考"的方式进行了验证和肯定,最终形成了解散公司的判决结论。这就意味着,面对着原则性规定,法官需要发挥主观能动性,在法律所赋予的自由裁量范围内针对个案案情进行独立思考。在指导性案例8号的裁判理由中,法官认为:"判断公司的经营管理是否出现严重困难,应当从公司的股东会、董事会或执行董事及监事会或监事的运行现状进行综合分析。'公司经营管理发生严重困难'的侧重点在于公司管理方面存有严重内部障碍,如股东会机制失灵、无法就公司的经营管理进行决策等"。相对于法律和司法解释的规定,裁判理由的以上表述是一种更为细致的分析和判断标准,也为其他裁判类似案件的法官提供了一定的审判思路和办法。在法律规定比较原则的案件中,如果不结合具体案情,法官往往无法做出独立判断,前述重庆发生的股东诉请公司解散案就是例证。面对着必须做出裁判的案件,法官应当勇于根据自己对法律的理解以及对案件事实的解释形成独立判断。同样在指导性案例8号中,《公司法》第183条规定了"通过其他途径不能解决"这一条件,在实践中也存在着是否必须穷尽所有纠纷解决途径的争议。该案法官认为,两次人民调解和两级法院分别进行的司法调解都未获成功,虽然并未完全穷尽解决本案纠纷的所有途径,但是,这些尝试的失败结果也证明了原被告之间的矛盾基本无法调和,解散公司是可以一劳永逸地解决纠纷的直接方式。基于这种考虑,法官做出了解散公司的决定,这种思维过程同样是其基于具体案情所做出的结论。虽然这种"自由心证"并无绝对客观的标准和依据,但是,如果能够增强各种法律方法的运用,包括法律解释、法律论证、法律推理和利益衡量等,将使得"个案参考"的结果更加全面、细致和稳妥。这也要求法官在日常业务能力的提升中增强学习法律方法的自觉性,唯此才能在面对原则性规定时做出准确判断。

---

〔1〕 孔祥俊:《法律方法论·第二卷:法律解释的理念与方法》,人民法院出版社2006年版,第1013页。

最后,无论是法条对照还是个案参考,都渗透和秉持着法治理念,这也为原则性规定的细化提供了宏观指导。在以指导性案例8号为代表的股东请求解散公司案件中,颇有争议的是,在公司尚处于盈利状态下应否解散公司。有观点认为,公司制度说设定的主要目标就是盈利,在满足这个基本条件的情况下,仍处于盈利状态的公司不应通过司法程序被解散,否则将造成市场秩序的某种混乱,也无法实现公司的目的。解散公司毕竟是一种破坏性非常强的解决方式,会引起一系列相关问题,例如员工、客户、社区和市场等都可能因此而受损。因此,解散公司的判决不宜做出。应当说,这种观点有一定道理,但是并不全面,因为公司制度除了资合性之外,还有人合性,换言之,公司的正常运转并非仅仅依靠资金的聚合,还包括内部结构的正常运转,股东之间、董事之间等内部人员关系的融洽。公司是否盈利与其经营管理是否发生严重困难之间并无必然联系:股东会或者董事会的正常决策可能失败,导致公司亏损;准确的投资和正常的生产也可能伴随着股东会和董事会的停止。例如,在指导性案例8号中,虽然长期没有股东会或者董事会的决议,但是,凯莱实业有限公司仍然处于正常生产的盈利状态。而法官做出解散公司的决定是符合《公司法解释》(二)第1条的,因为该法条的内容并没有将公司处于亏损状态列为公司经营管理发生严重困难的情形。本案法官所进行的法条对照是符合公司法律制度的主旨理念的:"公司经营管理发生严重困难,继续存续会使股东利益受到损失",其判断的本质标准在于有限责任公司的"人合性"基础丧失,兼采"资合性"标准。当公司出现人合性危机时,企业可能仍处于盈利状态,但公司股东之间的分歧通过其他途径无法得到解决,可以预见到这一分歧将可能导致股东利益受到重大损失,股东也可以提起请求解散公司诉讼。[1] 正如《最高人民法院关于发布第二批指导性案例的通知》中对指导性案例8号的评价:"指导案例8号是准确适用公司法第183条、妥善处理公司僵局问题的典型案例,既严格限定了公司解散的条件,又依法保护了股东权利,有利于规范公司治理结构,促进市场经济健康发展。"可以说,规范公司治理结构,而不囿于涉案公司是否处于盈利状态,才是最高人民法院确定该指导性案例的目的,这也符合公司法律制度的基本理念:只有更加规范的公司结构,才能从总体上保证公司的长期正常运转与经营,才能保证市场秩序的长期稳定。缺少规范治理结构的公司,即使盈利也仅仅是昙花一现。考虑公司内部治理结构的运作情况,而非公司是否盈利,也是当今主要国家公司法律制度中的普遍做法。当然,从个案参考的角度来说,苏州市中院驳回原告诉讼请求,更多的是出于对公司盈利状态的考量;而江苏省高院判决解散公司,则更加体现了公司法律制度的主旨。同时,两级法院都尝试进行司法调解,也印证了尽量维持公司存续的个案参考,虽然最终未能调解成功。从指导性案例8号的判决形成过程可以看到,在法条对照和个案参考的过程中,法官能够将法律规定、法典主旨和具体案情结合起来,为形成合法、合理、能够被普遍接受的判决奠定坚实基础。

---

〔1〕 范黎红:《有限责任公司司法裁判解散的困惑及法理思考》,载《法学》2007年第4期,第67页。

三、指导性案例对原则性规定细化方式的缺陷及其消解

在对法律中的原则性规定进行细化的问题上,“法条对照 + 个案参考”的方式具有重要的实践意义和价值,能够为法官提供一定的借鉴和参考。但是,该细化方式也有着一些固有的缺陷,也同样需要引起我们的关注。其中比较核心的问题是过于保守法条而缺乏创新力度。

作为一种新的司法制度,指导性案例应当具有更多的功能,进行规制创新就是其中的中心内容。“对于案例指导制度来说,创制规则是其根本职责之所在。没有规则的创制,也就没有指导性案例存在的必要性。案例指导制度通过创制司法规则,发挥其对司法活动的指导作用,以弥补立法与司法解释的不足。”[1]如果缺少了该项功能,案例指导制度仅仅是对以往制度的重复。从指导性案例8号中所概括出来的“法条对照 + 个案参考”方式,并不具有显著的创造性:法官将具体案件按照现有法律和司法解释的条款进行重新分类,虽然能够借助于当然解释方法来增强合法性基础,但是,能够留给后来处理类似案件法官的新思路和新规则,并没有多少。充其量可以将监事功能的发挥纳入到判断公司经营管理是否发生严重困难的标准之中,这种司法规制的创新并没有多少实质突破。

造成这种创造性不足的原因可能非常多:主审法官需要规避由独立判断所带来的风险,最高人民法院出于谨慎考虑,需要将符合法条规定置于优先地位,这些都是我们可以理解、却不应原谅的原因。过于保守和谨慎所带来的创造性缺乏,在实质上影响了地方各级法院借助于指导性案例学习细化原则性规定的效果,进而造成了指导性案例影响力非常有限的后果。如果地方各级法院所看到的指导性案例,仅仅是按部就班,甚至是因循守旧,那么,这些法官将缺少学习、研讨以及适用指导性案例的动力。

与指导性案例8号相比,最高人民法院公布一些其他指导性案例更有创造性。例如,指导性案例5号就借鉴了学术研究中已经有所呼吁的“附带性审查”:当前许多具体行政行为是依据下位法作出的,且未援引和适用上位法。人民法院无权撤销、改变甚至是宣布规章无效,只有在个案裁判中才具有法律规范的选择适用权。因此,法院一般不宜直接在判决书中宣告违反上位法的规章无效,而应直接依据合法的上位法对被诉具体行政行为是否合法作出认定。[2] 在目前行政诉讼法没有规定将抽象行政行为纳入司法审查范围的现有制度下,法官可以在裁判理由(而非裁判结果)中对抽象性行政行为的合法性效力进行判断,这里所确立的规则就带有较强的创造性,为处理类似案件提供了新的思路。再如指导性案例6号,法官将“对行政相对人影响较大的行政处罚”纳入了《行政处罚法》第42条

---

〔1〕 陈兴良:《案例指导制度的规范考察》,载《法学评论》2012年第3期,第126页。

〔2〕 最高人民法院案例指导工作办公室:《指导案例5号〈鲁潍(福建)盐业进出口有限公司苏州分公司诉江苏省苏州市盐务管理局盐业行政处罚案〉的理解与参照》,载《人民司法》2012年第15期,第51页。

中的“等”字的含义范围。[1] 虽然表面上与指导性案例8号一样都利用了兜底条款,但是,指导性案例6号中的法官将判决的法律依据直接认定为“等”字所包含的内容,并没有像指导性案例8号那样进行了大量的法条对照,其确立的规则也具有浓厚的创新色彩。从以上横向对比就可以看到,指导性案例8号所确立的、对原则性规定的细化方式,在创新性上有所缺乏。也许这种情况也从侧面说明了细化原则性规定的困难,但是,越是在困难的案件中提供创新性规则,才越能够显示出指导性案例的价值,指导性案例不应知难而退,而应迎难而上。

与创新性缺乏相联系,指导性案例8号还可能暗示着单一裁判结果的倾向,这同样会产生消极影响。指导性案例8号的裁判结果是解散公司,最高人民法院意在通过该案件强调公司结构治理的重要性,但是,在没有相反结果的指导性案例出现之前,地方法院很有可能将此视为最高人民法院对类似案件裁判结果的一种暗示。毕竟,在目前审判机关中仍然存在大量行政化色彩的背景下,最高人民法院的诸多举措都带有公共政策的色彩,需要地方各级法院具体执行和实施,指导性案例也同样能够承担这一任务。“案例指导制度中充满上对下规制意义的‘指导’二字内含着它贯彻最高司法机关一元意志、形成司法一体的意图和倾向,司法管理功能是这一制度必不可少,也可以说是最核心的特征。而管理的对象是司法自由裁量权。自由裁量权是司法权的核心,案例指导制度弥补了既往绩效管理制度对其规范不力的缺憾,是推进司法管理规范化的重要步骤。”[2] 在服从上级指示(暗示)高于个案分析的行政化运行模式下,地方法院很可能以指导性案例8号为依据,在类似案件中做出更多解散公司的判决。虽然上文中已经分析,公司结构治理的法律主旨重于个别公司的盈利,但是,是否解散公司、是否通过其他途径维系公司的存在,仍然应当由法官基于具体案情做出判断,而不是仅凭指导性案例的暗示就确定判决结果。否则,一味强调对指导性案例8号的适用,将不必要地解散很多公司,影响市场秩序的稳定,产生相当消极的社会效果。

其实,替代公司解散的救济之道可包括:命令变更公司章程,判令公司决议无效,允许股东享有某种权利等等,其中最有效的是要求公司或其他股东以公平合理的价格购买原告的股份。收买股份不仅使受害股东取得公平合理的价值退出公司,而且不影响公司的继续存续,达以“多赢”之救济。美国有一半的州法律规定或法院采取了强制收买股份这一救济措施。就连德国也通过法院以判例法的形式创立了两种与此相类似的替代救济方式:退出权和除名权。[3] 在国外已经出现比较成熟立法例的基础上,国内的司法判决完全可以予以借鉴。虽然目前《公司法》并未直接规定这一方式,但是,指导性案例可以部分地创制该规则,在诸如指导性案例8号这类案件中,以调解的形式进行某种强制的股权转让或者置换。这种方式更具创新性,也更能够为后来的法官提供新的规则基础。

---

〔1〕 最高人民法院案例指导工作办公室:《指导案例6号〈黄泽富、何伯琼、何熠诉成都市金堂工商行政管理局行政处罚案〉的理解与参照》,载《人民司法》2012年第15期,第52页。

〔2〕 秦宗文:《案例指导制度的特色、难题与前景》,载《法制与社会发展》2012年第1期,第100页。

〔3〕 李泫永、官欣荣:《公司僵局与司法救济》,载《法学》2004年第4期,第86页。

面对着指导性案例在细化原则性规定方面的缺陷，我们应当尽量消解该缺陷产生的消极影响。笔者认为，基本方式是要正视指导性案例的地位与影响。指导性案例固然经过了精挑细选，无论是裁判过程还是结果都具备较高质量，而且具有“应当参照”的效力，但是，在对原则性规定进行细化的问题上，结合个案案情更应优先考虑。制度的成功在很大程度上依赖其现实操作性，依赖完善、科学、可行的程序安排和技术保障体系的存在。案例指导制度在程序、操作技术层面上都存在着不少缺憾，有必要加强对指导性案例的选择、编辑、适用和完善的程序设计和建构，加强对相关技术保障体系的研究和开发。[1] 由此，我们更应当将指导性案例的功能定位于提供审判思路的范围，甚至在特定案件中能够提供新规则。但是，不宜将其简单地视为最高人民法院的强制要求，更不宜视为最高人民法院公共政策的组成部分。这样，在处理细化原则性规定的问题上，法官的任务是在满足形式合法性的条件下灵活处理所面对的案件，而非简单地模仿或者复制指导性案例。在这个没有终极标准的过程中，指导性案例是重要的参考，但绝非是唯一的参考。

〔1〕 王晨光：《制度构建与技术创新——我国案例指导制度面临的挑战》，载《国家检察官学院学报》2012 年第 1 期，第 12 页。

德国判例的结构特征与制作技术研究

——以《新法学周刊》为研究对象

北京大学法学院　高　尚*

摘　要：本文以德国的权威法学期刊《新法学周刊》为研究对象，希望通过对其判例的结构特征进行分析概括，对其判例制作技术进行剖析解读，为我国学界研究德国乃至大陆法系国家的判例制度提供参考样本，并从可借鉴性角度为实现依法治国前提下我国案例指导制度的构建，尤其是学界当下热议的指导性案例中裁判要点的定位和发展提供比较法上的参考和借鉴。

关键词：判例；判例的结构特征；判例的制作技术；《新法学周刊》

德国法学家W. 费肯杰早在上世纪80年代就曾在文章中指出德国法学方法论所面临的最主要问题，就是"成文法典（1896年颁布施行的《德国民法典》）趋于陈旧，而被判例法在很多内容（有些时候甚至是主要内容）上重叠、补充和排斥"。〔1〕事实上，德国一些法律领域的发展完全依赖于最高法院的判决，其中典型的就包括所有权保留的买卖、让与担保、缔约过失责任以及一般侵权等〔2〕的法律续造。因此，德国虽然作为大陆法系国家的代表，但是百余年来一直在判例的汇编和制作方面进行着积极的探索和尝试，德国法学家罗伯特・阿列克西甚至直言"在（德国）高级别法院公开发表的判决中很难找到不含有任何先例的情况"，〔3〕尤其在公开发表的判决中更是频繁地援引了其他判决。尽管传统意义上的判例制度渊源于普通法系国家，但考虑到我国是以成文法为传统的国家，想要吸收判例制度的利好并且更好地发展案例指导制度，势必要从德国入手，对德国判例制度进行更为深入和全面的研究。

---

* 高尚，1988年生，女，吉林长春市人，北京大学法学院博士生，研究方向为法理学、比较法。

〔1〕 Wolfgang Fikentscher, *Eine Theorie der Fallnorm als Grundlage von Kodex-und Fallrecht* (*code law and case law*), Zeitschrift für Rechtsvergleichung(ZfRV) 1980, 161。

〔2〕 譬如RGZ 78, 239；BGHZ 66, 51；参见Wolfgang Fikentscher, *Eine Theorie der Fallnorm als Grundlage von Kodex-und Fallrecht* (*code law and case law*), Zeitschrift für Rechtsvergleichung(ZfRV), 1980, 161. 其中，缔约过失责任的发展可以参见范剑虹、李翀：《德国法研究导论》，中国法制出版社2013年版第45~58、295页。

〔3〕 Robert Alexy, Kiel and Ralf Dreier, *Precedent in the Federal Republic of Germany*, in Neil MacCormick & Robert S. Summers edited, *Interpreting Precedents: A Comparative Study*, *Dartmouth Publishing Company Limited*, 1997, pp. 26-27,

基于此，本文以德国的《新法学周刊》所选取的判例为研究参照，重点分析德国判例的结构特征和制作技术，尤其关注德国判例中引导语和判决理由等部分在法官参照判例时所扮演的角色，从而确定其中对法官断案乃至实体法发生具有实质影响力的部分，以期在增进和丰富我们对德国判例制度理解的同时，以比较的视角为我国案例指导制度的运行、发展和建设提供理论支持和技术参照。

一、德国判例制度与《新法学周刊》

1. 判例与判例制度

《牛津法律大辞典》将判例(Case)界定为“用指一项诉讼，或审判，或诉讼一方所提交的辩词、论据和证据的总称。在法律著作中，判例是对一项诉讼的报告，包括做出判决的法官或法官们的意见，在这里判例被看作是对某一问题的法律解释，并有可能作为以后案件的先前判例”。[1] 更为简洁和通俗的解释如比克斯认为“‘判例’指先前的判决(特别关于类似案件的先前判决)。”[2]在德文中，“判例”(Präjudiz)又称为“法官法(Richterrecht)”，是指“法院的指导性(richtungweise)裁判，它对下级法院具有特殊的影响力。”[3]由此可见，在概念界定上，判决和判例在产生之初并没有严格意义上的区分，可以做宽泛的理解。虽然有学者认为，德国法中严格意义上的判例，就是法院对特定法律领域或者特定法律问题的裁判。[4] 但就指称在诉讼中产生的具体法院结论时，往往侧重于强调判例可能产生的“先例作用”，沈宗灵先生就将判例界定为“具有前例作用的法院判决”。[5] 在此意义上讲，判例甚至可以说是我们在反观和检视过去判决用以指导当前案件时抽象和构建出来的概念，二者在某些情形下可以交叉适用。

2. 判例的作用与德国的实践

麦考密克和萨默斯在其主编的著作《*Interpreting Precedents*》的开篇写道，“运用过去的经验来解决现在以及未来的问题是人类实践理性的基础。”[6]在法律的发展历史上，判例起到了非常大的作用，这是因为“一方面，法律规范本身就是具有规范性的行为规范，法律规范对同类的情形可以反复适用；另一方面，法律的基本价值是公平、正义，在人们的心目中，同样的事情就应当得到同样的对待。”[7]归结起来，就是法治对于司法的融贯性和可预测性的必然要求，导致判例在发挥实际效用方面，并没有因不同法律传统的区分而有根本

---

[1] [英]戴维. M. 沃克：《牛津法律大辞典》，北京社会与科技发展研究所组织翻译，光明日报出版社 1988 年版，第 140 页。

[2] [美]布莱恩. I. 比克斯：《牛津法律理论辞典》，法律出版社 2007 年版，第 176 页。

[3] http://de. wikipedia. org/wiki/Pro% C3% A4judizien，2014 年 11 月 19 日最后访问。

[4] 王洪亮：《德国的判例编撰制度》，载《法制日报》2005 年 3 月 10 日。

[5] 沈宗灵：《比较法研究》，北京大学出版社 1998 年版，第 168 ~ 170 页。

[6] Neil MacCormick & Robert S. Summers edited, *Interpreting Precedents: A Comparative Study*, *Dartmouth Publishing Company Limited*, 1997, p. 1。

[7] 范剑虹、李翀：《德国法研究导论》，中国法制出版社 2013 年版第 267 页。

性的差别。而司法判决通常要依赖判例来保障上述的“可预测性”,这其中又包括具有正式约束力的判例(stare decisis)和事实上的判例法(de facto case-law),前者比如普通法国家,后者如民法法系国家。[1] 而在立法实践方面,同为民法法系国家的德国与瑞士做法又有所不同,根据《瑞士民法典》第一条第2款,“法律无规定的,法官应当采用习惯法;无习惯法的,应当自己像立法者那样,确定规范并予以适用”,[2]但是德国并没有在法律文本中承认判例是正式的法律渊源。

由于只有被援引的判决才事实上起到了先例的作用,而法官在参考和援引先前判决时,也只能够参考经过汇编并公开公布的判决,因此本文所称的判例是指经过汇编并公布,具有参考价值的高级法院判决,不限于“判例法”国家的判例。本文所称判例的结构和使用,是指判决在经过汇编时采用和呈现出的结构,以及对已汇编公布的判例的参考和援引。

3.《新法学周刊》

《新法学周刊》(德文全称为 Neue Juristische Wochenschrift,简称 NJW),创刊于1947年,其前身为1872年创刊的著名法学期刊《法学周刊》(Juristische Wochenschrift)。该刊每周发行一期,全年出版51－52期,主要读者为检察官、公证员、法官、律师等法律工作者以及法学院学生。期刊年发行量为42.836册,位居法学期刊销量第一位,是德国 Verlag. C. H. Beck 出版社发行的包含法学论文、法律评注、司法判决以及法律类最新讯息等在内的综合性法学期刊,在德国法律实务和理论界享有盛誉,被誉为“德国法律实务和理论界最有影响力的法学期刊。”[3]本文选取德国《新法学周刊》所撷选的判例作为研究对象,一方面考虑其能够极强地代表德国民间判例汇编的传统和风格;另一方面,《新法学周刊》的判例同我国指导性案例的体例具有很高的相似性,[4]对《新法学周刊》判例的研究可以更好地回应我国司法实践的需要。

二、德国判例的结构特征

《新法学周刊》所采撷的判例通常由标题、引导语、法条、关键词、案件信息、案件事实、裁判理由以及案件评论八个部分组成。其中,案件信息、案件事实、裁判理由三部分来源于判案法院公布的原始判例,由编辑根据需要进行整理和加工。引导语、相关法条标识、关键词部分由《新法学周刊》编纂制作并穿插附于原案例前后。具体体例安排见下面的《新法

---

〔1〕 Bydlinski, *Hauptpositionen zum Richterrecht*, JZ1985, 149; Bydlinski, *Juristische Methodenlehre und Rechtsbegriff* (2nd ed., 1991), 501; W. Fikentscher, *Eine Theorie der Fallnorm als Grundlage von Kodex und Fallrecht* (*Code law and Case law*), ZfRV 1980, 161; W. Fikentscher, *Präjudizienbindung*, Zeitschrift für Rechtsvergleichung, 1985, 163; Zweigert/Kötz, *Einführung in die Rechtsvergleichung auf dem Gebiet des Privatrechts* (2nd ed., 1984), 296 et seq。

〔2〕 Zivil Gesetzbuch Art. 1 Abs. 2。

〔3〕 Alfred Flemming: *Aus der Gründungsgeschichte der NJW*, NJW 1987, S. 2653。

〔4〕 指导性案例的体例主要由标题、关键词、裁判要点、相关法条、基本案情、裁判结果、裁判理由七个部分组成。《新法学周刊》中判例按顺序分别由标题、引导语、法条、关键词、案件信息、案件事实、裁判理由以及案件评论共八个部分组成。

学周刊》判例样式图表。

《新法学周刊》判例样式图表

萨尔布吕肯州高级普通法院:2012 年 1 月 11 日第 5U321//11 - 45 号判决[1]
题目:×××
引导语:×××
相关法条:
×××第×条
法律领域:
×××法
×××法
关键词:
×××;×××;×××
萨尔州高级法院第×××号判决
以人民的名义审判
2012 年 1 月 11 日宣判
法律争议:
原告及上诉方:×××委托律师:×××
对被告及被上诉方:×××委托律师:×××
主张×××(车辆保险)请求权
有萨尔州高级法院第五民庭×××法官、×××法官共同审理
并据以法律认定:
1,原告在 2011 年 7 月 12 日的 14058/11 号起诉被拒绝审理;
2,原告支付诉讼费用;
3,判决具有可执行性;
4,不进行复审;
5,争议标的为 12,000 欧元。
判决理由:略

纵观《新法学周刊》所采撷的判例,我们发现其结构特征主要表现为:

1. 提炼抽象的法律问题作为标题

标题的功能在于反映和提示该判例涉及的主要法律问题。从技术上讲,《新法学周刊》以及德国其他案例汇编的标题中都不会出现案件当事人的具体信息,即不会将当事人的姓名作为判例的区别要素,而是用法律语言将该判例中最核心的法律问题体现出来,例如"不同情形下失职行为中法定提示义务的概念"(BGH: Begriff derselben Angelegenheit bei Abmahnung verschiedener Unterlassungsschuldner)、[2]"共同侵权者的对外连带责任"(BGH:

[1] 参见 BeckRS 2012 - 15149,载 http://beckonline.de。
[2] 参见 NJW 2011,147。

Volle Auβenhaftung mehrerer nebeneinander Verantwortlicher)、[1]“以传真形式送达诉讼文件的发出”(BGH: Ausgangskontrolle von per Fax übermittelten fristgebundenen Schrifts tzen)、[2]“具备承运资质的承运方过失侵权导致的损失计算”(BGH: * Schadensberechnung bei qualifiziertem Verschulden des Frachtführers),[3]当然,也有个别的标题直接给出结论,例如“马术比赛中的(竞赛者)侵权免责条款无效”(BGH: * Unwirksamer Ausschluss jeglicher” Haftung bei Springturnier)[4]

这种不使用当事人姓名,而是提示核心法律问题作为标题的做法同英国法院、欧洲法院的共同体法院和人权法院、[5]日本法院[6]以及包括中国在内的很多国家都有所不同。此种做法一方面是基于对当事人隐私的保护,涉及到《法院组织法》关于审判公开的规定;[7]另一方面从公开判例所追求的效果进行考量,不将当事人姓名作为题目的组成部分,能够清晰而直接地传达与案件事实相关的最主要的法律问题。当然,这种做法会为汇编判例的工作增加难度。但是由于案件的检索依然通过每个案件的案件号进行的,诸如“BGH 1975,125”表明德国联邦法院 1975 年第 125 号判决,因此,这种对于题目的处理方式并不会对判例的标识、检索和使用带来不便。

《新法学周刊》中判例题目的另一特点在于,其主要功能是提示本案中具有先例意义的部分,因此并不一定反映该案的案由以及案件当事人的诉请。例如,《新法学周刊》1961 年 601 页判决,[8]该案涉及一起房地产买卖纠纷,但是因为案件原告接受其委托律师的建议对被告提起诉讼,因此法官在判决理由中就律师行为是否妥当给予评论。正因如此,《新法学周刊》将该判例的题目设定为“律师的注意义务”,而非“房地产买卖纠纷”。

2. 以案例所体现的主要法律意义为引导语

引导语由《新法学周刊》撰写,通常置于判例的案件事实之前,起到抽象法律规则、指引后案审判、方便读者检索查阅的作用。引导语在德国的判例制度中独具特色。一般而言,其内容就是该判例所体现的主要法律意义,也就是对该案所涉及的法律争议所作出的判断。引导语具有如下特点:

(1)抽象与具体并存。引导语的抽象程度与案件的性质有关。有些引导语的表述确实具有高度的抽象性,在形式上类似于法律规范。但是大多数引导语中都有很明显的案件

[1] 参见 NJW 2011,210。

[2] 参见 NJW 2011,205。

[3] 参见 NJW 2011,187。

[4] 参见 NJW 2011,214。

[5] 参见欧洲人权法院判例库官方网页 http://www. echr. coe. int/ECHR/EN/Header/Case-Law/Decisions + and + judgments/HUDOC + database/,2012 年 12 月 27 日最后访问。

[6] 参见 F·门策尔:《司法审判公开与德国当代判例数据库》,田建设整理,载《法律文献信息与研究》2009 年,第 4 期,第 33 页。

[7] 根据德国《法院组织法》169 条规定了审判公开原则,第 170 – 172 条规定审判公开的例外,包括涉及婚姻、个人隐私和商业秘密等。

[8] 参见 http://beck – online. beck. de/default. aspx? vpath = bibdata% 2fzeits% 2fNJW% 2f1961% 2fcont% 2fNJW% 2e1961% 2eH13% 2ehtm#A,2013 年 1 月 8 日最后访问。

事实的痕迹，因此虽然此类引导语所蕴含的法律精神甚或传达的信息能够直接类推适用于另一个案件，但是在引用中可以很明显地同正式的法律规范（法律条文）相区别。比如："如果一个根据符合障碍要求设置的赛马比赛的跨栏在具体使用时未符合比赛设施的要求，并且因此造成了对于参赛者而言无法预见的安全风险，此时赛马比赛的主办者则违反了交通保险义务。"[1]

(2)具有提示案件信息的引导性。引导语往往能够指向明确的法律领域和法律问题，引导读者有针对性地阅读，具有探寻判决中的法律意义等作用，在使读者据以了解案件大意的同时，对法律的具体应用和后案的具体审判作参考。

(3)便于检索。《新法学周刊》的编辑们会根据引导语再进一步抽离出相关法条和关键词，并且根据这三部分对全部判例进行整理、归类，以方便读者顺利检索。

3. 以"关键词 + 相关法条"搭配方式凸显具有检索意义的关键词

《新法学周刊》中的标准案例都附有关键词，关键词主要起到指示案件类型、提示案件信息、帮助案件检索的作用。《新法学周刊》的关键词的"检索"作用十分明显。

"关键词 + 相关法条"的搭配检索方式一直是德国判例检索的最为经典且高效的检索方式。德国高度的法典化使得案例中的"相关法条"部分可以紧紧依托法典的存在而发挥指示和索引的作用。加之《德国民法典》、《德国商法典》每个条文都有一个题目，通过判例中关键词（当然，现在这一功能也部分地被引导语和题目所代替）的设置，可以起到将关键词和具体的法条捆绑的效果。具体而言，就是使用者在遇到某一个法律问题希望了解相关判例时，既可以用法条作为检索关键词，在判例数据库中查找到关于该法条有哪些判例，也可以输入相关关键词，从而锁定具体的法律问题，了解此前的判例情况。这样一种检索方式可以使判例更好地配合制定法发挥效能。总之，关键词的作用更加侧重于辅助判例的索引，而原本应当具有的提示案件信息的作用逐渐被标题和引导语所取代，这一点同我国指导性案例中"轻视"标题而强调关键词的信息提示作用的做法大不相同。

4. 围绕诉请方的请求权要求概括案件事实

案件事实陈述部分是按照事实发生顺序对于判例中案件发生的背景、经过及争议所做的介绍，其意义在于揭示案件的核心争点和属性，因此，对案件事实的归纳是否准确将直接影响到先例原则的适用范围。[2]《新法学周刊》中对案件事实的概括主要体现为围绕诉请一方的请求权要求展开，体现德国民法领域请求权基础分析方法的法教义学特征。例如"原告与某年某月某日基于何种理由向被告提起某某请求权"，被德国法学界简称为"五个W"。[3] 另外，《新法学周刊》等德国的判例汇编倾向于以直陈式的方式描绘案例事实，从而区别于法院的原始判决书，汇编后的案例将会省略与判决理由、判决结果以及判决要呈现的法律问题无关的事实部分。

---

〔1〕 参见 NJW 2011 139。

〔2〕 孙海波：《破解类比推理难题：成因、类别和方法》，载《甘肃政法学院学报》2013 年第 5 期，第 104 ~ 115 页。

〔3〕 即谁（wer）、何时（wann）、向谁（von wem）、基于什么理由（woraus）、提出什么请求（was）。

5. 尽量原文刊载判决理由

德国法律素以细致、严谨著称,法律规定本身的繁复以及德国以请求权为基础的法律分析方法的内部逻辑的严谨,导致德国法院判决案件时的判决理由非常复杂。以民事判决书为例,法官会首先将与案件相关的事实和证据认定进行说明,这一点与我国无异,进而遵循考察合同请求权、与合同相似的法律关系中的请求权、物权请求权、侵权请求权和不当得利请求的顺序,[1]将其中与案件相关的请求权进行检索,最后得出结论,因此判决理由往往占用极大篇幅。但即便如此,笔者在阅读《新法学周刊》汇编的案例时发现,其原文刊载绝大部分判决理由,并不会进行加工和编纂,但是会酌情省去部分程序性规定。

三、德国判例的制作技术

以《新法学周刊》为样本,德国的判例制作技术主要体现在以下诸环节的建构中。

1. 引导语的编写

引导语的作用在于,一方面能够方便法官和法律工作者研究和参考判决,把案件事实、证据确认等具体的、个案的信息同判决的法律争议和生发出的法律规则相区别。一个案例常常涉及很复杂的事实,通篇阅读裁判文书全文会花费相当长的时间,如果必须阅读整个裁判文书才能发现该判例的先例意义,那么研究和参考判例将变得十分困难,而且也会使读者迷失于确认案件事实和证据的浩繁工作中,很难抓住裁判文书中体现的法律精神。因此,通过引导语的指引来阅读裁判文书将会提高效率。另一方面,出于对判决理解的一致性需要,将引导语予以"规范"化,可以避免不同法官对判例中法律意义的不同侧重和相左理解。[2] 因此,引导语的存在在形式上方便了判例的使用和参考。

根据引导语表述的具体化程度不同,笔者将其粗略划分为三类:

一是规范型引导语。此类引导语表述严谨,对于案件往往起规范性的作用。这类引导语在判例中的出现,主要是概括整个判例的内容,并在以后案件要参考该判例时,可以主要参考该判例'引导语'中的抽象规则,充分体现出德国作为大陆法系国家代表的法律思维特征。譬如《新法学周刊》2011年判例:"赛马比赛中,主办者因使用不适宜的栏杆而造成(非参赛者)被赛马踢伤(并非参赛者所有)时应负责任"。[3] 此处的"应负责任"就是一种规范的、定性的归责表述,并非从技术层面出发进行的判断,因此更具有规范性。

二是技术型引导语。此类引导语的表述相较于规范型引导语而言更为具体,适用范围很明确,具有很强的操作性,但是不具有弹性适用的空间。通常,此类引导语确立的规则是为了在裁判中辅助法官作出判断,起到细化法律规定、明确适用情况和统一裁判标准的作用。因此,技术型引导语中"不应该再包括不确定的法律概念,而是要对不确定的法律概

---

[1] 参见刘亚娜、高尚:《德国请求权基础分析方法论析》,载《法律方法》(12),山东人民出版社2012年版。

[2] 奚晓明:《两大法系判例制度比较研究》,北京交通大学出版社2009年版,第132页。

[3] 参见NJW 2011 139。

学者所称的“客观证明表象化——情理推断后台化”,[1]不利于当事人行使救济权。这是因为在“放映型”说理的判决书中,当事人不仅无从了解法官的真实心证过程,不能有针对性的提出质疑和异议,即便提起上诉、申请再审,也无法有针对性的指摘法官证据说理中的错误;而且“客观证明表象化——情理推断后台化”的证明也使案件事实表面上看起来是一种“客观真实”,在上诉审、再审中也更难以进行纠错。

(三)“模糊型”说理

“模糊型”说理,主要针对实证数据统计中提到的,判决书针对某一方面的证据问题,会采取只写结果而不写过程的处理方式。比如:(1)就证据采纳而言,判决书仅说明“经审查侦查人员未采取违法取证行为”,却不说明如何进行审查、依据哪些证据进行审查、审查结果是否达到了“确实、充分”的证明标准;(2)就证据采信及案件事实的认定而言,法官诉诸证明责任进行推理,通常采取“被告人没有证据证明其主张,故对其意见不予支持”这种似是而非、并不准确的表述。从法理来讲,刑事案件的证明责任一般由控方承担,除非法律有特别的规定。因此,法官在判决书中的表述指向争议事项由辩方承担证明责任时,应当明确要求辩方举证对其主张进行证明的法律或法理依据,以及辩方举证要达到的证明标准。但前述实证数据统计中,存在诉诸证明责任进行说理的判决书均未对此些问题进行说明。(3)法官在判决书中对事实认定问题进行说理时,经常采取“以上证据相互印证,能够形成证据锁链”的表述。但是证据如何印证、如何形成证据锁链、是否有证明环节的漏洞等问题,在判决书中却缺乏说明。

依拙见,“模糊型”说理或许主要有法官绩效考核、错案追究、案件层级审批等制度压力的原因。在这些压力下,法官普遍秉持“言多必失”的心理,担心因此而被追究责任。但是,“模糊型”说理却对司法公信力造成了严重损害。

综上,虽然近年来司法机关加强了对判决书说理的重视程度,但我国刑事判决书中证据说理的总体状态仍远不能达到令人满意的程度。法官在判决书说理中通常采用的“回应型”说理、“放映型”说理以及“模糊型”说理方式,不仅侵害了当事人的相关权利,也有违法官职责及裁判文书制作的要求,最终损害了司法权威与司法公信力。这其中有诸如“印证证明模式”(体现为证明标准的要求)、绩效考评、错案责任追究,以及最高人民法院发布格式化诉讼文书样本等制度性的因素,也有法官群体对证据推论陌生、对证据能力和证明力的影响因素把握不完全等因素。随着我国刑事证据制度的不断完善,立法及司法解释机关应当以此为契机,在立法改革细化证据规则的同时,推进判决书制作方面的再改革,对证据说理提出明确的要求。

结 语

裁判文书作为审判程序的载体,展现的是程序公正;作为审判结果的载体,展现的是裁

[1] 参见周洪波:《比较法视野中的刑事证明方法与程序》,载《法学家》2010年第5期,第30~48页。

判理性。在一定程度上说,裁判文书是司法公信力的最终载体和结果。[1] 因此,加强判决书说理是提高司法公信力和维护司法权威的有效途径。证据法是法治的关键所在。与此相应,判决书中证据部分的说理是刑事判决书说理的核心所在。法官只有对证据的采纳、采信及案件事实认定的心路历程,进行充分、详细的论证说明,使当事人及社会公众明白裁判结论的理由,才能消除疑惑与不满,减少申诉上访,提高社会对司法的信任,进而树立司法权威。因此,未来的判决书制作应加强证据部分的说理、释明,要求法官在判决书中详细载明其得出裁判结果的理由,做到事理明晰。当然,这一改革还需配合绩效考核以及法官追责制度的改革予以完善。比如绩效考核不能仅考核结论的对错,还要结合裁判文书予以分析。如学者所言,"如果裁判者在事实认定及法律适用上因认知能力不足,或案件受其他情况限制,即便最终证实为错案,也不应追究刑事责任"。[2] 对于鼓励法官在判决书中进行证据说理,对证据采纳、采信及事实认定的心证过程予以详细说明而言,其中的意义便在于,那些在判决书中进行了清晰、充分的证据说理的案件,如果后来发现事实认定上有错误,只要先前的认定符合法官根据当时既有证据条件所做的认知,也不应追究法官责任。

---

〔1〕 参见曾娇艳、谢红丹:《让正义以看得见的方式实现》,载《北京邮电大学学报》(社会科学版)2006年第4期,第72~75页。

〔2〕 施鹏鹏:《敏感案件不能借集体责任推责》,载《法制晚报》2014年10月30日,第A05版。

裁判文书说理的公共性及其价值

孙海峰*

摘　要：本文第一部分从问题导向入手，探讨裁判文书公共性与法治中国建设三个层面的对接需要，揭示当前裁判文书说理模式与公共价值之间的现实分歧。第二部分从原因分析切入，从公共说理的“逻辑”和“情绪”、“信誉”三要素，通过具体实例，展示现有裁判文书公共价值上的不足。第三部分着力于构建裁判文书公共性及其价值的实现路径，从借助社会常识解读存在争议的法律阴影地带，使用日常用语代换晦涩难懂的法律术语，转换大众视角纠正精英意识造成的态度偏差等三个方面，提出从单向灌输到平等对话的公共说理角色建构路径。

关键词：裁判文书；公共性；价值

由于文书格式规范的确立以及法官职业素养的提升，裁判文书质量近年来得到较大提高，但说理价值及方法等深层次问题尚未得到系统探讨，裁判说理的公共性及其价值的实现路径问题更鲜有涉及。当前，随着法治中国建设目标的确立，裁判文书说理所承载的公共价值将愈加凸显；随着司法公开的推进和信息传播的便捷化，裁判文书说理的公共性与司法评价之间的关系也将愈加紧密。在此时代背景下，少数个案的裁判说理引起公众、网络媒体乃至专家学者的强烈质疑，甚至有评论直指中国当下“道德底线沉沦”与“司法正义泯灭”，对司法公信产生辐射性的负面影响。个案的关注热度会随着大众意趣的转移而褪去，但其中投射出的普遍性问题却值得继续探讨和积极回应。

一、问题导向：裁判文书说理的公共性与说理模式之间的冲突

“公共说理是公共文明的成就，也是良好社会关系、民主政治秩序的根本条件。”〔1〕正是在此意义上，裁判文书公共说理价值与法治中国建设的关联日趋紧密。

（一）裁判文书说理公共性与法治中国建设进程的对接

1. 公民建设层面：用司法的“真实和公正”培育公民的理性教养

* 孙海峰，1977年生，男，籍贯安徽省蒙城县，现为上海市长宁区人民法院研究室副主任、审判员，法学硕士，主要研究方向为诉讼法学、民商法学。

〔1〕 徐贲：《明亮的对话：公共说理十八讲》，中信出版社2014年版，第3页。

"说理是释放一种理解、尊重、不轻慢对方的善意,让彼此变得温和而有理性。说理可以使双方走到一起,搁置在具体问题上的争议,共同营造一个平和而有教养的公民言论空间"。[1] 处于社会转型期和改革深水区的国民,对财富、公平、民主的美好憧憬与"狂烈、暴戾、冲动、易受蛊惑"的人性弱点共存,被动的个案裁判已无法满足爆炸式的司法需求。裁判文书说理的公共价值,在于彰显平和、理性的争议解决方式,通过价值导向和说理导向,培养公民个体的法律素养、理性教养以及健全的社会人格,让他们懂得"自制、温和稳健、不走极端、顾及公众利益"。

2. 社会建设层面:用司法恢复效力实现社会秩序的良性循环

司法是社会秩序建设的重要参与力量,是对已经失衡的社会利益进行的重新分配,也是对遭到破坏的社会关系进行的修复重建。"现代的法律已经逐渐脱离原始法的直观、感性的想象,变得愈来愈抽象和晦暗不明,与工商时代的多种语境、关系和变数扭结在一起,形成了一个被多重意义、多种系统环境包括着的系统。"[2] 裁判文书说理的公共价值,在于充分吸收社会科学其它分支的知识,最终形成更具有解释力、分析力、判断力的认知和结论,依赖思维的理性整合而非强制性的制裁确保裁决的终局效力,从而消除"硬性维稳"隐患,实现社会秩序的司法修复和良性循环。

3. 国家建设层面:用规则治理方式推动国家治理体系升级

国家治理体系和治理能力的现代化升级,不是自发形成的,司法导向作用决定其成败。在信息传播方式发生根本变化的时代,司法不能采取消极逃避的鸵鸟政策,而是要运用智慧和勇气去构建公平正义的展示平台。裁判文书说理的公共价值,在于法官应逐渐适应被"围观",用恰当方式全面回应举国上下对公平正义的关切,通过精准的法律适用和法律解释,赋予僵硬法条以鲜活生命力,更好引导国家各有机组成部分一体认知法律、敬畏法律、遵守法律,从而发挥司法的引导力与正能量的传播力,以推进国家层面的法治共识和法治进路。

(二)裁判文书说理模式与公共性之间的现实分歧

1. 脱离个案标志特征的"树状演说式"说理无法实现公正导向

现有裁判文书以首部、诉辩称、事实认定、判决理由、判决主文、尾部为基本结构,要素齐备但论理结构严重欠缺。"以'原告诉称'和'被告辩称'的形式就无法反映证明法律事实的动态过程。当事人之间的举证责任分配、举证责任倒置、特别是举证责任在双方当事人之间的不断转移从而使事实层层显现,格式化的文书中无法为整个过程设置适当的空间和陈述方式。"[3] 在案多人少的司法现实以及严格的审限制度等因素共同作用下,出于规避判决风险、减轻思维负担的考虑,相当比例的判决文书写作过程演变成对既有格式的表

---

〔1〕 徐贲:《明亮的对话:公共说理十八讲》,中信出版社 2014 年版,第 107 页。

〔2〕 舒国滢:"法学方法论丛书总序",载邱昭继:《法律的不确定性与法治》,中国政法大学出版社 2013 年版,第 1 页。

〔3〕 傅郁林:《民事裁判文书的功能与风格》,载 http://vip. chinalawinfo. com/newlaw2002/slc/slc. asp? gid = 335566765&db = art(最后访问日期:2014 - 10 - 10)。

格化填充过程。“在中国，几乎每一个法官都储备有常审案例的文书模板。撰写具体文书时，只需将个案信息、证据和事实部分进行替换。”[1]裁判文书呈现格式化、浓缩化、雷同化趋势，重要的个案特征、逻辑推理过程被忽视乃至隐藏，当事人和社会公众无法通过阅看裁判说理探知公平正义的演绎过程。

2.脱离案件争议焦点的“判者中心式”说理无法实现终局效力

由于缺少审判方法和逻辑推理的专业训练，说理论证是中国法官基本素养中的短板。当前的判决文书说理，往往既没有全面展示当事人诉讼主张，也没有准确归纳案件争议焦点。在“法院查明部分”，仅以“以上事实，有……等证据证明，予以确认”这样的格式，概括法官心证过程；在“本院认为”部分，仅以“××的诉请/辩称无事实和法律依据，本院不予采纳”这样的格式，概括法官论理过程；仅以“根据本案实际情况，本院酌定……”这样的格式，概括利益衡量过程。这样的裁判说理遮蔽了案件的实质争议，只是在为既定结果寻求最低程度的法律支撑，而非展现严谨的法律论证过程。这种脱离案件争议焦点，以裁判者自我为中心的说理方式，与司法的理性原则相悖，无法让人信服，随之而来的往往不是服判息诉，而是上诉、申请再审和无休止的信访。

3.脱离基础法律规范的“直觉导向式”说理无法实现规则治理

在司法实践中，法官的判断往往先于法律适用、法律推理和论证，也即不是在制定法指导下，而是依据从社区或职业训练中获得的直觉（也称为自然正义感或道德感、司法素质）对案件作出基本判断。[2] 由于缺失法律发现方法的严格训练——这往往并不认为是一个值得关注的问题——法官对如何识别案件事实与法律条文的连接点并不清晰，对法律存在冲突或者漏洞的情况下如何适用法律并不清晰，导致裁判的法律基础有误。一方面是错引法条，即引用的基础规范与案件诉讼标的不相匹配，或者引用定义或倡导性法条，而非包含法律要件和法律后果的基础规范；另一方面是漏引法条，对复合之诉或者多个诉讼请求只引用部分基础规范，或者遗漏法律规整结构中的补充性法律条文。如果缺少系统的法律适用方法对直觉判断进行自觉修正，立法的宏大意图、精确内涵和规范价值就难以转变为社会现实，通过个案司法推动规则之治的理想就可能成为空中楼阁。

二、现象剖析：裁判文书说理公共性不足的成因分析及典型实例

说理逻辑、信誉、情绪是亚里士多德提出的公共说理三要素，而当前裁判文书说理模式与公共价值的不匹配，深层次原因就是裁判说理对这“三要素”的运用不当。

（一）说理内容与结构错配导致的说理逻辑问题

1.虚假两分

如彭某一案，一审判决文书作如此推理，“如果被告是见义勇为做好事，更符合实际的做法应是抓住撞倒原告的人，而不仅仅是好心相扶；如果被告是做好事，根据社会情理，在

〔1〕 许嶅：《法官的低级错误》，载《南方周末》2010年11月4日，第7版。

〔2〕 苏力：《送法下乡》（修订版），北京大学出版社2010年版，第208~209页。

原告的家人到达后,其完全可以在言明事实经过并让原告的家人将原告送往医院,然后自行离开,但被告未作此等选择,其行为显然与情理相悖。”这段裁判说理受到广泛质疑,实际存在虚假两分的逻辑瑕疵,即假设的前提不完整,忽视了存在其它情况的可能,结论与其它人的社会常识和生活经验就不相吻合。

2. 浮泛空论

如一起民间借贷纠纷,原告诉请被告归还借款及利息,被告辩称其已经归还,并提供了记账凭证、银行业务委托书、收条等证据。针对借款是否已经归还这一争议焦点,判决书说理部分仅表述,“被告的证据不能证明被告已向原告归还过任何借款”。这样的说理仅有心证结果,而没有被告的证据不能采用或者尚未达到证明标准的具体理由,空泛而没有说服力。

3. 逻辑跳跃

如一起代理合同纠纷,判决驳回原告提出的风险代理费诉请,理由是,“原告并未提供证据证明其已向被告履行相应的告知义务且被告明知双方约定的律师费标准高于政府指导价而仍然同意,故其向被告主张风险代理费的条件并未成就”。风险代理合同以委托事务达到约定目标为付费条件,告知仅是《律师服务收费管理办法》所规定的行业指引规定,与付费条件未成就之间不存在当然的、逻辑上的同一关系,如未加说理论证,与结论之间就缺乏逻辑关联。

4. 无凭据推理

如一起房屋租赁合同纠纷,判决书对合同解除时间作如下认定,“被告于2012年7月27日已告知原告提前退租,原告至少在2012年8月21日时已知晓被告搬离的事实,故本院认定双方的合同已于2012年8月21日实际解除”。知晓对方当事人在合同到期前提前搬离,并不能产生合同已经解除的法律效果,还要看双方当事人是否就合同解除达成一致意见,这样的推论缺少要件支撑。

5. 不可靠的因果关系

如一起运输合同纠纷,判决书对因果关系作如此表述,“原告在向被告及时提出异议后,被告未对货物下落积极进行追查,也未向公安部门报案处理,至今也未向本院说明货物灭失的原因。故本院认定被告对货物灭失至少存在重大过失。”应当明确的是,承运人不进行追查和报案,不能说明货物灭失原因与货物灭失之间没有直接因果关系,不能以事后行为推定其存在“重大过失”,对因果关系作如此论证就存在缺陷。

(二)说理角色与机制错位造成的说理情绪问题

1. “罐头思维”形成的套话、官话、空话和陈词滥调

“公共话语中的套话、官话、空话和陈词滥调是一种‘群众语言’(mass language),斯泰宾在《有效思维》中称之为‘罐头思维’。

……它让人思想懒惰,先是不肯自行思考,而终于完全丧失了自行思考的能力。”[1]这

---

[1] 徐贲:《明亮的对话:公共说理十八讲》,中信出版社2014年版,第120页。

一现象实质是对法官居中裁判角色的背离，是对被裁决者的忽视和对自我理性思维的不自信。这在当前的刑事判决书中更为常见，判决理由多形成“被告人××违反××法规，其行为已构成××罪，依法应予惩处。公诉机关的指控，事实清楚，定性正确。据此，为维护××，依照《××法》第××条，判决如下”的既定套路，甚至成为裁判说理的标准样式，但从公共说理角度，则不包含任何个案特征和理性思考，是明显的套话。

2. 带有人格贬损性质的“戈德温法则”

“戈德温法则”是指一种不良的公共话语现象，即在西方国家的政治辩论中，参与者用类似于纳粹和希特勒来妖魔化对方的概率接近100%。裁判说理中虽没有类似极端现象，但法官潜意识中先对当事人作道德评判再据此裁量的朴素正义色彩浓厚。典型的例子，是对诚实信用、公序良俗等概括条款和不确定法律概念的青睐和滥用。如一起劳动合同纠纷，劳动者因报销数十元的发票被用人单位解除劳动合同，判决书如此说理——“原告以不诚实的方法即使用并未乘坐过的出租车发票获取该公司的报销款，此一结果是任何用人单位所不能容忍的，此类不诚信行为对用人单位所造成的危害后果根本无法也不应当以数额大小来衡量”，并据此认定被告系合法解除劳动合同。类似法律评价含有明显的人格评判性质，随意运用这种带有人格褒贬倾向的类比方式，容易形成不加克制的冲动和煽情，使得法律判断变得形式化和简单化。

（三）说理基础和语言错失造成的说理信誉问题

1. 专业素质和职业道德问题形成“塔西佗陷阱”

信誉和两个要素相关，分别是专业素质和诚信形象。从当前的司法裁判文书说理状况而言，一方面，裁判说理除了法律规整错误、法律解释随意、举证责任分配不当、证明标准把握失衡等专业问题以外，甚至低级差错频出，严重降低了司法专业上的权威性；另一方面，法官贪腐、私德败坏的事件不断曝光，严重损害了法官的公正形象。这些现象若再不改善，必将加重司法信任危机，甚至形成“塔西佗陷阱”，即不管如何裁判如何说理，社会都会予以负面评价并作反向解读。

2. 说教式语言阻碍了司法善意的展示

说教主要表现为，“以权威自居，板着面孔，直接将理论、命题、观点等以既成结论式传递给教育对象，以大话、空话、套话为主，呈现的多是不加论证的判断，少有严密充分的推理”。[1] 当前裁判说理没有对说理和说教进行理性区分，不强调平等的沟通对话，不考虑阅读者的需要和关注，频繁使用“必须”、“应该”、“不要”等强加式语气，不注重条分缕析的说理过程，缺乏生动具体的形象说明。这种自上而下的灌输式说教不能充分展示司法善意，弱化了司法信任基础。

三、路径建构：裁判文书说理的公共性及其价值的实现进路

裁判文书公共价值的实现，要求法官除了具备专业说理方法和技巧之外，还需要掌握

〔1〕 潘莉：《说理教育法研究》，光明日报出版社2013年版，第4页。

公共说理方法和技巧,并将两者交融互补。

(一)从单向灌输到平等对话——裁判文书说理公共性的角色建构

1. 借助社会常识解读存在争议的阴影地带

在法学专业理论和法律术语的发展基础上,裁判说理日益呈现一种脱离大众常识的专业化倾向,这实际存在"一种技术上的危险",即不是有助于解决问题,而是隐匿了问题。哈特认为,语词必定有意义确定的中心地带和存在争议的阴影地带,法官在意义中心处不能行使自由裁量权,而在法律的阴影地带可以。因此,在涉及法律阴影地带的案件中,规则的适用就不是一个逻辑演绎过程。[1] 裁判说理对法律阴影地带的非形式逻辑解读,需要有社会常识和大众经验的支撑和验证。这主要是因为司法的专业性缘起于社会事实,只是对生活经验和社会常识的一种提炼,并非终极意义上的"真理",需要在反复运用过程中不断修正与发展。社会常识虽然只是日常经验培养起来的直观认知,既无法解释与日常经验相异的事情,也不能取代系统性的专业理论,但它是最有可能被公众接受的理由。脱离社会常识,会使裁判说理变得僵硬而单薄,甚至掩盖案件的真正问题。

2. 使用日常用语代换晦涩难懂的法律术语

裁判文书说理是标准化的书面语言,也是法律术语、法律语体、法律格式的结合体,逻辑结构更加清晰,内容更加客观。但是,"司法系统中语言运用的方式可以使那些历来权力较弱的人群或者已处于不利地位的人群再次陷入不利地位。"[2] 裁判说理难以理解,主要是由于法律用语和日常用语的显著差异造成的,"法律系统所用语言是脱离语境的、正式的、专业的、承载着权力的,而日常用语则是存在于语境之中的、非正式的、非专业化的、权力差异极小的。"[3] 从公共说理价值角度而言,裁判说理是一种书面对话和交流,强调让受众阅读和接受,而日常语言作为公用、通用语言,更能体现语言的中立性和道理的普适性。在民众法律素养尚未充分培育的当下,为了提高公共可读性,在裁判文书说理论证过程中,应像维特根斯坦所号召的"把语词带回到它的日常用法"那样,尽量避免使用容易产生理解障碍的专业术语,而是更多地尝试使用日常用语来论理。

3. 转换大众视角纠正精英意识造成的态度偏差

"哲学若要恢复元气,它就不能再是专门讨论哲学家的问题的一套方法,而必须成为讨论人人的问题的方法。"[4] 同样,法官也不能以掌握法律专业方法和专业知识的司法精英自居,将普罗大众拒之在法律之外。"为了获得正当性,法律必须是由于超出了法律文本、先例、立法目的以及立法史等之外的东西而有效。简而言之,无论法官的决定看起来多么好,如果不能显示它——道德原则要求一致,则这一决定就是不正当的。"[5] 大众视角不能被完全排除在司法过程之外,特别是涉及经验法则、利益衡量、自由裁量等内容时,不能

[1] [英]哈特:《实证主义和法律与道德的分离》,翟小波译,载《环球法律评论》2001年夏季号,第189页。

[2] [澳]约翰. 吉本斯:《法律语言学导论》,程朝阳等译,法律出版社2007年版,第251页。

[3] [澳]约翰. 吉本斯:《法律语言学导论》,程朝阳等译,法律出版社2007年版,第249页。

[4] 陈嘉映:《说理》,华夏出版社2014年版,第30页。

[5] [美]帕特森:《法律与真理》,陈锐译,中国法制出版社2007年版,第110~111页。

依据个人的偏好,而是尽可能接近"具有多数公认力的正义观念"。在进行事实判断和价值衡量时,不仅要用法律专业理论进行说理,更要对法律本身进行概念考察和概念反思,用大众评判视角对法律进行外部考察,站在法律之外反思法律,使其回归为让公众重新理解和解释的素材,从而让说理更加清晰和更易于接受。

(二)从识别主张到完善论证——裁判文书公共说理的结构建构

1. 事实、权利、评价主张的识别与分类

公共说理结构包括三部分:主张、理由和保证。"我们依据经验提供的线索获得看法,做出判断,形成主张,而论证者,则是把这些线索转变为理据,或发现这些线索之外的进一步的理据。"〔1〕当事人关于案件的陈述往往采用日常叙事模式,权利主张、事实陈述、观点评价混为一体。裁判说理首先必须对当事人不同的"主张"加以区分,进而根据不同"主张"的说理特征,进行针对性的说理。公共说理对主张的分类可分为事实、定义、因果、相似、评价、行动提议等,而对裁判文书说理而言,当事人的主张主要分为程序性主张、事实主张、定义主张、评价主张、法律主张和权利主张。裁判说理必须对当事人的这些主张进行逐一固定、识别、分类,对一致性主张、共通的主张、相互印证的主张、存在争议的主张予以逐一梳理,以为针对性的说理进行铺垫。

2. 诉讼争点的分类和裁判方法

"在司法(法庭)辩论中,特别是在刑事诉讼中,控辩的双方必须首先要找到司法辩论的着眼点(起点),这就是 στάσιs(stasis)或 status,也就是'争论的起点'或者'辩论者双方对立的观点所引起的停顿之处',可简称为'争点'。"〔2〕在主张展示与识别之后,接下来的任务是确定争点和裁判。诉讼争点,相应分为事实争点、法律争点、定义争点、评价争点、权利主张争点,不同争点对应不同的裁判方法。法律争点,又可分为法律冲突争点和法律解释争点,应分别通过法律冲突规则、法律规整方法、法律解释规则、法律漏洞补充规则来裁判;事实争点,又可分为证明责任分配、证据可采性、证明标准和免证事实争点等,证明责任分配争点以法律要件分类说为主兼顾公平的证据规则裁判,证据可采性和证明标准争点应以相应证据规则和证明逻辑结合经验法则来认定,免证事实争点则用司法认知、自认、事实推定、既决事实规则来认定;定义主张和评价主张争点,如"正当防卫"、"合理期间"、"过高"、"过错"等,这类主张兼及法律和事实要素,包含主张者个人主观判断因素,应通过事实认定和价值评判、法律解释等综合方法予以说理;权利主张争议,并非严格意义上的争点,而是争点裁判形成的最终结论,应以基础规范是否包含该法律后果以及案件事实是否可以归入该基础规范来认定。

3. 图尔敏论证模式对司法三段论的补充

图尔敏模式包括主张、保证、论据、支持、语气和反驳六个部分,是"一种可以用来说明说理特征的非形式逻辑论证模式"。在图尔敏模式出现之前,往往将司法说理结构理解为司法三段论模式。司法三段论是一种"重言式"的形式逻辑论证模式,形式逻辑是裁判说

〔1〕 陈嘉映:《说理》,华夏出版社 2014 年版,第 206 页。

〔2〕 舒国滢:《"争点论"探赜》,载《政法论坛》2012 年第 7 期,第 62 页。

理最可依赖的力量,但问题在于司法三段论中的大前提、小前提,即法律规整结构和案件事实,往往并非给定和不可置疑的,前提和结论之间直接的、可理解的联系被一系列的长程推理所延展,存在着非形式逻辑所能解决的空缺结构。而图尔敏提出的说理分析模式,“有不同的着眼点,它着眼于听众,具体而言,是那些立场中立,具有独立思考和判断能力的第三者听众。”[1]在图尔敏模式中,大前提即法律规定作为保证,小前提即案件事实作为必须提供论据的理由,而理由和结论之前还必须有中介保证,还要通过反驳方式指出对方理由和论据的谬误和不实之处。另外,图尔敏模式包含语气限定或模态限定,说理者常会添加“往往”、“可能”、“也许”、“基本上”、“在很大程度上”等限定语,保留例外的余地。这些说理结构的补充,大大提高了说理的充实度,也提高了结论的可靠性和可接受性。

4. 中介保证对司法三段论的检验

司法三段论是静止模式,而图尔敏模式是动态进行式,从理由到结论必须经过保证,保证是一座说理者架设的桥梁。可以作为司法裁判中介保证的有普遍规律、权威观点、实际表现、因果关系、类比、价值等,但中介保证本身也不是确凿无疑的,应当分别注意各自的反驳意见。对于普遍规律而言,应当注意是否有例外;对于权威观点而言,应当注意是否与结论相关,是否有不同观点;对于具体表现而言,应当注意是否有反面或者不同的表现或者现象;对于因果关系而言,应当注意因果关系是否存在、是否有不同的解释;对于类比而言,应当注意类比对象是否有充分的相似之处;对于价值而言,要注意是否有相冲突的其它价值存在等。

(三)从强调服从到强调共鸣——裁判文书公共说理的要素建构

1. 通过避免逻辑谬误提升公共说理的清晰度

“法律推理作为理性行为的一种并不仅仅受限于法律思维的形式方面,法律思维的另一个方面是发现并证实构成法律思维的实质方面是成立的。”[2]与之对应,逻辑谬误也分为形式逻辑谬误和非形式逻辑谬误,后者包括情绪性谬误、形象性谬误和逻辑谬误。形式逻辑错误源自于司法三段论的两层证立结构,“内在证立考察是,判决是否从判决理由里被详述的前提中,逻辑地产生。在外在证立中,应表达保证前提之正确性的规则”,[3]对法官而言,困难不仅在于从前提中得出结论,更在于发现以及准确界定前提。非形式逻辑谬误同样隐蔽,情绪性谬误是指说理时利用听众的情绪、心理、认知等方面弱点,包括利用多数人偏见、诉诸无知和非理性害怕、转移话题、利用联想转移等;形象性谬误,是指说理时故意造就有关人物的或好或坏形象,以影响他人的非理性好恶,包括因人废言、动机论、误用权威、稻草人等;逻辑性以及其它谬误,即非形式逻辑谬误的狭义理解,除了上文所列举的五种表现之外,还包括以偏概全、错误类比、非此即彼、隐藏不可靠的假定等。[4] 只有避免

[1] 徐贲:《明亮的对话:公共说理十八讲》,中信出版社2014年版,第61页。

[2] [奥]塔麦洛:《现代逻辑在法律中的应用》,李振江等译,中国法制出版社2012年版,导论,第3页。

[3] [德]考夫曼、哈斯默尔主编:《当代法哲学和法律理论导论》,郑永流译,法律出版社2013年版,第505页。

[4] 这些谬误的含义及示例,参见徐贲:《明亮的对话:公共说理十八讲》,中信出版社2014年版,第130~162页。

这些逻辑谬误,裁判说理才会有效和可靠。

2. 通过避免情绪陷阱提升公共说理的中立性

情绪是逻辑之外的重要说理要素。社会学的研究表明,归信的首要因素是感情纽带,感情因素比说理论证本身更有优势。正如斯泰宾所指出的,"如果我们要思考一件事情,使用带感情色彩的语言就妨碍我们达到我们的目标。这种语言可能成为有效思维的不可克服的障碍。"[1]法官一旦陷入情绪陷阱,将与"媒体杀人"、"网络哄客"等情绪骚动产生同样负面效应。由于语言本身的情感色彩,完全客观的说理是不存在的,但人的情绪一旦高涨,理性能力就会降低。因此,区别于政治宣传和商业广告,法官在撰写裁判理由时应自觉避免主观性的冲动和煽情,更不应为预设的目的而主动挑选感情色彩明显、夸大其辞的词语。

3. 通过回应合理质疑提升公共说理的感知力

裁判说理的公共价值并不在于通过法律的论证强制让对方接受裁判结论,而是提供使结论得到理解的必要途径。裁判者应有别于强势理性主义者,而要让受众将说理内容与自我感受相联系,从而产生共鸣。在司法信任较为缺失的时代背景下,面对激烈的对抗情绪和反对意见,与其在判决文书中尝试说服一方当事人及他背后的意见支持者是错误的,不如对这些异议和合理怀疑表示充分尊重,通过"合理"、"可以理解"、"重要"等用词,使其足以感到他所持有的意见受到充分尊重,通过确认异议而非克服异议建立起裁判的信任基础。对这些反对意见,应站在异议者的角度,关注和回应其所呈现的案件细节和个案表述、个性主张,避免使用千篇一律的格式化和标准化说辞,同时像叶芝所说的那样"像一个智者一样思考,但是用普通人的语言沟通",使裁判文书既体现专业素养而又富有人性关怀。

4. 通过非语言化要素提升公共说理的高效化

国外的实证研究已经表明,文本版式和其它一些非语言信息,如图表的使用可以大大提高语言的交际效率。[2] 当前裁判文书的文本样式和文字格式是固定的,呈现出一定的僵化和保守倾向。考虑到阅读者的需要和信息交流的效果,可以尝试使用现代文本处理技术所提供的各种文本版式,如大字号、黑体、下划线、空格、编号、图表、数字分析等,也可以通过注释和注脚的方式,用于凸显重要案件信息和裁判理由,以帮助阅读者更好地阅读和理解裁判的文本内容。

---

〔1〕 徐贲:《明亮的对话:公共说理十八讲》,中信出版社 2014 年版,第 125 页

〔2〕 [美]吉本斯:《法律语言学导论》,程朝阳等译,法律出版社 2007 年版,第 201 页。

法律解释规则的规范适用及其思维型本质

——以最高院37个指导性案例为分析对象

宋保振

摘　要:在法治建设重心由立法转向司法的背景下,法律解释规则构成法律方法研究的核心内容和关键环节。作为指引和规制法官裁判的“简约化标准”,我们可以通过最高人民法院所公布的指导性案例,对法律解释规则的司法适用问题进行分析。首先,该适用过程具有特定的规范性,这既体现在作为普适规范的适用形式,又体现在融合司法能动与克制要求的适用立场;其次,该解释规则还蕴含在案件裁判的法律解释方法适用中,其本质是一种建基于制度之上的法律思维型式。

关键词:指导性案例;法律解释规则;文义解释;法律思维

“当从一定距离来观察法律时,你看到的将会是一个规则的迷宫。”

——乔治·P·弗莱彻[1]

自上世纪90年代至今,中国的法律解释学研究基本走完了其初级阶段,学者们对涉及该学科发展的诸多基本概念、原理等内容进行了较为清楚的梳理,关于法律解释理论的学术思想及其进化脉络也逐步厘清,初步完成了中国法律解释学的基础理论建构。[2] 但是,作为最重要的法律方法,在中国当前的司法现实中,法律解释学回应实践的能力并未得到有效彰显。或者说,离我们所理解和期待的法律解释方法仍存在差距,并且,无论是在理论层面还是适用层面上,法律解释学都面临着一种“研究瓶颈”。[3] 这种“瓶颈”所导致的直接结果就是:在林林总总的案件面前,司法裁判者亟需实用性的“规则”或“方法”来规范裁判行为、提高司法效率,但是却又很难在卷帙浩繁的法学方法研究成果中,寻找到“行之有效”的“标准”或“准则”。这恰恰说明,在法律方法的研究上,我们已经做到了从具体案例

〔1〕［美］弗莱彻:《刑法的基本概念》,蔡爱惠等译,中国政法大学出版社2004年版,第6页。

〔2〕具体论述可参见陈金钊:《法律解释规则及其运用研究》(上),《政法论丛》2013年第3期。

〔3〕表现在宏观理论上,法律解释学的“研究瓶颈”指理论法研究者和部门法研究者所采取的不同进路。前者多从哲学诠释学的本体论角度来入手研究,而后者更加关心体现在个案中的解释技术和规则,二者难以进行有效融合;表现在司法适用上,受政治、道德、舆论和法官素质等因素的影响,法官无意或刻意地回避着法律解释方法的运用,在“案结事了”的惯常思维中消解了解释方法的适用规则。

到一般理论的抽象，却还没有打通"通过理论指导实践"的任督二脉。在此过程中，最重要的是完成法学方法论研究从复杂到简单的升华，并将抽象理论转述为简约的适用规则。

理论上，法学家所追求的法律解释规则完全可以通过众多案件所折射出的解释方法体系来探寻，但现实裁决中的案件却总是显得不那么"合拍"。因为无论从"理解——解释——运用"的哲学诠释学角度、还是将法律解释还原为法官现实的裁判过程，法律解释活动更多地表现为一种个性化的实践，我们很难进行普适性规则的内容定位和体系构建。而最有效的路径就是在特定的语境和标准要求下，通过纷繁芜杂的案例裁判提炼出最具代表性的指导性案例，从而对此进行方法论上的实证分析。其实，这也是英美法系在法律解释规则研究上的经验表述，即通过典型的判例归纳概括出三项基本的制定法解释规则：字义规则（Literal Rule）、黄金规则（Golden Rule）和除弊规则（Mischief Rule）。本文正是在此思路下，以最高院陆续公布的八批37个指导性案例为分析对象，详细研究司法现实中这些"特殊案例"所蕴含的法律解释规则问题。即通过法官的解释、推理和论证活动，发现隐藏在裁判理由中的"指导性因素"，并对此加以总结、提炼，进而抽象为法律解释规则适用中的基本要求。其实，也正是此"抽象标准"，构成着指导性案例"应当参考"效力的核心依据。

一、蕴含在指导性案例中的法律解释规则

长期以来，司法者对于裁判中的法律方法一直处于适用的"懵懂期"。即尽管对法律解释、法律推理等具体方法产生着强烈的需求，但体现在裁判中，仍是处于主观的"自发"实验，而不能进展到规范的"自觉"适用。而同时，实现司法裁判从"自发"到"自觉"，却又构成着现代法治的最基本特征。这既体现在理论层面上，法律思维及法律适用规则备受重视；又体现在现实层面上，案例指导制度工作的强力开展。并且，正是二者的契合，构成着通过指导性案例来研究法律解释规则问题的可行之处。

首先，案例指导制度所彰显的"立法主义"向"司法主义"立场转换，要求我们必须具有完备的法律解释规则思维模式。社会主义法律体系建成之后，摆在我们面前的是两大任务：一是如何使"纸面上的法律"变为"行动中的法律"；二是如何最大限度地发挥现有法律的实际效果。[1] 这也体现着自2005年来，国家酝酿开展案例指导制度工作的初衷。在法治建设当下，我们不能继续沉湎于立法论的无休止争议，而是应该探索如何以科学的方法体系有效解释和合理运用现有法律。这就要求我们寻找法律解释学的研究初衷，并试图从宏大的理论叙事回归到具体的理解运用，实现法律解释研究从本体论解释学向方法论的突破。体现在研究对象上，就是更加关注那些细化的、且具有较强可适用性的法律解释规则和思维模式。因为法律解释学是在法律规则确定之后如何阐释规则，并非单纯解释法律的方法，其更重要的目的是要保证这些方法的合理运用。如不能在合法性思维模式的约束下

---

〔1〕 王利明：《法律解释学导论——以民法为视角》，法律出版社2009年版，"序言"。

抽象为法律解释规则,再好的方法在运用中也极易偏离其正当性目的。从案例指导制度来看,体现在案例裁判中的法律解释方法,实质就是旨在研究法律解释的规则,并从而形成对此规则的一致共识,力图使法官的裁判行为由主观“自发”转向规范“自觉”。

其次,指导性案例发布的最主要目的是实现司法裁判的合法化、规范化和统一化,这也是对法官裁判从“自发”到“自觉”要求的有效证实。正如《最高人民法院关于案例指导工作的规定》(以下简称《规定》)中所蕴涵的司法价值:总结审判经验,统一法律适用,提高审判质量,维护司法公正,节约司法资源,提高司法效率。在该价值意图下,所公布的指导性案例不仅为处理同类或者类似案件提供着有效参考,而且还为法官办案提供思维方式、法律解释、法律推理和价值衡量等方法上的指引,体现为从一个或一类具体案例到抽象规范再到具体案件的司法运行过程。表现在案例中,如在当前约束公权力的背景下,指导性案例5号、6号通过对抽象行政行为的附带性审查和法条中兜底条款的目的性解释,对政府行政行为的可诉性予以确认,从而呼应着现实中行政诉讼领域司法权扩张的现实;指导性案例2号、11号通过对“利用职务上便利”和“为他人谋取利益”的扩张解释,实现国家工作人员职务类犯罪的从严处罚;以及最新公布的指导性案例33号、34号、35号、36号和37号,针对民商事领域裁判执行中缺乏统一标准的现象,专门就程序上的典型问题进行了明晰性解释,使得裁判执行既符合着法的规范性要求,又恰当地做到了法律效果和社会效果的统一。所以,对指导性案例所体现出的“解释规则”或“裁判标准”进行研究,不仅为法律条文的理解限定了特定语境,更为重要的是有助于训练审判人员区别适用的审判技巧和思维模式,培养灵活适用法律方法的审判意识,即避免了机械司法又规避着任意裁判。

再次,通过指导性案例来探索法律解释规则,具有司法实践中的可行性。一方面,作为一项重大的司法改革内容,案例指导制度源于2005年10月最高人民法院公布的《人民法院第二个五年改革纲要(2004—2008)》,受关注于2010年12月以来最高院陆续发布的指导性案例。尽管在此之前,就已经存在着《最高人民法院公报》、《人民法院案例选》及《中国审判案例要览》等以案例指导审判工作的实践,内容也涉及到刑事、民事、经济、行政等几乎所有的部门法领域,但是相对于指导性案例“应当参考”的效力,这些案例只是以“案例汇编”的形式存在,法官在适用过程中具有很大的自由选择性和自主适用性,这就自然式微了法律解释活动的规范意识,从而也失去了在这些“指导性案例”中进行法律解释规则讨论的意义;另一方面,此探索的可行性还体现在指导性案例和司法解释的关系上。从《规定》及其指导下的具体司法实践可知,指导性案例客观上具有“准司法解释”的性质。[1] 即不仅肯定着指导性案例是释法不是造法,实际上也产生着司法解释的效力,而又不直接承认指导性案例是司法解释,只是认同二者在裁判规则和标准的提供上具有一致

〔1〕 参见张骐:《再论指导性案例效力的性质与保证》,载《法制与社会发展》2013年第1期。

性。[1] 体现在最高人民法院所欲实现的"指导性"效力上,最直接的办法就是用法律解释的方式将37个指导性案例中带有普遍性的突出问题及时地加以总结、提炼,形成规范意识上的法律解释规则,并进而指导全国各级人民法院在类似案件面前的审判工作。

二、适用形式的规范性:脱离个案技巧的普适规范属性

作为法律解释学领域的"前卫"内容,学者们还未对"法律解释规则"具有清晰的定位,对其存在形式的理解也各不相同,[2]甚至在某些观点看来,法律解释规则的有无还都是一个问题。[3] 但是,从指导性案例的效力分析,案例指导制度所产生的一个重要原因就是当前我国的司法者还不能熟练运用法律解释方法,缺乏理论指导下的法律解释能力培养。在此意义上,案例指导制度可以视为一种法律解释的示范,其功能不仅限于指导类似案例的裁决,更重要的是解释方法的传授,以及在体现在此过程中的解释标准确定和解释规则探寻。即相对于"特殊个案技巧",法律解释规则更应该是"普适性裁判规范"。因此,在当前的既有研究中,探究蕴含在指导性案例中的法律解释规则形式,是我国法律解释方法及其规则研究的核心任务,也同时构成着法治建设的重要环节。

(一)理论上缺乏对法律解释规则存在形式的明确定位

尽管从裁判准则的角度理解,法律解释规则还很少被提及。但是无论在中国还是西方,法律解释规则问题研究都并非一个全新的领域。而之所以长期存在于法律人的视野之外,不外乎以下两点原因:在西方,由于判例法传统的影响,法律解释规则的作用紧密融合在判例之中,已经很难对二者进行条分缕析。况且,由于解释规则存在形式的灵活性,对二者的有效分离也只是存在于理论层面;在我国,法律解释规则还并未置于法律方法论学科细分之下来研究,仅有的"宏观理论叙事"远未启及人们所定位的"微观操作技术"预期。而同时,政治意识形态裹胁下的孱弱现实效果,使得我们更加怀疑法律解释规则研究的必要性。尽管,在很多司法实践者,法律解释规则的运用早已是"日用而不自知"。

具体表现为,二十世纪末西方法理学出现了解释学转向,在此过程所产生的大量构成法律制度研究新视角的法律解释文献中,有一些专门针对法律解释规则存在形式定位的研究。代表性的有:第一,"解释标准"说。也即 Frank B. Cross 等学者所提到的普通法。比

---

〔1〕 参见胡云腾、于同志《案例指导制度若干重大疑难争议问题研究》,载《法学研究》2008年第6期。《关于案例指导工作的规定》颁布后,最高院研究室主任胡云腾又表示,人民法院的指导性案例从其性质上看是解释法的一种形式。指导性案例具有明确、具体和弥补法律条文原则、模糊乃至疏漏方面的作用。因此,指导性案例是法官释法而不是法官造法。参见胡云腾《人民法院案例指导制度的构建》,载《法制资讯》2011年第1期。

〔2〕 参见吕芳:《"法律解释规则":概念解读与用语辨析》,载《法律方法》(15),山东大学出版社2014年版。

〔3〕 法律解释规则的怀疑者主要分为以下两类:第一,对法律规范主义持否定意见的法学研究者或法律实务者。在他们看来,裁判所依据的主要还是经验主义的判例或习惯,具体表现为个案适用的裁判技巧,以致因此而怀疑法律方法存在的必要性;第二,认为法律解释规则专属于普通法系的法学研究者或司法裁判者。他们一般认为,作为方法所存在的法律解释只是立足于司法语境,只有在普通法系才会真正发挥作用。而在大陆法系的中国,法律解释只是存在于立法语境,司法过程中法官裁判所依据的方法并没有任何规律可言,在此过程中会受到政治、道德、舆论及风俗的重要影响。

如,在《法律解释理论与实践》中,他就指出"普通法是法官创制的,用来定义成文法律文本含义的工具,而这些工具与所谓的文本主义、立法历史和实用主义解释理论是垂直交叉,而非并列适用的";[1]第二,"解释理论或者方法"说。此观点多将司法过程中的解释规则通过"文本主义"(textualism)、"立法历史"(legislative history)和"实用主义"(pragmatism)等方式来定位和表达;[2]第三,"解释规则"说。这是对体现在判例中法律解释规则的狭义理解,也更趋向于我国法律解释规则研究中的存在形式定位和基本效力预期。[3]

由于英美法学研究的轻概念传统,使得在探讨法律解释规则的涵义时,不同学者从案例适用的不同角度进行着解读。然而在运用过程中,当关涉到法律解释规则的基本定位,学者们理解的语境还是基本一致,都能突破个案进行一种规范化研究。相比之下,国内研究对法律解释规则存在形式的定位就稍显混乱。有的学者从广义上理解,如"准则说",有的从狭义上理解,如"方法运用规范说";[4]有的学者从宏观理论层面定位,将此理解为"思维规则"或"道德操守",也有的学者对此进行着微观分析,认为法律解释规则主要还是操作层面的"适用位序";[5]有的学者从一般法理学层面来理解"法律解释规则",将其和立法解释并列,共同归于司法裁判中的解释范畴,还有的学者从方法论层面来理解,仅将"法律解释规则"认为是法律方法论或法律解释学中的特有内容。[6] 等等。具体到规则的适用中,也未对"解释规则"、"解释原则"、"解释方法"等概念详细划分,基本上都是围绕个案的"裁判技巧"。虽然在民法解释学领域,梁慧星教授、王利明教授等学者试图进行着解释规则适用的普适化整理,[7]拉开解释规则具体研究的帷幕,但过强的私法特性排挤着规则所建立的理论基础,并且缺乏对法律解释规则存在形式的清晰化定位。在司法实务者,他们也通常没有足够的时间和兴趣考虑该按照什么样的"套路"办案,而是想着如何最好地做到案结事了、皆大欢喜。种种原因,造成在国内当前的理论研究中,我们很难对法律解

---

[1] Frank B. Cross, *The theory and practice of statutory interpretation*, Stanford, Calif.: Stanford Law Books, 2009. p. 24。

[2] William N. Eskridge, *Dynamic Statutory Interpretation*, Harvard University Press, 1994, p. 24。

[3] 例如,在 Vepa P. Sarathi 的《法律解释》中,他就通篇使用了解释规则的概念界定,并试图构建着基本的法律解释规则体系。参见 Vepa P. Sarathi, *The Interpretation of Statutes*, Eastern Book Company, 1981, p. 76。

[4] 持"准则说"观点的代表学者如杨临宏、孔祥俊等,具体参见杨临宏:《立法法:原理与制度》,云南大学出版社 2011 年版;孔祥俊:《行政诉讼证据规则与法律适用》,人民法院出版社 2005 年版。持"方法运用规范说"观点的学者主要存在于部门法特别是民法领域,最具代表性的是王利明教授。

[5] 在前者,将法律解释规则的存在形式理解为一种"法律思维规则"和"职业道德操守",代表性学者为陈金钊教授。围绕此问题陈教授提出了法学方法论研究的"本体论—方法论—规则意识"研究命题,认为当前阶段法学研究的主要任务是法律解释规则的研究,这种规则既存在于制度层面、更存在于思维层面。详见《法律解释规则及其运用研究(上、中、下)》,载《法学论丛》2013 年第 3、4、5 期;在后者,讲法律解释规则定位为解释过程中的"适用位序",这主要是从司法实务者的角度所进行的理解,这种"实用主义偏好"的理解极易会引起概念上的模糊或混淆。

[6] 这两种对"法律解释规则"的不同理解源于国内对法律解释的不同定位。在前者,主要是从两大法系的区别出发,认为大陆法系法官并无"造法"性质的"解释权",因此根本就不具有探讨法律解释规则的语境;在后者,主要是从哲学解释学的角度出发,认为"法无解释、不得适用",法官裁判的过程就是法律解释的过程。

[7] 参见梁慧星:《民法解释学》,中国政法大学出版社 2000 年版;王利明:《法律解释学导论——以民法为视角》,法律出版社 2009 年版。王利明:《法律解释学》,中国人民大学出版社 2011 年版。

释规则的存在形式进行一种清晰化定位。

（二）体现在指导性案例中的法律解释规则的普适性特征

依照裁判结果产生的顺序，我们将从解释进路、裁判理由和指导意义三个方面对法律解释规则脱离“个案技巧”的“普适性规范”特征进行研究。

1. 解释进路上的文义解释优先

在此需要明确，司法裁判的解释进路不同于通常所理解的解释方法，而是除了方法的技术性要求之外，更加强调解释的理由和指导思想。在37个指导性案例中的12个，法官都把“不确定性概念”作为关键词并进行解释，从而将案件的裁判结果立足于对这些关键词的解释。具体如下：

表1

案号	进行解释的抽象概念	主要适用的解释方法和技术	解释理由和思想
1	“跳单”	文义解释（字面解释）	当前房产中介公司的社会现状、买卖居间合同中的格式条款
3	“为他人谋取利益”	文义解释（扩张解释）	“为他人谋取利益”包括明示和默示方式，涵盖承诺、实施和实现阶段
6	“等”	文义解释（扩张解释）、体系解释、类推	“等”系不完全列举，应当进行法律规范边缘意义的论理解释
8	“公司经营管理发生严重困难”	文义解释（扩张解释）、类推	对此理解包括客观法条原意应作实质运行考量
11	“利用职务便利”、“公共财物”	文义解释（扩张解释）	严格对职务类犯罪的认定和惩处
13	“非法买卖”、“毒害性物质”	文义解释（当然解释）、目的解释	加强有毒、有害物品及化学品监管
16	“从事中华人民共和国港口之间的船舶的运输”	文义解释（限缩解释）	通过明确船舶适航证书内容保证我国船舶的可航区域
18	“不能胜任工作”	目的解释、社会学解释	公司内部考核结果的效力认定
23	“消费者”	目的解释、体系解释	对关涉公民基本生活的私权利保护的限度

(续表)

案号	进行解释的抽象概念	主要适用的解释方法和技术	解释理由和思想
27	“诈骗”	文义解释(扩张解释)	利用信息网络新型方式构成犯罪的准确认定
32	“追逐竞驶”、“情节恶劣”	文义解释(字面解释)、目的解释、类推	综合追逐竞驶可能对人、财、物的危险程度,严格危险驾驶罪的认定
34	“恶意串通”	文义解释(扩张解释)目的解释	在缺乏对“关联关系”进行明确定位的前提下,综合整个拍卖情形类推解释

通过以上可以发现,在对这些决定案件裁判结果的“不确定性概念”进行解释的过程中,几乎所有的关键词解释都遵循着文义解释优先的规则。其意义不仅体现为,在法律解释的各种方法中,文义解释方法具有优先适用的地位;更重要的是在这些作为指导性案例的“特殊案例”上,我们遵从的仍是文义优先的思想。没有过多地诉求更能满足社会效果的个案解释技巧或特殊方法手段,而是从一般性的文义解释出发,在规范化的法律解释方法运用过程中探寻案件事实背后的法律意义。

2. 裁判理由对依靠技巧和价值判案的突破

从法律解释的广义角度来理解,裁判理由也既案件的解释理由。它不仅包括文理解释和论理解释等内容,而且还包括建立在逻辑基础之上的法律推理活动以及实现案件裁判可接受性的法律论证过程。[1] 在兼具正当性与合法性的裁判中,裁判理由虽然会因案件性质和内容的不同千差万别,但是它们适用过程中的普适性特征确保着“相似案件相似判决”的合理预期。体现在指导性案例中,除了指导性案例1号、3号、17号、32号在字面意义上对决定案件的“不确定性概念”进行解释外,指导性案例2号、6号、8号、13号、14号、17号、23号、24号和31号均采取目的解释、体系解释等规范性方法,在不拘泥于文字表面意思并参考相关法律法规的解释标准基础之上,对所适用的法律规则从边缘意义进行挖掘,从而避免着法条理解过程中过多的主观价值判断,体现着法律解释规则的规范性要求。

除此之外,裁判理由中对依靠技巧和价值裁判的突破,还体现在某些指导性案例的类推或论证过程中。比如,指导性案例6号通过对“较大数额”的论证来实现《行政处罚法》

---

〔1〕 由于对法律解释的定位存在着广义和狭义之分,因此在理解法律解释与法律推理、法律论证的关系时也存在着两种不同的思维路径。狭义理解认为,法律解释尽管是最主要的法律方法,但同法律论证、法律推理等仍是并列关系;而广义理解认为,法律论证和法律推理作为法律解释的方式或内容而存在。法律论证是伴随整个法律解释过程的思维活动,其能够广泛运用于包括法律的发现、方法的运用和结论的选择等各个法律解释环节的一种法律思维。法律推理是根据解释的要求,从已有的知识获得新的知识,按照逻辑推理来解释和适用法律,并应该成为法律人的一种职业思维习惯。这也是本文所采取的法律解释立场定位。

第四十二条中"等"字不完全列举的有效类推;指导性案例 11 号,法官巧妙地回避着刑事领域"禁止有罪类推"的理论桎梏,而是从"贪污罪"的认定事实和行为要件出发,证成着"利用职务上有隶属关系的其他国家工作人员的便利"同样属于"利用职务上便利",从而将针对于此类贪污受贿案件的判定由"学理讨论"转向"裁判示例",并以指导性案例的形式予以发布;指导性案例 32 号针对《刑法修正案(八)》所规定的"危险驾驶罪"这一新罪名认定上的法律模糊性,采用着类推解释的方法,对"追逐竞驶"和"情节恶劣"进行合法性论证;同样,在这些过多掺杂道德评判的特殊案件中,此类法律方法的适用还体现在指导性案例 15 号对"人格混同"的证成、指导性案例 24 号在"体质状况是否影响侵权责任"方面对传统法院"中庸裁判"的否弃论证、以及指导性案例 29 号针对当前的"信息化"时代背景,对《中华人民共和国反不正当竞争法》第五条第(三)项规定中的侵权认定等。这些体现在指导性案例裁判理由中的推理论证过程,都突破着仅满足于个案的"解释技巧",将影响案件裁判的"法律外因素"通过法律论证或推理进行化规,从而赋予着法律解释过程以规范化的普适性特征。

3. 简单案例所欲折射的规范性"指导意义"

《规定》第二条明确指出,"本规定所称指导性案例,是指裁判已经发生法律效力,并符合以下条件的案件:(一)社会广泛关注的;(二)法律规定比较原则的;(三)具有典型性的;(四)疑难复杂或者新类型的;(五)其他具有指导作用的案件"。在以上两点的分析中,我们多是讨论的符合第(二)和第(四)款标准的案件,通过有效的解释方法将代表性个案整理成示范意义上的指导性案例。但是,在最高院所公布的 37 个指导性案例中,也有一部分符合第(一)和第(三)款标准。即案件比较简单、所应适用的法律规范也比较明确,然而却产生着与案情明显不对等的"示范性意义"。而且,此类案件通常具有一共性——广泛发生于社会生活中,并实际影响到人们的道德评判。比如,指导性案例 14 号对未成年人犯罪"禁止令"适用及指导性案例 23 号对消费者权利保护所体现出的人文关怀;指导性案例 24 号对交通事故中机动车责任认定、指导性案例 27 号对当今计算机时代经常出现的"利用信息网络"犯罪及指导性案例 32 号对危险驾驶行为等"从严处罚"的裁判思路;以及指导性案例 33 号、34 号和 35 号民事裁判执行中轻视程序性规定所造成的"执行难"问题等。这些折射在简单案例中的指导性意义说明:最高院发布指导性案例的初衷也许并非只为法官裁判提供具体的个案参考"技巧",而是更强调存在于法律解释过程的普适性制度或思维规范,特别是在影响到人们的日常生活和道德评判的案件中。这也构成着法律解释规则研究的另一重要内容。

综上可知,法律解释方法的现实意义是为裁判者制定行动方案提供所必需的行为规范和思维准则,并将此简化为法律解释规则的形式而存在。尽管法律解释方法也包含有解决疑难案件的技术、技巧和手段,但无非都是在践行法律思维规则要求下的"个案展示",最多外化为"法律人经验"的表现形式。尽管有学者认为,今后我国法律体系的完善在很大程度上不妨归结为技术重构。即立法技术、解释技术、行政技术以及法庭技术的实实在在的改良。与此相应地推动法解释学发展便是大势所趋,中国也正在迎来一个"解释者的时代"。[1] 但是,这种理解主要立基于解决纠纷的实践需求,忽略了法律解释作为一种方法,虽然面向司法实践却并非实践本身,而是指运用何种规则和技术来理解和阐释法律,并试图摆脱各种繁杂解释技术的束缚,进入简约的规则性思维领域。[2] 例如,对法官解释思维习惯的总结、对各种解释方法适用规则的探究,以及对不同领域和部门法中,解释立场和解释进路的权衡等。其实,在此研究中,我们已经逐步穿越法律解释实践经验的迷雾,更加接近其简约、普适性规范——法律解释规则的本质。

三、适用立场的规范性:融合司法裁判的能动与克制要求

从传统法学理解,法律解释作为一门方法源远流长。[3] 但真正将法律解释学置于方法论的意义上来探讨,还是在伽达默尔哲学解释学的创立后。法学研究"方法向本体的回归",使得我们从本体论的角度重新认识法律方法论。尽管此理论认为,"法律解释方法论,与其说是一种遵循使用规则的方法,毋宁说是一种本身不能由规则来保证的判断力,即所谓'规则需要运用,但规则的运用却无规则可循'。"[4] 但是,在秉持"只要有理解,理解就会不同"标准的哲学解释学看来,这种对法律解释规则性质疑的主要原因是法学和哲学的不同分析进路。从哲学本体论出发,解释学法学属于对法律的"探究性解释";而从司法视角来看,法律解释学属于方法论的范畴,是"根据法律规范的思维过程",首先遵从的是法的教义学属性,并体现为一种"独断性解释"。所以,法律解释从方法论向本体论转向的最突出表现就是重新审视法律规范对所有案件事实的普适性,将原本受压抑的"主体能动性"释放出来,并将裁判活动还原为理性论辩的过程。体现在司法演进中,即将哲学解释学置于20世纪西方法治理念整体转变的宏观背景中去考察和说明,正如塞尔兹尼克等总结的从"自治型法"向"回应型法"的迈进。[5]

置于上述背景中理解,法律解释其实就是一个把法律事实一般化、同时也将法律规范具体化的过程。此解释过程首先满足的是教义学要求下法的"谦抑性"特征,同时将裁判主体的"能动性"融贯其中。作为法律解释的核心要素,法律解释规则在将"纸面上法律"落实为"行动中法律"的过程中,也遵循着特定的立场选择。本部分正是在此理论基础之上,以指导性案例中不同解释方法的适用位序和不同部门法领域的适用方法为对象进行研究,进而总结出"融贯解释规则"的适用立场。

(一)以不同解释方法的适用"元规则"为对象的微观探讨

---

[1] 季卫东:《法解释学大有发展》,载《东方法学》2011年第3期。

[2] 参见陈寿灿:《方法论导论》,东北财经大学出版社2007年版,导论。

[3] 通常所认为,早在古希腊,方法意义上的解释学既已出现,只不过当时称为"解释术";而在西欧文化传统中,解释学是作为解释原文的技法或技法论所形成的。参见[日]丸山高司:《伽达默尔:视野融合》,刘文柱等译,河北教育出版社2002年版,第26页。

[4] 洪汉鼎主编:《理解与解释》,东方出版社2001年版,第7页。

[5] [美]塞尔兹尼克、诺内特:《转变中的法律与社会》,张志铭译,中国政法大学出版社1994年版。

迄今为止,法律解释学研究最重要的学术贡献就是为司法实践提供着一份包含各种解释方法的清单,从而保证着司法裁判过程大体都能符合某一种有效的法律解释路径。但是,司法裁判中更现实的是,当同一案件根据不同的解释方法得出不同的解释结果时,法官应以什么样的标准来进行取舍?或者说,是否存在一种不同解释方法适用位序的“元规则”,从而制约着各种解释方法适用和选择时的随机性,并避免在疑难复杂案件面前,由于所适用法律规范的不确定性而引起的整个司法过程杂乱无章的局面。

客观地说,法律解释学者在探索解释方法元规则方面,已就各种解释方法的适用位序形成了大致共识:第一,语义解释优先规则;第二,只有具有绝对理由对语义解释结果表示怀疑时,才可以考虑体系解释和目的解释;第三,比较法解释和社会学解释一般作为最后的选择。[1] 这样,在一些典型案件或复杂案件面前,关于解释方法适用位序的“元规则”就能为法官裁判提供初始的操作框架。体现在指导性案例中,针对不确定性概念及事实的法律意义,指导性案例1号、2号、3号、6号、7号、8号、11号、16号、19号、20号、21号、25号、27号、31号和32号严格从文义出发,在谦抑性的法律解释立场中遵循着“文义解释优先”的规则,践行着形式主义法治的规范性要求;与此相对,指导性案例6号、15号、18号、23号、24号和29号,则在文义解释之外,充分利用体系解释、目的解释等方法围绕案情进行推理和论证,以探寻法律规范的边缘意义。从哲学解释学角度来理解,其实质是法律解释的本体论回归,是一种方法的能动运用;此外,这种法律解释的能动性还体现为法官在遵循法律规范的基本要求下,对司法语境和社会现实的考量。如指导性案例18号、28号对劳动关系中弱者的保护,指导性案例17号、23号放宽对消费者购物动机的限制性规定以及指导性案例19号、32号对道路交通犯罪的严格认定等。

这也表明,在当前我国裁判的法律解释方法运用上,司法者仍是遵循着一定的法律解释“元规则”,尽管这种“元规则”还很难用明确的形式予以定位。透过指导性案例所折射出的司法裁判带有明显的规范性特征,同时,在一些特殊案件面前,法官也大胆地进行着能动解释或规则创制。因为在司法过程特别是民事案件的裁判活动中,指导性案例不但具有解释法律填补漏洞以及补充价值的作用,还兼具创设规则的功能,对推动我国民事司法实践的不断进步具有不可小觑的方法论价值。[2] 而且,法官在对案件进行能动解释的活动中,也并非将“能动”泛化为“任意”,仍是秉持法的“谦抑性”立场,以规避着过多的政治政策、道德习俗等“非法律因素”融入其中,从而避免着实用主义对法官能动的修正理解。

(二)以案例所属不同部门法领域为标准的宏观分析

如果说,以上从不同的解释方法适用位序来探讨法律解释规则的适用立场问题是一种微观分析,我们还需要一种与之相呼应的宏观界定。即依据公法和私法的性质或程序与实体的标准对所公布的37个指导性案例进行归类分析,以充分把握当前我国的司法裁判者在每一类案件面前的解释方法及其立场。此分析可归为以下三步:

第一,根据不同标准对所公布的37个指导性案例做如下简单梳理:

---

〔1〕 参见陈金钊、焦宝乾等:《法律解释学》,中国政法大学出版社2006年版,318~319页。

〔2〕 参见姚辉:《民事指导性案例的方法论功能》,载《国家检察官学院学报》2012年第1期。

表2

分类标准	主要类别	案　号
依部门法划分	民、商、海事法律部门	1、2、7、8、9、10、15、16、17、18、19、20、23、24、25、29、30、31、33、34、35、36、37
	刑事法律部门	3、4、11、12、13、14、27、28、32
	行政法律部门	5、6、21、22、26
依实体还是程序法	实体法内容	1、3、4、9、10、11、12、13、14、15、17、18、19、20、21、23、24、26、27、28、29、30、31、32、33
	程序法内容	2、5、6、7、8、16、22、25、34、35、36、37

第二,在此分类的基础上,根据法官裁判所适用的法律方法及体现在裁判理由中的法律解释倾向进一步梳理:(1)在民商事及海事指导性案例中,法官秉持着一种灵活的司法解释立场,综合运用着文义解释、体系解释、目的解释、社会学解释等多种方法。特别是在一些普遍发生于人们生活中或诉讼标的公众关注度比较高的案件中,体现出较为明显的法官能动裁判倾向。如为保护消费者利益,指导性案例17号所做出的目的解释和指导性案例24号所作出的体系解释;为鼓励科技创新的市场秩序,指导性案例20号对专利优先权的保护及30号对商标侵权的认定所适用的扩张解释等;(2)在刑事指导性案例中,所公布的9个指导性案例都试图完善以往"严格司法"和"禁止类推"的刑事裁判思想,通过规范标准下的倾向性解释及隐性类推来实现中国刑事裁判的科学化和人性化。如指导性案例3号、11号与4号、12号所形成的鲜明对比。在前者中,通过类推的方式强化对"职务类犯罪"的处罚。而在后者中,充分考虑到犯罪者的酌定量刑情节,从"化解社会矛盾,促进社会和谐"的立场出发来减轻犯罪者的处罚,明显地体现着"宽严相济"的司法政策;[1](3)在行政指导性案例中,针对公权力的约束,法官仍是从基本的文义解释出发,并以规范的程序性予以表达。如指导性案例5号明确了对抽象行为的合法性进行附带审查程序、指导性案例6号利用兜底条款,加强对具体行政性行为的合理性监督、指导性案例22号对内部行政行为外化效果的确认等。(4)在程序性指导性案例中,通过逻辑推理过程,针对以往裁判中"重实体、轻程序"的顽疾试图设计着新的解决方案。如指导性案例6号行政处罚案中对听证程序的挖掘、指导性案例4号和12号故意杀人案中同时对再审程序的启动、指导性案例17号和23号对举证责任的确认等。

第三,通过以上两步对31个指导性案例的整理和分析,我们可以对法律解释及其适用规则得出以下基本认识:首先,在民事裁判解释过程中,法官试图在私法领域突破着裁判中法的"谦抑性"要求,也并未严格遵从"文义解释优先"规则,而是进行着一种灵活的规则创制。毕竟,从指导性案例的效力来看,"如果不去创制规则,而仅仅是重复现有的司法解释,

〔1〕 相关论述可参见孙光宁:《目的解释方法在指导性案例中的适用方式——从最高人民法院指导性案例13号切入》,载《政治与法律》2014年第8期。

那么,案例指导制度的设立初衷就可能无法实现。"[1]其次,在刑事裁判解释过程中,法官仍是从案件事实和法律条文的基本文义出发,并在此过程中合理运用着推理论证的解释方法,遵循着规范性要求下"依法裁判"的基本规则。并且通过对案情影响和犯罪者主观要件的分析,创设着"宽严相济"的抽象解释规则;再次,在行政裁判解释过程中,所公布的指导性案例均是在法治理念的要求下,蕴含着司法权扩张的因素和色彩。与之相随,行政案件裁判也具有了扩张司法权力的解释规则要求,同样的倾向也体现在《最高人民法院公报》中。这说明,在法治建设的大背景下,国家正在以一种潜移默化的方式来限制公权力,用润物无声式的改革来避免暴风骤雨式的革命。

(三)综合多种解释方法的"融贯解释规则"立场

综观31个指导性案例的裁判理由,绝大多数案件在裁判中都采用着两种甚至更多的解释方法。尽管有的是直接运用,如指导性案例1号、3号、9号等;有的采用着目的导向下的推理论证方式,如指导性案例6号、13号、18号等。其实,在案件裁判特别是民事案件中,综合运用多种解释方法已然是一个不争的事实,尽管时至今日,我国的法官仍未明文赋予以"法律解释权"。这一方面是因为,法律解释中众多具体的解释方法并非相互独立、截然区分,而是相互联系和影响;另一方面是因为,根据各种解释方法得出的结论还需要相互验证,更重要的是,还要和以前的相似案件得到基本一致的裁判。毕竟,在对后续案件的效力方面,指导性案例还不能等同于规则或先例的创设。比如,针对某特殊个案中的法律语词,在通过文义解释得出司法中的通常性理解之后,很多时候还有必要运用目的解释或合宪性解释进行社会效果的"把关",从而确保裁判结果的正当性、妥当性和一致性。实际上,这也构成着裁判中一项重要的法律解释规则——融贯解释规则,并通过此规则来指导法官的裁判并同时限制法官的恣意,特别是在一些疑难复杂案件面前。

融贯解释规则的理论基础是德沃金的"融贯性法律解释理论"。[2]尽管每一位法官的解释理论都立基于其自己的信念之上,但是通过司法裁判实践所展现出的规范性标准将减缓这种差异并且协力促进一致化。借此限制,法律的安定性和裁判的一致性得到保障。虽然每个法官都有自己的理解和解释依据,但作为法官就不得不服从于一种"体制"或者说"隐形规则"的约束。从而既使得裁判符合着基本的规范要求,又保证疑难案件裁判的示范性意义。体现在指导性案例中,融贯解释规则主要有两种进路。一种是狭义解释方法和其他解释方法的综合运用,一种是通过推理论证对法官解释能动与谦抑的平衡。在前者,从法治的核心内容而言,法律规则最终来源于基本规则或基本规范。所以,当前我国的法治建设必须立足于规范性法律文件,并且致力于对规范性法律文件中的成文规则及适用规

〔1〕 陈兴良:《新型受贿罪的司法认定:以刑事指导案例(潘玉梅、陈宁受贿案)为视角》,载《南京师大学报》(社会科学版)2013年第1期。

〔2〕 德沃金在1986年发表的《法律帝国》一书中,提出并论证了他称为"整全性"(integrity)的概念(作为融贯性的理想追求)对于法律体系的重要性。在之后的很多理论研究者都认为德沃金的融贯性理论属于法律体系的融贯性,但是,当从法律解释所依从的知识论(或认识论)来分析,德沃金的融贯性理论既有法律体系融贯性,又把法律论证融贯性作为法律解释的重要特征和内容。具体参见Ronald Dworkin, Law's Empire, Mass: Belknap Press, 1986。

则的寻找。在此要求下,规范立场上的文义解释优先必然是指导性案例所需要彰显的重要指导性意义。同时,在裁判的一致性要求之下通过目的解释确定立法者目的、通过社会学解释寻找并证成作为大前提的社会价值、通过体系解释来确保裁判的一致性。如指导性案例4号和12号,在依照《中华人民共和国刑法》第50条严格定罪量刑的同时,考虑到犯罪者主观恶性及社会危害性,作出撤销死刑立即执行并限制减刑的一致判决,以及指导性案例14号对未成年人犯罪的过于从轻处罚。二者均作为典型案件具有明确的示范性意义,又同当前"宽严相济"的裁判事实和司法政策指引下的众多司法裁判相融贯;[1]在后者,作为一种广义的法律解释方式,司法过程中的法律推理其实质是运用逻辑来论证案件事实和法律规范之间的关系,并且多种推理论证方法可以也应该共同运用于单一案件,从而将裁判结果建立在融贯的基础之上。体现在案例中,如指导性案例6号、32号对多种推理方法的综合运用,指导性案例18号对"末位淘汰制"与"不能胜任工作"的关系论证等。所以,作为当前司法裁判过程重要标准的融贯解释规则,通过指导性案例的示范作用,既指引着法官的裁判,又限制了法官的恣意,在一种规范立场中融合了司法的能动性与克制性要求。

四、建基于制度之上的法律解释规则思维型本质

在前面,我们首先揭开笼罩在法律解释规则之上的理论学说迷雾和操作技巧纷扰,回归到法律解释规则普适规范的适用形式;之后,又通过对指导性案例的归类分析和实证探讨,明确了法律解释规则融合能动与克制的适用立场,从而对我国当前司法裁判中的法律解释规则属性具有了初步界定。但是,从法律解释规则作为法治实现的重要方面和司法裁判的核心内容而言,如上阐述只是揭开法律解释适用规则面纱的第一步。我们需要在此立场中,继续探讨作为普适规范的法律解释规则更倾向一种规则制度还是更强调一种思维方式?这也构成着对法律解释的本质认识。此部分仍以37个指导性案例为分析对象,来揭示建立于制度之上的法律解释规则思维型本质。

(一)法律解释规则的载体是体现在裁判理由中的法律解释方法

从指导性案例的定位来看,指导性意味着权威性和一致性,而"指导性案例目前在我国也是一种非正式意义上的法律渊源,既具有形式合理性,也具有实质合法性";[2]从指导性案例的意义来看,其最明显的价值正是裁判理由中所揭示的"先例"示范性。正如拉伦茨所认为,发生先例拘束力的不是有既判力的个案裁判,而是法院在判决理由中对某法律问题所提的答复。"是在判例中被正确理解或具体化的规范,或者说,是裁判中宣示的标准具有'拘束力',后者尚须以'适切的'规范解释或补充为基础,或以范例性的方式具体化法律原则乃可。"[3]体现在文本结构中,指导性案例的"裁判理由"是对整个案件核心问题的集中概括,也是对法律规范和法律事实进行解释和推理的过程。此过程中所体现的基本

〔1〕 参见孙光宁:《判决理由的融贯性》,载《浙江社会科学》2012年第7期。

〔2〕 张骐:《试论指导性案例的"指导性"》,载《法制与社会发展》2007年第6期。

〔3〕 [德]拉伦茨:《法学方法论》,陈爱娥译,北京商务印书2003年版,第302~303页。

规则,甚至能够直接被后案的法官在判决书中援引。从此意义上理解,指导性案例裁判理由的一项核心内容就是明确了法律方法的适用方式和适用标准,这种体现着"先例"示范性的裁判理由构成着法律解释规则的最主要适用场域。

综观37个指导性案例的裁判理由,其中都体现着法律解释方法的运用。除了最主要的文义解释、目的解释、体系解释等方法外,还包括法律推理和法律论证方法的运用。这不仅是因为从广义上来讲,二者也是作为法律解释的方式或思维而存在,而且也是由于指导性案例"应当参考"效力的发挥很大程度上是一个相似案件裁判面前的类推过程,而类推本身并没有确定的标准,必须引入其他方法作为确定相似性的途径。如在指导性案例6号、32号等案件的裁判理由中,在"较大数额"和"情节恶劣"等认定时的类比推理适用。通过这种隐形的解释方式,发掘出指导性案例的核心要素——类似案件之间的相似点,并对这种无法外显的法官决断予以法律思维的保证和规制,从而使得类推下的解释方式获得司法裁判中的正当性;另外,从法律解释和法律论证之间的关系而言,法律解释的过程也就是主审法官在判决书中进行说理和论证的过程,只不过从一种"制度性说服"转向"程序性说服"。如在指导性案例3号、11号等案例的裁判理由中,主审法官直接针对辩护意见论证了做出有罪判决的理由和依据,以及指导性案例12号和30号对"化解社会矛盾"和"诚实信用原则"的援引,从而采取着一种扩张解释方法,使得案件的裁决既符合合法性要求又兼具合可接受性,等等。由此可知,蕴含在这些指导性案例裁判中的法律解释规则,其实质都蕴含在法律解释方法的运用中。因而,对于法律解释规则我们更倾向于从"制度上"还是"思维上"来定位,也应该努力通过所适用的法律解释方法来探寻。

(二)作为法律解释方法支撑的法律思维型规则

理论上,从指导性案例与法律解释的关系而言,指导性案例往往是司法解释的重要来源和事实依据。并且司法解释还应该将指导性案例中带有普遍性的突出问题及时地加以总结和提炼,形成规范意义上的法律适用规则。〔1〕这也正是两大法系的共通之处。即在普通法系是先有判例,然后才有解释适用,而在大陆法系,是法官先针对案件进行能动解释,然后再通过司法解释的方式将此上升为制定法,二者并无实质性区别。但是,现实中,长期以来中国法官已经形成了对司法解释、上级法院文件和领导人指示的绝对服从和严重依赖性,刻意忽略着法律思维引导下的合法性分析。从而不重视法律方法的训练,缺乏类似案件识别技术,也就难以理解体现在指导性案例适用中的裁判方法和解释规则。

所以,类似于普通法系判例的指导性作用,法官裁判中所遵循的法律解释不仅仅是规范性技术或制度,更是一种存在于相似案件的思维方式。裁判规则形成的过程,是法官对法律规范进行解释的过程,也是一个演绎推理的过程。〔2〕由于这一推理以法律规范为逻辑起点,因而推导出来的裁判规则是在法律规范体系之内的。如果说这是一种造法,也是一种与立法完全不同的思路,相对于立法的制度性规则制定,裁判中的法律解释方法更接近于法律思维的塑造过程。这种思维型规范主要通过法律人思维的职业性和专业化得以

〔1〕胡云腾、于同志:《案例指导制度若干重大疑难争议问题研究》,载《法学研究》2008年第6期。

〔2〕参见陈兴良:《案例指导制度的法理考察》,载《法制与社会发展》2012年第3期。

展现。并且,在当前的法治中国建设中,法治改革的成败直接取决于公共和私人决策者是否普遍接受或习惯于此种特定思维,且“是否能够按照这种思维方式去形成预期、采取行动,评价是非,是否肯于承认并尊重按照这种思维方式思考问题所形成的结论,尤其是在此种结论与自己的意愿、计划和利益相抵触的时候。”[1]因为在法治社会中,存在着不同于政治性思维对利弊的权衡、道德思维对善恶的评价、以及经济思维对收支的比较的法治思维活动,它主要围绕合法和非法来讨论待裁判案件的事实行为、利益主张和法律关系,而不是通常的大众思维或主观性的政治、道德评价。[2] 这种思维的导向是对一定规则(法律规范)的遵守,从而使思维活动也具有了一种简约、有效的规范特质。可以说,体现在裁判理由中的裁判规则是法律方法适用的必然结果,规范性的思维规则对于个案纠纷的解决具有直接的、实际的效力,因而也构成着判决的重要根据。如指导性案例 4 号和 12 号在定罪量刑方面的高度相似;此外,当某一裁判获得最高司法机关的审查许可而成为指导性案例时,其所包含的法官选择和运用法律解释方法的经验合理性与权威性也得到了肯定,并外化为经验性的思维规则形式,进而对同一规范的适用或相似案例的裁判产生一定的引导和规制作用。如指导性案例 6 号和 32 号通过推理论证的方式,在特定情形中挖掘“等”和“情节恶劣”的字面含义,从而对存在于规范边缘的法律意义进行探寻。所以,体现在指导性案例裁判中的思维型规则,已经成为当前法律解释方法适用的重要依据,并构成建基于制度的法律解释规则本质。

结 语

法治是规则治理的事业。在法治建设重心已然由立法转向司法的当下,法治思维和法治方式业已成为治国理政的重要手段。法律解释及其适用规则作为方法论领域的核心内容,不仅指引法律人合理、正当的思维路径和方法准则,而且开启当代法学方法论研究的规则转向。而同时,最高人民法院也通过所公布指导性案例的“应当参考”效力,将一定的法律适用标准及规则运用到后继案件的裁判过程中,既满足了法治背景下“相似案件相似判决”的基本要求,又把复杂、抽象的法律解释理论转化为简约、有效的法律解释规则,从而在制度和思维两个方面共同保证法律规范的司法实践效果。在此意义上,对指导性案例所折射出的法律解释规则适用问题进行研究,也正是践行规则之治理法治事业的重要一步。

---

〔1〕 郑成良:《论法治理念与法律思维》,载《吉林大学社会科学学报》2000 年第 4 期。

〔2〕 参见宋保振:《法治思维路向选择:“规范主义”抑或“经验主义”?》,载《法律方法》(第 16 卷),山东人民出版社 2014 年版。

法律修辞规则的运用

——以甘露案再审判决书为例

吕玉赞*

摘　要:法律修辞方法的理性适用必须遵守法律修辞规则。最高人民法院在甘露案的再审判决中,为达成其所欲的修辞结论,不顾法律修辞规则的要求,错用和误用了各种法律修辞方法。在法律修辞中,法律冲突的解决需要遵守"针对法律冲突的修辞规则",法律解释方法的运用需要遵守"基于规则的修辞规则",而衡量论证需要遵守"基于规则外要素的修辞规则"。

关键词:法律修辞方法;法律修辞规则;甘露案;法律解释

一、问题的提出

2012年第7期《最高人民法院公报案例》刊登了最高法院关于甘露不服暨南大学开除学籍决定一案的再审判决书。[1] 该判决书一经公布便招致学者们各种各样的评论和批判。该案的案情和裁判理由其实并不复杂:甘露下载他人的学术论文作为自己的课程论文提交,被任课老师发现、要求重写后,仍再次全文复制他人的论文。于是,暨南大学根据《暨南大学学生管理暂行规定》和《暨南大学学生违纪处分实施细则》相关规定,对其作出了开除学籍的决定。广州天河区法院、广州中院和广东省高院针对该案的一审、二审和再审判决,也均维持了暨南大学开除学籍的决定。不过,最高人民法院通过对"剽窃、抄袭他人研究成果"与"情节严重"两个概念的"解释"认为,暨南大学对甘露"开除学籍"的处分属于"适用法律错误","应予撤销"。该判决书在说理论证的过程中所使用的法律解释和法律推理方法属于典型的法律修辞方法。最高法院为了实现其所欲的"实质正义"和"个案正义",不顾法律修辞规则的要求,错用和误用了各种法律修辞方法。这些法律修辞方法不但没有实现其对听众的说服目的,反而暴露出了其论证链条上的各种断裂和牵强附会。

* 吕玉赞(1983—),男,山东曹县人,山东大学法学院2012级博士生,研究方向为法律方法论。

[1] 由于该判决书在互联网上可以快速检索到,而且学者们在关于该案的讨论中已经对该判决书的内容进行了详细介绍。囿于有限的论文篇幅,本文不再描述该判决书的具体内容和判决理由。

法律修辞方法是法律修辞中用来进行说服的论辩型式或修辞图式,它既包括传统的法律解释方法、法律推论和司法三段论等组成的法律修辞的传统“工具”,也包括在法律论辩中被经常使用的法律论辩型式。法律修辞方法在适用中不但需要遵守传统的法律方法论规则,而且也需要恪守法律论辩的程序规则和法教义学的规范性约束。为了使法律修辞同时兼顾法治与个案正义、体系性思维与问题性思维,法律修辞必须摆脱对修辞语境和听众可接受性的过度依赖,从而能够根据法律修辞规则的要求理性适用法律修辞方法。法律修辞规则是通过对传统法律方法论规则、法律论辩的程序规则和相关法律教义的内在整合而构造的一种法律思维规则,它是针对法律修辞活动并约束法律修辞者的语用—辩证性规则。法律修辞规则是具体的法律修辞活动必须遵守的规范性指令,只有通过法律修辞规则法律修辞才能在合法性、合理性和可接受性之间达到一种动态的平衡。最高法院针对甘露案的再审判决在很多地方都违反了法律修辞规则,其法律修辞方法的运用充满了各式各样的“硬伤”和“错误”。

二、法律冲突的化解:“针对法律冲突的修辞规则”

在法律修辞方法的适用中,首先应该分析和判断该案是否存在法律冲突、存在什么样的法律冲突,然后再选择和适用相应的法律修辞方法。针对法律冲突的修辞规则主要的作用在于,迅速锁定个案的各种修辞论据,并有效厘清和解决它们之间的冲突关系。只有如此,个案法律修辞方法的运用才能按照既有的论证计划(Argumentationplanung)[1]行进在正确的论辩方向上。

针对法律冲突的修辞规则分为针对逻辑性法律冲突的修辞规则和针对评价性法律冲突的修辞规则。[2] 其中,针对逻辑性法律冲突的修辞规则为:

1.若法律间发生逻辑性冲突,则修辞者可按照上位法优于下位法、特别法优于一般性、新法优于旧法等构成的冲突规则选择法律规则,除非相对人能提出更强的理由。

2.若法律间的逻辑性冲突无法通过冲突规则解决,则修辞者可进行“基于特性的论辩”,[3]但这一特征须为法律规则的句法性特性。

3.若法律间发生逻辑性冲突,并且这些规则在文本关系或句法关系上构成了“一般—

〔1〕 在法律修辞中,每一所争论的问题都包含着各种可能的论据,为了排除各种论据被恣意使用的可能性,我们需要制定和总结论据的适用计划。其中,线性论证(die lineare Argumentation)和辩证论证(die dialektische Argumentation)是两种最常用的论证策略。Vgl. Fritjof Haft, Juristische Rhetorik, Alber, 1995, S. 95。

〔2〕 逻辑性的法律冲突是指法律规则间的矛盾和竞合可通过其间逻辑关系的分析和论辩解决的规则冲突,评价性法律冲突是指优位规则和劣位规则之间并不具有逻辑性的属种关系,而是处于一种法律评价上的不一致关系。参见杨阅、李立新:《论法规竞合优位法条之区分与适用》,载《苏州大学学报》(哲学社会科学版)2008年第2期,第51页。

〔3〕 基于特性的论辩意指论辩双方争辩哪一个冲突规则所确定的法律规则对个案而言更为特殊,即由双方论辩一个法律规则的前提条件是否必然导致对另一规则的否定。See Giovanni Sartor *Legal Reasoning: A Cognitive Approach to the Law*, Springer, 2005, p. 206。

例外”的逻辑关系，[1]则修辞者须选取作为“例外”的法律规则。

4. 若修辞者以法教义学的法律渊源理论、法律位阶理论、法律竞合理论、法律规则理论、请求权方法理论、犯罪论体系等作为解决法律间逻辑冲突的理由，则论辩相对人不得反对，除非其能提出法教义学上的理由。

5. 若修辞者以体系论辩规则和反面论辩规则等作为解决法律间逻辑冲突的理由，则修辞相对人也不得反对，除非其能提出更合理的方案。

针对评价性法律冲突的修辞规则为：

1. 若法律间发生评价性法律冲突，则修辞者对规则的评价应根据规则的普遍适用所产生的利益，而不是特定人在特定案件中适用它所产生的利益。

2. 若法律间发生评价性法律冲突，则修辞者对规则价值的评价应首先基于法教义学的评价标准，若没有这种评价标准，则应选择论辩双方共同接受的评价标准。

3. 若法律间发生评价性法律冲突，则修辞双方应比较冲突规则对争议价值的影响，而不能抽象地比较价值。

4. 若法律间发生评价性法律冲突，在必要时，修辞双方需要通过论辩分析是否存在比冲突规则能够更好促进价值的替代规则。

甘露案的再审判决对法律冲突的处理因没有参照或遵守上述法律修辞规则，在法律修辞方法的适用上犯了严重的错误。在甘露案中，共有五种法律规则形式的论据链条可用来支持开除学籍这一行政决定：

1.《普通高等学校学生管理规定》第 12 条（选取“考试”义项）→《普通高等学校学生管理规定》第 16 条（违反考核纪律或作弊）→《普通高等学校学生管理规定》第 52 条第（一）项（应当给予批评教育或者纪律处分）→《普通高等学校学生管理规定》第 53 条（纪律处分的种类包括开除学籍）。

2.《普通高等学校学生管理规定》第 12 条（选取“考试”义项）《普通高等学校学生管理规定》第 54 条（选取第（四）项“由他人代替考试、替他人参加考试、组织作弊、使用通讯设备作弊及其他作弊行为严重的”）。

3.《普通高等学校学生管理规定》第 12 条（选取“考试”义项）《普通高等学校学生管理规定》第 54 条（选取第（五）项“剽窃、抄袭他人研究成果，情节严重的”）。

4.《普通高等学校学生管理规定》第 12 条（选取“考试”义项）《普通高等学校学生管理规定》第 54 条（选取第（七）项“屡次违反学校规定受到纪律处分，经教育不改的。”）。

5.《普通高等学校学生管理规定》第 12 条（选取“考查”义项）《普通高等学校学生管理规定》第 16 条（违反考核纪律或作弊）《普通高等学校学生管理规定》第 52 条第（一）项（应当给予批评教育或者纪律处分）《普通高等学校学生管理规定》第 53 条（纪律处分的种类包括开除学籍）。

这五种论据链可同时适用于甘露案，所以会产生逻辑性的法律竞合或法律冲突。它们

[1] See Giovanni Sartor, *Legal Reasoning: A Cognitive Approach to the Law*, Springer, 2005, p. 208。

隶属于同一部行政法规章,因此,它们间的冲突无法通过冲突规则解决。它们之间在文本关系或句法关系上既不存在"一般—例外"的逻辑关系,也不存在法教义学上相应的理论性方案,而且体系论辩规则和反面论辩规则在解决法律冲突方面的优势只能随着论辩的进展才能发挥出来。所以,面对这些法律冲突,甘露案再审判决的法官仅能进行"基于特性的论辩"。即,确定一个法律规则的前提条件是否必然导致对另一规则的否定。它相当于佩雷尔曼在《法律逻辑》中所论述的矛盾论辩型式。[1] "基于特性的论辩"可进行如下形式化表述:

如果经论辩确定,规则[如果 A1 那么 B1]比规则[如果 A2 那么 B2]更为特殊,那么须将规则[如果 A1 那么 B1]作为论据。而规则[如果 A1 那么 B1]比规则[如果 A2 那么 B2]特殊,必须满足以下两个条件:a. 在任何条件下,若 A1 符合要求,A2 也符合要求;并且 b. 在某些条件下,A2 符合要求,而 A1 不符合要求。[2]

通过"基于特性的论辩"规则,我们可以确定,《普通高等学校学生管理规定》第 54 条的第(五)项比第(四)项、第(七)项更为特殊。因为,若甘露的行为属于"剽窃、抄袭他人研究成果"并且"情节严重",则在语义和逻辑关系上,第(五)项将导致对第(四)项、第(七)项的否定。但反过来却不会如此。同时,不管将该案中涉及的课程在语义划界上解释为考试还是考查,甘露都有可能因作弊或违反考核纪律而被开除学籍,但根据"基于特性的论辩",第 54 条第(五)项比第 16 条、第 52 条和第 53 构成的论据链条更为特殊。因为,"剽窃、抄袭他人研究成果,情节严重的"属于"严重违反考核纪律或者作弊的"一种特殊和具体的行为形式。在开除学籍的论辩性理由上,应优先选择《普通高等学校学生管理规定》第 54 条第(五)项。

该案的主审法官在判决书中为"开除学籍"仅列举了《普通高等学校学生管理规定》第 54 条第(四)项和第(五)项这两种支持性论据,对其他几种支持性论据进行了故意回避。可能在他们看来,这两项规定对本案而言更为特殊和直接,该案的裁判者在该案说理中可能无意识进行了"基于特性的论辩"。但即便如此,甘露案的再审判决也没有正视或正确处理《普通高等学校学生管理规定》第 54 条第(四)项和第(五)项之间的法律冲突。即使可通过第(五)项中的法律概念——"剽窃、抄袭他人研究成果"和"情节严重"的限缩解释或缩小解释而将甘露的行为排除于该项规定之外,也无法否定甘露因第(四)项规定被开除学籍的可能。也许我们可以假设,该案的再审判决也通过"基于特性的论辩"而将第(五)项作为"开除学籍"最特殊的支持性论据。但是,按照该判决书的论证思路,既然甘露的行为通过解释并不属于第(五)项规定的情形,那么,在对开除学籍的支撑强度上,第(五)项规定并不比第(四)规定特殊。甘露案再审判决书的论证思路和修辞计划从反面显示了,其他法律规定有可能成为论辩前提并进而发生法律冲突。但它并没有认真排查甚或故意回避了这些可能性。它前后矛盾的论证使其一开始对听众的可接受性和说服力便大

---

[1] See Eveline T. Feteris, *Fundamentals of legal argumentation: A Survery of Theories on the Justification of Judicial Decisions*, Springer, 1999, p. 54。

[2] See Giovanni Sartor, *Legal Reasoning: A Cognitive Approach to the Law*, Springer, 2005, p. 206。

打折扣，更遑论它作为参照性案例对其他法院的指引和规范效力。

除了这些法律规则链条之间的逻辑性冲突外，还存在这些法律规则与《宪法》第 33 条第（三）项（国家保护人权原则）、《宪法》第 46 条（公民的受教育权）、《普通高等学校学生管理规定》第 5 条第（一）项、第（四）项、第（五）项和第（六）项（具体的受教育权）、《普通高等学校学生管理规定》第 52 条第（二）项（学生处分相当原则）和《普通高等学校学生管理规定》第 55 条（学生处分正当原则）等相关法律原则的评价性冲突。

即使甘露的行为在语义划界或文义解释上可被上述法律规则涵摄，但由于这些对抗性法律原则的存在，裁判者也无法仅通过法律解释就能判定该如何处分甘露行为，具体给予甘露何种处分还需要一个过渡性的法律评价和价值判断。针对这些评价性法律冲突，根据“针对评价性法律冲突的修辞规则”修辞者应首先分析和比较这些“法律规范的普遍适用所产生的利益”、它们对甘露的受教育权、大学学术的严肃性的影响程度以及是否存在相应的法律教义、论辩双方共同接受的评价标准或其他替代性规则。只有如此才能决定究竟适用何种法律修辞方法。该案主审法官在裁判说理中首先论述了与“开除学籍处分”相关的法律原则，但并没有认真分析这些法律原则与《普通高等学校学生管理规定》第 54 条第（四）项、第（五）项的评价性冲突，反而似乎直接将这些法律原则塑造为了其对本案的“前理解”和法律感——甘露不应被开学学籍。他通过对第（五）项的限缩解释而将甘露的行为排除在该项规定之外，仅是为了对其法律感进行事后性的合法化包装，使甘露不被开除学籍看起来“于法有据”、“合理合情”。甘露案再审判决对“针对评价性法律冲突的修辞规则”的违反也导致了其对“甘露是否被开除学籍”的替代性规则（如给予其他形式的处分）的无视和忽视。最关键的是，若不将这些法律原则一并带入法律论辩并依据“针对评价性法律冲突的修辞规则”解决它们与第（四）项和第（五）项的评价性冲突，该案的法律说理注定会脱离该案的核心争议点，在错误的论辩道路上前行。

三、法律解释方法：“基于规则的修辞规则”

甘露案再审判决对“针对法律冲突的修辞规则”的背离已经使其不可能按照正确的论证结构运用法律修辞方法。除此之外，甘露案再审判决也因明显违反“基于规则的修辞规则”而误用了各种法律解释方法。该判决书为了倒推或论证其“甘露不应被开除学籍”的法律感或修辞结论，而不惜其有限的说理语篇对《普通高等学校学生管理规定》第 54 条第（五）项的法律概念“剽窃、抄袭他人研究成果”和“情节严重”同时进行了细致的目的性限缩。目的性限缩并非法律解释而是一种典型的法律续造方法。[1] 目的性限缩和限制解释

〔1〕 法律解释和法律续造是两种不同的法律方法或法律论证，以法律词语的语义界限为标准，所有的法律解释都是在法律语义界限范围之内的运作，而法律续造会超越法律可能的语义界限，它具有四种不同的类型：废止、创设、扩张和限缩。See Matthias Klatt, *Making the Law Explicit: The Normativity of Legal Argumentation*, Hart Publishing, 2008, p. 5; Vgl. Aarnio/Alexy/Peczenik, *Grundlage der juristischen Argumentation*, in: Alexy/Krawietz (Hg.), Metatheorie juristischer Argumentation, Berlin, 1983, S. 33。

具有根本性的不同,目的性限缩系根据法律规范之目的透过为法规范附加限制条款的方式将原本由法条文义所涵盖的案件类型排除于法规范的适用范围之外。相反,限制解释是以采取较为狭窄的文义方式而为之,它仍处于法律文义之内,只不过其所欲解释之法律概念因具有模糊性、歧义性、评价上之开放性而具有语义上的游动空间(semantischer Spielraum)。[1] 根据“基于规则的修辞规则”和相应的行政法教义,该案的法律概念“剽窃、抄袭他人研究成果”和“情节严重”并不能被目的性限缩或限制解释。甘露案再审判决书对《普通高等学校学生管理规定》第54条第(五)项的解释性说理在法律修辞方法上是根本错误的,它同时违反了“基于规则的修辞规则”中的文义论辩规则、目的论辩规则、体系论辩规则。

(一)文义论辩规则

在法律修辞学的语境中,文义论辩规则为:

1. 在文义论辩中,修辞者应明确分类概念、类型概念和“价值开放的概念”(value-open legal concepts)[2]之间的区别,不得混淆其间的界限。

2. 若法律规则的语义明确或无歧义,则修辞者不得再进行所谓的解释。

3. 若存在明确的法律概念定义,且其为分类概念,则修辞相对人不得任意反驳。在文义论辩中,修辞者须明确选言式概念与连言式概念[3]的差别,不得将其混用。若分类概念存在判例和法教义学上的明确涵义,则应适用之。

4. 修辞者只能根据类型概念和价值开放概念的肯定语义选项或中间语义选项[4]进行论辩,在中间语义选项下时要承担相应的论辩责任。

5. 若存在法律概念的判例和法教义学上的专业含义,则修辞者不得运用日常含义。

6. 修辞者须对法律文本中重复出现的概念和规则须作统一解释,除非法律明文规定了

---

〔1〕 参见王鹏翔:《目的性限缩之论证结构》,载王文杰主编:《月旦民商法研究 · 法学方法论》,清华大学出版社2004年版,第18页。

〔2〕 类型概念,是指在这一概念中,出现了至少一个可区分的等级要素。这个要素以外的其他要素,要不就同样也是可分层升的等级要素,否则就是仅为选择性的必要要素。相对于分类概念,类型概念的语义界限是流动的,其在个案中的适用需要一定的评价行为。参见[德]英格博格 · 普珀:《法律思维小学堂》,蔡圣伟译,北京大学出版社2011年版,第25页。价值开放的法律概念具有与类型概念类似的“开放结构”,但它的功能在于反映相应法律规则背后的法律原则。See Alecsander Peczenik, *Legal Doctrine as knowledge of law and as a source of law*, Springer, 2005, p. 158。

〔3〕 选言式概念与连言式概念是分类概念的两种基本形式,分类概念的定义是通过列举其必要且充分的要素来进行的。个别的要素可以是累积的必要,但也可以是选择式的必要。在前者,这些要素是通过“及”或“并且”联结的,人们称为“连言式定义”。在后者,是通过“或”来连接的,人们称之为“选言式定义”。参见[德]英格博格 · 普珀:《法律思维小学堂》,蔡圣伟译,北京大学出版社2011年版,第23页。

〔4〕 不管是类型概念还是价值开放的概念都有一个概念核心和概念边缘,在概念核心上,它们具有明确的语义,而在概念边缘上,它们的语义则呈现出模糊性。Klatt后来借用Koch和Rubmann关于模糊性概念或法律规则之语义分析的三领域模式(three-sphere model)将类型概念和价值开放的概念的语义项划分为三个部分:肯定语义域,它对其对象x的涵摄具有必然性;否定语义域,它对其对象x的涵摄是禁止的;中立语义域,它对其对象x的涵摄既不是必然的也不是禁止的。See Matthias Klatt, *Making the Law Explicit: The Normativity of Legal Argumentation*, Hart Publishing, 2008, p. 274。

不同的含义。

7. 若法律规则语义不够清晰,则修辞者应根据该概念涉及的同类或同级事项及其所处的上下文语境或其目的进行解释,而不得断章取义、望文生义。

8. 若修辞者以文义解释进行论辩,则修辞相对人不得随意否定或转移。

根据分类概念、类型概念和"价值开放的概念"之间的区别,"剽窃、抄袭他人研究成果"是一种典型的类型概念,它相当于行政法教义学上所谓的不确定性法律概念。不确定性法律概念是指在法定构成要件中所明白使用的具有多义性的法律概念,它可以分为不确定性的描述性概念和不确定性的规范性概念,即不确定的经验概念和不确定的价值概念。〔1〕 但是,作为类型概念和不确定性的描述性概念的"剽窃、抄袭他人研究成果"仍具有自己明确的语义界限。类型概念和不确定性的描述性概念并非模糊概念,而同时具有"理念的素材确定性"和"素材的理念确定性"。〔2〕 它们都由一个确定的意义内核和一个逐渐淡化的意义外围构成,其可能的语义界限可以更精确地划分为肯定语义项、中间语义项和否定语义项。在意义内核、肯定语义项和否定语义项上,类型概念和不确定性的描述性概念都有明确的语义指称。关于"剽窃、抄袭他人研究成果"概念的涵义,国家版权局版权管理司已在权司[1999]第6号批复中有所规定:"著作权法所称抄袭、剽窃,是同一概念,指将他人作品或者作品的片段窃为己有"。《著作权法》第2条第一款也规定,"中国公民、法人或其他组织的作品,不论是否发表,依照本法享有著作权"。解亘认为,著作权是一种典型的绝对权和支配权,它的权能分为著作人身权和著作财产权,任何触及和侵害这些利益的行为都应被评价为权利侵害,不仅无需罗列具体的加害行为,而且实践上也无法穷尽。〔3〕

因此,作品是否发表并不影响其著作权因被"抄袭"或"剽窃"而遭受侵害的可能性。甘露的行为是一种典型的抄袭和剽窃行为,她替换原作者的署名而冠以自己的名字,其中并无任何程度的学术性创造,这种粗糙的"改头换面"并非高级抄袭之类的"学术失范"。甘露案的再审法官为了将甘露的行为从《普通高等学校学生管理规定》第54条第(五)项规定中排除出去,在对"剽窃、抄袭他人研究成果"解释时,故意混入或添加了其立法定义中并不存在的语义界限——研究成果的公开性。他在法律规则的语义存在明确的立法定义、法教义学定义时,仍对其进行了牵强附会的"解释",并杜撰和虚构了法律概念中原本并不存在的语义界限,从而使甘露的行为被人为地纳入了其否定语义项。这不仅错用了相关的文义论辩规则,而且也违反了行政法上的法律明确性原则。〔4〕

同时,甘露案再审判决对"情节严重"概念的解释也错用了相关的文义论辩规则。"情节严重"是一种价值开放的法律概念,它虽然和类型概念一样,具有"家族相似性"和自己

〔1〕 参见盛子龙:《行政法上不确定法律概念具体化之司法审查密度》,台湾大学法律学研究所1998年博士论文,第7~14页。

〔2〕 [德]考夫曼:《类推与"事物本质"》,吴从周译,学林文化事业有限公司1999年版,译序第13页。

〔3〕 参见解亘:《驱逐搅乱著作权法的概念:"剽窃"》,载《华东政法大学学报》2012年第1期,第22~28页。

〔4〕 李震山:《行政法意义下之法律明确性原则》,载《月旦法学杂志》2000年第2期,第14~15页。

的意义内核,但它的意义与法律规则的目的及其背后的法律原则存在更强烈的内在关联,而且只有诉诸价值衡量才能确定其适用对象(identify objects)。[1] 在行政法教义学关于不确定法律概念的分类上,“情节严重”并非描述性的不确定概念,而是具有评价性意义成分的不确定性概念。价值开放的法律概念和评价性的规范性概念只有借助“具体化”、价值衡量或“行政裁量”才能被适用,单纯的法律解释不足以奏效。甘露案再审判决书在没有结合《普通高等学校学生管理规定》第54条的目的或其背后的法律原则对“甘露连续两次抄袭论文”行为的情节严重程度进行衡量和裁量的前提下,便直接对该概念进行了所谓的法律解释。这种混淆类型概念和价值开放概念的做法以及对概念的“断章取义、望文生义”是对文义论辩规则的一种严重错用。

(二)目的论辩规则

虽然甘露再审判决书对法律概念“剽窃、抄袭他人研究成果”和“情节严重”的解释无法符合文义论辩规则,但因这些解释似乎参照了该法律规则背后的主观目的而有可能符合目的论辩规则。它为这两个概念尤其是“情节严重”附加了另外的语义界限,将其本来能够明确涵摄的案件排除在了其语义和构成要件之外,而且强调不能违反“《普通高等学校学生管理规定》相应条文的立法本意”。这是一种典型的根据法律规则的目的限缩其语义的目的性限缩方法。所以,甘露再审判决书对这两个法律概念的解释在某种意义上可以归入目的解释的范畴。但遗憾的是,即便如此,根据目的论辩规则甘露再审判决书的说理也是漏洞百出。

根据既有的理论构造,目的论辩规则为:

1. 在修辞者主张主观—历史目的解释时,不得违背相关规范的语义界限,且须通过立法准备资料、官方立法理由说明书等给予相应的补充论辩。

2. 若修辞者主张客观目的解释,则其应尊重法律的各种发生史线索以及立法者的目的或合目的性决定,不得不必要地偏离明确认识到的法律的主观性目的,同时也应尊重所涉规范所处的外部体系位置以及其他由法律预留的供意义精确化的语义界限所提供的目的线索。[2]

3. 在修辞者主张客观目的解释时,需要证明其所论述的客观目的符合待解释法律所处的内部体系,[3]且须证明对于完整实现这个目的而言,规范是一个适当的手段,且这个规范目的的实现并未引起超乎规范目的价值的不利附属后果。

也许为了实现《普通高等学校学生管理规定》第54条第(五)项的“立法本意”,甘露案的再审判决才为“剽窃、抄袭他人研究成果”和“情节严重”添加了判决书中所论述的“限定

---

〔1〕 See Alecsander Peczenik, Legal Doctrine as knowledge of law and as a source of law, Springer, 2005, p. 158。

〔2〕 法律的目的线索也可以在法律本身当中找到,如法律的序言、法律的上下文以及待解释之规范在该法律的外部体系中所处之位置。参见[德]齐佩利乌斯:《法学方法论》,金振豹译,法律出版社2009年版,第72页。

〔3〕 外部体系和内部体系是法律体系的两种基本形式,其中,外部体系是根据形式逻辑的规则,通过抽象的一般概念建立起来的体系,内部体系是通过法律原则、法律规范的目的以及功能性概念和类型建立起来的体系。参见黄茂荣:《法学方法与现代民法》,法律出版社2007年版,第417~419页。

情形”和“裁量基准”。但是,通过这样的解释发现的“法律”并非法的证成,[1]它没有履行其在裁判说理上应尽的法律论辩义务。该案再审的修辞者在主张上述法律规则的主观目的时,不仅没有通过相关的立法准备资料和官方立法理由说明书等对其进行相应的补充论证,而且也毫无必要地突破了这一规则明确的语义界限。即使它可能是在基于法律规则的客观目的进行法律续造上的限缩,但那也应该尊重和提示该规则的主观性目的及其发生史线索,且应尊重所涉规范所处的外部体系和内部体系位置以及法律预留的供意义精确化的语义界限等所提供的目的线索。之外,它还必须说服法律听众,对于实现规则的客观目的而言,只有这样的解释才是最适当的,并且也不会引起任何超乎规范客观目的的不利附属后果。不过,甘露案再审判决书完全放弃或抛弃了进行目的解释其所应遵守的这些目的论辩规则。

(三)体系论辩规则

甘露案再审判决书的裁判说理同样也违反了体系论辩规则。相关的体系论辩规则可总结为:

1. 修辞者应尊重法律作为一种融贯体系的完整性和完备性[2]以及宪法对其他法律的第三人效力、各种法律之间在法秩序上的关联意义。

2. 修辞者不得使自己的前后论辩自相矛盾,也不能使自己的论辩与同位阶、更高位阶的规范发生逻辑冲突,对于法律应作“与宪法一致”的解释,对于行政法规应作“与法律一致”的解释。

3. 修辞者应尊重法律规定的次序编排[3]以及法教义学发展出的各种外部体系,并使自己的论辩主张符合这些体系所提供的解释性论据,且应避免具有特定目的的解决方式。

4. 若修辞者主张的不同解释方法所导致的结果无法一致或互相冲突,其必须对所解释条款进行再解释,直至获得一个协调的结果。

甘露案再审判决之所以一再错用和违反文义论辩规则和目的论辩规则,其中的一个原因在于,它没有遵守体系论辩规则在法律修辞方法适用中的规范性指引。在《著作权法》及其法教义学上,“剽窃、抄袭”作为法律概念存有明确的立法定义和专业含义。该案的主审法官没有尊重这一概念既定的体系性涵义反而“另起灶炉”为其“建构”了一种特殊的语义,而且《普通高校学生管理规定》第55条第(五)项的次序编排及其所处的内/外部体系位置不能为此提供任何解释性论据。该案的裁判者没有认真对待法律作为一种融贯体系的完整性和完备性,使其对这一行政法规的解释性说理和论辩“与法律一致”,反而可能导致其与高位阶的规范发生体系性冲突。不仅如此,如该案判决书所示,作为论辩双方的甘

---

〔1〕 蔡琳:《不确定法律概念的法律解释——基于“甘露案”的分析》,载《第四届全国法律修辞学会议论文集》,第382页。

〔2〕 法律的完整性,即,法律不允许规定漏洞,它建立在以下的前提下:如果我们先指定了一个领域,数个规范应该无漏洞地规定该领域。参见[德]英格博格·普珀:《法律思维小学堂》,蔡圣伟译,北京大学出版社2011年版,第62~63页。

〔3〕 法律规定之间存在着有意义的次序编排(die sinnvolle Ordnung),它对体系解释和体系论辩具有重要的意义。参见[德]英格博格·普珀:《法律思维小学堂》,蔡圣伟译,北京大学出版社2011年版,第63~64页。

露和暨南大学等关于“剽窃、抄袭他人研究成果”的解释并不一致、且相互冲突,但该案判决书始终没有提及和协调这些解释性冲突,反而与争议点无关的第三种解释。

四、法律修辞的衡量论证:“基于规则外要素的修辞规则”

根据法律逻辑学,《普通高校学生管理规定》第55条第(五)项可以形式化为这样的规范性命题P:“剽窃、抄袭他人研究成果,情节严重的,学校可以给予开除学籍处分”。在法律适用上,这一规范命题的构成要件要素“情节严重”作为价值开放的概念或不确定的评价性概念及其谓词或规范词“可以”会分别要求对该规则进行“构成要件上的裁量”和“法律效果上的裁量”。在行政法教义学中,构成要件的裁量和法律效果的裁量都属于行政裁量,但构成要件作为法律效果发生的必要条件而导致所有法律效果裁量上的意志行为最终将转化或回溯为构成要件裁量上的认知行为。[1] 所以,行政裁量的本质和重心在于构成要件上的裁量。行政机关在行使法律明示或者隐含规定的裁量权时,应当权衡各种处理方式的必要性和合理性,尤其是法律目的方面的各种理由,以做出最合乎目的的决定。[2] 所以,“情节严重”的行政裁量在法律修辞的论证上所关涉的并非“情节严重”的法律解释,而是根据该规则的目的如何判断情节的严重性。这是一种典型的“合目的性”或合理性的价值判断和利益衡量问题。在法本体论和法知识论上,法律规则与其目的之间并非处于一一对应的简单关系:一方面,多个规则可能针对同一目的,而另一方面,一个规则也可能推出多个目的。所以,规则目的的获得或寻求不仅是依据某一规则做单向推理的结果,而是必须符合该规则不但是特定规则所必然能够推导出的目标,同时依据该目标同样也能合理推导出该规则存在的必要性。[3]

本案中,《普通高校学生管理规定》第55条第(五)项作为一项针对高校和学生的“管理规定”,它真正的目的并不能仅由该规则或规定发现和获取,而必须借助其所处的法体系中其他法律规则和法律原则才能确定。该规则的立法理由不仅涉及到规范和约束普通高等学校的行政管理行为及其行政裁量权,而且也关涉到学生受教育权等权益的保护问题。我们在判断甘露抄袭行为的情节严重性或决定是否要给予其开除学籍的处分时,不仅要注意甘露作为硕士研究生两次抄袭学术论文的行为对他人著作权、暨南大学学术声誉和高校学术严谨性的损害和潜在影响,而且更应分析和衡量对甘露做出开除学籍的惩戒是否会直接侵害其受教育权、这样的处分是否与其“违法、违规、违纪行为的性质和过错的严重程度相适应”以及暨南大学对甘露的处分是否做到了“证据充分、依据明确、定性准确、处分适当”。因此,《普通高校学生管理规定》第55条第(五)项的法律适用必然会受到来自

---

〔1〕 参见盛子龙:《行政法上不确定法律概念具体化之司法审查密度》,台湾大学法律学研究所1998年博士论文,第66~74页。

〔2〕 [德]汉斯·J.沃尔夫等:《行政法》,高家伟译,商务印书馆2002年版,第363~364页。

〔3〕 陈景辉:《规则的扩张:类比推理的结构与正当化》,载郑永流主编:《法哲学与法社会学论丛》(6),北京大学出版社2010年版,第190~191页。

《宪法》第33条第3款、《宪法)第46条、《普通高等学校学生管理规定》第5条、《普通高等学校学生管理规定》第52条第2款和《普通高等学校学生管理规定》第55条等的限制和约束。在该案中若实现法律修辞方法的正确适用,除了应对“抄袭、剽窃他人研究成果”进行法律解释外,还应针对何为“情节严重”以及是否应给予“开除学籍”的处分进行“基于规则外要素的修辞论证”。它属于法律修辞中的衡量论证。

“基于规则外要素的修辞规则”分为“原则论辩规则”、“价值论辩规则”和结果论辩规则。《普通高校学生管理规定》第55条第(五)项与其他法律原则的衡量应首先根据“原则论辩规则”进行,然后再辅之以“价值论辩规则”和结果论辩规则。

(一)“原则论辩规则”

“原则论辩规则”由下列具体规则组成:

1. 若存在可直接适用的法律规则,则修辞者应先以法律规则作为论辩前提,也可通过法律原则进行补充论证,但不可单独以法律原则进行论辩。

2. 若没有可供适用的法律规则,则修辞者可以法律原则作为论辩前提,但须对法律原则进行具体化转换。

3. 若没有可供适用的法律规则,且修辞者基于法律原则进行论辩并对之进行了具体化,则修辞相对人仅能以相反的法律原则进行反驳。

4. 若存在绝对的法律原则,如罪行法定原则、法律保留原则等,则修辞者不得选择与其相对的法律原则作为论辩前提。

5. 修辞者或相对人对规则与原则间冲突、原则与原则间冲突的衡量应按照适当性原则、必要性原则和狭义的比例原则进行。

因本案存在可供直接适用的法律规则和法律原则,并且两者存在法律冲突,因此,修辞者应根据“原则论辩规则”进行衡量论证。本案中并不存在相关的绝对法律原则。因此,修辞者对该案中规则与原则间冲突的衡量应根据广义的比例原则进行。

广义的比例原则除了要求行政权力的行使须有法律依据外,还要求行政主体必须选择对相对人侵害最小的行政行为。广义的比例原则包含适当性原则、必要性原则和狭义的比例原则。适当性原则要求,行政机关面对多种可供选择的行政行为时,仅得选择可达到其所欲行政目的之方法执行职务。必要性原则要求,行政机关面对多数可选的行政方案时,应尽可能选择最少不良作用者。狭义比例原则要求,行政机关面对多数可供选择之行政处置时,应就方法与目的的关系权衡更有利者而为之。综上所述,适当性原则要求行政手段有助于法律目的的实现,必要性原则要求实现法律目的的行政手段能做到侵害最小,而狭义比例原则通过对行政手段负面效用的考量,要求法律目的本身适当、不过分。这三项原则分别从“目的取向”、“法律后果”、“价值取向”上规定了行政权力与其具体执行之间的比例关系。在甘露案再审判决中,因开除学籍已经影响到了甘露的受教育权,所以,修辞者在法律修辞方法的适用中,理应对这一惩罚方式的合目的性进行审慎的衡量论证:暨南大学对甘露的这一处分方式是否分别符合了适当性原则、必要性原则和狭义的比例原则,即暨南大学是否从数个相同有效的处分方式中选择了对甘露侵害最小的惩戒。质言之,暨南大学可否通过其他侵害较少的纪律处分,督促甘露认识和改正错误并观其后效,也可以达到相同之目的。[1]

由上述比例原则可知,“原则论辩”与“价值论辩”和结果论辩并不存在泾渭分明的论证界限,反而之间可形成一种论辩上的相互支持关系。只是在论辩责任的分配上,“原则论辩”相对于后两者更易被证成。在法律修辞方法的适用上,因狭义的比例原则要求行政机关不得恣意地行使自由裁量权,而须适当平衡一种行政措施对个人造成的损害和社会获得利益之间的关系,禁止那些对个人的损害超过了对社会利益之措施,即避免采取一种对某一个人生活方式产生实质性负担的行为。[2] 在该案中,“原则论辩”无法单独完成甘露行为之情节严重程度的判断或甘露应否被开除学籍的衡量,而需辅之以开除学籍对甘露受教育权等各种权益造成的损害和以暨南大学为代表的社会所获得的利益之间的衡量。因此,该案的“原则论辩”需要提升为或过渡到更加抽象的“价值论辩”。

(二)“价值论辩规则”

“价值论辩规则”由如下具体规则构成:

1. 若存在法律论辩型式的适用困境,修辞者可基于过渡规则进行价值论辩,但所依据的价值观念和价值层级必须能经得起批判的、历史生成的检验。[3]

2. 修辞者可根据法秩序的一般原则和宪法的“价值秩序”或者法律共同体普遍接受的法教义学的内部体系进行价值衡量,但不得违反制定法中明确的内部评价,并应遵守由法教义学发展出的价值学说及价值位阶谱系。

3. 修辞者不得直接将法律外的价值作为论辩的理由,而只有结合法律内的评价及法教义学的内部体系进行相应的具体化和转化后,才能进行价值论辩。

4. 若存在制定法、宪法、法教义学、指导性案例或一般社会观念等所规定的具体价值、抽象价值和价值层级,[4]则修辞者应首先适用具体价值并遵守相应的价值层级,但选择的具体价值不得违反抽象价值。[5]

5. 若修辞者从案件事实本身的“事物本质”、实质正义、“事物的逻辑结构”或地域性的

---

〔1〕 沈岿:《析论高校惩戒学生行为的司法审查》,载《华东政法学院学报》2005年第6期,第34页。

〔2〕 参考阮文泉:《比例原则与量刑》,载《法律评论》(台)1991年第9期,第17~21页。

〔3〕 这符合阿列克西意义上普遍实践论辩规则的证立规则之一,即言谈者之道德观念所依据的道道规则,则必须能够经得起批判的、历史生成的检验。参见[德]罗伯特·阿列克西:《法律论证理论》,舒国滢译,中国法制出版社2003年版,第254~255页。

〔4〕 佩雷尔曼将价值分为具体价值和抽象价值两种。具体价值是指一个人、一个群体或被视作一个独特实体的特定客体所拥有的价值,与其相对,抽象价值在社会中是被不特定的多数人所拥有的一般价值。而“价值层级”是指以价值判断为基础而对多种并存的价值所作的层级排序,它应根据各种价值在听众中接受程度的不同来建立。See Chaim Perelman, L, Olbrechts-Tyteca: *The New Rhetoric*, *A Treatise on Argumentation*, University of Norte Dame Press, 1969, pp. 77-82。

〔5〕 Sartor认为,法律解释者在长期的司法实践中会依照价值的重要性及其对法律受众可接受性的程度形成法律价值之间的一种词汇学位序(lexicographic order),它会规定两个或者多个既定价值或原则之间的位序关系。在这种价值的词汇学位序中,位于上层的价值,在权重上一般大于位于下层的价值。See Giovanni Sartor, *Legal Reasoning: A Cognitive Approach to the Law*, Springer, 2005, p. 160。

流行意见等出发进行价值论辩,则这些价值只有经过与制定法、宪法以及法秩序中的一般价值、法教义学的内部体系的比较被一般化和整合后,才能作为法律论辩的规范性标准。

在本案中,修辞者若想借助“价值论辩”解决相关的价值衡量问题,其所依据的价值观念和价值层级须存在相应的立法史或立法材料的支持,而不得直接将法律外的价值作为论辩理由。同时,该案的修辞者也可根据相关法律秩序的一般原则、宪法的“价值秩序”或法律共同体普遍接受的行政法教义学的内部体系进行价值衡量,但不得违反《宪法》、《普通高等学校学生管理规定》和《暨南大学学生管理暂行规定》等明确的内部评价,并应遵守行政法教义学发展出的价值位阶谱系。若存在相应的具体价值、抽象价值和价值层级,论辩者应优先适用具体价值并遵守价值层级对相应价值的位阶安排。如果这些法律文本上的价值秩序无法发现,修辞者也可以从案件事实的“事物本质”、“事物的逻辑结构”或地域性的流行意见等出发进行价值论辩,但要经过与前者的比较、整合才能作为价值衡量论证的标准。尽管该案判决书援引了相关的法律原则尤其是宪法原则作为其价值诉求及其衡量的法源和价值标准,它的某些论辩也可看成是在进行“价值论辩”,但它却没有展示和陈述任何进行这一论证所需要的过程和步骤。

(三)结果论辩规则

进行完前述两种衡量论证后,本案还可根据结果论辩对之进行某种形式的修正和调整。结果论辩是基于规则外要素论辩的最后一种类型。结果论辩是通过普遍实践论辩的过渡规则进入法律论辩的,它一般通过普遍实践论辩和法律论辩中的经验规则来进行。在法律论辩中,结果论辩总是试图在既定情况下,根据其他思维规则的运用带来的各种后果来修正它们。结果论辩并非传统解释与涵摄模式的组成部分。结果论辩须遵循如下修辞规则:

1. 当解释的结果根据一般社会观念、经济常识等被认为是被禁止的,若修辞者提出后果论辩,则相对人不得拒绝回应。

2. 在后果论辩中,当修辞者置身于当事人之处境时也须接受由其提出的命题预设为前提的规则所造成的后果。

3. 结果论辩中的后果须是法律规范适用导致的经验上能够把握的现实后果〔1〕以及来自有效规则的普遍效果,而不能包括对规范适用者后果、裁判是否可以贯彻的后果以及对上级法院和法律界的后果。在“对当事人的后果”和“对社会的后果”〔2〕的比较和衡量中,须将判决对直接当事人及其余规范受众(Normadressaten)未来行为的调适效果作为一种决

〔1〕 按照 Lübbe-Wolff 的观点,通过法律规范与存在的特定前提条件的每一次连接都属于法律效果。而现实效果是法律规范的适用和发挥作用所带来的实际后果。现实效果必须是经验上能够把握的后果,它是一种根据规则的一般性和可普遍性来自有效规则的普遍效果,而非个案的特殊效果。现实效果可进一步分为对直接受评价影响的当事人的微观效果和对全体社会的宏观效果。Vgl. Deckert, Martina R., *Folgenorientierung in der Rechtsanwendung*, München, 1995, S. 115; Lübbe-Wolff, Gertrude, *Rechtsfolgen und Realfolgen. Welche Rolle können Folgenerwägungen in der juristischen Regel- und Begriffsbildung spielen?*, Freiburg, München, 1981, S. 25。

〔2〕 “对社会的后果”是指公众为适应判决而产生的后果,它包括宏观后果、社会后果、间接后果和调适后果。参见张青波:《理性实践法律》,法律出版社 2012 年版,第 265 页。

定性后果。[1]

4. 在结果论辩中,修辞者对各种现实结果的指涉、选择须遵守相关规范的目的、一般法律原则等构成的规范性语境和规范性标准。

5. 修辞者对各种现实结果的预测以及对这些后果的外在成本和后续成本的分析须借助相应的社会科学知识来进行,若有疑问,可申请相关专家介入预测法律适用的现实后果。

6. 在结果论辩的最后环节,论辩者需按照相关法律规范的构成要件—法律效果的逻辑结构将其对各种现实结果的预测和评价进行相应的理性重构和整合,以满足法律裁判的连续性和融贯性要求。[2]

"原则论辩"和"价值论辩"在修辞方法归类上仍属于权威论证,而结果论辩则取向于裁判的实质理性。尽管相对于法律和法教义学的权威,结果论辩居于论证上的次要位置,[3]但结果论辩所带来的论证视角的转换更有利于实现对论辩相对人或听众的说服。在判断应否给予甘露开除学籍的处分时,除了考虑甘露行为本身的情节严重性时,还应考虑和比较甘露被开除学籍或不被开除学籍这两种不同的方案,即《普通高等学校学生管理规定》第54条第(五)项和《暨南大学学生管理暂行规定》第53条第(五)项被适用或不被适用所带来的实现后果。甘露案的再审判决作为最高法院公布的参照性案例对其他法院相似案件的裁判具有一定的指导效应和规范作用,它的具体裁判结论和论证理由也会影响该案的当事人和社会公众未来的行为选择。

该案再审判决在无意识中也进行了"结果论辩":"鉴于开除学籍决定已生效并已实际执行,甘露已离校多年且目前已无意返校继续学习,撤销开除学籍决定已无实际意义,但该开除学籍决定的违法性仍应予以确认。"但这种"结果论辩"并非严格的结果论辩,因为它仅考量了该案的裁判对规范适用者的后果以及是否可以贯彻的后果,而没有预测和评价其"对当事人的后果"和"对社会的后果"。因此,甘露案的再审判决在衡量"应否对甘露开除学籍"时,所适用的法律修辞方法也未遵循相应的结果论辩规则,反而将该案导向了一种似是而非、前后矛盾的说理——"撤销开除学籍决定已无实际意义,但该开除学籍决定的违法性仍应予以确认。"

按照上述结果论辩规则,"应否对甘露开除学籍"正确的结果修辞论辩中的后果应是《普通高等学校学生管理规定》第54条第(五)项和《暨南大学学生管理暂行规定》第53条第(五)项的适用所导致的经验上能够把握的现实后果以及来自它们的普遍效果,而不能包括其他法律后果。其中,判决对直接当事人及其余规范受众未来行为的调适效果是一种

---

〔1〕 Vgl. Lübbe-Wolff, Gertrude, *Rechtsfolgen und Realfolgen. Welche Rolle können Folgenerwägungen in der juristischen Regel-und Begriffsbildung spielen?*, Freiburg, München, 1981, S. 139。

〔2〕 Klaus Mathis 认为,结果导向的论辩仍以特定的体系和逻辑为导向,并且在立法性的构成要件和法律效果的限度内运作,它契合法教义学的整体结构。所以,在结果论辩中,法律裁判的连续性和融贯性仍会被实现。Vgl. Michael Anderheiden, Stephan Kirste (Hrsg.), *Interdisziplinarität in den Rechtswissenschaften. Innen-und Aussenperspektiven*, Mohr Siebeck, 2012, S. 6-7。

〔3〕 参见[德]乌尔弗里德·诺伊曼:《法律论证学》,张青波译,法律出版社2014年版,第14页。

需要考量的决定性后果。同时,论辩人对各种现实结果的指涉、选择须参照相关的规则目的、一般法律原则等,并且其对各种现实结果的预测以及对这些后果的外在成本和后续成本的分析也须借助相应的社会学调研和社科知识,而不能在这些界限之外对法律后果和现实后果进行直觉性的分析和衡量。

法庭调解话语结构探析

——法律语用学视角

程朝阳*

摘　要:法庭调解话语结构是人们在具体的法庭调解活动中对话语进行选择和使用的结果,是在法庭语境下调解参与者所扮演的谈话角色与机构角色之间互动的产物。它是一种相对的、动态的结构形式,是伴随着调解过程的程序性推进而逐步形成的。法庭调解的话语结构可以从法庭调解的程序设计和法律语用学的角度以及从法庭调解话语的宏观和微观两个方面做出分析。

关键词:法庭调解过程;话语行为;话语结构;话语分析

结构这个概念是指在某个较大的统一体中,各个部分的配置或相互之间的组合。

——拉德克利夫-布朗(A. R. Radcliffe-Brown)[1]

从语用学的观点来思考,语言结构是一种行为系统。

——莫里斯(W. Morris)[2]

行为主义语用学的创立者莫里斯(Morris)认为:"从语用学的观点来思考,语言结构是一种行为系统"。著名语言学家列文森(Levinson)也明确表示:"语用结构的各个方面都是以运用中的会话为中心组织起来的",他认为"研究会话结构的正确方法是经验的方法"。[3] 根据经典语用学的话语观,说话(话语)即是做事,是行为,是一种社会互动,因此谈话结构(话语结构)既是语用学研究的重要内容之一,更是会话分析或话语分析的核心。谢格罗夫

---

* 程朝阳(1972—),男,湖北黄冈人,烟台大学法学院、烟台大学中欧人权研究院副教授,法学博士。主要研究方向为法律语言与逻辑、法哲学和法社会学。本文系山东省高校人文社科项目《语言模糊性、法律不确定性与中国法治》(项目编号:J10WB01)的研究成果。文中语料的收集得到了时任北京市房山法院民二庭庭长的纪红勇法官和北京市燕山法庭的黄文化法官的大力支持与帮助,在此一并致谢。

[1] [英]拉德克利夫-布朗:《社会人类学方法》,夏建中译,华夏出版社2002年版,第159页。

[2] W. Morris, *Foundation of the Theory of Signs*, Chicago: University of Chicago Press, 1938, pp. 108-110.

[3] 见索振羽编著:《语用学教程》,北京大学出版社2000年版,第184~185页。

(Schegloff)就曾经指出,会话活动的组织如话轮转换使得诸多社会活动成为可能。[1] 循着这样的思路,我认为,一方面,会话互动的组织结构与社会学意义上的社会结构(如年龄、性别、民族、身份、地位、社会关系等)之间必定存在着紧密的联系,正是互动话语的结构机制(mechanisms)在某种程度上使得社会中存在的各种社会结构得以形成和再生;另一方面,像谈话这样的现场即刻话语活动(situated activities)相对于社会结构而言,既是原因也是结果(effects),是各种社会结构的指示器或面相。因此分析机构话语中参与者是怎样共同参与并利用这种互动机制以完成特定的活动任务、实现特定的行为目的的便显得十分重要。

法庭调解话语作为一种机构话语类型,从总体上看它首先是一个动态的过程,处于不断流动、变化和发展之中。但是,法庭调解话语不同于其他话语的一个主要方面就是它的规范性、程序性,即具有机构化、制度化特征。在法律规范和法律程序的制约之下,各种变化之间又存在着某种必然的联系,表现出一定的规律性和静态性,因而存在一定的结构。按照法庭调解动静辩证统一观,法庭调解话语的结构是一种相对的、动态的结构,是伴随着调解过程的向前推进而逐步形成的,是人们在法庭调解活动中对话语选择使用的结果,是在当时特定的语境下调解活动参与者的谈话角色与其机构角色之间互动的产物。

那么,法庭调解话语的结构到底是怎样的呢?我们又该如何分析和描述它?按照奥斯汀的语言哲学观,说话就是做事,言语即是行为。说出一个话语同时执行了三个行为:以言表意行为、以言行事行为、以言取效行为。但是这种言语行为理论研究的是单个的、孤立的言语行为,一如凡·戴克(van Dijk)所言,"言语行为的初始研究,沿袭了传统语言学和语言哲学通常的偏重句子的做法,将重心放在孤立的言语行为上。"[2]上述言语行为的三分法,也都是从单个的言语行为出发的,没有涉及言语行为与言语行为之间的关系问题。

然而在实际生活中,像法庭调解等机构话语活动往往并非只由一个言语行为组成,而是由若干个相互联系的言语行为组成的一个整体,一个言语行为链。一个人在一次话语活动中即便是实施一个言语行为,但这个言语行为也是(他人的)上一个言语行为和期待的(言语)行为反应之间的一个环节。显然,经典的言语行为理论没有涉及言语行为的层级性,没有也无法解决言语行为间的关系问题。

话语分析学派则不同,"话语分析方法感兴趣的无疑是言语行为的系列(sequences of speech acts)"。[3] 为了在言语行为哲学观的基础上展开话语分析,一些话语分析学者(discourse analysts)提出了话语的宏观结构(macro-structure)和微观结构(micro-structure)问题。其中以凡·戴克(Teun A. van Dijk)为代表,他区分了话语分析的宏观层面(macro-level of analysis)和微观层面(micro-level of analysis),认为话语的宏观层面是指话语主题,话语的微观层面则是指话语和话语之间的关系。在此基础上他还进一步提出了"宏观言语行为

---

[1] E. Schegloff, Between Micro and Macro Contexts and Other Connections, in J. Alexander et al. (eds), *The Micro-Macro Link*, Berkeley: University of California Press, 1987, p. 208. 转引自 D. Boden and D. H. Zimmerman(ed.), *Talk and Social Structure: Studies in Ethnomethodology and Conversation Analysis*, Oxford: Polity Press, 1993, p. 4.

[2] Teun. A. Van Dijk, *Discourse as Structure and Process*, London: Sage Publications, 1997, p. 99.

[3] Teun. A. Van Dijk, *Discourse as Structure and Process*, London: Sage Publications, 1997, p. 99.

说”(macro speech acts):“我们不妨进一步推断,言语行为系列可以在一个更抽象的层次上概括为一个宏观言语行为,或者叫做‘大言语行为’”。虽然凡·戴克的分析主要是针对书面话语的篇章结构而言的,但是这里可以在传统言语行为理论的基础上借鉴他的这一宏观话语观,认为:(1)一次由多个言语行为(系列)组成的话语活动或者由多个话语活动组成的话语事件,可以从宏观和微观两个层面进行分析,分别被称作宏观话语和微观话语;(2)宏观话语包含一个或多个微观话语,微观话语在根本上则是经典言语行为理论所谓的单个言语行为(包括“以言表意行为”、“以言行事行为”和“以言取效行为”三个方面)的集合体;(3)互动话语中的单个言语行为不仅同时具有表意、行事和取效三个方面,还有互动意义上的行为功能,即在话语系列中的功能。以此为基础,本文将运用话语分析的方法,按照法庭调解的过程和阶段划分,分别从宏观和微观两个方面(角度)对我国的法庭调解话语的整体情况作出详细的考察和具体分析。

一、法庭调解话语的宏观结构

语言学上对于语言结构的系统分析,最早以韩礼德为代表。韩礼德(Halliday)的系统功能语法认为结构上的语言片断有大有小,这些大小不一的实体形式称为单位(unit)。[1]英语语法中的基本单位是:句子,子句,词组(group),词,词素。其中句子以下的每一个单位由下一级单位组成,并为上级单位提供组成部分。它们按大小顺序排列,构成一个级阶(rank scale):

(1)句子;

(2)子句;

(3)词组;

(4)词;

(5)词素。

伯明翰话语分析学派借鉴韩礼德的这一等级划分,并将其用于对课堂话语的分析研究。

他们将课堂话语描述为如下五个部分:

(1)授课(lesson);

(2)交往(transaction);

(3)对答(exchange);

(4)行动(move);

(5)行为(act)。

在课堂话语的这五个等级中,最大的单位“授课”由交往构成,对答是交往的基本构成单位,行动构成对答,行动有时由一个或多个行为构成。正如系统功能语法的分析重

[1] M. A. K. Halliday, Categories of the theory of grammar, Word, 17: 241 - 92, 1961.

点是小句一样，伯明翰学派话语分析的重点是对答。

斯滕斯托姆（Anna-Brita Strenstrom）后来对这一模式进行了改进，使之变为：

（1）交往（transaction）；

（2）系列（sequence）；

（3）对答（exchange）；

（4）行动（move）；

（5）行为（act）。

在这一模式之下，交往取代授课变成了话语的最大单位，在交往和对答之间增加了系列。

交往由系列构成，系列由对答构成。行动和行为不变。[1]

借鉴伯明翰学派的课堂话语分析模式，我们可以在宏观上将我国当前的法庭调解话语结构分析如下：

（1）调解（mediation）；

（2）交往（transaction）；

（3）系列（sequence）；

（4）对答（exchange）；

（5）行为（act）。

整个调解是法庭调解话语的最大单位，我们将其称作话语事件，它由四个交往——即调解的四个阶段组成，我们把它们称作话语活动。交往是该层级结构中最大的话语分析单位，是主体间交际的最大的互动体，由在同一个主题之下展开的一个或多个系列组成，我将其称作话语系列。对答一般包含两个或两个以上的话语行为，每一个话语行为又由一个或多个言语行为构成。只包含一个言语行为的话语行为称作"小话语行为"，由多个言语行为构成的话语行为称作"大话语行为"。因此，从这一分析模式出发，法庭调解的宏观话语结构可以图示如下（分别从语言学的角度和调解过程的程序设计角度出发）：

模式 1：语言学视角

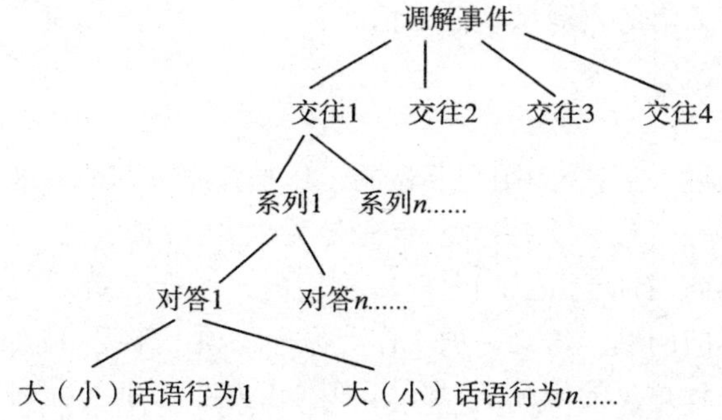

〔1〕 参见廖美珍：《法庭问答及其互动研究》，法律出版社 2003 年版，第 132 ~ 133 页。

模式2:调解过程视角

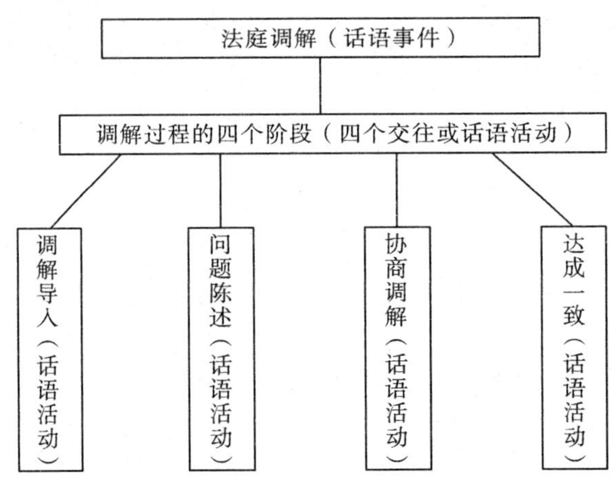

在调解话语中,主持调解的法官常常通过使用一些诸如"我们现在来说说……"、"我们下面要做的事情是……"、"这个问题就到此为止,下面呢,我们一起来看看……"、"这会儿呢,请你说说……"这样的句子结构来提示调解过程中的不同主题转换,表明调解进行到了不同的阶段,或者开始进入另一种话语活动。正如 Stubbs 所言:"即使是在日常谈话情景中,会话者也经常意识到并不是所有的话都可以跟在所有的话的后面:有些话语在开始之前需要插入这类理由或关于关联性的说明。此类元话语(meta-text)的插入指向话语自身的组织结构,在某些话语风格如讲座中尤其普遍。它既可用在书面语,也可用在口头话语中。"[1]因此,在法庭调解这种目的明确、程序性强、结构清晰的机构话语活动中普遍使用这样一些指示性话语(即元话语行为),也就毫不奇怪。在此可以把这种元话语(meta-text)或元陈述(meta-statement)看作是调解过程中"话题转换的关联位置"(topic-relevance transition place),把由这种元陈述组成的对答称作边界对答(boundary exchange),它是把握和分析调解话语宏观结构下各个话语活动的一个重要线索。

以一起女儿诉父亲抚养费案为例,通过对其中边界对答中的元话语行为的分析,可以清楚地了解到整个调解话语的宏观结构分布情况:

语段1:

1 法官:今天咱们说一下,今天咱们要做的工作是开庭审理前的准备工作,呃,这项工作呢,两项内容,一项内容呢,首先是了解事实,然后是在法庭的主持之下,双方进行协商,看能不能议和,解决你们的这个抚养费用问题。这个问题,啊,如何抚养的问题。这是一项工作。另外一项工作呢,是在双方啊,协商,都能能达成一致意见的情况下,那么,根据相关的法律,就你们双方争论的焦点,

[1] M. Stubbs, *Discourse Analysis: Sociolinguistic Analysis of Natural Language*, Chicago: The University of Chicago Press, 1983, p. 16.

进行证据指导。看你们需要提供在哪些方面的证据。这块儿的工作呢,是由我来负责,我叫×××。本案的代理审判员。担任今天记录的是书记员×××,另外呢,咱们还邀请了人民调解员×××来参与我们今天的调解。对这些,你们双方有没有什么要求和意见?

2 原+被:没有

3 法:法庭代理人?没有,是吗?你们这一方呢?

4 被:没有,我其实也着急

5 法:稍微等一下,嗯,呃……(3秒)。首先咱们请问一下,这个,起诉书你收到了,是吗?

6 被:收到了

这是一段完整的语言行为系列,法官话语的第1句"今天咱们说一下,今天咱们要做的工作是开庭审理前的准备工作,呃,这项工作呢,两项内容"是提示性的元话语行为,是整个话语事件(该抚养费案件的调解工作)之下一个具体的话语活动(导入调解)的开始,表明下面要进行的话语活动主题是进入调解程序,介绍此次调解的一些相关情况,如介绍参与调解的人的情况、核对当事人信息等。其中第5句中,"稍微等一下"、"首先咱们请问一下"这两句话,通过阻止对方的说话和重申当前正在进行的话题,维持了既定的法庭调解程序,保证当前调解导入阶段的顺利进行。

语段2:

1 法:那么这会儿呢,有几个问题来问一下,啊?首先问一下原告方的法庭代理人,那么现在这孩子是由谁来抚养?

2 代:现在,她跟我

3 法:由谁来抚养?

4 代:应该是她父亲

5 法:由她父亲来抚养

6 代:监护权是在他那儿

7 法:是吗?

8 代:对

话语1中"那么这会儿呢,有几个问题来问一下"担当元言语行为的功能,即开启一项新的话语活动——调解过程中的问题陈述阶段。这标示着调解进入到问题陈述阶段,接下来当事人对问题的陈述,一般有两种情形:一是当事人对问题的陈述是通过法官和当事人之间一系列的一问一答行为(问答话语系列)来实现的,这时当事人的答话一般都比较短,一般没有进一步展开叙述;另外一种情况则是,在法官启动之后,由当事人通过一段较长的个人独白(monolog)(讲故事,story telling)的叙述方式单独完成。

语段3:

1 法:嗯,这样吧。打断您一下,啊。呃,我们来单独给你们做一下工作,是不是好一点? 可以吗?
2 被:可以
3 法:可以吗?
4 原:嗯
5 法:这样,你们二位先到休息室稍微坐一下,好吗? 我先跟你父亲单独谈一谈。啊?
6 原:嗯
7 法:把门给带一下

上面这个语段是出现在正式实施调解阶段的一个话语系列,包含若干个具体的言语行为。但是,相对于整个调解事件而言,它则是一个元话语活动——提出单独协商(背靠背)要求。话语1中的"我们来单独给你们做一下工作"、话语5中"我先跟你父亲单独谈一谈"起着元话语的功能,表明将进行进一步的单独协商、调解活动。

最后的达成协议阶段,在宏观上同样可以被看作是由若干个话语行为组成的一个大的话语活动,它同其他话语活动之间的界限同样可以借助一些相关的过渡性、提示性元话语行为完成。如在同一件案子中:

语段4:

1 法:是吧? 这个案子怎么处理? 您是坚持打下去,坚持打下去,我们就,按照我们的规定,我们就要排期了,排期开庭,啊,那么到时候开庭的时候,你们再去谈。啊,
2 代:那就只能够先撤诉,然后在另行起诉
3 法:嗯。那您的意思就是撤回这个起诉? 是吧?
4 代:嗯

上述抚养费案经过法院主持调解,最后以原告代理人为孩子考虑提出变更监护权这一新的诉讼请求而要求撤销当前诉讼告终。从上面的语段中虽然看不出双方当事人达成协议的情况,但是原告要求撤诉有利于被告,被告当然同意。所以原告提出请求,法官准予撤诉,也是原被告双方就当前的争端达成了一致意见。话语3中"那您的意思就是撤回这个起诉? 是吧?"和话语4原告表示同意的"嗯",共同表明这一阶段的完成和整个调解事件的结束。

从整个调解事件之下各个调解活动所包含的话语系列(言语行为)的数量上看,作为事件核心的问题陈述和协商调解两个阶段明显多于开头的导入和结尾的达成协议这样两个部分,这表明查清事实和设计解决方案是调解的关键,其中协商调解又多于问题陈述,则更是重中之重。当然,这只是一般情况,在具体案件调解中可能会有所变化。

二、法庭调解话语的微观结构

从法庭调解过程来看,法庭调解话语结构的微观部分,首先是指上述四个调解活动的内部结构。相对于单个的言语行为而言,调解事件的四个调解交往活动(阶段)又是一个更大的言语行为单位,被称作话语活动,它是由若干个言语行为系列组成的。言语行为系列包含一个或多个话语对答互动,对答互动由两个或两个以上的话语构成,每一个话语包含一个或多个言语行为。单个的言语行为是话语分析中最小的意义单位,只能分成不同的种类,但不能再作进一步的切分。这一点与对书面语的意义分析(它可以分析到字、词层次)不同。

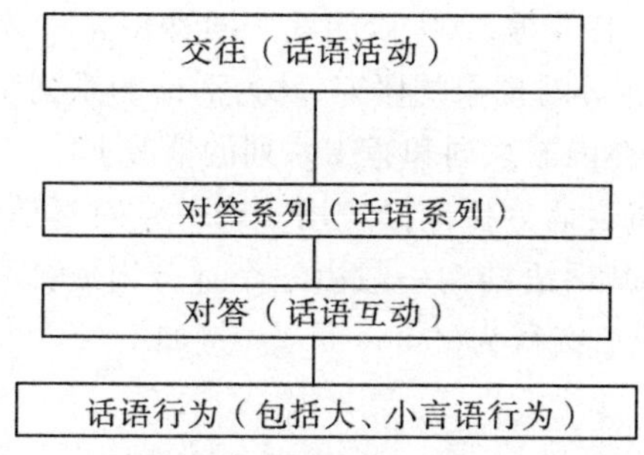

图1　调解话语的微观结构

如在前面举例的语段1,作为调解导入阶段的一部分,从整体上看是一个话语活动的一部分,由6个话语组成一个话语系列,可分成3个互动行为(3个问答系列)。具体到每一个话语(连续说出的一句或一段话),它可能只有一个言语行为,"我"或"笔者"把它称为是小言语行为,如话语2和6;也可能包含多个言语行为(言语行为组),"我"或"笔者"把它称作是大言语行为,如话语1。

另一方面,从语言学的角度看,按照先前建立的调解话语分析模式,对答是分析主体间互动的最小话语单位,是话语互动分析的核心部分,它由两个或两个以上的对答话语构成,若干个对答则又构成一个系列。对调解话语结构的微观分析,实际上就是分析对答结构。要分析互动对答话语的构成形式,不得不借鉴会话分析学者的理论,尤其是话轮、相邻对等概念。

由民族方法论者萨克斯(H. Sacks)、谢格罗夫(E. A. Schegloff)、杰弗逊(G. Jefferson)等人创立的会话分析理论认为,谈话参与者交替发言是谈话话语的显著特征,依次轮换是谈话结构的基本形式。所谓话轮是指给予一个说话人说话的权利与义务以及他实际所说的话语。话轮可以是一个词,也可以是一个或多个句子。谈话的话轮转换系统包括放弃发言权(turn-yielding),保持发言权(holding the turn),要求发言权(turn-claiming)和反馈(feed-back)四个部分。萨克斯(1967)根据人们在谈话中总是交替发言这一事实进一步提出了相邻对(adjacency pair)的概念。萨克斯认为,谈话的基本规则是,“在一个时间里至少而且只能有一个人说话。”[1]在两个人进行的谈话中,轮换在他们之间交替进行,其形式为 AB AB AB AB……,AB 即为一个相邻对。如果谈话在多人之间进行,则是由现时说话人用言语或非言语的方式选择其中一人作为下一轮说话人。当前说话人和下一个说话人的话轮组成一个相邻对。一篇谈话就是一个话轮转换系列(a sequence of turn-takings),由一系列相邻对组成。所以,在萨克斯看来,相邻对是日常谈话的重要结构形式,一个相邻对由谈话双方分别接连发出的两段话语组成;两段话语是相关的,前一段话语对后一段话语有制约作用,要求一个恰当的应答话语与其配对。也即是说,相邻对的第一部分不仅选择下一轮说话人,而且还预示相邻对的第二部分。在谈话中如果答话人没有作出恰当的应答,在当时的情况下通常会产生其他的含义,经常会引起对方的注意和评价。常见的相邻对有:问候-问候,召唤-应答,问题-回答等等,其中以问题-回答相邻对最为常见。谢格罗夫(Schegloff)还通过对日常会话中相邻对现象的研究,认为话语的系列结构并不总是线性的,除了正常的话语系列之外,还存在内嵌系列和旁支系列的情况。[2]

伯明翰话语分析学派将会话分析理论应用于对课堂对答话语的分析,[3]认为诱发对答在课堂话语中十分普遍,其话语结构一般由三个部分组成:即引发(initiation)、反应(response)和反馈(feedback)或后续行为(follow-up)。例如:

老师:Can you tell me why do you eat all that food? Yes. (引发)
学生:To keep you strong. (反应)
老师:To keep you strong. Yes. To keep you strong.[4] (后续行为)

因此,他们进而认为这种 IRF(initiation + response + feedback/follow-up)的三步分析法是话语分析的基础,当时多数话语分析学者也都这样认为。但是笔者从收集到的语料中发现,法庭调解话语中的调解法官和当事人之间发生的对答结构与此不同,他们主要采用一种由启动(initiation/start-up)-应答(response)-后续行为(follow-up)-(对后续行为的)反应(response)四个部分组成的 IRFR 四步结构模式。当然这种结构模式并不是绝对的,在实际使用中也会有所变化,如在实际话语中也可能会出现对后续行为的反应的反应,因此形成五步结构的形式。也有可能只有启动和应答两步,不一定会出现后续行为和对后续行为的反应,从而变成典型的启动-应答(IR)两步结构形式。但是,从整体上看,启动-

[1] H. Sacks, E. A. Schegloff & G. Jefferson, A Simplest Systematics for the Organization of Turn-Taking for Conversation, *Language*, 50: 696-735。

[2] E. A. Schegloff, Notes on a Conversational Practice: Formulating Place, in D. N. Sudnow (ed.), *Studies in Social Interaction*, New York: MacMillan, The Free Press, 1972, pp. 75-119。

[3] 用话语分析的理论与方法研究课堂教学,具体可参见李悦娥、范宏雅编著:《话语分析》,上海外语教育出版社 2002 年版,第 14~21 页。

[4] J. M. Sinclair & M. Coulthard, *Towards An Analysis of Discourse the English Used by Teachers and Pupils*, Oxford: Oxford University Press, 1975, p. 57.

应答(IR)两步结构和启动-应答-后续行为-对后续行为的反应(IRFR)这样两种结构模式在整个法庭调解话语活动中最为普遍。例如:

语段5:

1 法:稍微等一下,嗯,呃…(3秒)。首先咱们请问一下,这个,起诉书你收到了,是吗?(启动)

2 被:收到了。(应答)

3 法:那么对于起诉事实,您认为是否属实呢?(启动)

4 被:不属实。(应答)

5 法:哪一块不属实?(启动)

6 被:我没有轰她走。(应答)

这是一个十分典型的AB AB AB的对答系列,具有非常清晰的启动(问题)-应答(回答)的两步结构。其中话语1,是一个大话语行为,包含了至少三个小言语行为。"稍微等一下"制止了另外一个参与者的谈话,将话轮收回;"首先咱们请问一下,这个"既是一个元语言行为,表达问问题的意图,也是一个启动行为,开始一个新的话轮,指定下一个说话者,完成话轮的分配;"起诉书你收到了,是吗?"提出问题,构成第一个相邻对的第一部分。其他话语都是小话语,只包含一个言语行为。话语2对1作出应答,与2组成一个问答相邻对。3和4,5和6组成另外两个问答相邻对。6个话轮、三个问答相邻对组成一个话语对答系列-相邻对的线性系列,涉及三个话题:"是否受到起诉书"、"是否同意起诉事实"和"不同意之处何在"。

廖美珍教授在对我国法庭话语的互动研究中发现,这种干净、利落的问答两步结构在庭审开始前的程序性导入阶段被典型用到。[1] 由于我国法庭调解的"准诉讼"性质,笔者发现在法庭调解的开始阶段(导入阶段),这种两步问答结构也用得最多。例如:

语段6:

1 书:法庭代表人,法庭代理人姓名?

2 代:张凤英

3 书:张凤英,是吧?

4 代:嗯

5 书:原告的母亲,是吗?

6 代:对

7 书:年龄?

8 代:41

〔1〕 廖美珍:《法庭问答及其互动研究》,法律出版社2003年版,第141页。

9 书:民族
10 代:汉
11 书:文化程度?
12 代:中专
13 书:工作单位?
14 代:无业

这是调解开始前核对当事人身份和相关个人信息的一段。14个话轮,7个互动相邻对,每一个问答相邻对围绕一个具体的问题展开,由书记员启动,一直到原告代理人的应答结束,完全由一问一答的两步结构组成,形成一个由问答两步结构组成的对答系列。

IRFR(initiation 启动 + response 应答 + follow-up 后续行为 + response 对后续行为的反应)四步结构的情形,可以上面提到的语段4为例:

语段4:

1 法:是吧? 这个案子怎么处理? 您是坚持打下去,坚持打下去,我们就,按照我们的规定,我们就要排期了,排期开庭,啊,那么到时候开庭的时候,你们再去谈。啊,(启动)
2 代:那就只能够先撤诉,然后再另行起诉。(应答)
3 法:嗯。那您的意思就是撤回这个起诉? 是吧?(后续行为)
4 代:嗯。(对后续行为的反应)

话语1是一个大话语行为,包括不止一个言语行为类型,其中心议题是开始的一个问题"这个案子怎么处理",它实际上是一个提问话轮。话语2是代理人作出的应答,与1组成一个相邻对。话语3是一个后续行为,是对话语2的一个回应,在该句中,法官通过问句的形式对代理人的回答作出重述(reformation),以作进一步的核实(confirmation),话语4中代理人以一个"嗯"字作答,是对法官的后续行为作出的反应。所以这个语段的结构就是一个完成的启动-应答-后续行为-对后续行为的反应四步结构。

法庭调解话语中也会出现会话分析学者所提到的内嵌系列和旁支系列的情况,但是由于法庭调解的程序性和规范性,这种在谈话中间突然插入话题或转移话题的情况并不多见,即使偶尔出现,也会受到主持法官的干涉,很快进入到正常的话语系列上来。

小 结

通过以上对我国法庭调解结构的宏观和微观两个方面的具体分析,可以从中发现法庭调解话语不同于日常会话或其他机构会话(如法庭审判、商务谈判、课堂教学等话语)的一些结构特征:

1. 根据加西亚(Garcia)的观点,[1]两个结构特征是造成调解语言特殊性的关键因素。第一,调解过程通常只允许当事人一个一个地讲述他们的故事,此时要求另一方静待属于自己的说话轮次的到来。与此形成对比的是,在日常会话中——特别是在争吵中——话语重叠和争抢话轮是常见现象。第二,调解过程不像普通的一对一的交谈,它包括第三者——调解人,调解人被公开地赋予权力去维持谈话礼节,保证谈话的持续进行,并作出裁断。正是因为具有这些结构特征,加西亚认为,调解才可以通过如下几个相关方式抑制争论。首先,日常语境下快速、连续发生的控诉与否认或反诉在时间上被相互隔开。这种分离通过强行在反驳提出之前给出一点时间让说话人平静下来,打断了那种你来我往的争论节奏。这种间隔(decoupling)可以使反驳不再那么激烈。对控诉提出的反诉越少,待以解决的问题就越少。其次,争论双方之间的起诉、辩解和反驳都是朝调解人说的,而不是朝对方当事人说的。应答者不是用第一人称进行对抗,而是用更少威胁性的第三人称加以指称。这样的控诉更容易被忽略,同时不感觉丢面子。最后,调解的规范秩序促进了控诉和否定的缓解而不是加剧。这种轻描淡写的品格防止了许多在日常生活中经常见到的争吵升级的发生。本节对我国的法庭调解话语的实例分析验证了这一观点的正确。

2. 在整个调解过程中,法官明显占据着话语的控制权,法官不仅决定着调解过程的各个步骤及其展开,而且开启话轮,控制着对答互动中话轮分配和主题选择,表现出鲜明的强制性和不均衡性特征,但其强制性和不均衡性程度不及法庭审判。

3. 法庭调解话语结构由宏观和微观两个方面组成。宏观是就调解过程的程序性、阶段性而言的,微观是宏观之下的微观,是针对具体的调解对答话语系列等言语细节而言的,可以用话语分析(会话分析)的理论和方法得到分析。从这一点上看,法庭调解话语在整体结构上类似于法庭审判,但在具体的程序设计和互动细节上又与法庭审判不同,如它的话语活动边界(边界对答)并不像法庭审判那样地明显和突出。

4. 法庭调解话语在结构上主要由对答话语系列组成,话语活动的话题明确,目的性强。对答话语主要表现为启动 - 应答 - 后续行为 - 后续应答四步结构形式或启动 - 应答两步结构形式。因此,从微观上看,法庭调解话语结构主要由启动 - 应答 - 后续行为 - 后续应答四步结构和启动 - 应答两步结构组成。

---

〔1〕 参见 J. M. Conley and W. M. O' Barr, *Just Words*: *Law*, *Language and Power*, Chicago: The University of Chicago Press, 2005, pp. 42 - 43.

部门法方法论

(一)刑法方法论

刑法解释的向度与限度:形式解释论与实质解释论的反思性重构

赵学军*

摘　要:形式解释论与实质解释论在刑法解释问题上提出了针锋相对的观点,形成了解释理论中的对立和争鸣。然而,两种解释论均存在一定缺陷,不能成为指导刑法解释的有效方法。但不可否认,两者分别倡导的形式限制和实质判断的方法适应了刑法解释的现实性要求,应当借鉴两种解释论的优点进行理论重构,即坚持刑法解释的向度与限度。刑法解释的向度就是以实现刑法正义作为方向指引和判断标准,具体来说就是要符合法益保护和人权保障理念;刑法解释的限度要求解释结论不能超出刑法文本的边界范围,应当以文义限制、规范限制和体系限制作为限度条件。向度与限度分别独立发挥指导与约束的功能,同时通过相互配合与制约实现解释结论的公正性与合法性。

关键词:刑法解释;向度;限度;形式解释论;实质解释论

成文法具有原则性和抽象性,决定了刑法一经制定和颁行,就不可避免地要进行解释。因此,刑法解释的科学与否,不仅关乎注释刑法学的发展,而且直接影响刑法规范在司法实践中的实现。我国刑法解释学曾出现不同理论的对立与纷争,如根据刑法解释是否应当严格遵守立法意图,存在主观解释论与客观解释论的分野,根据刑法解释是否应当严格遵循文本文字的字面含义,形成了形式解释论与实质解释论的对立。目前,随着客观解释论逐渐被大多数人接受,主观解释论与客观解释论的争论已经逐渐平息。而与此相反,从近年来刑法解释理论的研究状况来看,形式解释论与客观解释论的争执不但没有得到解决,而且有愈演愈烈之势。这说明形式解释论与实质解释论各自并非无懈可击和有效说服对方,有必要进行深度反思和理论重构。

* 赵学军(1977—),男,山东省莒南县人,北京师范大学2012级刑法学专业博士生、北京市门头沟区人民法院刑庭副庭长,研究方向:刑法学、法律方法。

一、刑法解释理论现状:形式解释论与实质解释论的对立与反思

(一)形式解释论与实质解释论的对立

形式解释论立足于人权保障理念,主张严格按照法条文义进行解释,将刑法文本作为解释的唯一依据。这种解释体现的是形式合理性,认为形式理性是刑事法治的前提,只要严格按照刑法的形式规定就能实现实质价值。所以,司法者只要严格依照法律规定对某一行为定罪处罚,就可以将立法上实质正义转化为司法上的形式正义,将立法上的一般正义转化为司法上的个别正义。[1] 实质解释论则立足于法益保护理念,主张在解释时除了依据刑法文本的字面意思之外,还要考虑文本以外的情势变化,从处罚的必要性出发来考量刑法规范的法律意义。这种解释的目的是追求实质合理性,认为形式合理性未必就必然导致实质合理,只有对刑法进行实质解释才能真正实现实质价值。因此,面对具体的个案,法官必须以追求个案正义、追求法律真理的良心去进行法律适用解释。当对法条做出的解释结论不符合正义理念时,不要抨击法律规范违背正义理念,而应承认自己的解释结论本身不符合正义理念。[2] 两种观点针锋相对,形成了解释理论上的对立。两者的对立主要体现在解释依据、理念目标和逻辑路径上。形式解释论强调刑法文本作为唯一依据,侧重于人权保障理念,主张从文本含义推导解释结论;而实质解释论则主张还应该从刑法文本之外寻求解释依据,侧重于法益保护理念,形成了从实质判断再到刑法文本的逻辑路径。

形式解释论作为一种强调刑法文本的字面含义、从而根据概念推导出结论的解释理论,要求刑罚的处罚范围必须严格控制在刑法文本之内,严禁在文本以外解释应当处罚的行为。这种解释理论符合了罪刑法定要求,从而有利于实现人权保障的刑法机能,体现了作为刑法解释理想模式的应然追求。实质解释论表现为当作为推理的前提模糊或包含两个以上的相互矛盾的命题以及法律规范的字面意思无法涵盖案件的事实时,借助于辩证逻辑思维从中选择出最佳的命题以解决法律适用问题。[3] 这种解释论注意到了成文法的局限性与具体事实复杂性的现实,体现了刑法解释中的务实态度。因而,虽然两种解释理论针锋相对,但均具一定合理性。

(二)形式解释论与实质解释论的反思

虽然两种理论各具特色,作为各自相互独立存在、分别单独适用的刑法解释论仍然具有值得反思的方面。

1. 偏重一端导致机能失衡。法益保护与人权保障是现代刑法的两大基本机能,要求在法益保护的同时,必须实现人权保障,应当同等兼顾而不可偏废。如果偏重其一,就会要么破坏秩序、要么践踏人权。刑法解释是适用刑法的重要途径,因而法益保护和人权保障也同样是刑法解释中必须同时兼顾的两个基本价值。

---

〔1〕 陈兴良:《形式解释的再宣示》,载《中国法学》2010 年第 4 期,第 30 页。

〔2〕 张明楷:《刑法分则的解释原理》,中国人民大学出版社 2004 年版,第 II 页。

〔3〕 李希慧:《刑法解释论》,中国人民公安大学出版社 1995 年版,第 88 页。

形式解释论拘泥于法律的字面含义,是一种强调尊重字面含义、注重从概念推导出结论的解释论。[1] 这种解释方法有利于避免法外施刑,从而能够有效地发挥人权保障的刑法机能。然而,这种忠实于罪状含义的解释方法,在实践中难免将熟悉的法条含义作为解释结论而将刑法条文中隐含的内容遗漏,从而出现放纵犯罪之嫌,破坏了刑法的法益保护机能。例如,《刑法》第116条规定的破坏交通工具罪,从通常的语义内涵来看,大型拖拉机明显不属于火车、汽车、船只、航空器等交通工具,因而在形式解释论看来,破坏大型拖拉机的行为就不能构成破坏交通工具罪。而实际上,大型拖拉机与汽车的基本性质、危害性没有重大区别,将其解释为汽车也不会超出一般国民的预测可能性,并且有利于实现相应法益的刑法保护。可见,形式解释论偏重形式的解释方法,难免出现对法益保护的疏漏。

与此相反,实质解释论主张以犯罪本质为指导来解释刑法规定。对于实质上值得科处刑罚但又缺乏形式规定的行为,主张在不违反民主主义与预测可能性的前提下,对刑法作扩张解释。[2] 这种解释论在处罚必要性观念指导下进行实质解释,有利于促使刑法及时适应变化的社会形势,对新类型犯罪行为作出有效反应,体现了对法益保护理念的高度重视。但由于其对实质解释的过度关注,尽管主张要在不违反民主主义与预测可能性的前提下进行扩张解释,正如形式解释论所批评的那样,实质解释论会在实践中极容易突破刑法文本的既有规定而出现法外施刑的现象,从而弱化了刑法的人权保障机能。如对于《刑法》第263条"冒充军警人员抢劫"的解释,实质解释论认为,军警人员显示其真实身份比冒充军警人员抢劫更具有提升法定刑的理由。故将"冒充"解释为"假冒"和"充当",军警人员显示其身份抢劫的,应认定为冒充军警人员抢劫。[3] 而在当前的语言环境下,人们对"冒充"的理解仅限于"假冒"的认识,根本不可能将其与"充当"联系在一起,这显然是一种完全超出预测可能性的解释。

所以,无论是形式解释论还是实质解释论,由于专注于一种价值理念的过度偏爱,在实践中必然会轻视另一重要价值,造成了双重刑法机能的失衡。

2. 路径单向而背离现实。形式解释论与实质解释论针对对方提出的只讲形式不考虑实质、或只讲实质而不考虑形式的批评均给出了回应,认为形式解释论不是"形式的、机械的解释",不是"不要实质标准,不要实质正义"的解释;[4] 实质解释论也"并非主张超出构成要件的范围进行实质的考虑。"[5] 这表明形式解释论和实质解释论都注重形式和实质两重判断标准,它们之间的区别不是要不要实质判断和形式限度,而是判断进路上的先后顺序。正如有学者所言,形式解释论与实质解释论的区别在于:"在对刑法进行解释的时候,是否先进行形式判断,然后再进行实质判断。换言之,在形式判断与实质解释判断之间形

---

〔1〕 [德]考夫曼、哈斯默尔主编:《当代法哲学和法律理论导论》,郑永流译,法律出版社2002年版,第158页。

〔2〕 李立众、吴学斌主编:《刑法新思潮——张明楷教授学术观点探究》,北京大学出版社2008年版,第67页。

〔3〕 张明楷:《刑法学》,法律出版社2011年版,第864页。

〔4〕 陈兴良:《形式解释的再宣示》,载《中国法学》2010年第4期,第28页。

〔5〕 张明楷:《实质解释论的再提倡》,载《中国法学》2010年第4期,第52页。

成逻辑上的位阶关系。"[1]也即,形式解释论先进行形式判断,排除法无明文规定的行为,然后进行实质判断,再排除没有处罚必要的行为;而实质解释论先进行实质判断,排除没有处罚必要的行为,再进行形式判断,排除没有法律规定的行为。

其实,究竟形式与实质孰先孰后,本无实质上的优劣之分,关键要看其是否符合现实状况。形式解释论主张先进行形式解释、再进行实质判断的解释路径,在一般情况下能够将应当处罚的行为解释为犯罪,将不值得处罚的行为出罪处理。然而对于特殊情形的行为而言,由于语义边界的模糊性,极容易对刑法文本产生不正确理解,扩大或限缩了刑法规范范围,进而导致该入罪的没有入罪,不该入罪的入了罪。这种情况下,为了准确判明刑法文本的准确含义,就需要借助实质解释预先进行实质判断,分析该特殊情形是否具有处罚必要,再考察该情形是否能够涵摄在文本的含义之内,从而得出既符合形式正义又实现实质正义的解释结论。

实质解释论主张的先实质后形式的解释路径,对于解决特殊情形具有明显优势,它能够弥补单纯先形式后实质的不足。然而,对于所有的解释问题都采用这种解释进路显然又确无必要。因为在一般情况下,人们都能根据对刑法条文的理解来评判现实生活中的具体行为,并得出符合刑法正义的结论,这是预测可能性对制定法提出的基本要求。如果不加区别地对所有事项都以先实质再形式的路径,由于现实行为的复杂多样,人们根本无法事先预想到全部的具体情形,进而也就难以根据这种实质解释来全面阐释具体条文的含义。如对于盗窃罪"财物"的理解,由于盗窃他人数额较大的现金、机动车、金银首饰等这些时常出现的盗窃行为已经为人们所熟知,无须进行实质判断,而且通过实质判断的方法来解释具体概念,很容易以偏概全,在解释实践中很少应用。

可见,两种解释路径都不能适用于所有场合,实际上它们往往会交叉适用,即在有些情况下先形式后实质,在另一些情况下需要先实质再形式。而如果将它们分别单独作为一种解释理论应用于解释实践,在客观上将无法应对所有的解释问题。

3. 标准模糊而不利操作。由于形式解释论和实质解释论都赞同实行形式判断和实质判断,但是到底如何进行判断,两种解释理论都存在模糊性的认识,从而导致实践中缺乏可操作性。

首先,关于形式判断的标准,一般认为只有实质解释论才以可能的语义作为解释的限度,[2]而实际上形式解释论也同样主张以可能的语义作为解释的边界。[3] 这意味着两种解释理论都将可能的语义作为形式判断的限度标准。但是何为"可能的语义",它们都没有给出明确的答案。形式解释论是一种先形式解释再实质判断的理论,其对"可能的语义"的解释是形式上的,一般来说,该理论首先考虑刑法文本的通常含义,如果通常含义不能包含所要解释的事项,则再进一步考察该用语可能具有的射程范围,但由于缺乏考察的依据,造成实际上很难有效地确定范围的幅度。而实质解释论是一种先实质解释再形式判

---

〔1〕 陈兴良:《形式解释的再宣示》,载《中国法学》2010 年第 4 期,第 28 页。

〔2〕 许浩:《刑法解释的基本立场》,载《东方法学》2008 年第 6 期,第 142 页。

〔3〕 陈兴良:《形式解释的再宣示》,载《中国法学》2010 年第 4 期,第 37 页。

断的理论,其对"可能的语义"的解释往往会随着处罚必要性的需要而扩大语义范围,使得语义范围处于弹性的不确定状态。由于形式解释论和实质解释论都没有给出明确的形式判断标准,必然使它们都面临犯罪圈划定范围不确定的指责。

其次,关于实质判断的标准,实质解释论主张根据处罚的必要性与合理性进行实质解释。[1] 而何为"处罚的必要性与合理性",实质解释论并没有做出说明,这便仍然存在模糊的认识。对于形式解释论而言,其对实质判断的标准则更是模糊和抽象,因为仅仅是承认在形式判断之后根据需要进行实质判断,将不值得处罚的行为出罪处理,至于"不值得处罚"的标准是什么没有明确说明。由于形式解释论偏重形式解释且缺乏对实质判断的明晰标准,在实践中往往会因缺乏有效的实质判断而出现侵犯人权的现象,导致了偏重人权保障却又侵犯人权的背道而驰局面。如曾经一度热议的许霆盗窃案就是明显例证,本来一审法院根据许霆盗窃金融机构数额特别巨大的事实判处许霆无期徒刑是符合盗窃罪的形式规定的,然而"九成网友及多数专家一样,认为对许霆处以无期徒刑显属过重。"[2] 显然,造成这一结果的原因就是缺乏对案件事实的实质判断,忽视了对判决结果的妥当性考虑,只是迎合了形式正义的要求而忽略了实质正义的实现。

二、刑法解释理论重构:刑法解释向度与限度理论的提出与缘由

(一)刑法解释向度与限度理论的提出

刑法适用的过程其实就是刑法解释的过程。"所谓'解释',就其根本来看不是一个解释的问题,而是一个判断的问题。"[3] 这就需要在刑法解释时进行分析和判断。而分析和判断都需要按照一定的依据来进行。诚如考夫曼所言,"确定生活事实是否对应于规范事实,一直是一种目的论的判断"。[4] 而且,作为被解释的规范本身也需要来自规范之外的标准对之进行分析,因为规范不能以自身作为解释自身的依据,但"超规范"的理解却并非是随心所欲而仍然是受制约的,而这种制约应来自于所谓"法的精神"。[5] 可见,这里作为判断依据的"目的"或"法的精神"其实就是对理想目标的追求,体现的是对解释过程的方向性的指引。因而从这个意义上来说,"刑法解释的任务就是尽量以善意将条文用语朝着正义的方向进行解释,通过解释使刑法的实然规定贴近应然,从而成为良法、正义之法。"[6] 与此同时,"正确的解释,必须永远符合法律的文言与法律的目的,仅仅满足其中一个标准是不够的。"[7] 也就是说,仅仅具备方向性的指引并不能得出正确的解释结论,还应当在法律文本的文义范围内进行解释,这体现的是对解释过程的限度性要求。

---

〔1〕 刘艳红:《走向实质解释的刑法学》,载《中国法学》2006年第5期,第170~179页。

〔2〕 王琳:《许霆案背后的司法悖论》,载《广州日报》2007年12月25日,第5版。

〔3〕 苏力:《解释的难题:对几种法律文本解释方法的追问》,载《中国社会科学》1997年第4期,第29页。

〔4〕 [德]亚图·考夫曼:《类推与"事物本质"》,吴从周译,学林文化事业有限公司1999年版,第43页。

〔5〕 吴林生:《罪刑法定视野下实质解释论之倡导》,载《中国刑事法杂志》2009年第7期,第5页。

〔6〕 张明楷:《刑法的基本立场》,中国法制出版社2002年版,序说第2~3、51页。

〔7〕 Claus Roxin, Strafrecht Allgenmeiner Teil, Band 1, 4. Aufl., C. H. Beck. 2006, S. 151。

由此来看,正确的刑法解释应当接受方向指引和条件限定,即向度和限度。向度为解释判断提供标准和依据,限度为解释过程不偏离法治轨道提供框架保障。向度是对刑法规范目的和理想结果的无限接近,表现为刑法正义;而刑法正义不是规范之外的正义,限度就是对刑法正义实现领域的划定,表现为刑法文本的范围。因此,刑法解释就是要在正义理念的引导下判断事实和确定规范含义,但是不能突破刑法文本的范围边界。

(二)刑法解释向度与限度理论的缘由

1. 罪刑法定原则的要求。罪刑法定原则是刑法制定和刑法适用必须坚持的基本原则,作为连接立法规范与司法适用桥梁和纽带的刑法解释自然也必须在罪刑法定的原则下进行。罪刑法定原则包含形式侧面与实质侧面,形式侧面主张"当一部法典业已厘定,就应逐字遵守,法官唯一的使命就是判定公民的行为是否符合成文法律"。〔1〕 也就是说,法官必须严格按照刑法条文的文字含义审理案件,即使处理结果违背了刑法的真正目的,也不允许法官进行价值判断。然而,"人类立法者根本不可能有关于未来可能产生的各种情况的所有结合方式的知识。"〔2〕将文义作为刑法解释的唯一标准和限度,法律将失去面对生活世界的开放性而成为僵死的教条。为此,实质侧面以实质法治为指导,要求刑法必须是具有社会正当性的法,是符合正义观念的良法。要求在刑法解释时,必须要考虑刑法的目的和内在价值,把个案正义的实现作为司法实践的首要目标。当代罪刑法定主义已经将形式侧面与实质侧面有机结合起来,从而使形式侧面与实质侧面成为贯彻罪刑法定原则的统一要求。〔3〕 因此,刑法解释应维护罪刑法定原则的形式侧面和实质侧面。刑法解释的向度和限度正是适应罪刑法定原则对刑法解释提出的要求,向度是对实质侧面关于解释方向的贯彻,限度是对形式侧面进行严格限制的积极回应。坚持刑法解释的向度和限度是罪刑法定原则在刑法解释领域中的具体体现,同时,罪刑法定原则也为刑法解释的向度和限度提供了理论源泉。

2. 吸收形式解释论与实质解释论的优点。形式解释论与实质解释论虽然均存在不同程度的缺陷,但毋庸讳言,它们均具有各自的理论优势或明显亮点。然而,形式解释论与实质解释论毕竟分属不同的理论范畴,它们的理念旨趣不同,导致了它们在逻辑进路、关注重点和方法运用上存在着明显的对立,并最终造成了某些场合下解释结论的迥然各异。因此,形式解释论与实质解释论并不能同时适用。当然,两个独立理论之间的冲突和对立并不意味着它们所有的观点和方法都互相排斥,实际上,形式解释论对刑法解释进行文义限制的观点和实质解释论关于处罚必要性判断的方法并不矛盾,而且它们可以实现有机整合形成一种新的解释理论。正是基于此,甚至坚持实质解释论的学者也认为:在刑法学研究中,形式解释与实质解释在不同场合可能具有不同意义。〔4〕 而且从实践情况来看,形式解释与实质解释分别发挥着不同的解释功能,在有些情形下先进行形式解释,再进行实质判

〔1〕 [意]贝卡利亚:《论犯罪与刑罚》,黄风译,中国大百科全书出版社 1993 年版,第 13 页。

〔2〕 [英]哈特:《法律的概念》,张文显等译,中国大百科全书出版社 1996 年版,第 128 页。

〔3〕 张明楷:《罪刑法定与刑法解释》,北京大学出版社 2009 年版,第 61 页。

〔4〕 张明楷:《刑法学研究中的十关系论》,载《政法论坛》2006 年第 2 期,第 9 页。

断,在另些情形下则又先进行实质解释,再进行形式解释,还有时形式解释与实质解释同时进行,形成了相互交叉、相互配合在局面。刑法解释的向度与限度理论以实质正义为方向指引、以形式正义为限度条件,这正是合理地吸收了形式解释论与实质解释论中的优势观点而形成的新的刑法解释方法,是对已有理论研究成果的继承和发展。

3.具有重要的现实意义。形式解释论和实质解释论之所以受到质疑,就是因为它们把解释过程设想的过于理想化,而没有充分考虑到现实生活的复杂性。刑法解释应当着眼于实践目的,那种想当然的抽象公式并不能为实践提供任何解释规则。因此,刑法解释理论应当具备适应现实复杂多变的能力。刑法解释向度和限度的提出,克服了原有解释理论的缺陷,对解释实践更具有现实意义。一方面,刑法解释的向度能够为得出正确的解释结论指明方向。由于语言文字的多义性和模糊性,在实践中经常会遇到取舍困难的问题,这就需要借助向度作为判断依据,将个案中具体正义的要求作为对法条文字含义限缩与扩张的决定因素。另一方面,刑法解释的限度避免了任意解释。解释的向度解决了判断依据的同时,又难免出现自由解释的危险,因为"即使是在那些业经阐明的规则似乎给出了明确无误的答案的时候,只要它们与一般的正义感相冲突,那么法官就应当可以在他能够发现某种不成文的规则的情况下自由地修正他的结论"。[1] 这种根据具体案件情况来处理问题的方式必然产生法律虚无主义。而刑法解释的基本准则就应当尽可能地实现"规范内的处罚正义",[2]就是在刑法文字可能的含义范围内,实现刑法处罚的正义。所以,在强调法律正义、公平价值的同时,不能忽视文本形式对内在价值的限制作用,解释的限度就是为适应这一需要而提出的。

三、刑法解释理论诠释:刑法解释向度与限度的分解与整合

刑法解释包含向度的价值引导和限度的文本制约两个方面,向度为刑法解释提供目标方向和判断依据,限度为刑法解释提供空间范围和边界保障,它们分别发挥不同功能,各自具有相互独立的运行模式,有必要通过分解方式分别阐释各自的理论内涵和运行轨迹;而向度和限度又相互依存、相互制约,共同作用于刑法解释过程,具有一定的整合特征。

(一)刑法解释向度与限度的分解

1.刑法解释的向度。刑法解释的向度,就是沿着理想目标解释刑法,反映的是一种动态过程。理想目标为刑法解释提供方向指引,具体的目标价值又成为判断复杂事实属性和确定多义条文含义的判断依据。刑法解释是对刑法规范含义的阐明,而刑法规范又是正义理念的具体化,因而刑法解释其实就是彰显刑法正义的过程,反过来,刑法正义又成为检验解释结论正确与否的判断标准。因此,坚持刑法解释的向度,就是要"把正义理解为一种

---

[1] [英]弗里德利希·冯·哈耶克:《法律、立法与自由》(第1卷),邓正来等译,中国大百科全书出版社2000年版,第183页。

[2] 胡东飞:《刑法目的对刑法解释方向的制约》,载《中国刑事法杂志》2009年第1期,第10页。

衡量法律制度实施情况的理想,"[1]在正义理念的引导下理解刑法、评价案件事实,做出符合正义要求的解释结论。由于"正义是一个人的认识所不能接近的理想",[2]所以至今没有人能够客观地和确定地知道它的确切含义。然而,尽管各种不同正义观存在着差异,但由于正义的本质根源于人的本性,具有符合人性要求的属性,因而在某种程度上都同人类的共同需要具有紧密关系。鉴于人类对于刑事法治的需要与刑法目的之间具有很大程度的一致性,即都是为了实现刑法正义,所以为避免难以把握的"正义"观念给刑法解释带来的无所适从,应当把作为刑法目的的法益保护和人权保障作为刑法解释的向度,以实现解释结论的正义性目标。因而,"任何解释都应当有助于实现规范内容所追求的规范目的。其他解释标准也应当服从这个目标,它们是解释者必须借以认识规范目的的工具。"[3]需要说明的是,法益保护也是实质解释论所提倡的指导理念,将其作为向度较容易被理解和接受,而人权保障虽然是形式解释论追求的价值理想,但仅仅是通过限度要求来体现的,这里将其作为向度的要素是否合适,不免会让人产生疑问。其实,不管是法益保护还是人权保障,它们作为刑法追求的价值目标,本身都同时具有价值判断的功能,而且两者针对的对象不同,将二者同时作为刑法解释的向度,能够更好地实现价值的兼顾和平衡。

(1)法益保护。刑法以保护法益为目的规定犯罪及其法律后果,以法益保护理念为向度,能够为准确阐明刑法文本的准确含义指明方向。具体体现在以下方面:

第一,按照法益侵害的有无,界定刑法文义的范围。法益保护是从法律内在价值的角度对社会生活变化进行的回应,特别是对于疑难案件,只有在法益保护理念的指导下,问题才能得到解决。基于法益保护的目的,刑法只是将侵害或威胁法益、值得用刑罚惩罚的行为规定为犯罪,如果某一行为侵害或威胁了法益,有必要动用刑罚手段进行惩罚,则需要将该行为解释为刑法相应文义的内容;如果相反,则不宜将其解释到文义中。对此,可能出现对刑法条文进行扩大解释的情况。当然,根据法益保护的需要,也存在进行限制解释的可能性。例如,破坏电力设备罪中的"电力设备"是指正在使用中的电力设备,不包括尚未安装完毕或者尚未交付使用的电力设备。因为本罪的保护法益是公共安全和电力供应安全,只有破坏正在使用中的电力设备才能侵害这一法益,否则不构成对该法益的侵害。

第二,按照保护法益的性质,限定刑法文义的内容。刑法规范是为保护法益而设置的,不同规范的内容体现着对不同法益的保护目的。由于不同法益自身性质的不同,影响着侵害该特定法益的行为方式。即不是任何一种行为样态都能侵害某一特定法益,而是一种法益对应着特定类型的法益保护方法,所以刑法对此做出相应的规范内容。例如,使用假币罪中"使用"一词的含义非常广泛,用假币冒充真币进行购物、用假币证明自己的信用能力、用假币包裹物品等行为都属于"使用"假币的含义内容。但是将使用假币罪中"使用"一词解释为上述含义则明显不当,因为使用假币罪被规定在刑法分则第三章第五节破坏金融管理秩序罪中,其保护法益是金融管理秩序,即构成该罪必须是侵害金融管理秩序的行

〔1〕 [美]乔治·P·弗莱彻:《刑法的基本概念》,蔡爱惠等译,中国政法大学出版社2004年版,第274页。

〔2〕 [奥]凯尔森:《法与国家的一般理论》,沈宗灵译,中国大百科全书出版社1996年版,第8页。

〔3〕 [德]伯恩·魏德士:《法理学》,丁小春等译,法律出版社2003年版,第321页。

为。而用假币证明自己的信用能力、用假币包裹物品的行为显然不能构成对金融管理秩序的侵害,只有将假币作为真币用于流通的行为才能侵害该罪的法益,所以只有将“使用”一词的文义内容进行如此界定才是准确的。

鉴于法益性质不同决定法益保护的规范内容也不同,在刑法解释中就可以利用这一特点准确探询刑法规范的真实内涵,将不属于规范含义的内容剔除出去。例如,刑法分则第四章规定了诬告陷害罪,目的是保护公民的人身权利与民主权利。因此,自我诬告(有意虚假告发自己犯罪)与得到被害人同意(以不判处死刑为前提)的诬告行为由于没有侵犯其他公民的人身、民主权利而不成立本罪。倘若将诬告陷害罪规定在“妨害司法活动罪”一节或者规定为独立的一章,则自我诬告与得到被害人承诺的诬告行为由于妨害了司法活动而成立本罪。[1]

(2)人权保障。刑法解释在重视法益保护的同时,也不能忽视人权保障。如果一味地强调法益保护,将凡是具有法益侵害的行为都解释在刑法规范范围内,必然会导致刑罚权滥用而侵犯人权的现象。同时,人权保障作为一种追求目标,同样具有价值判断功能,能够在与法益保护理念的互动中实现价值平衡,从而为做出合理的解释结论提供方向和标准。

第一,利益衡量,防止罚不当罪。运用刑罚惩罚犯罪,体现了对法益的保护,但同时也使犯罪人的个人利益面临受到侵害的危险。因为即便是一个罪犯,如果让他承担其所应当承担的刑罚之外的刑罚,也是对他利益的侵犯。在刑事法律关系上,刑法的人权保障理念最直接的体现就是注重对犯罪人权利的保障,防止过度惩罚和滥用刑罚。日本刑法学者内藤谦认为,刑法的两大机能——法益保护机能和人权保障机能具有相互矛盾的一面:刑法保护的法益范围越广泛,公民的权利与自由就越窄,[2]为了恰当协调法益保护和人权保障之间的关系,必须对法益保护和人权保障进行利益衡量,在两者之间寻找平衡点。

首先,从人权保障的需要衡量保护法益的大小,如果受保护的法益较小,用刑法保护不利于行为人人权保障的,则将其排除在刑法解释之外。因此,在发挥刑法规范对社会调节作用的过程中,应当协调好刑法规范与一般违法规范、伦理道德规范之间的关系,对属于其他行为规范保护范围内的侵害法益行为,要坚决避免将其解释到刑法规范中来。

其次,对侵害和受保护双方利益进行衡量,如果虽然受保护的法益较大,而用刑法保护会侵害被告人基本权利时,则也不宜解释到文义范围之内。虽然法益保护和人权保障没有孰轻孰重的差别,但在现代社会条件下,人类对安全的需要不再仅仅局限于对生命及维系生命存续的追求上,而是不断扩大到保障个人更自由地发展和人类社会共同体存在所需要的安全上。如洛克认为,“法律的目的不是废除或限制自由,而是保护和扩大自由。”[3]所以在刑法解释时,应当将人权保障作为衡量法益保护需要的手段,对于实行刑法保护而可能限制了更值得刑法保障的基本自由权利的,应当让法益保护让位于人权保障,以保证社会获得更加良性的运行和发展空间。另外,在某些犯罪构成条件的满足以及违法阻却事由

---

〔1〕 张明楷:《刑法学》(第3版),法律出版社2007年版,第28页。

〔2〕 李海东:《日本刑事法学者》(下),中国法律出版社、日本成文堂联合出版1995年版,第334页。

〔3〕 [英]洛克:《政府论》(下篇),叶启芳、瞿菊农译,商务印书馆1964年版,第36页。

的成立上,都可能涉及利益衡量的问题,而同时在定罪基础上应对犯罪人处以多重刑罚,也要在法益侵害程度和责任大小的衡量中确定,以避免刑罚对犯罪人基本人权的过度影响。

第二,以刑定罪,确保罪刑均衡。在解释刑法并将其适用于具体案件的过程中,一般是遵循因罪定刑的逻辑方式,即先确定罪名,再根据罪名规定的刑罚幅度裁量应处以的刑罚种类和刑罚轻重。也就是"惩罚应有程度之分,按罪大小,定刑罚轻重。"[1]这种因罪定刑的逻辑方式能够确保罪刑均衡,避免任意量刑。然而,它是以犯罪性质明确为前提条件的。实践中经常遇到性质模糊的情况,就需要在人权保障理念指导下,根据犯罪人应当受到的处罚程度来解释,也就是根据预设的刑罚结果选择确定刑法条文,即以刑定罪。这种解释适用刑法的方法就是三段论的倒置或者倒置的三段论,倒置的三段论往往是先有结论,而这个结论一般是在人权保障理念指导下基于罪刑均衡的需要得出的。但是,"以刑定罪"并不是无原则的任意定罪,而是在与案件事实基本相对应的数个刑法规定中选择与事先结论相一致的规范,看该条文文字是否能包含案件的条件,如果符合,就以该条文进行处罚。因此,根据事先形成的结论寻找适用的法条,也必须要求法条包含案件的条件,不包含案件条件的法条仍然不能适用。

此外,以刑定罪的解释方法不但应用于疑难案件的罪名确定上,而且还可运用于罪名确定后不同量刑幅度的选择上。刑法分则规定的大多数罪名都有多个刑罚幅度,刑法对刑罚幅度的选择也分别规定了相应的标准。然而,有些标准较为模糊,如何谓"情节严重"、"情节较轻"? 这还需要借助"以刑定罪"的解释方法进行倒推来确定,即根据犯罪行为应受刑罚处罚的程度来决定其是否属于"情节严重"、"情节较轻"。而且实践中总会存在一些特殊情形,如果按照已有规定进行刑罚裁量就会造成事实上的量刑偏差。如上文提到的一审法院对许霆案的量刑就属于这种情况,应该说一审法院根据盗窃罪的量刑标准对许霆做出无期徒刑的判决结果是符合刑法形式规定的,但却导致了罪刑失衡的结果。为此,二审法院根据案件的实际情况对许霆做出了法定刑以下减轻处罚的处理,才使该案的判决回归了正义。在这里,二审法院就是将"以刑定罪"的方法运用到量刑幅度选择上,预先根据许霆应当承担的刑罚程度做出预先的判断,然后选择相应的刑罚幅度,并予以减轻处罚。

2. 刑法解释的限度。刑法解释的限度,就是刑法解释必须受到一定的约束和制约,使其在被容许的范围内进行。刑法解释是对刑法文本进行的解释,所以要以刑法文本作为解释的依据和限度。刑法文本的表现形式首先是语言文字,然后是语言文字构成的刑法规范,最后是由不同刑法规范组合而成的规范体系。根据刑法文本表现形式的上述特点,刑法解释的限度表现在以下方面:首先,刑法是以语言文字表现出来的行为规范,刑法解释自然不能脱离文字含义的形式规定,即文义的限制;其次,刑法又是通过语言文字表达的法律规范来发挥对刑事法律关系调节作用的,因而刑法解释必然也要受到具体规范内容的限制,即规范的限制;最后,不管是文本文字还是具体刑法规范,它们都不是孤立存在的,而是处于一定的法律体系中,对刑法的解释当然还要考虑体系的影响,即体系的限制。任何刑

[1] [法]孟德斯鸠:《波斯人信札》,梁守锵译,商务印书馆 1962 年版,第 141 页。

法解释都必须受到文义、规范和体系的限制,并在上述限度内形成解释结论。但就具体的刑法解释而言,有的文义限制、规范限制和体系限制存在重合关系,即最大边界具有一致性;而在有些情况下则存在包容关系,此时需要在最小的限定范围内进行解释。

(1)文义限制。刑法解释的对象是以文字形式表现的,故刑法解释不应当超出文字的含义。文字的含义,即文义,存在普通含义和可能含义的划分,普通含义就是语言文字通常表达的核心意思,是一种不言自明而为人们普遍接受的文义;可能含义就是核心意思向外延伸而所可能涵摄的意思,是一种需要解释才能明确而带有一定模糊色彩的含义。而模糊并不意味着不确定,这恰恰能够准确地表达立法意图,保证了法律的相对稳定性。因为"立法者在立法时不可能预见到以后发生、出现的种种问题和情况,立法语言的模糊就为出现新情况、产生新问题留下了解决的余地,也为法律解释留下了空间"。[1] 因此,德日刑法学的通说均以可能的文义作为刑法解释的最低限度,"法律的意思只能从条文的词义中找到。条文的词义是解释的要素,因此在任何情况下必须将'可能的词义'视为最宽的界限。"[2]我国刑法解释理论中的形式解释论和实质解释论也均采纳这种见解。所以,对刑法解释进行文义限制,就是将解释结论限制在刑法文字可能的含义之内,可能的文义是刑法解释的最宽界限,超出可能文义的解释当然被拒绝。

同时,生活事实是不断变化的,可能的文义范围没有绝对确定的具体界限,其具体内容取决于使用语言的语境以及社会生活的情况。但即使如此,刑法用语的可能文义范围也不是不能把握的。首先,刑法解释是在特定时空内进行的,特定时期的生活事实具有一定程度的稳定性,因而可能的文义范围也是相对确定的。其次,虽然可能的文义具有一定的模糊性,但是鉴于对刑法解释进行文义限制的目的是为了保障国民的预测可能性,且大众的价值判断具有相通性,对于特定语境下刑法用语的解释即使超过了刑法用语的一般含义,也可能被大众所接受。因此,可以将国民预测可能性作为划定可能文义边界的标准,根据这个标准,即使它虽然超出了文义的通常含义,仍然属于可能的文义范围。最后,对可能的文义进行确定离不开向度的引导,通过归纳法条所反映的事物本质并兼顾国民的预测可能性,判断出文义的可能范围仍然是可能的。如根据德国的一个有名判例,向受害人泼盐酸的行为是否属于使用"武器",从刑法条文体现的价值观来看,化学手段与使用枪支、刀具具有本质上的一致性,将"盐酸"解释为"武器",案件的处理结果也是符合刑法目的的,所以法官最后认定"泼盐酸"属于"使用武器"。但是,如果把被害人的头往墙上撞,"墙"是否属于"武器"的可能含义,则答案就是否定的。因为"自然的语言感觉反对将一堵结实的墙,一面坚实的地板或者山崖称为工具。"[3]

(2)规范限制。刑法解释不仅仅是对单个词语或概念的分析,在某些情况下还要揭示刑法中的隐性规定,如果只对有明文规定的文字含义进行解释,就会造成逻辑僵化而无法

---

〔1〕 宋北平:《法律语言》,中国政法大学出版社2012年版,第70页。

〔2〕 [德]汉斯海因里希·耶塞克、托马斯·魏根特:《德国刑法教科书》,徐久生译,中国法制出版社2001年版,第197页。

〔3〕 [德]克劳斯·罗克辛:《德国刑法学总论》(第1卷),王世洲译,法律出版社2005年版,第85页。

真正阐释刑法内涵。所以,为了实现规范保护目的,刑法解释需要将视野放大到由语言文字表述而成的规范构造上来,通过对规范内容的逻辑分析,对刑法规范在可允许的弹性空间内进行解释。因而,解释应当受到该"弹性空间"的限制,由于弹性空间是由具体的刑法规范构造而成的,其解释的限度也就是刑法规范本身。同时,对刑法解释以规范的限制也是罪刑法定原则的要求,按照现代罪刑法定原则,这里的"法定"是刑法规范的规定,而不是孤立的某个词语或词组的规定。

既然刑法规范对刑法解释具有限制性,如何理解这种规范的限制就应当从法律规范的逻辑结构中去寻找。一般来说,法律规范在逻辑意义上是由假定、行为模式和法律后果组成的。[1] 假定是有关适用规则的条件和情况,行为模式是具体的行为方式,法律后果是法律对具体行为后果的态度。三者相互联系、相互制约,共同形成了一个完整的法律规范。因此,考察刑法解释中的规范限制应该注意这三个因素。一是假定因素,刑法规范中的假定包括规则的时空范围和主体条件等,这些条件构成了刑法解释的边界。如《刑法》第382条贪污罪规定的"利用职务上的便利"就是行为人实施侵吞、窃取、骗取或者其他手段非法占有公共财物行为的行为条件,这个条件限定了具体贪污行为的内容,也即"利用职务便利"的侵吞、窃取、骗取或者其他手段,而不是任何情形下的上述行为。因此,该假定条件就成为解释贪污行为内容的规范限度。二是行为模式因素,刑法规范中的行为模式一般表现为具体犯罪的行为方式,如盗窃行为、抢劫行为等。其同样会对规范中的其他要素产生限制力,从而成为刑法解释中的限度内容。如《刑法》第269条转化型抢劫罪的规定,对于其假定条件"盗窃、诈骗、抢夺罪"是否要求达到数额较大而成立盗窃罪、诈骗罪和抢夺罪的问题,可以根据其行为模式"当场使用暴力或者以暴力相威胁"进行限定。由于这种情形下的盗窃、诈骗、抢夺行为性质已经与抢劫行为无异,因而其前提条件的行为就不需要达到成立犯罪的数额标准,即"罪行"限度而不是"罪名"限度。三是法律后果因素,刑法规范中的法律后果就是法定刑,它在刑法规范中同样能够对刑法解释起到限定性作用。如对于《刑法》第257条暴力干涉婚姻自由罪中"暴力"的理解,是否等同于抢劫罪、强奸罪中的暴力手段?对此种情况下"暴力"限度,考虑到普通暴力干涉婚姻自由罪的法定最高刑为两年有期徒刑,因而这里的"暴力"不宜达到抢劫罪、强奸罪等所要求的暴力强度。

(3)体系限制。刑法解释不能将语词孤立地看待,法律不是刑法条文单个语词含义的简单组合,而是在刑法体系甚至整个法律体系中,通过法律规范及刑法规范内部的相互作用而获得的其在整个体系中的准确含义。整体的解释结论也许与孤立的某个语词的可能含义并不一致,但由于其是根据条文的协调统一和事物本质应当如此的原理得出的,因此往往在解释中取得优先地位。所以,体系解释时应坚持法律含义整体一致性原则,不应以孤立的条文解释法律,而应联系这一条文与本规范性文件中的其它条文,以至其它规范性文件来考虑法律的文字含义。[2] 具体来说,体系限制表现在三个方面:一是受到同一法条其他语词的限制。这种限制又称为同类规则的限制,即当刑法分则条文列举了具体确定的

〔1〕 舒国滢主编:《法理学导论》,北京大学出版社2006年版,第103页。

〔2〕 陈金钊:《法律解释的哲理》,山东人民出版社1999年版,第275页。

构成要件要素之后,后面使用"等"、"其他"等概念时,对于"等"、"其他"必须做出与所列举的要素性质相同的解释。[1] 例如,刑法第237条第1款规定:"以暴力、胁迫或者其他方法强制猥亵妇女或者侮辱妇女的,处五年以下有期徒刑或者拘役。"根据同类规则,这里的其他方法仅限于与其前面列举的暴力、胁迫性质相同、作用相当的强制方法,而非泛指一切其他方法。二是受其他刑法条文的限制。在解释刑法时要将所解释对象置于整个刑法体系之内进行解释,注意与其他刑法条文之间的协调,否则容易造成刑法条文之间的相互矛盾,有损刑法的正义性。例如,拐卖儿童罪对"儿童"年龄的界定形成对拐骗儿童罪中"儿童"解释的规范限制。三是受到宪法规定的限制。宪法是国家的根本大法,任何法律都不得与之相违背,否则要么无效,要么被废除。当解释结论即使在刑法范围内具有合法性,但是如果与宪法的规定相违背,则这样的解释仍然不能被采用。

(二)刑法解释向度与限度的整合

任何一个完整的刑法解释是向度与限度共同发挥作用的结果,彼此不可分割。如从大的方面说,解释过程中需要向度提供方向指引和判断标准,还要通过限度的制约来保障刑法解释始终处于法治的轨道;就小的方面说,具体限度边界中可能语义范围的确定也离不开向度与限度的双重作用,通过价值判断和国民预测可能性的互动来合理确定最宽的语义界限。因此,向度和限度在刑法解释中处于同等地位,它们在作用上没有轻重之分,在顺序上没有先后之别。首先,向度与限度同等重要,即使单纯依靠向度的指引直接得出了符合限度要求的解释结论,或者相反,即单纯根据限度准则而直接得出了符合正义要求的解释结果,这其中其实也隐含着对解释结论是否符合限度或向度的检验过程,只是这种检验证成了解释结论,而没有通过限度或向度对该结论进行再次修正。这其中看似没有真正发挥另一解释步骤的作用,实际上它依然在起作用,只是不明显而已。因此,有人提出的实质解释补位原则,即只有在形式解释不能解决问题,或者形式解释的结论明显不妥当时,才需要采用实质解释的结论。[2] 这种观点否定了向度与限度同时发挥解释功能的事实,显然是不能成立的。其次,向度与限度没有固定的逻辑顺序,不分先后。正如前文对形式解释论和实质解释论单向逻辑顺序的反思中所指出的,形式解释论提出的先形式再实质和实质解释论实行的先实质再形式的解释路径并不符合全部解释活动的实际情况,在具体的解释过程中,往往有的需要先明确限度,再进行实质判断,而有的则需要先进行实质判断,再进行限度限制,还有的则需要通过向度和限度的反复运用才能最终完成解释过程。因此,向度和限度在实际解释中不应该存在先后顺序上的逻辑差别。

但是,向度与限度同等重要的现实,并不意味着两者总是处于和谐状态。实际上,向度和限度还经常产生对立和碰撞,而且,真正复杂情形下的解释结果正是在两者的对立冲突中产生的。主要表现为两种情况:一是成文法的局限性决定了刑法不可能对所有犯罪都能

---

[1] 张明楷:《刑法分则的解释原理》,中国人民大学出版社2004年版,第29页。

[2] 吴林生:《罪刑法定视野下实质解释论之倡导》,载《中国刑事法杂志》2009年第7期,第8页。

做出毫无遗漏的规定,肯定会存在实质上值得科处刑罚或特别处罚,[1]但是缺乏形式规定的情形;二是成文法的特点决定了刑法条文可能包含了不值得科处刑罚或特别处罚,可能会存在符合刑法的文字表述,实质上却不值得科处刑罚或特别处罚的情形。这两种情况的冲突体现了向度与限度之间的对立性一面,当两者产生冲突时,就必须在实质正义与形式合法之间进行取舍。

第一种情况主要表现为依照实质的正义观念,有些具有严重社会危害性的行为应当受到有罪追究,或者予以特别处罚,但是即使对法条文字的含义进行最大限度的扩张,仍然不能被文字的可能含义包含的情形。如妇女强迫男子与其性交的行为,男子对成年男子实行鸡奸的行为,拐卖成年男子的行为等等。这种情况下,就需要衡量实质正义与形式合法的价值轻重。在决定是否将上述行为入罪或特别处罚时,仍然应该坚持实质正义的向度要求,并不得违反形式合法的限度条件解释模式。首先,对上述行为入罪或特别处罚,符合正义的价值理念,然而这些行为没有被刑法文义所包含,所以这种正义是一种规范之外的正义,不能体现真正的刑罚正义。其次,形式罪刑法定的精神实质是为了约束刑罚权,防止法外用刑。如果不对刑法解释进行必要限制,不仅国民预测可能性成为一句空话,而且个人自由和人权也会处于被剥夺的危险之中。由于上述行为没有被刑法明令包含,对其入罪或特别处罚不利于约束国家的刑罚权,容易导致侵犯人权或法益保护不力的可能。所以,对于实质上具有科处刑罚或特别处罚必要,但是缺乏形式规定的行为,考虑到将这些少数例外情况作为犯罪处理或特别处罚会产生破坏法治的后果,只能将这些行为交由立法来解决,在法律修正之前,对其不作刑法评价。

第二种情况主要表现为有些行为不具有或者只具有很小的社会危害性,依照通常的正义观念,不应当作为犯罪处理,但是刑法条文却明确规定。这种情况下,同样面临如何处理向度与限度的关系问题。首先,处罚这种行为不符合正义理念,如果将其进行出罪考虑则并不违反刑法的正义目的。其次,形式罪刑法定的实质精神是限制刑罚权,保障行为人的人权免受不法侵犯。如果将上述行为进行出罪处理,并不与罪刑法定原则相违背,相反如果对虽然符合刑法的形式规定但不具有惩罚正义的行为进行入罪解释,则既丧失了刑法的正义性要求,也违反了形式合法的精神实质。对此,可以运用《刑法》第 13 条但书的规定,通过将犯罪构成要件作实质化的解释而达到出罪的目的,或者根据《刑法》第 37 条,对于犯罪情节轻微不需要判处刑罚的给予免予刑事处罚。如在刘海洋伤熊案中,刘海洋的行为虽然符合故意损坏财物的形式规定,但是法官认识到刘海洋"对作为一种财物的伤害远远没有达到需要用刑法进行调整的程度",如果按照该罪定罪处罚,"他知道这样的决定对被告人是不公平的。"[2]最终,法官选择了《刑法》第 37 条的规定,在认定刘海洋构成故意毁坏财物罪的情况下,对其免予刑事处罚,合理地解决了不值得科处刑罚但又在形式上有罪

〔1〕 这里的"特别处罚"是指从宽或从严处罚,包括刑法总则中关于法定量刑情节以及刑法分则中关于不同量刑幅度和从重、从轻、减轻处罚的规定,如《刑法》第 279 条第 2 款:"冒充人民警察招摇撞骗的,依照前款的规定从重处罚"。

〔2〕 吴丙新:《修正的刑法解释理论》,山东人民出版社 2007 年版,第 237 页。

的对立情形。

结语

刑法解释不能超越法律文本,但作为解释者的眼光又需要游离于法律文本之外,去借助正义的智慧之光来洞察生硬法条背后的柔性之美。任何一种解释理论都不能直接提供现成的答案,需要通过解释者的创造性解释实践来揭示生硬法条背后隐藏的真理。唯有如此,才能得以强化刑法的刚性力量,从而不断激发现实刑法对迅猛变化的社会的适应力,并终将使得到正义捍卫的社会变得更加令人向往和期待。

刑法解释：由实体性考量迈向程序性议论

张 军

摘要：我国刑法学界近年来在刑法解释领域形成了形式解释与实质解释、主观解释与客观解释之争，在这两类解释论中，应采形式解释论和以主观解释为限制的折中的解释论。但无论采哪种解释论，其实质都是一种实体性考量，而由于实体性解释存在诸多先天不足与缺陷，在需要解决具体问题时难免陷入困境。现代法律解释理论经历了由实体向程序、由解释向议论的转向，通过富于弹性的制度化设计为法律解释提出了全新的发展方向。现代刑法解释也应由实体性考量向程序性议论转变，坚持实体与程序两个向度并重，并以程序和议论为双轨实现刑法解释学的规范化、体系化和制度化。

关键词：刑法解释；实体性考量；程序性议论

我国刑法学界近年来在刑法解释领域形成了形式解释与实质解释、主观解释与客观解释之争，这关系到刑法解释的立场选择，这关系到刑法人权保障与法益保护等目标的实现与否，关系到刑法理论乃至整体刑法学的发展路向，干系重大，值得认真研究。

一、形式解释和实质解释的立场选择及存在问题

参酌形式解释论者与实质解释论者的相关论述，大致上可以认为，所谓形式解释就是以刑法文本为根据，以实定法规范为判断标准，对构成要件进行形式意义上的严格解释的理论和主张，在解释标准上，排斥法益的解释机能，抵制处罚必要性的考量，在解释方法上禁止类推解释，反对扩大解释。而实质解释则是以法益（侵害性）为判断标准，立基于但不拘泥于刑法文本的规定，通过引入处罚必要性的考量因素，对构成要件进行实质的解释的理论和主张，在解释方法上虽禁止类推解释但不反对扩大解释。由此也可看出，形式解释与实质解释在本质上并非解释方法，而主要表现为解释的立场、态度和倾向。

在形式解释与实质解释之间，笔者认为，实质解释存在的问题很大，不值得提倡。首先，以法益为指导进行解释，易导致从结果倒推行为，从而在判断方法上犯了倒果为因的错误。例如对于故意毁坏财物罪中“毁坏”一词的解释，存在“物理毁损说”、“有形侵害说”和“效用侵害说”，形式解释论者大多支持“物理毁损说”，而实质解释论者大多赞同“效用侵

害说”。但此说正如形式解释论者批判的那样,“其中的效用侵害说,是立足于法益侵害的结果,以此倒推认定毁坏的行为,因而认定的范围最广,属于典型的实质解释论的思维。”[1]

其次,在进行解释时引入处罚必要性这一解释标准,在实质效果上无限扩大了认定范围,有侵犯人权之虞。处罚必要性是实质解释论的核心判断标准,但笔者认为,由于解释的目的就是要明确行为类型(构成要件),而行为类型的判断只与行为自身样态相关,与处罚必要性并无任何关系。实质解释论最受诟病的地方,也是形式解释论抨击最为猛烈的地方就在于实质解释论有着非常强大的解释力量,而这种力量的来源正在于其将处罚必要性作为判断标准。必须承认,处罚必要性这种过于实质的理由确实容易偏离行为类型的判断方向,突破罪刑法定形式的束缚和解释的限度,进而扩大犯罪范围,侵犯人权。为了限制这种过于实质的理由,保障罪刑法定的贯彻,在进行构成要件解释时就不能考虑处罚必要性因素。

最后,实质解释主张扩大解释,可以说“实质解释具有扩张解释的属性”[2],体现了类推解释的思维。对此,形式解释论者正确指出,扩大解释与类推解释相勾连,两者在本质上相同,并不能真正予以区分,因此,从维护罪刑法定原则出发,应当禁止扩大解释。即便是实质解释论也承认:“扩大解释与类推解释的界限是相对的。……区分扩大解释与类推解释的界限,是相对的和模糊的。”[3]“扩大解释与类推解释没有固定不变的界限”[4]“如何区分类推解释与扩大解释,则是刑法学永恒的课题。”[5]但同时坚持认为,扩大解释本身并不违反罪刑法定原则,是罪刑法定允许的解释方法,而类推解释则是罪刑法定原则所禁止的,因此两者之间虽然难于区分,但仍然可以通过众多实质判断规则进行适当的区分,为此,张明楷教授一口提出了8个判断规则,[6]不可谓不详细,甚至非常完备,但即使如此,由于上述8个判断规则的核心论据仍然是处罚必要性的考量,其他判断规则则是立基于处罚必要性的延伸,而根据本文观点,处罚必要性不能作为解释标准和考量因素,因此,扩大解释的理由仍然是值得怀疑的。针对张明楷教授“扩大解释与类推解释没有固定不变的界限”的说法,我国学者不无辛辣地指出:“如此主张‘扩大解释与类推解释没有固定不变的界限’的论断,实在令人惊讶。揣摩论者的初衷,无非是想强调要用发展的眼光、相对的眼光来看待扩张解释与类推解释的界限问题。殊不知,如此一来,就在不经意间偷换了概念,将所讨论的‘某种解释是类推解释还是扩大解释’的问题,偷换成为‘某一用语在不同的文本中是类推解释还是扩大解释的问题’。……而在特定的情形中,用语可能具有的含义是固定的,扩张解释与类推解释的界限也是固定的。那种认为‘扩大解释与类推解释没

[1] 王俊:《犯罪论的核心问题》,北京大学出版社2012年版,第8页。

[2] 魏东:《论社会危害性理论与实质刑法观的关联关系与风险防范》,载赵秉志主编:《刑法学研究精品集锦Ⅲ》(上册),北京师范大学出版社2012年版。

[3] 张明楷:《刑法分则的解释原理》(上),中国人民大学出版社2011年版,第95页。

[4] 张明楷:《刑法学》(第3版),法律出版社2007年版,第50页。

[5] 张明楷:《实质解释的再提倡》,载《中国法学》2010年第4期,第55页。

[6] 张明楷:《刑法分则的解释原理》(上),中国人民大学出版社2011年版,第96页以下。

有固定不变的界限'的论断,看似符合辩证法,但其实质是不自觉地陷入了不可知论的泥潭,无助于厘定类推解释与扩张解释的界限。"[1]在此,该学者从辩证法和不可知论的哲学角度进行论证,虽不无是否合适的存疑,但确实点到了问题的实质。

在笔者看来,由于扩大解释与类推解释实质上具有同一性质,因此事实上不可能将两者真正区别开来。扩大解释与类推解释的共同点在于,通过"事物的本质或功能相同"这一命题,对解释对象进行符合某种需要的抽象,将对事物本身的判断转换为对事物本质与功能的判断,从而达到了被解释对象同一的结论,在这一点上,扩大解释与类推解释完全一致。举例而言,将盐酸解释为"武器"、将以营利为目的的加工利用行为解释为"出售",就是因为认为前两者都是"可致人伤害的事物"、后两者都具有"营利的目的",也就是说两者的本质与功能相同,这样,就通过对不同事物之间本质与功能的"抽象","总结出"两者共通的性质,并在事实上形成了一个上位概念,然后在这一"隐身的"上位概念之下,将本身(至少在形式上)并不相同的事物解释为同一事物。在考虑"事物的本质"方面,德国实质论法律哲学的代表学者亚图·考夫曼教授说得很明白:"规范必须与生活事实进入一种关系,它必须符合事物。这就是我们所称的'解释'——探求规范的法律意义。然而这种意义并非如传统法学方法论所说的,仅隐藏在制定法中,隐藏在抽象而广泛的意义空洞的法律概念中,相反地,为了探求此种意义,我们必须回溯到某些直观的事物,回溯到有关的具体生活事实。没有意义,没有拟判断之生活事实的'本质',是根本无法探求'法律的意义'的。"[2]"因此,从事实推论至规范,或者从规范推论至事实,一直是一种有关'事物本质'的推论。"[3]基此考夫曼将类推视为是法律适用的最一般方法,法律思维在本质上就是一种类推思维,所有的解释都是类推解释,进而提出了质疑罪刑法定原则排斥类推方法的合理性这一令人震惊的结论。[4] 最近我国有学者基于"类型思维"而支持"法律思维在本质上就是一种类推思维"这一命题[5],但合理与否,值得进一步深入研究。

相比之下,由于形式解释与罪刑法定原则与契合,符合现代刑法保障自由的精神,因此形式解释值得提倡。但需要特别指出的是,采取形式解释并不等于不考虑实质方面。刑法理论发展至今天,从某种意义上说,就是构成要件不断实质化的历史,那种认为对构成要件只能进行形式解释和形式判断的观点已不再被得到支持。事实上,这种实质化的趋势也是实质解释异军突起的理论背景,但一如上述,实质解释在没有形式解释和判断的约束下,必然使其结论变成扩张解释,甚至类推解释,将根据严格解释不能入罪的行为入罪,导致无限

---

〔1〕 利子平:《论刑法中类推解释与扩张解释的界限》,载《华东政法大学学报》2010年第4期,第28页。

〔2〕 [德]亚图·考夫曼:《类推与"事物本质"》,吴从周译,台北学林文化事业有限公司1999年版,第89页。

〔3〕 [德]亚图·考夫曼:《类推与"事物本质"》,吴从周译,台北学林文化事业有限公司1999年版,第103页。

〔4〕 参见[德]亚图·考夫曼:《类推与"事物本质"》,吴从周译,台北学林文化事业有限公司1999年版,第13页。

〔5〕 参见杜宇:《类型思维与刑法方法》,载北京大学法学院刑事法学科群编:《刑法体系与刑事政策》,北京大学出版社2013年版。

扩大处罚范围,从而削弱了人保障的机能,进而违反了罪刑法定原则。[1] 这里问题的关键在于,在形式解释后是否还需要进行实质判断?对此,形式解释论者的回答是:"在构成要件的解释上,在进行处罚的必要性或合理性的实质判断之前,应当从具有通常的判断能力的一般人是否能够得出该种结论的角度出发,以具有通常的判断能力的一般人能够理解的形式的行为类型为中心,进行形式的判断。"[2] 显然,形式解释论并非不要进行实质判断,而是要在形式解释之后才能予以考虑,从而将实质因素限定在形式判断之后,从形式和实质两方面实现了人权保障的功能。而且实质判断亦从违法性判断领域提前至构成要件阶层,顺应了构成要件实质化的要求,在犯罪论体系上更趋精致与合理化,现代德国刑法中的客观归责理论便是这一趋势的典型代表。但这种理论发展已超出解释领域而进入构成要件理论,就刑法解释而言,当然还是采形式解释。

但采形式解释论并不意味着一劳永逸地解决了问题,因为无论是形式解释论还是实质解释论,都只是一种解释立场,在解决具体案件中,仅仅选取了哪一种解释立场是远远不够的,它还需要就具体案件情况对刑法条文进行富于针对性的和具有操作性的具体解释规则和标准。这一问题是从形式解释论与实质解释论之间争论的另一个关键的核心问题——解释的限度问题中显露并展开的。所谓解释的限度,通俗地讲就是,解释的边界在哪里?

陈兴良教授认为形式解释与实质解释的根本区别在于:"能否通过实质判断将实质上值得科处刑罚但又缺乏形式规定的行为入罪?"[3] 陈兴良教授自己给出的答案当然清楚,即持否定回答,并针对实质解释论者提出的"对于实质上值得科处刑罚但又缺乏形式规定的行为,实质解释论主张在不违反民主主义与预测可能性的前提下,对刑法作扩张解释"[4] 观点,批判实质解释突破了解释限度,践踏了罪刑法定原则。但实质解释论者则对此批判坚决予以否认,坚称自己也遵守了罪刑法定原则。在实质解释论者看来,形式解释论者将"缺乏形式规定"理解为"法无明文规定",那么当然"通过实质判断将实质上值得科处刑罚但又缺乏形式规定的行为入罪"是违反罪刑法定原则的,但实质解释论论理解的所谓"缺乏形式规定"可能仅仅是指在现实中出现的案件事实在文字表述上并未包含在制定刑法当时所理解的通常含义(形式规定)之内,但却涵摄于法条用语的可能含义之内,也即属于"法有明文规定"的类型,因此并非"法无明文规定"。

之所以作出这种辩解,在于实质解释论深知实质解释的强大解释力量,容易引起人们的担忧,因此宣称实质解释并非没有限制处罚范围,而仅仅是主张从形式意义上"限定的处罚"转向实质意义上"妥当的处罚"(前田雅英教授语),而要实现"妥当的处罚",实质解释论者提出了自设的限度标准:法条用语的可能含义,或称国民的预测可能性。实质解释论认为这两个概念为对实质合理性的追求设定了边界,制约着法官解释的权限以及可能带

[1] 参见陈兴良:《形式解释的再宣示》,载《中国法学》2010年第4期,第28~29页。

[2] [日]大谷实:《刑法总论》,黎宏译,法律出版社2003年版,第73~74页。

[3] 陈兴良:《形式解释的再宣示》,载《中国法学》2010年第4期,第35页。

[4] 李立众、吴学斌主编:《刑法新思潮——张明楷教授学术观点探究》,北京大学出版社2008年版,第67页。

来的对人权的不当侵犯。

一般认为,形式解释是反对这两个概念的,认为他们含义模糊,并不能有效划定解释范围,因而支持拘泥于刑法条文的字面意义的解释,但有意思的是,陈兴良教授却不这么认为,他认为:"实际上,可能的语义并非实质解释论的专利,形式解释论同样主张以可能的语义作为解释的边界。"[1]也就是说,陈兴良教授认为形式解释也是在刑法条文的语义可能范围内进行解释的,这与传统意义上的形式解释存在较大差异。可是这样一来,形式解释与实质解释已无分别,那么在两种不同的解释方法都能达到共同的解释目标时,两者的区别意义何在?对此,陈兴良教授解释说,实质解释只是在名义上宣称要在语义可能范围内进行解释,但并没有真正做到这一点,实质解释的真正判断标准是处罚必要性,而在处罚必要性的实质标准下,语义的可能范围标准并没有得到遵守,而是随时可以突破。"真正决定解释容许范围的是处罚必要性而非可能的语义。可能的语义是随着处罚必要性的增大而不断扩张的,因而成为一条不设防的边界。在这个意义上的扩大解释,亦即实质解释根本没有预测可能性可言。"[2]尽管这么说确实指出了实质解释论的问题所在,有一定的道理,但语义的可能范围以及预测可能性本身即是存在疑问的,即它们都是一个模糊的概念,其本身并不能提供一个客观可实际操作的标准,但即使这样,陈兴良教授仍然顽强地说服了自己,认为有这样一个标准总比没有好,"因为可能的语义作为一种形式要素为刑法解释划定了边界"[3]。但正如我国学者所指出那样:"语词的最大可能含义、国民的预测可能性,这两个概念无论怎么来看都是显得那么含糊,这两个概念中所共有的'可能'一词就是这种含糊性的鲜明写照。一个词语的含义具有某种客观性,这种客观性的来源是人们在使用这一词语过程中形成的共识,是一种共识意义上的客观性。对于词语的核心含义,人们可能具有比较强的共识,然而,随着向模糊边缘的延伸,人们的这种共识会越来越弱,共识的衰弱就是客观性的衰弱。所以,越趋向于模糊的边缘,主观性所起的作用就越大,以至于最后'某种事物是不是在刑法词语的最大可能含义之内'这个貌似知识性的问题,我们根本就无法通过知识性的探究而给出回答,而只能借助于一种价值性的判断。……语词含义在边缘地带的客观性的失落导致了边缘的不确定性,词语的最大可能含义边界的不确定性也导致了可操作性的缺乏,我们不可能以此为标准去判断是否有所逾越,在这里,实际上不存在一个客观的标尺。……一个语词并不存在一个客观的'最大可能含义'范围,所谓的'最大可能含义'实际上是一个不断地被塑造着的东西,这种塑造是一个永远也没有尽头的过程,而'最大可能含义'则永远是一件未完成的作品。"[4]因此,通过所谓的语义的可能范围或法规范的预测可能性来限定解释边界可能只是一种虚妄。从这种理论困境可以看出,即使采取形式解释论,在解决具体问题时仍存在难以克服的困难。

---

〔1〕 陈兴良:《形式解释的再宣示》,载《中国法学》2010 年第 4 期,第 36 页。

〔2〕 陈兴良:《形式解释的再宣示》,载《中国法学》2010 年第 4 期,第 37 页。

〔3〕 陈兴良:《形式解释的再宣示》,载《中国法学》2010 年第 4 期,第 37 页。

〔4〕 许浩:《刑法解释的基本立场》,载《东方法学》2008 年第 6 期,第 143 ~ 144 页。

二、主观解释与客观解释的目标定位及存在问题

一般认为,与形式解释和实质解释关涉解释立场不同,主观解释与客观解释则关系解释的目标定位。而关于刑法解释的目标定位问题,当前学界存在主观说、客观说和折衷说三种观点:1. 主观说(又称立法原意说,即主观解释论),其基本观点是:刑法解释的目标应是阐明刑法立法时立法者的原意,一切超出立法原意的解释都是违法的;2. 客观说(又称法律客观意思说,即客观解释论),该说认为,刑法解释应以揭示适用时刑法之外在意思为目标,即刑法解释的目标就是阐明解释时刑法条文客观上所表现出来的意思,而不是立法者制定刑法时的立法原意;3. 折衷说(又称综合解释论),该说又复分为以主观说为基础的折衷说和以客观说为基础的折衷说。[1]

具体言之,主观解释论(主观说)认为,由于构成要件是法定的、先在的、体现立法当时法律意志(人民意志)的,其类型和内涵也就在立法时确定,自然对构成要件的理解也就只能依立法时确立的意蕴进行解释和判断,并认为这是罪刑法定的要求。一般认为,传统解释学、三权分立说和法的人权保障理念构成了刑法解释主观说的三大理论支柱。相反,客观解释论(客观说)则认为,法律一经公布,即具有独立性,与立法者意志相脱离,对法律规范的解释只能根据法律的客观意义进行客观地解释,由于法律解决的是当下的问题,因此法律规范的含义与应随着时代的发展而适时地予以补充,以适应不断发展的社会需要。质言之,客观说强调刑法文本的含义应时而变,不应该追寻那虚无缥缈的立法原意,文本只有与当下的时空相结合所表现出来的含义才是文本的真实含义。哲学解释学的理论构成了客观说的思想基础。而折衷说则试图综合两者之长,只是由于立基点的不同而出现分殊。

在深入讨论主观解释与客观解释之前,笔者认为有必要先澄清主观解释和客观解释与形式解释和实质解释之间存在何种关系,因为这直接关涉对主观解释与客观解释的选择。在此问题上,有人认为主观解释就是形式解释,客观解释就是实质解释[2],如我国学者梁根林教授认为:“法律解释论关于法律解释的目标向来就有主观解释论与客观解释论、形式解释论与实质解释论之争。主观解释论强调探询立法者的立法原意,这是一种强调尊重和忠实于立法者通过法律文本表达的立法原意的解释论,因而亦称形式解释论。而客观解释论则着重发现法律文本现在应有的客观意思。简言之,这是一种强调法律文本的独立性、试图挣脱立法者的立法原意,而根据变化了的情势与适用的目标,挖掘法律文本现在的合理意思的解释论,因而又称为实质的解释论。”[3]在此,梁根林教授将主观解释论等同于形式解释论,而将客观解释论等同于实质解释论。但多数学者还是反对将形式解释与主观解释、实质解释与客观解释简单对应的看法,认为形式解释与实质解释是对解释限度的分

〔1〕 参见许浩:《刑法解释的基本立场》,载《东方法学》2008年第6期,第137~138页。

〔2〕 参见郭晓红:《刑法解释的立场——主观解释的提倡》,载赵秉志主编:《当代刑事科学探索》,北京大学出版社2010年版。

〔3〕 梁根林:《罪刑法定视域中的刑法适用解释》,载《中国法学》2004年第3期,第122~123页。

类,而主观解释与客观解释是对解释立场的分类,不能混同。如陈兴良教授就认为,"上述两者并不是同一个问题。主观解释论和客观解释论之争主要解决的是刑法条文的含义应不应该随着时间、外部世界以及人们的价值观念的变化而流变的问题,而形式解释论与实质解释论之争主要解决的则是解释的限度问题,即解释是否只能严格遵循刑法条文的字面含义的问题。因此,主观解释论与客观解释论和形式解释论与实质解释论之间,虽然存在某种重合,但还是两个不同的范畴。"[1]笔者支持通说的见解,即形式解释与实质解释、主观解释与客观解释是依据不同标准进行的分类,两者并不等同。

需要特别指出的是,与上述通说所理解的不同,笔者以为主观解释和客观解释虽一般被理解为解释目标之争,但其实质仍是解释限度之争,在这一点上,其与形式解释和实质解释殊途同归。质言之,同形式解释和实质解释需要解决的问题一样,主观解释和客观解释的"目标"也是在于是否将随着时代的发展而出现的"新行为"、"新现象"纳入构成要件范围。主观解释论从以往的经验出发,在尊重立法者原意的意义上解释构成要件的含义,体现出回顾姿态,并在解释的范围上表现出封闭性,即主张回顾性地、封闭地解释构成要件。而客观解释论则不满足于这种经验的态度和静态的、封闭的、保守的思维方式,主张同时代地、开放地解释构成要件。因此,在对待"新行为"、"新现象"时便答案迥异,前者一概拒绝,后者则愿意将通过解释予以承认的部分"新行为"纳入构成要件范围。

虽然形式解释与实质解释、主观解释与客观解释并不等同,但也不容否认,主观解释论和客观解释论与形式解释和实质解释论存在着某种极深的渊源。一般认为,主观解释论与形式解释论一脉相承,而客观解释论与实质解释论则更为亲近,因此,形式解释论者一般都主张主观解释论,实质解释论者都主张客观解释论,例如张明楷教授,作为实质解释的代表人物的同时也是坚定的客观解释论者。但有意思的是,在对待主观解释和客观解释上,陈兴良教授的观点与传统形式解释论观点不同,他自称客观解释论者,这多少让人吃惊,因为按一般理解,陈兴良教授作为形式解释论应当秉承主观解释才对,而他对其主张客观解释的立场也未多作解释,这便令人难以理解。笔者揣测,要想对此作出合理解释,极有可能与陈兴良教授对客观解释的含义与传统形式解释论者存在不同的理解有关。可能在陈兴良教授看来,所谓客观解释的客观,是指条文含义是一种先在的东西,它是客观的、固定在条文中的、不以时间、空间、解释主体的不同而有所不同,即使要考虑立法愿意,也只是作为解释的出发点甚至参考,也即无论是立法原意也好,其他的解释方法也罢,都不能改变固定在条文中的客观含义,这样一来,也就和他一贯的形式解释立场一脉相承,不难理解了。

事实上,如陈兴良教授如此理解也并非只此一家。在将法律解释理解成"法律决定论"和"法官主观论(司法主观性)"这一分析架构中,"法律决定论"对应的是"主观解释论","法官主观论"对应的是"客观解释论",这一现象至少在名称上给人们的观感是相反的,多少令人感到有点别扭。问题就出在解释的视角不同,主观解释论与客观解释论是根据解释目标的不同而作出的分类,法律决定论和法官主观论则是根据解释者(解释主体)

---

〔1〕 陈兴良:《形式解释的再宣示》,载《中国法学》2010年第4期,第27~28页。

的不同而作出的分类,就两者所要表达的意蕴来看,实质上并无区别。考虑到行文的一致性,本文仍按照刑法学界的认识采主观解释论与客观解释论的提法,但提请读者注意这两种说法的差别。

在明晰主观解释和客观解释与形式解释和实质解释之间的关系后,根据笔者形式解释论的立场,本文在主观解释和客观解释之间的取向已然呼之欲出。首先,绝对的客观解释论不宜提倡。尽管持这种客观解释论的学者提出了许多具有强大说服力的理由,[1]但正如有学者指出的那样,"虽然与形式解释和实质解释不一定具有对应性关系,但是可以肯定的是绝对的客观解释必然与实质解释相契合的,……(客观解释)只能借助于法律的目的这种实质的工具,从而容易脱离条文的原意而仅根据时代的发展作出合目的性的解释结论。"[2]即便同样赞成客观解释论的陈兴良教授也对纯客观的解释论抱有疑问:"离开了法律文本的意义,像激进的客观解释论者所主张的那样,从根本上否认立法意图的存在,就已经不是在解释法律,而是在创制法律了。因此,只有从解释的特定含义出发,才能进一步阐发如何解释的问题,我认为,刑法解释应当坚持罪刑法定原则,不得僭越刑事立法权,坚持严格解释。"[3]其次,纯粹的主观解释论也不宜过分强调。虽然笔者主张形式解释论,而形式解释论与主观解释论具有相当亲和的关系,但毕竟形式解释与主观解释不同,形式解释并不当然排斥客观解释。笔者认为,在坚持对构成要件进行类型化思考的前提下,如果某些"新行为"、"新现象"符合行为类型的话,可以也应当纳入构成要件范围。因为任何事物都应保持一种开放的性质,只有保持开放的态度,理论才能发展,实践才能进步,达致某种永恒才能成为可期目标,"流水不腐,户枢不蠹"讲得就是这个道理。这一判断同样适用于法律,法律之树要想常青,必须对生活事实开放,"解释者应当正视法律文本的开放性,懂得生活事实会不断地填充法律的含义,从而使法律具有生命力。"[4]否则,刑法必然成为一种"死法",而不能适用于当前复杂的生活事实。当然,这种开放也不是无限的和无规则的,它需要受到罪刑法定(行为类型)的形式约束和公正程序的外部制约,在这两项条件的制约下,客观解释便是可行的。因此,笔者的结论便是应当采取一种以主观解释为限制的折中的解释论,即通过引入主观的解释来限制对法条目的的过度追求,以此维护罪刑法定原则。这一立场不仅是德国刑法学通说的观点,如著名刑法学家雅克布斯教授认为:"应当尝试在客观理论和主观理论之间,以下列方式寻找到一种综合体:尝试将法律中所明确表述的历史上的立法者的意志——即便是提示性的——作为标准的意思内容而加以尊重和忠实。"[5]而且也是德国法学及法哲学界的共识,如著名法哲学家罗伯特·阿列克西就指出:"如果没有特殊理由,表述法律的规定内容或者立法者当时意志的推论方法比其他

〔1〕 参见张明楷:《法益初论》,中国政法大学出版社2003年增订版,第196页以下;张明楷:《刑法分则的解释原理》(上),中国人民大学出版社2011年版,第27页以下。

〔2〕 王俊:《犯罪论的核心问题》,北京大学出版社2012年版,第7页。

〔3〕 陈兴良:《本体刑法学》,商务印书馆2001年版,第25~26页。

〔4〕 张明楷:《实质解释的再提倡》,载《中国法学》2010年第4期,第67页。

〔5〕 [德]汉斯-海因里希·耶赛克、托马斯·魏根特:《德国刑法教科书》(总论),王世洲译,法律出版社2005年版,第89页。

推论方法优先。"[1]

此外,需要附带指出的是,在法律解释学中,特别是在德国刑法学中,并无形式解释论与实质解释论之分,而只有客观解释论与主观解释论之别。之所以如此,可能由于形式解释作为通说,乃是德国法学界的不争事实,自无必要提出所谓实质解释论,更重要的是,在笔者看来,客观解释论与主观解释论才正是刑法教义学上有意义的争论,因为它既渊源于刑法理论的悠久历史传统,奠基于深厚的传统解释学、哲学解释学基础,又使罪刑法定、三权分立学说得到充分展开讨论,因此,主观解释与客观解释较之形式观解释与实质解释可能更符合刑法教义学原理。

以主观解释为限制的折中的解释论既顺应了时代发展的需要又在主观解释限制之下不至于演变为恣意解释,成为脱缰野马,兼顾了主观与客观,实现了静态与动态的平衡,体现了人权保障与法益保护的刑法精神,可以说是一种理想状态。但这毕竟只是一种理想状态,问题却依然存在:一是由于考虑到客观解释,引入了价值判断,则不得不面对一个问题,即如何确保价值判断的明确性?二是,既然采折中的解释论,那么至少在存在争议的场合,究竟应当采取何种有效手段来平衡主观与客观、静态与动态、人权保障与法益保护等诸多二元因素之间的关系,从而切实达到目标意义上的理想状态呢?显然,仅仅依靠折中解释论自身是不能解决这些问题的,因此,一如形式解释论所处的困境,无论以主观解释为限制的折中的解释论有多么理想,它也无法做到解决一切问题,而只能作为一种解释的立场、方法、态度来为生活与案件事实的解决提供某种指引和方向,却无法越俎代庖。

三、由实体性考量向程序性议论的现代化转向

对于上述令人有点悲观的论调,可能有人会批评笔者陷入了不可知论的泥淖,可能使司法办案成为一个不可能的事情,其实不然。对此我国有学者提出了"实用主义的刑法解释立场"命题作为解决方案,认为:"什么是'允许的类推',什么是'禁止的类推',不应该由某一个人说了算,而应该交由公众来判断,由公众的强势共识来决定。"[2]但这样一来,无异于把刑法的解释推给根本无法确定的"公众"来解决,貌似合理,但却根本无法得到实施,更使法的安定性和规范性破坏殆尽,重新回到论者所批判的语义的可能性或预测可能性标准上,甚至有过之而无不及,因此,这样的解决方案难以得到支持。但论者提出的命题及思路却为我们提供了另外一种可能的解决问题的方向。

事实上,所有的解释都只是实用主义法学的方法与手段,因为所谓解释就是要将抽象的法条通过解释的媒介适用于具体案件事实,而不是单纯的文字游戏,否则解释将失去存在的意义。实用主义法学在其发展过程中,出现了一种由"解释"向"议论"的发展方向,并形成了"基于实践理性的法律议论的各种学说"。根据这种观点,传统法律解释的核心是法律推理,推理的方法是形式逻辑三段论,立论前提是主观与客观两分模式,而法律议论学

---

〔1〕 季卫东:《法治秩序的建构》,中国政法大学出版社 1999 年版,第 111 页。

〔2〕 许浩:《刑法解释的基本立场》,载《东方法学》2008 年第 6 期,第 147 页。

说(也可称为"法律论证理论")的核心则是建立在充分的交互性基础之上的说服或形成合意,而形成合意的方法则是正当程序保障下的议论(论证),立论基础也由主观与客观之间的互动关系转变为主观与主观之间的互动关系。而之所以出现由"解释"向"议论"这种理论转向,从形式上说,按照法律议论学说代表人物、德国著名法哲学家托尔敏的观点,"法律三段论只管形式和极其单纯而特殊的论证,把各种不同领域的复杂的论证都削足适履地塞进一个框架里,结果会导致议论的贫困化"。[1] 换言之,"形式三段论的宗旨是通过脱离日常语言来实现逻辑思维的纯粹性和逻辑计算的精确性,而托尔敏的宗旨恰恰相反,是想把日常语言也纳入逻辑学里面,从而将这种被普遍性大前提拒之门外的各种日常惯用语通过保证和根据的不同、各方面的根据相互之间的不同反映出来。"[2] 从实质上说,按照另一法律议论学说大师、德国著名法哲学家阿列克西的说法,法律议论是一般性实践议论的特殊事例,包括内部正当性与外部正当性两个方面,传统的法律解释只是外部正当化的课题,其内部正当化则来自于在正当程序保障下的说服过程。[3] 换言之,传统的法律解释理论在全部法律问题中只能解决外部正当化问题,而要切实解决法律问题更为关键的还是要实现内部正当化,只有在充分尊重民众特别是当事人的意见,在一定程度上反映了社会的共同意志和普遍利益,在人民内心得到认同的时候,即实现了内部正当化的基础之上,法律效力才能得到落实,法律问题才能得以解决。

内部正当性与外部正当性的分立实质上表现为一种精英话语与大众话语在解释立场、逻辑和策略上的分殊。精英话语是一种较为职业化的主张,其内在的基本立场在于,预设现行制定法的正当地位,确信法律规定本身就具有极为重要的追寻意义,并且法律本身具有高度的技术性,在专业与普通话语之间横亘有"专业槽",非精英不足掌握。与精英话语相对,大众话语是一种较为"业余化"的主张,但却是一种朴素、直接甚至更为开放的主张。这种主张认为,所谓法律本身,也只不过是社会需求、经济发展有民众诉求的集中显现而已,因此法律并不存在专门的、高度技术化的另类逻辑,法律的逻辑归根到底就是生活的逻辑。制定法本身并不是什么不可放弃的终极追寻,相反,法律的根本基础在于民众的愿望与诉求。当然,大众话语也并不是完全无视法律的规定,而是不将法律的内在价值奉为圭臬,强调当法律的规定与外在的社会价值对立冲突时,应以后者作为规范适用的最终依据。[4]

在内部正当性与外部正当性、精英话语与大众话语的博弈中,最应该引起我们关注的是,无论是在解释还是在议论与说服过程中,正当程序的保障是至关重要的,可以说,没有正当程序的保障,一切解释与议论都是空谈。阿列克西的理论被称为"程序性法律议论观",这种理论的出发点是:只有当规范性判断是按照议论规则制定的程序的结果时,该判

〔1〕 季卫东:《法治秩序的建构》,中国政法大学出版社1999年版,第107页。

〔2〕 季卫东:《法治秩序的建构》,中国政法大学出版社1999年版,第107页。

〔3〕 参见季卫东:《法治秩序的建构》,中国政法大学出版社1999年版,第110~112页。

〔4〕 参见杜宇:《重拾一种被放逐的知识传统:刑法视域中"习惯法"的初步考察》,北京大学出版社2005年版,第151~152页。对法律解释中的精英话语和大众话语,刘星先生也有极为精彩的分析,可参见刘星:《法律解释中大众话语与精英话语》,载梁治平编:《法律解释问题》,法律出版社1998年版。

断才是正确的,也就是说,法律议论的质量、论据的适当性以及某一判断或者规范是否妥善取决于合理的议论规则与程序。另一法律议论大师哈贝马斯更是径直将其“真理合意论”称为“程序性正义论”,而为了克服哈贝马斯理论中“真理的合意有可能在无限反复的过程中越来越陷入相对主义的泥潭而难以自拔”的弊端,建构法学则意图用法治国原理以及程序性条件通过各种论据之间的整合性和序列性来协调主观和客观的关系并限制合意的无限反复。从以上理论发展的脉络联系可以看出,法律议论各学说之间的最大公约数就是对程序的强调,可以说,正当化的程序构成了各学说最为核心的学术支撑力量。

事实上,程序不仅仅在法律议论中占据核心地位,甚至在现代社会发展生成中起着极其关键的、不可替代的重要作用。由于现代程序具有限制恣意、保证理性选择、衔接过去与现在及至未来、制度化交涉过程的强大机能,使得社会的自发性有序化的机制得以定向运作,因此,“在旧的身份共同体关系的解体与资本主义新秩序的确立这一历史过程中,有两项制度起到了神奇的作用。一个是社会或私法领域里的契约,另一个是国家或公法领域里的程序。……程序与契约有异曲同工之妙,它也是既可以千变万化,又可以不离其宗。它使无限的未来可能性归于一己,从而提供了为形成新的规范所需要的法律体系的开放性结构、适应能力和可塑性,它在控制自由的前提下保障了自由,从而使自由从意识形态变成了物质形态。”〔1〕

综上所述,法律议论是在法律解释的基础上发展而来的,从某种意义上说,法律议论也是一种法律解释,只不过的解释的路径由主观与客观这样的封闭模式转为主观与主观的开放结构,而在议论过程中又依正当程序得以展开,最终达于合意,使具体纠纷事实得以在一种形成共识的前提下获得较为圆满的解决。在这一完整法律运行过程中,法律解释得以在程序、议论、合意等“函三为一”的多元结构中来把握,这一多元结构用法治国家原理以及程序性条件来限制法官的专断,用议论以及对话性论证来实现理想意义上的合意,通过各种论据之间的整合性和序列性来协调主观和客观的关系并限制合意的无限反复,可以说是一种非常巧妙的弹性结构的设计。联系前述形式解释与以主观解释为前提的折中解释所面临的困境,这一“三合一”的多元结构可以为脱离困境提供一个较为可靠的分析框架。具体言之,对于形式解释通过所谓的语义的可能范围或法规范的预测可能性来限定解释边界但难以确定的困难,可以在正当程序所架构的交互的场域内,通过相互的辩难,逐步达致一种双方或多方的共识(也可谓一种可控的、能进行规范引导的共识,而不是所谓“公众共识”这种虚无缥缈的东西),并最终形成一个合理的、双方都能接受的解释结论。对于以主观解释为前提的折中解释论如何确保价值判断的明确性及采取何种有效手段来平衡主观与客观、静态与动态、人权保障与法益保护等诸多二元因素之间的关系的难题,可以通过充分而平等的发言机会,对各种主张和选择可能性进行过滤,找出最适当的价值判断和最佳的决定方案,并通过精巧而富于弹性的议论结构,吸收不满和疏导矛盾,使解释决定为多名诉讼参与方所接受,进而最终实现主观与客观、静态与动态、人权保障与法益保护的平衡。

〔1〕 季卫东:《法治秩序的建构》,中国政法大学出版社1999年版,第39页。

一个真正的合理的刑法解释不仅要在罪刑法定的实体限制下,还要在公平程序及充分议论并达于合意的过程中才能获得,后者在司法实践中可能更为重要。因此,现代刑法解释要由实体性考量向程序性议论转变,坚持实体与程序两个向度并重,并以程序和议论为双轨实现刑法解释学的规范化、体系化和制度化。

罪刑之具体均衡:宣告刑的形成与影响因素*

刘　军**

摘　要:宣告刑是罪刑均衡的具体落实,是法定刑的具体化和个性化,一旦考虑到具体犯罪行为的违法性大小和有责性大小,该当之刑罚也便可以确定下来,如果有必要再加上刑事政策以及个性化的考量,这便是宣告刑。因此,宣告刑的形成应当包括对已然之罪和未然之罪的考虑,宣告刑的组成应当包括该当之刑罚与政策之刑罚,所有与以上两种刑罚相关的量刑因素最后一起决定并最终确定了宣告刑。

关键词:量刑方法;罪刑均衡;宣告刑

法定刑是一种“裸”的与犯罪行为的可谴责性相匹配的刑罚量,之所以是“裸”的行为和刑罚量之配比,是因为构成要件中规定的实行行为是抽象的、概括的、客观的、典型的、定型行为,因而其刑罚量也只能是一个依据可谴责性所对应的刑罚范围,有的可能包括数个刑种,即使只有一个刑种也可能包括数个幅度;〔1〕但是,法定刑毕竟是“思维中的具体”,或者说,虽然是“裸”的,但“体”已存在,只是尚未具体化和个性化,只是尚未考虑具体情形中犯罪行为的违法性大小和有责性大小所对应的刑罚量以及与行为人个性相关的因素,因而是待具体化和个别化的刑罚量,一旦考虑到犯罪行为的具体的违法性大小和有责性大小,该当之刑罚也便可以确定下来,如果有必要再加上刑事政策以及个性化的考量,这便是宣告刑。如果说法定刑关注的是抽象行为的可谴责性这一共性,宣告刑则是依据具体案件特殊性和犯罪人的个性所判处的刑罚,关注的是具体行为之该当与刑事政策之个性考量,是一般与具体、普遍与特殊、共性与个性的关系。不同案件之间的刑罚之所以能够相互比较,全在于该当之刑罚是量刑的基础,相似案件之间的刑罚之所以可以不同,端在于刑罚之政策考量以及行为人个性的差异。

---

* 基金项目:国家哲学与社会科学后期资助项目“罪刑均衡的理论基础与动态实现”(14FFX041);山东省法学会课题“该当与危险:新型刑罚目的对量刑的影响”(SLS(2014)G5)的阶段性成果。

** 刘军(1972—),男,山东济宁人,山东大学(威海)法学院教授、硕士生导师;中国政法大学刑事司法学院博士后研究人员。

〔1〕 参见刘军:《法定刑配置的原则与方法》,载《法律方法》(16),山东人民出版社2014年版,第255页。

一、宣告刑的概念界说

宣告刑是司法机关在法定刑的范围内依据案件具体情形和犯罪人个性所作判决而量定的刑罚,一般情况下宣告刑都是具体的、确定的刑罚量。[1] 如高铭暄等认为,“宣告刑是法定刑的实际运用,是审判机关对具体犯罪案件中的犯罪人依法判处并宣告的应当实际执行的刑罚”;[2]张明楷认为,“宣告刑是人民法院对具体犯罪判决宣告的应当执行的刑罚。”[3]当然,宣告刑与执行刑还不相同,在我国由于减刑、假释等刑罚执行制度的普遍适用,宣告刑一般均非实际执行的刑罚,实际执行的刑罚一般都要比宣告刑在刑种上要轻或者在期限上要短,因此,宣告刑仅指判决确定时所公开宣告的刑罚,确定宣告刑的过程其实就是量刑过程,宣告刑是在定罪的基础上进行刑罚裁量的结果,是法定刑的具体化。

我国大陆学者在刑法教科书中界定法定刑与宣告刑之间的关系时,一般都不谈及处断刑的概念,当然可以将处断刑理解为广义的法定刑,但仍然需要明确处断刑是对法定刑的修正,与宣告刑并无直接的关系。“法院根据法定刑而为刑罚之宣告,故宣告刑在原则上乃以法定刑为基础,然而法定刑在法律上及裁判上常有加重或减轻之事由,有此事由,则为科刑之根据者,乃法定刑加重或减轻之后刑度,学者称之为处断刑,换言之,宣告刑在刑有加减时,乃以处断刑为基础而宣告之。”[4]明确这一点非常重要,因为对处断刑的理解会涉及到整个量刑过程的布局,或者说量刑步骤的设计。而且,如果考虑到处断刑在量刑过程中的位置和功能,那么宣告刑概念的恰当表述就应该是,“宣告刑,是指在法定刑——具有加重减轻事由时就是处断刑——的范围内,所量定的具体的、被宣告的刑罚。”[5]因此,所谓的宣告刑是指司法机关在法定刑——具有加重减轻事由时就是处断刑——的范围内依据案件具体情形、刑事政策和犯罪人个性所作判决而量定的具体刑罚。

那么,宣告刑能否突破法定刑呢? 易言之,宣告刑是否只能在法定刑的范围内进行量刑呢? 如果广义地理解法定刑(即包括了处断刑),这一判断并没有问题,因为任何司法判决都只能依据罪刑法定原则而为之,必须体系性地理解刑法条文所规定的法定刑,而不能割裂总则和分则,机械地认为法定刑仅指刑法各本条中规定的具体的刑罚;但是如果狭义地理解法定刑,正如本书所理解的那样,仅指刑罚法规具体个罪中规定的刑罚,那么宣告刑是否能够突破法定刑还有待进一步厘清。因为,如果介入处断刑,或者说,如果存在总则对分则法定刑进行修正的事由而形成处断刑宣告刑则应当是在处断刑的范围内最后量定;但是,修正法定刑的事由一般包括加重、从重、减轻、从轻四种情形,对于加重或减轻事由,修正法定刑所形成的处断刑范围就可能会突破法定刑原本的上限或下限,从而最后决定的宣

[1] 虽然存在所谓的不定期刑,但是当前随着教育刑思想的没落,不定期刑已经不再普遍适用。
[2] 高铭暄、马克昌主编:《刑法学》,北京大学出版社、高等教育出版社2011年版,第325页。
[3] 张明楷:《刑法学》,法律出版社1997年版,第532页。
[4] 韩忠谟:《刑法原理》,中国政法大学出版社2002年版,第295~296页。
[5] 张明楷:《外国刑法纲要》,清华大学出版社2007年版,第410页。

告刑就可能突破原本的法定刑。[1] 当然,这只是理论上对法定刑概念内涵的不同理解所出现的分歧,其实此种“突破”并未违背罪刑法定原则。在我国,通说的刑法理论中并没有处断刑的概念,但是却有形成处断刑的总则性事由,我们一般将之理解为量刑过程中需要具体考量的因素或量刑情节,因此,在我国这一问题并不突出;而且,即使使用了处断刑的概念,因为我国并不存在总则性的加重事由,也不会突破法定刑的上限,从而依据并合主义的立场宣告刑可以向下突破法定刑,也不会存在是否违背罪刑法定原则的理解问题。因此在我国,宣告刑只能在法定刑的范围内量定是通说。

宣告刑是量刑的结果,在法定刑具体化的过程中,通常会介入法官的自由裁量。在相对确定的法定刑立法模式中,法定刑仅是一个相对确定的刑罚范围,司法裁判需要补充具体的量刑情节,最后经由法官自由裁量以形成宣告刑;但是法官决定宣告刑也并非完全地“自由”裁量,更不意味着法官的主观恣意,而是仍然必须遵循法律的规定和罪刑均衡的原则,确定与庭审中认定的罪责最相适应的刑罚,如,日本学者野村稔就认为,“宣告刑是指裁判所在处断刑的范围内考虑被告人到达犯罪阶段的具体情况,决定对犯人最相适应的刑罚,并向被告人宣告该刑罚。”[2] 有的国家的刑法典更加明确法官自由裁量权的限度,如意大利刑法第 132 条规定了“法官在适用刑罚时的裁量权:限度”,即“在法律规定的限度内,法官根据自己的裁量适用刑罚;他应当对这一裁量权的运用作出合理解释。除法律明确规定的情况外,在加重或者减轻处罚时,不得超越为各种刑罚确定的限度。”[3] 因此,宣告刑亦具有一定的客观性,必须是恰当的、合理的和均衡的刑罚,否则就可能因为量刑不当而成为上诉的理由,可见,法官在量刑中也应自觉地以罪刑均衡为指导、在法律规定的限度内权衡与具体行为和行为人个性所匹配的刑罚量。

虽然一般情况下宣告刑都是具体的、确定的刑罚量,但是历史上也曾经存在不定期刑。“所谓的不定期刑,一般是指,裁判时对犯罪人宣告不确定的自由刑刑期,根据行为人在行刑中的改善程度而决定自由刑之终期的一种制度。其中,在裁量时完全不确定刑期的情况为绝对不定期刑,而仅宣告刑期的上限和下限或者其中之一的情况为相对不定期刑。”[4] 近现代意义上的不定期刑一般是指相对的不定期刑,因为绝对不确定刑违反罪刑法定原则基本上没有实践应用,其理论基础是刑事实证学派提出的特殊预防思想和刑罚个别化理论,为了达到社会防卫为的目的,新派针对旧派僵化的刑法教义学思想以及其在面对日渐高涨的犯罪浪潮时所表现出来的措施乏力等弊端,提出了以教育、改造犯罪人作为刑罚目的、以消除犯罪人人身危险性为指标的刑罚理论,以便促使犯罪人复归社会。不定期刑的思想最早是由英国的本杰明 · 拉什提出来的。他提出,刑罚应考虑罪犯的特点及复归社会的需要,判决刑期不应让罪犯知道,1827 年法国的查尔斯 · 卢卡斯提出了比较完整的不定

---

〔1〕 参见刘军:《减轻处罚的功能定位与立法模式探析》,载《法学论坛》2015 年第 3 期。

〔2〕 [日]野村稔:《刑法总论》,全理其、何力译,法律出版社 2001 年版,第 484 页。

〔3〕 《最新意大利刑法典》,黄风译注,法律出版社 2007 年版,第 48 页。

〔4〕 何荣功、段宝平:《不定期刑探讨》,载《中国刑事法杂志》2001 年第 4 期,第 26 页。

期刑计划,将不定期刑的执行分为数个阶段。[1] 美国曾经是不定期刑的坚定支持者,1896年的密执安州的《三年法》规定对妓女可以判处3年以下的不定期刑拘禁,1877年纽约州艾尔麦拉矫正院(Elrnira Reformatory)对16岁以上30岁以下的受刑人实施了不定期刑制度,确立了刑罚适用之"改造模式",1946年《少年法》在美国得到推广,纽约等38个州的刑罚以及联邦刑法对成年人也规定了不定期刑。欧洲的情形是,除了瑞典和德国对少年犯实施之外,则普遍没有采用不定期刑。[2] 但是,随着教育刑差强人意的社会效果以及可能对人权带来侵害等副作用,质疑之声不断,自上个世纪60年代,世界各国普遍废止了不定期刑,即使保留不定期刑的国家也仅限于少年犯和累犯两种场合。[3] 我国并不存在不定期刑的司法实践,如张洪成经过仔细地考察和论证认为,"我国刑法无论从形式上还是实质上,均无不定期刑制度的存在。"[4]因此,在我国宣告刑都是具体的、确定的刑罚。

综上,宣告刑是司法机关在法定刑的范围内依据案件具体情形和犯罪人个性以及刑事政策,所决定的具体的、确定的刑罚量。宣告刑决定的作出应当遵循罪刑均衡的要求。

二、已然之罪还是未然之罪

该当性理论是报应主义主导的刑罚理论,虽然对报应主义作了修正;是一种"使每个人获得其应得的东西"的正义理论,虽然只能以经验性该当的方法实现相对的均衡;该当性理论主要是一种回顾性的理论,虽然修正的该当性理论并不反对有限制的前瞻性。可以说,该当性理论最大的优势就是为我们提供了一种正义的刑罚分配理论但又补齐了短板,不但坚持了正义而且兼顾了均衡,易言之,强势正义、弱势均衡的报应刑理论在经过了经验性该当的改造之后,弥补了弱势均衡的短板。在法定刑配置中,该当性理论所提供的原则与方法就是将抽象的犯罪行为依据其应受谴责性进行排序,然后与给定的刑罚进行序列上的匹配,以此达到罪刑之均衡,为应受谴责之罪匹配该当之刑罚。法定刑配置由于无需也无法考虑个案详情和个性差别,因此没必要也不可能强调刑罚之功利目的。那么,在决定宣告刑过程中,是否也应当仅仅按照此种分配原则与方法呢?是否还有其他因素需要考量?易言之,在决定宣告刑的过程中,是只考虑已然之罪还是要兼顾未然之罪呢?

已然之罪与未然之罪的划分,很好地说明了量刑所要考量的因素以及理论关注的重心之所在。所谓的已然之罪,是指已经发生之罪,如果量刑仅考虑已然之罪,其实就是指根据犯罪的严重性和应受谴责的程度进行量刑。当然,广义上的已然之罪是包括了被告人的犯罪历史的,即以前的定罪能否影响当前的量刑,赫希认为罪犯以前的犯罪记录与其该当性有关,"一位初犯,值得减轻惩罚",[5]尽管其他该当性论者并不同意此种观点。所谓的未

[1] 参见翟中东:《刑罚个别化的蕴涵:从发展角度所作的考察》,载《中国法学》2001年第2期,第46页。

[2] 参见[日]大谷实:《刑事政策学》,黎宏译,法律出版社2000年版,第127页。

[3] 参见张洪成:《不定期刑的历史命运》,载《刑法论丛》(16),法律出版社2008年版,第311页。

[4] 张洪成:《不定期刑的历史命运》,载《刑法论丛》(16),法律出版社2008年版,第327页。

[5] 参见[美]安德鲁·冯·赫希:《已然之罪还是未然之罪——对罪犯量刑中的该当性与危险性》,邱兴隆、胡云腾译,中国检察出版社2001年版,第86页。

然之罪,是指尚未发生的犯罪,包括正在接受司法裁判的被告人将来是否会再犯罪,以及社会上一般人是否会重蹈被告人之覆辙,其实也就是特殊预防和一般预防。将未然之罪作为量刑的考量因素,实质就是考虑预防犯罪的刑罚目的。如果量刑仅仅考虑未然之罪,一个永远也不会再发生的犯罪(包括行为人与社会上一般人),勿论该犯罪行为严重性程度有多大、可谴责性有多强,都无需定罪量刑;反之,如果一种犯罪行为难以被遏制,勿论是诱惑太大、难以被发现还是惩罚的成本太高,都应施以比该当的刑罚更高的惩罚;此种情形也适用于犯罪人难以被矫正的情形,就此也就考虑了犯罪人之人身危险性。易言之,如果仅仅考虑未然之罪,刑罚则无需该当,全看此种未然之罪是否能够被遏止或抑制,虽然对犯罪最强有力的约束力量是刑罚的“必定性”和“及时性”;[1]但是随着“必定性”和“及时性”的减降,如果仍然需要遏制该种犯罪,则就需要考虑刑罚的严厉性,以此抵消行为人作恶的侥幸心理,或因受到威慑而停止犯罪。由此可见,考虑已然之罪的刑罚理论是回顾性的,此为报应刑的主张;而考虑未然之罪的刑罚理论则是前瞻性的,是为目的刑的内容,二者分别代表了两种不同价值取向的刑罚观念。那么,该当性理论应当如何考虑已然之罪和未然之罪呢?

首先,犯罪历史对刑罚的影响问题。刑法首先应当是一个正义的理论,以实现犯罪行为与刑罚的正义之该当为首要的刑罚目的,亦即,依据犯罪的严重性和应受谴责的程度进行量刑,是刑罚得以正当化的根据。该当性理论支持的刑罚分配只能是回顾性的,而不能是前瞻性的,只能依据已然犯罪行为之可谴责性匹配该当或相称之刑罚。[2] 问题是,在坚持罪刑该当的前提下,能否考虑被告人以前定罪的情形,甚至只有考虑了被告人以前定罪的情形才能实现罪刑该当?在美国绝大多数该当性论者并不认同量刑考虑犯罪历史的观点,亦即“先前的定罪的有无与一位被定罪的罪犯的该当性无关”。[3] 赫希则依据该当性理论中的核心概念——“应受谴责性”就该问题提出了不同的意见,“那些以前的定罪改变了他正因之被据以判刑的现在的行为的严重性”,随后引用其《实现正义》(Doing Justice)一书的论述,“将初犯视为更不严重的理由是重新犯罪改变可以归于罪犯的应受谴责性程度。在估计一位初犯的应受谴责性时,应该在心里牢记,他在实施犯罪时,只是法律并非针对特定的人而做出的禁止的大量对象之一。但是,他的首次定罪则会明显而切身要求他对行为受到谴责予以注意。在这次定罪后的一次重复犯罪可被视为更应受谴责,因为他在通过他的以前的惩罚而因其行为受到强有力的非难后,坚持了该行为。”[4]对于此种论述,大部分学者并不认同,笔者认为,赫希在此混淆了——不管是故意的还是无意的——生活中的“应受谴责性”和刑法理论中的“应受谴责性”,虽然后者很可能来源于前者,而且仍然能

---

〔1〕 参见[意]贝卡里亚:《论犯罪与刑罚》,黄风译,中国法制出版社 2002 年版,第 68 页。

〔2〕 Andrew von Hirsch, “Desert and Previous Convictions in Sentencing”, Minnesota Law Review Vol. 65 (1980 - 1981), p. 92。

〔3〕 [美]安德鲁·冯·赫希:《已然之罪还是未然之罪》,邱兴隆、胡云腾译,中国检察出版社 2001 年版,第 86 页。

〔4〕 [美]安德鲁·冯·赫希:《已然之罪还是未然之罪》,邱兴隆、胡云腾译,中国检察出版社 2001 年版,第 87 页。

够通过解释前者而使后者的正当性得以解释,但是,刑法理论中的应受谴责性是针对犯罪行为的应受谴责性,犯罪行为是前提,在此之后才可以顺序考虑应否将责任归咎于行为人的问题,以前的定罪已经依据应受谴责的犯罪行为的严重性程度给予了惩罚,当然地,即使再犯也不应当再考虑以前的定罪,因为其已经因此受到了非难,否则就是有违该当性理论。但是也仅仅因为其行为触犯法律才能受到检视;该当性理论是回顾性的,但是也只能对于所犯"错误"给予一次非难。对一个人的犯罪历史甚至是生活历史进行追溯并因此而受到加重处罚是不正当的。当然,赫希也并没有认为再犯要加重处罚,而只是认为初犯的可谴责性降低了,因此可以减降处罚,"在对以前的犯罪行为的考虑是构成对初犯的惩罚中的一种折扣还是构成对累犯的一种溢价上,该当性论者始终存在争论。我将其表述为一种折扣。"[1]如此,被告人并非因为以前的定罪而受到更重的惩罚,而是如果被告人是初犯则可以成就减降刑罚的理由。这一说辞勉强可以为该当性理论所认可,尤其是通过"应受谴责性"这一语词搭建桥梁所作的解释,而且也是"回顾性"的,但其实,此种理论倾向恰恰是"前瞻性"的,区别对待初犯主要还是因为其人身危险性较小,真若如此,则与该当性并不相关甚至是悖反。另外,立法者在配置法定刑之时是否已经考虑了初犯的问题而配置了较低的法定刑下限,也是需要实际澄清的问题,否则就有可能出现重复评价。

倒是对累犯进行一种"溢价"处理比较符合人们的思维方式,但是所谓的"溢价"其实就是指溢出了原本该当的刑罚量,虽然我们无法确知该当的刑罚量为确切的哪一个点,但是如果超出了该当刑罚之上限,那么此种考虑便不再是正义的了,已经违背了该当性理论。因此,就对累犯进行所谓的"溢价"处理而言,也不能突破该当刑罚之上限,一言以蔽之,可以在该当的范围内"从重",但是不能突破量刑格而"加重"。这也与本书界定的该当性理论是一脉相承的。

其次,量刑能否考虑一般预防。多数学者认可刑罚之一般预防的功能,但却将刑罚的一般预防等同于威慑或威吓,即通过刑罚吓阻潜在的犯罪人以达到阻止其犯罪的效果。笔者对此难以苟同,因为一般预防大体上可以分为两类,一是,通过刑罚警醒、强化、支持国民的规范意识,进而对社会的规范意识起作用;二是,作用于有犯罪倾向的人的意识,抑止实施犯罪。[2] 前者我们可以称之为"刑法威胁要进行惩罚",此种"威胁"是刑罚本身影响人的切身利益的严重性所带来的自然而然的后果,而后者则是"通过刑罚进行威吓","威吓"本身就成了刑罚的目的;前者是正当的,是回顾性的,而后者却是功利的,是前瞻性的,二者存在很大的不同:"刑法威胁要进行惩罚"只要刑法本身是正义的,那么此种威胁就是刑法本身所具有的、所内涵的威慑效应,不管是主体性的人还是仅具有限理性的人如果能够从中学到一些什么样的知识和经验、能够因之而预测一些什么样的因与果,这些都是该当性理论所不反对的尽管不是该当性理论所追求或提倡的;而"通过刑罚进行威吓",则是把刑罚当作工具、把受刑人当作客体,惩罚便成为被利用的手段,不是因为你做了什么而受到惩

---

〔1〕 [美]安德鲁·冯·赫希:《已然之罪还是未然之罪》,邱兴隆、胡云腾译,中国检察出版社2001年版,第97页。

〔2〕 参见马克昌:《比较刑法原理——外国刑法学总论》,武汉大学出版社2002年版,第830页。

罚,而是为了防止他人重蹈覆辙而使你受到惩罚,在此,不但受到惩罚者而且意欲受到警戒之人也都只是工具或客体而已,刑罚的最终目的是所谓的整个社会的“福利”总量的增加。我们通常的观念中混淆了刑法本身所具有的行为规范功能和通过刑罚进行威慑的刑罚目的,二者犹如水火一般地不同。正义的刑法只是将“绝对命令”彰示于人,即通过惩罚的可能性来进行威胁,但绝不是通过惩罚一个人来威慑他或者其他人,以促进所谓的善或者福利。这是报应主义和功利主义的分水岭。

在当前折衷的并合主义理论中,威慑刑已经被否弃,不仅因为其把人当工具的思想倾向难以为大多数人多接受,而且因为威慑刑所带来的对罪刑之该当的突破违背了社会正义。至于说,“刑法威胁要进行惩罚”的一般预防,在司法阶段只要按照刑法的规定进行定罪量刑,实现了刑法由抽象到具体的转换,也就达到了一般预防的效果,在此意义上司法只是为了刑法在现实社会中的确证。由此,在司法阶段无需专门或特别地考虑一般预防,而只需考虑依据刑法定罪量刑、通过刑法的具体实施而实现一般预防的刑罚目的。

再次,量刑能否考虑特殊预防。特殊预防又被称为特别预防,即通过刑罚防止犯罪人重新犯罪,特殊预防也是前瞻性的刑罚思想。特殊预防从理论上通过威慑、保安和改善三种思想进行阐释,但“即使特别预防时,人道主义原则和犯罪与刑罚的关联性也是特别预防的界限。”〔1〕下面逐一进行解释:一是,威慑。威慑刑,有通过心理威吓阻止犯罪人再犯的功能,在原理上和性质上与一般预防相同,都是吓阻未然之罪;但是,一般预防是针对潜在的犯罪人或者说社会上一般人,因此无需已经实施犯罪便意欲吓阻,而特殊预防针对的是犯罪人本人,是在犯罪确立后通过刑罚从心理上对之进行威吓。威慑刑,无论是从一般预防还是特殊预防考虑,都无法摆脱把人当工具甚至当作狗来对待的诟病,因此通过威慑而实现特殊预防的目的不为该当性理论所容,在刑法领域基本上被全然否弃。二是,保安。即通过刑罚对犯罪人犯罪能力的剥夺,〔2〕如判处犯罪人自由刑则可以剥夺其刑罚执行期间的再犯能力,再如,判处罚金或没收财产以及从业禁忌则剥夺了其犯罪的经济基础甚至是犯罪的机会,从而起到防卫社会的目的。刑罚的保安功能来源于刑事新派的理论,虽然不能完全否定刑罚具备此种功能,但是单独的保安考虑不能成为独立的和唯一的启动刑罚的根据。三是,改善。所谓改善,是指“消灭犯罪人的犯罪的倾向,是所谓犯罪人的再社会化、社会复归。”〔3〕通过刑罚对犯罪人再社会化教育和改造,并最终重新复归社会并为社会所接纳,不但公平和正义得以实现、秩序得以恢复,而且社会重新恢复安宁,这是最理想的刑罚效果和最终的刑罚目的。社会复归曾经被认为是贯穿整个刑法的刑罚目的,“不论立法或裁判都期待犯人的社会复归。改善目的是贯穿所有刑罚目的的刑罚的中枢。”〔4〕美国在上个世纪70年代之前社会复归等教育刑思想一直占据主流,直到重新确立该当性理论的主流地位,才逐渐形成当前的“综合的刑罚目的观”,亦即在司法判决阶段仍然主要考虑

〔1〕 马克昌:《比较刑法原理——外国刑法学总论》,武汉大学出版社2002年版,第830页。
〔2〕 参见刘军:《该当与危险:新型刑罚目的论对量刑的影响》,载《中国法学》2014年第2期,第225页。
〔3〕 马克昌:《比较刑法原理——外国刑法学总论》,武汉大学出版社2002年版,第831页。
〔4〕 马克昌:《比较刑法原理——外国刑法学总论》,武汉大学出版社2002年版,第831页。

该当之报应,在此该当刑罚许可的范围之内可以考虑社会复归,到了刑罚执行阶段社会复归和再社会化便成了更加需要强调的因素。当然,改善之所以"退居二线"端在于教育刑差强人意的实际效果以及在实践中的确存在所谓的"改善不能者"。

究竟,量刑是否应当考虑特殊预防,应当区别对待。关于威慑和保安,刑罚并不全然否定随之而来的所谓的心理威慑、防卫社会等功能,但是这只能是刑罚本身所具有或附带的功能,也就是说,不能为了威慑或者保安而突破该当之刑罚,甚至成为动用刑罚的独立甚至是唯一的理由。至于说社会复归,一般情况下也不能突破该当之刑罚,但是对于未成年人,基于刑事政策的需要为了更好地再社会化和复归社会,可以突破刑罚的下限。

综上,刑罚必须以报应刑为基础,因为"刑罚,本质上必须是对过去的犯罪的责任,只有以此为基础才能被正当化",[1]而"即便站在将刑罚作为实现目的的手段的目的刑的立场上,也不能否定报应原理",因为"违反国民信念的相对主义,反而会招致国民对法秩序的不信任,致使刑法的维持社会秩序的终极目的难以实现。"[2]但是,在报应刑的基础上或者范围内考虑预防犯罪的刑罚目的也是完全可能的,尤其是当我们把报应刑看作呈现一定幅度的刑罚量的时候,[3]至于说考虑的刑罚目的,应主要从特殊预防、改过自新、复归社会等角度考虑。该当之刑罚并不必然反对刑罚目的的考量,正义只能是一个上下波动的范围,或者说正义的存在形式本身只能是动态的波动,但正是这种正义的波动通过正义之所向标示出了正义之所在。

至此,我们在该当刑罚之内所需要考虑以及所能够考虑的刑罚目的,基本上已经列举完毕,结论是:刑罚目的只能在该当刑罚许可的范围之内进行考虑,不能突破该当刑罚之上限和下限,但是基于社会复归的需要,尤其是对于未成年人复归社会的需要,可以考虑在特殊情形下突破下限。[4] 如此,关于宣告刑首先应当考虑的就是罪行之应报,易言之罪刑之该当,然后才能顺序考虑刑罚之预防犯罪的目的,亦即:量定刑罚的基础不是"与报应并立的预防"而是"处在报应中的预防",[5]当然,基于未成年人复归社会的考虑,确有需要可以突破刑罚之下限。这是罪刑该当所允许的、可以顺序考虑的量刑目的。

三、该当之刑罚与政策之刑罚

罪刑之均衡包括内部均衡和外部均衡,因此在考虑法定刑与犯罪之严重性程度相匹配之时应当注重这两种均衡,在此前提下,宣告刑其实仅仅在法定刑规定的范围之内进行考

---

〔1〕 [日]大谷实:《刑法总论》,黎宏译,法律出版社2003年版,第33页。

〔2〕 [日]大谷实:《刑法总论》,黎宏译,法律出版社2003年版,第32页。

〔3〕 其实按照"点的理论",在刑罚点的周围一定范围内也能够考虑目的刑,只是因为无法确定该范围的大小而导致报应刑对目的刑的规制作用形同虚设,况且从经验上来看,报应刑确实只能是一个范围或幅度,因此笔者认为"幅的理论"基本上是妥当的。

〔4〕 当然,在刑罚执行阶段更应当考虑社会复归的问题,或者说社会复归是刑罚执行的首要目的,而且也不再限于未成年人关于社会复归的需要和权利。

〔5〕 参见[日]大塚仁:《刑法概说(总论)》(第3版),冯军译,中国人民大学出版社2003年版,第470页。

虑,就可以做到不同种罪之间的罪刑均衡,易言之,宣告刑阶段所要做的就是保持同一罪名下不同案件之间的罪刑之均衡。

与法定刑是一种“裸”的与犯罪行为的可谴责性相匹配的刑罚量不同,宣告刑则是一种具体化、个别化甚至是个性化的刑罚量,不仅是与犯罪行为的可谴责性相匹配的刑罚量,也是经由预防犯罪、社会复归等刑罚目的校正了的刑罚量。如果说法定刑更主要地关注正义刑罚之分配的“数量”上的平等,即人人如此的平等,那么,宣告刑在此基础上则更应当关注“比值”上的平等,即根据各人的真价值按比例分配与之相均衡的事物,[1]由此,刑罚不仅是分配正义——每个人得到其所应得的,而且是矫正的正义——拿走其所不应得的、恢复其所被侵害的,因此,刑罚不再仅仅是所谓的“算术正义”,可以通过截取“比较长的线段去除超过一半的那一部分增加到较短的线段上去”[2]的做法来实现,因为在许多的犯罪中利得和损失难以用“数量”进行计算,更难与刑罚进行换算,加之需要考虑刑罚目的,以及给定的刑罚种类和幅度的限制,那么以此达到所谓的“算术正义”是不可能的,因此,宣告刑只能做到比值上的平等。

宣告刑只能做到比值上的平等,但即使是比值上的平等,也应当明确所对比的事物,即宣告刑的影响因素。“量刑的要素列举什么,怎样考虑量刑,反映着刑法理论的根本思想。”[3]宣告刑应当考虑哪些因素?这些因素在罪刑之均衡中又起着什么样的作用?李斯特首倡“应受处罚的不是行为,而是行为人”,[4]刑法的目光至此不再仅仅专注于犯罪行为的可谴责性,而且重视基于刑罚目的而考虑行为人的情形。由此,从与刑罚相匹配的对象来看,又可以区分为罪责(行为的可谴责性)与预防(行为人的再犯危险性),与此相对应从匹配的后果来看,又可以区分为该当之刑罚与政策之刑罚,前者是古典学派的坚持,后者是近代学派的提倡;与此契合,一般认为量刑理论存在“根据责任相适应的原则量定刑罚”和“根据刑事政策的观点量定刑罚”的分歧,[5]二者反映了量刑因素的众寡以及逻辑思维上的差异。

首先,“根据责任相适应的原则量定刑罚”可以被称为该当之刑罚。此种量刑理论认为刑罚是对犯罪行为的道义谴责,应当与可归咎于行为人的责任相适应,因此宣告刑是对法定刑的具体化,是由抽象行为之该当到具体行为之该当的嬗变。依之,在法定刑的范围内具体行为之可谴责性的大小决定了刑罚量的大小,申言之,又包括违法性的大小和有责性的大小,正如有学者所总结的“责任虽然意味着就实施违法行为对行为人的社会伦理的非难,但决定责任大小的,是违法性的大小与有责性的大小。”[6]违法性大小除了与定罪有关的客观方面的事实之外,还应当包括犯罪后果的严重性、犯罪数额的大小、犯罪次数的多少、行为方式是否残酷或异常、社会影响是否恶劣等其他影响责任的量的犯罪事实;有责性

---

〔1〕[古希腊]亚里士多德:《政治学》,吴寿彭译,商务印书馆1965年版,第234页。

〔2〕[古希腊]亚里士多德:《尼各马可伦理学》,苗力田译,中国社会科学出版社1990年版,第95页。

〔3〕马克昌:《比较刑法原理》,武汉大学出版社2002年版,第911页。

〔4〕参见张明楷:《刑法的基本立场》,中国法制出版社2002年版,第351页。

〔5〕参见马克昌:《比较刑法原理》,武汉大学出版社2002年版,第911页。

〔6〕马克昌:《比较刑法原理》,武汉大学出版社2002年版,第911页。

大小则还应当考虑行为人的年龄、精神状况、犯罪动机、个体经历与环境等影响其可谴责性大小的因素,如果以上某个因素成为影响犯罪甚至是导致犯罪的重要原因,并减降了道义上的可谴责性,与有责性有关的责任的量亦一同减降,从而适用的刑罚的量也应当相应地减小。此种量刑理论将违法性大小和有责性大小有关的量刑因素都转化为刑事责任的量的大小,并通过刑事责任这一桥梁匹配并决定刑罚量的大小。

其次,"根据刑事政策的观点量定刑罚"可以被称作政策之刑罚。此种量刑理论认为,通过责任而决定的刑罚量通常为一个幅度,在此幅度之内可以考虑刑事政策的需要进一步细化量刑过程,并最终决定所适用的刑罚的量。如此,刑罚不仅应当与责任相适应,还应当与整个社会的犯罪态势以及控制犯罪的需求相适应,因此有必要进一步个性化,以适应行为人的特性,进一步说,与有责性大小有关的年龄、精神、动机、性格、经历和环境等因素既可以因为可谴责性的减降而减轻刑罚的量,也可以因为社会复归的需要而适用较轻的刑罚,这是为当前主流刑罚思想所认可的,甚至可以因为没有再犯之虞导致刑罚所附随的威慑和保安之功能得以减降而适用较轻的刑罚。易言之,所谓"根据刑事政策的观点量定刑罚"是在依据具体行为之该当而适用的刑罚幅度之内,复次考虑刑事政策之功效,依据行为人个性再次对刑罚予以个别化。当然,量刑的个别化还应当包括犯罪后的量刑情节,如真诚悔悟、积极赔偿、刑事和解等都可成为从轻刑罚的酌定情节,而拒不认罪、拒绝赔偿以及阻碍、威胁被害人或者证人等行为如果尚未构成犯罪,则可以成为从严(而非从重)处罚的酌定情节,即严格按照与责任相匹配的刑罚予以量定。

概而言之,其实无论是罪前、罪中还是罪后量刑情节都可以依据刑事政策的观点进一步个别化刑罚,问题在于哪些情节可以成为影响责任大小的因素,罪中量刑情节当然地属于责任的因素,年龄、精神状况、作案动机等均是如此,罪后量刑情节由于发生在案件之后而与责任无关只能成为刑事政策考虑的因素,因此有疑问的是罪前量刑情节,如性格、人格、成长的经历和环境等。如果量刑理论仅承认刑罚量定只能根据责任的大小,对于不能进行道义非难或者没有意志自由进行选择的部分承认其可以一定程度地减降责任,进而从轻量定刑罚也未尝不可,但是如果量刑理论认为刑事政策可以对刑罚进一步地个性化,则将罪前量刑情节视为刑事政策考虑的因素更为恰当,毕竟刑法中的责任指的是因实施符合构成要件、违法且有责的行为而受到的否定性评价和道义上的谴责,更何况罪前量刑情节在本质上反映的是行为人的个性,很难判断哪些部分以及多大程度上是不能进行非难的并影响到对责任的减降,但是这部分内容却很好地征表了行为人的再犯可能性,从而可以根据刑罚目的在责任刑的范围内进一步个性化。因此笔者认为,罪前和罪后的量刑情节是专属于刑事政策的领域,而罪中量刑情节则可以进行责任与政策的双重考量。

综上,与责任相匹配的刑罚(该当之刑罚)依据的是行为责任,是法定刑的具体化,而因由刑事政策考虑的刑罚(政策之刑罚)依据的是行为人的特殊情形,[1]是法定刑的个性化,宣告刑就是法定刑的具体化和个性化了的刑罚量。至此,我们可以将量刑因素划分为

---

〔1〕 当然,刑事政策不仅考虑行为人的个性以实现刑罚的个别化,"世轻世重"亦是其要义,但无论如何,政策之刑罚只能在该当之刑罚的范围之内酌处。

两类:与罪责相关的因素和与行为人个性相关的因素。前者是量刑均衡之基础,后者是量刑均衡之变易,可比较的是前者,经常变化的是后者;没有前者,便不存在刑罚在案件之间进行比较的可能性,但是只有加上后者才能实现真正的正义。

大陆法系国家多在刑法中规定了以上两类量刑因素,如《意大利刑法》便直接区分这两大类量刑因素,其在第133条中规定,“在行使前条提到的裁量权时,法官应当根据下列情况认定犯罪的严重程度:(1)行为的性质、类型、手段、对象、时间、地点和其他方式;(2)对犯罪被害人造成的损害或者危险的程度;(3)故意或者过失的程度。法官还应当根据下列情况认定犯罪人的犯罪能力:(1)犯罪的原因和犯罪人的特点;(2)刑事处罚前科,尤其是犯罪人在犯罪前的品行和生活;(3)犯罪时的品行或者犯罪后的品行;(4)犯罪人所处的个人、家庭和社会生活环境。”〔1〕有的国家的刑法典则明确了罪责是量刑的基础,除此之外的其他量刑因素则只能在此范围内进行考虑,包括行为人将来复归社会的需要,亦即量刑还应当注意考虑刑罚对行为人将来的社会生活产生的影响,如《德国刑法典》第46条“量刑的基本原则”中规定,“(1)行为人的罪责是量刑的基础。量刑时应考虑刑罚对行为人将来的社会生活产生的影响。(2)法院在量刑时,应当权衡对行为人有利和不利的情况。特别应注意下列事项:行为人的行为动机和目的,行为所表露的思想和行为时的意图,违反义务的程度,行为的方式和行为结果,行为人的履历、人身和经济情况,及行为后的态度,尤其是行为人为了补救损害所作的努力。(3)属于法定构成要件特征的情况,可不予考虑。”〔2〕日本刑法中,除了规定刑罚应当按照责任进行量定、规定了其他应当考虑的因素之外,还明确了抑制犯罪和复归社会等刑罚目的,如《日本刑法改正草案》第48条“一般基准”中规定,“刑罚应当根据犯罪人的责任量定。适用刑罚时,应当考虑犯罪人的年龄、性格、经历与环境、犯罪的动机、方法、结果与社会影响、犯罪人在犯罪后的态度以及其他情节,并应当以有利于抑制犯罪和促进犯罪人的改善更生为目的。死刑的适用,应当特别慎重。”〔3〕再如,俄罗斯和瑞士等国刑法典也是区分了这两类量刑因素的,《俄罗斯联邦刑法典》第60条“处刑的一般原则”第3款规定,“在处刑时应考虑犯罪社会危害性的性质和程度以及犯罪人的身份,其中包括减轻处罚的情节和加重处罚的情节,以及所处的刑罚对改造被判刑人的影响和对其家庭生活条件的影响。”〔4〕《瑞士联邦刑法典》第63条“一般规定”中规定,“法官根据行为人的罪责量刑;量刑时要考虑到被告人的犯罪动机、履历和个人关系。”〔5〕有的国家刑法典不仅规定了量刑的因素,还规定了考虑违法性大小和有责性大小的一般原则,如《奥地利联邦共和国刑法典》第32条“一般原则”中规定:“(1)行为人的责任是量刑的基础。(2)法院在量刑时,应权衡对行为人有利和不利的情况,还应考虑到刑罚和行为的其他后果对行为人将来在社会生活中的影响。尤其应注意行为在多大程

〔1〕《最新意大利刑法典》,黄风译注,法律出版社2007年版,第48~49页。

〔2〕《德国刑法典(2002年修订)》,徐久生、庄敬华译,中国方正出版社2004年版,第17页。

〔3〕《日本刑法典》,张明楷译,法律出版社1998年版,第109~110页。

〔4〕《俄罗斯联邦刑法典》,黄道秀译,北京大学出版社2008年版,第23页。

〔5〕《瑞士联邦刑法典》(2003年修订),徐久生、庄敬华译,中国方正出版社2004年版,第24页。

度上反映行为人的思想,行为在多大程度上取决于与受法律保护的价值相关之人容易理解的外在情况和行为动机。(3)一般而言,行为人造成的损害或危害越大,或者损害虽不是行为人直接造成,但为其罪责所及,行为人的行为所侵害的义务越多,对其行为考虑越成熟,准备越充分,或者是在实施时越无所顾忌的,量刑越严厉。"[1]该条第3款的规定,是对违法性大小和有责性大小的一般指示,同时在第33条"特别的从重事由"和第34条"特别的减轻事由"中具体列举了影响罪责大小的因素。

有鉴于此,需要全面梳理量刑的进程以及影响量刑的各种因素,以利于将来完善立法并进一步规范量刑活动。

四、宣告刑之影响因素

从法定刑到宣告刑(包括暂缓执行等刑罚制度)的过程就是广义的量刑的过程。在德日本刑法中,广义的刑罚的量定(量刑)问题包括形成处断刑、在处断刑内决定宣告刑、决定是否免除刑罚或者附以执行犹豫三个部分的内容。[2] 量刑重要的问题是在处断刑内决定宣告刑,这是狭义的量刑概念。但是,如果我们将判决最后决定的刑罚视为宣告刑,那么以上这三个部分涉及到刑罚的具体裁量问题的因素都是影响宣告刑的量刑因素,虽然形成处断刑是对法定刑的修正,而免除刑罚和执行犹豫则是在确定了宣告刑之后才能决定的事情。这些因素不但都影响着刑罚的最终确定,包括刑罚的宣告、免除和执行方式,而且还存在考虑的顺序问题,这些都与量刑规范化息息相关,然而需要首先明确的是狭义的量刑概念所涉及的即形成宣告刑的影响因素。

上文中谈到,刑罚从与刑罚相匹配的对象来看,又可以区分为罪责(行为的可谴责性)与预防(行为人的再犯危险性);因此,刑罚本身可以划分为两种,即"根据责任相适应的原则量定刑罚"(也可以被称为"该当之刑罚")和"根据刑事政策的观点量定刑罚"(也可以被称作"政策之刑罚"),这些都是影响宣告刑的因素,二者中最为重要的是依据责任所量定的刑罚,因为它划定了政策之刑罚决定的范围;同时政策之刑罚使得刑罚在责任刑的范围内具体化并个性化,并最终使得宣告刑得以确定。

在大陆法系,责任的概念贯穿于定罪与量刑,因为有了责任的概念,从而使得定罪完成后顺利地过渡到量刑阶段,而且责任也成为连接定罪与量刑的桥梁,量刑必须首先与责任相匹配,以实现该当之刑罚,或者说,量刑是定罪中所体现的可谴责性的延续,是可谴责性在量刑中的具体化,正如有学者所谈到的,"总起来说,责任的功能在于将对行为的否定评价在法律效果上的体现——刑罚归属于行为人。因而可以说责任概念是刑罚理论中衔接犯罪论与刑罚论的桥梁(同时还可以说是衔接法规范解释论和刑事政策论的桥梁)。"[3]但是,需要特别指出的是,此处的责任是广义的责任,或可称之为罪责或者刑事责任,与大

---

〔1〕《奥地利联邦共和国刑法典》(2002年修订),徐久生译,中国方正出版社2004年版,第15页。

〔2〕参见[日]大塚仁:《刑法概说(总论)》(第3版),冯军译,中国人民大学出版社2003年版,第469页。

〔3〕王亚新:《日本量刑理论中的责任问题》,载《国外法学》1988年第6期,第41页。

陆法系犯罪论体系中的“有责性”的内涵并不相同,后者也经常被称之为责任,不过是狭义的责任,同时也是责任主义(原则)的最重要的内涵,即“无责任则无刑罚”,包括主观责任和个体责任,主要反对的是专制刑法实行的客观责任与团体责任,因此,责任主义成为近代刑法的最重要贡献之一。不过,也有将罪责刑相适应原则归入责任主义者,亦即,刑罚必须与责任相均衡的思想:刑罚的轻重必须以责任的轻重为核心要素来决定,是为广义的责任主义。[1] 易言之,责任主义其实可以划分为归责中的责任主义(狭义的)和量刑中的责任主义(广义的),以及与之相对应的,责任亦可以划分为有责性(狭义的责任)和罪责(广义的责任)。“这些国家的刑法所要求的刑罚与责任相适应,是指刑罚必须与违法性及有责性相适应”,[2]如,德国学者罗克辛认为,德国刑法理论区分刑罚基础的罪责和量刑的罪责,前者涉及的问题是,究竟在什么条件下就存在着罪责以及通常由此产生的刑法上的责任;与这种刑罚基础的罪责有关,与刑罚的“有无”有关,与施加刑罚的起点性行为构成有关,就涉及了我们应当在这里进行讨论的刑法体系的罪责概念。与此相对,后者则是与法官进行量刑的起点性行为构成有关,并且因此“与那些在具体案件中对刑罚严厉程度有重大意义的全部因素有关”;二者应当分开,因为他们有着各自不同的条件:刑罚基础的罪责是根据罪责能力和对禁止性认识的可能性提出的问题,而量刑的罪责首先是依靠在第46条中提到的因素。[3] 我国学者在对德日刑法理论进行评价时也指出,“两个领域的责任概念是一致的,后者是前者的延伸和进一步的具体化。定罪中的责任解决行为引起的法律效果是否归属于具体行为人的问题,量刑中的责任则以此为前提,进而解决行为人以何种形式、在多大程度上承受达种法律效果的问题。”[4]因此,德日刑法理论中普遍承认并确定区分定罪中的责任与量刑中的责任,前者提供了刑罚的基础或前提,无之则不能动用刑罚;而与量刑有关的广义的责任的内涵则决定了刑罚量的大小。

与量刑有关的责任,需要解决的是刑罚的匹配问题,因此与犯罪行为的严重性程度和有责性程度有关的所有的因素都需要纳入考察,“这些国家的刑法所要求的刑罚与责任相适应,是指刑罚必须与违法性及有责性相适应”,[5]亦即,包括所有的决定违法性大小的因素和决定有责性大小的因素;不过二者也并非同等排列的,责任主义要求刑法只能通过行为人的主观过错去把握客观方面所造成的法益侵害的程度,易言之,客观上的法益侵害还需要透过主观方面进行把握,不能为行为人所认识和控制的法益侵害依照责任主义不能处以刑罚。“只有在为行为的主观方面所能覆盖或容纳的范围内,客观上的法益侵害才被从性质和程度上加以考虑”,[6]因此,与量刑有关的责任实际是违法性大小和有责性大小的

---

〔1〕 参见马克昌:《比较刑法原理》,武汉大学出版社2002年版,第428页。

〔2〕 张明楷:《刑法的基本立场》,中国法制出版社2002年版,第356页。

〔3〕 参见[德]克劳斯·罗克辛:《德国刑法学总论》(第1卷),王世洲译,法律出版社2005年版,第573页。

〔4〕 参见王亚新:《日本量刑理论中的责任问题》,载《国外法学》1988年第6期,第41页。

〔5〕 张明楷:《刑法的基本立场》,中国法制出版社2002年版,第356页。

〔6〕 参见王亚新:《日本量刑理论中的责任问题》,载《国外法学》1988年第6期,第41页。

乘积,[1]所有与犯罪本身的严重性程度(客观的法益侵害和主观的罪错)有关的因素都是广义的责任的范畴,“最终决定责任大小的就是违法性的大小和有责性的大小(狭义的责任)相乘而得到的后果———即犯罪本身的轻重(广义的责任)。”[2]之所以罪责是违法性大小和有责性大小的乘积,端在于刑罚首先是一种责难或谴责,因此只能对有罪过的法益侵害行为进行惩罚:一是,罪责是从0到1的一个阈值,最大为1,对应着给定刑罚的最高值,如死刑或者终身监禁,同样的道理,违法性和有责性也是一个从0到1的阈值,从而二者的乘积,即罪责,是对违法性和有责性的综合评判;二是,违法性和有责性无论哪一个的值为0时,犯罪便不能够成立,罪责只能为0;三是,违法性和有责性虽然其中的一个的值很大,但是另一个的值很小,最终综合评判得出的罪责也不大,只有在两者都很大的时候罪责才会最大限度地接近甚至等于1,与我们通常所指称的“罪大”、“恶极”[3]的表述类似,也是从犯罪的客观与主观两个方面进行的评价。

另外一个需要解决的问题是,定罪与量刑之间的关系问题,即定罪中已经考虑的犯罪事实,包括客观的法益侵害的事实和主观的罪过事实,是否还能够在量刑中进行考虑?以及哪些因素属于影响定罪的事实或情节,哪些因素属于影响量刑的事实或情节?等等。从理论上区分定罪事实与量刑事实并没有问题,但是在司法实践中却难以对二者进行细致的区分,因为与案件有关的各种事实和情节都需要在庭审中予以查清,以排除合理怀疑,因此对于责任刑并不能严格区分哪些是定罪事实哪些是量刑事实,也没有必要对之进行区分,司法实践中需要区分的是与刑事政策刑有关的量刑事实或情节,如犯罪历史、事后的表现等,这些都是需要在量刑阶段单独予以查清的事实,但无论如何必须坚持一个原则,即不得对同一犯罪事实进行重复评价,以免造成量刑不公。尽管如此,关于责任刑还是可以区分为至少两个部分,即切入法定刑的量刑因素(形成量刑起点的量刑因素)和其他量刑因素,包括形成、增加、校正基准刑的量刑因素以及形成处断刑的量刑因素等,这种区分有利于促使量刑过程的公开与透明,使得量刑过程更加规范化。进一步说,凡是基本构成要件的要素都是切入法定刑的量刑因素,对于其他量刑因素,如基本构成之外的结果、数额、次数甚至特别的行为方式、残酷异常的手段等在可以归责的前提下成为形成基准刑的量刑因素。以结果犯最为典型,如交通肇事罪,分别以“致人重伤、死亡或者使公私财产遭受重大损失”、“交通肇事后逃逸或者有其他特别恶劣情节”、“因逃逸致一人死亡”等符合基本的构成要件的这些要素,属于切入法定刑的要素,分别在相应的法定刑幅度内确定一个量刑起点,然后再考虑有责性的程度、致人重伤、死亡的人数或者财产损失的数额以及是否逃逸情节等其他影响犯罪构成的犯罪事实增加刑罚量以确定基准刑,[4]由此可见,最高人民法院

〔1〕 所以与量刑有关的责任实际上包涵了罪和责两个部分,也正是因为如此,称之为“罪责”比较恰当,而与定罪有关的责任则可以直呼其为责任,或者有责性亦可。

〔2〕 [日]曾根威彦:《量刑基准》,载[日]西原春夫主编:《日本刑法的形成与特色》,李海东等译,中国法律出版社、日本成文堂出版社1997年版,第147页。

〔3〕 此种比较不是很恰当,其实为了提醒读者对二者的分野;尤其是“恶极”主要关注的是主观恶性,但是有责性却涵盖了主观过错、违法性认识及其可能性、期待可能性等诸多因素。

〔4〕 参见最高人民法院《量刑指导意见(试行)》关于交通肇事罪的规定。

的《量刑指导意见》的相关规定是符合基本的量刑理论的。另外,刑事责任能力、故意犯罪中的犯罪目的和犯罪动机、违法性认识可能性、期待可能性等责任要素也需要进行考虑。这是关于责任刑的部分。

当今刑罚理论普遍采用并合主义,因此,在责任刑的范围内可以考虑一般预防、特殊预防、复归社会、教育改造、剥夺犯罪能力等刑事政策目的的需要,尤其是社会复归的刑事政策目的需要特别地予以考虑,如此,行为人的犯罪历史、日常表现或履历、身体情况、经济情况、事后的表现或态度、对行为人的赔偿或补救、是否取得了被害人的谅解、再犯可能性等因素都是需要进行考虑的量刑因素。所有的这些事实,无论是用于定罪的事实还是单纯用于量刑的事实,都最后一起决定并最终确定了宣告刑。

“以刑制罪”思维模式批判

温登平*

摘　要:围绕司法实践中对某些疑难案件的处理,尽管“以刑制罪”思维模式有其创新意义,但也存在一些问题,不仅错误理解了适用刑法的演绎推理模式,而且可能与罪刑法定原则、责任主义发生冲突。解决问题的路径应当着眼于提高解释刑法的能力,摒弃形式解释理念,采用目的解释、体系解释等实质解释方法,并贯彻判决说理制度。

关键词:罪刑关系;刑法解释;以刑制罪;责任主义;实质解释;目的解释

一般认为,定罪是一个三段论的推理过程。刑法规范是大前提,案件事实是小前提,如果大小前提相符合,便可找到对应的罪名,然后在该罪名的法定刑范围内,根据量刑情节裁量刑罚。这种思维模式可以称为“由罪生刑”。问题是,疑难刑事案件的定罪量刑是否也必须遵循这种推理过程,是否存在其他路径呢?有观点认为,司法工作人员完全可以在内心确立被告人所应承担刑事责任的轻重(具体的刑罚种类与刑罚期限),然后以应当适用的刑罚选择罪名,称之为“以刑制罪”。除此之外,还有“以刑定罪”、“量刑反制对定罪”、“由刑及罪”等说法(为讨论的便利,本文称为“以刑制罪”思维模式)。这种观点得到了很多学者支持。[1] 这种观点有哪些合理之处,可能存在哪些不足,能否破解疑难案件的定罪量刑难题,尽管已经有学者进行了探索,[2]但还缺乏专门性的讨论。本文试图揭示该思维模式的根据、功能,并对其不足进行剖析。

---

* 温登平,男,山东安丘人,清华大学法学院2012级刑法学博士生,济南大学法学院讲师,研究方向为刑法学、刑法方法论。

〔1〕 参见高艳东:《量刑与定罪互动论》,载《现代法学》2009年第5期;金泽刚、颜毅:《以刑制罪的学理阐释》,载《政治与法律》2010年第7期;赵运锋:《以刑制罪:罪刑关系的反思与展开》,载《政治与法律》2010年第7期;聂昭伟:《“由刑及罪”逆向路径在司法实践中之体现与应用》,载陈兴良主编:《刑事法评论》(31),北京大学出版社2012年版;等。

〔2〕 参见陈庆安:《论刑法漏洞的存在与补救——兼论“以刑入罪”之隐忧》,载《政治与法律》2010年第7期;姜涛:《批判中求可能:对量刑反制定罪论的法理分析》,载《政治与法律》2011年第9期,等。

一、“以刑制罪”思维模式的初步界定

前已述及,除了“以刑制罪”外,还有“以刑定罪”、“刑罚反制”和“以量刑反制定罪”等概念。学者所采用的表述方式不同,具体观点也存在差异。本文首先对上述概念进行分析,以厘清“以刑制罪”思维模式的含义。

(一)“以刑制罪”

有的学者主张,在认定危害行为时,先考虑是否要对其施以刑事处罚,称为“以刑制罪”。例如,赵运锋教授认为:“在司法实践中,司法机关如果仅立足于犯罪构成,则很难确定某些行为是否构成犯罪。但是,如果司法机关在对危害行为认定前先考虑是否要对其施以刑事处罚,则往往会对司法裁决产生积极影响。”〔1〕

(二)“以刑定罪”

有的学者提倡从法定刑或者刑罚的角度对定罪进行制约,称为“以刑定罪”。例如,阮齐林教授指出:“法律规定具有有效性并且符合立法者真实意图是解释法律的基点。在法律尚未修改之前,至少应当在现行立法框架内作出解释、达成共识。”“解释法律的终极目的在于使案件得到公平合理的处理,而不在于使犯罪的要件符合我们的理解,也不在于使它以什么样的罪名受到处理。”〔2〕

(三)“以量刑反制定罪”

有的学者倡导“以量刑反制定罪”。例如,梁根林教授认为,在某些疑难案件中,可以从量刑妥当性的基点出发,反过来考虑与裁量的相对妥当的刑罚相适应的构成要件,以决定该定什么罪,称之为“以量刑反制定罪”〔3〕。高艳东教授认为,正确认定罪名只有手段性意义,判断罪名只是为公正量刑服务的,量刑才是刑法重心。定罪应当为量刑公正而让路,如果常规判断的罪名会使量刑失当,就可以为了公正量刑而适度变换罪名。〔4〕这种观点强调“为了得出公正的、对个人最有意义的精确刑事责任结论,‘罪名上的形式正确’理当为‘量刑上的实质公正’让路”,甚至容许为了实现所谓的量刑公正而变换罪名。

(四)“由刑定罪”

还有的学者主张“由刑定罪”。例如,任彦君教授认为,“由刑而罪”是指法官对行为人应否定罪以及应定何罪,首先从犯罪行为的社会危害性大小方面进行考虑,然后在罪刑均衡原则的指导下从可能选择的多个罪名中得出定罪结论。其特点是,先考虑是否入刑,再以量刑公正为依据从相关罪名中选择合适的罪名。〔5〕

上述说法各有千秋,但也具有共通之处,都是为了避免在刑事疑难案件的审判中出现

---

〔1〕 赵运锋:《论刑罚反制的价值思考与模式构建》,载《法学论坛》2009年第6期。

〔2〕 阮齐林:《绑架罪的法定刑对绑架罪认定的制约》,载《法学研究》2002年第2期。

〔3〕 参见梁根林:《现代法治语境中的刑事政策》,载《国家检察官学院学报》2008年第4期。

〔4〕 参见高艳东:《量刑与定罪互动论》,载《现代法学》2009年第5期。

〔5〕 参见任彦君:《论逆向定罪机制在刑事疑难案件审判中的适用》,载《法商研究》2013年第5期。

罪刑失衡的现象而主张刑罚对罪名的择定具有制约作用;主张先进行量刑判断,再选择罪名;相对来说,量刑比定罪更加重要。总体来说,“以刑制罪”思维模式可以限定为:当判定一个行为的性质是罪与非罪、此罪与彼罪出现困难时,不采用通常的先定罪、后量刑的传统思维模式,而从反向推理,先衡量行为的社会危害性应否处以刑罚,应当判处什么样的刑罚,然后再根据可能科处的刑罚选择最相适应的条款,确定成立何种罪名。

二、“以刑制罪”思维模式的特点与优点

(一)“以刑制罪”思维模式不是纯粹的理论架构,而是刑法理论回应司法实践需要的产物

从刑事立法看,只有认为某个危害行为具有以刑罚加以制裁的必要性时,才会将其纳入犯罪的范围,并根据具体的行为方式和产生的后果设置罪名。从刑事司法看,可能判处的刑罚轻重对于犯罪行为的认定起着制约作用。因此,司法工作人员要目光不断往返于刑法规定与案件事实之间,根据刑法规定的具体犯罪和法定刑来检验可能判处的罪名的妥当性。“以刑制罪”论者认为,在司法实践中,法官一般都是坚持从犯罪到刑罚的逻辑顺序,而不是从刑罚到犯罪的思维路径,常常忽略刑罚对犯罪的制约作用。例如,梁根林教授认为:“刑从罪生、刑须制罪的罪刑正向制约关系并非罪刑关系的全部与排他的内涵,在这种罪刑正向制约关系的基本内涵之外,于某些疑难案件中亦存在着逆向地立足于量刑的妥当性考虑,而在教义学允许的多种可能选择之间选择一个对应的妥当的法条与构成要件予以解释与适用,从而形成量刑反制定罪的逆向路径。”[1]这要求司法工作人员认定某一行为是否犯罪,构成何种犯罪时,一方面要考虑与之对应的构成要件,同时也要考虑该行为是否具有刑罚当罚性,以及需要适用何种程度的刑罚,最终选择是否认定为犯罪以及认定为何罪。

(二)“以刑制罪”思维模式的提出,体现了学界对犯罪与刑罚的相互适应和协调的关注

尽管刑罚的功能在于保护法益,但是,在定罪量刑时应当同时考虑刑罚可能具有的负面效应。“以刑制罪”论者认为,我国传统刑法理论强调的是罪对刑的决定作用,定罪量刑的思维模式是“由罪而刑”,即先根据犯罪构成要件确定行为是否构成犯罪或者构成何种犯罪,然后再根据犯罪情节和已确定罪名的法定刑决定具体适用的刑量。为了实现罪刑相适应原则,必须重视刑罚对定罪的制约作用。法定刑对于构成要件的解释的限制作用,例如,金泽刚教授认为:“以刑制罪是犯罪基本特征的必然要求,也是罪刑相适应原则的应有内涵。作为犯罪的基本特征,应受刑罚惩罚性不应该仅仅停留于‘犯罪后果’的理论层面,刑罚对定罪过程的制约和影响作用同样不容忽视。”[2]另一方面,“以刑制罪”思维揭示了法定刑对于构成要件的解释的限制作用。例如,聂昭伟法官认为,由于具体犯罪与其法定

---

[1] 梁根林:《许霆案的规范与法理分析》,载《中外法学》2009年第1期。

[2] 金泽刚、颜毅:《以刑制罪的学理阐释》,载《政治与法律》2010年第7期。

刑之间存在一种对应、制约关系，这就要求我们在理解罪状用语、认定犯罪的过程中，首先考虑相应的法定刑，体现了法定刑对罪状解释的制约作用。[1]

（三）提出"以刑制罪"思维模式，是刑法理论和司法判决更好地满足公众期待的需要

刑事司法的专业性和独立性决定了它不应为民意所左右。但是，这并不意味着在司法实践中，司法主体可以置民意于不顾。随着公民权利意识的增强，民意已经对司法形成了有力的制约，迫于这种压力，司法判决在法律效果外还追求社会效果。对于被告人以及其他普通公众而言来说，法官如何量刑，是与有罪或者无罪同样关心的问题。"以刑制罪"论者认为，如果司法裁决总是背离一般民众对于法律的理解，或者法律的适用结果经常超出民众对法律的解读和判断，就会导致公众不信任法律或者恐惧法律。[2] 原因在于，对普通公众而言，"他们最关心的是行为人是否获罪、被判了多重的刑罚，而不是被判了什么罪。当案件的判决结果符合他们的一般经验和预期时，公众便会对司法判决产生认同感，认为这是一次好的判决，继而对法律滋生信任和信仰。反之，如果判决结果与民众普遍看法与预期相背离时，判决的认同度在公众心中就会急剧下降，甚至遭到排斥，而这又会影响到法律在公众心目中的地位。"[3] 因此，"以刑制罪"思维模式可以说是刑法理论和司法判决更好地满足公众期待的需要。

（四）"以刑制罪"思维模式体现了积极适用刑罚预防犯罪的理念

"不是惩罚造成了犯罪，但犯罪只是由于惩罚才明显的暴露于我们的眼前。因此，我们要想明白何为犯罪，必须从研究惩罚入手。"[4] 科处刑罚不仅仅是对犯罪行为的否定性评价，对犯罪人的惩罚，更为重要的是通过惩罚犯罪，达到预防犯罪的目的，以实现公平正义。"以刑制罪"论者认为，在考虑是否定罪之外，还考虑以重罪还是轻罪来处罚的问题。定罪过重，判处的刑罚太重，对犯罪人过于严苛，导致刑罚过剩；定罪过轻，判处的刑罚太轻，刑罚不足，难以有效的预防犯罪，也无法抚慰被害人及其家属。在罪刑关系中，刑罚并非一味地被动消极从属地反映犯罪，而是自觉地主动回应和避免存在的不足。[5] 司法工作人员应当考虑对于行为人能否适用刑罚、可能适用何种刑罚才是公正的，然后再对具体罪名作出选择。

三、"以刑制罪"思维模式的缺陷与不足

尽管"以刑制罪"论者大张旗鼓的宣扬其观点，认为该思维模式具有若干优点。但是，应该清醒地看到，该观点存在诸多缺陷与不足。

（一）"以刑制罪"思维模式突破犯罪构成理论，违反罪刑法定原则

---

〔1〕 参见聂昭伟：《"由刑及罪"逆向路径在司法实践中之体现与应用——以最高人民法院发布的典型案例及司法解释为样本》，载陈兴良主编：《刑事法评论》(31)，北京大学出版社 2012 年版，第 515 页。

〔2〕 参见俞小海：《刑法解释与公众认同》，载《现代法学》2010 年第 5 期。

〔3〕 金泽刚、颜毅：《以刑制罪的学理阐释》，载《政治与法律》2010 年第 7 期。

〔4〕 [法]迪尔凯姆：《社会学方法的准则》，狄玉明译，商务印书馆 1995 年版，第 61 页。

〔5〕 参见孙道萃：《以刑制罪导论》，载《安徽大学法律评论》2012 年第 1 辑，第 215 页。

基于保障公民权利的需要,要求司法主体在认定犯罪、科处刑罚时必须遵循从犯罪到刑罚的逻辑顺序。罪名认定是刑罚裁量的根据,在确定罪名之前不考虑刑罚问题,先进行定性再进行定量。"定罪量刑时,司法人员必须遵循先定罪、后量刑的时间顺序规则,不能把量刑提到定罪之前。否则,后果不堪设想。"[1]

尽管"以刑制罪"论者认为"以刑制罪"必须符合罪刑法定原则的要求,在解释刑法时不能突破犯罪构成要件的制约,为了获得所谓的量刑公正而摆脱刑法教义学的限制。[2]但是,有些论者认为某些对罪刑关系的解读是借助个案正义为刑罚决定论寻找理论依据,是本末倒置的,[3]必须坚持从构成要件出发认定犯罪。但是却主张"在一些特殊案件中,当按照传统的由罪到刑思路予以定罪量刑导致罪刑不相适应时,需要转换一下思维方式。即首先要考虑对某一行为是否有必要动用刑罚予以规制的必要,在定罪的前提下进一步考虑如何处罚是妥当的,然后再反过决定是否认定为犯罪,认定为何种犯罪。"[4]并且以"肖永灵投放虚假炭疽菌案"说明刑罚反制犯罪构成,以"许霆盗窃 ATM 案"说明刑罚反制酌定量刑情节。[5] 实际上,肖永灵投放虚假炭疽病毒的行为并不具有危险性,不符合以危险方法危害公共安全罪的构成要件,而不是刑罚轻重问题;许霆从 ATM 机上取款的行为不符合侵占罪或者诈骗罪的构成要件,而是符合盗窃罪的构成要件,只是考虑到该案案情特殊,才启动特别减刑程序。

还有的"以刑制罪"论者明确主张可以突破犯罪构成的限制,将可能科处的刑罚作为定罪依据。例如,梁根林认为,在疑难案件中,司法机关应突破犯罪构成的限制,从刑罚角度考虑适用罪名的可能性和可行性。"要跳出单纯的、教条的、绝对的从所谓构成要件出发来处理案件的传统思维模式。要考虑对这个案子,在应当认定为犯罪的前提下怎么处罚是妥当的。即从量刑妥当性的基点出发,反过来考虑与我们裁量的相对妥当的刑罚相适应的构成要件是哪个,从而反过头来考虑该定什么罪。"[6]高教授认为,正确认定罪名、判断具体犯罪构成的形式差异性只有手段性意义。"犯罪构成的形式内容,是方便人们以符号方式进行认知的需要,为实现实质公正,其界限均可突破。"[7]"把盗窃行为认定为诈骗罪,只要量刑公正,仍然实现了实质公正。"[8]

"以刑制罪"论者关注实质上的量刑公正的一面值得肯定,但由此将罪名及相应的犯罪构成视为可任意突破的形式上的手段,则是极为错误的。第一,法定刑反映着国家对犯

---

〔1〕 王勇:《定罪导论》,中国人民大学出版社 1990 年版,第 263 页。

〔2〕 参见赵运锋:《刑罚反制罪名——罪刑关系的发展与反思》,载《河北法学》2013 年第 2 期。

〔3〕 参见赵运锋:《刑罚反制机能的梳理与展开》,载《中国刑事法杂志》2012 年第 11 期。

〔4〕 参见聂昭伟:《"由刑及罪"逆向路径在司法实践中之体现与应用》,载陈兴良主编:《刑事法评论》(31),北京大学出版社 2012 年版,第 525 页。

〔5〕 赵运锋:《论刑罚反制的价值思考与模式构建》,载《法学论坛》2009 年第 6 期;赵运锋:《以刑制罪:罪刑关系的反思与展开》,载《政治与法律》2010 年第 7 期。

〔6〕 参见梁根林:《现代法治语境中的刑事政策》,载《国家检察官学院学报》2008 年第 4 期。

〔7〕 高艳东:《从盗窃到侵占:许霆案的法理与规范分析》,载《中外法学》2008 年第 3 期。

〔8〕 参见高艳东:《量刑与定罪互动论》,载《现代法学》2009 年第 5 期。

罪行为的否定评价和对犯罪人的谴责,所以,解释者必须善于联系法定刑的轻重解释犯罪的构成要件,将轻微行为排除在重法定刑的犯罪构成之外,将严重行为纳入重法定刑的犯罪构成之内。[1] 以刑制罪只是一种定罪方法,必须在犯罪论体系的框架下进行。倘若先确定应当适用的法定刑,再确定相应的罪名,要么使法定的构成要件丧失定型性,要么对案件作出不符合事实的归纳。第二,"以刑制罪"论者基于"把量刑作为目的,而把定罪作为手段"的考虑,认为量刑才是刑法的最终目的,定罪只不过是实现量刑公正的一种手段,允许为了所谓的"量刑公正"而改变罪名。但是,赋予法官脱离刑法规定任意更改罪名的权力,不仅背离了刑事法治的基本精神,以司法权入侵立法权,而且扭曲了定罪与量刑之间的应然关系。[2] 第三,"以刑制罪"思维模式降低了刑法规范的可预见性,增加了刑事判决的恣意性,"必然导致以社会危害性定罪,社会危害性的非规范性特征使得我们对社会危害性的判定既没有规范依据,也没有任何程序法上的限制,完全取决于判断主体的认识,判断结果的随意性不可避免。"[3] 即便是主张以刑制罪的金泽刚教授也认为:"最终判断仍然要根据犯罪的性质以及犯罪构成要件的要求,而不是随意地'扣帽子',还是要符合罪刑法定原则。"[4]

(二)"以刑制罪"思维模式难以妥善处理疑难案件

"罪刑法定原则下的刑法适用,在很大程度上依赖于对法律的正确解释以及在此基础上的逻辑推理。"[5] 但是,解释学分析或者教义学分析难以解决疑难案件。"多种法律教义分析的存在,尽管有高下之分,也表明教义分析本身甚至不能保证一个公正的教义分析,不能导致一个确定的结果,更不保证这个结果为社会普遍接受。"[6] 这是因为,疑难案件可以分为事实认定存疑的案件和法律适用存疑的案件两种类型。其中,法律适用存疑的案件是指案件事实与多个刑法规范存在对应关系,以致法官在解释和适用法律或者说在选择罪名时存在较大分歧的案件。在疑难案件中,法定刑的设置从形式上看难以满足罪刑相适应原则的要求。因此,判决结论往往不是从固定范畴出发进行的演绎推理,而是对各种价值、利益、政策进行的综合平衡和选择的结果。[7]

一般认为,法定刑反映出国家对犯罪行为的否定评价和对犯罪人的谴责态度。"解释者应当重视法定刑对具体犯罪的犯罪构成的制约,善于联系法定刑的轻重解释犯罪的构成要件,将轻微行为排除在重法定刑的犯罪构成之外,使严重行为纳入重法定刑的犯罪构成之内。"[8] 为此,"以刑制罪"论者认为,在疑难案件出现定性争议时,可以先根据行为的社

---

〔1〕 参见张明楷:《许霆案的刑法学分析》,载《中外法学》2009 年第 1 期。

〔2〕 参见姜涛:《批判中求可能:对量刑反制定罪论的法理分析》,载《政治与法律》2011 年第 9 期。

〔3〕 陈庆安:《论刑法漏洞的存在与补救》,载《政治与法律》2010 年第 7 期。

〔4〕 金泽刚、颜毅:《以刑制罪的学理阐释》,载《政治与法律》2010 年第 7 期。

〔5〕 陈兴良:《刑法教义学方法论》,载《法学研究》2005 年第 2 期。

〔6〕 苏力:《法条主义、民意与难办案件》,载《中外法学》2009 年第 1 期。

〔7〕 参见王宏选:《疑难案件及其法律发现》,载陈金钊主编:《法律方法》(5),山东人民出版社 2006 版,第 318 页。

〔8〕 参见张明楷:《许霆案的刑法学分析》,载《中外法学》2009 年第 1 期。

会危害性判断应该判处多长时间的刑罚,再根据这一刑罚衡量和确定与之相对应的罪名。例如,金泽刚教授认为,在一些疑难案件中,仅靠单向、一元的罪刑制约模式对犯罪行为便不能作出准确的司法认定。因为司法主体遵循从犯罪到刑罚的模式进行定罪量刑时,往往会影响到量刑公正。对此实际中的做法常常是择轻刑而定罪,与“以刑制罪”理论其实是殊途同归。〔1〕尽管“以刑制罪”论者设置了“只有发现量刑过重时才能变换罪名”、“变换罪名主要是将重罪罪名变换为轻罪罪名,而不能相反”、“变换罪名应以罪名间具有相似性为前提”等限制,〔2〕但是,基于量刑公正的需要而改变对罪名的选择,不是一种合法合理的解决之道。

再者,论者所列举并分析的案例,也不足以支持其观点。以“孙伟铭以危险方法危害公共安全罪案”为例,〔3〕有学者认为,孙伟铭的行为同时符合交通肇事罪与以危险方法危害公共安全罪的特征,难以从客观方面进行区分;从主观上看,醉酒驾车犯罪难以确定是间接故意还是过于自信的过失。因此,需要根据前述两罪的法定刑来选择定罪。“行为人在醉酒驾车肇事后,继续驾车撞击车辆或行人,造成严重后果的,如果按照交通肇事罪处理,一般情况下,最多只能判处7年有期徒刑,处罚明显偏轻,不仅罪刑不相适应,而且也起不到有效警示和预防作用,不足以遏制当前日趋严重的醉酒驾车犯罪现象。为此,检察机关以危险方法危害公共安全罪提起公诉,法院最终对孙伟铭以危险方法危害公共安全罪判处无期徒刑是适当的。”〔4〕事实上,从案件报道看,孙伟铭第一次驾车撞人致其死亡,构成交通肇事罪;其继续驾车撞击车辆或者行人,致使多人伤亡,后续行为构成以危险方法危害公共安全罪;因此,对孙伟铭实行数罪并罚才是妥当的。再如,有学者以“教授换妻案”为例论证“以刑制罪”思维模式的妥当性。“法官首先考虑的是马某某等人‘换妻行为’是否应受到刑罚处罚,当确定‘换妻行为’违背了基本的伦理道德,导致了我国社会秩序、家庭之间、人和人之间正常关系出现混乱,具有严重社会危害性时,遂决定对马某某等人判处‘聚众淫乱罪’。”〔5〕实际上,该案被告人的行为由于缺乏公然性要件,并未侵害聚众淫乱罪的法益,不能成立聚众淫乱罪。退一步说,上述案件是否属于疑难案件,还有待商榷。

(三)“以刑制罪”思维模式难以妥善处理民意与刑法适用的关系

“以刑制罪”论者认为,对于疑难案件,“由于民众的关注度较高,往往赋予案件自身更多的规范外的含义,也会给司法主体带来更多的社会压力。基于此,司法主体在适用刑罚反制时,不但要考虑结果是否符合法律规定,还需考虑适用结果能否获得公众认同。”〔6〕为了防止在对危害行为定罪量刑时过度偏离民意,体现司法判决的民主性和可接受性,司法

〔1〕参见金泽刚、颜毅:《以刑制罪的学理阐释》,载《政治与法律》2010年第7期。

〔2〕参见高艳东:《量刑与定罪互动论:为了量刑公正可变换罪名》,载《现代法学》2009年第5期。

〔3〕参见最高人民法院刑事审判庭主编:《刑事审判参考》(第71辑),法律出版社2010年版,第1~8页。

〔4〕聂昭伟:《“由刑及罪”逆向路径在司法实践中之体现与应用》,载陈兴良主编:《刑事法评论》(31),北京大学出版社2012年版,第517页。

〔5〕金泽刚、颜毅:《以刑制罪的学理阐释》,载《政治与法律》2010年第7期。

〔6〕赵运锋:《刑罚反制机能的梳理与展开》,载《中国刑事法杂志》2012年第11期。

工作人员应当从民意当中寻求合理的答案。[1] "就许霆案而言,无论是法官认定为侵占罪、诈骗罪还是盗窃罪,只要最终的刑罚量控制在3年左右,相信除了忠诚于犯罪构成形式理论的法学家们,多数民众不会去斟酌罪名妥当与否,更能信服判决结果。如果认定为盗窃罪并判处3年有期徒刑于法无据,那么,就可以认定为侵占罪,名正言顺地实现公正量刑。"[2]

但是,对民意的吸纳应当置于法律规范框架下进行,民意不能成为司法主体超脱法律规范的理由。"法院或法官在司法中应以某种制度化方式吸纳民意,力求在司法制度和程序内自我微调,自主吸纳对有效解决法律问题的新的和有用的重要信息。"[3]最高人民法院《关于进一步加强民意沟通工作的意见》指出,"加强民意沟通工作是发挥好审判执行职能、完善司法公开、优化司法决策、实现案结事了的重要保障",强调要"健全和创新司法决策征求意见机制"。

再者,定罪量刑的依据应当是案件事实和法律规定,不能为了所谓社会效果,将社会舆论或者媒体的看法等作为衡量标准。判决的社会效果,是指社会大众依据社会发展的现状对司法活动的一种主流评价,是公众从传统道德、文化、审美情趣、观念等社会生活的各个范畴对司法活动所作的主导性评判,通过法律的实施,使法的本质特征得以体现,实现法的秩序、自由、正义、效益等法的基本价值的效果,从而使法律作用于整个社会关系的过程得到社会大众的肯定。注重判决的社会效果,有其理论根据与现实意义。但是,一方面,法律效果本身就是指法律实施的社会效果,不可能存在脱离社会的所谓法律效果。将社会效果或者法律效果与社会效果的统一等作为司法政策,并不符合法治的基本要求。[4] 另一方面,如果仅仅依据所谓的社会效果来确定案件的性质,追求刑罚与行为客观社会危害性的平衡,往往会忽视与行为人的主观责任的对应关系,导致刑罚畸重。更有甚者,可能会出现当事人和律师通过蓄意策动和影响社会舆论影响定罪量刑的现象。[5] 在犯罪性质的界定上,"重要的是大家都有一个共同的基点,即从法律基本规范的内涵和内在逻辑出发进行释评,而不是从社会效果去考虑。"[6]

(四)"以刑制罪"思维模式并未真正体现刑法谦抑性原则

"以刑制罪"论者认为,"以刑制罪"主要是在行为的出罪、轻罪的选择上发挥着作用。"根据以刑制罪理论,在刑罚必要性的判断上,正是基于危害行为的社会危害性予以考虑的。换言之,在一些定量因素不明确的个罪规范中,需先判断危害性的危害量,然后做出是否需要给予刑事处罚的判断,基于此,再判断危害行为是否构成犯罪。……对于危害性较小的行为一般都不会进入到刑法规制的层面。并且,社会危害性的司法判断还为不符合犯

[1] 参见赵运锋:《以刑制罪:罪刑关系的反思与展开》,载《政治与法律》2010年第7期。
[2] 高艳东:《从盗窃到侵占:许霆案的法理与规范分析》,载《中外法学》2008年第3期。
[3] 苏力:《法条主义、民意与难办案件》,载《中外法学》2009年第1期。
[4] 参见陈金钊:《被社会效果所异化的法律效果及其克服》,载《东方法学》2012年第6期。
[5] 参见王强军:《论刑事裁判中的结果导向及其控制》,载《法学》2014年第12期。
[6] 孙万怀:《以危险方法危害公共安全罪何以成为口袋罪》,载《现代法学》2010年第5期。

罪构成的危害行为出罪提供了通道。"[1]

但是,一方面,"弱化罪名的重要性,隐藏着一种风险:在某个案件事实符合法定刑较重的犯罪构成要件时,为了判处相对较轻的刑罚,就认定为法定刑较轻的犯罪,这容易违反罪刑法定原则。"[2]另一方面,容易导致案件处理实质上诉诸于法官的审判经验和刑法直觉,摆脱刑法教义分析对司法权力的约束,走向以"社会危害性"来量刑定罪的老路,使法定构成要件丧失定型性,案件被个人情绪和民众舆论所左右而很难保证法律的同等保护。[3] 刑法具有"最后手段性",并非将所有侵害法益的行为都作为刑罚处罚的对象。如果适用其他法律足以抑制违法行为,就不要将其规定为犯罪;如果适用较轻的刑罚就足以抑制犯罪行为,就不要适用更重的刑罚。因此,能否如"以刑制罪"论者所愿,"保证轻罪不会被以重罪处理,不会导致罪刑关系的显著失衡"[4]并非没有疑问。

(五)"以刑制罪"思维模式错误的理解司法三段论与倒置的三段论的关系

"以刑制罪"论者认为在处理疑难案件时难以适用司法三段论。例如,赵运锋教授认为,司法主体在解读法律概念或选择裁判结果时,不再完全坚持形式主义法学的三段论,而是在特定情况下尝试从刑罚到犯罪构成的路径,以达到更加合理认定犯罪构成的目的,这种司法逻辑与传统的从犯罪到刑罚的模式完全相反。[5] "司法主体通过以刑制罪的司法模式完成规范解读后,还需根据从犯罪到刑罚的模式进行检验,对根据以刑制罪得出的结果进行判断,以考察其真伪。"[6]但是,这种主张是难以成立的。

大陆法系国家的司法活动是以成文法为前提的一种三段论式的逻辑推理过程,将某种已经确定的案件事实,归属到先前经过解释的法律规范的构成要件之下。不过,定罪并不是非常标准的三段论的推理过程,还大量存在三段论的倒置。这是因为,无论是大前提还是小前提,往往并不是既定的,而是需要反复论证、检验的;作为小前提的案件事实,具有多个侧面,对之可以作出多种判断;法律规范与案件事实是双向的,是一个沟通、交流的过程。在定罪时,往往会先有临时性的结论,后寻找大前提,并且使大小前提得以对应。这种案件事实的获得,是"在大前提和生活事实间眼光的往返流转"这样一种诠释学意义上的循环结构的结果。[7] 就此而言,关键不在于解释者是否存在前理解,而在于这样的前理解能否在事后通过教义分析予以正当化。

再者,法官在审理案件前不可避免地对案件基本情况存在一种"前理解",法官是在这种"前理解"的基础上初步探询所应使用的有关规范依据的。对于法官而言,这种定罪逻辑表现为,"拿到一个案件后,先出于各种考虑形成一个当判多重刑罚的意见,然后再沿着

[1] 赵运锋:《以刑制罪司法逻辑的功能探析》,载《河北法学》2014年第4期。

[2] 张明楷:《许霆案的刑法学分析》,载《中外法学》2009年第1期。

[3] 参见苏力:《法条主义、民意与难办案件》,载《中外法学》2009年第1期。

[4] 赵运锋:《以刑制罪司法逻辑的功能探析》,载《河北法学》2014年第4期。

[5] 参见赵运锋:《刑罚反制机能的梳理与展开》,载《中国刑事法杂志》2012年第11期。

[6] 赵运锋:《能或不能:以刑制罪理论之反思》,载《甘肃政法学院学报》2014年第1期。

[7] 参见[德]卡尔·拉伦茨:《法学方法论》,陈爱娥译,商务印书馆2003年版,第162页。

可能满足这个意见的多重可能的来路,返回去寻找合适的罪名。"[1]具体来说,司法活动包含两个同时进行的环节:第一个环节是以规范蓝图为背景从事实中选择那些适合规范应用的要素,第二个环节是以上述要素为基础寻找法律规范中的解决方案,得出了确定的或不确定的方案。前理解在此过程中不是自始确定的因素,而是为法官提供指引,法官据此得到全部可能的方案,而法官的任务就是针对那些不确定的方案,确定哪种可能性的方案中,何种文本的规范陈述对于该个案是合适的。法官必须在个案的规范方面和事实方面来回比较、反复关照,以便形成确定的大小前提。[2] 不仅如此,如果经过一次三段论推理还无法得出合理的结论,还需要反复多次适用三段论才能得出结论。

实际上,"以刑制罪"论者也并非绝对排斥、否定三段论演绎推理。例如,主张以刑制罪的赵运锋教授认为,刑罚反制应有清晰、合理的认识,不能忽视其在实践上的功用,也不能夸大其潜在的价值。不管人们对刑罚反制抱多高的期望,都不能替代形式逻辑在司法实践中的作用。[3]

(六)"以刑制罪"思维模式错误理解了罪刑关系

关于"以刑制罪"中的"刑"是什么,"以刑制罪"论者也纠缠不清。第一种观点认为其中的"刑"是指个案的刑罚而不是刑法规定的法定刑,根据被告人行为的刑事责任大小来选择罪名。前述梁根林教授、高艳东教授在许霆案的定罪论争中提出的观点属于此种类型。这种做法可能会使法定的犯罪构成要件丧失定型性,难以保障具体个案的处理结论前后一致。第二种观点认为"刑"不限于刑罚种类尤其是法定刑,而且包括刑罚范畴、应受惩罚性、刑罚目的、宣告刑等。孙道萃博士坚持这种观点,认为刑也可反制罪。其中,"刑"不限于刑罚种类尤其是法定刑,而且包括刑罚范畴、应受惩罚性、刑罚目的、宣告刑等。[4] 本文认为,其中的"刑"应当是指法定刑而不是预断刑,以刑法分则中某一条款中的法定刑轻重来解释其对应的犯罪构成要件。阮齐林教授对绑架罪的构成要件的解释、张明楷教授对非法组织卖血罪和强迫卖血罪中的"伤害"的解释[5]也属于此种类型。但是,如后文所述,这与刑法实质解释基本上没有什么不同了。

"以刑制罪"论者指出,在罪刑关系中,刑罚不是仅处于单向的被决定地位,对犯罪行为还起着反向制约作用,即行为主体犯多大的罪就要承担多重的责任。"判断罪名的目的,是以恰当的方式和形式评价犯罪的危害性,服务于量刑。刑法解决的是行为人刑事责任有无和大小的法律,其他所有中间过程,都服务于这一终极目的。"[6]但是,这种观点错误地理解了罪刑关系。定罪为量刑提供相应的法定刑,是量刑得以存在的先决条件,也是防止重罪轻罚和轻罪重罚的基本保障。"以刑制罪"论者所谓的"定罪与量刑之间的互动",仅仅是对"定罪与量刑"的关系作了望文生义的理解,没有领会到定罪与量刑之间关

---

〔1〕 白建军:《刑法分则与刑法解释的基本理论》,载《中国法学》2005 年第 4 期。
〔2〕 [德]卡尔·恩吉施:《法律思维导论》,郑永流译,法律出版社 2005 年版,第 11 页。
〔3〕 参见赵运锋:《刑罚反制机能的梳理与展开》,载《中国刑事法杂志》2012 年第 11 期。
〔4〕 参见孙道萃:《以刑制罪导论》,载《安徽大学法律评论》2012 年第 1 辑,第 215 页。
〔5〕 参见张明楷:《刑法学》(第 4 版),法律出版社 2011 年版,第 986 ~ 987 页。
〔6〕 参见高艳东:《量刑与定罪互动论:为了量刑公正可变换罪名》,载《现代法学》2009 年第 5 期。

系定位的规范意义和社会意义。“不同的罪名对应的是不同的犯罪构成,而不同的犯罪构成来源于对截然不同犯罪事实的法律概括和提炼,出于量刑的目的更换罪名,否定了整个案件的事实,使定罪与量刑的逻辑关系产生根本性的错位”。〔1〕

四、通过刑法解释方法解决罪刑矛盾

(一)坚持实质解释的立场

由于现代社会的复杂性,构成要件存在着实质化的趋向。“在解释构成要件问题上,应当从处罚的合理性和处罚的必要性上加以考虑。是否根据罪刑法定原则的明确性要求,严格的解释刑法,限制刑法的适用范围,并非问题的关键所在。从处罚的必要性、合理性角度,考虑某种行为应否受到处罚,是否具备当罚性,才是解释构成要件时最为重要的事情。”〔2〕作为判断者,法官的目光应当不断地往返于刑法规定和案件事实之间。具体来说,法官要在刑法用语可能具有的含义范围内,不断地对构成要件进行解释,看它能否包含具体案件事实;与此同时,以法定的构成要件为指导,不断地对具体案件事实进行抽象,看它是否属于构成要件所包含的事实。〔3〕

有观点认为,主张实质解释论,就意味着承认“以刑制罪”现象存在的合理性。〔4〕这种批判是不妥当的。尽管刑法实质解释观也主张在解释犯罪构成要件时考虑法定刑的轻重,但是与“以刑制罪”论者的观点是不同的。实质解释是指“在刑法有明文规定的情况下,必须使构成要件说明犯罪本质,使犯罪构成整体说明行为的社会危害性达到了应当追究刑事责任的程度。”〔5〕刑法实质解释是不可避免的。一方面,只要不否认犯罪论是确定处罚范围的工具,那么完全撇开来自处罚效果方面的调节而讨论犯罪构成要件,将是非常困难的。另一方面,“实质的刑法解释论主张,当由于立法理性的局限、语言的特点,导致适用某项刑罚法规可能得出非正义的结论时,法官应从处罚的合理性与必要性出发,实质的解释刑罚法规,以实现其内容的妥当性。”〔6〕因此,倘若在刑法规范相互之间存在矛盾与冲突,直接适用必然导致刑事司法不公正,或者导致刑法的适用背离刑法基本原则时,就应当依据正义理念和刑法理论,对刑法规范作出实质解释。

(二)重视目的解释、体系解释等方法

1. 重视体系解释。体系解释是指根据刑法条文在整个刑法中的位置,即其所在的编、章、节、条、款、项,联系该条文前后的关联来确定它的规范意旨、内容、适用范围、构成要件和法律效果的解释方法。“要求我们将被理解的语词、语句和文本置于整个制定法、相关

〔1〕曹坚:《“以量刑调节定罪”现象当杜绝》,载《检察日报》2009年12月21日。

〔2〕[日]前田雅英:《现代社会与实质的犯罪论》,东京大学出版社1992年版,第21页。

〔3〕张明楷:《犯罪构成理论的课题》,载《环球法律评论》2003年秋季号。

〔4〕参见劳东燕:《刑事政策与刑法解释中的价值判断——兼论解释论上的“以刑制罪”现象》,载《政法论坛》2012年第4期。

〔5〕张明楷:《罪刑法定与刑法解释》,北京大学出版社2009年版,第262页。

〔6〕参见苏彩霞:《实质刑法解释论的确立与展开》,载《法学研究》2007年第2期。

主题或问题的整个立法、该法所属的法律部门或整个法律系统的更大语境中进行解释。"[1]对刑法的理解也是如此。"只有将刑法作为一个整体,才能理解各个条文的含义;但对各个条文的理解,又依赖于对刑法这一整体的理解。"[2]在刑法解释问题上,体系解释首先要求基于刑法总则体系或者分则体系本身的协调进行的解释;其次,要求总则体系与分则体系的相互协调。这种协调关系包括总则条文对分则条文适用的普遍指导以及分则条文遵循总则条文基本要求并体现自己的特殊性。

对刑法进行体系解释,有利于作出妥当的解释结论。第一,从解释学循环的角度讲,对整体意义的把握必须建立在对部分的理解的基础上,而对部分意义的理解必须以对整体的把握为前提。[3] 只有将刑法作为一个整体,才能理解各个条文的含义;但是,对各个条文的理解,又依赖于对刑法这一整体的理解。因此,体系解释特别适合于对文本进行阐释和梳理,借助整体化、系统化的规范体系,能够对文义解释的范围形成有力的约束,进而促进整个法律解释减少不确定性和模糊性。第二,"使法律之间相协调是最好的解释方法",要保持刑法的协调,就必须进行体系解释。只有进行体系解释,才能使各种犯罪的构成要件之间避免交叉与重叠,维持罪与罪之间的协调关系。第三,当解释者对于某个用语得出某种解释结论时,常常会心存疑虑。在这种情形,如果解释结论能够得到其他条文的印证,解释者就会消除疑虑。

2. 重视目的解释。目的解释是指根据刑法规范所要保护的法益的目的或者规范保护目的,阐明刑法条文真实含义的解释方法。目的解释具有重要作用。"如果根据词义和上下文联系进行解释,可能得出多种可能性,那么就应优先考虑最符合规范目的的结果;如果法律规范具有多种目的,则应优先考虑最符合目的的等级关系及其所依据的价值观念的解释结果。"[4]与其他解释方法相比,"只有目的论解释方法直接追求所有解释之本来目的,寻求出目的的观点和价值观点,从中最终得出有约束力的重要的法律意思;而从根本上来讲,其他的解释方法只不过是人们接近法律意思的特殊途径。"[5]"以刑制罪"思维实际上是目的解释方法等的运用,只不过更为形象而已。在司法工作人员选择刑法规范,对刑法进行解释时,应当考虑行为是否具有可罚性。对于不具处罚必要性的行为,对刑法用语的含义进行目的性限缩,将其排除于犯罪圈外;当行为具有刑罚处罚必要性时,则对刑法用语的含义进行目的性扩张,将其纳入犯罪圈内。

(三)贯彻判决说理制度

法律解释的过程是法官试图说服听众的过程,"在细腻法治之下,法官的判决理由不仅应具有合法性,而且还应该具有可接受性。"[6]由于"以刑制罪"论者在处理案件时往往

---

〔1〕 [比]胡克:《法律的沟通之维》,孙国东译,法律出版社2008年版,第190页。

〔2〕 张明楷:《刑法分则的解释原理》(上)(第2版),中国人民大学出版社2011年版,第54页。

〔3〕 参见[德]考夫曼:《类推与"事物本质"》,吴从周译,台湾学林文化事业有限公司1999年版,第89页。

〔4〕 [德]卡尔·拉伦茨:《德国民法通论》(上册),王晓晔等译,法律出版社2013年版,第104页。

〔5〕 [德]汉斯·海因里希·耶塞克、托马斯·魏根特:《德国刑法教科书》(总论),徐久生译,中国法制出版社2001年版,第193页。

〔6〕 陈金钊、杨铜铜:《重视裁判的可接受性》,载《法制与社会发展》2014年第6期。

会先凭借审判经验和内心直觉形成一个先验的审判心证,然后再论证犯罪是否成立,如果不严格贯彻判决说理制度,可能导致案件处理诉诸于法官的个人道德直觉或者民众的情绪。[1] 因此,判决不仅要具有法律上的合法性,还必须为公众所接受,贯彻判决说理制度。

就疑难案件的法律证立来说,单纯的演绎推理无法满足司法合理性的要求,必须进行二阶证立。这包括两个要素:其一是后果主义论辩,其二是一致性和融贯性论辩。后果主义关注的是不同的判决方式带来的后果如何,它是一种综合价值判断,它关心的是结果的是否可接受性。一致性和融贯性论辩则要求一个判决必须能够找到法律上的依据。判决规则不能与那些有效的有拘束力的制度规则和一般性法律原则体系相抵触。[2]

判决说理的主要任务,就是要消除当事人或他人对裁判结果、审判过程存在的疑点或者可能产生的疑惑。具体来说,第一,应当以构成要件理论体系为主轴,运用刑法解释方法,将刑法规定适用于犯罪事实,对犯罪作出准确的认定。“犯罪论体系的主要功效是整理法官的思考方法,其作为统制法官判断的手段而存在。”[3]“根据犯罪之体系性理论之判断,可避免实际审判之法官于犯罪事实之心证形成与犯罪成否之审判程序上思考之混乱,而得以依次序遵从步骤,妥适的审判被起诉之刑事案件。犯罪之体系论,有助于法官妥适审判之思考,同时亦能事后检验法官所为之犯罪成立与否之认定、判断是否有妥适依顺序以认定犯罪之成立要件。”[4]同时,也应当结合所认定的犯罪事实和刑法关于具体犯罪的法定刑的规定,准确裁量刑罚,并论证所作出的量刑决定是正确的。第二,应当以案件争议的大小作为判断裁判文书制作繁简的标准。必须善于抓住案件中的疑点和当事人的疑惑,以争议焦点作为法官查明案件事实和论证说理的主线。对于没有争议或者争议不大的,要简单书写,对于争议较大的则要详细书写;对于程序性争议要简单书写,以完整记录审判程序过程为原则,对于涉及权利、义务的确定的争议焦点问题要详细书写,以排除当事人对事实认定和法律适用的疑问为原则;对使适用常识、公理、定理进行判断的要简单书写,对需要阐释法律和法理的则需要详细书写。亦即,要根据个案特点和争议的大小,选择合适的叙述论理方式。第三,应当将犯罪认定、刑罚裁量与判决书的说理区分开来,刑事判决说理包括事实论证说理和判决论证说理,判决文书应当对判决形成的正当性、合法性及合理性予以公开说明。

结束语

综上,无论是简单案件还是疑难案件,在认定犯罪事实的过程中,对案件事实所进行的归纳和评价,在很大程度上受到事先存在于评价主体意识中的与刑法规范有关的犯罪类型的影响,完全不考虑规范评价是不可能的。法律条款的选择与适用,是在法官的目光不断

[1] 参见苏力:《法条主义、民意与难办案件》,载《中外法学》2009年第1期。

[2] 参见[英]麦考密克:《法律推理与法律理论》,姜峰译,法律出版社2005年版,第99~101页。

[3] [日]平野龙一:《刑法总论I》,有斐阁1972年版,第87页。

[4] 陈子平:《刑法总论》(修订版),中国人民大学出版社2009年版,第77页。

往返流转于刑事案件的具体案情与刑法理论学说之间中确立的。“作为陈述的案件事实并非自始既存的显现给判断者,毋宁必须一方面考量已知的事实,另一方面考虑个别事实在法律上的重要性,以此二者为基础,才能形成案件事实。法律家的工作通常不是始于就既存的案件事实作法律上的判断,毋宁在形成——必须由他作出法律判断的——案件事实时,就已经开始了。”[1]“以刑制罪”思维模式存在诸多问题,不值得提倡。解决问题的路径应当立足于提高解释刑法的能力。刑法解释不仅仅是对法条的理解,应当贯穿于刑法规范的理解和案件事实的归纳、概括、提炼的全过程。法官在解释法律条文、确定罪名时,不仅仅要遵守法律的规定和精神,而且要预测和关照具体犯罪法定刑对定罪的影响,就刑法规定的构成要件进行实质解释,并贯彻判决说理制度。

〔1〕[德]卡尔·拉伦茨:《法学方法论》,陈爱娥译,商务印书馆2003年版,第160页。

网络空间何以为“公共场所”?

——关于刑法解释限度的思考*

邓　婕**

摘　要:《关于办理利用网络实施诽谤等刑事案件适用法律若干问题的解释》将网络空间解释为公共场所从而适用寻衅滋事罪。通过对“公共场所”核心含义的解释、其立法目的的均衡以及国民的预测可能性分析,网络空间均可以被解释为“公共场所”。另外,这一解释结论符合了发展变化的社会事实,对“公共场所”的内涵予以了丰富和更新。将网络空间视为“公共场所”不仅是在刑法解释限度内允许的解释还是一次将传统刑法适用于网络空间、应对日益猖獗的网络犯罪的建设性尝试。由此追问刑法解释的限度,目的解释应限定在文义可能的含义范围之内、罪刑法定原则之下和犯罪构成的框架之内。这一问题的实质为立法权和解释权的分野。

关键词:网络空间;公共场所;刑法解释;解释限度

2013年9月9日最高人民法院、最高人民检察院出台了《关于办理利用网络实施诽谤等刑事案件适用法律若干问题的解释》(以下简称《解释》),回应了网络犯罪的高发态势,也为其中司法疑难问题的解决提供了具体适用的标准。值得关注的是,《解释》中将网络空间视为刑法意义上的“公共场所”,这一解释引起了学术界的热切关注和争论。依据罪刑法定原则,任何超出刑法用语范围的解释都不再是解释,而是对刑法的续造。那么,将网络空间解释为“公共场所”,是否是刑法解释限度内的扩张解释?是否有必要做出这样的解释,以及如何看待它的意义?这些问题追问的背后实际上都是对刑法解释限度的思考。

一、争议梳理:扩大解释亦或类推解释

《刑法》第293条第1款第(4)项将“在公共场所起哄闹事,造成公共场所秩序严重混乱的”行为纳入寻衅滋事罪的范畴。而《解释》第5条第2款规定“编造虚假信息,或者明知是编造的虚假信息,在信息网络上散布,或者组织、指使人员在信息网络上散布,起哄闹

* 基金项目:山东省社会科学规划基金一般项目,“网络犯罪治理刑事政策研究”(14CFXJ11)的阶段性成果。

** 邓婕,(1991—),女,湖北恩施人,山东大学(威海)法学院硕士生。

事，造成公共秩序严重混乱的，依照刑法第二百九十三条第一款第(四)项的规定，以寻衅滋事罪定罪处罚。”由此可见，《解释》将网络空间视为刑法意义上的“公共场所”，从而将在网络空间起哄闹事，造成公共秩序混乱的行为评价为寻衅滋事。有关负责人指出：“网络空间属于公共空间，网络秩序也是社会公共秩序的重要组成部分。随着信息技术的快速发展，信息网络与人们的现实生活已经融为一体，密不可分。维护社会公共秩序是全体网民的共同责任。一些不法分子利用信息网络恶意编造、散布虚假信息，起哄闹事，引发社会公共秩序严重混乱，具有现实的社会危害性，应以寻衅滋事罪追究刑事责任。”〔1〕

对于这一解释，学界褒贬不一，将网络空间解释为“公共场所”是否具有刑法解释上的合法性与正当性？是否有进行类推解释从而违反罪刑法定的嫌疑？学界形成了鲜明对比的赞成和反对的观点：

赞成该解释的学者主张，网络空间具有“公共场所”的属性，这样的解释是可接受的对“公共场所”概念做符合信息社会变化的解释，兼顾了人权保障与保护社会，是一个较为科学合理的刑法解释。〔2〕另外将信息网络视为“公共场所”已有先例，“两高”《关于办理利用互联网、移动通讯终端、声讯台制作、复制、出版、贩卖、传播淫秽电子信息刑事案件具体应用法律若干问题的解释》对“淫秽物品”这一传统的物化概念作了信息化解释。〔3〕

另有学者对此持反对意见，认为其超越了解释权限，违反了罪刑法定原则。首先，《刑法》第293条第1款第(4)项中行为发生的场所和结果发生的场所具有同一性，只有当起哄闹事行为导致网络空间秩序本身严重混乱时才具有同一性，而所谓导致网络空间秩序本身混乱的行为仅可能成立破坏计算机信息系统罪而非寻衅滋事罪；其次，承认网络空间属于公共空间，但公共空间并不等于公共场所，用上位概念替换下位概念；再次，“公共场所”是指公众身体可以自由出入的场所而非言论；最后，寻衅滋事罪中的“造成公共场所秩序严重混乱”是一种物理秩序的混乱。〔4〕另有学者针锋相对指出将“公共场所”的解释类比“淫秽物品”从而认定其有先例的说法存在相当问题，并认定其为“明显类推且限缩公民权扩张警察权的情形”。〔5〕

综上所述，问题的争议点在于将网络空间解释为“公共场所”是否脱离了法律文本的原意？是否是违背了罪刑法定的基本原则进行了类推解释？以此为切入点，进一步追问其实质问题为刑法解释的限度如何？其与刑事立法的界限在哪？即解释与创造的边界。

---

〔1〕 戴佳：《保护公民合法权益促进网络健康发展——最高人民法院、最高人民检察院有关部门负责人就〈最高人民法院、最高人民检察院关于办理利用信息网络实施诽谤等刑事案件适用法律若干问题的解释〉答记者问》，载《检察日报》2013年9月10日，第3版。

〔2〕 参见曲新久：《一个较为科学合理的刑法解释》，载《法制日报》2013年9月12日，第7版。

〔3〕 参见周光权：《法学专家释疑“两高”网络诽谤司解五热点》，载法制网 http://www.legaldaily.com.cn/index_article/content/2013-09/25/content_4882043.htm? node=5955report4351

〔4〕 参见张明楷：《简析近年来的刑事司法解释》，载《清华法学》2014年第1期，第15~17页。

〔5〕 参见仝宗锦：《对曲新久教授〈一个较为科学合理的刑法解释〉一文的评论》，载 http://blog.caijing.com.cn/expert_article-151694-58814.shtml，最后访问日期2014年12月20日。

二、解释方法:可能文义界限内的目的解释

(一)可能的文义界限:"公共场所"的概念界定

根据我国刑法第291条的规定,聚众扰乱车站、码头、民用航空站、商场、公园、影剧院、展览会、运动场或者其他公共场所秩序,情节严重的,构成聚众扰乱公共场所秩序罪,该条用列举的方式对"公共场所"予以了明确限定。为了维护整体的法秩序,同一语词在不同条文中的语义应具有同一性,作出相同的解释除非条文有另外的释义。因此根据同一语词概念一致的原则,第293条中的"公共场所"也应当与第291条中的采用同样的语义,包括"车站、码头、民用航空站、商场、公园、影剧院、展览会、运动场"等。"公共场所"这一概念还出现在刑法分则的其他法条中,但是其在不同犯罪中所处的地位不同。一为作为犯罪构成要件要素的"公共场所",如刑法第130条规定的非法携带枪支、弹药、管制刀具、危险物品危及公共安全罪的成立要求携带上述物品进入"公共场所";二为作为法定性加重情节的"公共场所",如在"公共场所"当众强奸妇女的从重处罚。寻衅滋事罪中的"公共场所"是作为犯罪成立的构成要件,即"在公共场所起哄闹事,造成公共场所秩序严重混乱",第一个"公共场所"为行动发生的场所要求,第二个"公共场所"为结果发生的场所要求,且这两者具有同一性。除此之外,《中华人民共和国公共场所管理条例》中也列举了条例具体适用的七类"公共场所"。但无论是刑法规范中作为构成要件的亦或加重情节的"公共场所",还是刑法上的限定列举亦或行政法规上规定的"公共场所",在一贯的解释上,"公共场所"都是现实的三维属性的存在。而网络空间建构于"虚拟"的数字化网络之上,人的肉体无法自由出入,不符合前述所列举的"公共场所"的现实性特点,能否以此当然判断将网络空间解释为"公共场所"超出了其文本语义从而有类推解释之嫌?答案是否定的。

刑法的列举无法穷尽"公共场所"的语义概念,这既是由于法律本身不可避免的局限性如"公共场所"的抽象概括性和稳定性,也是因为社会随着信息技术的深入推进有了新发展,"公共场所"需要丰富其内涵以涵盖和适应这一变化。文义解释在各种法律解释方法中应当首先考虑适用,是指根据法律(包括精神、原则、规范等,其中主要是法律文本所载明的意义)来确定法律规定中有争议语词及事实的法律意义的解释方法。[1] 而刑法解释的限度在于"文义射程",[2]亦或日本学者所称的"刑法用语的可能意义"。[3] 网络空间是否在"公共场所"的射程或可能意义范围内,关键在于对"公共场所"的本质特征的把握。根据上述列举的"公共场所",可以概括出其具有以下特点:其一、空间的开放性,公共场所并非是特定人所独有而是向公众开放的;其二、人员的不特定性,不特定是公共特性的本质要素,多数只是公共表现的常态形式,一个人也可能形成公共境地,特定与否应该与其

〔1〕 陈金钊、焦宝乾等著:《法律解释学》,中国政法大学出版社2006年版,第181页。

〔2〕 参见蒋熙辉:《刑法解释限度论》,载《法学研究》2005年第4期,第114页。

〔3〕 参见[日]町野朔:《刑法总论讲义案》,信山社1995年版,第73页。转引自张明楷:《刑法学(教学参考书)》,法律出版社1999年版,第59页。

边界的确定与否为标准；[1]其三、功能的社会性，即公共场所具有满足人们社会生活需要的功用性。由此，可以将“公共场所”界定为一个满足不特定人的社会生活需要的开放空间，以此特征为中心和限定向外围拓展。

网络空间满足这样的特性，虽然是建立在虚拟网络之上，但其随着互联网的代际演变被赋予了越来越多的社会意义，不再仅仅只是信息媒介而逐渐成为新的生活空间。网络空间具有“公共场所”的开放性，面向社会公众开放且具有不特定性，可以满足人们工作、学习、社交等需求。另外，无论是从社会伦理道德范畴还是经验常识理性判断，这样的解释都符合国民的预测可能性。网络空间并非法外空间，同样受到刑法的规制和保护，人们在网络空间的行为也具有越来越多的现实意义和公共性，已经成为民众的共识和保障自由的内在要求。综上，网络空间完全具备了“公共场所”的基本特征，是在其可能的文义之内解释。

（二）目的解释的适用：实现法的妥当性与时代更新

将网络空间解释为“公共场所”其实质为目的解释的适用，“目的是全部法律的创造者，每一条法律规则的产生都源于一种目的，即一种事实上的动机”。[2] 在刑法学解释方法上，目的解释得到了普遍推崇，甚至被誉为“解释方法之桂冠”，“只有目的论的解释方法直接求所有解释之本来目的，寻找出目的观点和价值观点，从中最终得出有约束力的重要的法律意思”。[3] 但是目的解释的适用应在文义解释的限度之内，不能超出文义解释中可能的文义界限。

文义解释追求法的安定性，目的解释则追求法的妥当性。目的解释源起于对形式主义法学的否定，其立场为实质解释论。维护严格法治的形式主义法学主张以制定法来限制刑罚权发动，只能作出形式解释甚至反对解释，“当一部法典业已厘定，就应逐字遵守，法官唯一的使命就是判定公民的行为是否符合成文法律。”[4]目的解释的出现在于成文法律的字面含义涵盖不了复杂的现实生活即文义解释的缺陷，反过来目的解释的适用受制于文义的可能含义范畴。目的解释需要在对文义本身的规范理解基础上，结合社会发展变化和形势政策需要作事实合理性解释。《解释》将网络空间解释为“公共场所”便是运用了这样的目的解释方法。根据《第34次中国互联网络发展状况统计报告》显示，截至2014年6月，中国网民规模达6.32亿，较2013年底增加1442万人，互联网普及率为46.9%。[5] 互联网的纵深发展更是深刻改变了人们的生活，移动金融、移动医疗等新兴领域的移动应用多方位满足了用户上网需求，推动网民生活迈向全面“网络化”，网络空间已然成为了“公共场所”。不仅如此，传统犯罪在网络空间也攫取了新的生存土壤，传统犯罪获得了新的犯

〔1〕 吴贵森：《刑法上“公共”概念之辨析》，载《法学评论》2013年第1期，第115页。

〔2〕 [美]博登海默：《法理学》，邓正来等译，华夏出版社1987年版，第104页。

〔3〕 [德]耶赛克、托马斯·魏根特：《德国刑法教科书》（总论），徐久生译，中国法制出版社2001年版，第193页。

〔4〕 [意]贝卡利亚：《论犯罪与刑罚》，黄风译，中国大百科全书出版社1993年版，第13页。

〔5〕 数据来源：中国互联网络信息中心（CNNIC）http://www.cnnic.net.cn/hlwfzyj/hlwxzbg/hlwtjbg/201407/t20140721_47437.htm（最后访问日期2014-12-20）

罪手段和场域,也产生了侵害新法益的新型犯罪。《解释》对刑法理论和司法实践的真正作用在于它的潜在意蕴:对于“公共场所”和“公共秩序”的探索性解释,实为传统刑法和罪名体系向网络空间的延伸适用。[1] 就寻衅滋事罪而言,其立法目的在于保护公共场所社会秩序的稳定,保障公民在有序秩序下生活的正当权利。网络空间作为人们生活的新平台,其同现实社会一样受到法律的规制和保护。

基于这样的目的,将网络空间解释为“公共场所”有利于净化网络环境,规范人们的网络行为,遏制虚假信息在信息网络的散播。从规范的适用角度来看,也是刑法应对网络犯罪作出的积极尝试,使得部分传统犯罪得以适用于网络空间,以此也在一定程度上实现了刑法的时代更新。

(三)扩大与类推的区分:事物本质的类型思维

关于将网络空间解释为“公共场所”的学界争议归结起来主要在于其是被允许的扩大解释还是应当被禁止的类推。

关于扩大解释和类推解释的区分一直是刑法学界讨论的永恒话题,虽然已经达成谅解但二者之间的界限和关系一直没有真正明确。“如果我们仔细观察的话,没有任何地方可以真正做到‘禁止类推’,所以严格的禁止类推,结果正与禁止解释一样,历史经验已经告诉我们,它完全没有作用。”[2]考夫曼将类推视为法律适用的一般方法,法律思维无论是扩大解释亦或类推解释其实都是一种类型思维。而学界通说关于类推解释和扩大解释之间界限的“可能具有的含义”根本无法区分,且这样的判断本身就需要借助类型化的思考。[3] 扩大解释和类推解释本质上具有同一性——都是借助于抽象概括出的事物的某种共同属性即“事物本质”而进行的类推。依据相同的“事物本质”将其解释为同一个“类型”,由此,依据“公共场所”和网络空间共同具有的开放性、不特定性和社会功用性等特征将两者解释为种属关系是无可厚非的。退一步,在扩大解释亦或类推解释的区分之下,不可否认的是将网络空间解释为“公共场所”的逻辑路径上有类推的性质,但是其并未超出文义的核心概念和其本质,仍是在可能的语义解释和国民的预测可能性之下。

对于某种解释是扩大解释还是类推解释“要通过权衡刑法条文的目的、行为的处罚必要性、国民的预测可能性、刑法条文的协调性、解释结论与用语核心含义的距离、刑法用语的发展趋势等诸多方面得出结论。”[4]如前所述,网络空间在信息时代扮演的角色日益重要,通过对“公共场所”核心含义的解释、其立法目的的均衡以及国民的预测可能性分析,网络空间均可以被解释为“公共场所”。除此之外,这一解释结论还符合了发展变化的社会事实,对“公共场所”的内涵予以了丰富和更新。综上,这一解释不仅是在刑法解释限度内的允许的解释还是一次将传统刑法适用于网络空间、应对日益猖獗的网络犯罪的建设性

---

〔1〕 参见于志刚:《“双层社会”中传统刑法的适用空间——以“两高”〈网络诽谤解释〉的发布为背景》,载《法学》2013年第10期,第106页。

〔2〕 [德]亚图·考夫曼:《类推与“事物本质”》,吴从周译,台湾学林文化事业有限公司1999年版,第13页。

〔3〕 参见吴丙新:《扩张解释与类推解释之界分》,载《当代法学》第6期,第51~52页。

〔4〕 张明楷:《如何区分类推解释与扩大解释》,载《人民法院报》2005年12月21日,第5版。

尝试。

三、范畴界定：刑法解释的基本限度

继续追问网络空间何以为“公共场所”，实则是对刑法解释限度的思考。所谓解释的限度是刑法解释所能达到的具体、客观的程度和范围，其具有内在规范性、客观性与确定性的品质，是质的限度与量的限度的统一体，是事实与规范关系性的限度。[1]

（一）冲击：“公共场所”的体系化适用

将网络空间视为“公共场所”并非单纯意义上的概念解释，除了寻衅滋事罪以外，它还将带来冲击一系列传统罪名适用于网络空间的“蝴蝶效应”。如前所述，“公共场所”这一概念还出现在刑法分则的其他法条中，在不同犯罪中处于或构成要件要素或法定加重情节的不同地位。根据同一语词同一解释，其他刑法条文中的“公共场所”也应当包括网络空间。这对传统刑法的适用提出了诸多挑战：

刑法体系的协调是刑法正当性的重要依据，“司法解释在同一类性质犯罪中贸然突破，只能是短视行为，最终会导致刑法体系的混乱，这是只见树木不见森林的做法。”[2]应对这样的批评，司法解释应注重体系性解释，保持刑法内部的体系统一，与其他条文内容和刑法整体精神相协调。网络空间一旦成为寻衅滋事罪的“公共场所”就同样是聚众扰乱公共场所秩序罪，非法携带枪支、弹药、管制刀具、危险物品危及公共安全罪以及在“公共场所”当众强奸妇女中的“公共场所”。至于具体如何适用以及有无适用的可能性和必要性都有待网络空间的进一步深入发展渗透到人们的生活空间，是刑法未来适用的命题。

将网络空间视为“公共场所”，网络空间秩序归属于“公共秩序”，使得网络空间及其秩序获得了独立的法益地位。然而网络空间的秩序如何判断？寻衅滋事罪在现实社会即被批评为“口袋罪”，现如今进入网络空间是否存在被滥用从而侵犯公民自由的嫌疑？这样的担忧并非杞人忧天，刑法具有天然的扩张性，为了保障公民在网络空间的自由同时对其进行规制，有必要对网络空间视为“公共场所”再做限定：并非全部的网络空间都属于“公共场所”，网络空间同样具有私人性与公共性的交叠。关于网络空间中私人和公共的区分仍然借助于“公共场所”的特征判断，即是否是没有限制阻碍的对不特定人开放、满足社会生活需要的空间。比如，自媒体性质的微博，因其言论的开放性和转发的公开性，可以评价为“公共场所”。再如，设置权限访问的QQ空间或微信朋友圈或即时通讯的聊天界面，则因为其面向的人群是特定的，仅在权限范围内开放，而不能认定为“公共场所”。这样的限定是“公共场所”体系化适用的内在要求，也是保障公民自由的必须。

（二）限制：罪刑法定和犯罪构成的框架之内

刑法解释是对刑法文本进行的解释，将网络空间解释为“公共场所”其根本立足点在

---

〔1〕 龚振军：《刑法解释限度理论之关系论纲》，载《法制与社会发展》2011年第4期，第14页。

〔2〕 孙万怀：《刑法应当理性应对网络谣言——对网络造谣司法解释的实证评估》，载《法学》2013年第11期，第15页。

于刑法条文的规定。一方面,刑法文本是由语言文字所表达出来,刑法条文具有明确性但语言文字带有天然的模糊色彩;另一方面,文本阅读主体的差异,导致了对规范理解的区别,这都使得解释成为一种必要。且生活事实是不断变化的,不断有立法者无法预见的新问题和新情况出现,随之规范的可能文义范围并非是固定疆界而是在限度范围内有所扩大或缩限,这一限度范围就是刑法解释的空间,而对解释限制的最基本准则在于罪刑法定。"法无明文规定不为罪,法无明文规定不处罚",刑法解释必须在法律规定的前提下进行,不能突破罪刑法定的界限。罪刑法定主义从程度到实体、从学说到原则是一个逐渐的发展过程,由刚性原则不断柔化具备弹性的过程。在司法解释中,这一过程与自由裁量权紧密结合,从最初将法官视为"法律的机械执行者"排斥自由裁量权到逐渐赋予一定范围的自由裁量权。[1] 将网络空间视为"公共场所"必须在罪刑法定的限制之下发挥解释的能动性。首先解释需要在法律条文可能的文义范围内,即"公共场所"的概念范围可以囊括网络空间,并未超出国民的预测可能性,源自于法律条文本身的规定;其次,要求解释符合法律规范的逻辑结构,即寻衅滋事等传统罪名适用于网络空间符合规范的假定条件,可以满足其行为模式,也会造成相应的法律后果;[2] 再次,在体系上保障协调性,如前所述应确保"公共场所"的体系化适用。

关于刑法解释的限度,日本学者团藤重光、大冢仁倡导犯罪定型说,即主张刑法解释的限度应局限于各条文所预想的犯罪定型的范围之内,不允许超越各法条预想的法的犯罪定型范围的解释。[3] 根据刑法学界有关犯罪定型的表述,所谓犯罪定型一方面是指事实类型,这种事实类型的存在,才使得构成要件所规定的犯罪类型具有了意义释放的对象;另一方面,犯罪定型也指构成要件,这种构成要件的存在,使得不同于构成要件类型的事实类型无法通过构成要件类型进入到犯罪类型中。[4] 概而言之,犯罪定型包括了法定类型与事实类型,且二者互为补充从而明确了法条所规定的犯罪的内容和范围,即刑法解释的限度。"编造虚假信息,或者明知是编造的虚假信息,在信息网络上散布,或者组织、指使人员在信息网络上散布,起哄闹事,造成公共秩序严重混乱的"评价为寻衅滋事罪,在犯罪定型说的指引下,首先应判断构成要件作为该罪的整体类型,即寻衅滋事整体的方法手段和行为后果,采取了怎样的外部活动引起了怎样的社会后果;再次具体判断构成要件要素作为该罪的部分类型,如网络虚假信息的犯罪认定及其网络空间作为公共场所的判断;还应包括这些整体类型和部分类型在事实类型方面的反映,即面对事实生活网络空间的寻衅滋事引起了怎样的事实效果,单纯是网络空间的秩序混乱抑或由此造成现实社会的公共场所秩序混乱。

(三)边界:立法权与解释权的分野

关于将网络空间视为"公共场所"是否正当的争论就其根源还在于立法权和解释权的

---

[1] 参见蒋熙辉:《刑法解释限度论》,载《法学研究》2005年第4期,第115页。

[2] 参见舒国滢主编《法律学导论》,北京大学出版社2006年版,第103页。

[3] 龚振军:《刑法解释限度新论》,载《当代法学》2010年第2期,第82页。

[4] 龚振军:《刑法解释限度理论之关系论纲》,载《法制与社会发展》2011年第4期,第22~23页。

权限划分。从权力本身的角度,《宪法》第67条和《立法法》将立法权和解释权规定为两种并列且不同的权力,各有各的领域和程序。立法权则是制定、修改、废止法律的权力,是有关法律的创造。解释权则是在现行立法的基础上予以进一步明确其具体含义或补充法律依据从而适用于各项社会事实,保障法律的正确适用和新的生命力。然而这两者之间的界限却是含糊不清的,解释所具有的天然扩张性极有可能突破这一界限,超越本身的权限而转变成为一种新的制度规范。

将网络空间视为"公共场所"是否存在司法解释违背了罪刑法定原则,越俎代庖侵犯了立法权?毫无疑问的是这一解释是具有创造性的,"公共场所"的概念并非是当然包括了网络空间,而是通过一定的扩大解释使得传统刑法适用于网络空间,扩大其适用情形和范围。问题的关键在于这样的扩大解释是否违背了罪刑法定原则。

将网络空间评价为"公共场所",使得寻衅滋事罪等传统刑法中的罪名得以适用,对网络空间予以刑法规制有现实的必要性和正当性。随着互联网的不断纵深发展,网络空间不再是纯粹意义上的虚拟,而是人类活动的拓展,不仅仅是公共场所甚或可以说是人类生活的第二社会。所谓社会,马克思主义认为社会是人们通过交往形成的社会关系的总和,是人类生活的共同体。网络空间在这个意义上已经具有了社会的本体论意义,人们在网络空间进行活动进而形成各种社会关系,成为了人们生活的空间,组成了一个与现实社会相并列的网络社会。而在网络空间发生的诸如诽谤、寻衅滋事等行为也有了社会意义,造成了等同于甚或由于网络空间的特性而强于在现实公共场所发生的行为所造成的恶劣影响,有着刑法处罚的必要性。"解释的实质的容许范围,与实质的正当性(处罚的必要性)成正比,与法文通常语义的距离成反比。"〔1〕由此,实质的正当性即处罚的必要性越大,解释的容许范围越大。网络空间解释为"公共场所"是处罚犯罪,规制网络空间的题中之意,在解释的实质容许范围内。但这并不能当然得出将网络空间解释为"公共场所"并没有突破解释权和立法权的分野,实质上这一分野也并非是泾渭分明的,实践中两者的关系也是处于两难境地:一方面,如若过度限制解释权,不允许司法解释对立法有丝毫突破,则无法及时应对社会变迁,更无法为刑法修订创造条件;另一方面,扩大对解释的容许范围,允许其在一定程度上突破立法,则造成以越权解释、扩大刑罚权进而侵犯人权的危险。刑法解释的创造性应对限定在一定范围内才是合理的,有利于保障刑法功能的顺畅实现和刑法的确定性,也符合刑法正义性的要求。〔2〕这是一个价值选择的博弈,也是将网络空间解释为"公共场所"带来的有益思考。

综上,通过对网络诽谤罪和寻衅滋事罪中公共场所和社会秩序的界定,可以看出,合理的扩张解释是使传统刑法可以适用于网络空间犯罪的可行路径,可以将现实社会中的刑法罪名评价体系引入日益发展的网络空间,进而对网络空间犯罪进行预防和惩治。除却关于刑法解释限度的思考,这或许是更为有意义的启示。

---

〔1〕[日]前田雅英:《刑法总论讲义》,东京大学出版会1998年第3版,第85页。

〔2〕参见陈兴良、周光权:《刑法司法解释的限度》,载《法学》1997年第3期,第26~27页。

携带凶器盗窃的刑法教义学分析*

王 震**

摘 要:携带凶器盗窃的立法意旨在于保护法益,但立法者出于刑事政策的考量,以其行为危险性而设计为具备高效、便宜性格的抽象危险犯,虽然凸显了法益保护,却有忽视自由保障之嫌,并造成了诸多理论间的异常与牵强。就此将携带凶器设置为加重情节可以有效化解,坚持结果无价值论立场,兼具合理性与可行性。而在实然模式下仍应当以法益为核心,对携带凶器盗窃予以限制解释,节制抽象危险犯侵入公民自由空间的"危险"。

关键词:携带凶器盗窃;法益侵害说;抽象危险犯

携带凶器盗窃自被写入刑法典以来就引起学界内极大争议,其抽象危险犯的立法形态,模糊的危险性判断标准,不禁让人质疑其规范目的为何:是否意味着对行为恶本身的否定,表明了规范违反说对传统盗窃罪所体现的法益侵害说理念的冲击?〔1〕同时法益作为刑法解释的核心地位遭受挑战,对携带凶器盗窃应当与携带凶器抢夺中的"携带"、"凶器"作同样解释,〔2〕抑或因携带凶器盗窃仍定盗窃罪而非法律拟制为抢劫罪,故对之不宜再同携带凶器抢夺一样予以限定解释,〔3〕争论不休。对携带凶器盗窃的诸多解释,使得理论对司法实践的指导作用被大大削弱,现实中不同地方对待携带凶器盗窃的态度宽严不一。同时,近年来包括携带凶器盗窃在内的大量抽象危险犯的立法模式似乎昭示着,一种更为偏重积极的一般预防的刑法理论正在我国实现重大转向,许多问题亟待解决。

一、规范目的:法益保护而非警醒规范

携带凶器盗窃在我国立法过程中最早现于 1997 年刑法修订过程中,曾有修订草案规

* 基金项目:国家哲学与社会科学后期资助项目,"罪刑均衡的理论基础与动态实现",批准号:14FFX041

** 王震(1992—),男,山东淄博人,山东大学(威海)法学院刑法学硕士生,研究方向为刑法学。

〔1〕 参见王修珏:《从"入户"和"携带凶器"看〈刑法修正案(八)〉盗窃罪的规定》,载《法治论丛》2011 年第 4 期,第 39 ~41 页。

〔2〕 参见王志祥、张伟珂:《盗窃罪新增行为方式评析》,载《北京航空航天大学学报》2012 年第 5 期,第 39 页。

〔3〕 参见张明楷:《盗窃罪的新课题》,载《政治与法律》2011 年第 8 期,第 7 页。

定“对于携带凶器盗窃的,以抢劫罪论处”,随即受到了许多学者的诟病,并最终没有被97年刑法所采纳。多年后,携带凶器盗窃又出现在我国《刑法修正案(八)》之中,但不再以抢劫罪认定,而是作为盗窃罪的一种特殊形态。刑法第264条规定“盗窃公私财物,数额较大的,或者多次盗窃、入户盗窃、携带凶器盗窃、扒窃的,处三年以下有期徒刑、拘役或者管制,并处或单处罚金”,这意味着对于携带凶器盗窃成立盗窃罪,刑法不再设具体数额的要求。针对此,引发了学界内关于携带凶器盗窃立法目的的讨论。

(一)携带凶器盗窃之法益侵害

携带凶器盗窃是可能由盗窃罪向抢劫罪过渡的一种中间形态,行为人在实施盗窃的过程中随时可以对凶器予以使用,具有极高的盖然性对被害人施以暴力或胁迫。既然携带凶器盗窃只是由盗窃罪向抢劫罪过渡的特殊中间形态,只有罪量的积累而无罪质的突变,这也即意味着携带凶器盗窃从本质上来讲仍是盗窃罪。而盗窃罪乃是行为人出于取得意思,以和平的非暴力手段,破坏他人对于物的持有支配关系,以取得他人动产而建立自己与物的新持有支配关系所形成的财产罪,行为人只要出于为自己或第三人不法取得的不法意图,而以和平非暴力的方法,故意取走他人之物,即足以构成盗窃罪。[1] 将盗窃行为界定为非暴力的和平手段,乃是相对于抢夺罪的抢夺行为与抢劫罪的抢劫行为而言,亦即盗窃行为的行为人并未对物的所有权人或持有人使用暴力;相对的,抢夺罪与抢劫罪的行为人,则在对物使用暴力之余带有对被害人使用暴力的行为,使其不及抗拒或不能抗拒。

如前所述,携带凶器盗窃仍具有着盗窃罪的本质,其所侵犯的法益仍然是财产性利益。但是财产性利益并不足以概括携带凶器盗窃作为定罪条件所保护的全部法益,否则无从称其为盗窃罪的特殊样态。有学者指出,携带凶器盗窃在现实中多发,有极高的盖然性由取财性犯罪转化为暴力性犯罪,从而对人身造成危害,继而认为携带凶器盗窃的规范目的除了对财产性利益的保护之外还附加了对人身权利予以保护的内容,故立法将携带凶器盗窃行为入罪是对人身权利予以提前保护。[2] 即在有盗窃行为前提下,因携带凶器具有对人身安全造成伤害的极高盖然性,而将之规定为盗窃罪的一种特殊形态。但作为最为古老、最为常见的犯罪行为,关于盗窃罪所侵害的法益,各国传统学说的观点是较为统一的,有如日本刑法中关于盗窃罪所侵犯法益的学说“有①是以占有为基础的所有权以及其他本权的本权说,②是占有自身的占有说,③以大致合法的占有即平稳占有为根据的平稳占有说之间的对立”,[3]但无论本权说、占有说或是平稳占有说,都是有关财产性利益为何的学说。统观各国刑法学说应当可以得出盗窃罪所侵害的法益为财产性利益的结论。因而将携带凶器盗窃解读为对财产性利益的保护之外还附加了对人身权利的提前保护,与传统理论上的盗窃罪相左。

---

〔1〕 林山田:《刑法各罪论》,北京大学出版社2012年版,第208页。

〔2〕 参见周啸天:《携带凶器盗窃的刑法解析》,载《法律科学》2011年第4期,第103页;又参见安军:《论刑法中的携带凶器盗窃》,载《辽宁师范大学学报》2012年第2期,第169~170页。

〔3〕 [日]大谷实:《刑法讲义各论》,黎宏译,中国人民大学出版社2008年版,第185页。

(二)携带凶器盗窃之抽象"危险"

携带凶器盗窃成立盗窃罪对犯罪数额并无要求,这也就意味着如果行为人携带凶器盗窃未盗得任何财物也可构成盗窃罪。作为典型的数额犯,盗窃罪对"数额较大"这一构成要件要素的要求被认为是结果无价值论对我国刑法发生作用的重要表现,罪与非罪、罪轻与罪重都可由犯罪所盗得财物的数额来予以衡量。就此看来,携带凶器盗窃恐怕与传统理论也是相悖的。因而有学者提出,将携带凶器盗窃作为盗窃罪入罪情节,并不考虑犯罪数额,这种对行为本身恶予以否定的立法带有明显的行为无价值的色彩,体现了行为无价值论对盗窃罪所体现的结果无价值论理念的冲击。

而讨论盗窃罪成立与否的关键在于对犯罪成立条件违法性的认识上,对此大陆法系国家一般采取了客观违法性理论,分立有结果无价值论和行为无价值论两大阵营。法益侵害说主张刑法的任务在于法益的保护,主张刑法在考虑抑制过度的介入这一自由主义原则的同时,将违反法益保护目的的事态作为禁止的对象。从这样的理解出发,禁止的对象就是引起了法益侵害或者是法益侵害的危险(这称为结果无价值),违法性的实质就应该理解为引起了结果无价值。与法益侵害说相对的另一种有力的见解是规范违反说,主张刑法的机能、目的是保护属于国家社会秩序之基础的社会伦理或刑法规范本身。按照这种理解,对犯罪人适用刑罚,是为了确认社会伦理规范、刑法规范的存在,从而唤醒、强化国民的伦理意识、规范意识(像这样,对于行为的否定评价不能消解于法益侵害或者其危险,成为对行为的否定评价之素材的这种属性称为行为无价值)。法益侵害说与规范违反说、结果无价值与行为无价值是刑法教义学有关犯罪本质争论中从未中断过的两个对立,发展至今纯粹主张刑法的任务仅在于维持社会伦理秩序而不是法律所保护的生活利益的学者已鲜有人在,包括并合两个对立的二元论学说也均已承认法益原则的基础性地位。而持法益保护观点的人一般持结果无价值论的主张,即危害结果的发生是违法性的根据。法为保护个人的生活利益而存在,而不是为了伦理道德教育才制定。因此,只有对法益产生侵害或危险时,法才开始干涉,而且是为了不再发生法益侵害或危险而干涉。当然,侵害法益的行为通常是违反社会伦理的,但违反社会伦理的行为不一定侵害法益,只有当出现了法益侵害或危险的事实时才是违法的。[1] 如上所述,携带凶器盗窃所侵犯的法益不唯财产性利益,还因其由财产性犯罪向暴力性犯罪的高度盖然性而对人身安全保护构成了一定危险。所以这并非是对行为本身恶的否定,而是仍以一定的法益侵害危险(对人身安全的危险)为矢的的,围绕携带凶器盗窃产生的争议并非法益侵害说与规范违反说阵营间的争斗,而应当是法益侵害说内部职能分配的均衡,对此认识不应当有偏差。

法益侵害说论者一致认为,刑法具有两大机能:法益保护机能与自由保障机能。法益保护机能是指通过适用刑法从而保护法益,自由保障机能意味着通过限制国家刑罚权的发动来保障公民自由。[2] 但就如同"法益侵害说"字面上的意思一样,从表面上看法益侵害说只是有利于发挥刑法的法益保护机能,从而不利于发挥刑法的自由保障机能。虽然事实

〔1〕 参见张明楷:《外国刑法纲要》,清华大学出版社2006年版,第33页。

〔2〕 [日]前田雅英:《刑法总论讲义》(日文版),东京大学出版社1998年版,第4页。

并非如此,但法益保护机能与自由保障机能确实是存在冲突的:刑法以处罚犯罪人来实现保护法益的目的,故处罚范围越广就越有利于法益保护;但处罚范围越广就越限制了公民的自由,越不利于实现刑法的保障机能。正确认识这两个机能的冲突,才能促使我们既尽可能地限制国家的刑罚权发动(实现自由保障),又尽可能地保护法益(实现法益保护)。如果将法益保护机能与自由保障机能不加分辨,概括成保护法益一个机能,则必然会导致为了追求法益保护的目的而不惜以牺牲公民自由为代价,反过来侵害了法益(公民自由)。而携带凶器盗窃在现实生活中多发,并且容易由侵害财产性犯罪转化为侵害人身安全的暴力犯罪,尤其近几年来携带凶器盗窃向抢劫罪转化的比例不断提高,具有一定程度的危险。而就携带凶器盗窃入罪前的司法实践而言,因为对携带凶器盗窃附有犯罪数额要求,对盗窃数额未达到要求的未遂犯并不予以处罚,放纵了携带凶器盗窃行为的蔓延,行政处罚手段在控制盗窃行为上显得无力,不能达到实现刑法一般预防的目的。因此,就携带凶器盗窃而言,其规范目的显然是倾向了法益保护机能的一方。因而必须基于刑法的任务在于法益保护的立场来理解携带凶器盗窃,只是法益侵害说内部的比例分配问题,而绝不能认为携带凶器盗窃是因为违反了属于国家社会秩序之基础的社会伦理或刑法规范本身而入罪。

行为人携带凶器盗窃未盗得任何财物也可构成盗窃罪,许多学者根据其"行为性危险"而将之界定为抽象危险犯,但这本身也是极为"危险"的。携带凶器盗窃的法益侵害危险性相对程度较低、尚不具体且不急迫,但因为其现实多发性而导致容易发生法益侵害的事实,加之违法成本较低以致行为人带有较强烈的侥幸心理,单纯的行政处罚手段已不足以遏制其发生。[1] 但以抽象危险犯大行其道的德国刑法视之,界域愈发宽广、界限渐现模糊的犯罪圈不断受到诟病。按照德国刑法学者所理解的"风险社会"与"风险刑法"来更为周延、更为缜密地捍卫刑法的守备疆域,未来刑法发展的目标将从"维护法治"转向"保障安全",构筑一个"安全国"。[2] 但这种"安全国"虽然从外部保证了安全不受侵犯,但因其内部高压却反而使得公民极易失去自由,往往是最不安全的。在这种情况下,国民以为构筑了完备的刑法守备体系,实际上却是自解武装而不知。抽象危险犯正因其简单实用、便宜而受到立法者的青睐,但作为距离实害犯最为遥远的犯罪形态,倘若任由法益保护的战线向前推进,必然会导致以牺牲公民自由空间为代价,因而必须对抽象危险犯的立法形态予以警惕和节制。诚如张明楷先生所言,刑法设置抽象危险犯不应当盲目为之,即便存在着大量依赖刑法予以规制的、可能对法益构成侵害的大量风险,刑法规制最终应着眼于保护法益,在"风险社会"更应当坚持刑法结果无价值论的立场,[3] 因为风险正是因其对法益侵害构成的危险性而受到重视。

---

〔1〕 参见刘军:《危险驾驶罪的法理分析》,载《法律科学》2012 年第 5 期,第 116 页。

〔2〕 参见刘军:《抽象危险犯的理论基础与实践边界》,载《法律方法》(15),山东人民出版社 2014 年版,第 400 页。

〔3〕 参见张明楷:《"风险刑法"若干刑法理论反思》,载《法商研究》2011 年第 5 期,第 83 页。

二、应然模式:加重情节优于定罪情节

上文已论述,携带凶器盗窃的规范目的并非警醒规范,而仍是出于法益受到侵害的考虑。但还有两个问题没能得到很好的解答。首先,传统的盗窃罪中受到侵害的法益仅为财产性利益,而携带凶器盗窃除考虑财产性利益保护之外还附加了对人身权利的提前保护,何以产生这种异常与牵强。第二,在面对权衡法益保护机能和自由保障机能之间的取向时,两者本应是分庭抗礼的关系,为何立法倾向了法益保护的一方。这些或许从刑事政策的考量中可以得到答案。

(一)携带凶器盗窃的刑事政策考量

如立法部门人士所阐释的那样:"入户盗窃、扒窃、携带凶器盗窃等行为,虽然严重危害广大人民群众的财产安全,并对群众人身安全形成威胁,具有严重的社会危害性,但往往由于犯罪分子一次作案案值达不到定罪标准无法对其定罪处罚,只能作治安处罚,打击力度不够,难以形成有效震慑,也影响了民警和群众与扒窃犯罪作斗争的积极性,导致犯罪分子有恃无恐,屡打不绝。"[1]本次对携带凶器盗窃等特殊盗窃形态的增设凸显了刑法强化法益保护、注重秩序维护这两方面的功用;使得在不考虑情节加重犯的前提下,作为同一构成要件的不同行为方式,一者侵害的法益为单纯的财产性利益,一者侵害的法益在财产性利益之外附加了对人身权利的前置保护,两者难以相通互融,构成了异常与牵强。不难看出,此项修改是刑法工具主义观作用的产物,带有鲜明的功利性色彩,立法者将刑法极力推延并突破了公民自由空间的边界。[2] 可以说刑法正在通过不断修正自身规范,力图完美地呈现国家政策的意志。抽象危险犯的立法模式正因其较轻的证明责任、简单实用、高效便宜等特性而盛行一时:为了打击单靠行政处罚不能有效遏制,但危险程度根据一般社会经验法则尚不能判断的行为,因而将刑事政策的意志融入到刑法规范之中,以求更好地实现保护社会的任务,正是刑事政策跨越刑法边界的有力佐证。

"刑法是刑事政策不可逾越的屏障"这句被誉为"李斯特鸿沟"的名言深刻地道出了刑法与刑事政策之间的紧张关系,在李斯特亲自创建的"整体刑法学"的双重特性里,体现着互相疏离的两股趋势。具体而言,一方面,他将体现整体社会意义之目的的、与犯罪作斗争的方法,按照他的话,也就是刑法的社会任务,归于刑事政策;另一方面,按照刑法的司法意义,自由的机能亦即法律的平等适用和保障个体自由免受"利维坦"干涉的机能,则应归于刑法。[3] 就携带凶器盗窃而言,在法益保护与自由保障两大机能中其明显侧重了法益保护机能。

---

〔1〕 黄太云:《〈刑法修正案(八)〉解读(三)》,载《人民检察》2011年第8期,第56页。

〔2〕 刑事政策探讨的问题是,刑法如何制定才能保证其最好地实现保护社会的任务。刑事政策与犯罪的原因联系在一起,它探讨如何描述犯罪构成要件特征以便与犯罪的实际情况相适应;它斟酌允许立法者将刑法延伸到何种程度以便使公民的自由空间不会超过不必要的限制。参见[德]汉斯·海因里希·耶赛克、托马斯·魏根特:《德国刑法教科书》,徐久生译,中国法制出版社2001年版,第28~29页。

〔3〕 [德]克劳斯·罗克辛:《刑事政策与刑法体系》,蔡桂生译,中国人民大学出版社2011年版,第15页。

（二）携带凶器盗窃的加重情节运用

但若不允许刑事政策的内容作用在教义学的方法中，那么从体系中得出的正确结论虽然是明确和稳定的，但是却无法保证合乎事实的结果，无法满足现实生活的需要。刑法与刑事政策就如同版图上的两个国家，疆域分明，却又有“界河”分隔又沟通双方。因此，刑法教义学既要考虑刑法目的理性的思考，又要保障刑法基础理论和规范的安全与稳定；既不能将刑法与刑事政策两相隔离，又要抵制刑事政策对刑法疆域的越界。由于携带凶器盗窃属于盗窃罪的特殊形态，在盗窃罪的基本犯罪构成要件之外还结合了携带凶器的特殊属性，这种工具、手段的因素的附加使得其行为潜在的危险性提高，被发现后具有较高的概率发生搏斗，因而对之评价应当与盗窃罪的基本行为模式在罪责方面予以区分。将携带凶器盗窃设置为情节加重犯，适当提高携带凶器盗窃的法定刑，则既可使得携带凶器盗窃在盗窃基本行为模式之外得以单独评价，同时兼顾了刑事政策与刑法规范双方意旨所需。

首先，将携带凶器盗窃设置为情节加重犯可以使得携带凶器盗窃所侵犯的法益除财产性利益外还附加了对人身权利的保护得以合理解释。法益具备着对犯罪予以分类的机能，是区别罪与非罪、此罪与彼罪之间区别的重要划分标准，许多大陆法系国家的刑法教科书中均以法益为标准将犯罪区分为针对个人法益的犯罪、针对社会法益的犯罪、针对国家法益的犯罪三大类。虽然人们在法益保护中注意到刑法的任务并不是说各种对法益的侵害都必须在不考虑其行为样式的情况下受到刑罚——例如，盗窃罪与诈骗罪等财产性犯罪所侵犯的法益均为财产性利益，但因其行为样式不同，其所定罪名也有不同——但是可以肯定的是，在不考虑情节加重犯的前提下构成同种犯罪的不同行为方式其所侵害的法益应当是同一的。以组织他人偷越国（边）境罪为例，其基本犯罪构成要件的行为方式是“组织他人偷越国（边）境”，受到侵害的法益是国（边）境管理秩序，此外还有多种情节加重犯。[1] 可以发现，该罪不同的加重情节所保护的法益是有别于其基本行为方式的，在国（边）境管理秩序之外还附加了人身权利、财产性利益、公务管理秩序等法益的保护，这对携带凶器盗窃不失为一种借鉴。将携带凶器盗窃入罪解释为不唯保护财产性利益而且兼顾了对人身安全的前置保护，与传统观念上的盗窃罪所保护的法益仅为财产性利益的观点形成了较大差异，而将携带凶器盗窃设置为情节加重犯可以妥善地解释这种异常与牵强。

此外，将携带凶器盗窃设置为情节加重犯可以很好地纠正对该条刑法价值取向的偏差。这种偏差诚如我国学者所言，刑事政策侵入到刑法领域并对刑法的规范结构造成了深重影响，不仅促成了刑法规范的创制，还对刑法规范的修正和解释烙下印记，使得刑法愈发完美地体现国家的政策意志。[2] 而将携带凶器盗窃设置为情节加重犯既考虑到了加大对携带凶器盗窃等易转化为暴力性质犯罪的行为打击力度的刑事政策需要，又避免了立法者

---

〔1〕“组织偷越国（边）境罪”中所规定的情节加重犯包括“（一）组织他人偷越国（边）境集团的首要分子；（二）多次组织他人偷越国（边）境或者组织他人偷越国（边）境人数众多的；（三）造成被组织人重伤、人亡的；（四）剥夺或者限制被组织人人身自由；（五）以暴力、胁迫方法抗拒检查；（六）违法所得数额巨大的；（七）有其他特别严重情节的”。并且不唯“组织偷越国（边）境罪”，包括“拐卖妇女、儿童罪”、“抢劫罪”等在内的典型的情节加重犯均可为佐证。

〔2〕参见劳东燕：《公共政策与风险社会的刑法》，载《中国社会科学》2007 年第 3 期，第 130 页。

过于偏重法益保护机能的目的,确保了自由保障机能不被过分收缩,有助于法益保护机能的准确实现,有效遏制了刑事政策对刑法的越界。并且将携带凶器盗窃设置为盗窃罪的情节加重犯并非妄作,在德国、法国、韩国、意大利、瑞典、奥地利、泰国等国已有先例。例如意大利刑法典第624条规定了盗窃罪,第625条规定了盗窃罪的加重情节,“有下列情形之一的,针对第624条列举之行为的处罚为1年至6年有期徒刑和103至1032欧元罚金;(1)……(3)如果犯罪人身上携带着武器或麻醉品,但没有使用……”;〔1〕德国刑法第244条也规定“(1)有下列情形之一的,处6个月以上10年以下自由刑;1.行为人或者其他参与人在实施盗窃时a.携带武器或其他危险工具的,b.携带其他工具,意图用暴力或用暴力相威胁阻止或制服被害人的反抗的……”。〔2〕因此,在盗窃数额足以构成盗窃罪的情况下将携带凶器设置为加重情节,可以对携带凶器这一情节进行独立的评价,同时列举式规定保障了行文不至于如同抽象式法律那般含糊,兼具合理性与可行性,有助于消弭刑事政策与刑法规范在这一罪名上的矛盾紧张关系,化解诸多异常与牵强。

三、实然模式:以法益为核心的刑法解释

对于广泛地包含有不值得处罚的行为,即不具有合理、妥当内容的构成要件,应当进行限制解释,若原封不动地适用的话将有违刑法谦抑性原则。〔3〕上文已介绍到,笔者主张的应然模式是将携带凶器盗窃设置为情节加重犯,如此上述问题迎刃可解。但修改刑法的代价高昂,过度频繁地修改刑法会导致刑法的权威性降低和稳定性失衡,当下只能考虑在实然模式下对抽象危险犯的立法形态予以适当解释。在实然模式下,携带凶器盗窃的现行立法带有明显的刑事政策越界的特征,在价值追求中偏重法益保护机能,有忽视自由保障机能的呼声之嫌。因此就携带凶器盗窃而言,进行刑法解释时应当确保司法环节在法益保护与自由保障之间不能再有所偏废,同时对立法环节中的偏重予以矫正的态度待之。而法益正具备着解释论机能,这主要是指法益具有作为构成要件解释目标的机能,即对构成要件的解释结论,必须使符合构成要件的行为确实侵犯了刑法规定该犯罪所要保护的法益,从而使刑法规定该犯罪、设立该条文的目的得以实现。法益不唯是犯罪成立条件的核心,也是刑法解释的核心,绝不能固守刑法是“其他法律之保障法”或“阶级专政之工具”的思想窠臼,要以法益为核心解释刑法,才能防止以刑法解释为借口侵害公民权利,〔4〕使刑法真正成为保护公民自由的“圣经”,在实然模式下进行刑法解释的过程中,必须始终围绕法益这一核心。

在现实生活中确实存在即使遂行刑法规定的危险行为但却超出刑法预想之范围而并不产生实际危险的情状。对此可以几组例子对比的形式更为形象具体地感知。例如,在理

---

〔1〕《最新意大利刑法典》,黄风译,法律出版社2007年版,第223页。

〔2〕《德国刑法典(2002年修订)》,徐久生、庄敬华译,中国方正出版社2004年版,第119页。

〔3〕参见黎宏:《日本刑法精义》,法律出版社2008年版,第37页。

〔4〕参见刘军:《法益:刑法解释的核心概念》,载《法律方法》(10),山东人民出版社2010年版,第176页。

想的其他情形完全相同的情况下，甲以一般的盗窃方式窃得达到当地盗窃罪犯罪数额标准的一定数额现金；乙于闹市区且带有使用意图地携带凶器盗窃，但未盗得分文；丙于闹市区且带有使用意图地携带凶器盗窃，窃得该一定数额的现金；丁于四周无人的环境中带有使用意图地携带凶器盗窃，窃得一辆破旧自行车。对于甲成立盗窃罪已无须赘言，并且通过乙丙间的对比可知，对于携带凶器盗窃而言，对其罪质影响最大的法益并非财产性利益，而是人身安全利益，因此在评价是否成立携带凶器盗窃时，其着眼点更着重于是否对人身安全构成危险。最为值得商榷的当属丁情形了。刑法的本质在于法益保护，“无法益侵害行为则无犯罪”的准则必须被恪守。虽然对于如何认定抽象危险犯侵害法益的危险要求并没有明文规定，但以“有无足以侵害法益的行为事实”来判断是否成立抽象危险犯却是必要的，并且还必须结合行为本身发生时的各种客观事实状况，如行为时的环境状况、行为对象、行为引起的外界变动等要素，从一般生活经验法则进行全面判断。[1] 因此就有的学者提出的“携带凶器盗窃四周无人的自行车的行为，一经实施也便既遂”的说法，笔者不予认同。丁盗窃一辆破旧自行车的行为尚不足以受到刑法的否定评价。虽然丁盗窃过程中携带凶器，但由于其处于一种周围无人的环境中，其行为本身并无侵害人身安全的可能性，不足以到达对法益造成危险的程度，按照“无法益侵害行为则无犯罪”其当然不构成犯罪。对于抽象危险犯，也应当既看到形式的一面（刑法规定），也应当看到实质的一面（犯罪情节），做到实质要件与形式要件两相统一。否则，若认为丁的行为既无侵害财产性利益的结果，又未造成足以侵害人身安全法益的危险，只因其行为即已足以构成盗窃罪，刑法便会拓展为一匹脱缰之马，肆意伤人，[2] 则实质上是将携带凶器盗窃入罪的根据归于违反了国家社会秩序之基础的社会伦理或是刑法规范本身，势必会脱离法益侵害说而步入规范违反说的阵营。

携带凶器抢夺以抢劫罪论处系非常典型的法律拟制规定，[3] 这主要是出于携带凶器抢夺行为在法益侵害上与抢劫罪相当的考虑。而携带凶器盗窃并非法律拟制，作为盗窃罪的一种特殊行为方式，仍属盗窃罪的范畴。携带凶器抢夺所侵害的法益明显重于携带凶器盗窃，将携带凶器盗窃作为定罪情节具有明显的刑事政策入侵刑法疆域的色彩，因此对于立法中刑法工具主义色彩过于浓厚、已经入侵公民自由空间的“携带凶器盗窃”而言，进行解释时不宜采用较携带凶器抢夺更为严格的解释，而应当以限制解释的方式来恪守刑法谦抑性的品质。

所谓携带，是指在从事日常生活的住宅或者居室以外的场所，将某种物品带在身上或者置于身边附近，将其置于现实的支配之下的行为。张明楷教授认为，携带凶器盗窃不要求具有随时使用凶器的可能性，只要能评价为携带即可。因此，A 将凶器藏于车内，下车后

---

〔1〕 参见黎宏：《论抽象危险犯危险判断的经验法则之构建与适用》，载《政治与法律》2013 年第 8 期，第 5 页。

〔2〕 参见刘军：《抽象危险犯的理论基础与实践边界》，载《法律方法》（15），山东人民出版社 2014 年版，第 400 页。

〔3〕 对于携带凶器抢夺定抢劫罪属法律拟制规定的具体论证，参见张明楷：《盗窃罪新解》，载《政治与法律》2011 年第 8 期，第 7 页。

步行一段距离盗窃的,也可以认定为携带凶器盗窃。对此笔者不为认同,而是认为携带凶器盗窃中的“携带”必须以具有随时使用凶器的可能性为必要。[1] 按照常理推断,某人将凶器藏于车内,在附近行窃时被发现,其本能反应应当是逃跑,而非飞奔回车内拿出凶器再与被人搏斗。在此种情况下,行为人并不具有随时使用凶器的可能性,不可能对人身安全造成危险,如果未能窃得一定数额的财物的话当然是不构成盗窃罪的。当然,并不排除存在行为人被人发现后中途返回,取得凶器后继续作案的可能性,但一旦有这种情形就应当归于抢劫罪的范畴了。因此,就携带凶器盗窃而言,不宜对“携带”进行扩大解释,也即“携带”仍要求具有随时使用的可能性,若不处在现实的支配下,根据生活经验法则无法得出足以对人身安全造成危险的结论。对于携带凶器抢夺,《抢劫案件解释》将其限定为行为人随身携带枪支、爆炸物、管制刀具等国家禁止个人携带的器械进行抢夺或为了实施犯罪而携带其他器械进行抢夺的行为。张明楷教授认为携带凶器盗窃的凶器,包括性质上的凶器与用法上的凶器,[2] 对此诸多学者表示异议,认为应当按照《抢劫案件解释》对凶器予以限制解释。将用法上的凶器也置于刑法评价的范围内,恐有使得除非赤身裸体行窃,否则均有成立携带凶器盗窃之虞。[3] 但这两种解释均有其不足之处。对于性质上的凶器两者都予以认同,争议在于用法上的凶器能否解释为携带凶器盗窃中的凶器。对于携带凶器盗窃,刑法否定其对于人身安全可能造成的危险,而造成这种危险并不限于性质上的凶器,用法上的凶器经由一定的使用意图和使用方式作用也是足以造成危险的。但行为人既有可能是出于伤人的意图携带用法上的凶器,也有可能出于对物使用的意思携带(在这层含义上,将之称为作案工具更为妥帖),若不予以区分则会导致并无法益侵害的案件也入罪,是有悖于刑法谦抑性原则的。因此笔者认为同携带凶器抢夺一样,携带凶器盗窃中的凶器也包含性质上的凶器与用法上的凶器两种。但携带性质上的凶器已足以证明行为人带有较强的犯罪倾向;而携带用法上的凶器,并不带有一定程度的危险性,必须还要有足够的证据证明行为人带有伤人的意图方可(例如挥舞作案工具恐吓或进行口头威胁等)。因此应当基于语言表达的准确性和解释的协调性来考虑,[4] 对携带凶器盗窃和携带凶器抢夺中的“携带”、“凶器”作同样解释。

近几年来我国的抽象危险犯立法渐增,有如《刑法修正案(五)》新增的妨害信用卡管理罪(窃取、收买、非法提供信用卡信息罪尤甚),《刑法修正案(八)》新增设的组织领导参加黑社会性质的组织罪、组织领导参加恐怖组织罪、危险驾驶罪等。[5] 新近起草的《刑法修正案(九)》(草案)中新增的两类危险驾驶行为等,则更加昭示了抽象危险犯所蕴含的一种酝酿已久的刑法理论正在我国实现重大转向。同危险驾驶罪一样,携带凶器盗窃的入罪被视为保护民生的坚盾,对于打击某些领域的犯罪具有极强的针对性和有效性。但不难看

[1] 参见张明楷:《简论“携带凶器抢夺”》,载《法商研究》2000年第4期,第93~95页。

[2] 参见张明楷:《盗窃罪的新课题》,载《政治与法律》2011年第8期,第7~8页。

[3] 参见林东茂:《刑法综览》,中国人民大学出版社2009年版,第296页。

[4] 参见王志祥、张伟珂:《盗窃罪新增行为方式评析》,载《北京航空航天大学学报》2012年第5期,第39页。

[5] 参见刘军:《危险驾驶罪的法理辨析》,载《法律科学》2012年第5期,第114页。

出刑事政策正在向刑法规范加速进军的痕迹,刑法工具主义的观念正在被进一步灌输,刑法的保护法益原则正在进一步面临挑战。倘若不对携带凶器盗窃进行限制解释,在保障一部分人"民生"的同时,却会致使另一部分人自由保障的缺失,这并不能称之为真正的自由。因此,在维持携带凶器盗窃抽象危险犯的立法模式下,必须与传统的法益侵害原则之间进行调和,予以限制解释,才能避免这种"通过危险刑法所产生的刑法的危险"。[1] 对于携带凶器盗窃的相关细节方面的司法解释尚不完善的情况下,应当坚持以限制解释为原则。

〔1〕 [德]约克·艾斯勒:《抽象危险犯的基础和边界》,蔡桂生译,载《刑法论丛》(14),法律出版社2008年版,第332页。

（二）其他

论日本行政法解释学的形成与发展

江利红*

摘　要：日本传统行政法学的方法论被限定于法律解释学，围绕着对“明治宪法”以及明治时期实定行政法的解释，产生了国权学派的日本型概念法学方法论、东京大学学派的价值主义及目的论、京都大学学派的法实证分析方法论、纯粹法学派的纯粹法学方法论、马克思主义学派的法社会学方法论等法律解释方法论之间的争议，争议的结果最终形成了以美浓部达吉、田中二郎为代表的日本传统行政法解释学。但随着“二战”后《日本国宪法》的制定、行政法律制度的重构以及现代公共行政的发展，日本传统的行政法解释学在独立性、统治性、具体性、实践性等方面逐渐显现出其弊端。对此，日本行政法学者们在批判的同时，从不同的视角出发，积极地提出了实务法律解释论、法政策学方法论、法社会学方法论、行政目的（公共性）分析方法论、行政法解释过程论、法律构造解释论等各种所谓的新的行政法解释学方法论，由此推动了日本行政法解释学的发展。

关键词：日本行政法；行政法解释学；法律解释；法学方法论

日本在明治维新之后，仿照德国普鲁士宪法制定了宣扬“天皇主权”的“明治宪法（即1889年制定的《大日本帝国宪法》）”，在该宪法之下相继制定了民法、商法、刑法、民事诉讼法、刑事诉讼法等法典，初步构建了大陆法系式的法律体系。通过对这些法律的解释，确立了较为系统的法律解释学。在行政法方面，日本在明治时期主要受到德国的影响，通过留学德国的美浓部达吉等学者回国后在日本国内对德国行政法学的介绍，在日本逐渐导入了行政行为、行政主体、行政法律关系、依法行政等德国行政法学的基本概念和基本原理，在此基础上初步构建了大陆法系式的行政法学理论体系。在制度上，日本在“明治宪法”之下制定了《行政裁判法》（1890年）、《诉愿法》（1890年）、《治安警察法》（1900年）、《行政执行法》（1900年）等一系列有关行政的法律，由此构建了行政裁判制度、诉愿制度、警察制度、行政强制执行制度等行政法律制度体系。通过对“明治宪法”及上述实定行政法的解释，在日本逐渐形成了作为行政法学主流理论的行政法解释学。但“二战”后，随着《日本

---

* 华东政法大学教授、博士生导师。本文系2014年度国家社科基金重大项目“人民代表大会制度理论创新研究”（编号：14ZDA014）、上海高校特聘教授（东方学者）岗位计划资助（编号：TP2014051）的阶段性成果。

国宪法》的制定以及现代公共行政的发展,传统的行政法解释方法并不能完全应对,引发了许多法律解释上的问题和争议。对此,日本的行政法学者们在对传统行政法解释学的方法论进行批判和反省的同时,在行政法领域积极地提出了各种法律解释的方法论,由此推动了日本现代行政法解释学的发展。

一、日本传统行政法解释学形成过程中行政法解释方法论的争议

日本在明治维新之后,一直致力于学习、引进西方(特别是德国等大陆法系国家)的法学理论和法律制度。例如,末冈精一、一木喜德郎、穗积八束、上杉慎吉、筧克彦、美浓部达吉、佐佐木惣一等日本最初的公法学者在参照德国国法学等的基础上初步构建了日本的公法学体系,并促成了日本宪法学与行政法学的形成。[1] 在行政法学领域,通过对"明治宪法"以及实定行政法的解释,在日本初步确立了传统行政法解释学。但由于各学者对于"明治宪法"以及实定行政法解释的视角、方法、侧重点的不同,引发了各种流派之间有关行政法解释方法论的争议。首先是国权学派与民权学派的对立,其次是民权学派内部的东京大学学派与京都大学学派的分裂,此外还包括不占据主流地位的纯粹法学派、马克思主义法学派等学派在行政法解释方法论上的主张与争议。

(一)国权学派与日本型概念法学方法论

"明治宪法"虽然是日本制定的第一部近代意义上的立宪君主制宪法,但其中同时采用了立宪主义和"天皇主权"原则,一方面基于立宪主义确立了体现民主精神的议会制度,对天皇权力进行了一定的限制,但另一方面议会的权限也受到天皇权力的诸多制约和限制,体现了反民主的要素。可见,在"明治宪法"中同时存在着民主、立宪的精神与反民主、非立宪的精神,由此造成了在解释"明治宪法"时国权学派与民权学派的分离并对立。民权学派强调"明治宪法"中民主、立宪的部分,而国权学派强调"明治宪法"中反民主、非立宪的部分,运用的是"日本型概念法学"的方法论。

1. 国权学派

国权学派以伊藤博文、穗积八束、上杉慎吉等人为代表,由于站在天皇主权的绝对主义立场上强调"君权神授",因此又被称为"神权学派"或"官僚学派"。国权学派站在天皇主权的绝对主义立场上强调"天皇主权"、"君权神授",在"明治宪法"制定之初,占据了日本宪法学的主流地位。[2] 国权学派认为,日本的发展只能是在国家统一的基础上发展军事

---

〔1〕 也有学者认为日本行政法学的创始人是织田万,参见[日]雄川一郎等:《日本行政法学》,载《自治研究》1977 年第 53 卷第 1 号,第 4 页。织田万主要受到法国行政法学的影响,在其于 1934 年所著的《日本行政法原理》一书中构建了较为完善的日本行政法学体系,该体系至今一直被日本行政法学界所延续。参见[日]織田萬:《日本行政法原理》,有斐閣 1934 年版,目录部分。

〔2〕 参见[日]伊藤博文:《帝国憲法義解》,国家学会 1889 年版,第 21 ~ 22 页;[日]穗積八束:《行政法大意》,有斐閣 1908 年版;[日]上杉慎吉:《行政法原論》,有斐閣 1905 年版;[日]上杉慎吉编:《穗積八束博士論文集(增補改版)》,有斐閣 1943 年版,第 157 ~ 158 页;[日]筧克彦:《皇国行政法(上)》,清水書店 1920 年版,第 2 页;等等。

力量,在国家机构中应当巩固军部以及官僚的地位,赋予其强有力的权力,为此,应当制定允许、强化该权力的实定法并进行相应的解释。[1] 例如,穗积八束认为在明治宪法体制下的国家结构中应当进一步确保军队以及官僚机构的地位,以此作为确立行政法的基础。[2] 可见,国权学派在行政法学领域注重的是行政权的优越性和国民对于行政的绝对服从义务。

2. 日本型概念法学方法论

在行政法解释方法论方面,国权学派主要采用概念法学的方法论,以制定法的完善为前提,通过对法律条文的规范解释来考察法学的理论构成,并以该理论性标准来进行解释。这种方法论最初来源于欧洲大陆法系国家,其中大致可以划分为注重法律条文字面解释的法国式的注释法学与注重法教义的体系性整理及其逻辑关系明确化的德国式的法教义学。但是,与法国、德国等欧洲大陆国家的情况不同,由于日本并不具备国家与市民社会相互分离、相互对立的社会基础,因此,国权学派在日本引进概念法学方法论之后,经过改造形成了日本型的概念法学。在所谓的日本型概念法学中,与概念方法论原本所具有的控制法官或行政官员等的权力行使的作用相比,其重点在于为权力行使的正当化提供理由。在"明治宪法"所规定的国家构造中,天皇掌握着国家主权,而所有的官僚都是天皇的下属,而在明治时代法律的承担者是在天皇制之下隶属于天皇的官僚,包括当时新兴的资产阶级在内的"市民"都被排除在外,因此,可以说当时所谓的"市民社会"从属于天皇制国家。[3] 而且,在"明治宪法"下,国家与市民社会的关系并非像德国那样以公权力不干涉市民社会作为前提,而是相反,以积极地介入作为前提。[4] 因此,虽然同样称为概念法学,但国权学派所提倡的日本型概念法学的方法论与德国的概念法学方法论并不完全相同,而是与国权学派的基本观点相一致的,事实上发挥着为行政官僚统治的正当化提供法律解释技术的功能。

(二)东京大学学派与价值主义及目的论

与注重强化国家权力的国权学派相对立,民权学派的出发点在于认为日本的首要问题是走上正确的发展道路,实现日本的近代化,而近代国家的本质要素在于确保市民的自由,因此,行政法的任务在于无论在立法论还是在解释论上都必须通过以市民自由作为基本的法律重构当时的实定行政法。[5] 基于该出发点,民权学派强调行政法学应当尊重与保障国民的权利,为此必须限制国家权力。民权学派以东京大学的美浓部达吉与京都大学的佐佐木惣一为代表,其中以美浓部达吉及其弟子田中二郎为代表的东京大学学派提出了价值主义与目的论的行政法解释方法。

---

〔1〕 [日]鵜飼信成:《行政·行政法·行政法学》,载田中二郎等編:《行政法講座第1卷 行政法序論》,有斐閣1965版,第54页。

〔2〕 [日]鵜飼信成:《行政法の歴史的展開》,有斐閣1952年版,第173页。

〔3〕 [日]渡辺洋三:《現代法の構造》,岩波書店1975年版,第326~328页。

〔4〕 [日]佐藤英善:《行政法総論》,日本評論社1977年版,第18页。

〔5〕 [日]鵜飼信成:《行政·行政法·行政法学》,载田中二郎等編:《行政法講座第1卷 行政法序論》,有斐閣1965版,第54页。

1. 东京大学学派的行政法学传承

最早在日本宪法学中占据支配地位的是穗积八束的“国体论”，主张“天皇国体论”与“天皇主权说”，后来被美浓部达吉的“天皇机关说”所取代，可以说美浓部达吉的宪法理论代表了民权学派对于“明治宪法”的解释体系。在国权学派之后，民权学派的美浓部达吉、美浓部达吉的弟子宫泽俊义以及宫泽俊义的弟子芦部信喜的理论占据相继成为了各时期日本宪法学的通说，而这几位学者都相继担任过东京大学的教授，由此形成了所谓的东京大学学派。

在行政法学领域，美浓部达吉在引进德国行政法学理论的基础上，以《日本行政法（第一卷）》一书作为其理论体系的总结，由此构建了日本行政法学理论的基本框架，确立了“美浓部行政法理论”在“二战”前日本行政法学界的通说地位。[1] 但在“二战”后，随着《日本国宪法》的制定以及公共行政的发展，创立于明治时代的“美浓部行政法学理论”已经不能适应新时代的发展要求。为此，师从美浓部达吉的田中二郎在基本继承“美浓部行政法学理论”的基础上，对该理论进行了一系列的修正和拓展，由此形成了所谓的“田中行政法学”，成为”二战”后日本行政法学的通说。可见，从日本行政法学的整体来看，同属于东京大学学派的、具有前后继承关系的“美浓部行政法学”与“田中行政法学”分别代表了“二战”前后日本行政法学的主流学说。

2. 美浓部达吉的“法源论”

美浓部达吉反对穗积八束的国体论等观点以及国权学派所提倡的日本型概念法学的方法论，在行政法学方面，于 1903 年翻译出版了德国奥托·迈耶的《德国行政法》一书，并于 1909 年至 1916 年出版了《日本行政法》第 1 卷至第 4 卷，以奥托·迈耶的德国行政法学作为模板，结合“明治宪法”下的宪法学争论，在与所谓的国权学派的对决中确立了立足于民权学派立场的日本行政法解释学。[2] 美浓部达吉的行政法解释方法论与极度拘泥于制定法的文言的解释方法相对立，通过灵活解释的方法保障从当时的制定法文言中不能直接推导出的国民自由或权利，这在当时具有一定的现实意义和进步价值，被美浓部达吉自己称为“法源论”。美浓部达吉认为，在当时的日本法学中存在着过度偏重于成文法规范的倾向，这是因为当时法学界有关法律本质认识的根本性观点是错误的，即“将法律作为主权者的命令的思想”在当时极为盛行。对此，美浓部达吉批判认为，法律的制定并非基于国家权力的命令或强制，而是由社会中的作为“社会心理”的“法律意识”所决定的，从这种角度来看，认识“社会心理”即“支配社会一般人的共同的心理”或者“共同社会的法律意识”是法律解释学的任务，而与社会心理相一致的解释就是“正确”的解释。[3] 在这种由“社会心理”支配的实定法中，基于作为人类天性的服从性、习惯性以及理性，存在着制定法、习惯法以及法律原理三种规范。这三者的效力优先序列是制定法、习惯法与法律原理，

[1] 在宪法学的领域，国权学派曾一度占据过通说地位，后被美浓部达吉等民权学派的理论所代替。但在行政法学领域，通说地位一直由民权学派所占据。

[2] 参见[日]美濃部達吉：《日本行政法》（第 1～4 卷），有斐閣書房 1909—1916 年版。

[3] [日]藤田宙靖：《行政法学の思考形式》（増補版），木鐸社 2002 年版，第 133 页。

但这种序列也并非绝对的,例如有时法律原理就优先于制定法。[1] 因此,美浓部达吉强调作为实定法法源的法律原理的作用。而从方法论上来看,美浓部达吉的理论是通过对“实在的法律意识”的认识而进行的,但问题是在“社会科学性认识”的意义上,这种“实在的法律意识”如何与法律解释相结合,即还尚未对“认识”与“实践”的关系进行整理。在以“社会科学”作为实践性法律解释的根据的同时,尚未明确“认识”与“实践”之间相互结合的方式。

此外,美浓部达吉在其所著的《类集评论行政法判例》一书的序言中总结了传统行政法判例中的三大缺陷:第一,陷入所谓的“条文法学”的弊端,仅仅以法令为根据,对于社会正义与社会利益缺乏充分的考察;第二,对于行政法学的基础原则没有充分理解;第三,官僚权力偏重的思想在无意识中支配着法官。[2] 而美浓部达吉则是站在克服上述缺陷的立场上构建的日本的行政法解释理论,通过对十九世纪德国立宪君主制法律理论最大限度的活用,尽可能地推进对于“明治宪法”中自由主义、立宪主义的解释。因此,从方法论来看,美浓部达吉的理论主要采用了“二元解释方法”,即重视日本自古以来的“传统”或“历史”的解释方法(历史性解释)与以十九世纪德国国法学为范本的解释方法(比较法解释),站在自由法论的立场上对于“明治宪法”以及有关行政的法律采用了不拘泥于条文的富有弹性的、流动的解释方法。[3]

3. 田中二郎的行政法解释方法论

田中二郎的行政法解释方法论基本上是对美浓部达吉理论的继续,但对该理论进行了修正。田中二郎一方面认为“法”是由“客观的社会性规范意识”支配的存在,但另一方面又认为法律解释并非对“自然法”单纯的客观性认识作用,而是具体形成并发展以法律的形式显示的价值体系的实践性活动。正是由于法律解释是实践性活动,因此法律解释必须在目的论上进行。法律中存在着各种价值观的对立,法律解释也受到解释者主观价值判断的影响,难免出现不同的解释。但法律解释的实践性并不意味着法律解释任由解释者恣意解释,作为实用技术学的行政法学的使命在于,在对法院明确行政法解释所应当遵守的客观性价值法则的同时,对于具体行政法的解释展示法院所应当依据的标准,其中的“客观性价值法则或标准”即上述的“客观的社会性规范意识”。但田中二郎的法律解释方法论对于法律解释的实践性与客观性(即科学性)的“二律背反”以及“客观的社会意识”究竟为何物或者如何认识并没有进行明确的说明,由此产生了与美浓部达吉理论相同的问题。对此,田中二郎认为,行政法作为由社会性规范意识支配的法,为了正确地适用,必须正确地考察法所作用的国家社会现实,法社会学的研究方法在这里具有重要的意义。可见,所谓“客观的社会意识”是指适合于社会实态的法律原则。[4]

---

[1] 参见[日]美濃部達吉:《法の本質》,日本評論社1935年版,第100页以下。

[2] [日]美濃部達吉:《類集評論行政法判例》,有斐閣1925年版,序言部分。

[3] 参见[日]杉原泰雄:《憲法学の方法》,勁草書房1984年版,第34页。

[4] [日]田中二郎:《行政法総論》,有斐閣1957年版,第176~183页。

4. 目的论与价值分析

以上述美浓部达吉、田中二郎的行政法解释方法论为基础，在日本的行政法解释学中形成了较为系统的目的论与价值分析的方法。该观点认为在法律解释中存在着复数的可能性，其中的选择受到解释者主观价值判断的影响。制约法律解释的“框架”并非“明确不动”的，而是根据解释者的主观价值判断进行修正。[1] 法由“客观性的社会性规范意识”所支撑，[2]法律解释是通过解释者的价值判断构建的特定价值体系，[3]而适合于社会性规范意识支撑的价值体系的解释是“正确的解释”。[4] 行政法以现实的行政为对象，因此，行政法应当是能够适用于现实行政的现行法律规范。但是，行政法与现实行政之间并不一致，而促使行政的实际状态向正确的方向纠正、改革的行政法律规范才具有作为“行政法”研究、探索的意义。[5] 即行政法除了适应现实行政外，还具有在价值上引到现实行政的作用，为此，行政法解释学的研究并不能局限于对实定的行政法律规范作出规范性或者实证性的分析，在此基础上还应当进行目的论的考察或价值论的分析。

（三）京都大学学派与法实证分析方法论

在日本行政法学中的法实证主义方法论与德国法实证主义相类似，以京都大学的佐佐木惣一为代表。该方法论特点在于重视成文法的明文规定，严格地根据实定法规定的“文言”及其“逻辑关系”解释法律。

1. 京都大学学派的行政法学传承

京都大学学派以佐佐木惣一为代表，[6]其中还包括田村德治、磯崎辰五郎、渡边宗太郎等，由于这些学者主要出身于京都大学，由此被称为“京都大学学派”。该学派的理论与东京大学学派同样以国民主权论为基本的出发点，注重吸收近代西欧的公法理论，其构成的特点在于以极其严格、细致的概念区分为基础，这种概念发挥着何种功能在事实上很难判断，但可以考察其判断的标准。例如，对于自由裁量与羁束裁量的区别，该学派提出了与东大学派的“效果裁量说”相对立的“要件裁量说”。“要件裁量说”又被称为“形式说”，着眼于行政裁量与法律规定的实质性内容的关系，以法律规范为标准来决定行政机关是否存在裁量权，认为行政裁量的范围仅仅存在于行为要件的认定上，而对于是否作出行政行为（即该行政行为是否发生法律效力）并不具有裁量性。[7] “效果裁量说”又被称为“实质说”，以行为的性质为标准决定是否具有裁量性，认为行政机关的裁量并非存在于行为要

---

〔1〕［日］来栖三郎：《法の解釈と法律家》，载《私法》1945年第11号，第16页。

〔2〕［日］田中二郎：《行政法総論》，有斐閣1957年版，第172页。

〔3〕［日］長谷川正安：《新憲法と裁判——憲法解釈の機能と本質》，载《ジュリスト》第68号，第21～28页。

〔4〕［日］橋本公亘：《行政法の解釈》，载《公法研究》1959年第21号，第81页。

〔5〕［日］兼子仁：《行政法総論》，筑摩書房1983年版，第6页。

〔6〕织田万被称为京都学派的“始祖”，佐佐木惣一是织田万博士的弟子，但由于织田万主要学习、研究法国行政法学，法国行政法学的经验对于日本行政法学的形成并没有起到很大的作用，因此，京都大学学派以宣扬德国公法学的佐佐木惣一为代表。参见［日］兼子仁：《行政法学》，岩波書店1997年版，第26页。

〔7〕［日］佐々木惣一：《日本行政法論 総論》，有斐閣1922年版，第69页。

件的认定上,而是存在于是否作出行政行为(即行政行为是否产生法律效力)上。[1] 可见,“要件裁量说”的特点在于拘泥于成文法的明文规定,在现实意义上扩大自由裁量的范围,限制了行政诉讼的范围;其次,从法院的功能来看,“要件裁量说”认为在立法者没有具体规定公益判断时就不承认法院的司法审查,可见,在该观点中法院仅仅被认为是“法律适用机关”。而“效果裁量说”认为,要件的认定受到法律原理等不成文法的支配,因此,即使立法者没有作出公益判断也承认法院的司法审查,可见,在该观点中承认法院具有“法律创制的功能”。[2]

2. 佐佐木惣一的法实证主义

佐佐木惣一强调日本法主义和法律实证主义,[3] 其方法论的特点可以归结为逻辑主义或客观主义的倾向,一般认为在佐佐木惣一的行政法学理论中法实证主义的倾向比目的论的倾向更为强烈。[4] 例如,对于自由裁量与羁束裁量的区别,佐佐木惣一提出了与美浓部达吉的效果裁量说相对立的要件裁量说,要件裁量说又被称为“形式说”,该观点着眼于行政裁量与法律规定的实质性内容的关系,以法律规范为标准来决定行政机关是否存在裁量权,认为行政裁量的范围仅仅存在于行为要件的认定上,而对于是否作出行政行为(即该行政行为是否发生法律效力)并不具有裁量性。而效果裁量说又被称为“实质说”,该观点以行为的性质为标准决定是否具有裁量性,认为行政机关的裁量并非存在于行为要件的认定上,而是存在于是否作出行政行为(即行政行为是否产生法律效力)上。

佐佐木惣一与美浓部达吉都是民权学派的代表,两者都是从模仿德国行政法出发构建日本的行政法解释学,两者都认为法是“共同社会的法律意识”,如何认识有关的法律意识是法律解释学的任务。但佐佐木惣一同时又认为,在共同社会的法律意识中,存在着“以一定形式明示的”与“没有明示的”,前者是“实定法”,后者是“潜在法”。实定法是明示社会本身的法律意识的认识,并不依赖于个人的“观念”,对其必须作为客观性事物进行认识。而与此相对,由于潜在法并没有明示,确定其是否存在相当困难,因此,必须根据该社会中个人的观念进行认识。[5]

此外,从法源论上来看,与美浓部达吉的法源论相比,佐佐木惣一的法源论具有以下特征:第一,佐佐木惣一的法源论更为重视成文法规的文言,但其同时又认为,行政法的规定并非行政法的文言,而是行政法的内容或含义。法律文言并非法律本身,而只不过是认识法律的手段。第二,佐佐木惣一的法源论中以法律技术的客观性确保将法律的“文言”与“逻辑”作为分析的重点。在美浓部达吉的法源论中,则将重点置于认为“法”并不局限于成文法规而存在于社会的法律意识的观点,而佐佐木惣一的法源论承认“法”存在于社会法律意识的事实,同时也主张将如何认识相关法律意识的问题作为法

[1] [日]中西又三:《行政法1》(改訂版),中央大学通信教育部2003年版,第145页。

[2] [日]芝池義一:《行政法総論講義(第四版)》,有斐閣2001年版,第76、77页。

[3] 参见[日]佐々木惣一:《日本行政法論(総論)》,有斐閣1921年版;[日]佐々木惣一:《日本行政法論(各論)》,有斐閣1922年版。

[4] [日]藤田宙靖:《行政法学の思考形式》(増補版),木鐸社2002年版,第143页。

[5] [日]佐々木惣一:《日本行政法論(総論)》,有斐閣1922年版,第40页以下。

源论的重点。

（四）纯粹法学派与纯粹法学方法论

民权学派以上述的东京大学学派和京都大学学派为主，有关行政法解释方法论的争议主要也围绕着美浓部达吉与佐佐木惣一的争论而展开。除此之外，纯粹法学派及其所提倡的规范分析方法在当时的行政法学界也具有一定的影响。

1. 纯粹法学派

日本传统行政法学中的纯粹法学方法论与凯尔森纯粹法学相对应，以浅井清、中村弥三次、宫泽俊义[1]的理论为代表。该方法论注重以法学方法的规范分析来考察行政法，从而排除行政法学中许多非法学的分析方法。该方法论在行政法学成立的过程中，对于行政法学摆脱其他科学而形成独立学科具有一定的意义，但在公共行政日益扩大化、复杂化而提倡行政法学与其他相邻学科之间学际化的今天，必须对该方法论进行一定的反思。

2. 纯粹法学方法论

浅井清在其1928年所著的《行政法的基础概念》一书的序言中对于传统的行政法学提出批判，认为以往的行政法学未能摆脱在行政法空白时代的“官房学”的遗风，不能在纯粹法学上认识行政活动，甚至不能积极的定义行政的概念。因此，在当时的行政法学中存在着许多“超法学”的要素，例如社会学、伦理学的要素，甚至包括由“传说神话”所演绎出的法理，这些要素具有将实定法规定以外的事项纳入法学领域的倾向，对此应当予以关注。[2] 在此基础上，浅井清提倡纯粹法学方法论，试图将纯粹法学方法论导入到日本公法学之中，以此来推动日本公法学中民主主义的发展。其在1932年所著的《行政法总论》中试图将纯粹法学与解释法学相调和，[3] 但是，纯粹法学本身是一种法的本质论，并非直接解释实定法，如果将法律解释论的功能机械地纳入纯粹法学中，有可能产生与形式逻辑性的概念法学相同的问题。但该书非常注意这一点，侧重于将纯粹法学所具有的民主主义性质与民权学派中的自然法解释论相结合，[4] 由此形成了独立于上述行政法学主流学派的纯粹法学方法论。

中村弥三次也提倡纯粹法学方法论，其在1932年出版的《规范的行政法学》一书中认为，有关行政的学问可以称之为“行政科学”，具体又可以分为行政学、行政政策学、行政法学，行政学是有关行政之“实在”的学问，行政政策学是有关行政之“理想”的学问，而行政法学是有关行政之“当为”的学问，三者之间相互独立但又不可截然区分。行政法学的目的或对象是“实定的行政法”，行政法学作为法律科学的分支，其唯一可能的方法是“法学方法”。[5] 可见，中村弥三次也提倡仅仅以纯粹法学的方法解释实定的行政法律制度，从而排除非法学方法在行政法学中的运用。

---

[1] 宫泽俊义是东京大学的教授，在组织上隶属于东京大学学派，但从其方法论立场来看，更接近于纯粹法学派。

[2] [日]浅井清：《行政法の基礎概念》，高原書店1928年版，序言部分。

[3] [日]浅井清：《日本行政法 総論》，巌松堂1932年版，第45页。

[4] [日]鵜飼信成：《行政法の歴史的展開》，有斐閣1952年版，第180页。

[5] [日]中村弥三次：《規範的行政法学》，敬文堂1932年版，第132～134页。

宫泽俊义的方法论受到凯尔森纯粹法学的影响较为明显,其主要着眼于宪法的方法论进行论述。宫泽俊义认为,关于实质意义上的宪法可分为"固有含义的宪法"与"立宪含义的宪法",宪法原则上是指固有含义的宪法。国家即使在构建了所有社会经济构造的情况下,必须存在政治权力及行使政治权力的机关,而规定国家中各机关、权力的组织与作用及其相互关系,以及这些机关与国民间关系的规范就是"固有含义的宪法";而以制约专断的权力保障权利为目的的宪法则是"立宪含义的宪法"。[1] 宫泽俊义有关行政法领域的方法论主要体现在"理论上的法律概念"与"制度上的法律概念"区分以及"实定法的解释"与"实定法的科学"区分上。[2]

(五)马克思主义学派与法社会学方法论

1. 马克思主义学派

从"二战"前的法社会学历史来看,马克思主义法学作为法社会学的方法对于日本的法社会学产生较大影响,平野义太郎、川岛武宜、戒能通孝、磯田进、福岛正夫等学者的法学理论都深受马克思主义的影响,可以称之为"马克思主义学派"。"二战"后的渡边洋三更自认为其法学理论以马克思主义作为"原点"。[3] 渡边洋三虽然是民法学者,但其有关行政法学的理论对于日本行政法学界影响较大,例如,今村成和的"行政特有法论"、高柳信一的"市民公法论"、室井力的"行政公共性论"等行政法学理论都可以说是在渡边洋三"私法特别法论"的引导下提出的,在这些行政法学理论中都渗透着马克思主义法学的观点。

2. 法社会学方法论

马克思主义学派提倡在行政法学中导入法社会学的方法论,例如,渡边洋三认为,法社会学是探索法与法之外的社会现象之间相互关系的社会法则,明确法在全体社会现象中的位置、作用、功能的科学。与法存在着相互关联的要素包括经济、政治、道德以及其他文化性要素、意识形态、社会构造、大众运动等,分析法与这些要素之间关系的法社会学对于法律解释学来说发挥着重要的作用。例如,制定法与现实的社会状态之间存在着一定的差异,在制定法没有有效发挥法律规范功能的领域,对于法律解释学来说,运用法社会学的方法对现实社会实态进行认识是必要的。而且,在随着社会的变动而新产生的法律领域,也要求在法社会学上对社会实态进行认识。在行政法的领域,特别是在行政法各论的某些领域,行政机关以及行政法学者往往进行法律的实证调查研究,从这些调查研究中不断明确了如何控制行政机关适用法律、确保公正地适用法律等实践性的课题。[4] 例如,有学者通过对于某农村自治团体有关农业委员会选举诉讼的法理与实态的调查、分析,认为对于行政法律规范或行政判例中的问题,必须明确实定行政法在现实的个人、集体的社会实态上发挥着何种功能、给予何种影响、以及社会实态在实定行政法的解释或适用上具有何种影

[1] [日]芦部信喜:《憲法学Ⅰ·憲法総論》,有斐閣1992年版,第9页。

[2] [日]宫沢俊義:《公法の原理》,有斐閣1967年版,第25~26页。

[3] [日]渡辺洋三:《法社会学とマルクス主義法学》,日本評論社1984年版,第2页。

[4] [日]渡辺洋三:《法解釈学と法社会学》,載中川善之助編:《法学セミナー現代法学事典4》,日本評論社1973年版,第139页以下。

响、法与社会相互作用的实态如何等问题,以此来充实行政法解释论,增强其说服力。[1]

二、日本传统行政法解释学通说的形成及其特征

上述各学派争议的结果,最终形成了以东京大学学派为代表的日本传统行政法解释学的通说。从这种意义上来说,日本传统的行政法学解释学是在各流派有关行政法解释方法论争议的过程中形成的。

(一)日本传统行政法解释学通说的形成

二十世纪二十年代以后,随着日本资本主义的急速发展以及各种社会运动的开展,日本的近代化也逐渐推进,以往掌握在天皇制官僚手中的法律体制发生了动摇,在明治时期确立的法律体制几乎在所有的领域都进行了改革。这种社会状况与法律体制的变化也促使了发挥着作为天皇制官僚法学作用的日本型概念法学的方法论发生了动摇,自由法论、法社会学、判例研究、马克思主义法学等非概念法学逐渐兴起。[2] 从行政法解释的方法论上来看,其中又以美浓部达吉的价值分析与佐佐木惣一的实证分析方法为主。美浓部达吉注重从法律的目的或价值出发解释实定法,而佐佐木惣一则侧重于对实定法的规范分析。这两种方法论当然各有利弊,但由于在"明治宪法"下行政法律制度并不十分完善,因此,通过美浓部达吉的目的论来解释法律更有利于适当地扩张国民的自由或权利,以弥补实定行政法的缺陷。总体而言,美浓部达吉的方法论主张被认为支配着当时的裁判实务与行政实务,与极度局限于制定法"文言"的概念法学解释方法相对立,特别是通过这种解释方法保障从当时的制定法文言中不能推导出的国民自由或权利,具有实践性意义。[3] 可见,经过国权学派与民权学派的争论,民权学派在日本行政法学领域占据优势地位,最终以"美浓部行政法学"的形式形成了"二战"前日本行政法解释学的通说。但随着"二战"后《日本国宪法》的制定以及公共行政实践的发展,学界对于美浓部达吉的行政法解释学提出了各种批判。对此,师从美浓部达吉的田中二郎在基本继承美浓部达吉的行政法学理论的同时,进行了一系列必要的修正,由此形成了日本传统行政法解释学的通说。

(二)日本传统行政法解释学通说的特征

日本传统行政法解释学以行政法律关系中的权利义务关系为对象,以法治国思想或依法行政原理为基础,以行政实定法律制度为前提,强调公私法的区分及公法关系的特殊性,注重保障行政权的优越性。[4]

1. 以行政法律关系中的权利义务关系为对象

日本的行政法学是在德国行政法学特别是奥托·迈耶的行政法理论的影响下形成的,

---

〔1〕 [日]和田英夫:《行政法の視点と論点》,良書普及会 1983 年版,第 29 页。

〔2〕 [日]渡辺洋三:《現代法の構造》,岩波書店 1975 年版,第 331 页。

〔3〕 [日]藤田宙靖:《行政法学の思考形式》(増補版),木鐸社 2002 年版,第 136 页。

〔4〕 以下参见[日]遠藤博也:《行政法学の方法と対象について》,载雄川一郎等編:《田中二郎先生古稀記念集 公法の理論(下Ⅰ)》,有斐閣 1976 年版,第 1640~1643 页。

其运用的方法主要是行政法解释学的方法。这种行政法解释学的方法与私法学同样,从法学的观点出发将不同法律主体之间的法律关系作为对象,将行政活动作为行政主体与私人之间的法律关系即权利义务关系进行考察。这种法律关系并非赤裸裸的权力支配关系,而是一方当事人对于另一方当事人具有法律上的权利或负有法律上的义务的关系。由于以不同法律主体之间的关系作为问题,官僚制的生理与病理等行政学的对象被作为一方法律主体内部的问题而排除于行政法学的议论对象之外。此外,由于从法学的观点出发将权利义务关系作为问题,对于现今流行的行政指导等,由于不对相对方课予义务,因此,原则上并不作为议论的对象,而仅仅例外地在产生法律性问题时才议论。

此外,与私法学的方法相比,在作为行政法解释对象的事实方面,存在着以下特征:第一,在作为行政法规范对象的生活关系中,不仅在性质上存在着各种差异,而且规范的范围也逐渐扩大,社会性生活关系本身也显著变动,因此,行政法解释也不是受到固定的、统一的单一原理的支配,而必须考虑复杂的事实关系的本质;第二,作为私法规范对象的生活关系在当事人之间存在着利益对立,而行政法规范对象的利益关系错综复杂。

2. 以依法行政原理为基础

行政法解释学方法不仅以行政活动成为法学考察的对象,而且对于行政活动的合法性也具有重要意义。行政法解释学方法在性质上以法律上的权利义务关系作为对象,以实定法律制度的存在为前提,根据其所具有的抽象性质,有助于实定制度的形成。例如以公权论或裁量论的发展为例,基于法治国家思想的法学方法在理论上与实践上都存在着不可否定的价值。但是,法治国家思想本身具有德国式的特殊性质,未必具有普遍性,法学方法虽然有助于实定制度的形成,但由于受到实定制度的限制,并不作为直接议论的对象。此外,基于法治国家思想的法学方法还存在着使得行政全面服从法律、对于行政完全以法学方法考察、对于行政上的法律关系承认特殊性的方法极其独特等问题。

行政法解释学方法是法治国家的产物,以依法行政原理为基础,但法治国家思想与依法行政原理并不具有超越时代或社会的普遍适当性,例如,依法行政原理就是德国行政法学中的特殊原理。行政法解释学方法以实定制度的存在为前提,对于新的事态来说只不过是事后的手段,当然,这种方法通过承认社会权的存在等方法有助于新制度的形成,但对于利害冲突的制度化是困难的。

3. 以行政实定法律制度为前提

行政法学是有关实定行政法解释的学问,因此,在行政法学或者不可否认这种实定法解释的必要性与法学方法所具有的重要性。但实定法律制度要求静态法律秩序的存在,在个别纷争的解决中只能存在唯一正确的法律解释,作为制度内在逻辑的法学方法将这种制度的要求作为自身的要求,希望构建在所有情况下都追求正确解答的解答体系。即使在实定法没有明确给予解答的情况下,也强制性地从实定制度中找出解答,而且,为了这种操作的便利,创造了理论体系以及工具性概念。

行政法学以实定行政法律制度作为研究对象,在实定行政法解释时,以实定制度的存在作为前提,但在学术研究中,这种前提并非无条件、无限制的。对于研究行政制度的法学侧面的行政法学来说，现在必须以行政制度存在方式本身、社会管理功能的制度化的方式等作为研究对象，其理由在于：第一，作为行政目的的公共性内容的多样性、复杂性；第二，与此相伴的行政过程的复杂化；第三，与这些相关联的行政控制或权利救济方式的复杂化。

此外，与私法学的方法相比，在作为前提的行政实定法律制度方面，存在着以下特征：第一，由于行政法由数量繁多的行政法律规范组成，并不存在统一的行政法典，因此，与民法、刑法等法律相比，行政法极易变动，即行政法具有流动性的特点，学者难以及时地对应于这种变动进行解释；第二，在行政法规中不确定概念极其多见，由于行政法所规范的对象极其广泛且复杂多样，由多数法规组成的行政法之间存在着不完备或相矛盾的问题，容易由于解释者观点的不同引起解释的对立；第三，行政是实现价值的形成作用，行政法规在本质上是面向形成作用的法规，与民商法是面向判决的规范相对，行政法具有特有的行政行为理论与行政的合法性原理等；第四，与私法是调整对等当事人之间的利益对立的法律相对，行政法在调整复杂的利益对立外，还致力于实现行政目的，因此，在行政法中承认行政权优越地位的情况较多。

4. 强调公私法的区分及公法关系的特殊性

传统行政法学通过法律概念构成行政法上基本制度的框架，同时通过对行政法上的法律关系承认与私法上法律关系不同的特殊性构成行政法理论。通过以法律关系为对象，将实定制度作为与私人权利义务相关的一定限度内具有法律意义的事项而构成理论，同时在该法律关系上必须承认行政法上的特殊性。通过承认这种与私法不同的特殊性进行行政法理论的体系化。当然，从行政法解释学的角度来看，通过承认与私法上法律关系不同的特殊性而进行的理论化、体系化并不必然意味着提供了解答的体系。在实定法上不提供与通过私法法规适用的解决不同的解答就不能形成行政法本身。在“明治宪法”下设置了行政裁判以及行政裁判制度，基于这种实定法上的特殊规定而承认行政法的特殊性，但如果不存在实定法的特殊规定就不存在特殊固有的行政法。而如果不对对象本身承认特殊性，作为实用法法律解释学的特殊部门的行政法学就没有存在的理由。可见，特殊的实定制度、特殊的解答体系、行政法学的成立是三位一体的。但这种观点在现代行政日益扩大化、复杂化的情况下并不适合。传统行政法学是解释法学，在与私法的比较上必须强调其特殊性，但现代行政法学中公私法的区分逐渐相对化，而应当在与行政学的比较上证明其存在的理由。

现代行政法并没有将法律技术的公私法区分作为其理论体系化的基础，例如，国家赔偿法将赔偿请求权作为私权，而土地收用法等所规定的损失补偿请求权等却属于公权。对此，田中二郎曾提出“管理关系”论，但该理论作为解答的体系并不完全或不具有完结性。最近出现的行政契约论、形式性行政行为论、行政私法的概念等说明行政法并非有关行政的公法、特别是在法律技术意义上的公法。

此外，随着行政手段的多样化，产生了“向私法逃逸”或“向行政指导逃逸”的现象，行政活动的法律手段或法律形式多种多样，有时存在着互换的可能，有时也发出竞合或融合。法律技术意义上的公法手段、公法形式只不过是在行政制度下在行政过程中所采用的一种法律手段或法律形式。例如,行政行为并非行政过程中的唯一形式。但在理论上往往将行政行为或行政行为的本质作为行政制度的基础,而此外的行为形式在理论上并没有适当地定位。

5. 注重保障行政权的优越性

在行政法规的解释适用者方面,行政法主要由行政机关运用,因此,行政机关在行政法的解释中发挥着重要作用,这一点与私法的解释不同。而且,日本的行政法解释学着眼于国家活动的"前法律性"基础,对于特定领域中的国家行为先验地承认其权力支配的性质,并以该权力性作为前提构成行政法的解释理论。在传统学说中,国家在本质上是统治团体,将基于认为并不存在欠缺权力的国家这种朴素的政治学认识的国家形象作为先行事实而承认,这种认识被直接反应到法律解释之中。[1]

(三)日本传统行政法解释学的本质——官僚法学在行政法学方法论上的反应

如上所述,在日本的行政法理论并非固有的,而是在明治时代继受了德国的行政法理论而发展起来的,即日本行政法解释学的形成受德国行政法学的影响较大,从其形成的特点来看,可以说从其诞生之日起便带有德国官僚法学的印记,这主要表现为日本与当时德国的社会、政治情况以及实定法规定的相似性。[2] 这种行政法学一方面通过对依法行政原理或法治国主义的德国式解释,将议会通过立法对于行政的拘束限制在最小限度之内,其中还存在着政治性、权力性要求介入的可能性,例如,在明治宪法中承认天皇所代表的行政权具有紧急敕令权(第8条)与独立命令权(第9条),天皇可以以行使这两种权力的方式摆脱立法权的限制。在另一方面,由于立法过程本身由枢密院、贵族院、法制局等官僚势力所左右,因此,依法行政原理并不具有现代的民主意义。这种意义上的行政法学在本质上难免具有作为为官僚权力的一切行为辩护、说明的技术的性质。官僚法学在行政法学中主要表现为独立于司法权之外的行政裁判制度、诉愿前置制度等保障行政权优越性的制度。从这种意义上来看,在"明治宪法"之下的行政法学是"官僚法学"。[3]

其次,从法律解释的角度来看,在经过彻底的民主主义革命后,"自然法"、"法律原理"等反映在社会生活秩序中自然形成法律规范。而支撑这些法律规范的是全体人民的法律意识,以此为基础,普遍适当的法律原理无需官僚或法院的实施,不需要经过繁琐的注释或解释就可以成为谁都明白的日常生活用语。但是,日本的民主主义革命并不彻底,在立宪君主制下,法律解释是统治人民的根据,法律通过官僚在职务上的训令等周密的解释实施,这种官僚的形式主义是统治人民的方法,从而逐渐形成了官僚法学中的形式性解释学。从世界范围来看,日本与德国的解释法学、注释法学、概念法学最为繁盛,这是官僚制国家的"产物",是官僚法学的典型特征。[4]

---

〔1〕 [日]原田尚彦:《訴えの利益》,弘文堂1979年版,第97、98页。

〔2〕 [日]河合義和:《行政法の憲法史的課題》,法律文化社1984年版,第7页。

〔3〕 参见[日]鵜飼信成等編:《日本近代法発達史 資本主義と法の発展》,勁草書房1984年版,第215页;原田尚彦:《プレップ行政法》,弘文堂1987年版,第43页。

〔4〕 [日]鵜飼信成等編:《日本近代法発達史 資本主義と法の発展》,勁草書房1984年版,第236~237页。

三、现代公共行政发展背景下日本传统行政法解释学的缺陷

“二战”后,随着新的《日本国宪法》的制定、行政法律制度的重构以及现代公共行政的发展,日本传统的行政法解释学也逐渐显现出其弊端。

(一)宪法原理的转换与现代公共行政的发展

“二战”后,日本重新制定了宪法,并在新宪法之下重构了行政法律体系,现实的行政也得到了迅速的发展。

1.《日本国宪法》与宪法原理的转换

“二战”后,日本作为战败国在以美国为首的盟军的强压下废除了“明治宪法”,并重新制定了具有民主主义色彩的《日本国宪法》。在该宪法中,日本放弃了“明治宪法”中所采用的天皇主权原则,确立了国民主权原则和国会中心主义,并在此基础上规定了对国家权力进行限制和对国民基本人权进行保障的内容,由此实现宪法原理的根本转换。

2. 行政法律制度的重构

随着宪法原理的转换,日本在“二战”后废除了“明治宪法”下所制定的《诉愿法》、《行政裁判法》、《警察法》、《行政执行法》等行政法律制度,构建了与现行宪法相适应的行政法律制度,主要包括行政组织、行政活动、行政程序、行政救济等法律制度。而日本传统的行政法学基础理论是在解释“明治宪法”下的行政法律制度基础上形成的理论,因此,为了适应现代行政法律制度,传统的行政法学基础理论也必须进行相应的变革。

3. 现代公共行政的发展

行政法是有关行政的法律,行政法学以现实的行政活动为对象。而日本在“二战”后,特别是在经过上世纪60、70年代的经济高速增长期后,公共行政得到了迅速的发展。在行政主体方面,除了传统的行政机关外,许多公共行政主体也在进行行政活动;在行政的对象、范围方面,随着社会、经济的发展,国家干预的程度增大,行政的领域不断扩大,行政的对象也逐渐复杂化;在行政活动的形式方面,多样化的趋势明显,为了实现某一行政目的,往往综合运用多种行为形式。面对着规制缓和、给付行政增多、公私职能分担发生变化等现实公共行政的发展,行政法学理论当然也应当进行相应的变革。对此,日本行政法学者在反思的同时,积极地构建新的理论体系。

(二)日本传统行政法解释学的缺陷

随着日本资本主义的急速发展以及社会关系中各种矛盾的激化,通过日本传统行政法解释学方法所确立的法律规范与现实的具体社会关系之间存在的矛盾也被激化,针对该方法的疑问也逐渐被提出。[1] 主要包括以下方面:

1. 日本传统行政法解释学欠缺独立性

从行政法学形成的历史过程来看,行政法学是在摆脱民法学的基础上形成的,但从两

〔1〕 参见[日]甲斐道太郎:《法の解釈と実践》,法律文化社1977年版,第39页。

者的关系来看,行政法学以民法学为模范而构建自己独立的方法论与体系论,但时至今日仍然遗留有民法学的印记,由此存在着行政法学作为一门独立的学科是否尚未充分的问题。日本传统行政法解释学理论的特点在于,从行政法学理论框架的形成过程来看,有关行政的私法并不属于行政法,也不适用行政法的各种原则,而被排除于行政法的研究对象之外。对于在行政法框架内产生的法律现象,行政法学使用特定的工具性概念。这种"将行政法作为国内公法"的观点原本是导入德国行政法学的结果,由此构建了独立于民法解释学的行政法解释学体系。在确定与民法不同的行政法范围的同时,在行政法的内部系统地构建了与民法相并列的法律概念、法律原则,即行政法的总则部分在公法秩序的框架内通过概念构成的方法系统地构成了一般性的法律概念、法律原则。[1] 例如,传统行政法学在总论中模仿民法上的法律行为理论,将属于公法领域的行政机关的各种行为以一个统一的概念进行把握,在此基础上进行体系性的考察。这个概念就是"行政行为"概念,在此基础上形成的理论即"行政行为理论"。[2] 行政法并不局限于个别性的行政法律规范的条文,而是综合地解释复数的条文或复数的行政法律规范,因此,有时运用"法律概念"进行说明,例如行政行为、行政主体、公定力等概念。[3]

但与其他法律领域相比较,行政法的解释存在着特殊的解释原理。其理由在于:行政法律规范自身的特殊性、作为行政法律规范对象的事实的特殊性、行政法律规范解释适用者的特殊性。具体而言,第一,行政法律规范具有流动性的特点,变动的可能性很大,因此,解释者经常忙于探讨现行法的含义。而且,在行政法律规范中,不确定性的概念很多,各种法律规范之间存在着矛盾与冲突。因此,如果解释者的世界观或价值观不同,容易引起解释的对立。第二,在作为行政法所规范的对象的生活关系的背后,多数人的复杂的利益纵横交错,因此,行政法的解释并不能受到固定的、统一的单一原理的支配,而必须考虑复杂的事实关系的本质。第三,行政法律规范的解释者主要是行政机关,因此,行政机关在解释中发挥着重要作用。[4] 从行政法学的历史发展来看,行政法学一方面借用先进的私法学特别是民法学中的概念来谋求自身的体系化,同时又从同属于公法学的宪法学中独立出来。现在对于行政法学的独立性已经得到肯定,但行政法解释学本身尚未形成独立的方法论。

2. 日本传统行政法解释学具有统治性

日本传统行政法学认为行政法是公法,其核心是"行政主体的优越性"或行政行为的"权力性"。[5] 日本传统行政法解释学也注重于保障行政权的优越性,对于特定领域中的国家行为先验地承认其权力支配的性质,并以该权力性作为前提构成行政法的解释理论。

---

〔1〕 [日]塩野宏:《行政法の对象と範囲》,载成田頼明编:《行政法の争点(新版)》,有斐閣1989年版,第5页。

〔2〕 [日]小早川光郎:《行政行為概念の意義》,载成田頼明编:《行政法の争点(新版)》,有斐閣1989年版,第54页。

〔3〕 [日]平岡久:《行政法解釈の諸問題》,勁草書房2007年版,第18页。

〔4〕 [日]山岸敬子:《行政権の法解釈と司法統制》,勁草書房1994年版,第6~7页。

〔5〕 [日]岡田雅夫:《行政法学と公権力の観念》,弘文堂2007年版,第254页。

传统行政法解释学认为国家在本质上是统治团体,将基于认为并不存在欠缺权力的国家这种朴素的政治学认识的国家形象作为先行事实而承认,这种认识被直接反应到法律解释之中。[1]

传统行政法解释学具有作为"市民性行政法"与"统治性行政法"的两面性。但德国国法学或美浓部达吉行政法学的目标并非在当时宪法所规定的价值体系内为了实现由立法者所选定的具体性法规的目的或价值的"技术性"法律,而是创设继承德国国法学的"市民性行政法"体系,即在考察行政法律规范时,努力将具有一定外在性的法律价值纳入到实定的行政法律规范之中。因此,在考察现行宪法下的行政法时,不能价值中立地考察脱离于宪法价值的实定行政法全体,而必须以宪法中基本人权保障的观点考察实定行政法。但传统行政法解释学的另一个侧面在于作为"统治"所应有的姿态的行政法,创设从官吏培养的必要性出发构建的"行政法体系"。从现今的情况来说,未必一定要从现行宪法中基本人权保障的观点来考察实定行政法,而是在切断与这些法律价值的关系基础上试图构建独立的体系。从日本的行政法学与德国国法学的比较来看,由于"二战"前日本政治、社会条件的限制,不得不以后者作为重点。[2] 虽然"二战"前许多法学者也积极介绍自由法学的解释方法,但随着日本法西斯政权的确立,这些萌芽并没有得到充分发展,此时的行政法自由解释并非为了保护国民的权利与自由,而是为了行政权力的恣意服务。此外,行政原则上是实现价值的形成性行为,与此相适应的法律规范在本质上也是面向形成的规范。而且,行政法解释必须在考虑极其复杂的利害对立的同时实现行政目的,因此,在行政法中承认行政权的优越地位的情况较多。[3] 从这点上来看,传统的行政法解释欠缺科学性,往往简单地立足于"国家权力优位"、"公共利益优先"等学说进行解释,这被认为是行政法学理论的特征。[4] 但现代行政法的理念在于保障国民的权利利益,与这种注重保障行政权优越性的行政法解释学并不一致。

3. 日本传统行政法解释学局限于法学方法论的问题

传统行政法学以法学方法考察行政法,"法学方法"的特征在于从纯粹法学的侧面考察"行政"这一社会现象,而排除其他"非法学"侧面的分析。这种法学方法是从"先进的私法学"特别是"民法学"中引进到公法学领域中的方法。[5] 在公法学领域,首先在宪法学中为了对抗"国家学的方法"而提倡"法学的方法"。[6] 而日本在引进德国的行政法学理论的同时,也输入了德国式的法学方法,现代日本行政法学理论的框架就是以对应于"法学方法"的"基础概念"构成的。例如作为行政组织法基础的"行政主体"概念就是在基于

〔1〕 [日]原田尚彦:《訴えの利益》,弘文堂1979年版,第97~98页。

〔2〕 [日]下山二瑛:《現代行政法学の基礎》,日本評論社1983年版,第47页。

〔3〕 [日]山岸敬子:《行政権の法解釈と司法統制》,勁草書房1994年版,第6页。

〔4〕 [日]原田尚彦:《プレップ行政法》,弘文堂1987年版,第17页。

〔5〕 [日]高木光:《行政法入門》,载《自治実務セミナー》2007年8月号,第12页。

〔6〕 [日]海老原明夫:《ドイツ国法学の「国家学的」方法について》,载《国家学会百年記念　国家と市民》(第一卷),有斐閣1987年版,第359页。

法学方法的宪法理论中的"国家法人说"在行政法学理论中的"投影"。[1] 但是,法学方法论所带来的缺点之一是放弃了在法律实际状态方面的考察,但法律的适用、法律制度的运用并非机械的执行活动,而是自身具有多种关系者的创造性过程。为了开拓对于行政过程实际状态分析的领域,仅仅运用一般性理论并不充分,而必须明确行政实务的实际状态。法学方法的第二个欠缺在于过度偏重于法院纷争的处理,将其关注的焦点集中于"病理"的方面,而忽视了作为其反面的正常方面,无视或轻视行政过程中合目的性、简易性、经济性、节约性、适时性、迅速性、对于国民的考虑、柔软性等各种标准。这些视点在行政改革或新制度设计之际显得尤为重要,其中的一部分也已经被实定法所采用,但其法学意义却被忽视了。例如,随着对应于国民行政需求的新手法的不断运用,必须将其纳入行政法系统之中,因此,对于新的手法或制度的研究在今后是不可或缺的。

在现代行政法学中,作为基础的仍是"物的观点",这是十九世纪后期在德国形成的"法学方法"的分析视角,被作为以往国家学的方法的对立而出现,其中舍弃了政治学的视点、社会学的分析、文化的洞察等,转化为纯粹的法学考察。其结果使得日本行政法学被限定于法律解释或法律技术分析的深化、法律体系的构建、合法性的维持等视野,其目标指向作为裁判规范学的高度化,结果产生了"作为事实学问的行政学与作为当为学问的行政法学之间的对峙",这种使得行政法学陷入纵向"锁国"状态的原因并不限于与行政学的关系,在与法社会学、国际法学、经济学、经营学、财政学、心理学的关系上也存在着同样的问题。但是,这种行政法解释学的极度自我限定问题在现今阻碍了其自身的发展,成为了限制其发展的桎梏。因此,应当通过行政法解释学的构造性变革,促进其方法论的转换与纠正。具体而言,应当从支撑行政法学的"法学方法"的束缚中解放出来,与各临近学科进行积极的交流,以"自由的眼睛"考察日本现实社会中发生的行政现象,发现其中的问题,在此基础上通过开放的议论构建新的法律体系,这是二十一世纪行政法学的课题。[2]

4. 日本传统行政法解释学通说与非主流观点的关系问题

如上所述,在日本的行政法学界,除了占据主流地位的传统行政法解释学的通说之外,还有很多非主流的观点。其实,通说与非主流观点的区别并非绝对的,所谓的区别仅仅是支持者的多少而已。在日本的行政法中存在着众多的解释论上的问题,例如,公私法二元化的问题、特别权力关系理论的问题、行政行为的分类及效力等问题、行政裁量的问题、司法审查的界限的问题等,对于这些问题,各学者间问采用不同的方法进行解释,但其中为多数学者所承认、特别是法院在判例中也较多采用的方法就被认为是"通说"的方法论。从这种意义上来说,通说与非主流观点存在着互换的可能。而另一方面,也不能忽视非主流观点作用,在具体的行政法解释过程中,应当综合运用占据通说地位的方法论和非主流的方法论。

5. 以行政实定法律制度为前提的问题

作为传统行政法学对象的行政法是"作为制度的行政"、"作为制度的法律",其中所采

〔1〕[日]高木光:《行政法入門》,载《自治実務セミナー》2007年8月号,第13页。

〔2〕[日]大橋洋一:《行政法学の構造的変革》,有斐閣1996年版,前言第1~2页。

用的法学方法被认为是这种制度内在的逻辑。行政法学是实定行政法的解释论,不可否认这种实定法解释的必要性与法学方法所具有的重要性。但实定制度要求静态法律秩序的存在,在个别纷争的解决中存在着唯一正确的法律解释,作为制度内在逻辑的法学方法将这种制度的要求作为自身的要求,希望构建在所有情况下都追求正确解答的自我完结性的解答体系。即使在实定法规没有明确给予解答的情况下,也强制性地从实定制度中找出解答,而且,为了这种操作的便利,创造了理论体系以及工具性概念。

行政法学以实定行政法律制度作为研究对象,在实定行政法解释时,以实定制度的存在作为前提,但在学术研究中,这种前提并非无条件、无限制的。对于研究行政制度的法学侧面的行政法学来说,现在必须以行政制度存在方式本身、社会管理功能的制度化的方式等作为研究对象,其理由在于:第一,作为行政目的的公共性内容的多样性、复杂性;第二,与此相对应的行政过程的复杂化;第三,与这些相关联的行政控制或权利救济方式的复杂化。〔1〕

6. 日本传统行政法解释中概念的重要性及其不确定性问题

行政法律规范是在贯穿于行政法体系的特有的法学理论的支配下制定的,如果不正确地认识贯穿于行政法体系的法学理论的话,仅仅从法条的表面进行解释有可能是错误的。行政法学以无数的法律为对象,从这些法律中可以推导出一般性、抽象性的法学理论,行政法学就是依据这种方法论而构建的。在行政法学中,作为这些法学理论的工具的是大量的法律概念,因此,正确地理解行政法学中的概念是重要的。由于行政法学中的法律概念是进行法律推理的工具,因此必须掌握这些概念。〔2〕

虽然行政法中的法律概念对于行政法解释具有重要意义,但在行政法学或者行政法律规范中不确定性法律概念极其多见,例如,行政行为概念、公共利益概念等,而对于这些概念的不同解释,往往会引起行政法律规范在适用上的争议。

7. 日本传统行政法解释方法论的具体性问题

在日本行政法学中的法律解释方法论并非抽象地论及方法论,而是在对应于个别具体的解释问题时,在对解决该问题有效的范围内论及或展开。例如,在行政行为瑕疵论中所谓目的性的或功能性的方法的主张或者有关自由裁量判断标准的"文言说"与"性质说"的对立等。此外,与民法、刑法等其他实定法领域中的法律解释方法相比较,在行政法学中除了存在相同的一般性的法律解释方法外,还存在着特殊的法律解释方法论。但行政法学界对于这种特殊行政法学的法律解释方法论很少论及。〔3〕

8. 日本传统行政法解释方法论的实践性问题

将行政法学视为规范法学的观点依据的是将行政法学彻底理论化的合理主义的方法,从这种意义上来看,传统行政法学是通过纯粹的理论体系化而形成的,但却忽视了法律背

〔1〕 参见[日]遠藤博也:《行政法学の方法と対象について》,载雄川一郎等編:《田中二郎先生古稀記念集 公法の理論(下Ⅰ)》,有斐閣1976年版,第1640~1643页。

〔2〕 参见[日]原田尚彦:《プレップ行政法》,弘文堂1987年版,第165~166页。

〔3〕 [日]藤田宙靖:《行政法学の思考形式》(增補版),木鐸社2002年版,第133~134页。

后的社会性、历史性的基础,其结果是并不能十分契合社会现实。[1] 行政法以现实的行政为对象,因此,行政法应当是能够适用于现实行政的现行法律规范。但是,行政法与现实行政之间并不一致,而促使行政的实际状态向正确的方向纠正、改革的行政法律规范才具有作为"行政法"研究、探索的意义。[2] 即行政法除了适应现实行政外,还具有在价值上引导现实行政的作用,为此,行政法学的研究并不能局限于对实定的行政法规的规范或实证分析,而必须进行目的论或价值论的考察,在此基础上,对于实定行政法的变革进行指引。

四、日本现代行政法解释学的变革与重构

法律解释学是指系统地进行"法律解释"的学问,[3]具体而言,是指为了对认定的事实适用法律,推导出一定的结果,以该实定法为中心,根据支撑该实定法的法律原理、原则、立法者的意思等确定实定法的规范性含义的活动。[4] 日本传统的行政法学被限定于行政法解释学之中,注重采用对行政实定法律规范进行规范分析、价值分析、实证分析的方法,这对于行政法学最初在日本的确立发挥了重大的作用,可以说是行政法学得以独立存在的依据和标志。但在现代公共行政不断发展的状况下,为了适应现代公共行政的发展对行政法学提出的要求,必须变革和重构传统的行政法解释学。对此,日本的行政法学者们在不断完善传统行政法解释学的基础上,提倡对传统行政法解释学进行变革与重构,认为行政法研究的方法并不仅仅局限于法律解释论,而且也包括了比较法研究、历史研究、法社会学研究、法政策论等方法。[5] 行政法解释时,有必要进行科学性、学际性的考量。行政法的思考包含有不同于私法的出发点和着眼点,这些要素必须从国家学、行政学、政策学等的视角出发进行考虑。[6]

(一)实务法律解释论的提倡

行政法的特征在于其不存在统一的法典,因此,学习时往往偏离具体的法条解释,而是围绕着一般性的、抽象性的概念,以"逻辑性操作"的手法而展开,这一点与民法或刑法的解释在方法论上存在着差异。[7] 但是,现代行政法解释学否定传统法律概念或法律理论体系中"道具概念"的功能,否定法律解释论从具体问题出发演绎性地推导出某种结论的解释标准或解释手段的功能,主要表现为对于传统概念或理论体系的"概括性"或"一般性"本身在方法论上的批判,例如,对于传统"公法关系"、"公法上的管理关系"、"特别权力关系"、"行政行为的公定力"等概念的批判,认为这些概念无视个别案例的特殊性,而仅仅

〔1〕 [日]佐藤英善:《行政法総論》,日本評論社1977年版,第16页。
〔2〕 [日]兼子仁:《行政法総論》,筑摩書房1983年版,第6页。
〔3〕 [日]甲斐道太郎:《法の解釈と実践》,法律文化社1977年版,第123页。
〔4〕 [日]田中成明:《現代法理論》,有斐閣1984年版,第235页。
〔5〕 [日]遠藤博也、阿部泰隆:《講義 行政法Ⅰ(総論)》,青林年版1984年版,第31页。
〔6〕 [日]原田尚彦:《プレップ行政法》,弘文堂1987年版,第17页。
〔7〕 [日]原田尚彦:《プレップ行政法》,弘文堂1987年版,第13页。

根据抽象性、一般性原则解决行政法上的个别性法律问题。[1] 但法律解释并非对客观性法律单纯的客观性认识行为，而是具体形成、发展在法律的形式中所表现的价值体系的实践性行为，[2] 是在分析法律的目的、社会性功能，认识其客观性含义的基础上，基于解释者自身对该法律的评价，赋予其正当性含义的实践性行为。[3] 如果不考察法律的实际状态，就如纸上谈兵，其理论并不能运用于解释论与立法论上。如果不客观地认识现代国家中的行政法现象，就不可能在实践中期待正确的解释论或立法论。[4] 可见，行政法解释论必须以对现实行政法现象的认识为基础，通过欠缺认识的抽象的一般性行政法规的演绎性方式进行的说明或者与法律实践完全无关的"客观认识"并不能发挥行政法解释学的现代作用。[5]

由于现代行政现象的复杂多样，以某一学者的理论或实务覆盖所有领域毕竟是不可能的。从实务方面来看，随着对应于具体问题的个别性解释的累积，成为在实务上的先例，在事实上形成庞大的实务法解释体系，例如各行政机关有关行政事例或法律解释的训令、命令等，作为司法机关的最高法院也进行法律解释或判例整理的活动。此时还有必要结合考虑在行政实定法形成过程中实务所发挥的作用。这种实务法律解释体系与立法机关的法令解释相同，"对于作为学问的法律认识来说只不过是一种资料"。但与行政法学对于实务的实质性影响力低下相反，实务解释法律体系的作用的增强已是必然的趋势。必须意识到日本的行政法学作为与实务相脱离的行政法哲学、行政法史学、外国行政法学、理论行政法学、市民行政法学、判例或实例整理学有可能续存的背景。[6] 在对实定行政法进行规范解释的基础上，重视对应于行政实务的行政法解释体系的构建。在此基础上，有学者认为，现代行政法学与行政学之间的融合是不可避免的。[7] 也有学者以"官僚制"作为契机，寻求行政法学与行政学甚至其他相邻学科之间的关联性，特别是探讨其他学科的方法对于传统行政法解释论的影响的问题。[8]

(二)法政策学方法论的提倡

如上所述，日本的传统行政法学被限定于行政法解释学，立法阶段的事项并没有被纳入到行政法学的视野之中。而阿部泰隆等学者针对这种以法律解释学为中心的日本行政法学立法论的抽象理论与实务运行相脱节的问题，将法政策学运用于行政法学中，由此提出了法政策论。

---

〔1〕 参见[日]藤田宙靖:《行政法学の思考形式》(增補版)，木鐸社2002年版，第184～270页。

〔2〕 [日]田中二郎:《行政法総論》，有斐閣1957年版，第176页。

〔3〕 [日]杉村敏正:《行政法総論講義(上)》，有斐閣1969年版，第37页。

〔4〕 [日]室井力:《行政法学の課題と方法》，载《法学セミナー》1974年第1号，第99～100页。

〔5〕 [日]室井力:《行政法学方法論議について》，载広岡隆等编:《現代行政と法の支配——杉村敏正先生還曆記念》，有斐閣1978年初版，第3页。

〔6〕 [日]園部逸夫:《日本行政法・行政法学動向と特色》，载雄川一郎、塩野宏、園部逸夫编:《現代行政法大系1現代行政法の課題》，有斐閣1983年版，第142页。

〔7〕 [日]大橋洋一:《行政法——現代行政過程論》(第2版)，有斐閣2004年版，第21页。

〔8〕 参见[日]正木宏長:《行政法と官僚制——行政法と専門性、そして行政法学と隣接諸学問》，成文堂2013年版，第3～5页。

1. 法政策学的提倡

现代行政的问题集中地体现的不法行为法中,法律解释学并不能充分对应,这是提倡法政策学的理由。[1] 法律解释学是指在法律不完备或不适当、不明确时,在法律规范的框架内进行合理的解决的学问,但解释学并不能完全说明或解决法律问题,而只能采用相对较为合理的解决方法。传统行政法学主要是解释学,即使在行政法解释的过程中批判现行法律,也很少就此提出新的修改法案,即在行政法解释过程中涉及立法学的部分较少。但是,形成能够提供给立法参考的体系是必要的,因此,行政法学应当怀疑传统体系、构建适合于现行政策的法律体系。这种体系构建的方式即使暂时破坏了原有体系,对于发现、解决法律制度本身的问题以及向构建实定制度的法政策学的转换来说也是必要的。[2]

在现代行政的问题集中体现的不法行为法中,法律解释学并不能充分对应,这是提倡法政策学的理由。[3] 现代行政法学必须形成站在国民公益论的立场上论及立法政策理论。对应于各个别性行政领域的人权的价值序列应当以宪法原理为基础推导出来,利害调整本身也应当在法律规范性理论中评价。对此,行政的公共性论认为,作为宪法价值的具体化,程序性的与实体性的价值都成为规范性评价或分析的对象。在此意义上,在现代行政法学中行政法政策学是不可欠缺的。与行政的公共性分析相结合,将现实的政策本身与从属于政策的法结合起来探讨,以法律规范性理论控制在行政过程中的利害调整的政策本身是必不可少的。[4] 为了对行政法进行科学的分析,必须与对官僚制的研究相结合。同时,必须强调在行政法中立法政策论的重要性。[5] 大桥洋一也提倡作为制度设计学的行政法学,认为"行政法学传统以对制定法的解释为任务,今后应当对于制定法的修改、制定多承担些任务。"[6]行政法学迄今为止,探讨的是对国家行政活动的规范性要求。但是,作为行政法学研究对象的国家,一方面由于民营化等的发展,另一方面由于政策实现过程的全球化,国家的地位或作用发生了变化,由此给行政法学带来了极其深刻的理论性课题。为此,需要从制度设计的角度出发探讨行政法学的新的理论课题。[7]

2. 法政策学与行政法解释学的关系

法政策学是指将政策决定作为法律处理,即基于法的正义价值对具体事业进行法律控制的理论。[8] 法政策学原本主要运用于民法的不法行为法中,阿部泰隆等学者针对以法律解释学为中心的行政法学立法论的抽象理论与实务运行相脱节的现象,将法政策学运用

---

〔1〕 [日]遠藤博也:《行政法学の方法と対象について》,载雄川一郎等編:《田中二郎先生古稀記念集 公法の理論(下Ⅰ)》,有斐閣1976年版,第1641页。

〔2〕 [日]阿部泰隆:《行政の法システム(上)》(新版),有斐閣1997年版,第44页。

〔3〕 [日]遠藤博也:《行政法学の方法と対象について》,载雄川一郎等編:《田中二郎先生古稀記念集 公法の理論(下Ⅰ)》,有斐閣1976年版,第1641页。

〔4〕 [日]原野翘:《行政の公共性と行政法》,法律文化社1997年版,第36~41页。

〔5〕 [日]室井力:《近代法の再検討——行政法》,载《ジュリスト増刊 現代の法理論》,有斐閣1970年版,第255页。

〔6〕 [日]大橋洋一:《制度変革期における行政法の理論と体系》,载《公法研究》2003年第65号,第80页。

〔7〕 参见[日]原田大樹:《公共制度設計の基礎理論》,弘文堂2014年版,序言第1页。

〔8〕 [日]平井宜雄:《法政策学——法制度設計の理論と技法》(第二版),有斐閣1995年版,第6页。

于行政法学之中。在传统法学中严格区分“立法论与解释论”,这是日本传统公法学中的前提。确实,在解释判例的层次上,应当区分立法论与解释论。〔1〕 行政法学的本质在于对行政法秩序的认识,作为实践论可以定位于解释论与法政策论,但法政策论比解释论具有更强的实践论的性质。因此,平井宜雄认为,与以实定制度作为论据的法律解释学相对,应当提倡“构想实定制度的法政策学”。〔2〕 迄今为止的行政法解释理论体系对于社会而言并不具有实用性,因此,为了应对日本现实社会中的行政法问题,不仅仅局限于对现行法律的解释,而且必须涉及到立法理论,运用“与制度设计相关的政策法学”,“向构建制度的法政策学转变”。〔3〕 当然,在掀起政策论热潮的现今,并不能以此来否认行政解释法学的必要性。其实,政策法学是在行政解释法学的基础上形成的,放弃行政解释法学并不能论述政策法学。〔4〕

3. 法政策论的基本观点

行政法的研究者不仅要对行政法的基本构造有正确的认识,成为以此作为前提的公正地解释各个具体法律条文的“法律解释技师”,同时,也应当导入行政政策的视点,成为“政策科学者”。〔5〕 法政策论认为,行政法是指国家、公共团体在宪法价值的框架内,为了通过行政活动实现一定的政策目的(公共性的实现目的),而限制其在授权权限的框架内的一系列法以及统制行政活动、救济国民权利等关联法。〔6〕 传统的法律解释学是立法不完善的产物,因为如果立法确切且明确,那么就不会发生解释上的争论了,可见,法律解释仅仅是对立法不完善的弥补。〔7〕 对于现实社会产生的行政法问题,不仅仅依据现行法展开解释论,而更应当从实践性的观点探讨立法论,设计法律制度。在政策与法律的关系上,阿部泰隆认为,为政策实现法律特别是行政法在很多情况下是必要,但法律未必能够有效、合理地实现政策,为此有时需要修改法律。而另一方面,在制定政策时必须知道法律的构造及其制约,脱离法律制定政策有可能违反宪法或法律。可见,政策与法律密切相关、相互协力。〔8〕 但传统行政法学将其对象限定于法律解释学或对现行法律体系的理解,将考察如何构建法律体系的立法政策学归属于官僚法学,结果是对官僚不利的法律不能成立,在行政法学中并没有系统地考察立法政策学。行政法学的课题应当是面向未来的,从现实社会中创造出适合社会的理论与体系,有助于法律解释学与立法政策学的发展。〔9〕 但在传统行政法学中严格区分“立法论”与“解释论”,这被视为日本传统公法学中的前提。确实,在

---

〔1〕 [日]大橋洋一:《対話型行政法学の創造》,弘文堂1999年版,第295页。

〔2〕 [日]平井宜雄:《法政策学序説》,载《ジュリスト》1976年第613号,第63页。

〔3〕 参见[日]阿部泰隆:《行政の法システム(上)》(新版),有斐閣1997年版;阿部泰隆:《政策法学の基本指針》,弘文堂1996年版;等等。

〔4〕 [日]阿部泰隆:《政策法学の基本指針》,弘文堂1996年版,前言第3页。

〔5〕 [日]原田尚彦:《プレップ行政法》,弘文堂1987年版,第189页。

〔6〕 [日]阿部泰隆:《行政の法システム》(上),有斐閣1992年初版,第1页。

〔7〕 [日]阿部泰隆:《続? 政策法学講座——やわらか頭の法戦略》,ぎょうせい2006年版,第2页。

〔8〕 [日]阿部泰隆:《政策法学講座》,ぎょうせい2003年版,第16页。

〔9〕 [日]阿部泰隆:《政策法学の基本指針》,弘文堂1996年版,第42~43页。

解释判例的层次上,应当区分立法论与解释论。但今后的公法学范围却不能限定于评价规范的领域,而应当有助于新的制度的形成。此时,不能严格地贯彻上述区分。而且,在行政活动广泛化、各种观点多样化的背景下,伴随着政策目标的设定以及实施的不确定性不断扩大。在这种情况下,要求行政积极地参与试行法律(实验法律)的制定。[1] 此外,在政策法学与邻近学科的连接关系上,法律制度的设计不仅仅是法学问题,而是需要邻近学科协助的综合性学问。[2]

(三)法社会学方法论的提倡

现代行政法学方法论认为,行政法解释必须与法社会学、行政学等社会科学相结合。对于现实行政过程动态、能动地考察必须采用法社会学、行政学的观点。[3] 其实,在日本的行政法解释学中,该观点在早期就已经提出,但在现实中并没有形成以社会科学作为根据的法律解释体系。对此,"二战"后日本的行政法学界积极推进这种解释体系的形成。例如,高柳信一以"历史发展法则"作为根据,以社会科学的方法进行行政法解释,而渡边洋三的思考方式与高柳信一基本相同,但更强调与一般社会科学不同的法律解释学的实践性。这些观点在对传统行政法解释论上的概念或理论体系进行修正,积极提倡社会科学与行政法解释的结合。

高柳信一的行政法理论体系存在着各种理论性的侧面,但从法律解释论的功能来看,是依据作为"近代法的一般原理"的"市民社会的法律原论"的基本价值原理体系性地展开行政法解释论或立法论。这种解释方法的特征在于其正当性由根据"历史发展法则"的社会科学证明。具体而言,对于作为实践性作业的法律解释与作为客观认识作业的社会科学如何结合的问题,高柳信一认为应当从社会科学所具有的实践性出发,在实践中将两者相结合。即在法律解释中,对于一定"理论体系"的选择必须以论者的价值判断作为前提,但论者的价值判断的不可逃避性是社会科学或者说包括自然科学在内的所有科学的一般属性。与社会科学相同,在法律解释学中,可能的理论体系在逻辑上存在着数个,但并非都是适当的理论体系。由于社会科学的理论必须接受历史的检验,因此,必须正确认识该历史社会的基本法则,构建与之相适应的理论体系。[4] 但该方法论也存在着以下问题:第一,在这种方法论下,法律解释学与一般性社会科学的异同应当如何把握并不明确。原因在于不论是自然科学还是社会科学,在形成科学理论时,对于认识对象的选择等不可避免从认识者的视角出发的价值判断,但是,这种意义上价值判断与法律解释论中"理论"是否适当(与论者的价值判断相关)在逻辑上是完全不同的问题。第二,对于指导法律解释论的基本价值原理是否适当由历史检验的观点也存在着问题。例如,"历史发展法则"以何种状态存在等问题。[5] 作为支撑解释学与立法政策学的研究方法包括历史研究、法社会学研

---

〔1〕[日]大橋洋一:《対話型行政法学の創造》,弘文堂1999年版,第295~296页。

〔2〕[日]阿部泰隆:《政策法学の基本指針》,弘文堂1996年版,第317页。

〔3〕[日]山村恒年:《現代行政過程論の諸問題(一)》,载《自治研究》1983年第58卷第9号,第96页。

〔4〕[日]高柳信一:《法の理論の擬制性》,载《社会科学方法》第19号,第25页。

〔5〕[日]藤田宙靖:《行政法学の思考形式》(增補版),木鐸社2002年版,第159~272页。

究、外国法研究等方法，作为历史的研究，要求研究日本“二战”前行政法的历史，而作为法社会学的研究，要求构筑行政法律规范执行体系以及通过自治体层次的实验构建行政法律制度。〔1〕因此，必须关注政策制定过程的实证研究，重视行政法学与行政学或法社会学的连接。有关行政的实证研究在行政学以及法社会学中已经充分进行，因此，行政法学与行政学以及法社会学的连接对于行政法学的发展具有重要意义。〔2〕

日本行政法学在传统上以行政法律规范的解释（法律制度的规范性构建）作为主要的研究内容，其结果是导致了作为法律解释学的行政法学与行政学的分离，两者之间的相互交流几乎没有的状态一直持续。为了两者之间建立本质性的联系，行政法的法社会学研究（行政法社会学）是必要的。〔3〕行政法学与行政学相关联，为了在行政法学与行政学之间架起联系的桥梁，法社会学的研究是必不可少的。法社会学原本是探究、认识对应于一定的法律规范的现实或事实等法律现象的科学，但在行政法中的法社会学并非单纯的现实的“活法”，而更重要的对象是，第一，在与尚未实现的行政法律规范的关系上行政现实的状况，例如法律的纠正、改革的各条件或阻碍因素等；第二，要求新的行政法律规范的社会现实的状况，例如行政程序法立法化的要求与条件的分析等。围绕着现实行政的要求科学地探索的现实或事实是无限存在的，但是，行政法的法社会学是以一定的行政法律规范作为视点而选择应当作为研究对象的部分现实。〔4〕而在对行政法进行法社会学分析时，应当关注对于政策制定过程的实证研究。

（四）行政目的（公共性）分析方法论的提倡

行政是指对公共事务的处理，因此，行政活动中必须贯彻公共性，以公共利益的实现作为目的。〔5〕传统行政法学认为，行政法学之所以独立于民法学等法律学科而成立，在理论基础就在于行政权的公共性特性，而行政权之所以具有不同于私法行为的公共性特性，就在于行政活动是以实现公共利益为目的的行为。在行政法学中，行政除了服从法令外，还应当符合公共利益而进行。对于法律授权行政的范围作为学术上的问题经常被争论，但对于公共利益的判断问题仅仅在行政行为裁量问题中议论，明确从方法论上论述公益判断问题的很少。其实，作为公益判断将拘束行政裁量性判断的法理加以定型已经成为极其重要的行政法学课题。〔6〕但由于“公共利益”、“公共性”概念本身的抽象性、模糊性，在实践中存在着行政机关假借“公共利益”或“公共性”之名进行违法行政活动的问题，为此，室井力作为“行政法学内部提倡的方法论上的尝试”提出了“国家的公共性分析”理论，其背景在

〔1〕［日］阿部泰隆：《政策法学の基本指針》，弘文堂1996年版，第36～38页。

〔2〕［日］大橋洋一：《対話型行政法学の創造》，弘文堂1999年版，第306页。

〔3〕参见［日］兼子仁：《行政法学》，岩波書店1997年版，第28～29页。

〔4〕［日］兼子仁：《行政法総論》，筑摩書房1983年版，第7页。

〔5〕参见［日］長浜政寿：《現代行政における「公共性」の問題》，载日本行政法学会编：《政策決定と公共性》，勁草書房1973年版，第3页。

〔6〕［日］原野翹：《行政の公共性と行政法》，法律文化社1997年版，第4页。

于"大阪国际机场诉讼"[1]以及"名古屋新干线诉讼"[2]等公害诉讼的提起,在这些诉讼中,法院仅仅从这些公共事业或设施的"社会有用性"论及公共性,与这种观点相对立,室井力等学者通过提出有可能遭受损害的被害者的生活环境或文化等公共性,开拓了"公共性"议论的新局面,[3]并由此提出了"行政的公共性论"。

行政的公共性论又被称为"行政目的论",该观点认为,必须鉴别、分析现实的行政活动中"公共利益"或"公共性"的真实性,在此基础上排除虚假的"公共利益"或"公共性",而保障真实的"公共利益"或"公共性"。由于公共利益或公共性是行政活动的目的,为了保障行政目的的实现,必须对现实的行政进行公共性的分析。行政法学的对象是以"行政的公共性"为中心的"现代国家的公共性",基于国家公共性的法律标准,在对立法、司法、行政各自的组织与活动进行个别性的、具体性的分析、探讨的同时,也应当普遍地论及共通于其中的性质与特征。[4] 行政的公共性分析的目的在于揭露"伪装的公共性",而保障真实的公共性。可见,分析现实行政活动中的公共性是保障真实的公共性的前提。[5] 例如,有学者针对第三方机关进行检查、认证等活动时的第三方性、公正中立性、专业性等应当如何确保以及其中的法学课题,探讨了承担检查、认证等业务的第三方机关是否是具有公共性的组织、为了确保其公共性对于其运营及职员有何要求、确保公共性的机制如何等问题。[6] 在提出公共性论的基础之上,以室井力为首的公共性论者还具体分析了行政组织、公务劳动关系、地方自治行政、财政权力、租税行政、信息管理行政、行政监察、行政计划、都市计划、公共设施管理、福祉行政、经济行政等不同行政领域中的公共性。[7] 此外,也有学者运用行政的公共性分析的方法,具体分析了行政改革、规制缓和、独立行政法人制度、国民健康保险制度、地方财政改革等过程中的公共性问题。[8] 也有学者分析了垃圾处理过程中的征收垃圾处理费的公共性问题。[9]

(五)行政法解释过程论的提倡

传统行政法或行政法学体系是极度地被法律化、形式化地压缩的结果,由于局限于以行政与国民在法律上形式的对应关系为中心的考察,妨碍了有关庞大的、复杂化的现代行

〔1〕 参见日本最高裁判所1981年12月16日民集第35卷第10号,第1369页。

〔2〕 参见日本名古屋高裁1985? 年4月12日民集第34卷第1~4号,第461页。

〔3〕 参见[日]宫崎良夫:《行政法における公益》,载《公法研究》1992年第54号,第128~135页。

〔4〕 [日]室井力:《国家の公共性とその法的基準》,载室井力编:《現代国家の公共性分析》,日本評論社1990年版,第11~14页。

〔5〕 参见[日]原野翘:《行政の公共性と行政法》,法律文化社1997年版,第10~62页。

〔6〕 参见[日]米丸恒治:《第三者認証機関論——第三者機関の公共性とその担保》,载神長勳? 紙野健二? 市橋克哉:《公共性の法構造——室井力先生古稀記念論文集》,勁草書房2004年版,第97~126页。

〔7〕 参见[日]室井力编:《現代国家の公共性分析》,日本評論社1990年版,第121~380页。

〔8〕 [日]福家俊朗:《現代行政の公共性と法——行政の法的存在理由》,日本評論社2010年版,第67~176页。

〔9〕 参见[日]後藤智:《行政の公共性と費用負担の理論——ごみ処理手続料をめぐる法律問題》,载神長勳? 紙野健二? 市橋克哉:《公共性の法構造——室井力先生古稀記念論文集》,勁草書房2004年版,第557~575页。

政或行政过程以及行政官僚制的法律现象的动态把握。[1] 对此,日本的行政法学者在此基础上于上世纪六七十年代提出了"行政过程论",将全面、动态的思维方式引入到行政法学中,认为传统的行政法学理论过度地偏重于作为行政过程最终结果的行政行为,切断了各个连续的行为形式之间的联系,但在现实的行政中,各种行为形式常被结合起来连续使用而形成整个动态过程。[2] 因此,行政法学必须将行政过程中的各种行为形式全盘纳入视野,并加以全面、动态的考察。

行政法的研究对象与视角并非将有关国内行政的公法构成与民法相并列的法律秩序,而是全面、动态地考察行政过程中的法律现象,指出其中的问题并探索解决的方法。[3] 盐野宏认为,公法关系的特点并不在于权利义务关系是公权力公义务或者该权利义务的属性存在着特殊性,而是在于在具体的权利义务的形成或实现的过程中行政所特有的法律现象。将这些法律现象的全体作为宏观意义上的过程进行考察,或者假定为在各阶段中微观的过程,在分析其特征的同时进行体系化,是现代行政法学的中心课题之一。即应当将行政法解释学作为在宪法规范的框架内有关由立法者选择的具体法律目的实现技术的法律解释学。[4] 因此,行政过程论提倡在规范地解释行政法的同时,应当综合考察有关行政法律现象的整体过程,不仅在考察对象上扩大了行政法学的范围,而且在考察方法上改变了传统行政法解释学中静态、定点的考察方法,提倡全面、动态的考察方法。例如,在"土耳其浴室"案件中,涉及建筑确认行为、儿童福祉设施认可行为、公众浴场许可行为、责令停止营业行为共四种行政行为,此时,根据各自的法律规定以个别的形式确认行为合法,从作为整体的行政过程来看,可以确认责令停止营业行为的违法性。[5] 在"群马中央巴士"案件中,最高裁判所判决认为,对于"作为整体的适当过程"也应当要求其必须根据实定制度上的构造进行。[6] 因此,在行政诉讼中必须考虑作为整体的过程的正常性问题。[7]

(六)法律构造解释论的提倡

作为日本行政法学中法律解释的方法论,盐野宏等提出了"法律构造解释"的方法,认为:首先,行政法律、法规的条文并非孤立存在的,都是为了实现各种法律目的的工具之一,在对这些条文进行解释时,必须充分注意该法律整体的构造,将特定条文作为其整体构造的一部分进行解释。而且,还需要进一步扩展视野,考察相关联的其他法律、法规的规定;其次,对于特定行政法律、法规的构造,仅仅从技术性操作上很难理解,此时必须注意该法

〔1〕 [日]室井力:《行政法学方法論議について》,载広岡隆等编:《現代行政と法の支配——杉村敏正先生還暦記念》,有斐閣1978年初版,第15页。

〔2〕 有关日本行政过程论提出的过程及其主要观点,参见江利红:《日本行政过程论的主要观点探析》,载《国家检察官学院学报》2012年第3期,第151~160页。

〔3〕 [日]塩野宏:《行政法Ⅰ行政法総論(第四版)》,有斐閣2004年版,第43页。

〔4〕 [日]塩野宏:《行政作用法論》,载《公法研究》1972年第34号,第228页。

〔5〕 参见日本最高裁判所1978年5月26日民集第32卷第3号,第689页。

〔6〕 日本最高裁判所1975年5月29日民集第29卷第5号,第662页。

〔7〕 [日]遠藤博也:《戦後30年における行政法学理論の再検討》,载《公法研究》1978年第40号,第175页。

律、法规与其立法目的、立法价值之间的关联,特别是需要考虑宪法的价值;再者,文理解释、目的解释等的区分被定位为是理解特定行政法律、法规构造的解释方法,应当采取何种解释方法并不能一概而论;综合以上分析,在行政法律、法规的解释时,必须明确该法律、法规的立法目的和价值,在此基础上,考虑对于具体条文应当采用何种解释理论,同时明确其构造。〔1〕

桥本博之将盐野宏所提倡的"构造解释"定位为行政法律规范的解释方法论,认为特定行政法所规定的"法律构造"由法律、法规、行政内部性规则以及实务中的操作规定等构成,因此要求特定行政法的解释必须考虑各种存在形式的法律规范,由此构建具有说服力的理论。〔2〕 在此基础上,从"结构解释"的方法出发,探讨在行政法领域的裁判实务、判例法理与学说之间存在着的解释方法、思考方式的异同。〔3〕 例如,桥本博之在最高法院判例实务的法律解释中,通过增加民法上的利益衡量或者民法上的基础概念的解释方式推导出结论,并为了使得该结论正当化,有时采用探讨实体法上依据的思考方式。另外,在行政法学说方面,重视与以宪法价值为背景的"依法行政原理"等行政法教条之间的逻辑整合性,将其法律构造作为实定法的解释来定位,对于判例实务与行政法学说的对立,从与行政法教条保持距离的观点出发,可以明确两者在方法论上的存在着差异。〔4〕

在审判实务中,采用基于以宪法价值作为基础的行政法基本原理的精密的"构造解释"的方法是重要的,在分析行政判例时,要求行政法学说应当发挥的作用是使得裁判实务中进行的法律解释成为确切地反映宪法价值的"构造解释",相反,无论条文的解释表面上多么精密,如果采用的是没有确切反映宪法价值的解释方法或者是没有切实依据行政法基本原理的解释方法的话,在理论上必须予以严格地批判。此外,由于"构造解释"是立足于作为裁判实务、判例实务中实定法律规范的基本的解释方法,因此,通过对于这种解释方法的在裁判实务中的运用,可以发挥裁判实务与行政法理论之间的协同作用。〔5〕 例如,在"德岛市公安条例事件"中,对于国家的法律规范与地方条例(地方性法规)抵触的问题,日本最高裁判所在判决中认为"对于条例是否违反国家的法律规范的问题,不仅仅需要对比两者有关相同事项的规定的文言,而且还必须比较各自的宗旨、目的、内容以及效果,判断两者之间是否存在矛盾或冲突。"〔6〕在"对不遵守供给计划者拒绝供水案件"中,日本最高裁判所判决认为,对于是否属于《水道(自来水)法》第15条第1款所规定的"正当理由","除了应当根据该条款的立法宗旨、立法目的外,还应当根据该法律整体的立法宗旨、立法目的以及相互关联的有关规定进行合理的解释。"〔7〕可见,在司法实践中,法院有时也运用

〔1〕 参见[日]塩野宏:《行政法Ⅰ行政法総論》(第4版),有斐閣2005年版,第52页以下。

〔2〕 [日]橋本博之:《行政法解釈の基礎——「仕組み」から解く》,日本評論社2013年版,第4~5页。

〔3〕 参见[日]橋本博之:《行政判例と仕組み解釈》,弘文堂2009年版,第3页。

〔4〕 参见[日]橋本博之:《判例実務と行政法学説——方法論をめぐる一考察》,载小早川光郎、宇賀克也编:《塩野宏先生古稀記念 行政法の発展と変革》(上),有斐閣2001年版,第361页以下。

〔5〕 参见[日]橋本博之:《行政判例と仕組み解釈》,弘文堂2009年版,第5页。

〔6〕 日本最高裁判所1975年9月10日刑集第29卷第8号,第489页。

〔7〕 日本最高裁判所1999年1月21日民集第53卷第1号,第13页。

这种“构造解释”的方法审判案件。而且,从上述日本最高裁判所审理的两个案件来看,这种“构造解释”的方法的运用,对于案件的正确审判以及裁判实务与行政法理论之间的协调发挥着积极的作用。

如上所述,基于日本传统行政法解释学存在的问题,日本的行政法学者们从各种不同的角度提出了各种所谓新的行政法解释理论。这些行政法解释学方法论的出现,具有以下意义:第一,这些新的行政法解释学方法论并不追求传统行政法学中“对于实定行政法全体构造的体系性理解”,而是在以宪法作为顶点的全体法律体系中定位实定行政法;第二,放弃了传统行政法学中作为体系性考察的“行政法总论”与“行政法各论”的二分主义,不采用将行政法各论作为行政法总论中基本原理的具体应用的观点,而是寻找出在各个别法律领域为保护法律利益所固有的法律价值,在此基础上进行对实定行政法的解释,而在有关的法律价值本身中包含有宪法价值。因此,支配行政法解释的基本原理应当向宪法原理回归。〔1〕 当然,这些所谓的新行政法解释理论尚欠缺体系性与完整性,并没有形成能够自圆其说的理论体系,尚未到达被学界普遍接受的程度,并非基于实定行政法全体构造的系统性理解的基础上构建的行政法解释理论。但作为一种方法论的视角,对于解决在现代公共行政发展状况下行政法理论应当如何应对的问题具有一定的启发意义。今后,为了应对现代公共行政发展对行政法解释学所提出的要求,应当进一步完善并细化这些新行政法解释理论,并注重新理论与传统行政法解释论的整合以及各种新理论之间的“兼容”等问题,在此基础上构建统一的、契合于现代公共行政发展需要的、立足于实定行政法全体构造的行政法解释理论。

〔1〕 [日]下山二瑛:《现代行政法学の基礎》,日本評論社 1983 年版,第 50 ~ 51 页。

再论民事诉讼标的理论

——兼对我国现行民诉法相关条文予以评析*

达理纳嘉**

摘　要:在大陆法系民事诉讼标的理论中,新旧实体法说持立法中心主义之立场,对司法能动理念认识不足;诉讼法说则以司法本位为圭臬,致使法官处于过度司法能动之境地;而诉讼标的流动说虽然设计出折中之方案,但最终却导致诉讼标的失去了明确提示纠纷主题之功能。因此,如何恰当引入司法能动理论成为建构大陆法系及我国民事诉讼标的学说之关键。

关键词:诉讼标的;司法能动;程序理念;司法民主

一、问题的提出

在大陆法系语境中,"对于研习民事诉讼的学者而言,诉讼标的是必经之桥。"[1]在如此重要的领域,旧实体法学说出现实体请求权竞合难题的原因在于,当事人的处分权与法官自由裁量权处于失衡之中。详言之:第一,立法者将民事诉讼标的界定为实体法上的请求权,且当事人对其拥有绝对处分权,以彰显其主体性,这就会滋生同一个法律事实被实体法评价之后,产生多个诉讼标的之情形;第二,立法者要求法官务必忠实地、不折不扣地适用法律规则,信守严格规则主义的司法理念,严禁突破法律规范进行自由裁量,最终导致法官陷入重复救济、多次审判的法律困境。因此,如何平衡当事人的处分权与法官自由裁量权之间的关系就成为构建合理的民事诉讼标的理论绕不开的论题。从诉讼法学者提出的诸多精深的新理论来看,它们虽然都成功破解了实体请求权竞合的难题,但皆存在没有妥善解析上述论题的缺陷。从而不仅学术研究一直处于混沌的局面,而且实务界亦对各种新学说持观望态度。探究原因,主要有两点:第一,如何周全当事人处分权与法官自由裁量权

---

* 基金项目:国家社科基金一般项目"法治中国视阈下的司法与政治关系研究"(14BFX002);浙江省社会科学院一般项目"适度司法能动语境中的民事诉讼标的理论"(LB2014YK0020)。

** 达理纳嘉(1986—),男,藏族,四川绵阳人,浙江省社会科学院法学所助理研究员,法学博士,研究方向为民事诉讼法、证据法和司法制度。

〔1〕［日］井上治典:《新民事诉讼法》(日文版),日本评论社1987年版,第6页。

之间的平衡问题非常复杂,对其建构往往会产生牵一发而动全身的效应。因为当事人与法官在民事诉讼中的地位以及权限配置格局的差异往往透射出诉讼构造(模式)的不同,而不同的诉讼模式就会形成彼此各异的诉讼制度与诉讼程序(见下图)。第二,诸学说皆存在理论准备不足以及分析视角欠妥的瑕疵。新实体法说仍然从改造实体法的视角来建构新诉讼标的理论,最终注定难以摆脱旧实体法的窠臼。诉讼法说以司法本位为圭臬,尝试站在纠纷一次性解决的高度来设计新诉讼标的理论,最终不止背离了大陆法系的实体法传统,甚至加剧了当事人处分权与法官自由裁量权之间的冲突。而诉讼标的流动说虽提倡以折中之道构筑动态的新诉讼标的理论体系,但却导致诉讼标的失去了提示纠纷主题的机能,妨碍了审判对象的及时形成。

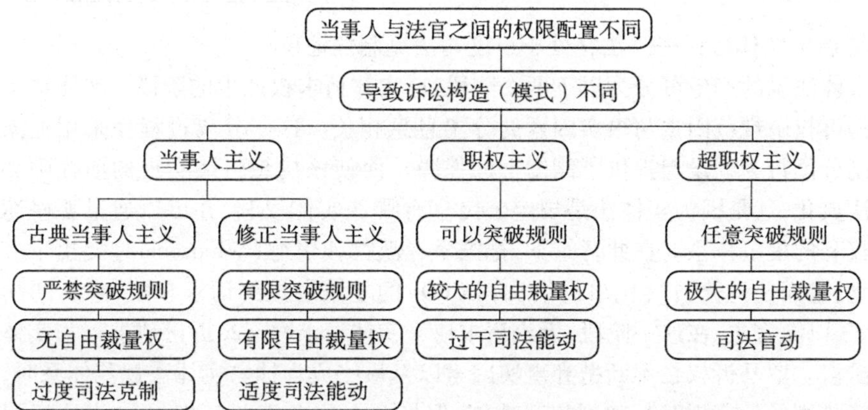

对此,笔者认为欲建构一个既契合民事司法审判实践的真实图景,同时又在理论上足以自圆其说的诉讼标的理论体系,可以考虑引入适度司法能动的理念,从而最终实现当事人处分权与法官自由裁量权之间的平衡。但另两个问题随之产生,即为何对其可以引入以及该引入就能达致上述平衡的目标?对于第一个问题,鉴于处分权的对象是诉讼标的(由法律规则明文规定),而自由裁量权的核心则是突破固有的法律规则。因此,如果持严格规则主义立场,那么其法哲学就是司法克制;如果采自由裁量主义,那么其法哲学则为司法能动。由此可见,当事人处分权与法官自由裁量权之间的角力在本质上可归结为如何看待法官司法能动的问题。对于第二个问题,假如采取零和博弈思维,就会产生法官过于司法克制与过度司法能动的弊病。从这个角度而言,适度司法能动理念至少为我们解决诉讼标的诸学说的缺陷提供了一条可能的分析路径(见上图)。

二、从司法能动的视角对国外诉讼标的诸学说的解析

"法律是一个永无休止的生产(becoming)的问题。"[1]因此,任何理论在时间这一显微镜下其固有缺陷都将会被放大,直至由新学说所取代,如此循环往复,最终促使理论研究不

〔1〕 [美]伯纳德·施瓦茨:《美国最高法院史》,毕洪海译,中国政法大学出版社2005年版,第252页。

断进化。

然而,诉讼标的领域的新陈代谢过程并不顺畅,即新的理论始终无法替代旧实体法说。或许司法能动理论将为我们进一步审视这一问题打开一扇新的视窗(见下图)。

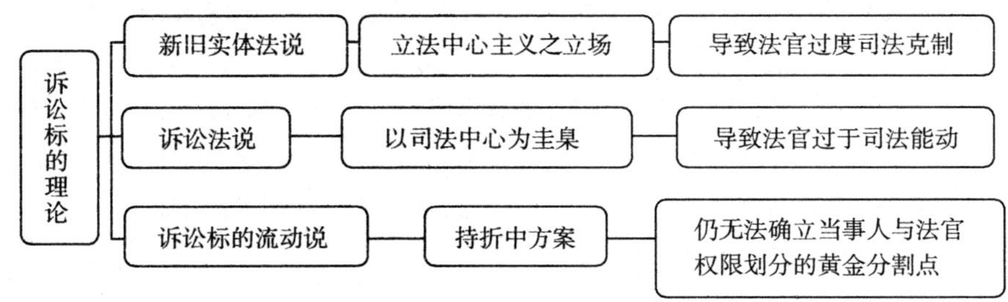

(一)新旧实体法说——法官处于过度司法克制之地位

旧实体法说的产生可分为以下两个阶段:1. 实体请求权产生的阶段。实体请求权的产生与罗马诉权中规范因素与事实因素的分离息息相关。这一分离过程为采用抽象的法律规范规制公民行为的设想提供了制度上的保障。而使该构想付诸实现的前提则必然要求实体法法典化,这是因为实体法是规定公民享有哪些实体权利,并可以通过哪些途径来实现这些权利的规范体系。在此背景下,德国学者温德沙伊德(Windscheid)提出了实体请求权的概念,进而使得德国"《民事诉讼法》(CPO)的立法者提到请求权时,想到的是实体法请求权。"[1]简言之,在这一阶段,诉讼请求权 = 实体请求权。2. 诉讼请求权与实体请求权分离的阶段。罗马诉权在不断抛弃事实因素以至最终成为抽象实体法规范体系时,虽然增强了法律规则的社会规范与裁判规范功能,但另两个问题由此产生:(1)当法律规则同时作为社会规范与裁判规范时,这两者之间就可能出现不合拍的问题。这是因为社会规范属于公众对法律的认知,是公众权利意识的体现,而裁判规范则是法官裁决具体案件的法律见解和依据,故同一法律规则在法庭内外就可能出现认识不一致的情形。如此将严重削弱法律对公众行为的指引机能,故有必要让法官"解释引起争议的法律规则并将其适用于当前的案件中。"[2]欲确保这种解释具有可接受性,程序规则的引入尤为重要。因为它可以"保证当事人的对话性和平等的发言机会,以使争论点能够集中、明确,使论证更加均衡、完整。"[3](2)如何使抽象的法律规范适用于具体的纠纷事实,从而实现其裁断纷争的功能。欲解决这一问题则必然需要引入法官自由裁量权,但这又容易导致法官的主观认识操控纠纷事实的法律化进程。因此,这就有必要借助程序规则来防范法律规则与案件事实之间的相互融合被扭曲。总之,这一阶段表明诉讼法独立于实体法具有历史之必然。对此,有学者指出:"学说汇纂之所以为私法学,盖因其将以诉讼为对象的理论(诉讼理论)逐出

[1] [德]罗森贝克、施瓦布、戈特瓦尔德:《德国民事诉讼法》,李大雪译,中国法制出版社2007年版,第671页。

[2] F. A. R. Bennion, *Understanding Common Law Legislation Drafting and Interpretation*, Oxford University Press, 2001, p. 131。

[3] 季卫东:《法治秩序的建构》,中国政法大学出版社1999年版,第17页。

了自己的学术领域。而这却激发了与私法学相对立的诉讼法学的抬头。"[1]因此,赫尔维格(Konrad Hellwig)继往开来,首次从诉讼角度将诉讼标的界定为原告在诉讼中主张的实体请求权。此观点将诉讼标的与实体请求权相区分,为诉讼法发展自己的概念体系夯实了理论根基。当然,该学说仍维持了诉讼标的与实体法之间较为紧密的关联。如此就具备便于当事人起诉与法官裁判、利于确定既判力客观范围等优点,这些特征使得该理论统治了德国半个世纪之久。然而,社会的发展使得这一学说风光不再,"这不仅表现在确认之诉和形成之诉上……而且也特别表现在实体请求权竞合上。"[2]

就请求权竞合难题而言,新实体法说以改造实体法本身为基点来对其"对症下药"。该理论认为:即使一个自然事实能被两个实体法规范所评价,其诉讼标的仍只有一个,这两个法律规范只是作为不同的理由而已,这种情形在本质上只属于请求权规范的竞合,而并不是真正意义上的请求权竞合。所谓真正意义上的请求权竞合是指两个以上的原因事实被实体法评价为不同的请求权,但诉讼目的只有一个的情形,比如担保债权案件。通过上述方式,新实体法说认为该难题已解。但该说存亦在以下缺陷:1. 请求权规范竞合与真正请求权竞合在现实生活中往往难以明确区分开来;2. "《民法典》一如既往为各个请求权分别规定了诉讼时效和证明责任,因而加大了用统一的实体请求权解决请求权竞合想法的难度。"[3]

新旧实体法说皆不能彻底解决请求权竞合难题的原因就在于,古典的当事人主义诉讼模式使法官处于过度司法克制的地位。具体而言,古典当事人主义主要由处分权原则与辩论主义构成,其中处分权原则强调当事人的主张责任(提出并控制作为纠纷主题之诉讼标的);而辩论主义则解决当事人的证明责任(提出并证明纠纷要件事实),两者的主要功能皆在于使纠纷主题获得提示且最大限度地使其清晰化,以便于中立的法官依法裁判。"可以说,两个原则都反映了民事诉讼基本上是当事人之间自己处理问题的过程这样一种观念。"[4]因此,当事人在诉讼实体方面享有绝对的处分权,法官对此无权自由裁量,从而使其处于过度司法克制的地位。因为立法者"相信按严谨的逻辑机械地建立和实施的封闭的法律体系……承认人的创造性因素,是极不恰当的"[5]。

此时,人们或许会问:为什么同属当事人主义诉讼模式的英美法系没有产生请求权竞合的问题呢?原因就在于两大法系所设计的当事人主义诉讼模式有所不同。具体而言,英美法系持诉因理论(cause of action),"诉因用来描述侵犯私权利的案件事实或者是当事人

[1] [日]中村宗雄、中村英郎:《诉讼法学方法论》,陈刚、段文波译,中国法制出版社 2009 年版,第 194 页。

[2] [德]汉斯—约阿希姆·穆泽拉克:《德国民事诉讼法基础教程》,周翠译,中国政法大学出版社 2005 年版,第 86 页。

[3] [德]罗森贝克、施瓦布、戈特瓦尔德:《德国民事诉讼法》,李大雪译,中国法制出版社 2007 年版,第 673 页。

[4] [日]谷口安平:《程序的正义与诉讼》,王亚新等译,中国政法大学出版社 2002 年版,第 24 页。

[5] [美]罗斯科·庞德:《法律史解释》,曹玉堂等译,华夏出版社 1989 年版,第 123 页。

主张的不公平。……它解决了权利救济何时启动的问题。"[1]该理论要求当事人就纠纷有关的所有诉讼请求应尽可能地提出,否则将会产生失权效,法官对此具有决定权。为了平衡当事人与法官之间的关系,有必要在证据收集、发现以及程序方面赋予当事人一定的处分权,因此英美法系也被称为当事人主义的对抗制。而大陆法系持诉讼标的理论,强调诉讼标的以及要件事实,皆由当事人提出和掌控,法官对此毫无决定权。为了达到平衡状态,就有必要在程序方面授予法官适度的裁量权,因此大陆法系也被称为当事人主义的辩论制。

由于大陆法系诉讼标的理论建立在规范出发型的诉讼法理基础之上,自然实体法比较发达,因此将诉讼标的界定为诉讼中主张的实体请求权便成为逻辑之必然。照此推演就有可能出现同一原因事实经过实体法评价之后形成不同诉讼标的之情形,从而当事人就能根据自己需要(比如举证之难易,诉讼时效等因素)对诉讼标的进行策略性取舍,且在败诉之后亦可另行起诉,法官却不能行使自由裁量权对此予以规制。因此,大陆法系的古典当事人主义诉讼模式是导致请求权竞合难题的重要原因。

(二)诉讼法说——法官陷入过度司法能动之境地

"如果实体法上的请求权概念不适合于在该概念基础上对诉讼标的进行令人满意的分类,则只剩一条路:发展诉讼上的请求权这一独立的概念。"[2]这种主张将诉讼标的与实体请求权撇清关系的理论就是诉讼法说。该理论演变出两个分支:二分肢和一分肢说。二分肢说认为:"如果人们根据今天几乎一致的观点,纯粹从诉讼上以诉讼请求和案件事实作为等值元素来确定诉讼标的,就会克服上述困难。"[3]这一理论虽然解决了请求权竞合的难题,但附带产生了以下难题:1. 案件事实与诉的声明皆不同,但诉讼目的唯一之情形,照此推论就会引发重复诉讼的问题,比如以票据支付的买卖合同案件;2. 案件事实无法区分的情形,比如离婚诉讼;3. 以自然观察方式对案件事实进行界定存在缺陷,因为"'自然的观察方式'在这一点上的灵活性必然以极大的法律不安定性作为代价。"[4]对此,一分肢说则主张"如果人们单纯地根据原告的诉讼请求来确定诉讼标的,把诉讼理由中陈述的事实仅仅作为对请求的解释,这些困难就可以得以克服。"[5]但一分肢说亦存在以下不周延之处:1. 它使得诉讼标的这一判断标准过于泛化,不利于当事人诉权的行使。2. 它容易导致诉讼标的陷入识别的困境之中,以种类物的给付之诉为证。

---

〔1〕 Kit Barker, *Rescuing Remedialism in Unjust Enrichment Law*: *Why Remedies Are Right*, in Cambridge Law Journal, Vol. 57 No. 2 July 1998(301 -327)。

〔2〕 [德]汉斯—约阿希姆·穆泽拉克:《德国民事诉讼法基础教程》,周翠译,中国政法大学出版社 2005 年版,第 88 页。

〔3〕 [德]罗森贝克、施瓦布、戈特瓦尔德:《德国民事诉讼法》,李大雪译,中国法制出版社 2007 年版,第 671 页。

〔4〕 [德]汉斯-约阿希姆·穆泽拉克:《德国民事诉讼法基础教程》,周翠译,中国政法大学出版社 2005 年版,第 89 页。

〔5〕 [德]罗森贝克、施瓦布、戈特瓦尔德:《德国民事诉讼法》,李大雪译,中国法制出版社 2007 年版,第 672 页。

诉讼法说之所以产生,一方面是由于罗马法诉的事实因素与规范因素的分离基本完成,抽象的规范与具体的案件事实之间急需程序法来实现彼此的交融,因此程序法地位的提升催生出了诉讼法说。另一方面则与国家司法审判权的日益强大有关,这就意味着民事诉讼的公益性在一定程度上被强化,当事人的处分权将受到相应的限制,从而促成了旧实体法说向诉讼法说的转型。一般而言,旧实体法说与民事诉讼目的论中的私权保护说相一致,而诉讼法说则与纠纷解决说相契合。比如日本的三月章教授就主张将纠纷解决说“应用于诉讼对象论的领域,提倡从实体法要件解放出来的诉讼对象论,而且通过新诉讼对象论强调事件的一次性解决。”〔1〕客观来看,诉讼法说不仅成功解决了请求权竞合难题,而且也提高了诉讼效率,与世界各主要法治国家正在推进的司法改革不谋而合。就此角度而言,诉讼法说略带有司法中心主义的情结,因为这一主义强调“制定法没有必要压制判例法的发展,反而应该鼓励法官造法。”〔2〕然而,诉讼法说仅为了解决该难题就对当事人在诉讼标的方面的处分权予以限制,这在没有配套的诉讼改革从而对法官的自由裁量权予以合理规制的前提下,不仅有违大陆法系历史上立法者设计的路线图(通过赋予当事人在诉讼标的之处分权来对法官的自由裁量权予以遏制),而且亦必然会致法官陷于过度司法能动的境地。比如德国的尧厄尼希先生就指出:“这种新的确定‘诉讼标的’的方式只有与所追求的全部诉讼改革相联系才可理解。”〔3〕因此,在规范出发型的大陆法系国家,只有在对证据制度以及程序规则予以必要改进以弥补当事人在诉讼标的方面受到限制的处分权,从而合理规制法官自由裁量权的背景下,该学说才有可能获得理论与实务界的认同。

(三)诉讼标的流动说——当事人与法官权限划分的黄金分割点难以确立

无论是新旧实体法理论还是诉讼法说,在妥善处理当事人与法官之间的权限划分问题上皆存有缺陷,不是过度司法能动就是过于司法克制。在此背景下,诉讼标的流动说毅然抛弃静态的维度(新旧实体法说、诉讼法说所持之立场),而提倡从动态之视角来构建诉讼标的新体系。对此,德国有学者就坦言:“整个诉讼法不存在统一适用的诉讼标的概念,而是这一概念具有可变内容并且这次可能具有一分肢的结构,另一次可能具有二分肢的结构……”〔4〕同样,日本高桥宏志教授亦指出:“学界及实务界关于诉讼标的之学说逐渐认识到,有必要针对每个领域的具体问题(诉的变更、禁止二重起诉等等),在考虑各自制度趣旨的基础上,对依据此前诉讼标的理论得出的结论予以再调整。”〔5〕这种动态论固然契合民事诉讼本质上是一种程序流的观点,但却具有以下明显缺陷:1. 该理论强调动态地认识诉讼标的,因此往往依据诉讼进程来确定及识别诉讼标的。这有违诉讼标的之基本功能——提示纠纷主题和及时确定审判对象——既不利于当事人主张事实,提出证据,明确

〔1〕[日]中村英郎:《新民事诉讼法讲义》,陈刚等译,法律出版社2001年版,第115页。

〔2〕Benjamin N. Cardozo, *A Ministry of Justice*, in Harvard Law Review, Vol. 35 No. 113 December 1921 (113 - 120)。

〔3〕[德]奥特玛·尧厄尼希:《民事诉讼法》,周翠译,法律出版社2003年版,第206页。

〔4〕[德]汉斯-约阿希姆·穆泽拉克:《德国民事诉讼法基础教程》,周翠译,中国政法大学出版社2005年版,第90页。

〔5〕[日]高桥宏志:《民事诉讼法》,林剑锋译,法律出版社2003年版,第52页。

争点,亦妨碍法官对诉的客观合并、诉的变更、重复起诉等做出及时的裁断。2. 该学说有将争点与诉讼标的相混淆的嫌疑。因为"动态的诉讼标的说存在混淆了……旨在形成纠纷处理主题的诉讼标的和我们在下面将要详细讨论的形成争执焦点的关系这一问题。"[1] 3. 这种动态论亦离不开法官的自由裁量权,否则难以实现诉讼标的之流动。但就法官应该如何自由裁量却没有分析,因此它也难免会陷入诉讼法说的困境。一言以蔽之,诉讼标的流动说既意识到新旧实体法理论存在的缺陷——过度司法克制,也洞察到诉讼法说的瑕疵——过于司法能动。因此,它选择了折中之道,提出动态把握诉讼标的之观点。就此而言,该学说确实已经觉察到要在大陆法系语境中彻底解决请求权竞合难题,就必须妥善引入司法能动理念,重新对当事人处分权与法官裁量权进行配置。因为"我们迎接时代挑战的最好方式,并非坚持古老的自由放任主义的方案模式,而是力图平衡当事人个人主动性与法官适当程度控制之间的关系。"[2] 但遗憾的是,诉讼标的流动说不仅使得诉讼标的失去了提示纠纷主题的功能,而且更为棘手的是它会进一步模糊当事人处分权与法官自由裁量权之间的界限,致使划分两者之间的黄金分割点无法显现。

三、引入适度司法能动理念构建我国的诉讼标的理论

就我国而言,无论台湾还是大陆,诉讼标的理论基本与德日秉承一脉相承的学术传统,因此皆存在着上述类似的缺陷,即使这些理论经过了本土化改进。比如我国台湾部分学者所持的诉讼标的动态论,同样带有德日动态论的缺陷,而我国大陆有些学者主张的新二分肢说也无法摆脱德国二分肢理论的困境。

对此,本文立足于我国司法发展现状,结合《中华人民共和国民事诉讼法》(2012 年修正)(以下简称现行民诉法),尝试从适度司法能动理念的视角对我国诉讼标的理论体系予以构建。

(一)理论方面的构建

在理论层面,需要探讨以下两个问题:第一,诉讼标的之定义与识别;第二,实体法的局限性。其又可细分为以下三点:(1)适度司法能动理念的界定;(2)诉讼标的之定义与识别为何必须区分;(3)如何界定诉讼标的以及构建识别标准。

1. 适度司法能动理念的界定

适度司法能动理念的界定涉及两个问题,即何谓适度司法能动以及怎样实现适度司法能动。(1)何谓适度司法能动。如果我们将过度司法克制类比为法学理论中的史凯拉(scylla),那么过于司法能动就是卡力布狄斯(charybdis),"它们被过分地夸大,但却能够在

---

[1] 王亚新:《对抗与判定——日本民事诉讼的基本结构》,清华大学出版社 2010 年版,第 80 页。

[2] [意]莫诺·卡佩莱蒂:《当事人基本程序保障权与未来的民事诉讼》,徐昕译,法律出版社 2000 年版,第 137 页。

它们彼此纠正时显示出其价值,而真理就在两者之间。"〔1〕因此,适度司法能动就是介于过度司法克制与过于司法能动之间的理论。〔2〕(2)如何实现适度司法能动。欧洲法治国家"为了应对现代日益兴起的司法请求,众多国家的程序法典或法规编撰已经进行了改革或再改革"。〔3〕这些改革的目的就是追认适度司法能动理念,提倡通过完善证据制度以及程序规则从而将法官的自由裁量权规制在合理的范围之内,最终实现传统模式(遏制法官自由裁量权)的转型。就诉讼标的理论而言,适度司法能动理念提倡法官在诉讼标的方面应该享有一定的自由裁量权。但为了维持当事人与法官之间新的平衡,就有必要对诉讼制度予以改革和完善,赋予当事人在证据收集、发现以及程序控制方面的权利,从而弥补其在诉讼标的方面受到限制的处分权。此外,持诉讼标的之识别标准与定义分开的观点亦有利于适度司法能动理论的贯彻与执行。详言之,识别标准带有情景性,因此"对一个深受具体环境影响的问题进行立法,犹如依据变色龙的颜色立法以反对变色龙"〔4〕一样毫无实际意义。在此问题上,授予法官一定的自由裁量权,以法官为主、当事人为辅的方式对诉讼标的进行识别,不仅避免了识别的困境,而且也提高了诉讼效率。在诉讼标的之确定方面,应该以当事人行使处分权为主,法官运用有限裁量权为辅的原则,尽可能使其法律化。其实,在具体案件中不管我们如何强调适度司法能动学说的重要性,都必须信守:"司法独立是法官的审判职能获得合法性的关键因素。"〔5〕因为"法官应该是裁判者而不是管理者,即使他们在法庭上被看作是国家政权的代表。"〔6〕

2. 诉讼标的之定义与识别标准区分的必要

众所周知,大陆法系崇尚抽象化的思维方式,此传统可追溯至古希腊、罗马时代。古希腊人擅长形而上学的思维方式,他们"在文学艺术上的成就是大家熟知的,但他们在纯粹知识的领域上所做出的贡献还要更加不平凡。"〔7〕古罗马则具有浓厚的法律传统,特别是在古希腊文明的催化之下,法律制度的抽象化具有了可能性。在此背景下,罗马法中诉的规范因素与事实因素逐步分离,"发展到现代的汇纂法学体系阶段才算大功告成。……《法国民法典》之所以规定的比汇纂法学体系的《日本民法典》和《德国民法典》要详细,都是因为它还没有将事实和法律规范进行完全的分离,所以,条文中还包含着非常详尽的事

〔1〕[英]哈特:《法律的概念》,许家馨等译,法律出版社2006年版,第142页。史凯拉与卡力布狄斯都是希腊神话中怪物的名字,在英文中意味着两个同样危险的选项。哈特利用它们对规则主义和规则怀疑主义进行批判,本文则借用它们对过度司法克制与司法能动进行分析。

〔2〕通过诉讼改革进而合理规制法官的司法能动性是适度司法能动理念区别于诉讼标的流动说的关键,即使两者都具有折中的意味。相关内容可以参见张榕:《事实认定中的法官自由裁量权——以民事诉讼为中心》,法律出版社2010年版,第257~293页;张榕、达理纳嘉:《民事既判力客观范围理论研究之反思》,载《法律科学》2012年第5期,第95~103页。

〔3〕Eva Storskrubb, *Civil Procedure and EU Law*, Oxford University Press, 2008, p. 285。

〔4〕[美]米尔建·R·达马斯卡:《漂移的证据法》,李学军等译,中国政法大学出版社2003年版,第29页。

〔5〕Owen M. Fiss, *Foreword: The Forms of Justice*, in Harvard Law Review, Vol. 93 No. 1 November 1979 (1-9)。

〔6〕Scott Dodson, James M. Klebba, *Global Civil Procedure Trends in The Twenty-First Century*, in Boston College International and Comparative Law Review, Vol. 34 No. 1 Winter 2011 (1-11)。

〔7〕[英]罗素:《西方哲学史》,何兆武等译,商务印书馆1963年版,第24页。

实要素。"[1]在这种注重立法投入的传统下,诉讼标的之定义与识别标准必然要求抛弃事实因素从而成为抽象的规范性体系,且对两者等同视之。这一观念具有以下缺陷:(1)识别标准的抽象化与司法实践相背离。虽然诉讼标的之确定及识别皆必须与案件事实相结合才能使其具体化,但我们也应认识到诉讼标的之确定的时间较长,贯穿于整个诉讼过程;而诉讼标的之识别则相对较短,它有明确的期间限制。比如现行民诉法第123条就规定人民法院必须在7日之内作出是否受理当事人诉讼请求的裁断。因此,对识别标准不能抽象化,反而应该委以法官自由裁量,这由纠纷事实的多元化、复杂化以及诉讼效率所决定。(2)对诉讼标的之定义与识别标准持等同论,其实两者之间的区别较为明显。首先,从诉讼流程来看,两者发生的时间不同。原告将诉讼标的诉至法院之后,法院才利用识别标准对其进行审查,这是因为法院有防止重复诉讼的法律义务。其次,从诉讼功能来分析,诉讼标的具有提示纠纷主题、表明诉讼目的之功能;而识别标准则是区别此诉与彼诉的参照系,因此两者在功能上存在差异。再次,就使用主体而言,诉讼标的之选择主要由当事人支配,当事人的处分权对法官的审判权形成实质性制约;而诉讼标的之识别标准则主要由法官掌控,以杜绝多次救济、重复审判的发生,职权色彩较浓。

上述第二种缺陷是所有诉讼标的理论的弊病;第一种缺陷因诉讼标的理论的不同而有所差异。因此,如果我们以事实因素为标准可以将上述理论归为以下三类:(1)坚持抛弃事实因素的旧实体法说、一分肢说、新实体法说;(2)主张引入事实因素的二分肢说;(3)建议根据具体诉讼形态来决定是否引入事实因素的诉讼标的流动说。首先,第一类学说主要是通过完善诉讼标的定义之角度来寻求解决请求权竞合的难题。比如一分肢说就将诉讼标的界定为诉讼请求,再例如新实体法理论所持的全规范统合说以及统一请求权说。但由于这一类理论持诉讼标的定义 = 识别标准的观点,因此在识别标准中必然将事实因素排除出去,这就使其在种类物给付之诉以及真正请求权竞合的情形中陷入了识别的困境。其次,第二类理论则主要从改进识别标准的视角来克服旧实体法学说的缺陷。但由于二分肢说仍持识别标准 = 定义的立场,因而事实因素成为诉讼标的定义中的构成要件也就变得合情合理。但该说与大陆法系崇尚抽象化的法律传统相背离,所以就目前而言,它只在德国成为了通说,而在日本以及我国台湾地区却仍无法取代旧实体法说的通说地位。再次,第三类学说则从动态的维度提倡有的案件中应适用第一类理论,而有的案件中应考虑采用第二类学说。很显然,这种"和稀泥"的方式无力解决实际问题。

因此,有必要对诉讼标的之定义与识别标准进行区分,并且只将事实因素引入识别标准之中,以满足识别标准情景化的客观要求。这一解决方案具有可行性的理由如下:(1)该方案与大陆法系规范出发型的法制传统相契合。大陆法系国家只有在尊重此传统的前提下,提出的解决方案才具备现实性,否则都将会被束之高阁,二分肢理论就是例证。(2)该方案也切合人们认识事物的一般规律:先从概念入手对事物进行鉴别,概念无法区分之时才诉诸识别标准。一般而言,事物之间的不同点有多个,概念往往只将核心的区别

---

[1] [日]中村宗雄、中村英郎:《诉讼法学方法论》,陈刚等译,中国法制出版社2009年版,第44页。

点予以类型化、抽象化;而识别标准则将所有的差异点都囊括其中。因此,定义与识别标准不能划等号,否则就诉讼标的就难以走出哈特教授所言的灰色地带。

3. 如何界定诉讼标的以及构建识别标准

就我国而言,仍应在坚持诉讼标的之定义与识别标准二分的基础上,将诉讼标的界定为当事人的诉讼请求,而识别标准则涵括诉讼请求与原因事实,从而使其具有情景性。在此需要补充说明的是,上述观点与一分肢说有以下质的区别:(1)是否对诉讼标的之定义与识别标准予以区分而不同,一分肢说持等同论;(2)引入法官司法能动理念之目的相异。一分肢说仅仅为了解决请求权竞合难题才引入司法能动理论,它只解构了传统立法者所设计的制约模式,并没有对证据制度以及程序规则进行必要改进以补偿当事人在诉讼标的上受到一定限制的处分权,其后果导致法官处于过度司法能动的境地,因此必然不被大陆法系国家所青睐。而本文则以整个诉讼改革为背景,从适度司法能动理念的维度来组建诉讼标的理论体系,解决请求权竞合问题只是目标之一,因此与一分肢说截然不同。具体而言,形成上述解决方案的依据如下:

第一,该方案有助于我国在当事人的处分权与法官自由裁量权之间找到平衡点。我国法官往往处于过度司法克制与过于司法能动的态势之中。首先,法官过度司法克制的原因,并不在于实体法规定得过于详尽从而对其司法能动性进行了限制,而在于我国法院的独立性不足,法官审判敏感案件不得不有政治或职业风险的顾虑,往往倾向于形式主义的裁判方式结案以求自保。因此,如果按照新旧实体法理论的解决思路不仅不能解决实际问题,反而为法官的消极审判提供了制度上的口实。况且这种解决路径还存在请求权竞合、法律发展滞后、重实体轻程序的弊病。其次,法官过于司法能动的缘由是其习惯于德沃金语境中的独白式审判方式,往往突破规则,忽视当事人处分权的制约。形成此种裁判方式的根源在于没有程序规则为当事人与法官之间的平等对话提供制度性的保障。其实在诉讼标的之确定与识别过程中,当事人肯定想了解法官是依据哪些法律事实、法律规范予以裁决的,当事人渴望与法官进行平等、理性的沟通交流,当事人的程序参与意识强烈。由于司法审判被公认为解决法律纠纷的最后一道防线,因此更应该善待充分的沟通对话机制,认识到它对于论证判决有效性和真实性的重要价值。因为"审判不是停留在确认和维持大文字的法这一功能上,而有必要对人们通过与他人的相互作用而形成小文字的法,并据此来创造和调整自己希望的生活空间这样一种根本性的要求予以呼应。"[1]特别是对于重实体轻程序的我国,程序理念之建立意义深远。因此,将诉讼标的界定为诉讼请求,虽然会导致与案件事实相关的实体请求权都将被既判力所遮断,延伸了法官的诉讼指挥权。但只要我们意识到大陆法系遏制法官自由裁量权之传统模式的局限性之后,那么对借助程序法规范法官适度司法能动的路径就会有新的认识。

诉讼法说欠缺全局意识,在无配套诉讼改革跟进的前提下,仅为了解决请求权竞合难题就单方面扩大法官诉讼指挥权,导致法官在保持程序控制权的基础上,又扩张了诉讼实

---

〔1〕 [日]棚濑孝雄:《纠纷的解决与审判制度》,王亚新译,中国政法大学出版社 1994 年版,第 156 页。

体(诉讼标的)之权力。最终侵蚀了当事人对诉讼标的之固有处分权,打破了当事人与法官之间的平衡,自然无法得到大陆法系国家的认可。德国之所以采用二分肢说,并不是该说已臻上乘,而是德国历经多年的司法改革,对证据制度以及程序规则作了大幅度调整,赋予当事人在证据收集、发现以及程序控制方面的权利,弥补了其在诉讼标的方面受到限制的处分权,最终实现了当事人与法官之间新的平衡。尤其在当下接近正义的时代,不仅"诉讼将被认为是一种当事人能够负担得起、高效且具有实际效用的纠纷解决机制"。[1]而且"诉讼程序应该成为当事人的仆人而不是主人。Lord Woolf 接近正义的报告使得法院对程序规则有了革命性的认识。"[2]而诉讼效率的提高则必然要求法官适度发挥司法能动性。就诉讼标的流动说而言,它亦不适合我国。因为该说不仅使得诉讼标的失去了提示纠纷主题的功能,而且更易助长我国法官的裁判方式在上述两个极点之间运行的态势。

第二,该方案利于保障我国司法体制获得民众应有的信任与尊重。在当下,我国存在较为严重的法律信仰危机。据统计"1986—2006 年,法院一审、二审、再审的收案总量为 9690 万件,而法院信访的总量为 13779 万件,远远超过诉讼的数量。"[3]出现这一反常法治现象的原因如下:(1)在法律移植国家,程序法之改革任重道远。因为移植国家的"特定环境越是复杂和多层,法律输入就越有激怒当地民众情绪的危险,正是由于这个原因,程序改革比实体改革的风险更大,因为程序建立在重复演练、角色扮演以及惯性('我们总是这样做的')的基础之上,充满了未曾言明的假定和条件反射。"[4]如果说实体法致力于正义的实现,那么程序法则侧重于以看得见的方式实现这种正义。这种看得见的方式可以使民众对于司法体制保持应有的谦让与服从。就我国而言,实体法体系的建构较为顺利,而程序法层面的改革却步履维艰,因此缺少程序参与感的民众不可能对我国的司法体制保持起码的尊重与信任。这种现象从 2012 年刑事诉讼法的修改中就可以得到验证。(2)我国民众选择诉讼途径解决纠纷的强烈愿望与当下中国司法体制供给乏力之间的张力较大。就民事诉讼而言,法律纠纷可以有多种解决方式,既可以通过诉讼的方式裁断,也可以选择非诉手段解决。如果当事人将法律纠纷提交法庭裁断,则往往意味着此类纠纷对抗性较为激烈,案情也较复杂,当事人起诉目的在于探明法律对于该纠纷的处置结果。但在我国,司法审判不是过于司法克制,就是过度司法能动。这两种裁判方式与当事人对法院解决纠纷的预期值相差较远,与当事人选择法律途径进行利益表达的强烈愿望之间张力较大。当事人的这种心理落差最终可能促使其敢于公然挑战我国的司法权威。(3)民众对法院不信任,司法权威薄弱。"一旦民众对法院缺乏起码的尊重与信任,那么他们对法律程序的信仰也

---

[1] Susanne Frodl, *The Heritage of The Franz Klein Reform of Austrian Civil Procedure in* 1895 - 1896, in Civil Justice Quarterly, Vol. 31 No. 1 Spring 2012(43 - 67)。

[2] Hazel Fox, *Rain on The Just and on The Unjust*, in Law Quarterly Review, Vol. 128 No. 10 January 2012 (10 - 15)。

[3] 朱景文:《中国诉讼分流的数据分析》,载《中国社会科学》2008 年第 3 期,第 92 页。

[4] [美]因加·毛尔科维奇:《输出法律改革:它能成功吗?》,载[意]简玛利亚·阿雅尼等编:《转型时期的法律变革与法律文化》,魏磊杰等译,清华大学出版社 2011 年版。

将消失,从而引起社会的动荡与不安。"[1]法院失信于民既有司法不独立这一外因,也有司法腐败、再审频繁启动、执行难等内因。就外因而言,固然我国现行《宪法》第126条对法院独立审判进行了规定,但现实生活中,依法监督往往异化为干预司法,当事人对于法院的判决产生质疑显得合情合理。从内因来看,法院再审程序启动频繁,据统计,从1990年—2001年我国的再审率都在20%以上,[2]这在法治国家看来亦是很难接受的事实。

上述三原因源于司法的不公开。其实"司法的公开性不应仅仅为了监督。民众对法律生活的积极参与会产生对法律的信任,对法律的信任同时又是他们主动参与这类活动的前提。"[3]而欲实现司法公开,程序保障是关键。因为,即使本文的解决方案赋予法官在诉讼标的上享有较大裁量权。但只要在诉讼标的之确定及识别过程中,诉诸证据制度以及程序规则的改革、完善,增强当事人的诉讼主体性,给予他们实质性参与诉讼程序的机会。从而使其不仅对程序过程享有一定的决定权,而且对于裁决结果也有相当的影响力,这样也有助于时时提醒法官发挥适度的司法能动性。新旧实体法说为我国法官采取消极审判以求自保提供了制度口实,不利于当事人诉权的保障;诉讼法说则为我国法官独白式的审判方式提供了理论托辞,当事人毫无程序参与感;折中说最终也无力解决实际问题。

(二)实务方面的评析

"判决的生成过程受到划定法官与当事人权限范围的诉讼制度的影响。"[4]因此,在适度司法能动语境中的诉讼标的理论可以避免我国法官陷入过于司法克制与过度司法能动的异常状态之中,从而实现当事人的处分权与法官自由裁量权之间新的平衡。借此现行民诉法施行之际,或许本文的解决方案为审视其相关条文提供了一个参照系。

1. 现行民事诉讼法未统一采用诉讼请求之表述是其一大遗憾。在该法中,明确出现诉讼请求用语的条文共有11条;使用诉讼标的字样的总计3条。就前者而言,该法第51、53、54、59、97、119、140条一字未改地继续沿用旧法第52、54、55、59、89、108、126条的规定;第121、152、200条虽对旧法第110、138、179条有所改动,但对含有诉讼请求字样的条款仍然维持了原貌。从后者来看,该法第52、54、56条亦没有对旧法第53、55、56条中的诉讼标的用语予以修订。此外,有必要申明的是,该法第56条新增第3款中出现了诉讼请求的字样,这样就导致了以下后果:现行民诉法非但没有在法条之间形成统一的表述,反而在法条内部人为增添了修辞上的混乱。[5] 或许,此次民诉法修订没有将规范法典用语之问题提上议程的原因如下:第一,此次修法仅是小修,不成熟的删改意见基本不考虑;第二,诉讼请求或诉讼标的在学界形成共识不易。即便如此,以下两点不容忽视:(1)法典中的术语应保持逻辑自洽性,因此将诉讼请求与诉讼标的同时规定在该法中不是长久之计;(2)由于

[1] Arthru T. Vanderbilt, *The Challenge of Law Reform*, Princeton University Press, 1955, p. 5。

[2] 数据参见徐昕:《迈向社会和谐的纠纷解决》,中国检察出版社2008年版,第33页。

[3] [德]拉德布鲁赫:《法学导论》,米健等译,中国大百科全书出版社1997年版,第125页。

[4] Lon L. Fuller, *The Forms and Limits of Adjudication*, in Harvard Law Review, Vol. 92 No. 353 December 1978 (353 - 369)。

[5] 旧法第56条包含两款且只采用"诉讼标的"之表述,现行民诉法在此基础上新增了第3款,且在该款中出现了"诉讼请求"字样,从而使得该法在采用"诉讼请求"表述的法条比旧法(10条)多出1条。

"制度的发生、形成和确立都在时间流逝中完成,在无数人的历史活动中形成。"[1]因此,"即使我们确实可以把法律编纂为一系列看起来自足的命题,这些命题也不过是连续的生长过程中的一个阶段而已。"[2]由此,接下来要探讨的问题就是如何实现术语的一致。笔者认为应在现行民诉法中统一采用诉讼请求之表述,理由如下:(1)就该法而言,诉讼请求用语占了11个条文,而诉讼标的仅有3个,从逻辑一致性以及法律稳定性的角度出发,对其统一使用诉讼请求术语较为合理;(2)采用诉讼请求之表述有利于在该法中实现当事人处分权与法官自由裁量权之间的平衡,避免我国法官重蹈过度司法能动与过于司法克制;(3)统一使用诉讼请求术语可以回应我国当下司法实务之需要。因为在法官眼中,无论是诉讼请求还是诉讼标的,皆为当事人之间争议的、请求法院予以裁量的利益。只不过该利益需要法律化而已,且这一过程需要法官发挥适度司法能动性才能完成。既然两者都是法益的表达方式,那么从便于当事人行使诉权之视角采用诉讼请求术语较为妥当。例如,对于该法第52条,法官依法探明当事人的诉讼请求意图之后,往往可以借助其对涉案利益能否单独处分为标准来区分该案是必要共同诉讼还是普通共同诉讼,因此将该条的诉讼标的用语改为诉讼请求之表述并不会篡改立法初衷。照理对该法第54、56条做类似处理也同样具有可行性。

2. 在诉讼请求受理阶段(一审、二审、再审),现行民事诉讼法123、164、165、168、198、199、200、203、204、208条对当事人的处分权保护不力。就审查起诉阶段而言,该法第123条增加了"人民法院应当保障当事人依照法律规定享有的起诉权利。对符合本法第一百一十九条的起诉,必须受理"的内容,但仍然无力改变法官独白式的审查方式。因此完善该条的基本思路就是,法官的审查权应该受到当事人处分权的实质性制约。具体而言,(1)在起诉的积极条件(该法第119条)方面,由于有法律的明确规定,因此法官只需进行形式性审查,其运用自由裁量权的空间较小,但这并不是法官过度司法克制的理由。法官不能仅仅因为积极条件存在瑕疵就将当事人的诉求拒之法院大门之外,而应就这些瑕疵向当事人释明并给予其补正的机会,否则有违接近正义运动的宗旨。(2)在起诉的消极条件(一事不再理、不得起诉情形、书面仲裁协议等)方面,由于判决事项的特殊性,因此法官行使自由裁量权的空间较大。以一事不再理为例,由于法律没有对前诉与后诉的当事人、诉讼请求、主要争点等内容作出明文规定,因此法官必须发挥适度司法能动性才能及时、恰当地做出判断。在此过程中,当事人的处分权对法官的自由裁量权形成实质性制约就显得尤为重要。(3)我国之所以出现起诉难的问题,根源在于当事人的处分权无法对法官的审查权形成有效约束。当事人提起诉讼容易,但法院就案件是否受理的审查权限方面自由裁量空间过大。从审查上诉阶段来讲,该法第164、165、168条一字不漏地保留了旧法第147、148、151条的规定,丝毫没有对当事人处分权的保障予以加强,从而导致它们存在的缺陷与该法第123条同出一辙。就再审启动阶段来看,该法第203条对旧法第180条维持了原貌;第199、200、204条对旧法第178、179、181条虽有删改但并没有涉及法官独白式的审查

[1] 苏力:《制度是如何形成的》,北京大学出版社2007年版,第53页。

[2] [美]霍姆斯:《普通法》,冉昊、姚中秋译,中国政法大学出版社2006年版,第33页。

方式;第198、208条对旧法第177、187条有所增改却没有触及再审启动模式这一根本问题。最终使得该法第199、200、203、204条存在的瑕疵与其第123条类似,第198、208条的再审程序职权启动条款还是与当事人的处分权原则之间存在着根本对立。[1] 其实,即使我国法院在一审、二审案件的受理方面拥有独白式的审查权,法律也并没有授权法院、检察院可以代替当事人起诉或者上诉。因此一审、二审程序的启动仍然源于当事人的处分权,即使再审程序也不能例外,其超职权的启动模式应该被再审之诉取而代之。[2] 总之,在案件受理阶段,该法并没有实现当事人的处分权与法官审查权之间的平衡。

3. 在诉讼请求裁判阶段(一审、二审、再审),现行民诉法第138、140、141、169、207条无力扭转我国法官独白式的审判方式。首先,在一审程序方面,该法第138条对旧法第124条作了两处改动:一是增加了出示电子数据的内容,二是将鉴定结论改为鉴定意见。第140、141条则是旧法第126、127条的翻版,没有对其予以删改。由于该法第138、141条仅是程序流程的规定,第140条也只是原则性授权法官"可以合并审理",因此,其无法实现以下目标:(1)消除旧法存在的一审程序流于形式的诟病,避免当事人的处分权与辩论权趋于空洞化;(2)促使法官适度地发挥司法能动性。当然,该法也有可圈可点之处,即不仅第152、154条在旧法第138、140条的基础上增加了判决文书应当写明判决理由的内容,而且第156条(新增)亦明确规定"公众可以查阅发生法律效力的判决书、裁定书,但涉及国家秘密、商业秘密和个人隐私的内容除外。"就此而言,这些条款有利于提升我国法院的司法公信力。"因为法官缺乏'力量'或者直接的权力,所以他们的权威和声望就特别建立在他们能够为其行动提供具有说服力的理由之上。"[3] 其次,在二审程序方面,该法第169条虽然对旧法第152条有所改动,但法官在裁量是否需要开庭审理方面,当事人的处分权显然

---

〔1〕 一般而言,二审、再审都是以一审程序为模型,但功能、目的方面与一审有质的区别。一审目的在于保护当事人诉权,而二审、再审则不仅关注当事人的权利救济,还要维持判决稳定与权威,因此其启动必须慎重,法官职权探知色彩较浓。但民诉的本质决定了当事人拥有处分权的合法性,即使二审、再审程序也不能例外,由此当事人的处分权对法官的审查权形成实质性制约就显得非常必要。由于现行民事诉讼法并没有对旧法二审、再审程序中审查受理诉求阶段的相关法条予以修改,或者删订的内容并没有涉及上述内容,因此具有类似于该法第123条的缺憾。此外,该法第205条对旧法第184条进行了修改,即从当事人知悉四种法定再审事由起算,申请再审的不变期间以及裁决生效后一定时间就不能申请再审的除斥期间都统一为6个月。这一修改的优点在于,为当事人知悉再审事由之后从而对其进行收集、提交的时间比较充分,比日本新民诉法规定的30日,法国新民诉法规定的2个月较为合理。但其缺陷亦较为明显:第一,将当事人申请再审的除此期间缩至6个月,能否起到维护法律关系稳定的作用值得怀疑,因为靠缩短除斥期间来保障确定判决的既判力只能治标,而贯彻程序正义才能治本;第二,再审除斥期间规定得太短,将不利于当事人利用再审程序纠正错误判决,因为在法治发达国家比如德、日都规定为5年,且日本律师与理论界皆批评5年除斥期间过短;第三,该法6个月的除斥期间与我国刑法第87条以及399条第2款规定的法官枉法裁判罪的追诉时效(5年或者10年)不一致,这样就可能导致刑法的追诉时效没有过,但再审申请的除斥期间却已经过之不足,这也是为什么国外将其期限规定为5年(与该国的公诉时效一致)的原因。

〔2〕 现行民诉法第198、208条虽然对旧法第177、187条予以了修订,但并没有触及到我国再审程序之职权启动模式。由于该法第14条强化了检察院的法律监督权,监督范围由现行民诉法的"民事审判活动"扩大至整个"民事诉讼",因此检察院的抗诉再审将显得尤为强劲,当事人再审之诉制度的形成将变得更为艰难。

〔3〕 [美]克里斯托夫·沃尔夫:《司法能动主义》,黄金荣译,中国政法大学出版社2004年版,第131页。

无力对抗法官的审查权,导致程序正当性受到质疑。[1] 再次,在再审程序方面,该法第207条照搬旧法第186条之规定,其亦无法兼顾当事人处分权与法官自由裁量权之间的平衡。因为再审程序取决于一审、二审,而一审、二审程序导致当事人处分权与辩论权空洞化的弊病必然殃及再审程序应有功能的正常发挥。

客观而言,我国正处于诉讼模式转型期,过度司法克制确实与司法独立性不足有关,但它并不是法官消极审判的托辞。因为"在各个国家的具体情景下,这种理想化的司法独立的实现面临着来自各个方面的困难。"[2] 过于司法能动则是超职权诉讼模式的惯性使然,但我们不能就此一味否定司法能动理念。因为"制定法往往无法及时回应社会发展对它的新要求。"[3] 而"法院则具有缓解制定法与社会发展对其新诉求之间矛盾的功能。"[4] 因此,从适度司法能动视角来建构我国诉讼标的理论体系,不仅具备有效性和可行性,而且也具有合理性与正确性。

---

〔1〕 现行民诉法对旧法第152条进行了如下完善:将第一款中的"在事实核对清楚后,合议庭认为不需要开庭审理的,也可以径行判决、裁定"改为"对没有提出新的事实、证据或者理由,合议庭认为不需要开庭审理的,可以不开庭审理。"但该修订仍没有解决法官就是否开庭审理裁量权过大的问题,对当事人处分权的保障乏力。其实,二审的案件往往比较复杂,社会影响力较大,因此开庭审理不仅有利于当事人诉权的保障,而且亦有利于我国司法公信力的形成。

〔2〕 [美]马丁·夏皮罗:《法院:比较法上和政治学上的分析》,张生等译,中国政法大学出版社2005年版,第2页。

〔3〕 Roscoe Pound, *The Causes of Popular Dissatisfaction with the Administration of Justice*, in South Texas Law Review, Vol. 48 No. 853 Summer 2007(853 - 857)。

〔4〕 Deirdre Ahern, *Directors' duties, Dry Ink and the Accessibility Agenda*, in Law Quarterly Review, Vol. 128 No. 114 January 2012(114 - 139)。

美国当代法律选择方法之流变与论争

许 凯*

摘 要:美国传统的法律选择方法强调以确定性规则为中心地位,但自20世纪中期以来,以方法为导向的观点占据了主流,冲突法革命和《第二次冲突法重述》成为了现代美国法律选择体系的代表。然而在21世纪到来之后,司法实践中法律选择的混乱情形引发了当代法律选择方法应然性的理论论争。在这场尚无定论的论争中,以制定《第三次冲突法重述》为契机,实体法方法、规则优先主义、方法优先主义以及经验研究学派四种主要观点从不同角度尝试构建当代美国法律选择方法的新蓝图。

关键词:美国国际私法;《第二次冲突法重述》;规则与方法;实体法主义;经验研究学派

在21世纪之前的冲突法历史中,美国国际私法无疑扮演着一个革命者的角色,无论是各种新颖法律选择方法的提出,还是美国法学会示范法的出台,都令世界耳目一新。但当历史的车轮驶入新世纪后,曾经被认为无比先进的法律选择方法与体系表现出与司法实践的"失配"。于是,伴随着新一轮示范法的制定,当代美国的国际私法学者们纷纷提出了自己的修正方案。对这些方案的论争既反映了"方法还是规则"的方法论取舍,也是对一百年来整个法律选择理论流变的一次总结。

一、流变的进程:由规则转向方法

在美国冲突法的历史发展进程中,传统的法律选择理论建立在比尔教授的既得权理论基础之上,其集大成者即为1934年美国法学会公布的《第一次冲突法重述》(以下简称:《第一次重述》)。为了应对当时美国司法实践中由于缺乏法律选择规则而导致的判决混

---

* 许凯(1983—),男,浙江杭州人,法学博士,中国政法大学博士后,华东政法大学科学研究院助理研究员,研究方向:国际私法。本文系作者主持的2013年度上海市教委科研创新项目"涉外侵权法律选择的现代化问题研究"(14YS087)、2013年度上海市高校青年教师培训资助计划"侵权冲突法研究"(ZZHZ13010)的阶段性成果,并获上海市教育委员会重点学科建设项目"国际法学"(项目号J51103)以及2013年度华东政法大学博士毕业后续发展支持计划的资助。

乱情形,《第一次重述》所体现出的最大特点即是在法律选择方法上强调规则性和稳定性。[1] 基于当时的评论,《第一次重述》被认为是“一个不受复杂判例干涉的明确的体系,其代表了一个出发点,一个系统的、理性的起点,其内容既包含了之前案例所隐含的意义,也包括了过去20年间司法判例的观点。”[2]但正是因为《第一次重述》在法律选择方法上以“规则”为唯一导向的特质,在其公布以后,学界的批评之声愈演愈烈,这些批评之声主要理由是《第一次重述》规则过于机械与僵化。[3] 当这种来自学界的批评逐渐变得繁多与强大时,其对司法判决也产生了一定的影响,并最终形成对当时冲突法体系的一种强烈的反叛,这一运动即是著名的“美国冲突法革命”。

20世纪后半叶的冲突法革命代表着美国冲突法理论从传统向现代的嬗变,而这场革命的法律基础就是法律现实主义(Legal Realism)。[4] 在这场代表美国现代冲突法特点的革命中,涌现出了卡弗斯、柯里、艾伦茨维格、莱弗拉尔、里斯等一大批冲突法学者,也相应产生了最密切联系说、政府利益分析说、法院地法说以及较好法律方法等法律选择的重要方法论学说,一时间美国冲突法学界呈现出百家争鸣、百花齐放的局面。难怪欧洲有的学者会惊叹:“理论,长期以来被视为欧洲大陆法学的一个鲜明特色,至少在冲突法领域已经成为一种美国人的特权。”[5]但若以对传统冲突法的态度为界限,这种态势又可以明显地被分为两类,即以柯里、艾伦茨维格为代表的主张完全废弃《第一次重述》中的法律选择规则而仅以某种方法为指引的革命派,和以里斯为代表的主张保留法律选择规范形式而改革过于僵化规则的改良派,两种派别的争论最终以1967年《第二次冲突法重述》(以下简称:《第二次重述》)的出现而暂时平静下来。

《第二次重述》建立在对传统冲突法理论与规则的扬弃之上,其体现出方法多元化、规则多样化、运用复杂化的特点。起草人里斯教授的思路是在赞同大多数学者对《第一次重述》批判意见的同时,以最密切联系原则为中心,提出改革传统冲突法规则的观点。《第二次重述》第6条集中体现了改良派的思路,其不仅在整个条文架构中处于基本原则地位,而

---

〔1〕 比如,《第一次重述》在侵权法律选择的规则上严格适用“不法行为地”(The Place of Wrong)的法律,不允许法官采用其他的法律选择规则或方法予以替代。《第一次重述》第384条规定:“如果一项侵权诉由在不法行为地成立,那么这项诉由在其他州也将会得到承认。如果在不法行为地没有诉由存在,在任何其他州都不能得到侵权赔偿。” See Symeon C. Symeonides, Wendy Collins Perdue, Arthur T. Von Mehren, *Conflict of Laws: American, Comparative, International, cases and materials*, St. Paul, Minn., 1998, p. 20。

〔2〕 See Frederick J. De Sloovere, “On Looking into Mr. Beale's Conflict of Laws”, *New York University Law Quarterly Review*, Vol. 13, No. 3, 1936, p. 345。

〔3〕 如就侵权冲突规范而言,《第一次重述》仅采用侵权行为地这一属地连接点,但现实并非如此简单。例如在侵权冲突的案件中,尽管事件的发生在当事人住所地外,但当事人的住所地法仍可能具备合法的适用理由,这就是共同的属人主义规则。因而有学者批评到:“要想将属人主义与属地主义这两大规则中的任何一项完全放弃均将导致不利的僵局,明智的做法是知道何时用何种方式去平衡两者之间的矛盾。” See Symeon C. Symeonides, “Territoriality and Personality in Tort Conflicts”, at http:// papers. ssrn. com/ sol3/ papers. cfm? abstract_id = 904669, Jun. 3, 2013。

〔4〕 许庆坤:《美国冲突法理论嬗变的法理》,商务印书馆2009年版,第9页。

〔5〕 Kurt G. Siehr, “Domestic Relations in Europe: European Equivalents to American Evolutions”, *American Journal of Comparative Law*, Vol. 30, No. 1, 1982, p. 71。

且从其中阐明的考量因素中可以明显推断出现代美国法律选择的目的,即针对特别的法律冲突领域适用与当事人和纠纷具有最密切联系的法律。[1] 这些方面都充分表明,现代美国的主流法律选择方法并未抛弃传统意义上的规则形式,但在具体规则的运用过程中并依赖存单一、固化的连接点,而是使得各种法律选择方法共存,以针对不同的案件做出灵活的法律选择。

二、论争的起源:对《第二次冲突法重述》的批判

自1967年以来,《第二次重述》作为现代美国冲突法的里程碑已经走过了40余年,并且尚未到达终点。其作为美国冲突法革命的代表性文件,在美国的司法实践中占据了主导地位。西蒙尼德斯教授认为,《第二次重述》至少为美国冲突法做出了两大贡献:其一,其鼓励法院放弃《第一次重述》所确立的传统的法律选择方法,并且这是一个伴随重述制定与起草的循序渐进的过程;其二,《第二次重述》避免法院采用极端化的法律选择方法,为众多不同的冲突法理论提供了一个共存的基础。因为《第二次重述》是一种妥协与折衷的产物,因而其并不如《第一次重述》那样的独断与僵化,故其完全可以与其他法律选择方式并存,而不会出现非此即彼的排他性适用。正是这种折衷主义的特征,使得现代美国冲突法的各项主要理论得以在司法实践中"百花齐放",强大的包容性使得其可以涵盖几乎所有的现代法律选择方法。[2]

然而,在肯定《第二次重述》贡献的同时,更多学者以40年来的司法实践为依据提出了相反的意见。大多数意见认为,《第二次重述》只是一份过渡性质的文件,其远未达到理想中的应然状态,司法实践的拥趸并不能代表其获得了成功,故应当在此基础上继续探索与前行。这些批判性的意见主要有以下几点:

1.《第二次重述》具有明显的时代性,其无法企及当代美国司法实践中所产生的新问题。

任何法律文件均具有时限性与滞后性,《第二次重述》尽管不具有强制约束力,但其在这一点上也并不例外。以侵权法律选择规则为例,对于制定前所产生的侵权冲突法问题,《第二次重述》提供了很好的解决方案,这些问题包括:交通事故、乘客法则、家庭成员间豁免、慈善豁免等等。但随着时代的发展以及各州实体法的变化,上述问题出现的概率已经大大减少,取而代之的是诸如网络侵权、环境侵权、保险事故、产品责任、大规模侵权(Mass Torts)等新问题,而这些问题在《第二次重述》制定的当时并未引起学界的广泛关注。所以,面对已经发生和将来可能发生的新型侵权行为,适用与之相适应的法律选择规范不应

〔1〕《第二次冲突法重述》第6条规定:"1、法院,除受宪法约束外,应遵循本州关于法律选择的立法规定。2、在无此种规定时,与适用于选择法律的规则有关的因素包括:(1)州际及国际体制的需要;(2)法院地的相关政策;(3)其他利害关系州的相关政策以及在决定特定问题时这些州的有关利益;(4)对正当期望的保护;(5)特定领域法律所依据的政策;(6)结果的确定性、可预见性和一致性;(7)将予适用的法律易于确定和适用。"

〔2〕 See Symeon C. Symeonides, "The Judicial Acceptance of the Second Conflicts Restatement: A Mixed Blessing", *Maryland Law Review*, Vol. 56, No. 4, 1997, p. 1277 - 1278。

当再由《第二次重述》来承担。

2.《第二次重述》具有过渡性,无法完成最终理想之状态。

《第二次重述》起草的时代,是一个由严格属地性方法向灵活的政策分析方法过渡的年代,这种过渡性质的证明早在其制定时即已存在。重述主要的起草者里斯教授承认:"《第二次重述》是一项过渡性的工作,它位于一个动荡与关键的时期,在这个时期里各种不同的观点激烈地碰撞,其最终目的在于达成更具实用性的规则。"[1]这种观点也被另一位重述的起草者莱弗拉尔教授所认同,他认为:"尽管重述以一种面向未来的态度进行规范,但其并不能准确规定未来的法律。重述不能描述1980年后的法律,要想对1980年后的情况进行规范,只有等到那时再说了。"[2]因此,尽管《第二次重述》完成了从传统僵化的规则向现代开放式规则过渡的任务,但这些成就无法掩盖其过渡文件的本质,因而新的任务必须由新的文件予以承担。

3.《第二次重述》的结构过于含糊与开放,导致司法实践对其的追随名不符实。

从《第二次重述》的结构来分析,其条款可以分为两个部分:一般性条款与具体条款。一般性条款如重述第6条,其意在反对《第一次重述》中教条式的特征,因而采用了列举考量因素的组织方式。而具体条款则具有相当的确定性,其目的十分明确,即指明应当适用的法律,反映了对可预见性以及司法公平性的追求。波切教授认为,这两种不同的方法论使得《第二次重述》呈现一种"精神分裂"的状态。[3] 而在两种规则的实际选用方面,依据波切教授1997年的统计数据便可知晓,所谓州法院对于《第二次重述》的追随,在很大程度上体现为对其一般性条款的偏爱。[4] 而一般性条款所展现的多因素、无顺序的特点,使得法官享有了很多自由裁量的权利。于是,这种自由裁量权的泛滥也使得美国司法实践体现出一种"偏向本州居民、偏向法院地法、偏向支持赔偿"的趋势。[5] 难怪荣格教授会感叹:"《第二次重述》一般性条款所体现的混合方式使得法院在处理案件时可以随心所欲。"[6]总之,《第二次重述》在实践中的适用并不如其表面所展现得那么完整,在法院宣称依从《第二次重述》的背后,其实隐含着对具体条款的忽视,也就是说其可预见性和确定性的目标实际没有得到实现。

---

〔1〕 Wills L. M. Reese,"The Second Restatement of Conflict of Laws Revisited", *Mercer Law Review*, Vol. 34, No. 2, 1983, p. 518 –519。

〔2〕 Robert A. Leflar,"The Torts Provisions of the Restatement(Second)", *Columbia Law Review*, Vol. 72, No. 2, 1972, p. 267 –278。

〔3〕 See Patrick J. Borchers,"Courts and the Second Conflicts Restatement: Some Observations and an Empirical Note", *Maryland Law Review*, Vol. 56, No. 4, 1997, p. 1239。

〔4〕 波切教授在1997年对当年全美国发生的跨州侵权案件进行了统计分析,结果适用《第二次重述》一般性条款(仅第145条)进行法律选择的案件有610件,而适用具体性条款(共计30条)的案件总和仅为435件。See Patrick J. Borchers,"Courts and the Second Conflicts Restatement: Some Observations and an Empirical Note", *Maryland Law Review*, Vol. 56, No. 4, 1997, p. 1243 –1244。

〔5〕 See Lea Brilmayer,"Interest Analysis and the Myth of Legislative Intent", *Michigan Law Review*, Vol. 78, No. 3, 1980, p. 398。

〔6〕 Friedrich K. Juenger,"A Third Conflicts Restatement?", *Indiana Law Journal*, Vol. 75, No. 2, 2000, p. 405。

4.《第二次重述》中的众多规则缺乏明确的指导,助长了司法实践中的主观主义。

就具体规则而言,《第二次重述》的过渡性主要体现在合同和侵权冲突法领域中模糊的半命令条款或"非规则"(Non-rules)之中。[1] 这些非规则主要体现为推定性规则和指南性规则。[2] 但司法实践表明,推定性规则仅仅提出了一些猜测性或替代性的规则,这些规则尝试性地确定适用某一州的法律,但法院有权在另一州与案件具有更密切联系的情况下适用其他州的法律。指南性规则做出了较为明确的指引,它指出某一州的法律"通常"应当被得到适用。但在更多案件中,这些"通常"的指引也无法奏效。因而《第二次重述》的起草者们更多地期望采纳一种完全的临时方法,其在第6条中采用了非排他、无阶梯性的事实连接点并给予法院充分的自由去考量这些因素。尽管制定这种模棱两可条款的目的在于使法院摆脱《第一次重述》所确立的单一、僵化的法律适用方法,但与此同时,《第二次重述》也助长了司法主观主义和法官思考的随意性。[3]

三、论争的展开:在方法与规则之间徘徊

在历经冲突法革命和《第二次重述》的出台之后,美国的冲突法学者满心以为以各种法律选择方法组成的美国冲突法体系可以跳出传统法律选择规则的范式,但当司法实践近乎混乱的判决情况被证实后,这种曾经的憧憬显然受到了不小的打击。打击过后,美国当代的冲突法学者似乎又回到了要求法律选择具有确定性的老路上来,于是,制定当代新一轮重述的要求便自然而然地被提及。

在1999年美国法学院协会冲突法部分的年会上,美国冲突法理论与实务界代表悉数到场,共同探讨起草《第三次冲突法重述》(以下简称:《第三次重述》)的各项问题。涉及的问题包括:《第三次重述》能否克服《第二次重述》的缺点?《第三次重述》是否应在冲突法的规则和方法之间做出更明确的选择?是否应在冲突法的各种相互竞争的价值目标,如多边主义、单边主义、实体主义和当事人的期望等之间做出更明确的取舍?是否应该更多地考虑制定法或国际条约中的冲突规范?国内和国际层面在管辖权、法律适用及判决的承认方面有何最新发展?[4] 与会的学者对于涉及的问题从不同的角度提出了观点,但遗憾的是,除了对《第二次重述》一致的声讨之声外,在其他大多数问题上并没有形成一个统一的意见。其根本原因在于对当代美国法律选择应然性方法的分歧。这些分歧既包括实体法方法与冲突法方法、规则优先与方法优先等既有争论,也出现了以强调司法判例研究并描

---

〔1〕 See Albert A. Ehrenzweig, "A Counter-Revolution in Conflicts Law? From Beal to Cavers", *Harvard Law Review*, Vol. 80, No. 2, 1966, p. 381。

〔2〕 推定性规则主要表现形式为:在一般情况下指明法官去适用特定州的法律,但在特定情况下可以将上述的法律适用予以排除,只要证明存在其他更具密切联系的州。而指南性规则并不直接指明应当适用的法律,其表现形式为:首先声明依最密切联系原则去选择法律,其后方才指出最密切联系的州通常表现为某一特定的州。

〔3〕 See Symeon C. Symeonides, "The Need for a Third Conflicts Restatement (And a Proposal for Tort Conflicts)", *Indiana Law Journal*, Vol. 75, No. 2, 2000, p. 444 - 446。

〔4〕 王承志:《美国第三次冲突法重述之萌动》,载《时代法学》2004年第1期,第60页。

述现实规则的经验研究学派,这导致了当代美国法律选择方法的论争向四个不同的方向走去。

(一)以实体法方法为主导

在冲突法的历史进程中,法律选择的基本思想方法有三种:单边主义、多边主义和实体法方法。《第一次重述》完全体现了多边主义方法,而《第二次重述》则是单边主义与多边主义方法的混合体。但在《第三次重述》方法的选择上,有部分学者认为应当抛弃或修正上述两种方法,并以实体法方法取而代之,来自加利福尼亚大学戴维斯分校的荣格教授是这一论点最为激进的支持者。

荣格教授对现代美国冲突法的混乱状态深恶痛绝,认为即便要再一次对冲突法进行重述也是困难而无意义的。[1] 首先,《第二次重述》没有为冲突法学科的建设做出基础性的贡献。现在的美国冲突法处于一个无法重述的悲哀状态,即便可能通过胡言乱语而发现法院实际在做什么,要想具体进行规定也是困难的。《第二次重述》毫无规则的折衷主义没有为既有的冲突法理论提供有力的支撑,反而使得法官不受任何硬性规则的约束,这不可避免地加剧了州际和国际间案件的不合理结果。几乎混合了现代所有的法律选择方法的《第二次重述》已经演变为一种非重述,其结果就是使法院为其想要获得的结果列出众多似是而非的理由。[2] 其次,荣格教授对西蒙尼德斯教授提出的纽梅尔规则、《混合诉讼规程》以及路易斯安那州国际私法进行了批判,认为它们均不足以成为未来重述模仿的形式。[3] 最后,《第三次重述》缺乏可靠的现实基础。任何重述本身应该正确反映司法实践的状态,但现代美国司法实践中混乱的情景使得重述无法完成该项任务。这不仅是因为每个州法院法官所依赖的理论基础大相径庭,更是因为法官不能忠实地依照其所声称的那些法律选择方法与规则。[4] 考虑到上述这些令人困惑的问题,荣格教授认为无论单边主义还是多边主义方法,其均将地理因素至于法律适用结果之上,只有实体法方法才是真正意在实现多州案件公平之结果。因此,为了实现州际间真正的公平正义并促进各州实体法律的改革,实体法方法是将来改革必须要考虑的,即便不能制定在冲突法中也至少可以体现为示范法或统一实体法。[5]

与荣格教授反对重述立场不同的是,大多数支持实体法方法的学者都主张这种运用应该在《第三次重述》的框架中进行。来自哈佛大学法学院的辛格教授认为新重述的准备应

〔1〕 See Friedrich K. Juenger, "A Third Conflicts Restatement?", *Indiana Law Journal*, Vol. 75, No. 2, 2000, p. 415。

〔2〕 See Friedrich K. Juenger, "A Third Conflicts Restatement?", *Indiana Law Journal*, Vol. 75, No. 2, 2000, p. 404–406。

〔3〕 See Friedrich K. Juenger, "A Third Conflicts Restatement?", *Indiana Law Journal*, Vol. 75, No. 2, 2000, 2000, p. 407–408。

〔4〕 See Friedrich K. Juenger, "A Third Conflicts Restatement?", *Indiana Law Journal*, Vol. 75, No. 2, 2000, p. 410。

〔5〕 See Friedrich K. Juenger, "A Third Conflicts Restatement?", *Indiana Law Journal*, Vol. 75, No. 2, 2000, p. 416。

考虑实体法方法,但与荣格教授不同的是,他只是认为新重述中应当加入较好法律方法。辛格教授认为,实质正义与州际正义的追求是当代冲突法中的核心要素,较好法律方法符合这种价值取向。尽管这一方法并未被《第二次重述》明文采纳,但从《第二次重述》的规范结构以及美国法院的司法实践中,可以清楚地发现这一现代化的诉求。比如在侵权冲突法中,由于追求支持原告的立法政策,因此除非出现不公平之情况,受害人赔偿的请求通常可以获得法院许可。也即是说,一般情况下法院总是将支持赔偿的法律认定为较好的法律并作为审理案件的准据法。[1]

综合上述对于实体法方法的各家观点,荣格教授的观点无疑是最为彻底的,但其完全抛弃传统冲突法模式的主张显得不太切合实际。毋庸说当代国际层面统一实体法调整范围的有限性,即便在美国国内,统一实体法的任务也远未完成,因此在州际与国际法律多样性仍然广泛存在的前提下,完全以实体法方法取代重述的做法是不可行的。实际上,从冲突法本身的规范结构分析,任何一部冲突法都是立法管辖权方法和实体法方法的结合体,正确的方法应该是在《第三次重述》的制定过程中寻求立法管辖权方法和实体法方法的和谐一致。[2] 在这方面,辛格教授的建议更加具有操作性。

(二)规则优先方法

尽管《第二次重述》受到一致的批评,但其是否真的一无是处,以至于不得不放弃重述这种方式而另辟蹊径?许多学者对此持不同意见,德克萨斯大学的温伯格教授(Louise Weinberg)就认为:《第二次重述》存在一些明显的不足,但其毕竟让法官对合理结论的做出有了充分的依据,故《第三次重述》应在此基础上增加一些理性和稳定性。[3] 哥伦比亚法学院的希尔教授(Alfred Hill)则强调在新重述中突出规则的作用,他以传统的侵权行为地法规则为例,认为侵权行为地法规则本身也蕴含着方法的基因,并且其在大多数情况下被证明是合理的。因而对于既已成熟的规则不能采用全面否定的做法,而应对其不适用之处进行修正。[4] 这些观点的共同之处在于主张新重述应该摆脱《第二次重述》中模棱两可的方法论,同时加重规则的分量以增强确定性。简而言之,就是"规则应当优于方法"。

主张以规则为主导准备《第三次重述》的代表人物是威廉米特大学的西蒙尼德斯教授,他也是起草新重述的提议人。西蒙尼德斯教授认为:"对法律选择规则确定性与可预见性的需求是新重述所要解决的问题之一。经过冲突法革命后的《第二次重述》无疑否定

〔1〕 See Joseph William Singer, "Pay No Attention to That Man Behind the Curtain: The Place of Better Law in a Third Restatement of Conflicts", *Indiana Law Journal*, Vol. 75, No. 2, 2000, p. 659 – 661。

〔2〕 See Perry Dane, "Where of One Cannot Speak: Legal Diversity and the Limits of a Restatement of Conflicts of Laws", *Indiana Law Journal*, Vol. 75, No. 2, 2000, p. 511。

〔3〕 See Louise Weinberg, "A Structural Revision of the Conflicts Restatement", *Indiana Law Journal*, Vol. 75, No. 2, 2000, p. 476 – 479。

〔4〕 See Alfred Hill, "For a Third Conflicts Restatement——But Stop Trying to Reinvent the Wheel", *Indiana Law Journal*, Vol. 75, No. 2, 2000, p. 536 – 537。

了传统僵化的法律选择规则,但同时也伴随着一股过于激进的'反规则综合症'。"[1]这在美国的司法实践中已经暴露出许多问题,有学者将其描述为"一个一千零一夜的故事",即"每一个类似案件的判决均具有独特性"。[2] 而这种司法印象主义在《第二次冲突法重述》公布30年后已经越来越受到诟病,因而美国的冲突法需要新重述的出现以提供方向指引,而法律选择规范的预见性应当成为首要追求的目标。[3]

为了实现这一目标,西蒙尼德斯教授主张在国家层面引入美国法学会"混合诉讼方案",在州一级层面进行成文立法。事实上,他也的确帮助路易斯安那州、俄勒冈州以及波多黎各制定了各自成文的冲突法。他进而认为,新重述与上述成文法律相比,其制定风险要小很多。因为重述并不具有法律约束力,因而如果其有可取之处,法院自然会予以采用,如果不然,法院也会弃之不用。[4] 当然,制定更加具有预见性的重述并不意味着回到《第一次重述》的老路上去,而是在强调确定性的前提下规定较多的例外条款,以使得法院具有更大的自由裁量权。西蒙尼德斯教授提出了三项改革意见:(1)总结《第二次重述》以来发生的新情况;(2)针对《第二次重述》中的"黑体字规则",应该放弃、缩小适用或者明显地将其做出修改;[5](3)采用更加明确的法律选择规则代替《第二次重述》中的"非规则"。[6]

(三)方法优先规则

与上述规则主导性的意见相反,有一些学者主张方法优于规则的观点,即《第三次重述》中应当彰显冲突法革命后法律选择方法的显著地位。但在选用何种方法、如何排列各种方法顺序的问题上,又存在着不同的意见。比如,来自杜克大学的里皮教授认为:"在侵权冲突法领域,规则的功能是无法得到发挥的,而《第二次重述》所确立的重力中心地方法至多只能被称之为一种'配合性的突破手段'。真正良好的方法应该是柯里的政府利益分析说,而较好法律方法可以被看做是'突破手段'。"[7]

来自默瑟大学的波斯纳克教授的建议方法是在肯定《第二次重述》成绩的基础上进行

[1] Symeon C. Symeonides, "Exception Clauses in American Conflicts Law", *American Journal of Comparative Law*, Vol. 42, No. 1, 1994, p. 815 - 818。

[2] See P. John Kozyris, "Interest Analysis Facing Its Critics-And, Incidentally, What Should Be Done About Choice of Law for Products Liability", *Ohio State Law Journal*, Vol. 46, No. 3, 1985, p. 578。

[3] See Symeon C. Symeonides, "The Need for a Third Conflicts Restatement (And a Proposal for Tort Conflicts)", *Indiana Law Journal*, Vol. 75, No. 2, 2000, p. 446 - 449。

[4] See Symeon C. Symeonides, "The Need for a Third Conflicts Restatement (And a Proposal for Tort Conflicts)", *Indiana Law Journal*, Vol. 75, No. 2, 2000, p. 446 - 449。

[5] 所谓"黑体字规则",是指《第二次冲突法重述》第223 - 243条的规定,主要规范涉及不动产的转让、抵押、留置、夫妻财产、继承等方面的法律适用问题。其最大的特点遵循财产所在地法原则,即对于纠纷的全部争议均适用财产所在地法。这种规则因不适应现代美国冲突法之司法实践,而在《第三次冲突法重述》起草准备的争论中为学者一致反对。

[6] See Symeon C. Symeonides, "The Need for a Third Conflicts Restatement (And a Proposal for Tort Conflicts)", *Indiana Law Journal*, Vol. 75, No. 2, 2000, p. 439。

[7] William A. Reppy, "Codifying Interest Analysis in the Torts Chapter of a New Conflicts Restatement", *Indiana Law Journal*, Vol. 75, No. 2, 2000, p. 591。

的,他指出:“虽然《第二次重述》饱受批判,但它所采用的基本方法是正确的。《第二次重述》将管辖权选择规则和影响法律选择的因素结合在了一起,实现了两大效果:临时方法的灵活性保证了个案公正,规则的确定性和可预见性则确保了判决结果在普遍意义上的统一。所以,《第二次重述》不应该被全盘否定,要做的是在此基础上的调整。”[1]波斯纳克教授主张全面取消刻板的规则,包括连接点的认定和识别规则,同时仅保留两条推定性的规则以取代《第二次重述》中几百条的规则。这两条规则适用的前提是:如果任何一方当事人希望替代法院地法的适用,但又无法以该两条规则说服法官,那么法院地法将成为案件的准据法。这两条推定性规则是:第一,如果双方当事人均来自同一州,那么该州法律将被推定适用于该案的所有争议;第二,如果双方当事人来自不同的州,但主要的证据性事实来自任何一方的家乡州,那么该州法律也将被推定适用于该案的所有争议。[2]

另一种更为特别的观点来自布鲁克林法学院的特维斯基教授(Aaron D. Twerski),他认为:起草一份传统意义上的《第三次重述》恐怕会在学者、法官与律师之间产生一种不可调和的冲突,因为他们总是各自主张以不同的法律选择方法解决问题。在当代美国冲突法的现实中,想要以一个规则涵盖全部争议是不切实际的,而《第二次重述》第6条采用考量因素清单的模糊方式也是无用的。即使非要以传统的方式制定新重述,那么就必须在基础性的问题上达成一致意见。但这样的合意显然无法达成,所以这种努力是注定要失败的。[3]因此,特维斯基教授提出了一种不同于传统的多轨制(Multi-track)方式的冲突法重述。

所谓多轨制的重述,实际是强调各种法律选择方法的并行规定,以区别以往将方法融于规则或将方法融入方法的传统方式。特维斯基教授认为:“没有一个现代的冲突法学者会建议回到《第一次重述》僵化规则的老路上去,也较少有人还对《第二次重述》抱有期望。因此,反对前两次重述选用的方法是新重述准备的起点。在现代美国的司法实践中,各项为学者所推崇的主要冲突法方法已经深入人心,法院需要的是一种对这些方法具体运用的指引,因此多轨制的重述可以为这些不同的需求提供一个真正的指导。多规制重述值得赞同,因为其不仅忠实地反映了各种互相竞争的学说之间的不同之处,也允许法院诚实并完整地选取各自不同的方法。”[4]在论述了多轨制重述合理性的同时,特维斯基教授列出了新重述中应该得到考虑的三种法律选择方法:(1)柯里的经典利益分析方法;(2)卡弗斯的

---

〔1〕 Bruce Posnak, "The Restatement(Second): Some Not So Fine Tuning for a Restatement(Third): A Very Well-Curried Leflar over Reese wish Korn on the Side(Or Is It Cob?)", *Indiana Law Journal*, Vol. 75, No. 2, 2000, p. 561 - 562。

〔2〕 See Bruce Posnak, "The Restatement(Second): Some Not So Fine Tuning for a Restatement(Third): A Very Well-Curried Leflar over Reese wish Korn on the Side(Or Is It Cob?)", *Indiana Law Journal*, Vol. 75, No. 2, 2000, p. 565。

〔3〕 See Aaron D. Twerski, "One Size Does Not Fit All: The Third Muti-Track Restatement of Conflict of Laws", *Indiana Law Journal*, Vol. 75, No. 2, 2000, p. 667。

〔4〕 Aaron D. Twerski, "One Size Does Not Fit All: The Third Muti-Track Restatement of Conflict of Laws", *Indiana Law Journal*, Vol. 75, No. 2, 2000, p. 677 - 678。

新属地主义方法;(3)莱弗拉尔的较好法律规则和个案公正方法。[1]

(四)经验研究学派

法律现实主义是美国冲突法革命的一大基石,但在当代冲突法走向的论证过程中,有一些学者将这种现实主义观点推向了一个新的高度。他们主张跳出以往重述框架,让现实世界中真正承受法律选择结果的主体进入新规则制定之中,寻求一种现实中实际存在的法律规则。[2] 托雷多大学的里齐曼教授与马里兰大学的雷诺德教授将这种现实主义的研究方式定义为一种新的学派,即经验研究学派。他们认为:"以往的研究方式重视演绎推理,特别注重冲突法中基本问题的研究,例如双边主义与单边主义的取舍、国家主权的影响、国际礼让的需要以及法律选择的结果性质,然后以这些问题的结论指导实际的法律选择问题。但经验研究学派反其道而行之,采用的是归纳的方法,其主要研究现实判例并从中总结出法院实际采用的法律选择规则。"[3] 这一学派遵循法律现实主义,关注法院实际如何对待法律冲突的问题,在当代美国冲突法的研究中主要表现为两种形式:一种是卡西里斯教授和西蒙尼德斯教授为代表的案例描述研究,自1987年以来他们每年提交一份关于美国法院冲突法实践的年度报告;另一种是波切教授和索麦里教授(Mike Solimine)进行的冲突法判例的统计研究。[4]

经验研究的方法在上世纪末开始受到重视,现今已为美国冲突法学界所一致称道。但其是否能够支撑整个当代冲突法的重构并建立相关的规则,有学者对其表示质疑,[5] 而韦恩州立大学的赛德勒教授以其"真实世界规则"反驳了这种质疑。赛德勒教授认为:"推动《第三次重述》的主要动力在于美国现代冲突法中关于确定性和预见性的缺失,但实际上,从现有判决的研究中可以看到,这种缺失其实并不存在。其原因在于,只有真实世界里法院的判决才可以提供真正的法律选择确定性和预见性,而所谓的冲突法规则是无法做到的。"[6] 因此,尽管这些研究仍处于初始阶段,但其无疑将增加今后研究的预见能力,并为解决一直存在的法律选择问题提供更为实际的证据。

---

〔1〕 See Aaron D. Twerski, "One Size Does Not Fit All: The Third Muti-Track Restatement of Conflict of Laws", *Indiana Law Journal*, Vol. 75, No. 2, 2000, p. 673–677。

〔2〕 See Michael H. Gottesman, "Adrift on the Sea of Indeterminacy", *Indiana Law Journal*, Vol. 75, No. 2, 2000, p. 527–528。

〔3〕 William M. Richman, William L. Reynold, "Prologomenont to an EmpiricalRestatement of Conflicts", *Indiana Law Journal*, Vol. 75, No. 2, 2000, p. 427。

〔4〕 See William M. Richman, William L. Reynold, "Prologomenont to an EmpiricalRestatement of Conflicts", *Indiana Law Journal*, Vol. 75, No. 2, 2000, p. 427–428。

〔5〕 See Courtland H. Peterson, "Restating Conflicts Again: A Cure for Schizophrenia?", *Indiana Law Journal*, Vol. 75, No. 2, 2000, p. 549–559。

〔6〕 Robert A. Sedler, "Choice of Law in Conflicts Torts Cases: A Third Restatement or Rules of Choice of Law?", *Indiana Law Journal*, Vol. 75, No. 2, 2000, p. 615–617。

结语:否定之否定

通过以上对新世纪之初美国冲突法发展成果的介绍,可以这样认为,21 世纪前后的美国冲突法正在经历着一个由方法回归规则的过程,这种“否定与自我否定”的模式符合事物发展的一般规律,当代美国的法律选择方法论争也正是依照着这一规律喁喁前行。各家学说在批判《第二次重述》的基础上,致力于修正甚至重构美国的冲突法体系,但又不想回到《第一次重述》过于僵化的老路上去。在这些看似与众不同却又似曾相识的学派中,其实还是一种“要规则还是要方法”的固有争论在起着主导性的作用。尽管《第三次重述》目前尚未进入制定议程,但从现有的资料分析可知,该部重述的出炉只不过是一个时间问题。真正的问题是新的重述会在做出什么样的体例安排,其是否会继承前两次重述中的经验,还是独辟蹊径地采用一种全新的模式?从现有的四种观点来看,实体法方法的路径回避了法律选择这一难题,的确是一种釜底抽薪之法,但至少在现阶段还不能成为一种主流的解决方式。主张方法优于规则的学者们认为《第二次重述》应当在方法偏向上更进一步,而主张规则优于方法的学者则认为应当增加更多的规范确定性,在现今对《第二次重述》越来越反感的背景下,后者应当更具有优势与实践性。另外,经验研究学派的兴起或许会为未来美国冲突法的发展提供一种务实的方法,但这种方法能否独立成为一种主义则有待检验。

书评

认真对待怀疑论

——兼评于晓艺《最忠诚的反叛者——弗兰克法律现实主义研究》*

朱 振**

摘 要:怀疑论是法律现实主义运动的典型主张,怀疑规则或者事实的确定性。它是对以往形式主义和机械论司法理论的反思,同时在怀疑之后还要建设,是一种建设性的怀疑主义。Frank 同时主张两种怀疑论,其理论值得我们认真对待,而这是我们认真思考司法过程的性质首先要做的事。我们应当深入思考 Frank 及其法律现实主义在当下的理论和实践意义,着重揭示和反思支持怀疑论的那些论据,探讨法律现实主义对司法过程之性质的独特理解,这些理解所可能具有的、且没有为当时法律现实主义者所揭示的理论价值,以及这些理解对于我们当下司法实践的意义。

关键词:法律现实主义;怀疑论;自然化的法理学

法律现实主义是 20 世纪 20、30 年代在美国发起的一场智识运动,主要代表人物有 Karl Llewellyn、Jerome Frank、Felix Cohen、Herman Oliphant、Walter Wheeler Cook、Underhill Moore、Hessel Yntema 和 Max Radin。[1] 怀疑论几乎是一个和法律现实主义运动划等号的概念,似乎我们一提到法律现实主义就会不自觉地为它贴上怀疑论的标签,怀疑规则或者怀疑事实的确定性。在美国法学史上,许多人都是怀疑主义者,勒尼德·汉德是个性情“热烈的”怀疑主义者,而霍姆斯则是个“冷酷的”、相当无情的怀疑主义者——一个倒拿望远镜凝视同胞而看到芸芸蝼蚁众生的人。[2] 在哲学上,怀疑论似乎也面临着一个悖论,“怀疑主义看起来也许很吊诡:一个人何以可能自信于不自信呢?类似地,怀疑主义者何

---

* 基金项目:教育部人文社会科学研究一般项目“全球化、多元现代性与中国法治的路径选择”(12YJC820065)阶段性研究成果。

** 朱振(1977—),男,江苏徐州人,2011 计划司法文明协同创新中心、吉林大学理论法学研究中心副教授,法学博士。研究方向:西方法哲学、司法理论、法律方法论。

〔1〕 Brian Leiter, American Legal Realism, in *A Companion to Philosophy of Law and Legal Theory*, Second Edition, Edited by Dennis Patterson, Blackwell Publishing Ltd, 2010, p. 249。

〔2〕 [美]理查德·波斯纳:《法官如何思考》,苏力译,北京大学出版社 2009 年,第 69 页。

以可能不怀疑一下怀疑主义呢？但是这些悖论只是对于哲学怀疑主义者才是个挑战。"[1]法律现实主义的怀疑论显然不会自我摧毁，它只是对以往形式主义和机械论的司法理论的反思，怀疑这样的理论是否真的能够存在；同时在怀疑之后还要建设，是一种建设性的怀疑主义。

在法学的学说史上，法律现实主义并不被认为是一种深刻的理论，这某种程度上也源于这个学派本身集中关注司法过程的性质，而不致力于深刻的哲学建构。因此怀疑论是一个长期受到忽视的理论，甚至在受到 Hart 的批判之后被认为是一种肤浅的、不堪一击的理论。其实，法律现实主义立足于司法审判的实践不但提出了一种关于法律之含义的学说，而且还代表了一种不同于概念分析法学的建构法律理论的重要方法论，即一种自然化的法理学。从实践上说，既然司法的人格化是一个事实，那么怎么对待这个事实就不是一个无足轻重的问题了。法官不是在存在主义的真空中审案子，但判决也不会完全是法官情绪的表达，他也受制于许多制度的限制。无论怎样，认真对待怀疑论是我们认真思考司法过程的性质首先要做的事。

于晓艺研究法律现实主义代表人物 Jerome Frank 的这本书（《最忠诚的反叛者》）比较详细地梳理了 Frank 的主要观点，即规则怀疑论和事实怀疑论。本书的问题意识明确，集中关注 Frank 从规则怀疑论到事实怀疑论转换的内在理路，从其自身理论发展的逻辑来重述这一转变，并从一个比较宏观的视野评价了 Frank 理论中一些争论焦点。Frank 的理论具有综合性和理论上的深刻性，他以某些心理学理论作为出发点从规则和事实两个方面对法律的确定性发起攻击，可以说是法律现实主义的典型主张，值得我们认真对待。认真对待怀疑论，首先就是要认真对待 Frank 版的怀疑论。作为一个评论来说，可以从两方面来进行，一是认真对待怀疑论，二是努力拯救怀疑论。后者是一个重大的理论工程，本文集中关注第一个方面。认真对待怀疑论就是要认真对待怀疑论在理论和实践上的意义，从而走出对法律现实主义之怀疑论的非常简单化的批评。

于晓艺的研究为我们理解 Frank 的基本理论主张和其中的争议焦点打下了一个很好的基础，但是我们不应止步于此，而应当在这些成果的基础上继续探讨 Frank 及其法律现实主义当下的理论和实践意义。对我们来说，去关注一个将近百年前的法学运动并不是为了发思古之幽情，而是着重揭示和反思支持怀疑论的那些论据，探讨法律现实主义对司法过程之性质的独特理解，这些理解所可能具有的、且没有为当时法律现实主义者所揭示的理论价值，以及这些理解对于我们当下司法实践的意义。因此本文的评论超出了于晓艺这本书的主旨而更为关注于一般的理论和实践问题，这一点也许正是《最忠诚的反叛者》所缺乏的。如果 Frank"最忠诚"的东西已没有了当下的意义，那么他所呈献给世人的就只有作为"反叛者"的形象了，而本文正是要说明他所忠诚的东西依然闪耀着智慧的光芒。在论证结构上，本文首先简要概述了 Frank 版法律现实主义的规则怀疑论和事实怀疑论的基

---

〔1〕［美］理查德·波斯纳：《法官如何思考》，苏力译，北京大学出版社 2009 年，第 69 页。另参见 M. F. Burnyeat, Can the Skeptic Live His Skepticism? in *The Skeptical Tradition* 117, Myles Burnyeat ed. 1983； David Hume, *An Enquiry Concerning Human Understanding*, 1748, § 12。

本主张,接着详细论述了它在建构法理论的方法论上和司法实践上所可能具有的价值。

一、两种怀疑论:规则的与事实的

怀疑论包含两个方面,一是规则怀疑论,二是事实怀疑论。前者以 Karl N. Llewellyn 为代表,认为法律就是法官为解决争端所做的事,在书面规则的背后可以发现支配实际司法行为的真实规则以有助于我们预测法官会做什么,规则怀疑论以质疑法律规则的确定性为主要特征;[1]后者以 Jerome Frank 代表,他认为事实怀疑论走得更远,其基本兴趣在初审法院,无论形式性的法律规则多么精确和确定,判决所依赖的事实是模糊的,因此预测判决是不可能的,事实怀疑论以质疑审判中事实的确定性以及判决的确定性为主要特征。[2]

在 Frank 的思想发展中存在前后期的转变,即从前期的规则怀疑论转向了后期的事实怀疑论,或者更为准确地说,他同时主张两种怀疑论,只是认为事实怀疑论更为重要,在更深的层面上打击了法律的确定性。无论是哪种怀疑论,支持弗兰克得出其结论的基础都是某些类型的心理学理论,他综合运用了弗洛伊德的精神分析理论、皮亚杰的儿童发展理论、行为主义心理学以及格式塔心理学等进行理论论证。在司法裁判中一些非理性因素诸如情绪、性格、潜意识、人格等等都对审判起着重要甚至主导作用,这也体现了心理分析对于 Frank 思想的深刻影响,即试图描述法官判案真实的思维过程,而不是预设了法律要达到客观、确定、正确、具有可预测性的判决结果,从而以此为基础构筑一个理性化的、具有前后一致性的且能够从前提必然导出结果的形式主义的演绎推理过程。

Frank 认为,法官的判断很少遵循"大前提—小前提—结论"的推理过程,而是结论先行,再寻找理由。在这个过程中,一些个性、心理和无意识的因素无疑将会主导整个推理过程,法官的主观选择和价值判断也将充斥其间。Frank 认同哈奇森关于判决过程的描述,即"法官通过感觉而不是判断,即通过预感而不是通过推理、那种只出现在判决中的推理,真正地进行判决"。[3] 关于预感的形成,Frank 认为,各种刺激作用于法官个性从而形成判决,即 S(stimulus) × P(personality) = D(decision)。行为主义心理学"刺激—反映"模式对 Frank 建构法律理论具有明显的影响,而且他还把这种认识模式提到了影响司法裁判的中枢地位,"如果法官的个性是司法中的中枢因素,那么法律就可能要随依碰巧审理某一具体案件的法官的个性而变化"。[4] 上述刺激因素包含着广泛的内容,法律规则、政治与道德倾向、教育程度、宗教倾向、习俗、种族、阶层等等因素都包括在内,而所有这些刺激因素都要通过法官的个性来进行选择和适用,法官和常人一样思维,而不具有超然的地位。

---

[1] See Karl N. Llewellyn, *The Bramble Bush*, New York: Oceana, 1960, pp. 12 – 14。

[2] See Jerome Frank, *Law and the Modern Mind*, Gloucester: Peter Smith, 1970, "Preface to Sixth Printing", p. xi。

[3] Jerome Frank, *Law and the Modern Mind*, Coward-McCann Publishers, 1936, pp. 103 – 104. 转引自于晓艺:《最忠诚的反叛者》,中央编译出版社 2014 年版,第 53 页。

[4] Jerome Frank, *Law and the Modern Mind*, Coward-McCann Publishers, 1936, p. 111. 转引自于晓艺:《最忠诚的反叛者》,中央编译出版社 2014 年版,第 53 页。

上述公式主要从那些在心理学方面影响法官判案的因素出发而建构出来的，从事实怀疑论中，Frank 又得出了另一个判决形成的公式，这个公式主要是反对传统的从规则/事实到结论的形式主义推理过程。在他看来，一个案件的事实，既不是在当事人之间实际发生的事实，也不是法律规范中所隐含的事实模型，而是在每一场诉讼中，由法官所认定的事实。每个法官由于其经历、特征、性格、习惯、偏见等的不同，他们所认定的案件事实可能极不相同。他们对于案件的判断还要受当事人、律师、证人的各种特点的反应影响，甚至他们的性别、肤色、相貌、职业、口音、姿态、服饰等都会引起法官对案件事实的不同认定。判决的形成公式也就从 R(rule) × F(fact) = D(decision) 变成了 R(rule) × SF(subjective fact) = D(decision)。其中，主观事实是指法官认定的事实，而非在案件审理之前在某一特定时间、特定地点实际发生的客观事实。[1]

这就是 Frank 所赞成的人格化司法(personal justice)，即"单纯或主要依赖于法官心中随着法官道德品质变化而变动的人格化的正当概念"，并且这种人格化司法的要求是"人类灵魂中的一种本能"。紧接着他又指出，"为了使司法尽可能公正地运行，问题不是我们是否应该进行如此的人格化，而是我们是否应该将其公之于众。"换言之就是"问题不是法官是否应该行使自由裁量以及个殊化的权力。唯一的问题是这些权力是否将被有意识地且巧妙地行使。"[2]

法官不是作为超人而是作为常人(the average man)而存在的，Sidney M. Davis 指出："Frank 经常论及司法心智的人性缺陷，但同样例证了人类心智的司法裁判能力。他敏锐地感觉到将他和普通人相联系的所有方面，因为他有着一个非凡之人的敏感品质。在'普通人'这个术语并不通常具有的意义上，他是他们之中的一份子。他将其周围的世界看作人类经验多样性的世界，而且人性的任何事情对于他都是相容的。"[3] Frank 把法官看成是一般的人，是一般人的视角。他要揭示的是审判过程(包括其参与者，法官、警察、检察官以及其他的裁判制作者)的真实面目，这也是法律理论和法律实践之间的一条纽带。

在后来的波斯纳的理论中，我们能够以一种更为精致、似乎也更为"科学"的方式看到上述对司法决策过程之真实性的描述。波斯纳把贝叶斯决策理论引入对法官司法行为之性质的描述，他指出在无陪审团司法过程中，法官在判断言辞证据之前就会对言词证据的真实概率有一个估计。"这一估计也许根据他在先前类似案件中的证人经验(或许是他当从业律师时的经验)，根据他对该证人所属阶层的诚实度的一般感受，甚或根据证人进入证人席、发誓说真话的方式以及站立姿态。"[4] 这个提问前的估计就是所谓的"先验概率"(prior probability)，对此法官也许完全没有意识，但是会影响他的"事后概率"(posterior probability)。成见在理性思考中起了重要的作用，"作为一个心理问题，不仅不可能自我清

〔1〕 于晓艺：《最忠诚的反叛者》，中央编译出版社 2014 年版，第 80 页。

〔2〕 Jerome Frank, *Courts on Trial: Myth and Reality in American Justice*, Princeton University Press, 1963, pp. 408 – 409. 转引自于晓艺：《最忠诚的反叛者》，中央编译出版社 2014 年版，第 58 页。

〔3〕 Sidney M. Davis, Jerome Frank: Portrait of a Personality, *the University of Chicago Law Review*, Vol. 24, 1957, p. 627。

〔4〕 [美]理查德·波斯纳：《法官如何思考》，苏力译，北京大学出版社 2009 年，第 61 页。

理干净,而且这样做也不理性,因为成见会扣押一些信息,哪怕这信息并不总是准确。……各人的先验概率不同,因为不同人有不同的信息,并以不同方式处理信息形成他们的信仰。"[1]

二、为现实主义需找哲学基础:迈向自然化的法理学

无论是哪一种怀疑论都致力于揭示决定法官判案思维背后的并不为人们注意的决定性因素,正是从"以法院(法官)为中心理解法律"出发他们似乎贡献了一种独特的关于法律性质的理论,即预测论。霍姆斯、Llewellyn、Frank 和 Cohen 等基本都持有一种法律预测论,即一个规范之所以是法律规范就在于它对法院将要做什么进行精确预测。从 HLA Hart 以来,法律理论家普遍认为,法律现实主义者提出了一种法律的概念论,是在对法律进行概念分析。Hart 在《法律的概念》中着重对预测说进行了尖锐的批评,在这种具有深厚哲学基础的批评之下,法律预测说似乎成了一个可笑而肤浅的理论,被称之为法理学的一场"噩梦"。法律现实主义的方法对于法理论的贡献其实并非如此的不堪,但这需要对其哲学基础进行重新解释,重新发掘其在方法论上的独特贡献。芝加哥大学法学院的 Brian Leiter 教授在这个方面进行了持续的努力,他认为,法律现实主义的心理学进路对于法理论的建构来说,还开辟了一个重要的方法论进路,即一种自然主义的法理学。

美国的法律现实主义者都是法律人而不是哲学家,他们的看法来源于对机械法理学或形式主义(mechanical jurisprudence or formalism)的反对,而不是某些哲学学说(语义学或认识论)在法律领域的扩展。"现实主义者从未明确阐述他们关于法性质或其法理论之观念的哲学预设,所以对当下的现实主义者来说,一个重要的法理学任务就是在哲学上重构并捍卫自身的观点,尤其是针对以 Hart 为代表的法律哲学家的批评。"[2]

概念分析方法是当代英美分析法理学的主流方法论,确切地说,是 Hart 开创了自觉地对法律进行概念分析的先河。[3] Hart 在《法律的概念》第一章中明确地把对"What is Law?"这个问题的解答视为探讨法律的性质。他指出,那三个一再出现的问题也是为了回答"What is Law?"、甚或"什么是法律的性质(或本质)(What is the nature (or the essence) of law)?"这样的问题,只是后面的这个问题的提法更为晦涩。[4] 因此概念分析并不是要去分析"Law"这个语词的用法,而是要以各种各样的法律实践为基础解读法律的性质,进

---

[1] [美]理查德·波斯纳:《法官如何思考》,苏力译,北京大学出版社2009年,第62页。

[2] Brian Leiter, American Legal Realism, in *The Blackwell Guide to the Philosophy of Law and Legal Theory*, Edited by Martin P. Golding and William A. Edmundson, Blackwell Publishing Ltd, 2005, p. 50。

[3] 正如 Brian Bix 指出的,我们不能确定 John Austin 是提出了一个概念性的主张,还是一个经验性的主张。See Brian Bix, Joseph Raz and Conceptual Analysis, *APA Newsletters on Philosophy and Law*, Volume 06, Number 2, Spring 2007, p. 1. 但是确定无疑,哈特是在进行概念分析的,尤其是参见 The Concept of Law 导言、第一章和后记。此处的 law 用哈特的用法来说就是 law in general, See H. L. A. Hart, *The Concept of Law*, Second Edition, Oxford: Oxford University Press, 1994, p. 245。

[4] H. L. A. Hart, *The Concept of Law*, Second Edition, Oxford University Press, 1994, p. 16。

而建构一种关于法性质的理论。概念分析的目的不是就词论词，而在于说明现实的社会制度，这正如 JL Austin 所指出的，我们正在用“对词的深化认识来加深对现象的感知。”[1]在 Hart 的批评之下，现实主义的怀疑论、预测说等等看法不堪一击，似乎显得没有多少理论含量。事情真的是如此吗？

法律的预测论遭到了 Hart 的严厉批评，他认为从 Bad Man 的观点看待法律实际上是一种外部性的观点，这恰恰忽略了规则的内在方面，即法律作为行动者的行动理由。比如法官要决定法律是什么，根据预测论，她实际上正在做的就是去预测她将要做什么，因为法律此时等同于对她将要做的事情的一个预测。显而易见这一看法太荒谬了，实际上法律现实主义并不致力于概念分析，是 Hart 错误解释了法律现实主义者。Leiter 认为，霍姆斯和弗兰克等关于预测论的看法主要是面对律师谈论法律的含义以及要注意的事项，并不是对法律的概念进行一般性的应用分析（a generally applicable analysis of the concept of law）。法律现实主义者所运用的方法论体现了哲学上的自然主义主张，而不是如 Hart 所认为的是一些坏的法律哲学家。[2] Brian Leiter 并不满足于把 Legal Realism 建构为一种自然主义的，而且还把自然主义扩展为建构一般法理论所必需的，对于实证主义的概念分析构成挑战的就是来自 Brian Leiter 的“自然化的法理学（Naturalized Jurisprudence）”的主张。

自然主义是当前科学哲学复兴的一个标志性主张，其中 WV Quine 的“自然化的认识论（Epistemology Naturalized）”一文被认为是对科学主义的最好的界定和捍卫。根据 Brian Leiter 的概括，[3]自然主义分为方法论的自然主义（Methodological Naturalism）和实质的自然主义（Substantive Naturalism）：前者又区分为替代的自然主义（Replacement Naturalism）和规范的自然主义（Normative Naturalism），指的是“哲学的理论化应当与自然科学中的经验型探索相一致（philosophical theorizing should be continuous with empirical inquiry in the sciences）”；许多论者不仅把自然主义视为一种方法，而且也视为一种实质性的学说。这种意义上的自然主义又被区分为本体论的和语义的实质自然主义（ontological and semantic S-naturalism），本体论实质自然主义认为只存在自然的或物理的事物（natural or physical things），而语义实质自然主义认为对任何概念的哲学分析都必须经得起经验探寻。这些不同的自然主义观点在法律哲学中都有对应的主张：斯堪的纳维亚的法律现实主义、Michael Moore 的形而上学道德实在论等都体现了自然主义的看法，而最具代表性且最为显赫的一种理论就是法律现实主义。Leiter 认为美国法律现实主义并非实证主义的一种，而是体现了自然主义，[4]即体现了一种方法论意义上的“替换的自然主义”（“Replacement Natural-

---

〔1〕 J. L. Austin, A Plea for Excuses, *Proceedings of the Aristotelian Society*, vol. 57 (1956－7), p. 8。

〔2〕 Brian Leiter, American Legal Realism, in A *Companion to Philosophy of Law and Legal Theory*, Second Edition, Edited by Dennis Patterson, Blackwell Publishing Ltd, 2010, p. 251。

〔3〕 Brian Leiter, Naturalism and Naturalized Jurisprudence, in Brian Bix (ed.), *Analyzing Law: New Essays in Legal Theory*, Oxford: Clarendon Press, 1998. Alvin I. Goldman, Naturalistic Epistemology and Reliabilism, *Midwest Studies in Philosophy*, 1994, Vol 19, Issue 1, pp. 301－320。

〔4〕 Brain Leiter, Naturalism in Legal Philosophy, http://plato.stanford.edu/archives/spr2007/entries/lawphil-naturalism/（最后访问日期：2014－12－17）。

ism")。

这种具有典范性的哲学自然主义主张是奎因提出来的,他指出:[1]

认识论,或者某种与之类似的东西,简单地落入了作为心理学的一章、因而也是作为自然科学的一章的地位。它研究一种自然现象,即一种物理的人类主体。这种人类主体被赋予某种实验控制的输入(例如,具有适当频率的某种形式的辐射),并且在适当的时候,他又提供了关于三维外部世界及其历史的描述作为输出。贫乏的输入和汹涌的输出之间的关系,正是我们要加以研究的。而推动我们研究它的理由,和总是推动认识论的理由,在某种程度上是同一种理由;这就是:为了弄清楚证据是如何与理论相关联的,并且人们的自然理论是以何种方式超越现成证据的。

认识论研究在证据(感官投入的形式)和我们关于世界的各种理论(认知"输出"本身)之间的关系,传统的非自然主义的认识论想在二者之间发现一种规范性的、基础主义的关系,而这是不可能的。奎因认为,对于证据与理论之间关系的唯一富有成效的研究就是心理学所提供的关于何种输入导致何种输出的一种描述性说明。因此,奎因才说,认识论只是心理学的一章。

法律现实主义所体现的正是替代的自然主义。奎因的口号正回应了25年前Underhill Moore的一个看法,即他认为他自己的工作"位于法理学的范围内。也处于行为心理学(behavioristic psychology)的领域内。法理学在行为心理学的范围内。"[2]对于法现实主义怎么体现了替代的自然主义,Leiter有一段很好的描述。他指出,"对于现实主义者来说,法理学——或更准确地说,审判理论——是心理学(或一般意义上的社会科学)的一章;为了承担起在输入(事实和法律规则)和输出(司法判决)之因果关系的描述性研究,我们放弃了告诉法官他们应当如何判决案件的规范性野心。这产生了一种完全自然化的描述的审判理论,而不是关于合法律性之判准或审判的一种概念理论(a conceptual theory of the criteria of legality or a conceptual theory of adjudication)。"[3]

Leiter所从事的工作是有重要意义的,他为心理学这个以往并不为人关注的法理学研究进路找到了一个深厚的哲学基础,并预言法哲学研究的自然主义转向。但是其观点本身还是值得进一步争论的,分析法理学的代表人物Brian H. Bix和Jules L. Coleman相继对Leiter提出了批评。探究科学的一个理由就是科学理论对于经验现象提供了更具竞争性和说服力的解释,对此Coleman提出了质疑:第一,并非每一个自然的或经验的事实都要根据自然的法律来解释,也不会每一个事实都对应着一个法律;第二,更重要的是,绝对没有理由说,让哲学家与社会理论家感兴趣的事实就是社会科学理论与自然科学理论有兴趣提出的

---

[1] [美]W. V. 奎因:《自然化的认识论》,贾可春译,陈波校,载《世界哲学》2004年第5期,第83页。W. V. Quine, Epistemology Naturalized, in *Ontological Relativity and Other Essays*, New York and London: Columbia University Press, 1969。

[2] U. Moore and C. Callahan, Law and Learning Theory: A Study in Legal Control, *Yale Law Journal*, 53, 1943, p. 1。

[3] Brian Leiter, American Legal Realism, in *A Companion to Philosophy of Law and Legal Theory*, Second Edition, Edited by Dennis Patterson, Blackwell Publishing Ltd, 2010, p. 252。

事实;第三,并不是每一个自然主义的解释都是对于我们的解释,也并不是每一个自然的解释都增进或深化了我们的理解;第四,对于我们法律实践方面的经验,我们拥有什么样的理由依赖于社会科学理论的成功。[1] 法律现实主义也许可以基于自然科学意义上的描述来概括出法庭行为是怎样的,但再客观的描述也无法有意义地建构出一个法理论出来。因此,法律现实主义更多的是一种司法理论而不是一种法律理论,相比之下德沃金的理论更近似一种法律理论而非一种司法理论。

三、人格化司法的消解与可能的出路

对法律确定性的怀疑不是一个不幸的事件,而是包含着重要的实践价值,它为我们发现真实的司法过程、改变不完美的状况开辟了道路。法律现实主义的怀疑论——最起码对于 Frank 来说是如此——是有理想的、有抱负的怀疑论,而不是怀疑一切之后,在一片废墟上扬长而去。Frank 认为法律现实主义者是不屈不挠的理想主义者,“他们不满足于法庭从事其工作的方式;也是那些既存方式的孜孜不倦的批评者。”“他们认为达致理想的方式,不是仅仅通过假定那些理想现在看来是可实现的或是易于获得的,而是通过努力研究现在正在发生的事情(从而获知从今以后继续发生的事情)。”[2] 揭示“正在发生什么”,并不是仅仅指出它是那样存在的,而是获知从那里可以继续做什么,即怎么改变司法现状,实现更为公正的司法。这对于我们司法实践的启示意义在于:第一,Frank 的法律现实主义对于司法过程之性质的揭示是发人深省的,他破除了一些基本的司法神话,对生活在当下场景的中国人来说,这些揭示可以说相当不陌生;第二,如果 Frank 所揭示的人格化司法——“单纯或主要依赖于法官心中随着法官道德品质变化而变动的人格化的正当概念”——是真实存在的,那么我们就要在此基础上找到应对或解决这些问题的办法。解决“人格化司法”的办法有两种选择:一是努力使法官成为一个好法官,成为一个道德品质上卓越的人,可以不受或少受这些非理性因素的影响;二是通过制度建设努力减少人的非理性行为对司法审判的影响。

借用一句哲学术语,Frank 的基本思路可以概括为“心理学进、心理学出”。法官的性格、特征、习惯是决定性的,但是他并不认为消除法官的个人因素是可能的,因此对特定的判决进行预测面临认识论困境。他指出如果法官能适当地自我觉察(self-aware)——比如说接受心理分析——那么他们就能为我们提供人们的人格信息,这些信息将使预言成为可能。[3] 其实心理学进路并不能完全解释司法的制度化和社会化的运作,法官个性与人格

〔1〕 Jules L. Coleman, Methodology, in Jules L. Coleman and Scott Shapiro (ed.), *The Oxford Handbook of Jurisprudence and Philosophy of Law*, Oxford University Press, 2002, p. 350。

〔2〕 Jerome Frank, Mr. Justice Holmes and Non-Euclidean Legal Thinking, *Cornell Law Quarterly*, Vol. 17, 1932, pp. 586 – 587。

〔3〕 Jerome Frank, *Law and the Modern Mind*, New York: Brentano's, 1930, p. 163. See also Brian Leiter, American Legal Realism, in *A Companion to Philosophy of Law and Legal Theory*, Second Edition, Edited by Dennis Patterson, Blackwell Publishing Ltd, 2010, p. 259。

对司法审判的影响是否具有决定性的影响也不无疑问,但这些因素无疑都是存在的。因此,Frank的解决方案有许多缺陷,恐怕实现不了他的理想,就是法律现实主义阵营内部以Llewellyn为代表的社会学派也批评这种做法。Frank的个性学派在某种意义上体现了"情感法学"的主张,而另一个极端则是德沃金式的Hercules型法官,被哈贝马斯称之为独白者的法官。这位法官拥有两方面的理性知识:"所有为论证所必需的原则和政策他都知道,整个把现行法律各分散要素连成一体的复杂的论据网络他都一目了然。"[1]这不但是不可能的,而且在实践上是有害的,问题在于如何超越情感型司法与Hercules型司法。

Lon Fuller曾经把规范性义务所包含的内容概括为义务的道德(the morality of duty),它确立了一些基本的规则,以保障一个有序社会的存在或使其得以达致其特定的目标。如果说义务的道德确定了有序社会得以存在的最低标准,那么愿望的道德(the morality of aspiration)就是以人类所能达致的卓越成就作为出发点的,它是善生活的道德、卓越的道德以及人之力量最完满实现的道德(the morality of the Good Life, of excellence, of the fullest realization of human powers)。[2] 前者规定了社会生活所必需的条件,后者设置了社会生活所追求的完美标准。前者是法律直接规制的对象,从中也可以比较容易找到一些可行的行动标准与裁判标准;而后者与法律并没有直接的关系,因为"法律没有办法强迫一个人达致他的才智所能允许的卓越程度",[3]但是间接的影响无处不在,在法律上也有许多的制度设计(比如合同法关于基于重大误解而签订的合同的效力规定、机动车的强制保险等等)都是旨在降低人的非理性行为对人类活动的影响。

Fuller论述的这个原理同样可以用来理解司法行为,强制法官成为一个卓越的人不是司法理论应该做的事。如果这样做实际上也是在强制推行一种善观念,结果也是有害的。但是愿望的道德对于理解司法的意义在于能够使我们看到它与司法过程的间接关系,即采取措施降低法官的非理性行为对司法生活的影响。Frank似乎也看到了这个问题,他认为,最直接影响人们生活的就是直接处理纠纷的司法过程,因此"他要通过破除各种蒙蔽现实的法律神话,使人们(包括法律人在内)都能清晰地认识法律的本性,清晰地认识神话笼罩下的司法活动可能对人们生活产生的不利影响。"[4]当然"清晰认识"之后是采取切实的措施,比如法律论证理论也可以视为在这个方面所做出的努力之一。由此反观我国的司法实践,更多的时候所采取的方法还是努力使法官成为一个卓越的人,而疏于相关的制度建设。我们树立了许多法官典型,每年都在评选杰出法官作为其他法官效法的楷模,以此来提升司法公正和司法公信。实际上这并不是一个好的方式,它掩盖了更多的问题而不是解决了问题。

---

〔1〕[德]哈贝马斯:《在事实与规范之间》,童世骏译,三联书店2011年第2版,第261页。

〔2〕Lon L. Fuller, *The Morality of Law*, Revised Edition, Yale University Press, 1969, pp. 5-6。

〔3〕Lon L. Fuller, *The Morality of Law*, Revised Edition, Yale University Press, 1969, p. 9。

〔4〕于晓艺:《最忠诚的反叛者》,中央编译出版社2014年版,第94页。

结　语

法律现实主义者并不是后现代主义者，"看得见的正义(the unblindfolding of justice)"是Frank的行动指南，是他法律现实主义思想的根本诉求。在一般规则下实现的正义并不是真正的正义，真正的正义是具体的，他持续的努力就是为了真正的正义在个案中实现。"像大多数'建设性怀疑论者(constructive skeptics)'一样，我被一种热切的——可能过于热切的——改革我们司法系统的、即尽可能合理地向它的日常运行中注入更多理性和正义的渴望所激发。然而，为了完成这种改革，人们需要正视而不是远离那些现在在法院治理起作用的非理性和非理想主义的因素。许多这样的因素是令人烦恼的。但是一个让大家注意缺点的人不应该被认为是喜欢缺点的人。公开一种危险的且可阻止的疾病流行的内科医生，希望的不是这种疾病永存而是治愈它。没有什么比当一个人是幻觉受骗者时他还认为自己是理性的这一幻觉，能更大程度地妨碍理性的成长。"[1]指出司法系统中的问题是为了改变它，无论怎样怀疑规则和事实，Frank都从未怀疑过使人们过上幸福的生活是他的理论追求，只是通过怀疑主义的方式来实现这个梦想让人觉得有点怪异罢了。

〔1〕 Jerome Frank, *Law and the Modern Mind*, Gloucester: Peter Smith, 1970, "Preface to Sixth Printing", p. xxx. 转引自于晓艺:《最忠诚的反叛者》，中央编译出版社2014年版，第132页。译文对照原文有改动。

法律方法论理论创新的三个取向

——陈金钊教授等著《法律方法论研究》读后

龚得君[*]

摘　要:陈金钊教授等著《法律方法论研究》(山东人民出版社2010年版)共由导论以及十五章内容组成,法律方法论总论阐述中国法律方法论研究所应坚持路径,法律方法论各论介绍法律方法体系中六种主要具体方法,法律方法论运用结合部门法探讨各种法律方法运用问题。转型时期中国既有法律规定不能完全适应社会发展,特别是在生态文明建设上升为国家战略背景之下,大力推进法律方法论研究中国化、客观化、生态化,使其能够更好服务于司法实践意义重大。

关键词:法律方法论;中国化;客观化;生态化

法律方法论系统研究法律运用问题。故而在法律方法论有机整体中既包括含义分类、研究对象、研究范围、研究现状、学科体系、研究路径等基础理论,也包括法律发现、法律解释、法律推理、法律论证、利益衡量、漏洞补充等各种方法,还包括行政裁判、刑事裁判、民事裁判、证明责任、环境司法、国际司法等具体应用。笔者拜读陈金钊教授等著《法律方法论研究》之后,将该部专著正文共计十六个部分划分为法律方法论总论、法律方法论各论、法律方法论运用三大相对独立板块。第一个板块是总论部分,主要体现法律方法论研究中国化取向;第二个板块是各论部分,主要体现法律方法论研究客观化取向;第三个板块是运用部分,主要体现法律方法论研究生态化取向。综上。

一、中国化:法律方法论研究的路径选择

研究中国法律方法论应当将其置于独特、复杂国情之中。一方面,中国古代创建中华法系而形成一套科学完整本土法治体系,另一方面,中国近代面临救亡图存而呈现一种照搬西方法治模式病态,与此同时中国现代不断实现复兴而面临一场西方势力入侵长期战争。鉴此,既不能抱残守缺,同时要严防殖民化,始终将实现法律方法论研究中国化作为一项重要原则。

---

* 龚得君,四川大学法学院博士生,研究领域:公法理论。

陈金钊教授并未在《法律方法论研究》该部专著总论开篇单刀直入论述诸如法律方法论含义、分类、对象、范围等基础理论，而是首先提出个人“关于法律方法论研究忧思”，并在其中提出中国法律方法论学术背景。继而通过与后文所述“方法论与法律方法论”、“法律方法论研究现状”、“法律方法体系问题”等内容有机结合成为一个整体，即从宏观角度探讨中国法律方法论研究领域一些根本性内容。陈金钊教授在《法律方法论研究》总论关于法律方法论研究中国化主要观点如下：[1]将中国法律方法论研究背景概括为“中国传统文化背景、近代文化传统影响、西方法律文化渗透”；将中国法律方法论研究使命概括为“法律人根本利益是实现法治，法律方法论基本使命是寻找法治实现路径、研究路径是中国化”；将中国法律方法论研究现状概括为“论证较为单薄、实证研究欠缺、问题意识不足等六个方面问题，发掘传统资源、理论结合实践、强化基础研究等七种发展趋势”；将中国法律方法学科体系概括为基于逻辑模型构建法律方法体系“法律发现、法律解释、法律推理、法律论证、利益衡量、漏洞补充”。陈金钊教授上述观点构成法律方法论研究理论创新第一个取向即中国化。

法律方法论研究中国化涉及领域广泛，理论意义、实践意义均很重大。详言之，既包括本土资源与西方资源、实质正义与形式正义、理论效果与实践效果之争，也包括其对于建设法治社会、深化司法改革、推进法学研究所彰显出重要作用，还包括法律方法论研究兴起与繁荣、不足与展望，以及法律方法体系建构问题。鉴此，笔者拟就上述问题进行初步探讨。

首先，本土资源与西方资源。不论是大清末年迫于生存压力被动变法，还是改革开放谋求国富民强主动立法，均在相当程度上以西方资源作为重要参考。中国传统法律文化继而受到重创，不论是形式意义上词汇使用，还是实质意义上价值取向，均被欧风美雨无情浸染。传统称谓诸如律令格式被各个部门法律取代，传统精神诸如忠孝仁义被西方所谓真理取代，中华法系从人类法治文明最高峰光辉代表沦为中国人生活中日渐疏离遥远记忆。但是中华文明无可比拟顽强韧性使得当下中国人仍然在潜意识中继承本民族法治传统，这是法律方法论研究重要学术背景。尤其是诸多西方理论无视中国传统被消解、一些学人所主张观点沦为自娱自乐、学术成果对于司法实践影响力微弱窘境不断重现，法律方法论研究中国化时不我待。

其次，实质正义与形式正义。伴随西方资源逐渐侵入中国话语体系，形式正义法治理念也为国人日渐熟知。形式正义着眼于起点公平手段合理，与之相对应实质公平着眼于结果公平目的合理。中华法系强调情理入法并非一些西化法治者所宣称无视形式正义，恰恰是兼顾两者于一体。一方面，中华法系体系完备，一般案件严格依律办理；另一方面，中华法系积极灵活，疑难案件进行变通处理。在强调坚持国家法制统一当下语境中，既要坚持个案差异化实现实质正义，也要防止自由裁量权滥用导致腐败。故而通过法律方法体系之中法律解释、利益衡量等方法综合运用，可以有效规制自由裁量、减少人为因素干扰。当形式逻辑推演得出非正义结果之时，通过法律方法灵活处理乃是应有之义，彰显法律方法论

---

〔1〕 参见陈金钊等：《法律方法论研究》，山东人民出版社2010年版，第6~11、88~102、152~161、186~191页。

研究中国化功效。

最后,理论效果与实践效果。法律文本理论性强,不仅体现为立法者涵盖各方面专家,而且体现为法律条文逻辑关系严密,并且体现为实施机制体系完备规范有序。法律方法灵活性强,不仅体现为源于解决疑难案件所需,而且体现为具体方法之间关系松散,并且体现为运用过程不完全拘泥于条文。建设法治中国若能简化为纯粹三段论逻辑推演,法律方法论研究也就失去理论意义与运用空间。法律文本僵硬性与实践个案复杂性使得形式逻辑难以垄断纠纷解决,法律方法灵活机动以及紧接地气优势有助于疑难案件尽快案结事了。由此可为中国当下法律文本制定热情高涨与法治实践不尽如人意并存尴尬局面提供一个可能破解之道。法律生命在于执行,实践效果应是检验法律文本标准,法律方法论研究中国化有助于纠纷解决。

"中国学界在新时期分化出两种不同类型法理学学者。既有现代性立法者,也有后现代阐释者。"[1]两种类型学者虽然同属法理学学科,但是彼此旨趣则大相径庭。立法者基于现代性观念指向理性建构主义,倾向高调革命;阐释者基于后现代观念指向经验实用主义,倾向低调建设。鉴此,笔者拟就两种风格迥异学者对于法律方法论研究不同观点进行初步分析。

"法理学界立法者如从受关注程度而言,主要代表人物是贺卫方。法理学界阐释者这样一个学术群体中,主要代表人物是朱苏力。"[2]针对贺卫方教授而言,笔者有幸多次聆听讲座并且就个人关注问题现场请教。贺卫方教授长期致力于中国司法改革研究,形成独具特色风格三段论,即通过指出中国司法体制问题、大力推荐西方法律制度、倡导将其引进中国作为司法改革路径。经典论述例如:"法院行政化"、[3]"检察官起立"。[4] 针对朱苏力教授而言,笔者虽然未能当面受教却早已经坚定支持本土资源论。朱苏力教授长期致力于法治本土资源研究,形成独具特色风格三段论,即通过叙述中国司法实践个案、结合本土资源加以阐释、使得源自西方知识系统能够理解该案。经典论述例如:"秋菊打官司"、[5]"窦娥的悲剧"。[6]

法律运用过程涉及诸多要素,例如:传统道德、价值取向、法律文化、法律文本、法律技术等,应当综合考虑上述要素并且将其作为理解法律必备前提。故而不存在完全价值无涉纯粹法律技术,何况法律技术运用于司法裁判不是纯粹机械操作,而是涉及诸多因素综合过程。贺卫方曾直接表明他本人十分推崇英国法治,并且主张中国司法改革以其为范本。朱苏力认为法学家理论研究成果对于立法、执法、司法作用有限,法律源于本民族现实生活。就法律方法论研究而言,英美法系语境之中,法律发现、法律解释、法律推理等方法外延扩大涵盖其他方法。这种英美纯粹逻辑推理与中国整体思维方式迥异,为防止思维混

[1] 参见喻中:《中国法理学界的"立法者与阐释者"》,载《中国图书评论》2007年第11期。

[2] 参见喻中:《中国法理学界的"立法者与阐释者"》,载《中国图书评论》2007年第11期。

[3] 参见贺卫方:《超越比利牛斯山》,法律出版社2003年版,第116~136页。

[4] 参见贺卫方:《法边馀墨》,法律出版社1998年版,第77~86页。

[5] 参见朱苏力:《法治及其本土资源》,中国政法大学出版社1998年版,第23~40页。

[6] 参见朱苏力:《窦娥的悲剧——传统司法中的证据问题》,载《中国社会科学》2005年2期。

乱,法律方法论研究中国化就应证明各法律方法独立性,并且构成法律方法体系。

"要善于总结中国经验,而不仅是外来做法批评中国。使之对于中国司法具有指导意义,进入中国法学理论。"[1]中国法学早已超越单纯知识积累,更不能仍将拿来主义奉为圭臬。部分学者"法学美英霸权主义"使人高度警惕并应坚决反对。他们食洋不化仅以几个被高度抽象、政治利用词汇作为尚方宝剑,生搬硬套西方法律方法、肆意诋毁中国传统文化、横加指责当前司法实践。他们不是去进行法律方法理性探索,而是将法治本土资源作为反面教材。与之鲜明对比,另一部分学者主张构建法律方法学科体系应当适合国人思维、当下国情。坚持将中国化作为法律方法论研究发展路径,从而实现法律方法服务于法治建设、司法改革、法学研究自身使命。结合部门法学、实践个案进行针对探讨,将法律方法论研究向纵深推进。

二、客观化:维护利益衡量方法可操作性

研究利益衡量方法尤其应当关注国情差异对于该方法适用于司法实践不同影响。学界对于利益衡量方法称谓尚存争议,遑论在内涵外延、操作步骤、规制局限等方面取得共识。鉴此,笔者非常赞同陈金钊教授在《法律方法论研究》各论"利益衡量方法"之中结构安排。即从概念界定到具体应用、从个案分析到规制局限,理论实践相互结合、全面分析优势局限。

《法律方法论研究》该部专著各论"利益衡量方法"之中基本思路如下:[2]第一是将利益衡量方法概念界定为"在裁判中,结合社会环境、经济状况、价值观念等具体情形,对各种不同利益进行比较与衡量,寻求一种妥当合理裁判结论,并在既有法律秩序内,寻求法律依据,将结论予以正当化与合理化",并且对于利益衡量与价值衡量不做严格区分。第二是将利益衡量方法应用界定为"对各方利益予以衡量,进行实质判断,再寻找法律依据,然后据此做出合理裁判",应用场合包括复数解释、法律漏洞、概念不明、原则抽象、权利冲突、显失公平等,应用场合涉及宪法、行政法、刑法、民法、经济法、环境法、国际法等。第三是将利益衡量方法艺术界定为"在具体案件中,法官依据法权感,对司法中可能涉及情、理、法予以平衡,对形式正义与实质正义予以平衡,对各方利益予以平衡",故而利益衡量方法较之其它法律方法主观性更强。第四是将利益衡量方法规制界定为"从总体上对利益衡量方法规制,一方面,可借助客观外在因素;另一方面,从法官个人知识素养、职业道德等内在因素入手"。陈金钊教授上述观点构成法律方法论研究理论创新第二个取向即客观化。

鉴于利益衡量方法主要源自域外并且学界存在争议,笔者认为应当对其进行理论梳理。利益衡量方法源自于德国自由法学反对概念法学运动,与日本法律移植反思结合形成东方特色,与美国实用主义传统结合形成英美特色。本文以德国赫克、拉伦茨、阿列克西,日本加藤一郎、星野英一,美国庞德、卡多佐、波斯纳主要理论为范例回顾利益衡量运用百

[1] 参见朱苏力:《法条主义、民意与难办案件》,载《中外法学》2009年1期。

[2] 参见陈金钊等:《法律方法论研究》,山东人民出版社2010年版,第492、504、527~528、536页。

年历程。

概念主义法学学理基础在于事先预设现有法律制度完美无瑕,通过三段论式样形式逻辑推演必然得出正确结论,因而坚持一个默认、两个原则、三个主张。一个默认:现有法律体系完美无缺;两个原则:法官不得造法、法律不得沉默;三个主张:法律渊源仅限国家正式立法,法律解释仅限形式逻辑推演,法官作用仅限机械适用法律。概念法学教条僵化不适应时代要求。“20世纪要求打破概念法学禁锢,弹性解释法律,具体社会妥当性,承认并补充成文法漏洞,发挥法官能动性。”[1]反对概念法学运动中涌现出以德国利益法学、评价法学、分析法学、目的法学、自由法学,法国科学法学等诸学派,其中赫克、拉伦茨、阿列克西影响尤为深远。

1966年加藤一郎《法解释学中的逻辑与利益衡量》与1967年星野英一《民法解释论序说》开启了日本利益衡量时代。加藤一郎方法论具有从事例到问题指向特征,星野英一方法论具有从规范到制度指向特征。但是两者具有共性:基本立场即秉承实用主义法学,尊重普通国民解释;纠纷本质即社会主体追逐不同利益,引发彼此冲突;裁判目的即直面冲突利益,做出最妥当性配置裁判;决定因素即不是法律构成形式,而是实质利益衡量;关于民法即通过利益衡量操作方法,进行类型研究。由此形成异于加藤一郎与星野英一第三种语境,这也是日本学界讨论利益衡量对话平台。战后日本民法学界三次大讨论使得利益衡量对理论、实务界产生重要影响。得益于理论界、实务界共同努力,日本最终形成具有东方智慧法学方法论。

美国实用主义传统与社会法学影响,使其利益衡量运用空间远胜于以德国为代表大陆法系国家。美国学者和法官一致倾向法律实现社会正义,主张继承英美法系法律规则传统同时更加重视社会现实,通过对于利益进行社会工程学类型处理、利益衡量进行客观标准化操作力争实现动态法治。然而美国与生俱来功利主义本性与法律工具主义,可能使得利益衡量异化为法律权威相对主义与法律规则虚无主义帮凶。虽然有学者认为“美国司法制度与传统以及法官制度等为司法衡量提供某种合法性与合理性保障。”[2]但是法律经济分析方法过度使用使得利益衡量可能沦为经济效益简单比较而忽视法律本身蕴含其他价值。本文根据美国国情选取学者与法官为代表,例如:庞德、卡多佐、波斯纳,管窥见豹简要阐释其利益衡量运用。

笔者针对利益衡量方法在中国司法裁判中运用面临诸多现实困境,提出如下个人建议:第一,针对利益衡量标准不统一困境。应当将其定位个案指导原则,而非追求统一适用标准。第二,针对利益衡量操作不统一困境。反对白纸状态附加法律说理,提出五个具体操作步骤。第三,针对利益衡量规制不统一困境。既要通过规则进行外部约束,又要提升法官综合素质。

第一,针对利益衡量标准问题。有学者为利益衡量标准提出一组具体化建议,“相对

〔1〕 参见梁慧星:《20世纪民法学思潮回顾》,载《中国社会科学院研究生院学报》1995年第1期。

〔2〕 参见余净植:《美国宪法审查中的“衡量”》,载《河北法学》2010年第4期。

主义与绝对主义、内在标准与外在标准、法律标注与社会标准、专家立场与普通人立场。"[1]有学者为利益衡量提出原则加规则建议，"实质正义与形式正义相统一原则、法律标准与社会标准相统一原则、当事人利益与社会利益相协调原则，利益位阶标准、社会通识标准。"[2]有法官为利益衡量提出一组原则性建议，"公益优先、中立平等、生存发展需要、价值判断实质主义、利益比较基本序列。"[3]我国学界和实务界虽然对于利益衡量标准给予高度关注，但是同样没有给出统一适用标准。根源乃是我国转型时期国情异常复杂、社会主义法律制度初步建立、利益衡量研究不深、自由裁量规制不力。加之利益衡量源于反对概念法学僵化教条形式逻辑推演思维模式，故本身具有相当弹性。例如：四川省泸州市遗嘱案。大多数民众立足公序良俗原则支持法院判决，少数人立足立遗嘱人权利反对法院判决。简单民事案件尚且如此，更遑论各类复杂案件中必然出现不同立场利益衡量碰撞。"不可能提供一种一劳永逸、按图索骥固定模式指导司法实践具体操作。"[4]综上，应当将利益衡量标准定位于个案指导原则。

第二，针对实践具体操作问题。笔者不赞同日本自由法学语境下利益衡量代表人物加藤一郎主张白纸状态附加法律说理，社会人难以完全排除外在影响进行判断，故而主张具体操作步骤如下：首先，通过分析案情，找出各方利益。通过类型化处理从纷繁复杂案情中抽象出各方冲突利益。此时不宜立即进行权衡而是应当经过形式逻辑、实质判断之后再得出利益衡量结论。其次，通过形式分析，得出初步判断。可以借鉴圆锥理论进行诸利益所涉法律位阶高低排序，不过法律与利益圆锥形状相反。越是位阶高法律所涉利益越是复杂，反之则越是简单。再次，通过利益衡量，得出实质判断。除了传统利益位阶排序外，可以通过帕累托最优实现纳什均衡基础上综合效益最大化目标。经济分析有助定量分析，但是必须结合价值判断。复次，通过法律形式，检验利益衡量。鉴于利益衡量多适用于疑难个案故而未必一次成功，而利益衡量必须立足维护法治在法律范围内进行权衡，通过形式检验可以排除法外衡量。最后，通过附加理由，完成利益衡量。前述步骤虽然完成利益衡量核心但却未能赋予利益衡量合法性，故在判决书本院认为部分应当充分说理，从而防止恣意实现利益衡量目标。

第三，针对自由裁量规制问题。首先，提升法官综合素质。法官作为法律适用者对于裁判质量影响至关重要，故而主观司法良知与客观业务能力均是规制自由裁量权有效保障。其次，确定利益衡量边界。利益衡量应在法律框架内运作而不能借此扩大自由裁量权，应当严格排除法外空间与法律框架内无需利益衡量部分。再次，研究利益衡量方法。法律方法具有思维方式领域任意、专断防火墙功能。对于规制部分法官源自不熟悉利益衡量方法所致恣意意义重大。复次，应从实体加以规制。一方面，通过案例指导制度起到正

---

〔1〕 参见焦宝乾：《衡量的难题》，载《杭州师范大学学报》（社会科学版）2010年第5期。

〔2〕 参见杨素云：《利益衡量：理论、标准和方法》，载《学海》2011年第5期。

〔3〕 参见刘冰：《裁判中的利益衡量：技术、规则与理念》，载万鄂湘：《建设公正高效权威的社会主义司法制度研究》（上册），人民法院出版社2008年版。

〔4〕 参见焦宝乾、彭金玉：《利益衡量艺术及其规制》，载《法治研究》2010年第11期。

确导向与防止专断作用,另一方面,通过疑难个案上报制度起到内部纵向监督制约作用。又次,应从程序加以规制。一方面,通过裁决事实必须附法律理由展示法官思维过程,另一方面,通过案件网上公示制度起到外部横向监督制约作用。最后,利用现有司法制度。通过合议庭制度规制法官个人,通过审委会规制合议庭,通过错案追究制度实施自我监督,通过陪审员引入他人监督。但是实施错案追究制度务必严格区分利益衡量与滥用职权界线,错案追究制度不应当否定法官通过利益衡量追求个案实质正义,因为该制度核心是究"错"而不是限制自由裁量权范围。

三、生态化:走向法律方法论的生态主义

法律方法论研究生态化应当关注人本主义、生态主义两种不同立场,以及由此导致法律解释方法、利益衡量方法在个案裁判之中所致差异。鉴此,笔者非常赞同《法律方法论研究》应用"环境法解释方法——人本主义与生态主义立场之争"之中结构安排。即分别阐述人本主义、生态主义视野中环境法解释方法不同特征,再通过个案进行实证分析。

《法律方法论研究》应用"环境法解释方法——人本主义与生态主义立场之争"之中基本思路如下:[1]将人本主义视野中环境法基本问题概括为"研究范式是主客二分、理论预设是经济人模式、调整对象是人类之间关系";将生态主义视野中环境法基本问题概括为"研究范式是主客一体、理论预设是生态人模式、调整对象是人与自然关系";值得注意,人本主义与生态主义两种不同视野中环境法解释方法却是具有一致特征。即"首先,解释对象十分广泛。既包括解释法律自身模糊之处,也包括解释事实所含法律意义。其次,灵活性质程度居中。较之于刑法法律方法更加灵活,较之于民法解释方法更加严格。最后,本质上是平衡利益。人本主义、生态主义两端之间,最具代表性观点是可持续发展";人本主义与生态主义理念最大差异是对于环境法主体界定差异所反映出两者价值取向差异。例如:人本主义认为生态安全利益不值得法律保护,生态主义却认为生态安全利益值得法律保护。鉴此,利益衡量方法助推生态安全利益保护。"生态型环境侵权案件背后所隐藏是对生态安全利益衡量"。上述观点构成法律方法论研究理论创新第三个取向即生态化。

鉴于法律解释方法实践运用之中不可避免受到各种因素影响以致无法坚守纯粹教义学属性进而转向综合运用,加之环境法学自身属性使然,笔者以为对于环境法学解释方法研究不仅应当坚守法律解释方法基本原则,过度解释不利于法治;而且应当考虑环境法学新兴学科属性,多背景交织综合学科;同时应当重视利益衡量方法司法适用,尤其是生态侵权案件。

法学最具代表性法律方法即法律解释,其历经早期严格法治追求文本语义解释客观性到当下法律解释中法律因素被稀释趋势。由于立法是过去行为,在司法实践之中通过法律

---

〔1〕 参见陈金钊等著:《法律方法论研究》,山东人民出版社2010年版,第677~679、689~690、682~694、688页。

解释方法也不可能完全保证恢复立法者原意、绝对客观性。法律解释不能任由后现代性中某些极端观点所利用而任意解构当下法治建设、无视法律文本中客观性。故而法律解释方法应当以适用于司法实践为方向,反对西方法律解释从思想再到思想,坚持关注中国事实、法律相互影响。具体到生态侵权案件,应当在现行法律制度约束前提之下,通过法律解释方法类比环境污染案件建构其构成要件,从而实现在坚持法治原则、没有过度解释条件之下强化生态安全利益法律保护。鉴于环境法解释方法作用有限性,推进环境法治建设尚需立法、执法协同。

"环境法在法域归属、法本位、调节机制、规则范围、基本原则、法律规范性质、调整模式、法律关系、法律责任、程序法等十个方面都迥异于民商法、行政法,而与经济法具有更大相似性。"[1]故而环境法学超越公法私法简单二元划分而体现鲜明社会法属性。详言之,环境法学学科特性可以概括为如下:第一,主体具有广泛性。不仅包括当代自然人和法人,而且包括尚未出生人类后代。第二,客体具有多样性。不仅包括先天形成自然环境,而且包括后天再造人工环境。第三,内容具有丰富性。不仅包括保护生态环境系统,而且包括治理生态环境污染。第四,手段具有科技性。不仅纳入自然科学规范,而且通过科技进步实现学科发展。第五,发展具有快速性。不仅具体制度不断革新,而且基本规范随社会发展而调整。

生态侵权案件往往涉及人本主义与生态主义针锋相对的诉讼主张,其背后是环境法学领域之中最为重要一对矛盾即人类与自然之间利益冲突。故而笔者不赞同日本自由法学语境下利益衡量方法代表人物加藤一郎所主张白纸状态附加法律说理两步走模式,因为法官作为社会人难以完全排除外在影响进行裁判。故而主张利益衡量方法具体操作采用五步走模式:第一步,通过分析案情,找出各方利益。第二步,通过形式分析,得出初步判断。第三部,通过利益衡量,得出实质判断。第四步,通过法律形式,检验利益衡量。第五步,通过附加理由,完成利益衡量。综合运用法律解释方法、利益衡量方法处理生态侵权案件,例如:2227 户梨农诉某市交通委员会等七被告、[2]中华环保联合会诉江苏省无锡市蠡湖惠山景区管委会。[3]

法律方法论研究质言之是为他人制作嫁衣,还需模特自身条件过硬才能展现卓越风姿。换言之,法律方法论研究生态化不应停留于理念,而应贯彻于制度,唯此才能在个案裁判过程之中实现天人合一整体主义利益法律保护。行政法、经济法、诉讼法各自具体制度如何设计与实现法律方法论生态化密切相关。鉴此,笔者选取各部门法最为典型制度进行初步分析。

行政补偿制度生态化。"环境行政补偿是指环境行政主体合法运用公权力给特定公

---

[1] 参见郑少华:《生态主义法哲学》,法律出版社 2002 年版,第 6 页。

[2] 参见吕忠梅、金海统:《关于拓展环境侵权制度的追问》,载《中国律师和法学家》2007 年第 3 期。

[3] 参见江苏省高级人民法院:《中华环保联合会诉江苏省无锡市蠡湖惠山景区管理委员会生态侵权案》,载 http://www. jsfy. gov. cn. /jdal/dxal/2013/12/11103000630. html(最后访问日期:2014 - 1 - 18)。

民、法人或者其它组织造成特别损失,国家基于公平原则给予受害人弥补。"[1]环境时代行政补偿其本质是行政主体对于因为自身合法行政行为造成行政相对人生态利益损失进行弥补,故而呈现出如下特点:第一,前提条件是合法行政行为造成损失;第二,补偿主体是行政主体,具有恒定性;第三,受偿对象是遭受到损失行政相对人;第四,因果关系是损失达到特别牺牲程度;第五,法律依据是散见于部门法各自规定;第六,操作方式是经济、政策等多种方式;第七,发展趋势是更加注重保护生态利益。鉴此,行政补偿制度作为社会利益与个人利益平衡器,至今仍然没有专门法律加以规范,期待《生态补偿条例》早日出台实现和谐发展。

政府采购制度生态化。"政府采购制度在不断完善过程之中有一个趋势就是朝着与环境更加友好方向转化,称其为政府采购制度绿化。"[2]政府采购究其本质是经济(政府商事)合同,故而在环境时代呈现出如下特点:第一,一方当事人恒定即行政主体;第二,行政主体具有一定程度特权;第三,双方当事人合意是成立前提;第四,采购目的、资金具有公共性;第五,整个过程体现出程序法定性;第六,纠纷解决大多是行政法途径;第七,受到国家宏观调控影响较大。环境时代政府采购制度双重目标:第一,政治性目标:维护国家利益、减少腐败现象,扶持相关地区、推进绿色产业;第二,经济性目标:合理使用资金、提高财政效率,促进商业竞争、引导消费走向。《政府采购法》第9条已将环境保护作为重要风向标。

侵权救济制度生态化。"环境侵权纠纷,因其往往属于严重社会性权益侵害、具有科技性,并与环境污染防治以及生态保护行政管理活动密切相关。"[3]故而就法律规范而言,一方面,应当加紧制定我国环境纠纷解决具体办法,可以参照日本《公害纠纷处理法》;另一方面,应当充分挖掘我国现有纠纷处理资源,例如:完善集团诉讼制度、延长诉讼时效。就具体制度而言,一方面,通过推进行政途径与诉讼方式双轨制度,尽力维护被侵权人合法权益、生态环境秩序。另一方面,通过改革既有一般侵权案件构成要件,探索建立生态侵权案件独具特色构成要件。详言之,第一,扩张基础行为,将生态安全利益纳入侵害对象之内;第二,增加责任范围,采用表面因果关系、可预见性标准。由此将对环境案件裁判产生革命性影响。

结 语

法律方法论与部门法之间关系可以概括为"用"与"体"。既然法律方法论在一定程度是为他人作嫁衣,那么法律方法论研究就应当立足于建设法治中国、促进社会管理模式创新,建设和谐中国、解决社会转型时期纠纷,建设生态中国、实现社会协调永续发展具体国情。《法律方法论研究》有力回应上述需求,该作品分别在总论、各论、运用三个

[1] 参见陈泉生、张梓太:《宪法与行政法的生态化》,法律出版社2001年版,第302页。
[2] 参见李挚萍:《经济法的生态化》,法律出版社2003年版,第192页。
[3] 参见王明远:《环境侵权救济法律制度》,中国法制出版社2001年版,第292页。

相对独立板块实现法律方法论理论创新三个取向，即中国化、客观化、生态化。中国化要求法律方法论研究结合传统法治资源、当下具体国情选择研究路径，客观化要求法律方法论研究维护利益衡量方法在实践中可操作性、形式理性，生态化要求法律方法论研究协调人类主义与生态主义立场、实现法律绿色化。故而对于我国法学理论、司法实践具有重要指导意义。

《法律方法》稿约

本刊是由山东省人文社会科学重点研究基地——山东大学法律方法论研究中心主办，山东大学（威海）法学院、华东政法大学科学研究院编辑出版，陈金钊、谢晖教授主持的定期连续出版物。自2002年创办以来，已推出多卷。2007年，本刊入选CSSCI集刊，并继续入选近年来CSSCI集刊。作为我国法律方法论研究的一方重要阵地，本刊诚挚欢迎海内外理论与实务界人士惠赐稿件。

一、栏目设置

本刊近几卷逐渐形成一些相对固定的栏目，如法律方法理论、部门法方法论、裁判方法论、方法史论、青年论坛、书评、综述等。当然，也会根据当期稿件情况，相应设置一定的主题研讨栏目。

二、来稿要求

1. 本刊属于专业研究集刊，只刊登法律方法方面的稿件，故请将这方面的作品投稿本刊。

2. 来稿须是未曾在任何别的专著、文集、网络上出版、发表或挂出，否则本刊无法采用。

3. 来稿如是译作，需要提供原版外文（书面或电子版均可），已获得版权的证明。

4. 来稿请将电子版发到本刊编辑部邮箱 falvfangfa@163.com 即可，不需邮寄纸质稿件。

本刊对来稿以学术价值与质量为采稿标准。请把联系方式（地址、邮编、电话、电子信箱）注明在来稿首页上，不要放在论文末尾，以便联系。发电子邮件投稿时，主题一栏请注明作者、文章全名；附件WORD名称也应包括作者、文章全名，请用WORD2003版本。

5. 本刊属于集刊，出版周期相对较长，作者投稿时对此要有心理准备。来稿一经采用即通知作者，出版后寄样刊。

6. 为方便作者，来稿的注释体例采用页下注释，注释符用“1、2、3……”即可，每页重新记序数。正文中注释符的位置，应统一放在引用语句标点之后。

每个注释即便是与前面一样，也要书写完整，不可出现“同前注……”、“同上”。

7. 来稿需要加上中文摘要、关键词（无需英文）。作者简介包括：工作（学习）单位、职称、学历和研究方向等。欢迎来稿注明基金项目。

附：注释的书写格式

(1)期刊论文

武树臣:《论判例在我国法制建设中的地位》,载《法学》1986 年第 6 期。

匡爱民、严杨:《论我国案例指导制度的构建》,载《中央民族大学学报》(哲社版)2009 年第 6 期。

(2)文集论文

郑成良:《法律思维是一种职业的思考方式》,载葛洪义主编:《法律思维与法律方法》(第 1 辑),中国政法大学出版社 2002 年版。

郑永流:《法学方法抑或法律方法?》,载郑永流主编:《法哲学与法社会学论丛》(6),中国政法大学出版社 2003 年版。

(3)专著

王泽鉴:《民法总则》,中国政法大学出版社 2001 年版,第 71 - 72 页。

(4)译著

[美]博登海默:《法理学——法律哲学与法律方法》,邓正来译,中国政法大学出版社 1999 年版,第 414 ~ 415 页。

(5)教材

张文显主编:《法理学》(第 3 版),法律出版社 2007 年版,第 75 页。

(6)网络论文

张青波:《〈论题学与法学〉要义》,载 http://www. law - thinker. com/show. asp? id = 3560(最后访问日期:2007 - 3 - 1)。

(7)报纸

葛洪义:《法律论证的"度":一个制度问题》,载《人民法院报》2005 年 7 月 4 日,第 5 版。

(8)学位论文

任青松:《法律传播效果若干问题探析》,广西师范大学 2012 年硕士论文。

(9)外文作品的引用

Paul Van Den Hoven, The Dilemma of Normativity: How to Interpret a Rational Reconstruction? Argumentation 11: 411 - 417, 1997.

Matti Ilmari Niemi, Phronesis and Forensics, in Ratio Juris, Vol. 13 No. 4 september 2000 (392 - 404).

Aleksander Peczenik, On Law and Reason, Dordrecht; Boston: Kluwer Academic Publishers, 1989, p. 23.

Zenon Bankowski et al(eds.), Informatics and the Foundations of Legal Reasoning, Kluwer Academic Publishers, 1995, pp. 12 - 15.